爾雅新注

王建莉　注

中 華 書 局

圖書在版編目(CIP)數據

爾雅新注/王建莉注. —北京:中華書局,2021. 8
ISBN 978-7-101-15251-7

Ⅰ. 爾… Ⅱ. 王… Ⅲ.《爾雅》-注釋 Ⅳ. H131.2

中國版本圖書館 CIP 數據核字(2021)第 138343 號

書　　名　爾雅新注
注　　者　王建莉
責任編輯　張　芃
出版發行　中華書局
　　　　　(北京市豐臺區太平橋西里 38 號　100073)
　　　　　http://www.zhbc.com.cn
　　　　　E-mail:zhbc@zhbc.com.cn
印　　刷　北京瑞古冠中印刷廠
版　　次　2021 年 8 月北京第 1 版
　　　　　2021 年 8 月北京第 1 次印刷
規　　格　開本/880×1230 毫米　1/32
　　　　　印張21¼　插頁 2　字數 500 千字
印　　數　1-4000 冊
國際書號　ISBN 978-7-101-15251-7
定　　價　80.00 元

目　録

前　言

　　《爾雅》是我國訓詁學的創始之作。《爾雅》之前已有訓詁的萌芽，在此基礎上，成書者以古代典籍爲收詞對象，歸納、整理、訓釋紛繁雜亂的詞語，最終撰成這部專著。我國古代早期的四大辭書《爾雅》《説文解字》《釋名》《方言》中，《爾雅》的地位最高。晚唐時政府升列爲經書，成爲“十二經”之一。陸德明《經典釋文·序録》述《爾雅》：“所以訓釋五經，辯章同異，實九流之通路，百氏之指南。”直到今天，《爾雅》的歷史地位仍不容置疑。

　　《爾雅》的作者和成書年代，從古到今，衆説紛紜，莫衷一是。概括起來，主要有六種：

　　1. 周公所作，成於西周。張揖《上〈廣雅〉表》：“昔在周公，纘述唐虞，宗翼文武，剋定四海，勤相成王，踐阼理政，日昃不食，坐而待旦，德化宣流，越裳徠貢，嘉禾貫桑。六年，制禮以導天下，著《爾雅》一篇，以釋其義。”後世姚文燮、黄以周等都從此説。

　　2. 孔子門人所作，成於戰國初期。鄭玄《駁五經異義》：“玄之聞也，《爾雅》者，孔子門人所作，以釋六藝之言，蓋不誤也。”葛洪也持相同觀點。

　　3. 衆儒所作，成於戰國末年。何九盈《中國古代語言學史》：“《爾雅》當成書於戰國末年，它的編纂人是齊魯儒生。”趙振鐸也持此説。

　　4. 衆儒所作，成於秦漢之間。歐陽修《詩本義》十：“《爾雅》非聖人之書，考其文理，乃是秦漢之間學《詩》者纂集説《詩》博士解詁之言爾。”吕南公也持此説。

5.衆儒所作,成於西漢中後期。周祖謨《問學集》:“《爾雅》爲漢人所纂集,其成書蓋當在漢武以後、哀平以前。”

6.衆儒所作,成於春秋至漢。日本内藤虎次郎對《爾雅》逐篇分析,得出此説(《爾雅新研究》)。

諸家説法均各有據,但綜合各方面的研究情況看,《爾雅》當起於戰國末、秦代初,到西漢初期,該書經全面修改而完成。

“爾雅”的“雅”是正的意思,即雅言、雅正之言。《論語·述而》:“子所雅言,《詩》《書》、執《禮》,皆雅言也。”孔安國注:“雅言,正言也。”楊伯峻注:“雅言,當時中國所通行的語言。”雅言是後代作爲規範的共同語的雛形。“爾雅”的“爾”是近的意思。“爾雅”,王念孫釋爲“爾乎雅”(《上〈廣雅〉表》疏),意即近乎雅正之言。黄侃講得更爲明確:“然而五方水土,未可强同,先古遺言,不能悉廢。綜而集之,釋以正義,比物連類,使相附近,此謂爾雅。”(《爾雅略説》)《爾雅》一書的命名之意就是以雅言訓釋古語詞、方言詞、俗語詞,使之切近規範。可以説,這部書是早期初步的語文規範工作的一個體現。

今本《爾雅》有十九篇,但《漢書·藝文志》記載《爾雅》有三卷二十篇。《漢書》王先謙補注引葉德輝言:“《漢志》蓋合《序篇》言之。《詩》正義引《爾雅·序篇》云:‘《釋詁》《釋言》通古今之字,古與今異言也。《釋訓》言形貌也。’此《爾雅》有《序篇》之明證。”可見《爾雅》原有《序篇》一篇。《序篇》約於唐宋間亡佚。《爾雅》按内容分爲兩大部分:《釋詁》《釋言》《釋訓》三篇爲普通語詞,《釋親》《釋宫》《釋器》《釋樂》《釋天》《釋地》《釋丘》《釋山》《釋水》《釋草》《釋木》《釋蟲》《釋魚》《釋鳥》《釋獸》《釋畜》十六篇屬於名物類語詞。

《爾雅》的性質，今人從不同角度闡述，有多種説法：

1. 訓詁彙編説。鄭玄、郭璞、陸德明、歐陽修、朱熹等人認爲，《爾雅》是專門解釋五經的。王力《中國語言學史》、濮之珍《中國語言學史》也都主此説。

2. 教科書説。何九盈《中國古代語言學史》認爲，《爾雅》作爲一部教科書，"正名命物""解經"是它的兩個目的。

3. 百科全書説。蔡聲鏞《〈爾雅〉與百科全書》認爲，"《爾雅》類似於古代百科全書(也許是百科全書的雛形)"。

4. 詞典説。張清常在爲徐朝華《爾雅今注》所作的序中提出此觀點，胡奇光、方環海《爾雅譯注》也持此説。在詞典範圍内進一步細化，有的學者以爲是一部類義詞典，以宛志文、李建國、管錫華等爲代表；也有學者以爲是一部同義詞典，以吕叔湘、張世禄、殷孟倫、顧廷龍、王世偉、黄金貴、蘇寶榮等爲代表。

從辭書學角度考察，《爾雅》具有非常突出的同義詞典性態。比較《爾雅》與《説文解字》《釋名》《方言》，對《説文解字》，人們總是從本義分析每字的説解；對《釋名》，都從命名理據考量；對《方言》，總是從方言學考察每個詞。那麽對《爾雅》，我們應該從同義詞視角作深入的考證。

《爾雅》具有同義詞典性質，最重要的是符合現代同義詞的判定標準。王力先生云："所謂同義，是説這個詞的某一意義和那個詞的某一意義相同，不是説這個詞的所有意義和那個詞的所有意義都相同。"(王力《同源字典》)據此進行全面審核，《爾雅》訓列1579條，其中類義詞128條，單個詞249條，存疑16條，同義詞1186條(占全書訓列75.1%)。同義詞占全書四分之三，兩千多年前的一部同義詞典能做到這種程度已經是難能可貴了(王建莉《〈爾雅〉同義詞考論》)。

　　《爾雅》作爲我國第一部同義詞典,從中國語言學史和辭書史角度看,其作用和價值仍然值得重視。

　　首先,《爾雅》對同義詞的研究深且細,成爲詞彙學研究的開端之作。同義詞的訓釋工作包括求同訓釋和辨析同中之異兩部分。求同與辨異是同義詞研究的前後工序,前者是後者的基礎,前者越能高度概括提煉,就越能表現出詞義的區別性特徵;後者是前者的體現與深化,同義詞的異點越突出,就越能顯出概括的功力,越能證明概括的精確性。《爾雅》前三篇主要是普通同義詞的求同訓釋。後十六篇情況比較複雜,有一部分是異名的求同訓釋,還有一部分辨析了同中之異:或既求同、又辨異,或不述同、只辨異。

　　《爾雅》收詞四千三百多個,其中普通詞語兩千多個,約占全書總數的一半。前三篇的求同訓釋,少數是以一詞訓一詞,如《釋言》:"泳,游也。"多數是多詞同訓,即訓詞訓釋兩個以上的被訓詞,如《釋詁》:"如、適、之、嫁、徂、逝,往也。"《釋言》:"征、邁,行也。"被訓詞的數量有的多達幾十個,如《釋詁》"大也"條。它們多構成同義關係。上古漢語以單音詞爲主,而單音詞具有多義性,這些單音詞在其每個義項上形成同義訓釋的關係。《釋詁》:"延,陳也。""延,長也。""延,進也。""延,間也。"《釋言》:"覃,延也。""延"的近引申義是"長久",與"長"同義。"延"又引申爲"引進",與"進"同義。又引申爲"蔓延、延及",與"覃"同義。還引申爲"布陳、播揚",與"陳"同義。"延"的遠引申義是"間斷",與"間"同義。

　　《爾雅》前三篇以實詞爲主,還有少量虛詞。王引之《經傳釋詞·序》云:"語詞之釋,肇於《爾雅》。"《爾雅》以同義爲訓的形式收釋虛詞,形成同義虛詞,即"語法意義相同或相近但又有細微差別的虛詞"(黎運漢、周日健《同義虛詞的差別和辨析方法》)。虛詞構成同義關係的有41條,如《釋詁》:"疇、孰,誰也。"占前三篇同義詞的6.5%。

《爾雅》前三篇有一些特殊的訓詁條例,二義同條是其中的一種,爲該書首創,共37條。《釋詁》:"林、烝、天、帝、皇、王、后、辟、公、侯,君也。"王引之《經義述聞》云:"君字有二義,一爲君上之君,天、帝、皇、王、后、辟、公、侯是也;一爲群聚之群,林、烝是也。"從此看,二義同條的訓詞具有兩個以上的義項,分別訓釋詞條內對應的被訓詞,亦形成多組同義詞。其形式有缺陷,但不能因此否定同義詞聚合的合理性。

《爾雅》中的"反訓",最早由郭璞提出。《釋詁》:"徂,存也。""亂,治也。""故,今也。""曩,曏也。"郭璞注:"以徂爲存,猶以亂爲治、以曩爲曏、以故爲今,此皆詁訓義有反覆旁通,美惡不嫌同名。"其實,"反訓"並不反,"徂,存也"並不成立,是《爾雅》誤訓。"亂,治也"中的"亂"本義表示有條不紊地理出頭緒,故與"治"同義。"故,今也"中的"今"是連詞,表示"所以",與"故"同義。"曩,曏也"中的"曩"是不久以前,表示過去不久的時間,"曏"的本義是不久,兩詞意義相同。"反訓",人們多以爲是用反義詞來訓釋被訓詞。根據辨考,《爾雅》中的"反訓"並不能成立,除了"存也"條爲收釋者誤斷以外,其他均屬於同義爲訓。

總之,在前三篇中,同義詞占到84.2%。古人能夠在衆多詞語中,條分縷析,把意義有細微差別的同義詞類聚成條,條目內部除了兩個詞外,還有兩個以上的詞形成同義關係,這就有相當的難度。書中同義詞數量衆多,説明當時的詞彙研究已達到相當的水準。

《爾雅》後十六篇收録的同義詞均是名物詞,在詞條內部,同義詞具有層次性。有的是一條一組同義詞,如《釋木》:"楙,木瓜。"有的是同條多組同義詞,如《釋樂》:"宮謂之重,商謂

之敏,角謂之經,徵謂之迭,羽謂之柳。"宫"與"重"、"商"與
"敏"、"角"與"經"、"徵"與"迭"、"羽"與"柳"各形成五組同
義詞。

《爾雅》後十六篇收録的詞語很多具有"原始語言"的特
徵。先民將所能觀察到的名物的每個細節都作爲一個概念,用
一個專有名稱去表示。這與後世的修飾語加類名的表示法完全
不同。這類詞主要分布在《釋天》《釋地》《釋丘》《釋山》《釋木》
《釋蟲》《釋魚》《釋鳥》《釋獸》《釋畜》等篇中,與該書其他同義
詞相比,顯然不在一個發展層面上。例如《釋畜》:"黑脣,犉。
黑眥,牰。黑耳,犚。黑腹,牧。黑脚,犈。"該條形成一組同義詞,
"犉、牰、犚、牧、犈"等根據黑色在牛體表位置的不同而命名,這
與後來修飾語加類名的表示法完全不同。其異點就是黑色在牛
體表位置不同。

《爾雅》後十六篇的一物異名,大部分做了求同訓釋的工
作。從其來源看,有方言異名,如《釋鳥》"燕,䴏",郭璞注:"齊
人呼䴏。"有古今異名,如《釋天》:"繹,又祭也。周曰繹,商曰
肜,夏曰復胙。"有形象色彩異名,如《釋草》"荓,馬帚",郭璞注:
"似蓍,可以爲掃蔧。"李時珍《本草綱目·草四·蠡實》:"此即荔
草,謂其可爲馬刷,故名。""馬帚"以借代手法命名,通俗易懂。
有雅俗異名,如《釋親》:"嬪,婦也。""嬪"是雅稱,"婦"是俗
稱。還有結構異名,有的一個爲雙音詞,另一個是其合音,爲單
音詞,如《釋草》:"茨,蒺藜。"

《爾雅》後十六篇最精彩的部分是辨析了同義詞,共有159
組。全書圍繞事物的大小、形態、功能、處所、時間、材料、顏色、
方式、程度、對象等各個方面,揭示了同類事物間的對立性差
異。如《釋器》:"木豆謂之豆,竹豆謂之籩,瓦豆謂之登。""豆、
籩、登"是一組同義詞,相同義爲豆,即盛食物的器皿,形似高足

盤；“木、竹、瓦”説明材料不同。

《爾雅》的同義詞辨析不同於現代同義詞的表述方式，因其又是一部訓詁學專著，所以採用了同異融合一體的訓詁形式。《釋器》：“鼎絶大謂之鼐，圜弇上謂之鼒，附耳外謂之釴，款足者謂之鬲。”本條同義詞爲“鼎、鼐、鼒、釴、鬲”。“鼎”是相同義，“絶大、圜弇上、附耳外、款足者”是其異點。《爾雅》成書者還用文化義表述了同義詞的同中之異，這些詞語的訓釋折射出當時人類社會政治、制度、物態、風俗等各個方面。《釋器》“一染謂之縓，再染謂之䞓，三染謂之纁”，敍述了當時的染絳法；《釋水》“天子造舟，諸侯維舟，大夫方舟，士特舟，庶人乘泭”，反映了周代尊卑等級制；《釋鳥》“鶀鴠醜，其飛也翪。鳶烏醜，其飛也翔。鷹隼醜，其飛也翬”，選取具有典型特徵的動物，來區別各詞的意義，反映了先民的認知經驗。

其次，《爾雅》首創了義類編排法。 全書義類的範圍由大而小，形成一個比較完整的系統。《爾雅》全書十九篇所包括的普通詞語和名物類詞語構成第一層義類。前三篇所收基本爲普通詞語。後十六篇所收均爲名物類詞語：《釋親》爲親屬類、《釋宫》爲宫室類、《釋器》《釋樂》爲器用類、《釋天》爲天文類、《釋地》《釋丘》《釋山》《釋水》爲地理類、《釋草》《釋木》爲植物類、《釋蟲》《釋魚》《釋鳥》《釋獸》《釋畜》爲動物類。幾大義類由人類社會到自然環境與其他生物，依次排列，正符合古人“近取諸身，遠取諸物”的理念。

各義類之間的排序亦有一定根據。《釋宫》《釋器》第次排列，蓋源於《禮記·禮器》“宫室之量，器皿之度”的説法。《釋器》《釋樂》依次排列，因樂器屬於器用，“鐘磬之屬皆器也，因樂器衆多，故别爲《釋樂》”（邵晉涵《爾雅正義》）。《釋地》《釋丘》《釋山》《釋水》遞相排列，郝懿行《爾雅義疏》：“下篇《釋丘》《釋山》

《釋水》皆地之事,故總曰《釋地》。"《釋山》之所以排在《釋地》《釋丘》之後,郝懿行認爲是"地之高者爲山,由地凝結而成,故次於《釋地》"。《釋魚》置於《釋蟲》之後,是因爲魚在古代屬蟲類,魚類名稱多,故分釋其名。"獸"與"畜"有家養與野生之分,《釋獸》與《釋畜》依此編排。

後十六篇篇名所表示的義類都很清楚。有的篇名準確表達了含蓋的義類,如《釋親》的"親",統轄各個子目。有的篇名表示的是義類的認知原型,代表了那個時代人們的認知圖式,如《釋魚》的"魚"是一個認知原型,只要是水生的,都包括在內。本篇有魚,還有蝦、兩栖、貝、龜鱉、鯨類等,甚至還有蛇、孑孒、水蛭等。《釋魚》之"魚"成爲魚綱、兩栖綱、爬行綱等動物的總稱。同理,《釋草》的"草"統指該篇多種類型的植物,只要是莖細弱的,都包括在內,有草本類、藤本類、藻類等。

後十六篇中《釋親》《釋天》《釋地》《釋丘》《釋水》《釋獸》《釋畜》篇內下轄子目,構成子類。有的子目依次排列,具有邏輯上的語義關聯關係,如《釋親》設"宗族、母黨、妻黨、婚姻"四個子目,分別表示父系、母系、妻族、婚姻關係締結的親屬,真實地反映了上古的宗法等級制度和婚姻制度。有的子目按照當時人們特有的認識排列,是連類而及的關係。《釋天》共列十二個子目,以"四時"開篇,"寒暑相推而四時行焉"(邵晉涵《爾雅正義》)。四時運行而生祥與災,故祥、災第次排列。天文曆法類與之並列,歲陽、歲名、月陽、月名依次排列。古有"月爲風雨"的說法,故風雨列其後。星名與天文曆法並列。祭祀、戰爭與四時、天文曆法有密切關係,故以連類而及之法,順次排列祭名、講武、旌旗。它們或許不符合今人的排列之法,但我們推溯古人的認知,合理之處自明。

《爾雅》列出子目的,下屬的各個義類層級可以通過類比排列出來。如《釋地》就可以構成四個層級：篇名所示“地理”爲第一層級；“九州、十藪、八陵、九府、五方、野、四極”爲第二層級；其中“野”可分出“郊野”與“田地”，“四極”可分出“遠鄙”與“四方之人”，構成第三層級；“郊野”包括“坰”條與“阿”條，“田地”包括“隰”與“畬”條，“遠鄙”包括“四極”到“大蒙”四條，“四方之人”包括“觚”條，構成第四層級。

《爾雅》還有未立子目的，包括《釋宮》《釋器》《釋樂》《釋山》《釋草》《釋木》《釋蟲》《釋魚》《釋鳥》等，有的根據所列詞條之間的語義關係能推出各個子類。例如，《釋樂》的篇名構成上位層級的總目，該篇的第一條構成“音階”這個義類，其他詞條構成“樂器”這個義類。這兩類具有關聯關係，又構成《釋樂》的子類。《爾雅》未署子目的，也可以將其下屬的各個層級通過類比排列出來。如《釋宮》構成四個層級：篇名表示的“宮室”爲第一層級；所有詞條的義類可分成“宮室、路橋、廟寢、高建築”四個部分，爲第二層級，與第一層級是種屬關係；“宮室”下轄“總名、宮内位置、門件”等十七個義類，“路橋”包括“道路、橋梁”兩個義類，這構成第三個層級；第三層級之下繼續劃分出八十餘個義類。各級之間或是種屬關係，或是整體與部分的關係（王建莉《〈爾雅〉同義詞考論》）。

義類編排的最底層便是同義詞，當然也有非同義詞，但同義詞占絕對數量。同義詞構成最小單元的義類。

《爾雅》前三篇基本沒有建立義類編排法。後十六篇對紛繁複雜的人事、自然、生物作了較詳盡的分類。這樣的分類自然不能和現代的義類編排相比，但《爾雅》能夠做到群分類聚，就不能視其是雜字攢集，或是故訓彙編。其始創之功，不能抹殺。正如殷孟倫所言：“單以同義詞的類聚群分這一項而論，遠在二千年前，世界上還不曾有過《爾雅》這樣的書，而《爾雅》的編制者却有這樣眼光、識力,總集材料,創立規模,難道不值得我們稱美? 説到它的影響之深之巨,難道在今天就不值得一提? ”(殷孟倫《從〈爾雅〉看古漢語詞彙研究》)

第三,《爾雅》標志着我國訓詁學的開端,主要編排訓釋了同義詞,從此形成傳統。該書採取直訓、互訓、遞訓、通訓等訓詁形式,所作訓詁之事,是認雅俗之同、認古今之同、認異域(方言)之同。書中還有以語訓詞的,是爲顯現同義詞中的同中之異。訓詁學術語像 “曰、爲、謂之” 等均有表示同義訓釋的功能。通過《爾雅》可以看到,早期的訓詁不是一般的訓詁,而是同義詞的訓詁,精確訓釋同義詞是早期訓詁的一項重要内容。《爾雅》建立若干義類,以同義詞爲基本,表明古漢語的同義詞研究就是與訓釋詞義聯繫在一起的,爲後世訓詁學的研究起了良好的示範作用。

古代雅書像《小爾雅》《廣雅》《石藥爾雅》《西域爾雅》《通雅》《駢雅》《佛爾雅》等,均未超出同義詞訓詁的範圍。《廣雅》《西域爾雅》全部依從《爾雅》的分類。後期多數雅書義類有所更改,且越到後面越精細,但堅持的義類編排法没有變。就同義詞的訓釋,一依《爾雅》創立的方法。如《爾雅·釋山》:“泰山爲東嶽,華山爲西嶽,霍山爲南嶽,恒山爲北嶽,嵩高爲中嶽。”《廣雅·釋山》則爲:“岱宗謂之泰山,天柱謂之霍山,華山謂之太華,常山謂之恒山。”《廣雅》只是補《爾雅》之所未備。《爾雅》收釋少量外來詞,後世雅書遵從而專門收釋少數民族語詞。《西域爾雅》每卷採取同義繫連的做法,列出若干外來詞,通釋其義,再分辨是何種語言。《西域爾雅·釋親》:“婦人謂之瑪(西蕃語),或謂之阿甲(藏語),或謂之雞滅(回語)。”

後世非雅系一類的書,也一依《爾雅》的編排方法,只是體例更加精細,詞條也多是同義詞的訓詁。宋任廣《書敘指南》

按義類分二十卷,每卷包括十節,每節爲一小類,均用四個字標題。釋詞一般是以今引古,以俗變雅。清厲荃《事物異名録》是我國第一部事物異名類聚性題材詞典,專門收釋異名,以天地人物爲次,分立乾象、歲時、坤輿等三十九部,四十卷。異名是同義詞中的一類。該書“異名並見經書者,必爲詳列,如《爾雅》之歲陽、歲陰之類是已。若其他雖有成説,未經前人引用者,不妨從略”(厲荃《事物異名録·凡例》)。

《爾雅》作爲我國最早的一部詞典,也有不足之處。

《爾雅》義類編排法,在子目以下的層級義類排列還不完備。《爾雅》訓詁條例方面,有的未用訓詁用語或術語,影响後人對詞語的釋讀,產生了疑難問題。如《釋魚》開篇有“鯉、鱣”,兩詞是單詞排列各有所指,還是以詞訓詞同指一物,目前仍有分歧;《釋草》“垂比葉”是一個詞還是“垂、比葉”兩個詞,難以分辨。書中有過於簡略之處。《釋獸》收列了“鼢鼠、鼸鼠、鼶鼠、鼶鼠、鼬鼠、鼩鼠、鼳鼠、鼶鼠、鼶鼠、鼢鼠、鼶鼠、鼶鼠”,均未給予訓釋。個別詞條有誤釋現象。《釋詁》:“徂,存也。”從目前文獻看,“徂”無“存”義。

《爾雅》問世後,由漢至宋,爲之作注的人很多。漢武帝時,犍爲文學最早給《爾雅》作注,劉歆、樊光、李巡、鄭玄、孫炎繼之。這些注本多已亡佚,現存最早、最完整的《爾雅》注本是晉郭璞的《爾雅注》。郭璞用二十九年時間完成這一力作,所謂“綴集異聞,會粹舊説,考方國之語,採謡俗之志,錯綜樊、孫,博關群言”,約引三代秦漢古籍近五十種,全書以今語釋古語、以晉代方言證雅言。郭注亦有不足,偶有望文生訓之處,但瑕不掩瑜,歷來研究《爾雅》都把此書作爲第一要籍。

　　初唐陸德明《爾雅音義》博採諸儒之説，或用目驗、或辨字體、或舉直音、或引他證、或加考辨，多有建樹。此書初爲《經典釋文》中的第二十九卷與三十卷，後單獨摹印頒行，與《經典釋文》並行於世。宋初邢昺奉詔作《爾雅疏》，辨《爾雅》之體例，廣求書證，明聲義之通，又能補郭注闕略。《爾雅疏》被列於學官，從此凡研究郭璞注者，都借助於此疏。這部專著與《爾雅音義》雖然都比較疏略，但同爲十分重要的研究著作。南宋鄭樵《爾雅注》爲補訂郭注而作，全書略於考據而多事訓釋，釋義淺近簡要，有的比郭注更爲明晰確當。

　　《爾雅》研究至清代達到鼎盛時期。清人分別從校勘、輯佚、補正、音訓、疏證、考釋、釋例等方面進行深入研究，最著名的是邵晉涵的《爾雅正義》和郝懿行的《爾雅義疏》。邵書爲訂補邢疏而作，校訂原書文字，兼採諸家之説以考證古音古義，補郭注之不足，詳辨草木蟲魚鳥獸之名以及古今異稱，對《爾雅》各篇名義均作精要論述，常爲後代學者所稱道和引用。邵書由於篤守疏不破注之例，所以在語言探索方面稍顯不足。郝懿行《爾雅義疏》晚出，在《爾雅》所有注本中最爲詳瞻。以邵晉涵《爾雅正義》及臧鏞堂《爾雅漢注》爲藍本，繁徵博引，然後成書。以聲音貫穿訓詁，據目驗考釋名物，從而做到以今釋古。能闡明《爾雅》的重要條例，匡正郭注和諸家訓詁。郝疏的不足也很明顯，對經籍舊音的評斷多下臆斷，在因聲求義方面錯誤較多。

　　清代還有不少學者對《爾雅》作專題研究。有的專治《爾雅》古義，如胡承珙《爾雅古義》、錢坫《爾雅古義》、馮登府《爾雅古義補》。有的補正郭注、邢疏，如翟灝《爾雅補郭》、戴鎣《爾雅郭注補正》、姜兆錫《爾雅注疏參義》等。有的考證名物，如宋翔鳳《爾雅釋服》、高潤生《爾雅穀名考》、程瑶田《釋宮小記》《釋草小記》《釋蟲小記》等，都頗有識見。一些札記對《爾雅》進行了校釋、匡補工作。王引之《爾雅述聞》，載《經義述聞》卷二十六至二十八。俞樾《爾雅平議》，載《群經平議》卷三十四至三十五。能發前人所未發，創獲頗多。

近人尹桐陽《爾雅義證》、王國維《爾雅草木蟲魚鳥獸釋例》、劉師培《爾雅蟲名今釋》、黃侃《爾雅略説》、楊樹達《爾雅略例》等，都有很高的研究價值。

當代，徐朝華的《爾雅今注》，採用語體文爲《爾雅》作注，便於今人閲讀。

《爾雅》成書以來，注疏研究者承先啟後，成就斐然，形成"雅學"。胡元玉《雅學考》、周祖謨《續雅學考擬目》、朱祖延《爾雅詁林》記述、輯録了西漢至今有關《爾雅》研究的成果，可資參考。

本書以現代詞彙學、訓詁學理論爲指導，同時運用現代生物、地理、天文等科技知識，融入飲食、服飾、音樂、制度等文化知識，注釋全文，力求通過注釋向讀者呈現出這部中國古代第一部同義詞典的面貌，同時也向讀者展現出這部中國二千多年前訓詁學專著在科學、文化方面的巨大貢獻。本人用二十餘年的時間研讀雅書，出版了《〈爾雅〉同義詞考論》。在撰寫過程中，頗有心得，萌生了爲《爾雅》作注的想法。在前一論著基礎上，欣然執筆，常有不吐不快之感。新成《爾雅新注》，可謂實現了多年的夙願。中國傳媒大學、内蒙古師範大學和中央民族大學博士生石辰芳、史冬梅、許文静、代雪飛、王敏、胡森，碩士生熊星亮、高越、趙凱雯、包永昕、楊人樺校對繁難的文字。在此表達最誠摯的感謝！

限於本人的學識水平，書中錯誤和疏漏之處在所難免，敬請讀者和有關專家學者批評指正。

凡　例

一、本書《爾雅》原文以中華書局 1980 年影印的《十三經注疏》本爲底本。參照其他各種版本以及研究《爾雅》的論著，進行必要的校勘。凡有必要，均在注文裏加以説明。

二、全書使用繁體字。行文字形採用通用規範字形；《爾雅》和書證引文一般保留原有字形，個別偏僻的古體、俗體或異體字改爲通行字，如"寮、髠、鬣"改爲"寮、髠、鬣"等。

三、本書依據《十三經注疏》中的《爾雅注疏》，參考研究《爾雅》的古今著述確定條目。條目以篇爲單位編號。前爲篇目號，後爲詞條順序號。如《釋言第二》第十七條"觀、指，示也"，編爲 2.17。

四、《釋親》《釋天》《釋地》《釋丘》《釋水》《釋獸》《釋畜》等篇，内分若干義類構成子目，名稱原列在所屬條目之後，不合現代人的查閲習慣，本書將子目名稱移到所屬條目之前。子目依次編號。如《釋天第八》第七類"月名"編爲(七)。

五、每篇篇名下列題解。

六、每個條目下列有"【注釋】"，注釋内容一般按先後順序編排。

七、本書内容重點在詞義注釋。1.訓詞和被訓詞中的疑難部分，標注現代音與古音。現代音依據《漢語拼音方案》；古音以中古音爲主，以《廣韻》的反切爲主要依據，《廣韻》未收的，以《集韻》等其他韻書爲依據。没有反切資料的，只標注漢語拼音。2.按"一義相同"（王力《同源字典》："所謂同義，是説這個詞的某一意義和那個詞的某一意義相同,不是說這個詞的所有意義和那個詞的所有意義都相同。")原則釋義。前三篇作同義詞的求同注釋,後十六篇或作同義詞的求同注釋或辨釋同中之異。3.對歷來解釋有歧見者,擇善而從;或酌情列舉多說,以資參考。4.釋義之後,引用古籍例句爲書證。例句中的疑難字詞,在其後作一簡釋。5.具有同義關係的多個條目,第一次出現時加注,後再出現時,注明"參見'某某'條"。個別情況下,後出現的處於類義詞群中,爲方便比較詞義關係,就詳注。先出現的,説明參見後注。

八、有的注釋加"【案】",案語內容主要有五方面。1.説明特殊義例,如"二義同條"。2.辨釋同義詞的同中之異。3.指出非同義詞。4.指出《爾雅》中的疑難問題,如目前文獻未見到一些生僻詞義的書證。5.説明《爾雅》古注或其他著述中的不同觀點以及存在的問題,略陳筆者之管見。

九、常引典籍均用簡稱。如《周易》稱《易》,《詩經》稱《詩》,《春秋左氏傳》稱《左傳》,《詩經》毛亨《傳》稱"毛傳",鄭玄《箋》稱"鄭箋",孔穎達《正義》稱"孔疏",許慎《説文解字》稱《説文》,郭璞《爾雅注》稱"郭注",邢昺《爾雅疏》稱"邢疏",鄭樵《爾雅注》稱"鄭注",邵晉涵《爾雅正義》稱"邵正義",郝懿行《爾雅義疏》稱"郝疏",尹桐陽《爾雅義證》稱"尹桐陽義證",王引之《經義述聞》稱"王引之述聞",阮元《爾雅注疏校勘記》稱"阮校"。

十、本書附有音序索引和筆畫索引。

釋 詁 第 一

　　《釋詁》收集一般詞語，也混雜少量百科類詞語；既有大量基本詞和常用詞，也有不少生僻詞；以動詞、形容詞等實詞爲主，間雜少量虛詞。該篇以同義爲訓爲主，以當時規範的雅正之言訓釋古語詞、俗語詞和方言詞（或外來詞）。每條中先列出被訓釋的同義詞，然後以一常用詞或基本詞解釋。《釋詁》《釋言》《釋訓》基本都採用這種訓釋形式，而《釋親》以下十六篇多不用此，表明前三篇的一般詞語作爲同義詞，重在求其同。

1.1　初、哉[1]、首、基[2]、肇[3]、祖[4]、元[5]、胎[6]、俶[7]、落[8]、權輿[9]，始也[10]。

【注釋】

〔1〕哉：開始。《書·伊訓》：“造攻自鳴條，朕哉自亳。”孔傳：“造、哉，皆始也。”《漢書·律曆志》：“後三十年四月庚戌朔，十五日甲子哉生霸。”顏師古注：“哉，始也。”

〔2〕基：起始，開始。《國語·晉語九》：“基於其身，以克復其所。”韋昭注：“基，始也。始更修之於身，以能復其先。”

〔3〕肇：同“肇”，開始。《說文》戈部：“肇，上諱。”徐鉉等注：“後漢和帝名也。案：李舟《切韻》云：‘擊也。从戈，肁聲。’”段玉裁注：“按，古有肁無肇，从戈之肇，漢碑或从攴，俗乃从攵作肇。”吳大澂古籀補：“古文肇、肇、肁三字竝通。”《書·堯典》：“肇十有二州，封十有二山。”孔傳：“肇，始也。”

〔4〕祖：開始。方言詞。《方言》十三：“鼻，始也。梁益之間謂

鼻爲初,或謂之祖。"《莊子·山木》:"浮游乎萬物之祖。"王
先謙集解引宣穎云:"未始有物之先。"

〔5〕元:開始。《説文》一部:"元,始也。"《公羊傳·隱公元年》:
"元年者何? 君之始年也。"

〔6〕胎:根源。《漢書·枚乘傳》:"福生有基,禍生有胎。"服虔
音義:"基、胎,皆始也。"《潛夫論·過利》:"無德而賄豐,禍
之胎也。"

〔7〕俶(chù,《廣韻》昌六切,入屋,昌):動作的開始。《書·胤
征》:"俶擾天紀。"孔傳:"俶,始。"《詩·周頌·載芟》:"有略
其耜,俶載南畝。"

〔8〕落:開始。《詩·周頌·訪落》:"訪予落止,率時昭考。"毛傳:
"落,始。"鄭箋:"成王始即政,自以承聖父之業,懼不能遵其
道德,故於廟中與群臣謀我始即政之事。"《逸周書·文酌》:
"伐道咸布,物無不落。落物取配,維有永究。"孔晁注:"落,
始也。"

〔9〕權輿:開始,起始。《詩·秦風·權輿》:"今也每食無餘,于嗟
乎! 不承權輿。"朱熹集傳:"權輿,始也。"

〔10〕始:開始。又:根本。《國語·晉語二》:"夫堅樹在始。"韋
昭注:"始,根本也。"

【案】該條屬於二義同條。所謂二義同條,就是用多義詞分別訓
釋同條與之同義的被訓詞,構成兩組或兩組以上的同義詞。二
義同條最早見於《爾雅》,由郭璞首次發現。其編排易造成誤解,
戴震究其原因,以爲是"掇拾之病"(戴震《答江慎修先生論小學
書》)。該條"始"以開始義訓釋"初、哉、首、基、肇、祖、元、俶、
落、權輿",又以根本義訓釋"胎",所以形成"始也"二義同條。

1.2　林[1]、烝[2]、天[3]、帝、皇、王、后[4]、辟[5]、公、侯,
君也。

【注釋】

〔1〕林：君主。邢疏：“皆天子諸侯南面之君異稱也。”《詩·小雅·賓之初筵》：“百禮既至，有壬有林。”毛傳：“林，君也。”孔疏：“既至，外來之辭，則君爲諸侯之君。”《楚辭·天問》：“伯林雉經，維其何故？”王逸注：“伯，長也。林，君也。謂晉太子申生爲後母驪姬所譖，遂雉經而自殺。”

〔2〕烝(zhēng，《廣韻》煮仍切，平蒸，章)：君主。《詩·大雅·文王有聲》：“文王烝哉。”毛傳：“烝，君也。”鄭箋：“君哉者，言其誠得人君之道。”

〔3〕天：君王。《詩·大雅·蕩》：“天降滔德，女興是力。”毛傳：“天，君。”

〔4〕后：君王。《説文》后部：“后，繼體君也。”段玉裁注：“后之言後也，開創之君在先，繼體之君在後也。析言之如是，渾言之則不別矣。”《易·姤》：“后以施命誥四方。”《楚辭·離騷》：“昔三后之純粹兮，固衆芳之所在。”王逸注：“后，君也，謂禹、湯、文王也。”

〔5〕辟(bì，《廣韻》必益切，入昔，幫)：天子，君主。《書·洪範》：“惟辟作福，惟辟作威，惟辟玉食。”《詩·大雅·文王有聲》：“豐水東注，維禹之績；四方攸同，皇王維辟。”鄭箋：“辟，君也。”

【案】該條“君”以君主義通釋被訓詞，構成一組同義詞。但亦有歧見。故訓以訓詞“君”爲多義詞，分訓意義相同的被訓詞，構成二義同條。王引之述聞：“君字有二義。一爲君上之君，天、帝、皇、王、后、辟、公、侯是也。一爲群聚之群，林、烝是也。古者君與群同聲，故《韓詩外傳》曰：‘君者，群也。’……古人訓詁之指本於聲音，六書之用廣於假借，故二義不嫌同條也。”可供參考。

1.3　弘、廓[1]、宏、溥[2]、介[3]、純[4]、夏[5]、幠[6]、厖[7]、墳[8]、嘏[9]、丕、弈[10]、洪、誕[11]、戎[12]、駿[13]、假[14]、京[15]、碩、濯[16]、訏[17]、宇[18]、穹[19]、壬[20]、路[21]、淫[22]、甫[23]、景[24]、廢[25]、壯[26]、冢[27]、簡[28]、箌[29]、昄[30]、晊[31]、將[32]、業[33]、席[34]，大也。

【注釋】

〔1〕廓：廣大。《詩·大雅·皇矣》：“上帝耆之，憎其式廓。”毛傳：“廓，大也。”《淮南子·精神》：“處大廓之宇，游無極之野。”

〔2〕溥(pǔ，《廣韻》滂古切，上姥，滂)：廣大。《説文》水部：“溥，大也。”《詩·大雅·公劉》：“篤公劉，逝彼百泉，瞻彼溥原。”毛傳：“溥，大。”鄭箋：“溥，廣也。”《文選》張衡《西京賦》：“皇恩溥，洪德施。”

〔3〕介：大。《易·晉》：“受茲介福，于其王母。”王注：“則乃受茲大福於其王母也。”《書·顧命》：“太保承介圭。”孔傳：“大圭，尺二寸，天子守之。”

〔4〕純：大。《詩·周頌·維天之命》：“於乎不顯，文王之德之純。”毛傳：“純，大。”《書·文侯之命》：“珍資澤于下民，侵戎我國家純。”孔傳：“侵兵傷我國及卿大夫之家，禍甚大。”

〔5〕夏：大。方言詞。《方言》一：“夏，大也。自關而西秦晉之間，凡物之壯大而愛偉之謂之夏。”《詩·秦風·權輿》：“於我乎！夏屋渠渠，今也每食無餘。”毛傳：“夏，大也。”《荀子·正論》：“令行於諸夏之國，謂之王。”楊倞注：“夏，大也，中原之大國。”

〔6〕幠(hū，《廣韻》荒烏切，平模，曉)：大。方言詞。《方言》一：“幠，大也。東齊海岱之間曰奔，或曰幠。”《詩·小雅·巧言》：“無罪無辜，亂如此幠。”毛傳：“幠，大也。”

〔7〕厖(máng，《廣韻》莫江切，平江，明)：大。方言詞。《説文》

厂部:"厖,石大也。"段玉裁注:"石大,其本義也。引伸之爲凡大之稱。"《方言》二:"自關而西秦晉之間,凡大貌謂之朦,或謂之厖。"《左傳·成公十六年》:"是以神降之福,時無災害,民生敦厖,和同以聽。"杜注:"厖,大也。"

〔8〕墳(fén):大。《詩·小雅·苕之華》:"牂羊墳首,三星在罶。"毛傳:"墳,大也。"《周禮·秋官·司烜氏》:"凡邦之大事,共墳燭庭燎。"鄭注:"故書墳爲賁。鄭司農云:'賁蜀(燭),麻燭也。'玄謂墳,大也。樹於門外曰大燭,於門內曰庭燎,皆所以照衆爲明。"

〔9〕嘏(gǔ,又讀jiǎ,《廣韻》古疋切,上馬,見):大。方言詞。《方言》一:"秦晉之間,凡物壯大謂之嘏。"《詩·周頌·我將》:"伊嘏文王,既右饗之。"陸釋文:"嘏,古雅反。毛:'大也。'"孔疏引王肅曰:"維天乃大文王之德,既佑助而歆饗之。"《儀禮·少牢饋食禮》:"以嘏于主人。"鄭注:"嘏,大也。"《逸周書·皇門》:"用能承天嘏命。"

〔10〕弈:亦作"奕",大。《說文》大部:"奕,大也。"揚雄《太玄·格》:"息金消石,往小來弈。"范望注:"弈,大也。"

〔11〕誕:大。《書·湯誥》:"王歸自克夏,至于亳,誕告萬方。"孔傳:"誕,大也。"《漢書·敍傳下》:"國之誕章,博載其路。"顔師古注:"誕,大也。"

〔12〕戎:大。方言詞。《方言》一:"戎,大也。宋魯陳衞之間謂之嘏,或曰戎。"《詩·周頌·烈文》:"念茲戎功,繼序其皇之。"毛傳:"戎,大。"

〔13〕駿:大。《詩·大雅·崧高》:"崧高維嶽,駿極于天。"毛傳:"駿,大。"

〔14〕假:大。《書·大禹謨》:"不自滿假。"孔傳:"假,大也。"孔疏:"執心謙沖,不自盈大。"《楚辭·大招》:"瓊轂錯衡,英華

假只。"王逸注:"假,大也。言所乘之車,以玉飾轂,以金錯衡,英華照燿,大有光明也。假,一作嘏。"

〔15〕京:大。方言詞。《方言》一:"京,大也。燕之北鄙、齊楚之郊或曰京,或曰將。"《左傳·莊公二十二年》:"八世之後,莫之與京。"杜注:"京,大也。"孔疏:"莫之與京,謂無與之比大。"

〔16〕濯:大。方言詞。《方言》一:"濯,大也。荊吳揚甌之郊曰濯。"《詩·大雅·文王有聲》:"王公伊濯,維豐之垣。"毛傳:"濯,大。"《文選》枚乘《七發》:"血脈淫濯,手足墮窳。"李善注:"淫濯,謂過度而且大也。《爾雅》……又曰:'濯,大也。'"

〔17〕訏(xū,《廣韻》況于切,平虞,曉):大。方言詞。《方言》一:"訏,大也。中齊西楚之間曰訏。"《詩·鄭風·溱洧》:"且往觀乎,洧之外,洵訏且樂。"毛傳:"訏,大也。"

〔18〕宇:大。《荀子·非十二子》:"喬宇嵬瑣,使天下混然不知是非治亂之所存者,有人矣。"楊倞注:"宇,大也,放蕩恢大也。"

〔19〕穷:大。《漢書·司馬相如傳上》:"觸穷石,激堆埼。"顏師古注引張揖曰:"穷石,大石也。"《文選》張衡《思玄賦》:"寒風淒其永至兮,拂穷岫之騷騷。"

〔20〕壬:盛大。《詩·小雅·賓之初筵》:"百禮既至,有壬有林。"毛傳:"壬,大。"

〔21〕路:大。《詩·大雅·生民》:"實覃實訏,厥聲載路。"毛傳:"路,大也。"《史記·孝武本紀》:"路弓乘矢,集獲壇下,報祠大饗。"裴駰集解引韋昭曰:"路,大也。"

〔22〕淫:大。《詩·周頌·有客》:"既有淫威,降福孔夷。"毛傳:"淫,大。"《說苑·至公》:"臣爲令尹十年矣,國不加治,獄訟不息,處士不升,淫禍不討。"

〔23〕甫：大。《詩·齊風·甫田》：“無田甫田，維莠驕驕。”毛傳：
“甫，大也。”

〔24〕景：大。《詩·小雅·小明》：“神之聽之，介爾景福。”毛傳：
“介、景，皆大也。”《國語·晉語二》：“景霍以爲城，而汾、河、
涑、澮以爲渠。”韋昭注：“景，大也。”

〔25〕廢：大。《詩·小雅·四月》：“廢爲殘賊，莫知其尤。”《列子·楊
朱》：“凡此諸閱，廢虐之主。”張湛注：“廢，大也。”

〔26〕壯：人體高大，引申爲凡物之大。方言詞。《説文》士部：“壯，
大也。”段玉裁注：“尋《説文》之例，當云‘大士也’，故下云
‘从士’。”《方言》一：“秦晉之間，凡人之大謂之奘，或謂之
壯。”《詩·小雅·采芑》：“方叔元老，克壯其猶。”毛傳：“壯，
大。”《漢書·食貨志下》：“小錢徑六分，重一銖，文曰‘小錢
直一’……次一寸，九銖，曰‘壯錢四十’。”

〔27〕冢：大。《詩·大雅·緜》：“迺立冢土，戎醜攸行。”毛傳：
“冢，大。”

〔28〕簡：大。《詩·邶風·簡兮》：“簡兮簡兮，方將萬舞。”毛傳：
“簡，大也。”《淮南子·説山》：“周之簡圭，生於垢石。”

〔29〕箌：阮元校作“菿”（dào，《廣韻》都導切，去号，端。又竹
角切，入覺，知），大。《詩·小雅·甫田》：“倬彼甫田，歲取
十千。”陸釋文：“《韓詩》作箌，音同。云：箌，卓也。”

〔30〕昄（bǎn，《廣韻》布綰切，上潸，幫。又扶板切，上潸，並。又
博管切，上緩，幫）：大。《説文》日部：“昄，大也。”《詩·大
雅·卷阿》：“爾土宇昄章，亦孔之厚矣。”毛傳：“昄，大也。”
朱熹集傳：“昄章，大明也。”

〔31〕晊（zhì，《廣韻》之日切，入質，章）：大。陸釋文：“本又作至，
又作胵。”王引之述聞：“家大人曰，作至者是也。作晊者，涉
上文昄字從日而誤。《説文》無晊字。其作胵者，又晊之誤

也。"至當爲正字,有大義。《易·坤》:"至哉坤元,萬物資生。"

〔32〕將:大。方言詞。《方言》一:"將,大也。秦晉之間凡人之大謂之獎,或謂之壯;燕之北鄙、齊楚之郊或曰京,或曰將,皆古今語也。"《詩·商頌·長發》:"有娀方將,帝立子生商。"毛傳:"將,大也。"《書·盤庚下》:"古我先王,將多于前功。"孔傳:"言以遷徙多大前人之功美。"

〔33〕業:大版。古代樂器架橫木上的大版,刻如鋸齒形,用以懸掛鐘、鼓、磬等。《説文》丵部:"業,大版也,所以飾縣鐘鼓。"《詩·周頌·有瞽》:"設業設虡,崇牙樹羽。"毛傳:"業,大板也,所以飾枸爲縣也。"

〔34〕席:阮元校作"蓆",大。《詩·鄭風·緇衣》:"緇衣之蓆兮,敝予又改作兮。"毛傳:"蓆,大也。"

【案】該條除"業"外,其餘被訓詞與訓詞"大"構成同義詞。

1.4　幠[1]、厖[2],有也。

【注釋】

〔1〕幠(hū):有。郭注引《詩》:"遂幠大東。"《詩·魯頌·閟宮》:"奄有龜蒙,遂荒大東。"毛傳:"荒,有也。"

〔2〕厖(máng,《廣韻》莫江切,平江,明):有。王引之述聞:"《説文》:'龐,兼有也。從有,龍聲。讀若聾。'《爾雅》:'厖,有也。'厖與龐聲近而義同。"

1.5　迄、臻[1]、極[2]、到、赴、來、弔[3]、艐[4]、格[5]、戾[6]、懷[7]、摧[8]、詹[9],至也。

【注釋】

〔1〕臻:到達。《説文》至部:"臻,至也。"《詩·邶風·泉水》:"遄臻于衛,不瑕有害。"毛傳:"臻,至。"《周禮·考工記·槀氏》:"時文思索,允臻其極。"鄭注:"臻,至也。"

〔2〕極:到達。《詩·大雅·崧高》:"崧高維嶽,駿極于天。"毛傳:

"極，至也。"《國語·魯語下》："齊朝駕，則夕極於魯國。"韋昭注："極，至也。"

〔3〕弔(dì，《廣韻》都歷切，入錫，端)：到。《書·盤庚下》："肆予沖人，非廢厥謀，弔由靈。"孔傳："弔，至。"孔疏："衆謀必有異見，故至極用其善者。"《詩·小雅·天保》："神之弔矣，詒爾多福。"毛傳："弔，至。"

〔4〕屆(jiè，《廣韻》古拜切，去怪，見)：古"屆"字，到。方言詞，古語詞。陸釋文引孫炎云："屆，古屆字。"《方言》一："屆，至也。宋語也。皆古雅之別語也。"《史記·司馬相如列傳》："糾蓼叫奡蹢以艐路兮，蔑蒙踊躍騰而狂趡。"裴駰集解引徐廣曰："艐，音介，至也。"

〔5〕格：至。《書·舜典》："帝曰：'格，汝舜。詢事考言，乃言底可績，三載。汝陟帝位。'"孔傳："格，來。"《儀禮·士冠禮》："孝友時格，永乃保之。"鄭注："格，至也。"

〔6〕戻：至，到達。方言詞《方言》一："戻，至也。楚語也。"《詩·小雅·采芑》："鴥彼飛隼，其飛戻天。"毛傳："戻，至也。"《國語·魯語上》："天災流行，戻于弊邑。"韋昭注："戻，至也。"

〔7〕懷：來到。方言詞《方言》一："懷，至也。齊楚之會郊或曰懷。"《詩·齊風·南山》："既曰歸止，曷又懷止？"鄭箋："懷，來也。"

〔8〕摧：到。方言詞《方言》一："摧，至也……楚語也。"《詩·大雅·雲漢》："胡不相畏，先祖于摧。"毛傳："摧，至也。"章炳麟《小學答問》："摧猶抵耳。《說文》抵亦訓擠，今人謂至曰抵，昔人謂至曰摧，其旨則同。凡相擠迫者必至其處，故摧、抵同爲至。"

〔9〕詹(zhān，《廣韻》職廉切，平鹽，章)：到。方言詞。《方言》一："詹，至也……楚語也。"《詩·小雅·采綠》："五日爲期，六日

不詹。”毛傳：“詹，至也。”

1.6 如[1]、適[2]、之[3]、嫁[4]、徂[5]、逝[6]，往也。

【注釋】

〔1〕如：往，去。段玉裁《説文解字注》女部：“如，凡有所往曰如，皆从隨之引伸也。”《左傳·隱公六年》：“鄭伯如周，始朝桓王也。”《史記·項羽本紀》：“坐須臾，沛公起如厠，因招樊噲出。”

〔2〕適：去，往。方言詞。《方言》一：“適，往也。適，宋魯語也。”《楚辭·離騷》：“心猶豫而狐疑兮，欲自適而不可。”王逸注：“適，往也。”《史記·吳太伯世家》：“（季劄）去鄭，適衛。”

〔3〕之：往，到……去。《詩·魏風·碩鼠》：“樂郊樂郊，誰之永號！”鄭箋：“之，往也。”《孟子·滕文公上》：“滕文公爲世子，將之楚，過宋而見孟子。”

〔4〕嫁：往，赴。方言詞。《方言》一：“嫁，往也。自家而出謂之嫁，由女而出爲嫁也。”《戰國策·中山策》：“趙自長平已來，君臣憂懼，早朝晏退，卑辭重幣，四面出嫁，結親燕魏，連好齊楚。”《列子·天瑞》：“國不足，將嫁於衛。”張湛注：“自家而出謂之嫁。”

〔5〕徂：往，去。方言詞。《方言》一：“徂，往也。齊語也。”《詩·豳風·東山》：“我徂東山，慆慆不歸。”鄭箋：“我往之東山，既久勞矣。”《書·説命下》：“自河徂亳，暨厥終罔顯。”

〔6〕逝：往，去。方言詞。《方言》一：“徂，往也。秦晉語也。”《書·大誥》：“若昔朕其逝，朕言艱日思。”孔傳：“順古道，我其往東征矣。”《詩·邶風·二子乘舟》：“二子乘舟，汎汎其景。”

1.7 賚[1]、貢[2]、錫[3]、畀[4]、予、貺[5]，賜也。

【注釋】

〔1〕賚(lài，《廣韻》洛代切，去代，來)：賜予，贈送。《説文》貝部：

“賚，賜也。”《書·湯誓》：“予其大賚汝。”孔傳：“賚，與也。”
《詩·商頌·烈祖》：“既載清酤，賚我思成。”毛傳：“賚，賜也。”

〔2〕貢：亦作“贛”，賜予，贈送。郝疏：“貢者，贛之假音也。《説
　　文》云：‘贛，賜也。’……按古人名字多依雅訓，孔子弟子名
　　賜字子贛，亦其證也。通作貢，今經典贛字多借作貢矣。”《吕
　　氏春秋·離俗》：“桓公賜之衣冠，將見之。”《淮南子·道應》
　　作“桓公贛之衣冠”。《史記·樂書》：“太一貢兮天馬下，霑赤
　　汗兮沫流赭。”司馬貞索隱：“按《禮樂志》‘貢’作‘況’，‘況’
　　與‘貢’意亦通。”

〔3〕錫(cì)：通“賜”，賜予。朱駿聲《説文通訓定聲》解部：“錫，
　　假借爲賜。”《詩·大雅·崧高》：“既成藐藐，王錫申伯。”鄭箋：
　　“召公營位，築之已成，以形貌告於王，王乃賜申伯。”《公羊
　　傳·莊公元年》：“王使榮叔來錫桓公命。錫者何？賜也。”

〔4〕畀(bì，《廣韻》必至切，去至，幫)：賜與。《説文》丌部：“畀，
　　相付與之，約在閣上也。”段玉裁注：“《祭統》曰：‘夫祭有畀
　　煇、胞、翟、閽者，惠下之道也。畀之爲言與也，能以其餘畀
　　其下者也。’此謂上之与下，庋閣而命取之。”《書·洪範》：
　　“帝乃震怒，不畀洪範九疇。”孔傳：“畀，與。”

〔5〕貺(kuàng，《廣韻》許訪切，去漾，曉)：賜給，賜與。《詩·小
　　雅·彤弓》：“我有嘉賓，中心貺之。”毛傳：“貺，賜也。”《儀
　　禮·聘禮》：“君貺寡君，延及二三老。”鄭注：“貺，賜也。”

1.8　儀[1]、若[2]、祥[3]、淑[4]、鮮[5]、省[6]、臧[7]、嘉、令[8]、
　　　類[9]、綝[10]、彀[11]、攻[12]、穀[13]、介[14]、徽[15]，善也。

【注釋】

〔1〕儀：善。《詩·小雅·斯干》：“無非無儀，唯酒食是議。”朱熹
　　集傳：“儀，善也。”

〔2〕若：和善。《商君書·慎法》：“外不能戰，内不能守，雖堯爲

主，不能以不臣諧謂所不若之國。”《漢書·禮樂志》：“神若
宥之，傳世無疆。”顏師古注：“若，善也。”

〔3〕祥：善。《詩·大雅·大明》：“文定厥祥，親迎于渭。”毛傳：
“祥，善也。”《墨子·天志中》：“且夫天下蓋有不仁不祥者。”

〔4〕淑：善。《國語·楚語下》：“其爲人也，展而不信，愛而不仁，
詐而不知，毅而不勇，直而不衷，周而不淑。”韋昭注：“淑，
善也。”《公羊傳·莊公十二年》：“甚矣，魯侯之淑，魯侯之美
也！”何注：“淑，善。”

〔5〕鮮：美好。方言詞。《方言》十：“鮮，好也。南楚之外通語也。”
《詩·小雅·北山》：“嘉我未老，鮮我方將。”鄭箋：“嘉、鮮，皆
善也。”

〔6〕省：使……善。《詩·大雅·皇矣》：“帝省其山，柞棫斯拔，松
柏斯兌。”鄭箋：“省，善也。”《禮記·大傳》：“大夫、士有大
事，省於其君，干祫及其高祖。”鄭注：“省，善也。善於其君，
謂免於大難也。”

〔7〕臧：好。《説文》臣部：“臧，善也。”楊樹達《積微居小學述
林全編·釋臧》：“戰敗者被獲爲奴，不敢橫恣，故臧引申有善
義。”《書·盤庚上》：“邦之臧，惟女衆；邦之不臧，惟予一人
有佚罰。”《詩·小雅·小旻》：“謀臧不從，不臧覆用。”鄭箋：
“臧，善也。謀之善者不從，其不善者反用之。”

〔8〕令：善，美好。《書·太甲下》：“今王嗣有令緒，尚監茲哉。”
孔傳：“令，善也。繼祖善業，當夙夜庶幾視祖，此配天之德
而法之。”《詩·大雅·卷阿》：“如圭如璋，令聞令望。”鄭箋：
“令，善也。”

〔9〕類：善，美好。朱駿聲《説文通訓定聲》履部：“類者，肖
也……故又轉爲善。”《書·太甲中》：“予小子不明于德，自
底不類。”孔傳：“類，善也。”《詩·大雅·皇矣》：“其德克明，

克明克類。"鄭箋:"類,善也。勤施無私曰類。"

〔10〕綝(chēn):良善。《廣雅·釋詁》:"綝,止也。"王念孫疏證:
"綝之言禁也。《説文》:'綝,止也。'止有安善之意。故字
之訓爲止者亦訓爲善。卷一云:'休、戾,善也。'此云:'綝,
止也。'《爾雅》云:'綝、徽,善也。''徽、戾,止也。''休,戾
也。'皆其證矣。"一説:綝,通"諃",善言。(參王引之《經
義述聞》二六)

〔11〕彀(gòu):善射。郝疏:"彀者,張弓之善也。射必至於彀,猶
學必至於善,故彀有善義。"《史記·廉頗藺相如列傳》:"彀
者十萬人,悉勒習戰。"司馬貞索隱:"彀謂能射也。"

〔12〕攻:通"工",巧,善於。朱駿聲《説文通訓定聲》豐部:"攻,
假借爲工。"《戰國策·西周策》:"是攻用兵。"高誘注:"攻,
巧玄也。"

〔13〕穀:善。《詩·陳風·東門之枌》:"穀旦于差,南方之原。"毛
傳:"穀,善也。"《管子·禁藏》:"氣情不營,則耳目穀,衣食
足。"注:"穀,善也。"

〔14〕介:通"價",善。朱駿聲《説文通訓定聲》泰部:"介,假借
爲價。"《漢書·諸侯王表》:"介人惟藩。"顏師古注:"介,
善也。"

〔15〕徽:美好。《玉篇》系部:"徽,美也,善也。"《書·舜典》:
"慎徽五典,五典克從。"孔傳:"徽,美也。"陸釋文:"徽,王
云美,馬云善也。"《詩·小雅·角弓》:"君子有徽猷。"毛傳:
"徽,美也。"

【案】該條構成四組同義詞。第一組"善、儀、祥、淑、鮮、臧、嘉、
令、類、穀、介、徽",都表示善,美好;第二組"善、若",都表示
和善;第三組"善、攻",都表示擅長;第四組"善、省",都表示
使……善。綝,待考。"彀"與"善"不同義。

1.9　舒[1]、業[2]、順[3]，敘也[4]。舒、業、順、敘，緒也[5]。

【注釋】

〔1〕舒：端緒，次序。郭注：“皆謂次敘。”《詩·大雅·常武》：“王舒保作。”陸釋文：“舒，序也。一本作舒，徐也。”《國語·楚語下》：“能道訓典，以敘百物。”韋昭注：“敘，次也。”

〔2〕業：依次，次序。《孟子·盡心下》：“有業屨於牖上。”趙岐注：“業，織之有次業而未成也。”《國語·晉語四》：“信於事，則民從事有業。”韋昭注：“業，猶次也。”

〔3〕順：順序，次序。《左傳·宣公四年》：“鄭人立子良。辭曰：‘以賢則去疾不足，以順則公子堅長。’”

〔4〕敘：次序，次第。《書·舜典》：“納于百揆，百揆時敘。”孔疏：“於是皆得次序，無廢事也。”《周禮·地官·鄉師》：“凡邦事，令作秩敘。”鄭注：“敘，猶次也。”

〔5〕緒：次序。《書·大誥》：“誕敢紀其緒。”孫星衍疏：“《漢書》作‘誕敢犯祖亂宗之序’……緒與序通。”《莊子·山木》：“進不敢爲前，退不敢爲後，食不敢先嘗，必取其緒。”

1.10　怡[1]、懌[2]、悅、欣、衎[3]、喜、愉、豫[4]、愷[5]、康[6]、妉[7]、般[8]，樂也。

【注釋】

〔1〕怡：喜悅，快樂。《國語·周語下》：“晉國有憂，未嘗不戚；有慶，未嘗不怡。”《楚辭·九章·哀郢》：“心不怡之長久兮，憂與愁其相接。”王逸注：“怡，樂貌也。”

〔2〕懌（yì，《廣韻》羊益切，入昔，以）：喜悅，快樂。慧琳《一切經音義》二六引《爾雅》郭注：“懌，意解之樂也。”《書·康誥》：“我惟有及，則予一人以懌。”《詩·大雅·板》：“辭之懌矣，民之莫矣。”毛傳：“懌，説。”

〔3〕衎（kàn，《廣韻》苦旰切，去翰，溪）：快樂。《詩·小雅·南有

嘉魚》:“君子有酒,嘉賓式燕以衎。”毛傳:“衎,樂也。”

〔4〕豫:逸樂。邢疏:“豫者,逸樂也。”《國語·晉語四》:“坤,母
也;震,長男也。母老子彊,故曰豫。”韋昭注:“豫,樂也。”
《孟子·公孫丑下》:“充虞路問曰:‘夫子若有不豫色然。’”

〔5〕愷(kǎi,《廣韻》苦亥切,上海,溪):安樂。《莊子·天道》:“中
心物愷,兼愛無私。”成玄英疏:“愷,樂也。忠誠之心,願物
安樂。”

〔6〕康:安樂。邢疏:“康者,安樂也。”《逸周書·謚法》:“溫年
好樂曰康。”《詩·唐風·蟋蟀》:“無已大康,職思其居。”毛傳:
“康,樂。”

〔7〕妉(dān,《廣韻》丁含切,平覃,端):同“媅、耽”,安樂。慧琳
《一切經音義》三二:“媅,古文妉同。”《詩·小雅·常棣》:“兄弟
既翕,和樂且湛”,陸釋文引《韓詩》作“耽”,云:“樂之甚也。”

〔8〕般:快樂,遊樂。邢疏:“般者,遊樂也。”《荀子·仲尼》:“閨
門之內,般樂奢汰。”楊倞注:“般,亦樂也。”《逸周書·祭公》:
“允乃詔,畢桓于黎民般。”孔晁注:“般,樂也。”

1.11　悦〔1〕、懌〔2〕、愉〔3〕、釋〔4〕、賓〔5〕、協〔6〕,服也。

【注釋】

〔1〕悦:悦服。《書·武成》:“大賚于四海,而萬姓悦服。”孔傳:
“天下皆悦仁服德。”《孟子·滕文公上》:“及至葬,四方來觀
之,顏色之戚,哭泣之哀,弔者大悦。”

〔2〕懌:悦服。《玉篇》心部:“懌,服也。”《詩·小雅·節南山》:
“既夷既懌,如相酬矣。”毛傳:“懌,服也。”孔疏:“既以懌
服,則如賓主之飲酒者相酬酢矣。”

〔3〕愉:愉快。引申爲悦服。郭注:“皆謂喜而服從。”

〔4〕釋:喜而心服。邢疏:“釋者,釋去恨怨而服也。”

〔5〕賓:服從,歸順。邢疏:“賓者,懷德而服也。”《書·旅獒》:“明

王慎德,四夷咸賓。”孔傳:“言明王慎德以懷遠,故四夷皆賓
服。”《國語·楚語上》:“蠻夷戎狄,其不賓也久矣。”韋昭注:
“賓,服也。”

〔6〕協:順服,悦服。邢疏:“協者,和合而服也。”《書·微子之
命》:“上帝時歆,下民祇協。”

1.12　遹[1]、遵、率[2]、循、由、從,自也。遹、遵、率,循也。

【注釋】

〔1〕遹(yù,《廣韻》餘律切,入術,以):遵循。《書·康誥》:“今
民將在祇遹乃文考,紹聞衣德言。”孔傳:“今治民將在敬循
汝文德之父,繼其所聞,服行其德言,以爲政教。”

〔2〕率:遵行,遵循。《左傳·哀公十六年》:“周仁之謂信,率義
之謂勇。”杜注:“率,行也。”《詩·大雅·假樂》:“不愆不忘,
率由舊章。”鄭箋:“率,循也……循用舊典之文章,謂周公之
禮法。”

【案】“自也”條屬於二義同條。郭注:“自猶從也。”“由、從”與
“自”都是介詞,譯爲從,爲一組同義詞;“遹、遵、率、循”都是動
詞,表示遵循,爲一組同義詞。“循也”條是從“自也”條中分離
出來重訓,説明《爾雅》著者已認識到“自也”條前四個實詞與
後面三個虚詞爲兩組不同類型的同義詞,是實虚有别。

1.13　靖[1]、惟[2]、漠[3]、圖、詢[4]、度[5]、咨[6]、諏[7]、究[8]、如[9]、慮、謨[10]、猷[11]、肇[12]、基[13]、訪[14],謀也。

【注釋】

〔1〕靖:圖謀,謀慮。《書·盤庚上》:“則惟汝衆自作弗靖,非
予有咎。”孔傳:“靖,謀也。是汝自爲,非謀所致。”《詩·大
雅·召旻》:“昏椓靡共,潰潰回遹,實靖夷我邦。”毛傳:“靖,
謀。”鄭箋:“皆謀夷滅王之國。”

〔2〕惟:謀劃。《書·盤庚中》:“盤庚作,惟涉河以民遷。”

〔3〕漠：通“謨”，謀劃。郭注：“如、肇所未詳，餘皆見《詩》。”郝疏：“漠者，莫之假音也。《詩》：‘聖人莫之。’毛傳：‘莫，謀也。’……《釋文》：‘漠，孫音莫。舍人云：心之謀也。’《詩·巧言》釋文：‘莫，又作漠，一本作謨。’《抑》釋文：‘謨，本亦作漠。’是漠、謨互通。”

〔4〕詢：謀劃。《説文》言部：“詢，謀也。”《書·舜典》：“格，汝舜。詢事考言，乃言底可績。”孔傳：“詢，謀。”孔疏：“汝所謀事，我考汝言。汝所爲之事，皆副汝所謀，致可以立功，於今三年矣。”

〔5〕度：算謀，謀劃。《字彙》广部：“度，算謀也，量也，料也，忖也。”《國語·晉語四》：“及其即位也，詢於八虞，而諮於二虢。”韋昭注：“詢，謀也。”

〔6〕咨：謀議。《説文》口部：“謀事曰咨。”《書·舜典》：“咨十有二牧！”孔傳：“咨亦謀也。”

〔7〕諏(zōu，《廣韻》子于切，平虞，精)：聚謀。《説文》言部：“諏，聚謀也。”段玉裁注：“《左傳》：‘咨事爲諏。’”王筠句讀：“許君説訪以汎、説諏以聚者，於方聲、取聲得之。”《玉篇》言部：“諏，問正事也。”《詩·小雅·皇皇者華》：“載馳載驅，周爰咨諏。”毛傳：“咨事爲諏。”《儀禮·特牲饋食禮》：“特牲饋食之禮，不諏日。”鄭注：“諏，謀也。”

〔8〕究：謀劃。《篇海類編·地理類》：“究，又參也，謀也。”《詩·大雅·皇矣》：“維彼四國，爰究爰度。”毛傳：“究，謀。”

〔9〕如：通“茹”，圖謀。郝疏：“如者，與茹同。《釋言》云：‘茹，度也。’度亦謀也。茹亦如也。”《詩·周頌·臣工》：“王釐爾成，來咨來茹。”鄭箋：“茹，度也。”

〔10〕謨：謀劃，議謀。《説文》言部：“謨，議謀也。”徐鍇繫傳：“慮一事、畫一計爲謀，汎議將定，其謀曰謨。《大禹》《皋陶》皆

汎謀也。"《書·皋陶謨》:"允迪厥德,謨明弼諧。"《莊子·庚
桑楚》:"知者,接也;知者,謨也。"

〔11〕猷(yóu,《廣韻》以周切,平尤,以):謀劃。《書·君奭》:"告
君,乃猷裕我,不以後人迷。"孔傳:"告君汝謀寬饒之道。"
孔疏:"猷訓爲謀。"

〔12〕肇:同"肇",圖謀。《詩·大雅·江漢》:"肇敏戎公,用錫爾
祉。"毛傳:"肇,謀。"胡承珙後箋:"謂朝廷圖謀其有敏大
之功。"

〔13〕基:謀劃。王引之述聞:"《康誥》曰:'周公初基,作新大邑
于東國洛。'鄭注以基爲謀。"

〔14〕訪:泛謀,謀議。《説文》言部:"汎謀曰訪。"《詩·周頌·訪
落》毛序:"《訪落》,嗣王謀於廟也。"《周禮·春官·内史》:
"掌敘事之法,受納訪以詔王聽治。"鄭注:"納訪,納謀於王
也。"孫詒讓正義:"諸臣所謀議之事,内史則受而納之。"

1.14　典[1]、彝[2]、法、則、刑[3]、範[4]、矩[5]、庸[6]、恒[7]、律、戛[8]、職[9]、秩[10],常也[11]。

【注釋】

〔1〕典:常道,準則。《書·皋陶謨》:"天敘有典,勑我五典五惇
哉!"孔疏:"天次敘人倫,使有常性,故人君爲政,當勑正
我父母兄弟子五常之教,教之使五者皆惇厚哉。"《儀禮·士
昏禮》:"對曰:'吾子順先典,貺某重禮,某不敢辭,敢不承
命。'"鄭注:"典,常也,法也。"

〔2〕彝:常規,準則。《詩·大雅·烝民》:"民之秉彝,好是懿德。"
毛傳:"彝,常。"《國語·周語中》:"天道賞善而罰淫,故凡我
造國,無從非彝,無即慆淫,各守爾典,以承天休。"韋昭注:
"彝,常也。"

〔3〕刑:法則。《禮記·禮運》:"以著其義,以考其信,著有過,刑

仁講讓,示民有常。”鄭注:“刑,猶則也。”孔疏:“刑,則也。民有仁者,用禮賞之以爲則也。”

〔4〕範:典範,法則。《書·洪範》:“天乃錫禹洪範九疇,彝倫攸敘。”

〔5〕矩:常規,準則。《孟子·告子上》:“大匠誨人必以規矩。”

〔6〕庸:經常。《易·乾》:“庸言之信,庸行之謹。”孔疏:“庸,常也。從始至末常言之信實,常行之謹慎。”

〔7〕恒:經常,常常。《詩·小雅·小明》:“嗟爾君子,無恒安處。”鄭箋:“恒,常也。”《書·伊訓》:“敢有恒舞于宮,酣歌于室,時謂巫風。”孔傳:“常舞則荒淫。”

〔8〕夏(jiá,《廣韻》古黠切,入鎋,見):常禮,常法。邢疏:“皆謂常禮法也。”《書·康誥》:“不率大戛,矧惟外庶子、訓人。”孔傳:“戛,常也。”孔疏:“戛猶楷也,言爲楷模之常,故戛爲常也。”蔡沈集傳:“戛,法也。”

〔9〕職:經常。《詩·唐風·蟋蟀》:“無已大康,職思其居。”俞樾平議:“(《毛傳》)訓職爲主,於義未安……職當訓爲常,猶曰‘常思其居’耳。”

〔10〕秩:常規。《詩·小雅·賓之初筵》:“是曰既醉,不知其秩。”毛傳:“秩,常也。”孔疏:“不自知其常禮,言其昏亂,禮無次也。”

〔11〕常:常規。《易·繫辭下》:“初率其辭而揆其方,既有典常。”又:經常,常常。《莊子·天地》:“三患莫至,身常無殃,則何辱之有?”《史記·淮陰侯列傳》:“信知漢王畏惡其能,常稱病不朝從。”

【案】該條屬於二義同條。“常”以常規義訓釋“典、彝、法、則、刑、範、矩、律、戛、秩”,以經常義訓釋“庸、恒、職”,共構成兩組同義詞。

1.15 柯[1]、憲、刑[2]、範[3]、辟[4]、律、矩[5]、則,法也。

【注釋】

〔1〕柯：長三尺之稱。引申爲法則。郝疏：“是柯與矩皆法之所從出，因亦訓法矣。”

〔2〕刑：刑法，法度。《左傳·隱公十一年》：“許無刑而伐之，服而舍之。”杜注：“刑，法也。”《詩·大雅·抑》：“罔敷求先王，克共明刑。”毛傳：“刑，法也。”鄭箋：“無廣索先王之道，與能執法度之人乎？”

〔3〕範：法度。《逸周書·酆保》：“商爲無道，棄德刑範。”朱右曾校釋：“刑、範，皆法也。”

〔4〕辟：本義表示法，法度。《説文》辟部：“辟，法也。從卩，從辛，節制其辠也。”《詩·小雅·雨無正》：“如何昊天，辟言不信。”毛傳：“辟，法也。”《管子·宙合》：“故諭教者取辟焉。”注：“辟，法也，取爲規矩也。”

〔5〕矩：法度。《論語·爲政》：“七十而從心所欲，不踰矩。”何晏集解引馬融注：“矩，法也。”《漢書·敘傳下》：“濞之受吳，疆土踰矩。”顏師古注：“矩，法制也。”

1.16　辜[1]、辟[2]、戾[3]，辠也[4]。

【注釋】

〔1〕辜：罪，罪過。《書·大禹謨》：“與其殺不辜，寧失不經。”孔傳：“辜，罪。”《公羊傳·宣公六年》：“趙盾曰：‘天乎，無辜，吾不弒君，誰謂吾弒君者乎？’”何注：“辜，罪也。”

〔2〕辟：罪，罪過。《左傳·僖公二十三年》：“策名委質，貳乃辟也。”杜注：“辟，罪也。”《國語·周語上》：“土不備墾，辟在司寇。”韋昭注：“辟，罪也。”

〔3〕戾：罪行。《詩·大雅·抑》：“哲人之愚，亦維斯戾。”毛傳：“戾，罪也。”鄭箋：“賢者而爲愚，畏懼於罪也。”《左傳·文公四年》：“君辱貺之，其敢干大禮以自取戾。”杜注：“戾，罪也。”

〔4〕辠(zuì,《廣韻》徂賄切,上賄,從):同“罪”,罪過。《説文》辛部:“犯法也。从辛,从自。言辠人蹙鼻苦辛之憂。秦以辠似皇字,改爲罪。”徐灝箋:“辠人蹙鼻苦辛,説近穿鑿。辠、罪古字通,見於經傳者不可枚舉,亦非秦人始改用之。”《楚辭·九章·惜往日》:“何貞臣之無辠兮,被離謗而見尤。”王逸注:“忠正之行,少怨忒也。”《周禮·天官·甸師》:“王之同姓有辠,則死刑焉。”鄭注引鄭司農云:“王同姓有罪當刑者,斷其獄於甸師之官也。”

1.17　黃髮[1]、齯齒[2]、鮐背[3]、耇[4]、老,壽也。

【注釋】

〔1〕黃髮:老人頭髮變白,白久則變黃,因以黃髮爲壽高的象徵。《書·秦誓》:“雖則云然,尚猷詢兹黃髮,則罔所愆。”《詩·魯頌·閟宮》:“黃髮台背,壽胥與試。”鄭箋:“黃髮、台背,皆壽徵也。”

〔2〕齯(ní,《廣韻》五稽切,平齊,疑)齒:老人齒落後復生之細齒。又稱兒齒。齯齒是長壽的一種象徵。《詩·魯頌·閟宮》:“既多受祉,黃髮兒齒。”

〔3〕鮐(tái,《廣韻》土來切,平咍,透)背:老人背上生斑如鮐魚之紋,爲高壽之徵。亦作“台背”。郭注:“鮐背,背皮如鮐魚。”焦贛《易林·震》:“耋老鮐背,齒牙動摇。近地遠天,下入黃泉。”《詩·大雅·行葦》:“黃耇台背,以引以翼。”毛傳:“台背,大老也。”鄭箋:“台之言鮐也,大老則背有鮐文。”

〔4〕耇(gǒu,《廣韻》古厚切,上厚,見):年老,高壽。《詩·小雅·南山有臺》:“樂只君子,遐不黃耇。”毛傳:“黃,黃髮也。耇,老也。”《漢書·韋賢傳》:“歲月其徂,年其逮耇。”顏師古注:“耇者,老人面色如垢也。”

1.18　允[1]、孚[2]、亶[3]、展[4]、諶[5]、誠、亮[6]、詢[7],信也。

【注釋】

〔1〕允：誠信。方言詞。《方言》一："允，信也。齊魯之間曰允。"《書·舜典》："命汝作納言，夙夜出納朕命，惟允。"孔傳："必以信。"《史記·五帝本紀》"允"作"信"。《詩·小雅·車攻》："允矣君子，展也大成。"鄭箋："允，信。"

〔2〕孚：誠信，信用。《説文》爪部："孚，卵孚也。從爪從子。一曰信也。"徐鍇繫傳："孚，信也。鳥之乳卵皆如其期，不失信也。"段玉裁注："此即'卵即孚'引伸之義也。鷄卵之必爲鷄，鶤卵之必爲鶤，人言之信如是矣。"《詩·大雅·下武》："永言配命，成王之孚。"鄭箋："孚，信也。此爲武王言也。今長我之配行三后之教令者，欲成我周家王道之信也。王德之道成於信。"《易·中孚》："中孚。"孔疏："中孚，卦名也。信發於中，謂之中孚。"

〔3〕亶(dǎn，《廣韻》多旱切，上旱，端)：誠信。《書·盤庚中》："誕告用亶其有衆。"孔傳："大告用誠於衆。"陸釋文："亶，誠也。"孔疏："用誠心於其所有之衆人。"《詩·大雅·板》："靡聖管管，不實於亶。"毛傳："亶，誠也。"鄭箋："不能用實於誠信之言，言行相違也。"

〔4〕展：誠實，誠信。方言詞。《方言》一："展，信也。荆吳淮汭之間曰展。"《詩·小雅·車攻》："允矣君子，展也大成。"鄭箋："展，誠也。"陳奂傳疏："言信矣君子，誠能成其大功也。"《國語·楚語下》："展而不信，愛而不仁。"韋昭注："展，誠也。"

〔5〕諶(chén，《廣韻》氏任切，平侵，禪)：真誠，誠信。《詩·大雅·蕩》："天生烝民，其命匪諶。"毛傳："諶，誠也。"鄭箋："天之生此衆民，其教道之，非當以誠信使之忠厚乎？"《文選》班固《幽通賦》："觀天網之紘覆兮，實棐諶而相訓。"李

善注引項岱曰:"天網大覆人上,非不信也,誠欲有誠實于世間,亦當相輔助教也。"

〔6〕亮:通"諒",誠信。方言詞。《方言》一:"諒,信也。衆信曰諒,周南、召南、衛之語也。"玄應《一切經音義》十七:"《爾雅》云:'諒,信也。'知之信也。"《孟子·告子下》:"君子不亮,惡乎執?"趙注:"亮,信也。"

〔7〕詢:通"恂"或"洵",誠信。郝疏:"詢者,恂之假音也。《説文》云:'恂,信心也。'《方言》云:'恂,信也。'"《書·立政》:"迪知忱恂于九德之行。"孔傳:"禹之臣蹈知誠信於九德之行。"《詩·鄭風·溱洧》:"洧之外,洵訏且樂。"鄭箋:"洵,信也。"陸釋文:"洵,《韓詩》作恂。"

1.19　展、諶、允、慎[1]、亶,誠也。

【注釋】

〔1〕慎:真誠,誠信。《詩·小雅·巧言》:"昊天已威,予慎無罪。"毛傳:"慎,誠也。"

【案】該條和上條都表示誠信。

1.20　謔、浪、笑、敖,戲謔也[1]。

【注釋】

〔1〕戲謔:嘲弄取笑。《詩·衛風·淇奥》:"寬兮綽兮,猗重較兮。善戲謔兮,不爲虐兮。"徐幹《中論·法象》:"君子口無戲謔之言,言必有防;身無戲謔之行,行必有檢。"

【案】該條舊説是解釋《詩·邶風·終風》"謔浪笑敖,中心是悼"的。謔,戲謔。浪,放蕩,放縱。笑,譏笑。敖,傲慢。四個字連文。邵正義:"《説文》引《衛風·淇奥》之詩,戲、謔二字爲連文也。謔、浪、笑、敖四字連文。""謔"與"戲謔"是同義詞,"浪、笑、敖"臨時具有戲謔義。"戲謔"以儲存態下的意義訓釋"浪、笑、敖",不構成同義關係。

1.21　粤[1]、于[2]、爰[3]，曰也[4]。爰、粤，于也。

【注釋】

〔1〕粤：句首、句中助詞，無實義。《説文》亏部：“粤，亏也。審慎之詞者……《周書》曰：‘粤三日丁亥。’”徐鍇繫傳：“凡言粤者，皆在事端句首，未便言之，駐其言以審思之也。”《漢書·翟方進傳》：“粤其聞日，宗室之儁有四百人，民獻儀九萬夫，予敬以終於此謀繼嗣圖功。”顏師古注：“粤，發語辭也。”《漢書·敘傳上》：“尚粤其幾，淪神域兮。”顏師古注引應劭曰：“粤，於也。”劉淇《助字辨略》五：“應劭訓粤爲於，於亦語辭也。”

〔2〕于：句首、句中助詞，無實義。《詩·周南·葛覃》：“黄鳥于飛，集于灌木，其鳴喈喈。”《論語·爲政》：“孝于惟孝，友于兄弟，施於有政。”陸釋文：“孝于，一本作‘孝乎’。”

〔3〕爰(yuán，《廣韻》雨元切，平元，云)：句首、句中助詞，無實義，起調節語氣的作用。《詩·邶風·凱風》：“爰有寒泉，在浚之下。”鄭箋：“爰，曰也。”朱駿聲《説文通訓定聲》乾部：“爰，假借爲亏、爲粤、爲曰，皆發聲之詞。”

〔4〕曰：句首、句中助詞，無實義。《詩·秦風·渭陽》：“我送舅氏，曰至渭陽。”《書·堯典》：“曰若稽古帝堯。”蔡沈集傳：“曰、粤、越通，古文作粤。曰若者，發語辭。《周書》‘越若來三月’，亦此例也。”

1.22　爰[1]、粤[2]、于、那[3]、都[4]、繇[5]，於也。

【注釋】

〔1〕爰：介詞，引進動作的對象或處所，於，從。《書·盤庚下》：“盤庚既遷，奠厥攸居，乃正厥位，綏爰有衆。”孔傳：“安於有衆。”《漢書·敘傳下》：“爰兹發跡，斷蛇奮旅。”

〔2〕粤：介詞，引進動作的處所，在。《書·吕刑》：“越兹麗刑并

制,罔差有辭。”孔傳:“苗民於此施刑。”

〔3〕那(nuó,《廣韻》諾何切,平歌,泥):介詞,對於。《國語·越語下》:“吳人之那不穀,亦又甚焉。”韋昭注:“那,於也。”

〔4〕都:介詞,在。《漢書·司馬相如傳》:“揆厥所元,終都攸卒。”顏師古注:“都,於也。”

〔5〕繇:通“由”,介詞,於。《漢書·卜式傳》:“今天下不幸有事,郡縣諸侯未有奮繇直道者也。”顏師古注引臣瓚曰:“言未有奮屬于正直之道。”

【案】該條屬於二義同條。於,上古和“于”音近,作介詞時用法基本相同。《説文》亏部:“于,於也。象气之舒于。从丂,从一。一者,其气平之也。”李孝定《甲骨文字集釋》:“契文不从丂、一,其字形何以作于,無義可説。卜辭用于與經傳于字同義,皆以示所在。”又:介詞,在。《論語·里仁》:“人之過也,各於其黨。”《史記·司馬相如列傳》:“麗靡爛漫於前,靡曼美色於後。”“於”以此義訓釋“爰、粤、都、繇”。又:介詞,引進動作的對象,對,對於。《論語·公冶長》:“始吾於人也,聽其言而信其行;今吾於人也,聽其言而觀其行。”以此義訓釋“那”。

1.23　敆[1]、郃[2]、盍[3]、翕[4]、仇[5]、偶、妃[6]、匹[7]、會,合也[8]。

【注釋】

〔1〕敆(hé,《廣韻》古沓切,入合,見):同“合”,會合。《説文》攴部:“敆,合會也。从攴,从合,合亦聲。”段玉裁注:“今俗云敆縫。”徐灝箋:“合、敆古今字。”

〔2〕郃(xiá,《集韻》轄夾切,入洽,匣):對合。郭注:“皆謂對合也。”邢疏:“郃者,和合也。”

〔3〕盍:合,聚合。《易·豫》:“勿疑,朋盍簪。”王注:“盍,合也。簪,疾也。”陸釋文:“簪,虞作戠。戠,叢合也。”孔疏:“群朋

合聚而疾來也。”

〔4〕翕：和合，聚合。《書·皋陶謨》：“翕受敷施，九德咸事。”孔傳：“翕，合也。”《詩·小雅·常棣》：“兄弟既翕，和樂且湛。”毛傳：“翕，合也。”

〔5〕仇（qiú，《廣韻》巨鳩切，平尤，群）：配偶。《説文》人部：“仇，讎也。”段玉裁注：“讎猶應也。《左傳》曰：‘嘉偶曰妃，怨偶曰仇。’……仇爲怨匹，亦爲嘉偶。”《易·鼎》：“我仇有疾，不我能即。”《禮記·緇衣》引《詩》：“君子好仇。”鄭注：“仇，匹也。”

〔6〕妃：配偶。《説文》女部：“妃，匹也。”段玉裁注：“人之配耦亦曰匹。妃本上下通偁，後人以爲貴偶耳。”王筠句讀：“妃本匹耦之通名。”《左傳·桓公二年》：“嘉耦曰妃，怨耦曰仇，古之命也。”《禮記·曲禮下》：“天子之妃曰后。”孔疏：“以《特牲》《少牢》是大夫、士之禮，皆云‘某妃配某氏’，尊卑通稱也。”

〔7〕匹：配偶。《左傳·僖公二十三年》：“秦，晉匹也。”《詩·大雅·假樂》：“無怨無惡，率由群匹。”鄭箋：“循用群臣之賢者，其行能匹耦己之心。”孔疏：“其行能匹耦己之心者，謂舉事允當，與己志合也。”

〔8〕合：聚合，聚集。《易·噬嗑》：“剛柔分，動而明，雷電合而章。”《國語·楚語下》：“於是乎合其州鄉朋友婚姻，比爾兄弟親戚。”韋昭注：“合，會也。”引申爲配偶。《詩·大雅·大明》：“文王初載，天作之合。”毛傳：“合，配也。”《楚辭·離騷》：“湯禹儼而求合兮，摯咎繇而能調。”王逸注：“和，匹也。”

【案】該條屬於二義同條。“合”以會合、聚合義訓釋“敆、郃、盍、翕、會”，又以配偶義訓釋“仇、偶、妃、匹”，共構成兩組同義詞。

1.24　仇、讐[1]、敵[2]、妃、知[3]、儀[4]，匹也。

【注釋】

〔1〕讎：同“儔”，相等，相匹敵。郭注：“讎，猶儔也。”《廣雅·釋詁》：“儔，輩也。”《書·召誥》：“予小臣，敢以王之讎民、百君子。”孔疏：“儔，訓爲匹。”《漢書·霍光傳》：“侍中史高與金安上建發其事，言無入霍氏禁闥，卒不得遂其謀，皆儔有功。”顏師古注：“晉灼曰：‘儔，等也。’言其功相等類也。”

〔2〕敵：匹敵，相當。《孫子·謀攻》：“故用兵之法，十則圍之，五則攻之，倍則分之，敵則能戰之，少則能逃之。”梅堯臣注：“勢力均則戰。”《戰國策·秦策五》：“秦人援魏以拒楚，楚人援韓以拒秦，四國之兵敵，而未能復戰也。”高誘注：“敵，強弱等也。”

〔3〕知：相當，匹配。《詩·檜風·隰有萇楚》：“夭之沃沃，樂子之無知。”鄭箋：“知，匹也。”

〔4〕儀：匹配。《詩·鄘風·柏舟》：“髧彼兩髦，實維我儀。”毛傳：“儀，匹也。”《文選》宋玉《高唐賦》：“惟高唐之大體兮，殊無物類之可儀比。”

1.25　妃、合、會，對也。妃，媲也[1]。

【注釋】

〔1〕媲（pì，《廣韻》匹詣切，去霽，滂）：匹配。郭注：“相偶媲也。”《說文》女部：“媲，妃也。”《詩·大雅·皇矣》：“天立厥配，受命既固。”毛傳：“配，媲也。”孔疏：“妃字音亦爲配。《釋詁》云：‘妃，媲也。’某氏曰：《詩》云‘天立厥妃’。是毛讀配如妃，故爲媲也。”

1.26　紹[1]、胤[2]、嗣、續、纂[3]、緌[4]、績[5]、武[6]、係[7]，繼也。

【注釋】

〔1〕紹：承繼，接續。《說文》系部：“紹，繼也。”《詩·周頌·訪落》：“紹庭上下，陟降厥家。”鄭箋：“紹，繼也。”朱熹集傳：“則亦

繼其上下於庭，陟降於家。"《吕氏春秋·季冬》："殺伐以要
利，以此紹殷，是以亂易暴也。"高誘注："紹，續。"

〔2〕胤：繼承，延續。《書·洛誥》："予乃胤保，大相東土，其基作
民明辟。"孔傳："我乃繼文、武安天下之道，大相洛邑。"孔
疏："胤訓繼也。"

〔3〕纂(zuǎn)：繼承，繼續。周祖謨校：原本《玉篇》"所據《爾
雅》傳本此條'纂'字作'纉'"。《説文》系部："纉，繼也。"
朱駿聲《説文通訓定聲》乾部："纂，假借爲纉。"《禮記·祭
統》："獻公乃命成叔，纂乃祖服。"鄭注："纂，繼也。服，事也。
獻公反國，命成子繼女祖莊叔之事。"《國語·周語上》："時
序其德，纂修其緒。"韋昭注："纂，繼也。緒，事也。"

〔4〕緌(ruí，《廣韻》儒佳切，平脂，日)：古代帽帶的下垂部分。
假借作"蕤"，繼承。郝疏："《説文》云：'系冠纓也。'《玉篇》
作'繼冠纓也'。冠纓所以繼者，鄭注《士冠禮記》云：'緌，
纓飾。'蓋於纓上别加緌連綴爲飾，故云繼也。通作蕤。《漢
書·律曆志》云：'蕤，繼也。'"

〔5〕績：績麻。引申爲接續，承繼。《左傳·昭公元年》："子盍亦
遠績禹功，而大庇民乎？"《穀梁傳·成公元年》："伯尊其無
績乎？"范注："績或作續，謂無繼嗣。"

〔6〕武：繼承，接續。《詩·大雅·下武》："下武維周，世有哲王。"
毛傳："武，繼也。"鄭箋："後人能繼先祖者，維有周家最大。"

〔7〕係：繼續，接續。《鶡冠子·備知》："是以烏鵲之巢可俯而窺
也，麋鹿群居可從而係也。"

1.27　忥[1]、謐[2]、溢[3]、蟄[4]、慎[5]、貉[6]、謐[7]、顗[8]、頠[9]、密[10]、寧，靜也。

【注釋】

〔1〕忥(xì，《廣韻》許既切，去未，曉)：休息。《廣雅·釋詁》：

“惢，息也。”王念孫疏證：“（惢）爲休息之息。”《類篇》心部：“惢，一曰静也。”

〔2〕謚(shì)：古代典籍未見“謚”有安静義。朱駿聲《説文通訓定聲》解部：“謚，假借爲諡。《爾雅·釋詁》：‘謚，静也。’蓋形之譌。”可作參考。

〔3〕溢：通“佾”，安静。《説文》人部：“佾，静也。”段玉裁注：“溢者，佾之字誤……《周頌》之恤，《莊子》之洫，皆佾之假借。”《詩·周頌·維天之命》：“假以溢我。”《左傳·襄公二十七年》引作“何以恤我”。一説通“謚”，安静。《説文》言部“諡”字下引《詩·周頌·維天之命》“假以溢我”作“諡以謚我”，段玉裁注：“諡、謚皆本義，假、溢皆假借也。”

〔4〕蟄：動物冬眠，潛藏起來不食不動。郝疏：“蟄者，《説文》云‘藏也’……潛藏與安静義近。”《説文》虫部：“蟄，藏也。”《易·繫辭下》：“龍蛇之蟄，以存身也。”

〔5〕慎：謹慎，慎重。《説文》心部：“慎，謹也。”

〔6〕貉：同“貊”，安静。《詩·大雅·皇矣》：“維此王季，帝度其心，貉其德音。”陸釋文：“貉，本作貊。”陳奂傳疏：“貉，静。《爾雅·釋詁》文。《左傳》《禮記》《韓詩》皆作‘莫其德音’，《釋文》引《韓詩》‘莫，定也’。《玉篇》‘嗼，静也’，嗼與莫同。”

〔7〕謐：安寧，寂静。《説文》言部：“謐，一曰無聲也。”蔡邕《陳太丘碑文序》：“政以禮成，化行有謐。”賈誼《新書·禮容語下》：“其詩曰：‘昊天有成命，二后受之，成王不敢康，夙夜基命宥謐。’謐者，寧也，億也。”

〔8〕頵(yǐ，《廣韻》魚豈切，上尾，疑)：本義是恭謹莊重的樣子。郝疏：“謹莊與静義近，謹又慎字之訓，故《玉篇》云：‘頵，静也。’”《説文》頁部：“頵，謹莊皃。”

〔9〕頠(wěi，《廣韻》五罪切，上賄，疑。又魚毁切，上紙，疑)：嫺

静美好的樣子。

〔10〕密：寧静。《詩·周頌·昊天有成命》：“成王不敢康，夙夜基命宥密。”毛傳：“密，寧也。”《漢書·揚雄傳下》：“七年之間而天下密如也。”顏師古注：“密，静也。”

【案】“蟄、慎、顗”與“静”不同義。

1.28　隕、磒[1]、湮[2]、下、降、墜、摽[3]、蘦[4]，落也。

【注釋】

〔1〕磒：同“隕”，墜落。《説文》石部：“磒，落也。从石，員聲。《春秋傳》曰：‘磒石于宋五。’”段玉裁注：“磒與隕音義同。隕者，從高下也。”《列子·周穆王》：“化人移之，王若磒虚焉。”張湛注：“磒，墜也。”

〔2〕湮：沉落。郭注：“湮，沈落也。”《國語·周語下》：“絶後無主，湮替隸圉。”韋昭注：“湮，没也。”

〔3〕摽(biào，《廣韻》符少切，上小，並。又匹妙切，去笑，滂)：落下。《詩·召南·摽有梅》：“摽有梅，其實七兮。求我庶士，迨其吉兮。”毛傳：“摽，落也。”

〔4〕蘦(líng)：通“零”，零落。郝疏：“蘦者，亦假音也。《説文》云：‘零，餘雨也。’按：零落宜用此字……蘦、苓、泠俱假音。”《楚辭·遠遊》：“微霜降而下淪兮，悼芳草之先蘦。”朱熹集注：“蘦，今作零……零，落也。”

1.29　命[1]、令[2]、禧[3]、畛[4]、祈[5]、請、謁[6]、訊[7]、誥[8]，告也。

【注釋】

〔1〕命：告訴，奉告。《儀禮·士冠禮》：“宰自右，少退贊命。”鄭注：“贊，佐也。命，告也。佐主人告所以筮也。”《國語·吴語》：“吾問於王孫包胥，既命孤矣。敢訪諸大夫。”韋昭注：“命，告也。”

〔2〕令：告訴。《詩·秦風·車鄰》：“未見君子，寺人之令。”鄭箋：

“欲見國君者,必先令寺人使傳告之。”

〔3〕禧(xǐ,又讀xī,《廣韻》許其切,平之,曉):禮告。郝疏:“禧者,《説文》云:‘禮吉也。’邵氏晉涵《正義》據徐鍇本‘禮吉’作‘禮告’,與此義合也。”

〔4〕畛(zhěn):致告。《禮記·曲禮下》:“臨諸侯,畛於鬼神。”鄭注:“畛,致也。祝告致于鬼神辭也。”

〔5〕祈:禱告。《説文》示部:“祈,求福也。”《書·召誥》:“我非敢勤,惟恭奉幣,用供王能祈天永命。”孔傳:“求天長命,將以慶王多福。”《詩·大雅·行葦》:“酌以大斗,以祈黄耇。”毛傳:“祈,報也。”鄭箋:“祈,告也。”

〔6〕謁:稟告。一般用於卑幼對尊長。《説文》言部:“謁,白也。”《禮記·月令》:“先立春三日,大史謁之天子曰:‘某日立春。’”鄭注:“謁,告也。”《戰國策·秦策一》:“臣請謁其故。”姚宏續注:“謁,白。”

〔7〕訊:告訴。《詩·小雅·雨無正》:“凡百君子,莫肯用訊。”鄭箋:“訊,告也。”

〔8〕誥:告訴。特指上告下。《説文》言部:“誥,告也。”段玉裁注:“以言告人,古用此字,今則用告字,以此誥爲上告下之字。”《書·太甲下》:“伊尹申誥于王曰:‘嗚呼!惟天無親,克敬惟親。’”《易·姤》:“天下有風,姤。后以施命誥四方。”

1.30 永[1]、悠、迥[2]、違[3]、遐、逷[4]、闊[5],遠也。永、悠、迥、遠,遐也。

【注釋】

〔1〕永:長遠,久遠。段玉裁《説文解字注》永部:“引申之,凡長皆曰永。”《書·高宗肜日》:“降年有永有不永。”孔傳:“言天之下年與民,有義者長,無義者不長。”

〔2〕迥:遥遠。《漢書·司馬相如傳》:“爾陜游原,迥闊泳末。”

孟康注:“迥,遠也。”

〔3〕違:遙遠。《左傳·僖公九年》:“天威不違顏咫尺。”杜注:
“言天鑒察不遠,威嚴常在顏面之前。”《國語·魯語上》:“今
命臣更次於外,爲有司之以班命事也,無乃違乎。”韋昭注:
“違,遠也。”

〔4〕遏(tì,《廣韻》他歷切,入錫,透):同“逷”,遙遠。《説文》辵
部:“遏,古文逷。”《詩·大雅·抑》:“用戒戎作,用遏蠻方。”
毛傳:“遏,遠也。”《左傳·襄公十四年》:“猶殺志也,豈敢
離遏?”

〔5〕闊:疏遠。邢疏:“闊者,相疏遠也。”《詩·邶風·擊鼓》:“于
嗟闊兮,不我活兮。”鄭箋:“軍士棄其約,離散相遠,故吁嗟
歎之。”揚雄《太玄·斷》:“爾仇不闊,乃後有鉞。”范望注:
“闊,遠也。”

1.31　虧[1]、壞、圮[2]、垝[3],毁也。

【注釋】

〔1〕虧:毁壞。《詩·魯頌·閟宫》:“不虧不崩,不震不騰。”鄭箋:
“虧、崩皆謂毁壞也。”《韓非子·孤憤》:“重人也者,無令而
擅爲,虧法以利私。”

〔2〕圮(pǐ,《廣韻》符鄙切,上旨,並):毁壞。《説文》土部:“圮,
毁也。《虞書》曰:‘方命圮族。’”《書·咸有一德》:“祖乙圮
于耿。”孔傳:“河水所毁曰圮。”

〔3〕垝(guǐ,《廣韻》過委切,上紙,見):毁壞。《詩·衛風·氓》:
“乘彼垝垣,以望復關。”毛傳:“垝,毁也。”

1.32　矢[1]、雉[2]、引[3]、延[4]、順[5]、薦[6]、劉[7]、繹[8]、尸[9]、旅[10],陳也[11]。

【注釋】

〔1〕矢:陳述。《書·大禹謨》:“皋陶矢厥謨。”孔傳:“矢,陳也。”

孔疏:"皋陶爲帝,舜陳其謀。"《詩·大雅·卷阿》:"來游來歌,以矢其音。"毛傳:"矢,陳也。"

〔2〕雉:通"矢",陳列。郝疏:"雉者,从矢聲,與矢義同。"阮元《揅經室集·釋矢》以爲"矢"聲寓有"自此直施而去之彼之義","矢爲弓弩之矢,象形字,而義生於音。凡人引弓發矢,未有不平引延陳而去止於彼者,此義即此音也"。

〔3〕引:陳敘。王引之述聞:"《王制》《内則》並曰:'凡三王養老皆引年。'引年者,陳敘其年齒之多寡也。"

〔4〕延:布陳。邢疏:"延,鋪陳也。"《國語·晉語七》:"使張老延君譽于四方。"韋昭注:"延,陳也。陳君之稱譽於四方,且觀察諸侯之有道德與逆亂者。"

〔5〕順:陳列。《儀禮·士冠禮》:"洗,有篚在西,南順。"鄭注:"洗,庭洗,當東榮,南北以堂深。篚亦以盛勺觶,陳於洗西。南順,北爲上也。"洪頤煊《讀書叢錄》八:"《特牲饋食禮》:'及兩鉶芼設于豆南,南陳。'南陳即南順也。"

〔6〕薦:陳説。《左傳·昭公二十年》:"若有德之君,外内不廢,上下無怨,動無違事,其祝史薦信,無愧心矣。"杜注:"君有功德,祝史陳説之,無所愧。"

〔7〕劉:鋪陳。王引之述聞:"《逸周書·敘》曰:'文王唯庶邦之多難,謹(論)典以匡謬,作劉法。'劉法者,陳法也。"

〔8〕繹:陳述。《書·君陳》:"庶言同則繹。"孔傳:"衆言同則陳而布之。"《禮記·射義》:"射之爲言者,繹也。或曰舍也。繹者,各繹己之志也。"孔疏:"繹,陳也,言陳己之志。"

〔9〕尸:陳列。《説文》尸部:"尸,陳也。"《白虎通·崩薨》:"尸之爲言失也,陳也。失氣亡神,形體獨陳。"揚雄《太玄·沈》:"前尸後喪。"俞樾平議:"尸當訓陳,言前雖陳列之,後終喪失也。"

〔10〕旅：鋪陳，陳列。《詩·小雅·賓之初筵》：“籩豆有楚，殽核維旅。”毛傳：“旅，陳也。”《左傳·莊公二十二年》：“庭實旅百，奉之以玉帛。”杜注：“旅，陳也。百，言物備。”

〔11〕陳：陳列，排列。《廣雅·釋詁》：“陳，列也。”《易·繫辭上》：“卑高以陳，貴賤位矣。”韓注：“天尊地卑之義既列，則涉乎萬物，貴賤之位明矣。”孔疏：“卑高既以陳列，則物之貴賤得其位矣。”《書·洪範》：“我聞在昔，鯀陻洪水，汩陳其五行。”孔傳：“汩，亂也。治水失道，亂陳其五行。”孔疏：“言五行陳列皆亂也。”又：陳述。《書·咸有一德》：“伊尹既復政厥辟，將告歸，乃陳戒于德。”孔疏：“乃陳言戒王於德，以一德戒王也。”

【案】此條屬於二義同條。“陳”以陳列義訓釋“雉、延、順、劉、尸、旅”，又以陳述義訓釋“矢、引、薦、繹”，共構成兩組同義詞。

1.33　尸[1]、職[2]，主也[3]。

【注釋】

〔1〕尸：主持，執掌。《詩·召南·采蘋》：“誰其尸之，有齊季女。”毛傳：“尸，主。”鄭箋：“主設羹者季女，則非禮也。”

〔2〕職：主管，主宰。邢疏：“皆謂爲之主宰也。”《左傳·昭公二十一年》：“夫樂，天子之職也。”杜注：“職，所主也。”《史記·秦始皇本紀》：“非博士官所職，天下敢有藏《詩》、《書》、百家語者，悉詣守、尉雜燒之。”

〔3〕主：掌管，主持。《廣韻》麌韻：“主，掌也。”《墨子·尚賢中》：“今王公大人之君人民、主社稷、治國家，欲脩保而勿失。”

1.34　尸[1]，寀也[2]。寀、寮[3]，官也。

【注釋】

〔1〕尸：神主。《莊子·逍遙遊》：“庖人雖不治庖，尸祝不越樽俎而代之矣。”成玄英疏：“尸者，太廟中神主也。”

〔2〕宷：官職,官吏。《文選》司馬相如《封禪文》:"而後因雜搢
　　紳先生之略術,使獲燿日月之末光絶炎,以展宷錯事。"李善
　　注引《漢書音義》曰:"宷,官也。使諸儒記功著業,得覿日
　　月末光殊絶之明,以展其官職,設錯事業也。"

〔3〕寮：同"僚",官吏。《玉篇》宀部:"寮,官寮也。與僚同。"《左
　　傳·文公七年》:"同官爲寮,吾嘗同寮,敢不盡心乎?"

1.35　績[1]、緒[2]、采[3]、業、服[4]、宜[5]、貫[6]、公[7],事也[8]。

【注釋】

〔1〕績：功業,成績。《詩·大雅·文王有聲》:"豐水東注,維禹
　　之績。"毛傳:"績,業。"鄭箋:"績,功。"《穀梁傳·宣公十二
　　年》:"晉師敗績。績,功也。功,事也。"

〔2〕緒：前人未竟之功業。《書·五子之歌》:"荒墜厥緒,覆宗絶
　　祀。"《詩·魯頌·閟宫》:"奄有下土,纘禹之緒。"毛傳:"緒,
　　業也。"

〔3〕采：政事。《書·堯典》:"帝曰:'疇咨若予采?'"孔傳:"采,
　　事也。復求誰能順我事者。"

〔4〕服：從事。《廣韻》屋韻:"服,服事。"《論語·爲政》:"有事,
　　弟子服其勞。"《漢書·徐樂傳》:"此陛下之所服也。"顏師古
　　注:"服,事也。"

〔5〕宜：適宜的事。《禮記·月令》:"天子乃與公卿大夫共飭國
　　典,論時令,以待來歲之宜。"

〔6〕貫：服事,事奉。《詩·魏風·碩鼠》:"三歲貫女,莫我肯顧。"
　　毛傳:"貫,事也。"

〔7〕公：公事。《詩·召南·采蘩》:"被之僮僮,夙夜在公。"鄭箋:
　　"公,事也。早夜在事,謂視濯溉饎爨之事。"

〔8〕事：事業,功業。《荀子·正名》:"正利而爲謂之事,正義而
　　爲謂之行。"楊倞注:"爲正道之利則謂之事業。"又：從事。

《韓非子·難一》:"今管仲不務尊主明法,而事增寵益爵。"

【案】該條屬於二義同條。"事"以事業義訓釋"績、緒、采、業、宜、貫、公",以從事義訓釋"服、貫",共構成兩組同義詞。

1.36 永、羕[1]、引、延、融[2]、駿[3],長也。

【注釋】

〔1〕羕(yàng,《廣韻》餘亮切,去漾,以):水流悠長。《説文》永部:"羕,水長也……《詩》曰:'江之羕矣。'"今本《詩·周南·漢廣》"羕"作"永"。楊慎《丹鉛總録》十四:"古字羕與永同。"

〔2〕融:長遠,久長。方言詞。《方言》一:"融,長也。宋衛荆吳之間曰融。"《詩·大雅·既醉》:"昭明有融,高朗令終。"毛傳:"融,長。"

〔3〕駿:長。《詩·小雅·雨無正》:"浩浩昊天,不駿其德。"毛傳:"駿,長也。"鄭箋:"此言王不能繼長昊天之德。"

1.37 喬[1]、嵩[2]、崇[3],高也。崇[4],充也。

【注釋】

〔1〕喬:高聳。多用以形容樹木。《説文》夭部:"喬,高而曲也。"《書·禹貢》:"厥草惟夭,厥木惟喬。"孔傳:"喬,高也。"

〔2〕嵩:高。《漢書·揚雄傳上》:"瞰帝唐之嵩高兮。"顏師古注:"嵩亦高也。"

〔3〕崇:高。《説文》山部:"崇,嵬高也。"《詩·周頌·良耜》:"其崇如墉,其比如櫛,以開百室。"鄭箋:"穀成熟而積聚多。如墉也,如櫛也,以言積之高大且相比迫也。"

〔4〕崇:充滿,盛滿。郭注:"亦爲充盛。"《儀禮·鄉飲酒禮》:"(主人)阼階上北面再拜,崇酒。"鄭注:"崇,充也。"

1.38 犯[1]、奢[2]、果[3]、毅[4]、剋[5]、捷、功[6]、肩[7]、堪[8],勝也[9]。

【注釋】

〔1〕犯：勝。《韓非子·解老》：“人無毛羽，不衣則不犯寒。”

〔2〕奢：勝過。《文選》張衡《西京賦》：“彼肆人之男女，麗美奢乎許史。”薛綜注：“言長安市井之人，被服皆過此二家。”

〔3〕果：勝。郭注：“果、毅，皆得勝也。《左傳》曰：‘殺敵爲果。’”《廣韻》果韻：“果，剋也。”

〔4〕毅：戰勝。一説爲衍字。阮校：“毅當爲衍字。”王念孫《爾雅郝注刊誤》：“《爾雅校勘記》以‘毅’爲衍字，甚確，當從之。”

〔5〕剋（kè，《廣韻》苦得切，入德，溪）：戰勝。《逸周書·度訓》：“夫力竟非衆不剋，衆非和不衆，和非中不立，中非禮不慎，禮非樂不履。”《莊子·讓王》：“湯遂與伊尹謀伐桀，剋之。”

〔6〕功：勝。郝疏：“《大司馬》云‘若師有功’，又云‘若師不功’，鄭注：‘功，勝也。’”

〔7〕肩：克服。《書·盤庚下》：“式敷民德，永肩一心。”

〔8〕堪：通“戡”，征服。《墨子·非攻下》：“夏德大亂，予既卒其命於天矣，往而誅之，必使汝堪之。”畢沅注：“堪，《文選》注、《藝文類聚》引作戡。”

〔9〕勝：戰勝，勝過。《論語·雍也》：“質勝文則野，文勝質則史。”《管子·七法》：“不能彊其兵而能必勝敵國者，未之有也。”

1.39　勝、肩、戡[1]、劉[2]、殺，克也[3]。

【注釋】

〔1〕戡（kān，《廣韻》口含切，平覃，溪）：平定。《書·西伯戡黎》：“祖伊恐，奔告于受，作《西伯戡黎》。”孔傳：“戡亦勝也。”

〔2〕劉：征服。《逸周書·世俘》：“則咸劉商王紂，執矢惡臣百人。”孔晁注：“劉，剋也。”

〔3〕克：戰勝，攻取。《易·既濟》：“高宗伐鬼方，三年克之。”《左

傳·莊公十一年》:"得儁曰克。"孔疏:"克訓勝也。"

1.40　劉[1]、獮[2]、斬、刺,殺也。

【注釋】

〔1〕劉:殺,殺戮。《書·盤庚上》:"重我民,無盡劉。"孔傳:"劉,
殺也。"

〔2〕獮:殺傷。主要對象是禽獸。《國語·周語上》:"獮於既烝,
狩於畢時。"韋昭注:"秋田曰獮。獮,殺也。順時始殺也。"

1.41　亹亹[1]、蠠没[2]、孟[3]、敦[4]、勗[5]、剴[6]、茂[7]、劭[8]、
勔[9],勉也。

【注釋】

〔1〕亹亹(wěi,《廣韻》無匪切,上尾,微):勤勉不倦貌。《詩·大
雅·文王》:"亹亹文王,令聞不已。"毛傳:"亹亹,勉也。"

〔2〕蠠(mǐn,《集韻》美隕切,上準,明)没:勤勉,努力。連綿詞。
聲轉爲"黽勉"。郭注:"蠠没,猶黽勉。"邢疏:"云'蠠没,
猶黽勉'者,以其聲相近,方俗語有輕重耳。"《詩·邶風·谷
風》:"黽勉同心,不宜有怒。"毛傳:"言黽勉者,思與君子同
心也。"

〔3〕孟:勤勉,努力。《文選》班固《幽通賦》:"盍孟晉以迨群兮,
辰倏忽其不再。"李善注引曹大家曰:"孟,勉也。"

〔4〕敦:勤勉。《管子·君臣上》:"上惠其道,下敦其業。"《史
記·蒙恬列傳》:"帝以高之敦於事也,赦之,復其官爵。"

〔5〕勗(xù,《廣韻》許玉切,入燭,曉):同"勖",勉勵。《書·泰
誓中》:"勗哉夫子,罔或無畏。"孔傳:"勗,勉也。"《詩·邶
風·燕燕》:"先君之思,以勗寡人。"毛傳:"勗,勉也。"

〔6〕剴:互相勸勉、勉勵。方言詞。《方言》一:"剴,勉也。秦晉
曰剴。"

〔7〕茂:通"懋",勸勉。朱駿聲《説文通訓定聲》孚部:"茂,假

借爲㭗……又爲懋。"《詩·小雅·節南山》:"方茂爾惡,相爾矛矣。"毛傳:"茂,勉也。"《左傳·昭公八年》:"《周書》曰:'惠不惠,茂不茂。'"杜注:"《周書·康誥》也。言當施惠於不惠者,勸勉於不勉者。茂,勉也。"按:今《書》"茂"作"懋"。

〔8〕劭:勸勉,勉勵。《説文》力部:"劭,勉也。"《漢書·成帝紀》:"先帝劭農,薄其租税,寵其彊力,令與孝弟同科。"顏師古注引晉灼曰:"劭,勸勉也。"

〔9〕勔(miǎn,《廣韻》彌兗切,上獮,明):勤勉,勸勉。《廣韻》獮韻:"勔,勉也。"《字彙》力部:"勔,勸勉爲勔。"《文選》張衡《思玄賦》:"勔自强而不息兮,蹈玉堦之嶢崢。"

1.42 鶩[1]、務[2]、昏[3]、暋[4],强也[5]。

【注釋】

〔1〕鶩:力求,致力。郝疏:"鶩者,敄之假音也。《説文》云:'敄,彊也。'通作鶩。"

〔2〕務:專力從事,致力。《説文》力部:"務,趣也。"徐鍇繫傳:"言趣赴此事也。"段玉裁注:"趣者,疾走也。務者,言其促疾於事也。"《禮記·射義》:"故事之盡禮樂而可數爲以立德行者莫若射,故聖王務焉。"《管子·乘馬》:"是故事者生於慮,成於務,失於傲。不慮則不生,不務則不成,不傲則不失。"注:"專務則事成也。"

〔3〕昏:通"暋",盡力。《書·盤庚上》:"惰農自安,不昏作勞,不服田畝。"孔疏:"昏,强……鄭玄讀昏爲暋,訓爲勉也。"陸釋文:"昏,本或作暋,音敏。"

〔4〕暋(mǐn,《廣韻》眉殞切,上軫,明):竭力。《書·康誥》:"殺越人于貨,暋不畏死,罔弗憝。"孔傳:"暋,强也。自强爲惡而不畏死,人無不惡之者。言當消絶之。"

〔5〕强:盡力。郝疏:"此條則主强力而言。"《戰國策·趙策四》:

"老臣今者殊不欲食,乃自强步,日三四里。"

1.43 卬[1]、吾、台[2]、予、朕[3]、身[4]、甫[5]、余、言[6],我也。

【注釋】

〔1〕卬(áng,《廣韻》五剛切,平唐,疑):第一人稱代詞,我。郭注:"卬猶姎也,語之轉耳。"邢疏:"《說文》云:女人稱我曰姎。由其語轉,故曰卬。"《書·大誥》:"越予沖人,不卬自恤。"孔傳:"卬,我也。"《詩·邶風·匏有苦葉》:"招招舟子,人涉卬否。"毛傳:"卬,我也。"

〔2〕台(yí,《廣韻》與之切,平之,以):第一人稱代詞,我。《書·湯誓》:"非台小子,敢行稱亂。"

〔3〕朕:第一人稱代詞,我。郭注:"古者貴賤皆自稱朕。"《詩·大雅·韓奕》:"纘戎祖考,無廢朕命。"鄭箋:"朕,我也。"《楚辭·離騷》:"帝高陽之苗裔兮,朕皇考曰伯庸。"王逸注:"朕,我也。"秦始皇二十六年起定爲帝王自稱之詞,沿用至清。邢疏:"《史記》秦始皇二十六年定爲至尊之稱,漢因不改,以迄於今。"《史記·秦始皇本紀》:"臣等昧死上尊號,王爲'泰皇',命爲'制',令爲'詔',天子自稱曰'朕'。"

〔4〕身:第一人稱代詞,我。《爾雅·釋詁》"身也"條郭注:"今人亦自呼爲身。"《韓非子·五蠹》:"吾有老父,身死,莫之養也。"

〔5〕甫:古代對男子的美稱。《說文》用部:"甫,男子美稱也。"《禮記·曲禮下》:"臨諸侯,畛於鬼神,曰:'有天王某甫。'"孔疏:"某是天子之字,甫是男子美稱也。"古籍中尚未發現"甫"爲第一人稱代詞之用例。

〔6〕言:助詞,無義。《詩·周南·葛覃》:"言告師氏,言告言歸。"朱熹集傳:"言,辭也。"在上古漢語中,尚未發現"言"有第一人稱代詞的用例。

1.44　朕、余、躬[1]，身也。

【注釋】

〔1〕躬：自身，自己。《詩·邶風·谷風》：“我躬不閱，遑恤我後。”朱
熹集傳：“而又自思我身且不見容。”《禮記·樂記》：“好惡無節
於内，知誘於外，不能反躬，天理滅矣。”鄭注：“躬，猶己也。”

【案】“躬”是名詞，“朕、余、身”是代詞。“躬”與其他三個詞不
同義。

1.45　台、朕、賚[1]、畀[2]、卜[3]、陽[4]，予也[5]。

【注釋】

〔1〕賚(lài，《廣韻》洛代切，去代，來)：賜予。《説文》貝部：“賚，
賜也。从貝，來聲。《周書》曰：‘賚尔秬鬯。’”《書·湯誓》：“予
其大賚汝。”孔傳：“賚，與也。”

〔2〕畀(bì，《廣韻》必至切，去至，幫)：給予。《詩·鄘風·干旄》：
“彼姝者子，何以畀之。”毛傳：“畀，予也。”

〔3〕卜：賜予，給予。郭注：“賚、卜、畀，皆賜與也。”《詩·小
雅·天保》：“君曰卜爾，萬壽無疆。”毛傳：“卜，予也。”

〔4〕陽：第一人稱代詞，我。郭注：“《魯詩》云：‘陽如之何？’今
巴濮之人自呼阿陽。”

〔5〕予：賜予，給與。《説文》予部：“予，推予也。”《荀子·修身》：
“怒不過奪，喜不過予。”楊倞注：“予，賜也。”又：第一人稱
代詞，我。《詩·衛風·河廣》：“誰謂宋遠？跂予望之。”鄭箋：
“予，我也。”

【案】該條屬於二義同條。“予”以給予義訓釋“賚、畀、卜”，又
作第一人稱代詞，訓釋“台、朕、陽”，共構成兩組同義詞。

1.46　肅[1]、延[2]、誘[3]、薦、餤[4]、晉[5]、寅[6]、藎[7]，進也[8]。

【注釋】

〔1〕肅：恭敬地引進。《禮記·曲禮上》：“主人肅客而入。”鄭注：

“肅，進也。”

〔2〕延：引進。《儀禮・士虞禮》：“尸及階，祝延尸。”鄭注：“延，
進也。”《吕氏春秋・審應》：“乃令賓者延之而上。”高誘注：
“延，引。”

〔3〕誘：引導。《書・大誥》：“肆予大化誘我友邦君。”孔傳：“道
我友國諸侯。”

〔4〕餤(tán，《廣韻》徒甘切，平談，定)：增進。《詩・小雅・巧言》：
“盜言孔甘，亂是用餤。”毛傳：“餤，進也。”孔疏：“此險盜之
人，其言甚甘，使人信之而不已，其亂用是之故而日益進也。”

〔5〕晉：進。古語詞。《説文》日部：“晉，進也。日出萬物進。”
《易・晉》：“晉，進也。明出地上，順而麗乎大明，柔進而上行。”
孔疏：“‘晉，進也’者，以今釋古。古之晉字即以進長爲義。”

〔6〕寅：前進。郝疏：“寅者，《釋名》云：‘演也，演生物也。’《漢
書・律曆志》云：‘引達於寅。’然則引導演長俱進之意。”
《詩・小雅・六月》：“元戎十乘，以先啓行。”毛傳：“殷曰寅車，
先疾也。”鄭箋：“寅，進也。”

〔7〕藎(jìn)：通“進”，進用。朱駿聲《説文通訓定聲》坤部：“藎，
假借爲進。”《詩・大雅・文王》：“王之藎臣，無念爾祖。”毛傳：
“藎，進也。”鄭箋：“今王之進用臣，當念女祖爲之法。”

〔8〕進：前進。《玉篇》辵部：“進，前也。”《詩・大雅・常武》：“進
厥虎臣，闞如虓虎。”鄭箋：“進，前也。”又：引進。《周禮・夏
官・大司馬》：“進賢興功，以作邦國。”

【案】該條屬於二義同條。“進”以引進義訓釋“肅、延、誘、薦、
餤、晉、藎”，又以前進義訓釋“寅”，共構成兩組同義詞。

1.47　羞[1]、餞[2]、迪[3]、烝[4]，進也[5]。

【注釋】

〔1〕羞：進獻。《説文》丑部：“羞，進獻也。”《左傳・隱公三年》：

“可薦於鬼神,可羞於王公。”杜注:“羞,進也。”《禮記·曲禮上》:“聞子有客,使某羞。”鄭注:“羞,進也。”

〔2〕餞:與“踐”通假,進獻。王引之述聞:“或言朝踐,或言朝獻,其義一而已矣……是踐、餞古字通。又與薦聲相近,而其義則皆爲進。”徐養原《周官故書考》二:“然則餞、踐、淺三字音同,古蓋通用。《儀禮·士虞記》‘未徹乃餞’注云:‘古文餞爲踐。’是其證。”《周禮·春官·司尊彝》:“其朝踐用兩獻尊,其再獻用兩象尊。”鄭注:“朝踐,謂薦血腥、酌醴,始行祭事,后於是薦朝事之豆籩……故書踐作餞。”

〔3〕迪:進用。《詩·大雅·桑柔》:“維此良人,弗求弗迪。”毛傳:“迪,進也。”鄭箋:“良,善也。國有善人,王不求索,不進用之。”

〔4〕烝:進獻。《詩·小雅·甫田》:“攸介攸止,烝我髦士。”毛傳:“烝,進。”

〔5〕進:進獻。《禮記·曲禮上》:“侍飲於長者,酒進則起。”《孟子·離婁上》:“問有餘,曰亡矣,將以復進也。”又:引進。《周禮·夏官·大司馬》:“進賢興功,以作邦國。”

【案】該條屬於二義同條。“進”以進獻義訓釋“羞、餞、烝”,又以引進義訓釋“迪”,共構成兩組同義詞。

1.48 詔[1]、亮[2]、左[3]、右[4]、相[5],導也。詔[6]、相、導、左、右、助,勴也[7]。亮、介[8]、尚,右也。左、右,亮也。

【注釋】

〔1〕詔:教導。《莊子·盜跖》:“夫爲人父者,必能詔其子;爲人兄者,必能教其弟。”陸釋文:“詔,如字,教也。”

〔2〕亮:輔導。郝疏:“亮者,與諒同……通作涼。《詩》:‘涼彼武王。’傳:‘涼,佐也。’佐亦導也。釋文:‘涼,本亦作諒。《韓詩》作亮,云相也。’相亦導也。”

〔3〕左:佐助。《説文》左部:“左,手相左助也。”《墨子·雜守》:

“亟收諸雜鄉金器若銅鐵及他可以左守事者。”

〔4〕右：助，幫助。《説文》又部：“右，手口相助也。”《詩·大雅·大明》：“篤生武王，保右命爾。”毛傳：“右，助。”《左傳·襄公十年》：“王右伯輿。”杜注：“右，助。”

〔5〕相：教導。《國語·楚語上》：“問誰相禮，則華元、駟騑。”韋昭注：“相，相導也。”

〔6〕詔：輔助。《周禮·天官·大宰》：“以八柄詔王，馭群臣。”鄭注：“詔，告也，助也。”

〔7〕勴（lù，《廣韻》良倨切，去御，来）：贊助。郭注：“勴謂贊勉。”邢疏：“《説文》云：‘勴，助也。’不以力助，以心助也。”郝疏：“教導所以爲贊助，故又爲勴也。”

〔8〕介：佐助。邢疏引孫炎曰：“介者，相助之義。”《詩·豳風·七月》：“爲此春酒，以介眉壽。”鄭箋：“介，助也。”

【案】郭注：“反覆相訓，以盡其義。”本條包括四組。第一組中，“左、右”表示幫助義，“導”表示教導義，所以“左、右”與“導”不同義。其他三組訓詞與被訓詞意義相同。

1.49　緝熙[1]、烈[2]、顯[3]、昭[4]、晧[5]、頴[6]，光也。

【注釋】

〔1〕緝熙：光明。《詩·大雅·文王》：“穆穆文王，於緝熙敬止。”毛傳：“緝熙，光明也。”《詩·周頌·敬之》：“日就月將，學有緝熙于光明。”鄭箋：“緝熙，光明也。”

〔2〕烈：光明，顯赫。《詩·周頌·雝》：“既右烈考，亦右文母。”鄭箋：“烈，光也。”

〔3〕顯：光明。《書·太甲上》：“先王昧爽丕顯，坐以待旦。”孔傳：“爽、顯，皆明也。”《楚辭·九歌·雲中君》：“蹇將憺兮壽宮，與日月兮齊光。”王逸注：“光，明也。”

〔4〕昭：光明。《詩·大雅·抑》：“昊天孔昭，我生靡樂。”鄭箋：

“昭,明也。”《呂氏春秋·審分》:“目之見也藉於昭,心之知也藉於理。”高誘注:“昭,明也。”

〔5〕晧:同“皓”,光明。《楚辭·九歎·遠游》:“服覺晧以殊俗兮,貌揭揭以巍巍。”王逸注:“晧,猶明也。”

〔6〕熲(jiǒng,《廣韻》古迥切,上迥,見):同“炯”,光明,明亮。郝疏:“又通作炯。”《詩·小雅·無將大車》:“無思百憂,不出于熲。”毛傳:“熲,光也。”鄭箋:“思衆小事以爲憂,使人蔽闇,不得出於光明之道。”

1.50 劼[1]、鞏、堅、篤[2]、掔[3]、虔[4]、膠[5],固也。

【注釋】

〔1〕劼(jié,《廣韻》恪八切,入黠,溪):牢固。郝疏:“劼者,硈之假音也。釋文:‘劼,或作硈。’《説文》:‘硈,石堅也。’《釋言》云:‘硈,鞏也。’通作劼。”《書·酒誥》:“汝劼毖殷獻臣。”孔傳:“劼,固也……汝當固慎殷之善臣信用之。”

〔2〕篤:牢固,堅實。王引之述聞:“篤與固同義,故後漢延篤字叔堅。”《釋名·釋言語》:“篤,築也。築,堅實稱也。”《詩·唐風·椒聊》:“椒聊之實,蕃衍盈匊。彼其之子,碩大且篤。”

〔3〕掔(qiān,《廣韻》苦堅切,平先,溪。又苦閑切,平山,溪):堅固。《説文》手部:“掔,固也。从手,臤聲。讀若《詩》‘赤舄掔掔’。”

〔4〕虔:堅固。《詩·大雅·韓奕》:“夙夜匪解,虔共爾位。”毛傳:“虔,固。共,執也。”孔疏:“用心堅固,執持汝此侯伯之職位。”

〔5〕膠:牢固。《詩·小雅·隰桑》:“既見君子,德音孔膠。”毛傳:“膠,固也。”鄭箋:“其教令之行,甚堅固也。”《墨子·小取》:“所謂内膠外閉,與心毋空乎,内膠而不解也。此乃是而不然者也。”

1.51　疇[1]、孰，誰也。

【注釋】

[1]疇：誰。《書·説命上》：“后克聖，臣不命其承，疇敢不祗若王之休命？”孔傳：“言王如此，誰敢不敬順王之美命而諫者乎？”

1.52　旺旺[1]、皇皇[2]、藐藐[3]、穆穆[4]、休[5]、嘉、珍[6]、禕[7]、懿[8]、鑠[9]，美也。

【注釋】

[1]旺旺(wàng，《廣韻》于放切，去漾，云。又于兩切，上養，云)：美盛貌。郭注：“自穆穆以上皆美盛之貌。”邢疏：“皆謂美盛也。《少儀》云：‘祭祀之美，齊齊皇皇。’鄭玄云：‘皇皇，讀如歸往之往。’彼言皇皇，則此旺旺也。”《詩·魯頌·泮水》：“烝烝皇皇。”毛傳：“皇皇，美也。”鄭箋：“皇皇，當作旺旺。”

[2]皇皇：美盛貌。《詩·大雅·假樂》：“穆穆皇皇，宜君宜王。”

[3]藐藐：盛美貌。《詩·大雅·崧高》：“既成藐藐，王錫申伯。”毛傳：“藐藐，美貌。”

[4]穆穆：儀容或言語和美。《詩·大雅·文王》：“穆穆文王，於緝熙敬止。”毛傳：“穆穆，美也。”《荀子·大略》：“言語之美，穆穆皇皇。”楊倞注：“或曰：穆穆，美也。”

[5]休：美好。《廣韻》尤韻：“休，美也。”《詩·豳風·破斧》：“哀我人斯，亦孔之休。”毛傳：“休，美也。”《左傳·宣公三年》：“德之休明，雖小，重也。”

[6]珍：精美。郝疏：“珍者，寶之美也。”《管子·乘馬》：“君有珍車珍甲而莫之敢有。君舉事，臣不敢誣其所不能。”《漢書·揚雄傳上》：“資娵娃之珍髢兮，鬻九戎而索賴。”顏師古注引孟康曰：“九戎被髮，髢雖珍好，無所用也。”

[7]禕：據阮校當作“禕”(yī)，美好。《廣韻》支韻：“禕，美也，

珍也。”《文選》張衡《東京賦》：“漢帝之德馨，侯其禕而。”
李善注引薛綜曰：“禕，美也。”

〔8〕懿(yì，《廣韻》乙冀切，去至，影)：美。《説文》壹部：“懿，
專久而美也。”段玉裁注：“專壹而後可久，可久而後美。”
《易·小畜》：“君子以懿文德。”孔疏：“懿，美也。”《詩·大
雅·烝民》：“民之秉彝，好是懿德。”毛傳：“懿，美也。”

〔9〕鑠(shuò)：美，美盛。《詩·周頌·酌》：“於鑠王師，遵養時
晦。”毛傳：“鑠，美。”

1.53　諧、輯[1]、協，和也。關關[2]、噰噰[3]，音聲和也。
毖[4]、燮[5]，和也。

【注釋】

〔1〕輯：和諧。《書·舜典》：“八音克諧，無相奪倫，神人以和。”
《詩·大雅·板》：“辭之輯矣，民之洽矣。”毛傳：“輯，和。”

〔2〕關關：鳥雌雄相和的鳴聲。《詩·周南·關雎》：“關關雎鳩，
在河之洲。”毛傳：“關關，和聲也。”

〔3〕噰噰(yōng，《廣韻》於容切，平鍾，影)：鳥和鳴聲。《文選》
宋玉《九辯》：“鴈噰噰而南游兮，鶤雞啁哳而悲鳴。”王逸注：
“雄雌和樂，群戲行也。”

〔4〕毖(xié)：和諧，協調。亦作“勰”。《説文》劦部：“勰，同思
之和。”

〔5〕燮(xiè，《廣韻》蘇協切，入怗，心)：和諧。《説文》又部：“燮，
和也。”《書·洪範》：“平康正直，彊弗友剛克，燮友柔克。”孔
傳：“燮，和也。”

1.54　從[1]、申[2]、神[3]、加、弼[4]、崇[5]，重也[6]。

【注釋】

〔1〕從：重複，重疊。王引之述聞：《大雅·既醉》篇曰：‘釐
爾女士，從以孫子。’是從爲重也。郭曰：‘隨從，所以爲

重疊。'"

〔2〕申:重複。《書·堯典》:"申命羲叔,宅南交。"孔傳:"申,
　　重也。"

〔3〕神:重視。《荀子·非相》:"寶之珍之,貴之神之。"

〔4〕弼:重複。郭注:"隨從、弼輔、增崇,所以爲重疊。"《説文》
　　弜部:"弼,輔也,重也。"

〔5〕崇:重疊,重複。《玉篇》山部:"崇,重也。"《書·盤庚中》:
　　"高后丕乃崇降罪疾。"孔傳:"崇,重也。"

〔6〕重:重複。《廣韻》鍾韻:"重,複也,疊也。"《易·坎》:"習坎,
　　重險也。"孔疏:"兩坎相重,謂之重險。"又:看重,重視。
　　《禮記·緇衣》:"臣儀行不重辭。"鄭注:"重,猶尚也。"《墨
　　子·親士》:"臣下重其爵位而不言,近臣則喑,遠臣則唫,怨
　　結於民心,諂諛在側,善議障塞,則國危矣。"又:增加。《左
　　傳·宣公十二年》:"今天或者大警晉也,而又殺林父以重楚
　　勝,其無乃久不競乎!"《吕氏春秋·季夏》:"今故興事動衆
　　以增國城,是重吾罪也。"高誘注:"重猶益也。"

【案】本條屬於二義同條。"重"以重複義訓釋"從、申、弼、崇",
以重視義訓釋"神",又以增加義訓釋"加",共構成三組同義詞。

1.55　穀[1]、悉、卒[2]、泯[3]、忽[4]、滅、罄[5]、空、畢、罄[6]、
　　　殲、拔[7]、殄[8],盡也。

【注釋】

〔1〕穀(què,《集韻》訖岳切,入覺,溪):盡,完畢。郭注:"穀,今
　　直語耳。"《史記·秦始皇本紀》:"雖監門之養,不穀於此。"
　　司馬貞索隱:"穀,音學,謂盡也。"

〔2〕卒:盡,完畢。《詩·邶風·日月》:"父兮母兮,畜我不卒。"
　　鄭箋:"卒,終也。"《史記·魏公子列傳》:"語未及卒,公子立
　　變色,告車趣駕歸救魏。"

〔3〕泯：消失。《廣韻》真韻：“泯，没也。”《詩·大雅·桑柔》：“亂生不夷，靡國不泯。”毛傳：“泯，滅也。”

〔4〕忽：盡，絶滅。《廣韻》没韻：“忽，滅也。”《詩·大雅·皇矣》：“是伐是肆，是絶是忽。”毛傳：“忽，滅也。”《大戴禮記·武王踐阼》：“昔帝顓頊之道存乎？意亦忽不可得見與？”俞樾平議：“‘忽不可得見’，言滅没不可得見。”

〔5〕罄(qìng，《廣韻》苦定切，去徑，溪)：盡，竭。徐灝《説文解字注箋》缶部：“器中空則物盡，故罄有盡義，引申爲凡空之偁。”《廣韻》徑韻：“罄，盡也。”《詩·小雅·天保》：“罄無不宜，受天百禄。”

〔6〕磬(qì，《廣韻》苦計切，去霽，溪)：盡。方言詞。郭注：“今江東呼厭極爲磬。”王引之述聞：“謂困極也，極亦盡也。《廣韻》：磬，又楷革切。字或作擊。《淮南·人間》篇：‘秦皇使蒙公楊翁子將築長城，西屬流沙，北擊遼水。’擊與磬同。謂築長城西連流沙，北盡遼水也。”《説文》缶部：“磬，器中盡也。”

〔7〕拔：抽拔。《説文》手部：“拔，擢也。”《小爾雅·廣物》：“拔根曰擢。”《易·泰》：“初九，拔茅茹以其彙，征吉。”王注：“茅之爲物，拔其根而相牽引者也。”未見古籍“拔”表示盡的意思。

〔8〕殄(tiǎn，《廣韻》徒典切，上銑，定)：盡，滅絶，絶盡。《説文》歹部：“殄，盡也。”《書·畢命》：“商俗靡靡，利口惟賢，餘風未殄，公其念哉？”孔疏：“餘風至今未絶，公其念絶之哉？”

1.56　苞〔1〕、蕪〔2〕、茂，豐也。

【注釋】

〔1〕苞：草木茂盛、茂密。《詩·大雅·行葦》：“方苞方體，維葉泥泥。”鄭箋：“苞，茂也。”

〔2〕蕪：野草茂盛。《墨子·耕柱》：“楚四竟之田，曠蕪而不可勝辟。”

1.57　摎[1]、斂、屈[2]、收、戩[3]、蒐[4]、裒[5]、鳩[6]、樓[7]，
　　　聚也。

【注釋】

〔1〕摎(jiū，《廣韻》即由切，平尤，精)：聚集。方言詞。郭注：“《禮
　　記》曰：秋之言摎。摎，斂也。”《方言》二：“自關而西秦晉
　　之間……斂物而細謂之摎。”《慎子·外篇》：“氣之摎斂而有
　　質者爲陰，舒散而有氣者爲陽。”

〔2〕屈：聚積。《儀禮·聘禮》：“宰執圭屈繰，自公左授使者。”
　　鄭注：“屈繰者，斂之，禮以相變爲敬也。”

〔3〕戩(jí，《廣韻》阻立切，入緝，莊)：聚藏，主要對象是兵器。
　　《説文》戈部：“戩，藏兵也。”段玉裁注：“聚與藏義相成，聚
　　而藏之也。”《詩·周頌·時邁》：“載戩干戈，載櫜弓矢。”毛傳：
　　“戩，聚。”《國語·周語上》：“夫兵戩而時動，動則威。”韋昭
　　注：“戩，聚也。”

〔4〕蒐(sōu)：聚集。郭注：“蒐者，以其聚人衆也。”《左傳·成公
　　十六年》：“蒐乘補卒，秣馬利兵。”

〔5〕裒(póu，《廣韻》薄侯切，平侯，並)：聚集。《詩·小雅·常棣》：
　　“原隰裒矣，兄弟求矣。”毛傳：“裒，聚也。”

〔6〕鳩：聚集。《書·堯典》：“共工方鳩僝功。”孔傳：“鳩，聚。”
　　《左傳·襄公二十五年》：“甲午，蒍掩書土田，度山林，鳩藪
　　澤。”杜注：“鳩，聚也。聚成藪澤，使民不得焚燎壞之，欲以
　　備田獵之處。”

〔7〕樓：阮元校作“摟”，聚集。郭注：“樓猶今言拘樓，聚也。”
　　《孟子·告子下》：“五霸者，摟諸侯以伐諸侯者也。”

1.58　肅[1]、齊[2]、遄[3]、速、亟[4]、屢[5]、數[6]、迅，疾也。

【注釋】

〔1〕肅：峻急。《國語·齊語》：“是故其父兄之教不肅而成。”韋

昭注:"肅,疾也。"《淮南子·本經》:"寬而不肆,肅而不悖。"
高誘注:"肅,急也。"

〔2〕齊:疾,迅捷。《詩·小雅·小宛》:"人之齊聖,飲酒溫克。"
王引之述聞:"齊者,知慮之敏也。"《荀子·臣道》:"應卒遇
變,齊給如響。"楊倞注:"齊,疾也。"

〔3〕遄(chuán,《廣韻》市緣切,平仙,禪):往來頻繁而疾速。《説
文》辵部:"遄,往來數也。"《易·損》:"已事遄往,无咎,酌損
之。"王注:"遄,速也。"

〔4〕亟(jí,《廣韻》紀力切,入職,見):急速。副詞,表時間。《説
文》二部:"亟,敏疾也。"《詩·豳風·七月》:"亟其乘屋,其始
播百穀。"鄭箋:"亟,急。"《戰國策·齊策三》:"可以令楚王
亟入下東國。"高誘注:"亟,速也。"

〔5〕屢:急速。《禮記·樂記》:"臨事而屢斷,勇也。"

〔6〕數(shuò):疾速。《莊子·天地》:"挈水若抽,數如泆湯。"陸
釋文:"數,所角反。泆,本或作溢。李云:'疾速如湯沸溢
也。'"《禮記·曾子問》:"不知其已之遲數,則豈如行哉!"
鄭注:"數讀爲速。"

【案】本條屬於二義同條,共有兩組同義詞。疾,形容詞,迅猛,
疾速。《禮記·玉藻》:"若有疾風、迅雷、甚雨,則必變。""疾"以
實詞義訓釋"肅、齊、速、數、迅",構成同義實詞。"疾"還作副詞,
疾速。《論語·鄉黨》:"車中,不内顧,不疾言,不親指。""疾"與
"遄、速、亟、屢"都位於動詞、形容詞前,表示動作的時間、速度,
構成同義虛詞。

1.59　寁[1]、駿[2]、肅、亟、遄,速也。

【注釋】

〔1〕寁(zǎn,《廣韻》子感切,上感,精。又疾葉切,入葉,從):迅
速,快捷。《説文》宀部:"寁,居之速也。"王筠釋例:"夫居

之安,乃是物情,居之速豈物情哉!故知疌字之意,重速不重居也。與疌同意同音。"《詩·鄭風·遵大路》:"無我惡兮,不疌故也。"毛傳:"疌,速也。"朱熹集傳:"故舊不可以遽絕也。"

〔2〕駿:急速。郭注:"駿猶迅。速亦疾也。"《詩·周頌·噫嘻》:"駿發爾私,終三十里。"鄭箋:"駿,疾也。"《管子·弟子職》:"若有賓客,弟子駿作。"注:"迅起也。"

1.60　　鞏[1]、阬阬[2]、塍[3]、徵[4]、隍[5]、漮[6],虚也。

【注釋】

〔1〕鞏:山谷,坑地。郭注:"鞏,谿鞏也。"《廣韻》鐸韻:"鞏,谷也,坑也,虚也。"《國語·晉語八》:"是虎目而豕喙,鳶肩而牛腹,谿鞏可盈,是不可饜也。"韋昭注:"鞏,溝也。"《孟子·滕文公上》:"蓋上世嘗有不葬其親者,其親死,則舉而委之於鞏。"趙岐注:"鞏,路傍坑鞏也。"

〔2〕阬阬(kēng,《廣韻》客庚切,平庚,溪):阮元校勘:"鄭漁仲謂其一衍者,是也。"從之。小山谷,土坑。《六書故》五:"谷之小者曰阬。"《莊子·天運》:"在谷滿谷,在阬滿阬。"《史記·貨殖列傳》:"弋射漁獵,犯晨夜,冒霜雪,馳阬谷,不避猛獸之害,爲得味也。"

〔3〕塍:通"塍",稻田中介畫蓄水之處。朱駿聲《説文通訓定聲》升部:"塍,假借爲塍。《爾雅·釋詁》:'塍,虚也。'按:與溝鞏、阬壟、隍池同類也。"又云:"《周禮·稻人》疏:'塍者,田中作介畫畜水以養禾也。'"

〔4〕徵:通"懲",清虚。《易·損》:"君子以懲忿窒欲。"陸德明《經典釋文》作"徵",云"徵,直升反,止也。鄭云'猶清也'。劉作懲,云'清也'。"

〔5〕隍(huáng,《廣韻》胡光切,平唐,匣):無水的護城壕。郭注:

“隍,城池無水者。”郝疏：“壑、隍,《釋詁》並云‘虚也’。隍
又訓壑者,隍、壑雙聲。”《易·泰》：“城復于隍,其命亂也。”
陸釋文：“隍,城壍也。”《詩·大雅·韓奕》“實墉實壑”孔疏引
李巡云：“隍,城池壑也。”

〔6〕漮(kāng,《廣韻》苦岡切,平唐,溪)：水虚,水的中心有空
處。《説文》水部：“漮,水虚也。”段玉裁注：“《爾雅音義》引
作‘水之空也’……《釋詁》曰：‘漮,虚也。’虚,師古引作
空。康者,穀皮中空之謂,故从康之字皆訓爲虚……水之空,
謂水之中心有空處。”

1.61　黎[1]、庶[2]、烝[3]、多、醜[4]、師[5]、旅[6],衆也。

【注釋】

〔1〕黎：衆,衆多。《詩·大雅·桑柔》：“民靡有黎,具禍以燼。”毛
傳：“黎,齊也。”孔疏：“黎,衆也。衆民皆然,是齊一之義。”

〔2〕庶：衆多。邢疏：“皆謂衆夥也。”《詩·小雅·小明》：“念我
獨兮,我事孔庶。”鄭箋：“庶,衆也。”《禮記·孔子閒居》：“地
載神氣,神氣風霆,風霆流形,庶物露生,無非教也。”孔疏：
“庶,衆也。言衆物感此神氣風霆之形,露見而生。”

〔3〕烝：衆,衆多。《詩·大雅·烝民》：“天生烝民,有物有則。”
毛傳：“烝,衆。”

〔4〕醜：衆。《詩·小雅·出車》：“執訊獲醜,薄言還歸。”鄭箋：
“醜,衆也。”

〔5〕師：衆。《漢書·禮樂志》：“浚則師德,下民咸殖。”顏師古注：
“師,衆也……言有深法衆德,故能生育群黎,久有善名,其
容甚敬也。”

〔6〕旅：衆,衆多。《楚辭·九歎·離世》：“去鄉東遷,余誰慕兮？
讒夫黨旅,其以茲故兮？”王逸注：“旅,衆也……誠以讒夫
朋黨衆多之故而見放棄也。”

1.62　洋[1]、觀[2]、裒[3]、衆、那[4]，多也。

【注釋】

〔1〕洋：衆多。郝疏：“以洋爲多，古今通語。”顏師古《匡謬正
俗》六：“今山東俗謂衆爲洋。”《詩·魯頌·閟宮》：“萬舞洋
洋，孝孫有慶。”毛傳：“洋洋，衆多也。”

〔2〕觀：多。《詩·小雅·采綠》：“維魴及鱮，薄言觀者。”鄭箋：
“觀，多也。”

〔3〕裒(póu)：衆多。郝疏：“裒者，上文云：‘聚也。’聚則多矣，
故又爲多。”《詩·周頌·般》：“敷天之下，裒時之對。”鄭箋：
“裒，衆。對，配也。徧天之下，衆山川之神，皆如是配而祭之。”

〔4〕那(nuó，《廣韻》諾何切，平歌，泥)：多。《詩·小雅·桑扈》：
“不戢不難，受福不那。”毛傳：“那，多也。不多，多也。”馬
瑞辰傳箋通釋：“‘不’爲語詞。‘受福不那’，猶云降福孔多。”

1.63　流[1]、差[2]、柬[3]，擇也。

【注釋】

〔1〕流：擇取。郭注：“皆選擇。”《詩·周南·關雎》：“參差荇菜，
左右流之。”毛傳：“流，求也。”

〔2〕差(chāi，《廣韻》楚皆切，平皆，初。又初牙切，平麻，初)：
選擇。《詩·小雅·吉日》：“吉日庚午，既差我馬。”毛傳：“差，
擇也。”《文選》宋玉《高唐賦》：“王將欲往見之，必先齋戒，
差時擇日。”

〔3〕柬：選擇，後作“揀”。《說文》柬部：“柬，分別簡之也。”《荀
子·修身》：“安燕而血氣不惰，柬理也。”楊倞注：“柬與簡同，
言柬擇其事理所宜而不務驕逸，故雖安燕而不至怠惰。”

1.64　戰[1]、慄、震、驚、戁[2]、竦[3]、恐、慴[4]，懼也。

【注釋】

〔1〕戰：發抖，恐懼。《廣雅·釋言》：“戰，憚也。”《國語·晉語五》：

“是故伐備鐘鼓，聲其罪也；戰以錞于、丁寧，儆其民也。”王引之述聞：“戰讀爲憚。憚，懼也。”《呂氏春秋·審應》：“公子沓相周，申向説之而戰。”高誘注：“戰，懼也。”

〔2〕戁(nǎn，《廣韻》奴板切，上潸，泥。又人善切，上獮，日)：恐懼，悚懼。《廣韻》潸韻：“戁，悚懼。”《詩·商頌·長發》：“不戁不竦，百禄是總。”毛傳：“戁，恐。”揚雄《太玄·勤》：“陰凍沍，戁創於外。”

〔3〕竦(sǒng)：通“悚”，恐懼，驚懼。《韓非子·主道》：“明君無爲於上，群臣竦懼乎下。”《漢書·李廣傳》：“率三軍之心，同戰士之力，故怒形則千里竦，威振則萬物伏；是以名聲暴於夷貉，威稜憺乎鄰國。”顏師古注：“竦，驚也。”

〔4〕慴(shè，《廣韻》之涉切，入葉，章。又徒協切，入怗，定)：恐懼。《説文》心部：“慴，懼也。”《莊子·達生》：“死生驚懼，不入乎其胸中，是故遻物而不慴。”

1.65　痛[1]、瘏[2]、虺穨[3]、玄黄[4]、劬勞[5]、咎[6]、顇[7]、瘽[8]、瘉[9]、鰥[10]、戮[11]、癙[12]、癢[13]、痼[14]、痒[15]、疧[16]、疵[17]、閔[18]、逐[19]、疚[20]、痗[21]、瘥[22]、痱[23]、瘇[24]、瘵[25]、瘼[26]、瘅[27]，病也。

【注釋】

〔1〕痡(pū，《廣韻》普胡切，平模，滂。又芳無切，平虞，敷)：疲病。《説文》疒部：“痡，病也。从疒，甫聲。《詩》曰：‘我僕痡矣。’”《詩·周南·卷耳》：“我馬瘏矣，我僕痡矣。”毛傳：“痡，亦病也。”孔疏引孫炎曰：“痡，人疲不能行之病。”

〔2〕瘏(tú，《廣韻》同都切，平模，定)：勞累而病。《詩·周南·卷耳》：“陟彼砠矣，我馬瘏矣。”毛傳：“瘏，病也。”《楚辭·九歎·思古》：“髮披披以鬤鬤兮，躬劬勞而瘏悴。”王逸注：“言己履涉風露，頭髮解亂，而身罷病也。”

〔3〕尶(huī，《廣韻》呼懷切，平皆，曉。又呼恢切，平灰，曉）穨(tuí)：疲極而致病。穨，亦作“隤”。《詩·周南·卷耳》：“陟彼崔嵬，我馬尶隤。”毛傳：“尶隤，病也。”

〔4〕玄黃：馬生病。《詩·周南·卷耳》：“陟彼崔嵬，我馬尶隤……陟彼高岡，我馬玄黃。”王引之述聞：“尶隤疊韻字，玄黃雙聲字，皆謂病貌也。”

〔5〕劬(qú，《廣韻》其俱切，平虞，群）勞：勞苦。《詩·邶風·凱風》：“棘心夭夭，母氏劬勞。”毛傳：“劬勞，病苦也。”

〔6〕咎：過失，罪過。《詩·小雅·北山》：“或湛樂飲酒，或慘慘畏咎。”鄭箋：“咎，猶罪過也。”

〔7〕頹(cuì，《廣韻》秦醉切，去至，從）：病。《漢書·王莽傳上》：“《詩》云：‘人之云亡，邦國殄頹。’公之謂矣。”顏師古注：“頹，病也。”

〔8〕瘽(qín，《廣韻》巨斤切，平欣，群。又其謹切，上隱，群。又渠遴切，去震，群）：因勞成疾。邢疏：“瘽者，勞苦之病也。”《說文》疒部：“瘽，病也。”

〔9〕瘉(yù，《廣韻》羊朱切，平虞，以。又以主切，上麌，以）：勞困而病。《詩·小雅·正月》：“父母生我，胡俾我瘉。”毛傳：“瘉，病也。”

〔10〕鰥(guān)：同“瘝”，病。郭注：“《書》曰：‘智藏瘝在。’”鄭注：“鰥即瘝也。”《書·召誥》：“厥終智藏瘝在。”孔傳：“賢智隱藏，瘝病者在位，言無良臣。”

〔11〕戮：羞辱。《廣雅·釋詁》：“戮，辱也。”《左傳·文公六年》：“夷之蒐，賈季戮臾駢，臾駢之人欲盡殺賈氏以報焉。臾駢曰：‘不可。’”《國語·晉語七》：“公謂羊舌赤曰：‘寡人屬諸侯，魏絳戮寡人之弟，爲我勿失。’”韋昭注：“戮，辱也。”

〔12〕癙(shǔ，《廣韻》舒呂切，上語，書）：憂鬱而產生的病。《集

韻》語韻：“瘋,憂病。”《詩·小雅·正月》：“哀我小心,瘋憂以
痒。”馬瑞辰傳箋通釋：“《詩》言‘瘋憂以痒’,痒既爲病,則
瘋憂連言,瘋亦當訓憂。”

〔13〕癴(luán,《集韻》閭員切,平僊,來)：積憂成病,身體消瘦。
《集韻》僊韻：“癴,病體拘曲也。或作癴,通作攣。”

〔14〕瘒(lǐ,《廣韻》良士切,上止,來。又里之切,平之,來)：憂鬱
而病。邢疏：“舍人云：‘瘋、癴、瘒、痒,皆心憂慮之病也。’”
《字彙》疒部：“瘒,憂病。”《詩·大雅·雲漢》：“瞻卬昊天,云
如何里。”陸釋文：“里,如字,憂也。本又作瘒。《爾雅》作悝,
竝同。王云：‘瘒,病也。’”

〔15〕痒(yáng,《廣韻》似羊切,平陽,邪)：憂思成疾。郝疏：“蓋
憂思煎灼,氣血鬱蒸,故或蘊而爲瘍,或結而爲病,胥是道
焉。”《詩·小雅·正月》：“哀我小心,瘋憂以痒。”毛傳：“瘋、
痒,皆病也。”

〔16〕痕：阮元校作“痜”(qí,《廣韻》巨支切,平支,群),憂病。
《詩·小雅·無將大車》：“無思百憂,祇自痜兮。”孔疏：“無思
百衆小事之憂,若思此憂,適自病害於己。”

〔17〕疵：小病。《老子》十：“滌除玄覽,能無疵乎！”《素問·本病
論》：“民病温疫,疵發風生。”

〔18〕閔：病,病危。《荀子·禮論》：“紸纊聽息之時,則夫忠臣孝
子亦知其閔已,然而殯斂之具未有求也。”俞樾平議：“‘亦知
其閔已’,猶言亦知其病已。病,謂疾甚也。”

〔19〕逐：疾病。邢疏：“逐者,《衛風·考槃》云‘碩人之軸’,鄭箋云：
‘軸,病也。’軸與逐蓋今古字。”《廣韻》屋韻：“逐,疾也。”

〔20〕疚：久病。《釋名·釋疾病》：“疚,久也,久在體中也。”《集
韻》宥韻：“疚,久病也。”《詩·小雅·采薇》：“憂心孔疚,我行
不來。”毛傳：“疚,病。”《韓非子·顯學》：“無饑饉疾疚禍罪

之殃。”

〔21〕痗（mèi，《廣韻》莫佩切，去隊，明。又荒內切，去隊，曉）：憂病。《詩·衛風·伯兮》：“願言思伯，使我心痗。”毛傳：“痗，病也。”

〔22〕瘥（cuó，《廣韻》昨何切，平歌，從。又子邪切，平麻，精）：小疫病。《篇海類編·人事類》：“瘥，疫病。”《詩·小雅·節南山》：“天方薦瘥，喪亂弘多。”鄭箋：“天氣方今又重以疫病。”《左傳·昭公十九年》：“鄭國不天，寡君之二三臣札瘥夭昏。”杜注：“小疫曰瘥。”

〔23〕痱（féi，《廣韻》符非切，平微，奉）：中風病。《説文》疒部：“痱，風病也。”《靈樞經·熱病》：“痱之爲病也，身無痛者，四肢不收，智亂不甚，其言微知，可治；甚則不能言，不可治也。”《史記·魏其武安侯列傳》：“魏其良久乃聞，聞即恚，病痱，不食欲死。”司馬貞索隱：“痱，風病也。”

〔24〕癉（dǎn，《廣韻》多旱切，上旱，端）：積勞成疾。《正字通》疒部：“癉，同癉。”《禮記·緇衣》：“《詩》云：‘上帝板板，下民卒癉。’”鄭注：“癉，病也。”按，今《詩·大雅·板》作“癉”。

〔25〕瘵（zhài，《廣韻》側界切，去怪，莊）：病。方言詞。郭注：“今江東呼病曰瘵。”《詩·大雅·瞻卬》：“邦靡有定，士民其瘵。”毛傳：“瘵，病。”

〔26〕瘼（mò，《廣韻》慕各切，入鐸，明）：病。方言詞。《急就篇》：“痟瘚瘀痛瘼溫病。”顏師古注：“瘼者，無名之病，常漠漠然也。”《方言》三：“瘼，病也。東齊海岱之間曰瘼。”《詩·小雅·四月》：“亂離瘼矣，爰其適歸。”毛傳：“瘼，病。”

〔27〕瘠（jì，《廣韻》徂奚切，平齊，從。又徂禮切，上薺，從。又在詣切，去霽，從）：病。《禮記·玉藻》：“親瘠，色容不盛。”鄭注：“瘠，病也。”

【案】本條屬於二義同條。"病"有四個意義,分別訓釋對應的被訓詞,構成同義關係。病,重病。《史記·留侯世家》:"忠言逆耳利於行,毒藥苦口利於病。"以此義訓釋"痛、瘏、呬頹、玄黄、頎、瘴、瘉、鰥、瘋、癵、痙、瘁、痕、疵、閔、逐、疚、痗、瘥、痱、癉、瘵、瘼、瘠"。病,疾苦。《廣雅·釋詁》:"病,苦也。"《國語·吳語》:"疾者吾問之,死者吾葬之,老其老,慈其幼,長其孤,問其病。"以此義訓釋"劬勞"。病,毛病,缺點。以此義訓釋"咎"。病,羞辱。《儀禮·士冠禮》:"某不敏,恐不能共事,以病吾子,敢辭。"鄭注:"病,猶辱也。"以此義訓釋"戮"。

1.66　恙[1]、寫[2]、悝[3]、盱[4]、繇[5]、慘[6]、恤[7]、罹[8],憂也。

【注釋】

[1] 恙:憂慮。《説文》心部:"恙,憂也。"《史記·平津侯主父列傳》:"君不幸罹霜露之病,何恙不已。"司馬貞索隱:"恙,憂也。言罹霜露寒涼之疾,輕,何憂於病不止。"

[2] 寫:通"鼠",憂愁。王引之述聞:"今案:寫當讀爲鼠。《小雅·雨無正》篇:'鼠思泣血。'箋曰:'鼠,憂也。'義本於《爾雅》也……寫字古讀若'零露湑兮'之湑……與鼠字聲近而通。"

[3] 悝(kuī,又讀lǐ,《廣韻》苦回切,平灰,溪。又良士切,上止,來):憂傷。《玉篇》心部:"悝,悲也。"《廣韻》止韻:"悝,憂也。《詩》云:'悠悠我悝。'"今《詩·小雅·十月之交》作"悠悠我里"。

[4] 盱(xū):憂愁。《詩·小雅·何人斯》:"壹者之來,云何其盱。"陳奐傳疏:"'云何其盱',何其憂也。云爲語助,盱爲憂。"

[5] 繇:通"愮",亦作"搖",憂懼。方言詞。王引之述聞:"《方言》:'愮,憂也。'重言之則曰愮愮。《釋訓》曰:'灌灌愮愮,

憂無告也。'《王風·黍離》篇曰：'中心搖搖。'義並與繇同。"
《方言》十："愮，又憂也。"《廣韻》宵韻："愮，憂也，悸也。"

〔6〕慘：憂愁。《玉篇》心部："慘，愁也。"《詩·陳風·月出》：
"月出照兮，佼人燎兮，舒夭紹兮，勞心慘兮。"陸釋文："慘，
憂也。"《楚辭·九章·哀郢》："慘鬱鬱而不通兮，蹇侘傺而
含慼。"

〔7〕恤：憂慮。《説文》心部："恤，憂也。"《易·晉》："失得勿恤，
往吉，无不利。"孔疏："失之與得，不須憂恤。"《國語·晉語
一》："君欲勿恤，其可乎？若大難至而恤之，其何及矣。"韋
昭注："恤，憂也。"

〔8〕罹(lí，《廣韻》呂支切，平支，來)：憂懼，憂患。《説文》网部：
"罹，心憂也。"《書·酒誥》："辜在商邑，越殷國滅無罹。"孔
傳："紂聚罪人在都邑而任之，於殷國滅亡無憂懼。"《詩·王
風·兔爰》："我生之後，逢此百罹。"毛傳："罹，憂。"

1.67　倫[1]、勩[2]、邛[3]、敕[4]、勤、愉[5]、庸[6]、癉[7]，勞也。

【注釋】

〔1〕倫：條理，順序。邢疏："倫者，理也。理治事務者必勞。"以
"勞"釋"倫"，各家説法不一，且都缺乏充足的論據。現存
古籍没有"倫"字表示"勞"義，存疑。

〔2〕勩(yì，《廣韻》羊至切，去至，以。又餘制切，去祭，以)：勞
苦，辛勞。邢疏："勩者，《廣雅》云：'苦也。'孫炎曰：'習事
之勞也。'"《説文》力部："勩，勞也。《詩》云：'莫知我勩。'"
《詩·小雅·雨無正》："正大夫離居，莫知我勩。"毛傳："勩，
勞也。"

〔3〕邛(qióng，《廣韻》渠容切，平鍾，群)：勞苦，辛勞。《禮記·緇
衣》："《小雅》曰：'匪其止共，惟王之邛。'"鄭注："匪，非也。
邛，勞也。"

〔4〕敕(chì，《廣韻》恥力切，入職，徹)：勞苦。邢疏："敕者，相約敕也。亦爲勞苦。"一説：慰勞。敕，亦作"來"，當作"勑"（參見王引之《經義述聞》二六)。《孟子·滕文公上》："勞之來之。"孫疏："因其民之來歸者，有以償其來，故曰來之。"

〔5〕愉(yù)：通"瘉"，勞苦。邢疏："皆謂勞苦也。"王引之述聞："愉之言瘉也。上文曰：'瘉，病也。'凡勞與病事相類。"

〔6〕庸：勞苦。《詩·王風·兔爰》："我生之初，尚無庸；我生之後，逢此百凶。"鄭箋："庸，勞也。"

〔7〕癉(dàn，又讀dǎn，《廣韻》丁佐切，去箇，端)：亦作"憚"，勞苦。《廣韻》箇韻："癉，勞也。"《詩·小雅·大東》："契契寤歎，哀我憚人。"蘇轍集傳："憚，亦作癉，勞也。"

1.68　勞、來〔1〕、强〔2〕、事〔3〕、謂〔4〕、翦〔5〕、篲〔6〕，勤也。

【注釋】

〔1〕來(lài，《集韻》洛代切，去代，來)：勤勞。《集韻》代韻："勑，《説文》：'勞也。'亦作來。"《史記·周本紀》："日夜勞來，定我西土。"

〔2〕强(qiǎng，《集韻》巨兩切，上養，群)：勤勉，勤勞。《墨子·天志》："上强聽治，則國家治矣；下强從事，則財用足矣。"《淮南子·修務》："是故田者不强，囷倉不盈。"

〔3〕事：勤勞。邢疏："皆謂勤勞也。"《韓非子·外儲説左上》："用咫尺之木，不費一朝之事，而引三十石之任。"《論語·顏淵》："先事後得，非崇德與？"俞樾平議："《爾雅·釋詁》：'事，勤也。'勤，勞也。然則'先事'猶先勞也。"

〔4〕謂：勤奮。《詩·小雅·隰桑》："心乎愛矣，遐不謂矣。"鄭箋："謂，勤。"

〔5〕翦：殲滅。《詩·魯頌·閟宮》："居岐之陽，實始翦商。"毛傳："翦，齊也。"鄭箋："翦，斷也。"郝疏："翦者，猶言前也，進

也。前、進皆有勤意……段氏玉裁説云：翦之言盡也。謂盡力之勤也。”

〔6〕篲：本義指竹掃帚。引申爲掃，拂。郝疏：“篲，謂灑埽之勤也。”枚乘《七發》：“淩赤岸，篲扶桑，横奔似雷行。”

【案】目前文獻未見“翦、篲”有勤勞義。

1.69 悠〔1〕、傷〔2〕、憂〔3〕，思也。

【注釋】

〔1〕悠：憂思。《廣韻》尤韻：“悠，思也。”郝疏：“悠爲遠之思。”《詩·周南·關雎》：“悠哉悠哉，輾轉反側。”毛傳：“悠，思也。”

〔2〕傷：憂思。《篇海類編·人物類》：“傷，憂思也。”《詩·周南·卷耳》：“我姑酌彼兕觥，維以不永傷。”毛傳：“傷，思也。”

〔3〕憂：憂思，憂慮。邢疏：“憂者，愁思也。”《詩·魏風·園有桃》：“心之憂矣，其誰知之？”

1.70 懷〔1〕、惟〔2〕、慮〔3〕、願〔4〕、念、惄〔5〕，思也。

【注釋】

〔1〕懷：思念。《説文》心部：“懷，念思也。”段玉裁注：“念思者，不忘之思也。”《詩·豳風·東山》：“不可畏也，伊可懷也。”鄭箋：“懷，思也。”

〔2〕惟：思考。《詩·大雅·生民》：“載謀載惟，取蕭祭脂。”鄭箋：“惟，思也。”《楚辭·九章·抽思》：“數惟蓀之多怒兮，傷余心之懮懮。”洪興祖補注：“惟，思也。言計思其君多妄怒，無罪而受罰也。”

〔3〕慮：思考，謀思。方言詞。《方言》一：“慮，謀思也。”《書·太甲下》：“弗慮胡獲，弗爲胡成。”《論語·衛靈公》：“人無遠慮，必有近憂。”何晏集解引王肅曰：“君子當思患而預防之。”

〔4〕願：思念。《廣韻》願韻：“願，念也。”《詩·衛風·伯兮》：“願言思伯，甘心首疾。”鄭箋：“願，念也。我念思伯，心不

能已。”

〔5〕惄(nì，《廣韻》奴歷切，入錫，泥)：憂思。方言詞。《方言》一：
“惄，思也……凡思之貌亦曰慎，或曰惄。”《詩·周南·汝墳》：
“未見君子，惄如調飢。”鄭箋：“惄，思也。未見君子之時，如
朝飢之思食。”

1.71　禄[1]、祉[2]、履[3]、戩[4]、祓[5]、禧[6]、褆[7]、祜[8]，福也。

【注釋】

〔1〕禄：福。《説文》示部：“禄，福也。”段玉裁注：“《詩》言福、
禄多不别。《商頌》五篇，兩言福，三言禄，大恉不殊。《釋詁》
《毛詩》傳皆曰：‘禄，福也。’此古義也。”《詩·大雅·既醉》：
“其胤維何，天被爾禄。”毛傳：“禄，福也。”《儀禮·少牢饋食
禮》：“使女受禄于天，宜稼于田。”鄭注：“古文禄爲福。”

〔2〕祉：福。邢疏：“祉者，繁多之福也。”《易·泰》：“帝乙歸
妹，以祉元吉。”李鼎祚集解引虞翻曰：“祉，福也。”《詩·小
雅·巧言》：“君子如祉，亂庶遄已。”毛傳：“祉，福也。”

〔3〕履：通“禄”，福禄。《玉篇》履部：“履，禄也。《詩》曰：‘福
履將之。’”《詩·周南·樛木》：“樂只君子，福履綏之。”毛傳：
“履，禄。”鄭箋：“使爲福禄所安。”馬瑞辰傳箋通釋：“履與
禄雙聲，故履得訓禄，即以履爲禄之假借也。”

〔4〕戩(jiǎn，《廣韻》即淺切，上獮，精)：福禄。方言詞。《方言》
七：“福禄謂之祓戩。”《廣韻》獮韻：“戩，福祥也。”《詩·小
雅·天保》：“天保定爾，俾爾戩穀。”毛傳：“戩，福。穀，禄。”

〔5〕祓(fú，《廣韻》敷勿切，入物，敷)：通“芾”，福。《詩·大雅·卷
阿》：“芾禄爾康矣。”鄭箋：“芾，福。”郭注引作“祓禄康矣”。

〔6〕禧：福。邵正義：“禧，通作釐《説文》云：‘釐，家福也。’《漢
書·孝文紀》云：‘祠官祝釐。’如淳曰：‘釐，福也。《賈誼傳》

“受釐坐宣室”,是也。’師古曰:‘釐,本字作禧。’”

〔7〕禠(sī,《廣韻》息移切,平支,心):福。《説文》示部:“禠,福也。”《文選》張衡《思玄賦》:“湯蠲體以禱祈兮,蒙厖禠以拯民。”李周翰注:“此由潔體而蒙大福以濟於人。”

〔8〕祜(hù,《廣韻》侯古切,上姥,匣):福,大福。邢疏:“祜者,福厚也。”《詩·小雅·信南山》:“曾孫壽考,受天之祜。”鄭箋:“祜,福也。”《漢書·禮樂志》:“垂惠恩,鴻祜休。”顔師古注:“祜,福也。休,美也。”

1.72　禋[1]、祀、祠[2]、蒸[3]、嘗[4]、禴[5],祭也。

【注釋】

〔1〕禋(yīn,《廣韻》於真切,平真,影):升煙祭天以求福。先燒柴升煙,再加牲體及玉帛於柴上焚燒,煙氣上達以至精誠。《詩·大雅·生民》:“厥初生民,時維姜嫄。生民如何?克禋克祀,以弗無子。”鄭箋:“乃禋祀上帝於郊禖,以祓除其無子之疾而得其福也。”孔疏:“先儒云,凡絜祀曰禋。若絜祀爲禋,不宜別六宗與山川也。凡祭祀無不絜,而不可謂皆精。然則精意以享,宜施燔燎,精誠以假煙氣之升,以達其誠故也。”《周禮·春官·大宗伯》:“以禋祀祀昊天上帝。”鄭注:“禋之言煙,周人尚臭,煙,氣之臭聞者……三祀皆積柴實牲體焉,或有玉帛,燔燎而升煙,所以報陽也。”也泛指虔誠的祭祀。《説文》示部:“禋,潔祀也。一曰精意以享爲禋。”《廣韻》真韻:“禋,祭也。”《左傳·隱公十一年》:“吾子孫其覆亡之不暇,而況能禋祀許乎?”杜注:“絜齊以享謂之禋。”《國語·周語上》:“不禋於神而求福焉,神必禍之。”韋昭注:“潔祀曰禋。”

〔2〕祠:春祭。《説文》示部:“祠,春祭曰祠。品物少,多文詞也。從示,司聲。仲春之月,祠不用犧牲,用圭璧及皮幣。”《公羊傳·桓公八年》:“春曰祠,夏曰礿,秋曰嘗,冬曰烝。”又:泛

指祭祀。《書·伊訓》:"伊尹祠于先王。"陸釋文:"祠,祭也。"孔疏:"祠則有主有尸,其禮大;奠則奠器而已,其禮小。奠祠俱是享神,故可以祠言奠。"《史記·楚世家》:"十二年,秦昭王卒,楚王使春申君弔祠于秦。"參見8.36條。

〔3〕烝:冬祭。《國語·魯語上》:"夏父弗忌爲宗,烝,將躋僖公。"韋昭注:"凡祭,秋曰嘗,冬曰烝。"《春秋繁露·四祭》:"故春曰祠,夏曰礿,秋曰嘗,冬曰烝……祠者,以正月始食韭也。礿者,以四月食麥也。嘗者,以七月嘗黍稷也。烝者,以十月進初稻也。"參見8.36條。

〔4〕嘗:秋祭。郭注:"嘗新穀。"《左傳·桓公五年》:"始殺而嘗,閉蟄而烝。"參見8.36條。

〔5〕禴(yuè,《廣韻》以灼切,入藥,以):同"礿",夏、商兩代爲春祭,周代改稱夏祭。《易·萃》:"引吉,无咎。孚乃利用禴。"鄭注:"禴,殷春祭名也,四時祭之省者也。"《詩·小雅·天保》:"禴祠烝嘗。"毛傳:"春曰祠,夏曰禴,秋曰嘗,冬曰烝。"《禮記·王制》:"天子諸侯宗廟之祭,春曰礿,夏曰禘,秋曰嘗,冬曰烝。"鄭注:"此蓋夏、殷之祭名,周則改之,春曰祠,夏曰礿。"

1.73 儼〔1〕、恪〔2〕、祇〔3〕、翼〔4〕、諲〔5〕、恭、欽〔6〕、寅〔7〕、熯〔8〕,敬也。

【注釋】

〔1〕儼:恭敬莊重。《禮記·曲禮上》:"毋不敬,儼若思。"鄭注:"儼,矜莊貌。人之坐思,貌必儼然。"《楚辭·離騷》:"湯禹儼而求合兮,摯皋繇而能調。"王逸注:"儼,敬也。"

〔2〕恪:恭敬。《詩·商頌·那》:"温恭朝夕,執事有恪。"毛傳:"恪,敬也。"《漢書·王莽傳》:"更封爲章昭侯,位爲恪。"顏師古注:"恪,敬也。言待之加敬,亦如賓也。"

〔3〕祗(zhī,《廣韻》旨夷切,平脂,章):恭敬。《説文》示部:"祗,
　　敬也。"《詩·商頌·長發》:"昭假遲遲,上帝是祗。"毛傳:
　　"祗,敬。"《左傳·僖公三十三年》:"《康誥》曰:'父不慈,子
　　不祗,兄不友,弟不恭,不相及也。'"

〔4〕翼:恭敬。《詩·小雅·六月》:"有嚴有翼,共武之服。"毛傳:
　　"翼,敬也。"鄭箋:"言今師之群帥,有威嚴者,有恭敬者,而
　　共典是兵事。言文武之人備。"《逸周書·程典》:"慎下必翼
　　上。"孔晁注:"翼,敬也。"

〔5〕諲(yīn,《廣韻》於真切,平真,影):敬。郝疏:"諲者,禋之
　　假音也。"《玉篇》言部:"諲,敬也。"

〔6〕欽:恭敬。《禮記·内則》:"欽有帥。"鄭注:"欽,敬也。"孔疏:
　　"當教之令其恭敬,使有循善道。"

〔7〕寅:恭敬。《字彙》宀部:"寅,恭也。"《書·堯典》:"寅賓出
　　日,平秩東作。"孔傳:"寅,敬。"

〔8〕熯(rǎn):恭敬。《詩·小雅·楚茨》:"我孔熯矣,式禮莫愆。"
　　毛傳:"熯,敬也。"孔疏:"言我孝子甚能恭敬矣。"

1.74　朝、旦、夙[1]、晨、晙[2],早也。

【注釋】

〔1〕夙(sù,《廣韻》息逐切,入屋,心):早。《玉篇》夕部:"夙,
　　早也,旦也。"《詩·齊風·東方未明》:"不能辰夜,不夙則莫。"
　　毛傳:"夙,早。"《書·舜典》:"夙夜惟寅,直哉惟清。"孔傳:
　　"夙,早也。言早夜敬思其職,典禮施政教,使正直而清明。"

〔2〕晙(jùn,《廣韻》子峻切,去稕,精。又私閏切,去稕,心):黎
　　明。郭注:"晙亦明也。"邢疏:"晙亦明之早也。"

1.75　頢[1]、竢[2]、替[3]、戾[4]、厎[5]、止、俟[6],待也[7]。

【注釋】

〔1〕頢(xū,《廣韻》相俞切,平虞,心):通作"須",站着等待。《説

文》立部："頴,待也。"徐鍇繫傳："立而待也。《春秋左傳》：
'寡君頴矣。'"段玉裁注："今字多作需、作須,而頴廢矣。"
《漢書·翟方進傳》："又出逢帝舅成都侯商道路,下車立,頴
過,迺就車。"顏師古注："頴,待也。"

〔2〕竢(sì,《廣韻》牀史切,上止,崇)：同"俟",等待。《説文》
立部："竢,待也。"《國語·晉語四》："質將善而賢良贊之,則
濟可竢。"《漢書·賈誼傳》："恭承嘉惠兮,竢罪長沙。"顏師
古注："竢,古俟字。俟,待也。"

〔3〕替：停止。《莊子·則陽》："夫聖人未始有天,未始有人,未
始有始,未始有物,與世偕行而不替。"

〔4〕戾：止息。《詩·小雅·采菽》："優哉游哉,亦是戾矣。"馬瑞
辰傳箋通釋："戾亦當訓'定'爲允……箋訓爲'安止',義與
'定'正相近耳。"

〔5〕厎(dǐ,舊讀zhǐ,《廣韻》諸市切,上止,章)：終止。《詩·小
雅·小旻》："我視謀猶,伊于胡厎。"鄭箋："厎,至也。我視
今君臣之謀道,往行之將何所至乎?"

〔6〕徯(xī,《廣韻》胡雞切,平齊,匣。又胡禮切,上薺,匣)：有
所期望地等待。《廣韻》齊韻："徯,有所望也。"《書·仲虺之
誥》："徯予后,后來其蘇。"孔傳："待我君來,其可蘇息。"

〔7〕待：等待。又：止。《國語·魯語下》："説侮不懦,執政不貳,
帥大讐以憚小國,其誰云待之?"劉向《説苑·正諫》作"其
誰能止之"。

【案】該條屬於二義同條。"待"以等待義訓釋"頴、竢、徯",以
停止義訓釋"替、戾、厎、止",共構成兩組同義詞。

1.76　譎[1]、幾[2]、烖[3]、殆[4],危也[5]。
【注釋】
〔1〕譎(yù,《廣韻》食聿切,入術,船)：同"譎",詭譎狡詐。王

引之述聞：“譎，蓋譀之別體……《説文》曰：‘譀，權詐也。’《三蒼》曰：‘詭，譀也。’”

〔2〕幾：危險。郭注：“幾，猶殆也。”《説文》糸部：“幾，殆也。”《書·顧命》：“嗚呼！疾大漸，惟幾。”孔傳：“自歎其疾大進，篤惟危殆。”《荀子·堯問》：“汝其以魯國驕人，幾矣。”楊倞注：“幾，危也。”

〔3〕栽：同“災”，危害。《詩·大雅·召旻》：“蔑斯害矣，職兄斯弘，不栽我躬。”

〔4〕殆：危險。《漢書·樊噲傳》：“是日微樊噲奔入營譙讓項羽，沛公幾殆。”顏師古注：“殆，危也。”

〔5〕危：危險，危害。又通“詭”，詭詐。王引之述聞：“危則詭之假借也。”《淮南子·説林》：“尺寸雖齊，必有詭。”《文子·上德》云“尺雖齊，必有危”。

【案】該條屬於二義同條。王引之述聞：“危有二義，一爲危險之危，‘幾、栽、殆’是也；一爲詭詐之詭，‘譎’是也。譎蓋譀之別體。”共構成兩組同義詞。

1.77　譏[1]，汽也[2]。

【注釋】

〔1〕譏(qí)：接近。《説文》豈部“譏”字徐鍇繫傳：“《爾雅》：‘譏，汽也。’”段玉裁注：“汽，水涸也。水涸則近於盡矣，故引爲凡近之詞。”《正字通》水部：“汽，同汽省，水涸也。又，幾也。”

〔2〕汽(gài，《集韻》居代切，去代，見)：同“汽”，亦作“譏”，接近。郭注：“謂相摩近。”《集韻》代韻：“譏，切近也。或作汽。”《説文》水部：“汽，水涸也。或曰泣下。从水气聲。《詩》曰：‘汽可小康。’”《詩·大雅·民勞》作：“民亦勞止，汽可小康。”鄭箋：“汽，幾也。”

1.78　治[1]、肆[2]、古，故也。

【注釋】

〔1〕治：當作"始"。邵正義："治，當爲始。《益稷》云：'在治忽。'《史記》作'來始滑'，《漢書·律曆志》引作'七始詠'，是治、始二字相溷也。"《書·盤庚序》："將治亳殷。"孔疏引束皙説，謂孔子壁中書作"將始宅殷"。

〔2〕肆：連詞，表示因果關係，所以。《書·大禹謨》："肆予以爾衆士，奉辭伐罪。"孔傳："肆，故也。"《詩·大雅·思齊》："肆戎疾不殄，烈假不瑕。"毛傳："肆、故，今也。"

【案】 該條屬於二義同條。王引之述聞："皆承上之詞'治、肆、古、故也'。治讀爲始，'始、古'爲久故之故，'肆'爲語詞之故。'肆、故，今也'則皆爲語詞。郭謂'今'與'故'義相反而兼通，非也。"'故'有二義：故，連詞，表示因果關係，所以。以此義訓釋"肆"。故，從前。以此義訓釋"治、古"。共構成兩組同義詞。

1.79　**肆、故，今也**〔1〕。

【注釋】

〔1〕今：連詞，表示因果關係，所以。王引之述聞："今亦可訓爲故。《甘誓》曰：'天用勦絕其命，今予惟共行天之罰。'言故予惟共行天之罰也。《湯誓》曰：'夏德若茲，今朕必往。'言故朕必往也。"《書·湯誓》："夏德若茲，今朕必往。"

【案】 該條訓詞與被訓詞都有連詞"所以"義。參見 1.78 條。

1.80　**惇**〔1〕、**亶**〔2〕、**祜**〔3〕、**篤**、**掔**〔4〕、**仍**〔5〕、**肶**〔6〕、**埤**〔7〕、**竺**〔8〕、**腹**〔9〕，**厚也**。

【注釋】

〔1〕惇(dūn，《廣韻》都昆切，平魂，端。又章倫切，平諄，章)：敦厚。《書·舜典》："柔遠能邇，惇德允元。"孔傳："惇，厚也。"《漢書·公孫弘傳》："唯慶以惇謹，復終相位。"顏師古注："惇，厚也。"

〔2〕亶(dǎn,《廣韻》多旱切,上旱,端）：忠厚。《國語·周語下》引《詩·周頌·昊天有成命》：“於緝熙,亶厥心,肆其靖之。”韋昭注：“亶,厚也。”

〔3〕祜(hù,《廣韻》侯古切,上姥,匣）：厚福。邢疏：“祜者,福厚也。”參見 1.71 條。

〔4〕掔(qiān,《廣韻》苦堅切,平先,溪）：堅固。郝疏：“掔者,上文云：‘固也。’又訓厚者,掔之爲言堅也,又言腜也。腜訓豐滿,堅訓密緻,皆有厚意,故又訓厚矣。”參見 1.50 條。

〔5〕仍：一再,頻繁。《國語·周語下》：“晉仍無道而鮮胄,其將失之矣。”韋昭注：“仍,數也。”

〔6〕肶(pí）：同“膍”,豐厚。《詩·小雅·采菽》：“樂只君子,福禄膍之。”毛傳：“膍,厚也。”陸釋文：“膍,頻尸反。《韓詩》作肶。”

〔7〕埤(pí,《廣韻》符支切,平支,並）：多,厚。《詩·邶風·北門》：“王事適我,政事一埤益我。”毛傳：“埤,厚。”孔疏：“謂減彼一以厚益己,使己厚出賦稅之事是也。”

〔8〕竺(dǔ,《廣韻》冬毒切,入沃,端。又丁木切,入屋,端）：通“篤”,篤厚。《楚辭·天問》：“稷維元子,帝何竺之？”王逸注：“竺,厚也。言后稷之母姜嫄出見大人之跡,怪而履之,遂有娠而生后稷。后稷生而仁賢,天帝獨何以厚之乎？竺,一作篤。”洪興祖補注：“《爾雅》云：‘竺,厚也。’與篤同。”《書·微子之命》：“予嘉乃德,曰篤不忘。”陸釋文：“篤,本又作竺。”

〔9〕腹：厚,深。《説文》肉部：“腹,厚也。”《禮記·月令》：“冰方盛,水澤腹堅,命取冰。”鄭注：“腹,厚也。”

【案】該條“厚”有四義,訓釋對應被訓詞,形成同義關係。厚,篤厚。以此義訓釋“惇、亶、竺”。厚,深。以此義訓釋“腹”。厚,豐厚。以此義訓釋“肶”。厚,多。以此義訓釋“埤”。三個被訓詞"祜、擎、仍"無"厚"之此四義。

1.81　載[1]、謨[2]、食[3]、詐,僞也[4]。

【注釋】

〔1〕載:施行,爲。《小爾雅·廣言》:"載,略行也。"《書·皋陶謨》:"乃言曰:載采采。"孔傳:"載,行。采,事也。"孔疏:"載者,運行之義,故爲行也。"《周禮·春官·大宗伯》:"大賓客,則攝而載果。"鄭注:"載,爲也。果,讀爲祼。代王祼賓客以匕。君無酌臣之禮,言爲者,攝酌獻耳。"

〔2〕謨:謀劃,議謀。參見1.13條。

〔3〕食:虛僞,作假。郝疏:"《逸周書·皇門》篇云:'媚夫有邇無遠,乃食蓋善夫。'孔晁注:'食,爲也。'爲亦僞也。《書》意蓋言佞媚之人,以飾詐作僞,掩蓋善士。"

〔4〕僞:作假,僞詐。又:人爲,作爲。《廣雅·釋詁》:"僞,爲也。"《荀子·性惡》:"可學而能,可事而成之在人者,謂之僞。"

【案】"僞"以僞詐義訓釋"食、詐",以作爲義訓釋"載"。"謨"之謀劃義與"僞"之意義不相同。

1.82　話、猷[1]、載[2]、行[3]、訛[4],言也。

【注釋】

〔1〕猷(yóu,《廣韻》以周切,平尤,以):言談。郭注:"猷者,道。道亦言也。"郝疏:"猷者,下文及《釋宮》並云:'猷,道也。'郭云'道亦言'者,《詩·東門之池》傳:'言,道也。'《終風》箋:'今俗人嚏,云:人道我。'是皆以道爲言之證也。"

〔2〕載:盟辭。《廣韻》代韻:"載,盟辭也。"《周禮·秋官·司盟》:"司盟,掌盟載之法。"鄭注:"載,盟辭也。盟者書其辭於策,殺牲取血,坎其牲,加書於上而埋之,謂之載書。"《左傳·僖公二十六年》:"載在盟府,大師職之。"杜注:"載,載書也。"

〔3〕行(xíng,《廣韻》下更切,去映,匣):言說。方言詞。郭注:

"今江東通謂語爲行。"洪頤煊《讀書叢録》八:"《左氏哀元
年傳》:'因吳太宰以行成。'服虔注:'行成,求成也。'《管
子·山權數》篇:'行者,道民之利害也。'是皆行爲言也。"

〔4〕訛:虚假、謠傳的話。郭注:"世以妖言爲訛。"《詩·小雅·沔
水》:"民之訛言,寧莫之懲。"鄭箋:"訛,僞也。言時不令,
小人好詐僞爲交易之言,使見怨咎,安然無禁止。"《漢書·成
帝紀》:"京師無故訛言大水至,吏民驚恐,奔走乘城。"顏師
古注:"訛,僞言。"

1.83 遘[1]、逢,遇也。遘、逢、遇,逽也[2]。遘、逢、遇、逽,見也。

【注釋】

〔1〕遘(gòu,《廣韻》古候切,去候,見):遇見,遭遇。郭注:"謂
相遭遇。""轉復爲相觸逽。""行而相值即見。"《説文》辵部:
"遘,遇也。"《書·金縢》:"惟爾元孫某,遘厲虐疾。"陸釋文:
"遘,遇也。"

〔2〕逽(wǔ,《廣韻》五故切,去暮,疑):同"迕",意外相遇。《説
文》辵部:"逽,相遇驚也。"《莊子·達生》:"死生驚懼不入乎
其胸中,是故逽物而不慴。"陸釋文:"逽,音悟。郭音愕。《爾
雅》云:'逽,忤也。'郭注云:'謂干觸。'"《列子·黃帝》:"死
生驚懼不入乎其胸,是故逽物而不慴。"張湛注:"音忤,遇
也。一本作迕。心不欲見而見曰迕。"

1.84 顯、昭[1]、覿[2]、釗[3]、覲[4],見也[5]。

【注釋】

〔1〕昭:顯示,顯揚。《詩·大雅·文王》:"文王在上,於昭于天。"
毛傳:"昭,見也。"鄭箋:"其德著見於天。"《左傳·桓公二
年》:"君人者,將昭德塞違,以臨照百官,猶懼或失之,故昭
令德以示子孫。"

〔2〕覲(jìn,《廣韻》渠遴切,去震,群):顯現。《龍龕手鑑》見部:"覲,現也。"《書·立政》:"以覲文王之耿光,以揚武王之大烈。"孔疏:"以顯見文王之光明,以播揚武王之大業。"

〔3〕釗:通"昭",顯揚,顯示。郭注引逸《書》:"釗我周王。"《書·武成》作"昭我周王"。

〔4〕覿(dí,《廣韻》徒歷切,入錫,定):顯示,顯現。《國語·周語中》:"武不可覿,文不可匿。覿武無烈,匿文不昭。"韋昭注:"覿,見也。"郭璞《山海經圖讚·北山經》:"禦喝之鳥,厥名鶹鶘。昏明是互,晝隱夜覿。物貴應用,安事鸞鵠?"

〔5〕見:"現"的古字,顯示,顯現。《集韻》霰韻:"見,顯也。"《易·乾》:"九二:見龍在田。"《漢書·元帝紀》:"乃壬戌,日有蝕之。天見大異,以戒朕躬,朕甚悼焉。"顏師古注:"見,顯示。"

1.85　監[1]、瞻[2]、臨[3]、涖[4]、頫[5]、相[6],視也。

【注釋】

〔1〕監:亦作"鑑",照視。《廣韻》鑑韻:"鑑,照也。亦作監。"《書·酒誥》:"古人有言曰:'人無於水監,當於民監。'"孔傳:"視水見己形,視民行事見吉凶。"又:泛指視。《書·太甲上》:"天監厥德,用集大命,撫綏萬方。"孔傳:"監,視也。天視湯德,集王命於其身,撫安天下。"

〔2〕瞻:向上或向前看。《篇海類編·身體類》:"仰視曰瞻。"《詩·邶風·雄雉》:"瞻彼日月,悠悠我思。"毛傳:"瞻,視也。"《楚辭·離騷》:"瞻前而顧後兮,相觀民之計極。"王逸注:"瞻,觀也。"

〔3〕臨:由上看下,居高面低。《說文》臥部:"臨,監臨也。"《詩·大雅·大明》:"上帝臨女,無貳爾心。"鄭箋:"臨,視也。"《荀子·勸學》:"不臨深谿,不知地之厚也。"

〔4〕涖(lì，《廣韻》力至切，去至，來)：臨視。《詩·小雅·采芑》："方叔涖止，其車三千，師干之試。"毛傳："涖，臨。"鄭箋："方叔臨視此戎車三千乘。"《周禮·地官·鄉師》："及窆，執斧以涖匠師。"鄭注："涖，謂臨視也。"

〔5〕頫：阮校作"覜"(tiào)，諸侯聘問相見。郝疏："頫，《説文》以爲俛仰字，經典借爲覜字。《考工記·玉人》云：'以頫聘。'《齊語》云：'以驟聘頫於諸侯。'鄭注及韋昭注並云：'頫，視也。'"《説文》見部："覜，視也。"《左傳·昭公五年》："朝聘有珪，享覜有璋。"杜注："覜，見也。"孔疏："謂行享禮以見主國之君也。"

〔6〕相(xiàng，《廣韻》息亮切，去漾，心)：省視，察看。《説文》目部："相，省視也。"《書·無逸》："相小人，厥父母勤勞稼穡，厥子乃不知稼穡之艱難。"孔傳："視小人不孝者，其父母躬勤艱難，而子乃不知其勞。"《史記·周本紀》："及爲成人，遂好耕農，相地之宜，宜穀者稼穡焉。"

1.86　鞫[1]、訩[2]、溢，盈也。

【注釋】

〔1〕鞫：盈多。邢疏："皆謂盈多。"《詩·小雅·節南山》："昊天不傭，降此鞫訩。"毛傳："鞫，盈。"鄭箋："盈，猶多也。"

〔2〕訩(xiōng，《廣韻》許容切，平鍾，曉)：形容爭辯喧鬧的聲音或紛擾的樣子。《廣韻》鍾韻："訩，衆語。"《鹽鐵論·利議》："辯訟公門之下，訩訩不可勝聽。"

【案】"訩"與"盈"意義不相同。

1.87　孔[1]、魄[2]、哉[3]、延[4]、虛、無[5]、之[6]、言[7]，間也。

【注釋】

〔1〕孔：洞孔，窟窿。《墨子·備城門》："諸門户皆令鑿而慕孔孔之。"孫詒讓間詁："蓋鑿門爲孔竅，而以物蒙覆之，使外不得

見孔竅也。”

〔2〕魄：間隙。郝疏：“月之空缺陰映避光謂之爲魄。”

〔3〕哉：語氣助詞，無義。《説文》口部：“哉，言之閒也。”桂馥義證：“言之閒，即辭助。”《正字通》口部：“哉之在句中者，爲助語辭，爲閒隔之辭；在句末者，爲語已辭。”《書·大誥》：“嗚呼！肆哉爾庶邦君，越爾御事。”《孟子·萬章上》：“不識此語誠然乎哉？”

〔4〕延：間斷。王引之述聞：“延者，閒也，息也。”《書·大誥》：“天降割于我家，不少延。”

〔5〕無：間隙，空虚。郝疏：“無者，有之閒也。”《老子》十一：“三十輻共一轂，當其無，有車之用。”河上公章句：“无謂空虚。轂中空虚，輪得轉行；轝中空虚，人得載其上也。”

〔6〕之：語氣助詞，用於韻文中或單音詞後，湊足音節。《左傳·昭公二十五年》：“鸜之鵒之，公出辱之。”

〔7〕言：語氣助詞，無義。《詩·邶風·泉水》：“駕言出遊，以寫我憂。”

【案】“間”以空隙、間隙義訓釋被訓詞“孔、魄、虚、無”，以間斷義訓釋“延”。“間”是實詞，“哉、之、言”都是虚詞，它們不構成同義關係。

1.88　瘱[1]、幽[2]、隱、匿、蔽、竄[3]，微也[4]。

【注釋】

〔1〕瘱(yì，《廣韻》於罽切，去祭，影)：隱藏，埋藏。《玉篇》土部：“瘱，藏也。”《集韻》霽韻：“瘱，幽隱也。”《漢書·貢禹傳》：“及棄天下，昭帝幼弱，霍光專事，不知禮正，妄多臧金錢財物，鳥獸魚鼈牛馬虎豹生禽，凡百九十物，盡瘱臧之。”

〔2〕幽：隱蔽，潛藏。《説文》絲部：“幽，隱也。”段玉裁注：“𠀎部曰隱蔽也……幽从山，猶隱从𠀎，取遮蔽之意。”《荀子·正

論》：“上幽險，則下漸詐矣。”楊倞注：“幽，隱也。”《戰國策·秦策五》：“管仲，其鄙人之賈人也，南陽之弊幽，魯之免囚，桓公用之而伯。”高誘注：“弊，隱也。幽，潛。”

〔3〕竄（cuàn，《廣韻》七亂切，去換，清）：伏匿，隱藏。《廣雅·釋詁》：“竄，藏也。”《左傳·定公四年》：“天誘其衷，致罰於楚，而君又竄之。”杜注：“竄，匿也。”《國語·周語上》：“我先王不窋用失其官，而自竄於戎狄之間。”韋昭注：“竄，匿也。”

〔4〕微：隱匿，隱藏。《書·洪範》：“乂用昏不明，俊民用微，家用不寧。”孔傳：“治闇，賢隱，國家亂。”《左傳·哀公十六年》：“白公奔山而縊，其徒微之。”杜注：“微，匿也。”

1.89　訖、徽[1]、妥[2]、懷[3]、安[4]、按[5]、替[6]、戾[7]、底[8]、廢[9]、尼[10]、定、曷[11]、遏，止也。

【注釋】

〔1〕徽：止。郝疏：“徽者，微之止也。‘徽’從微省聲，‘微’有隱義，安隱與止息義近。”王引之述聞：“今案，《楚辭·離騷》‘忽緯繣其難遷’，《廣韻》作‘徽繣’。徽繣者，止而不遷之謂。”

〔2〕妥：古字爲“綏”，止。郝疏：“妥，古字作綏。故《士相見禮》注：‘古文妥爲綏。’”《國語·齊語》：“使民以勸，綏謗言，足以補官之不善政。”韋昭注：“綏，止也。”

〔3〕懷：來到。參見1.5條。

〔4〕安：靜止。《戰國策·秦策五》：“賈願出使四國，必絕其謀而安其兵。”高誘注：“安，止。”焦贛《易林·觀》：“膠車木馬，不利遠賈，出門爲患，安止得全。”

〔5〕按：止住。《詩·大雅·皇矣》：“爰整其旅，以按徂旅，以篤于周祜，以對于天下。”毛傳：“按，止也。”《呂氏春秋·開春》：“故簡子之時，衛以十人者按趙之兵。”高誘注：“按，止也。”

〔6〕替：停止。參見 1.75 條。

〔7〕戾：止息。參見 1.75 條。

〔8〕底：停滯,止住。《左傳·昭公元年》:"勿使有所壅閉湫底,以露其體。"杜注:"底,滯也。"孔疏:"服虔云:'底,止也。'"《國語·晉語四》:"今戾久矣,戾久將底,底著滯淫,誰能興之?"韋昭注:"底,止也。"

〔9〕廢：停止。《論語·雍也》:"力不足者,中道而廢。"

〔10〕尼(nǐ,《集韻》乃禮切,上薺,泥。又尼質切,入質,娘):停止,制止。《玉篇》尸部:"尼,止也。"《孟子·梁惠王下》:"行或使之,止或尼之。"趙注:"尼,止也。"《山海經·大荒北經》:"其所歍所尼,即爲源澤。"郭璞注:"尼,止也。"

〔11〕曷(è,《集韻》阿葛切,入曷,影):通"遏",止。朱駿聲《說文通訓定聲》泰部:"曷,假借爲遏。"《詩·商頌·長發》:"如火烈烈,則莫我敢曷。"朱熹集傳:"曷、遏通。"

【案】該條屬於二義同條。"止"以靜止義訓釋"訖、徽、妥、安、按、替、戾、底、廢、尼、定、曷、遏",以到達義訓釋"懷",共構成兩組同義詞。

1.90 豫[1]、射[2],厭也[3]。

【注釋】

〔1〕豫：厭煩。《莊子·應帝王》:"无名人曰:'去! 汝鄙人也,何問之不豫也!'"王先謙集解引俞樾曰:"《釋詁》:'豫,厭也。'……此怪天根之多問,猶云何不憚煩也!"

〔2〕射(yì,《廣韻》羊益切,入昔,以):通"斁",厭倦,厭棄。朱駿聲《說文通訓定聲》豫部:"射,假借爲斁。"《詩·周頌·清廟》:"不顯不承,無射於人斯。"鄭箋:"此文王之德,人無厭之。"陸釋文:"射,音亦,厭也。"《禮記·大傳》引《詩》作"無斁於人斯"。《詩·小雅·車舝》:"式燕且譽,好爾無射。"鄭箋:

"射，厭也……我愛好王無有厭也。"

〔3〕厭：厭棄，厭煩。《左傳·隱公十一年》："天而既厭周德矣，吾其能與許爭乎？"《墨子·號令》："遣卒候者無過五十人，客至堞，去之，慎無厭建。"孫詒讓間詁："建，讀爲券，聲近字通……鄭康成云：'券，今倦字也。'"

1.91　烈[1]、績，業也。

【注釋】

〔1〕烈：功業，業績。郭注："謂功業也。"《書·洛誥》："公稱丕顯德，以予小子揚文武烈。"孔傳："用我小子褒揚文武之業。"《詩·周頌·武》："於皇武王，無競維烈。"毛傳："烈，業也。"

1.92　績、勳，功也。

1.93　功、績、質[1]、登[2]、平[3]、明[4]、考[5]、就，成也。

【注釋】

〔1〕質：成就。《禮記·曲禮上》："疑事毋質，直而勿有。"鄭注："質，成也。"

〔2〕登：成就。《書·泰誓下》："爾衆士其尚迪果毅，以登乃辟。"孔傳："登，成也。成汝君之功。"

〔3〕平：成。《書·大禹謨》："地平天成，六府三事允治，萬世永賴，時乃功。"孔傳："水土治曰平，五行敘曰成，因禹陳九功而歎美之。"孔疏："是平、成義同。"《吕氏春秋·有始》："知合知成，知離知生，則天地平矣。"高誘注："平，成也。"

〔4〕明：成就。《墨子·天志上》："然則何以知天之愛天下之百姓？以其兼而明之。"《史記·李斯列傳》："是以太山不讓土壤，故能成其大；河海不擇細流，故能就其深；王者不却衆庶，故能明其德。"

〔5〕考：成就。《禮記·禮運》："禮義以爲器，故事行有考也。"鄭注："考，成也。器利則事成。"

1.94　梏[1]、梗[2]、較[3]、頲[4]、庭[5]、道[6]，直也。

【注釋】

〔1〕梏(jué,《廣韻》古岳切，入覺，見)：正直。朱駿聲《說文通訓定聲》孚部：“梏，假借爲覺。”《禮記·緇衣》：“《詩》云：‘有梏德行，四國順之。’”鄭注：“梏，大也，直也。”《詩·大雅·抑》作“有覺德行，四國順之”，毛傳：“覺，直也。”《禮記·射義》“發而不失正鵠者”，鄭注：“鵠之言梏也。梏，直也。言人正直乃能中也。”

〔2〕梗：正直。《廣雅·釋詁》：“梗，覺也。”王念孫疏證：“梗爲覺然正直之覺……梗、覺一聲之轉，今俗語猶云梗直矣。”《玉篇》木部：“梗，梗直也。”《商君書·賞刑》：“彊梗焉，有常刑而不赦。”

〔3〕較(jué,《廣韻》古岳切，入覺，見)：直。王引之述聞：“《書大傳》：‘覺兮較兮。’鄭注曰：‘較兮，謂直道者也。’《周官·司裘》注曰：‘鵠之言較，較者，直也。射所以直己志。’《祭統》：‘夫人薦豆執校。’……鄭注曰：‘校，豆中央直者也。’校、較聲近義同。”

〔4〕頲(tǐng,《廣韻》他鼎切，上迥，透)：正直。郝疏：“頲者，《說文》云：‘狹頭頲也。’訓直者，頭容直也。”

〔5〕庭：通“廷”，直。郝疏：“庭者，廷之假音也。《後漢書·郭太傳》注引《蒼頡篇》云：‘廷，直也。’又引《風俗通》云：‘廷，正也。’……通作庭。”《詩·小雅·大田》：“既庭且碩，曾孫是若。”毛傳：“庭，直也。”

〔6〕道：正直。《荀子·不苟》：“君子大心則敬天而道，小心則畏義而節。”劉向《說苑·修文》：“樂之動於内，使人易道而好良。”

1.95　密[1]、康[2]，静也。

【注釋】

〔1〕密：寧静。參見 1.27 條。

〔2〕康：安寧。郭注："皆安静也。"《逸周書·謚法》："安樂撫民曰康。"

1.96 豫^[1]、寧、綏^[2]、康^[3]、柔^[4]，安也。

【注釋】

〔1〕豫：安逸，安樂。邢疏："皆安樂也。"玄應《一切經音義》十三引《倉頡篇》："豫，佚也。"《書·金縢》："王有疾，弗豫。"孔傳："武王有疾，不悦豫。"《詩·小雅·白駒》："爾公爾侯，逸豫無期。"毛傳："爾公爾侯邪，何爲逸樂無期以反也？"

〔2〕綏：安定。《書·盤庚下》："盤庚既遷，奠厥攸居，乃正厥位，綏爰有衆。"孔傳："安於有衆。"

〔3〕康：安樂，安定。《詩·唐風·蟋蟀》："無已大康，職思其居。"毛傳："康，樂。"《禮記·禮運》："如有不由此者，在埶者去，衆以爲殃，是謂小康。"鄭注："康，安也。"

〔4〕柔：安定。《管子·勢》："其所處者，柔安静樂，行德而不争。"

1.97 平、均^[1]、夷^[2]、弟^[3]，易也^[4]。

【注釋】

〔1〕均：通"耘"，治田。《大戴禮記·夏小正》："（正月）農率均田。率者，循也。均田者，始除田也。言農夫急除田也。"孔廣森補注："均，讀爲耘。故傳言'除田'也。古書字少，音同相借。"

〔2〕夷：平坦。《説文》大部："夷，平也。"《老子》五三："大道甚夷，而民好徑。"

〔3〕弟：和易。《詩·大雅·旱麓》："豈弟君子，干禄豈弟。"陸釋文："豈，樂也。弟，易也。"

〔4〕易：平坦。《銀雀山漢墓竹簡·孫臏兵法·十問》："故易則

利車,險則利徒。"又:和悦。《詩·小雅·何人斯》:"爾還而入,我心易也。"毛傳:"易,説。"又:治田。《吕氏春秋·土容》:"農夫知其田之易也,不知其稼之疏而不適也。"高誘注:"易,治也。"

【案】該條屬於二義同條。"易"以平易、平坦義訓釋"平、夷",以和悦義訓釋"弟",以治田義訓釋"均",共構成三組同義詞。

1.98　矢[1],弛也[2]。弛,易也[3]。

【注釋】

[1]矢:施布。《詩·大雅·江漢》:"矢其文德,洽此四國。"毛傳:"矢,施也。"

[2]弛:布散。郝疏:"弛者,施之假音也……經典弛、施二字多通用。"《周禮·天官·小宰》:"六曰斂弛之聯事。"陸釋文:"弛,劉本作施,音弛。"王引之述聞:"斂者,聚也。施者,散也。"

[3]易:蔓延。《書·盤庚中》:"我乃劓殄滅之,無遺育,無俾易種于兹新邑。"孫星衍疏:"醫書有陰易、陽易,言病相延染。"《左傳·隱公六年》:"惡之易也,如火之燎于原,不可鄉邇,其猶可撲滅?"王引之述聞:"易者,延也。謂惡之蔓延也。"

1.99　希[1]、寡、鮮[2],罕也。鮮,寡也。

【注釋】

[1]希:後作"稀",少。《集韻》微韻:"希,寡也。"《論語·公冶長》:"不念舊惡,怨是用希。"皇侃義疏:"希,少也。"

[2]鮮(xiǎn,《廣韻》息淺切,上獮,心):少。郭注:"謂少。"《易·繫辭上》:"百姓日用而不知,故君子之道鮮矣。"《詩·大雅·蕩》:"靡不有初,鮮克有終。"鄭箋:"鮮,寡。"

1.100　酬[1]、酢[2]、侑[3],報也。

【注釋】

[1]酬:報答。郭注:"此通謂相報答,不主于飲酒。"《左傳·昭

公二十七年》：“令尹將必來辱，爲惠已甚，吾無以酬之，
若何？”

〔2〕酢(zuò，《廣韻》在各切，入鐸，從)：報答。《詩·小雅·楚茨》：
“報以介福，萬壽攸酢。”毛傳：“酢，報也。”

〔3〕侑(yòu，《廣韻》于救切，去宥，云)：酬報。《國語·晉語四》：
“王饗醴，命公胙侑。”韋昭注：“謂既食，以束帛侑公。”

1.101　毗劉[1]，暴樂也[2]。

【注釋】

〔1〕毗(pí，《廣韻》房脂切，平脂，並)劉：樹葉枯落，樹蔭稀疏。
方俗語詞。郝疏：“毗劉、暴樂，蓋古方俗之語，不論其字，
唯取其聲。今登萊間人凡果實及木葉隋落謂之毗劉、杷拉。
杷拉亦即暴樂之聲轉。”

〔2〕暴(bó，《集韻》北角切，入覺，幫)樂(luò，《廣韻》盧各切，入
鐸，來)：同“暴樂”，樹葉脫落稀疏。方俗語詞。郭注：“謂
樹木葉缺落，蔭疏。暴樂，見《詩》。”邢疏：“舍人曰：‘毗劉，
爆樂之意。木枝葉稀疎不均爲爆樂。’……《大雅·桑柔》
云：‘捋采其劉。’毛傳云：‘劉，爆爍而希也。’是矣。”梁紹壬
《兩般秋雨盦隨筆·字音假借》：“‘剝落’二字可作‘暴樂’。
《爾雅》：‘毗劉，暴樂也。’”

1.102　覭髳[1]，茀離也[2]。

【注釋】

〔1〕覭(míng，《廣韻》莫經切，平青，明)髳(méng，《廣韻》莫紅
切，平東，明)：草木叢生貌。郭注：“謂草木之叢茸翳薈也。”

〔2〕茀(fú，《廣韻》敷勿切，入物，敷)離：草木衆多貌。郭注：“茀
離即彌離，彌離猶蒙蘢耳。”邵正義：“覭髳、茀離皆雙聲。凡
雙聲之字義存乎聲。”

1.103　蠱[1]、謟[2]、貳[3]，疑也。

【注釋】

〔1〕蠱(gǔ,《廣韻》公户切,上姥,見):迷惑。郭注:"蠱惑、有貳
心者皆疑也。"《左傳·莊公二十八年》:"楚令尹子元欲蠱文
夫人,爲館於其宫側而振萬焉。"陸釋文:"蠱,惑也。"孔疏:
"知蠱謂惑以淫事。"

〔2〕謟(tāo,《廣韻》土刀切,平豪,透):疑惑。《左傳·哀公十七
年》:"子高曰:'天命不謟。'"杜注:"謟,疑也。"《孔子家
語·儒行》:"上荅之不敢以疑,上不荅之不敢以謟。"

〔3〕貳:疑忌。《詩·魯頌·閟宫》:"無貳無虞,上帝臨女。"

1.104　楨[1]、翰[2]、儀[3],榦也[4]。

【注釋】

〔1〕楨(zhēn,《廣韻》陟盈切,平清,知):築牆時所用的木柱,豎
在兩端的叫楨,豎在兩旁障土的叫榦。邢疏引舍人曰:"楨,
正也。築牆所立兩木也。"《書·費誓》:"峙乃楨榦。"孔傳:
"題曰楨,旁曰榦。"孔疏:"題曰楨,謂當牆兩端者也。旁曰
榦,謂在牆兩邊者也。"

〔2〕翰:通"榦",支柱,棟梁。朱駿聲《説文通訓定聲》乾部:
"翰,假借爲榦。"《詩·小雅·桑扈》:"之屏之翰,百辟爲憲。"
毛傳:"翰,榦。"鄭箋:"外能蔽捍四表之患難,内能立功立
事,爲之楨榦。"陳奐傳疏:"翰,讀與榦同,此謂假借也。"

〔3〕儀:立木,即古代觀測日影的表柱。王引之述聞:"家大人曰:
楨、翰、儀、榦,皆謂立木也。《説文》:'檥,榦也。從木,義聲。'
經傳通作儀。"《荀子·君道》:"儀正而景正。"

〔4〕榦(gàn,《廣韻》古案切,去翰,見):古代築牆時,豎在夾板
兩邊起固定作用的木柱。《説文》木部:"榦,築牆耑木也。"
徐鍇繫傳:"築牆兩旁木也,從以制版者。"《急就篇》:"榦楨
板栽度圜方。"《睡虎地秦墓竹簡·秦律雜抄》:"工擇榦,榦

可用而久以爲不可用，貲二甲。”

1.105　弼[1]、棐[2]、輔、比[3]，俌也[4]。

【注釋】

〔1〕弼(bì，《廣韻》房密切，入質，並)：輔佐，輔正。《字彙》弓部：“弼，輔也，助也，正也。”《書·益稷》：“予違汝弼，汝無面從，退有後言。”孔傳：“我違道，汝當以義輔正我。”《史記·汲鄭列傳》：“天子置公卿輔弼之臣，寧令從諛承意，陷主於不義乎？”

〔2〕棐(fěi，《廣韻》府尾切，上尾，非)：輔助。《書·大誥》：“天棐忱辭，其考我民。”孔傳：“言我周家有大化誠辭，爲天所輔，其成我民矣。”《漢書·敘傳上》：“觀天罔之紘覆兮，實棐諶而相順。”顏師古注：“賦言天道惟誠是輔，唯順是助，故引以爲辭也。”

〔3〕比：輔助。《易·比》：“比，輔也。”孔疏：“比者，人來相輔助也。”《左傳·襄公二十六年》：“晉人將與之縣，以比叔向。”

〔4〕俌(fǔ，《廣韻》芳武切，上麌，敷。又方矩切，上麌，非)：輔助。《説文》人部：“俌，輔也。”段玉裁注：“謂人之俌，猶車之輔也……俌見《釋詁》‘弼、棐、輔、比，俌也’，郭云：‘俌猶輔也。’《廣韻》曰：‘俌，出《埤蒼》。’蓋輔專行而俌廢矣。”

1.106　疆、界、邊、衞[1]、圉[2]，垂也[3]。

【注釋】

〔1〕衞：同“衛”，邊疆，邊遠之地。《周禮·春官·巾車》：“建大白，以即戎，以封四衞。”鄭注：“四衞，四方諸侯守衞者，蠻服以内。”孫詒讓正義引孔廣森云：“四衞者，言四方衞服之國也。”

〔2〕圉(yǔ)：邊境。邢疏引孫炎曰：“圉，國之四垂也。”徐灝《説文解字注箋》㚔部：“圉有圉守義，故引申爲邊垂之偁。”

《詩·大雅·召旻》:"民卒流亡,我居圉卒荒。"毛傳:"圉,垂也。"孔疏:"居謂城中所居之處,圉謂邊境。"《左傳·隱公十一年》:"寡人之使吾子處此,不唯許國之爲,亦聊以固吾圉也。"杜注:"圉,邊垂也。"

〔3〕垂:後作"陲",邊疆,邊地。《説文》土部:"垂,遠邊也。"朱駿聲通訓定聲:"《書》傳皆以陲爲之。"《荀子·臣道》:"邊境之臣處,則疆垂不喪。"楊倞注:"垂,與陲同。"《漢書·谷永傳》:"方今四夷賓服……三垂晏然,靡有兵革之警。"

1.107　昌、敵[1]、彊[2]、應[3]、丁[4],當也[5]。

【注釋】

〔1〕敵:對抗,抵擋。《左傳·桓公六年》:"臣聞小之能敵大也。"

〔2〕彊:強壯。《左傳·僖公十五年》:"亂氣狡憤,陰血周作,張脉僨興,外彊中乾。"杜注:"外雖有彊形,而内實乾竭。"

〔3〕應:迎擊。《廣雅·釋詁》:"應,擊也。"《吕氏春秋·先識》:"宋華元率師應之大棘,羊斟御。"高誘注:"應,擊也。"《戰國策·齊策一》:"秦假道韓魏以攻齊,齊威王使章子將而應之。"韋昭注:"應,擊。"

〔4〕丁:強壯。《説文》丁部:"丁,夏時萬物皆丁實。"段玉裁注:"丁實,小徐本作'丁壯成實'。"《玉篇》丁部:"丁,强也,壯也。"《史記·律書》:"丁者,言萬物之丁壯也,故曰丁。"

〔5〕當:對抗,抵擋。《玉篇》田部:"當,敵也。"《公羊傳·莊公十三年》:"然則君請當其君,臣請當其臣。"何注:"當,猶敵也。"又:盛壯。王引之述聞:"當字又有盛壯之義……丁、當一聲之轉。"《篇海類編·地理類》:"當,丁也。"《管子·揆度》:"老者譙之,當壯者遣之邊戍。"《墨子·非樂上》:"將必使當年,因其耳目之聰明,股肱之畢强,聲之和調,眉之轉朴。"孫詒讓間詁:"王云:'當年,壯年也。''當'有盛壯

之義。”

【案】該條屬於二義同條。“當”以對抗、抵擋義訓釋“敵、應”,以盛壯義訓釋“昌、彊、丁”,共構成兩組同義詞。

1.108　浡[1]、肩[2]、摇[3]、動、蠢[4]、迪[5]、俶[6]、厲[7],作也。

【注釋】

〔1〕浡(bó,《廣韻》蒲没切,入没,並):興起,事物自始生由小而大或由少而多。《廣韻》没韻:“浡,浡然興作。”《孟子·梁惠王上》:“天油然作雲,沛然下雨,則苗浡然興之矣。”《漢書·揚雄傳下》:“泰山之高不嶕嶢,則不能浡瀹雲而散歊烝。”

〔2〕肩:興起。《書·盤庚下》:“朕不肩好貨。”孫星衍疏:“《釋詁》云:‘肩,作也。’言我不作好貨之事。”

〔3〕摇:動。《左傳·昭公二十三年》:“三國敗,諸侯之師乃摇心矣。”

〔4〕蠢:騷動,萌動。方言詞。郭注:“蠢,動作。”《方言》十三:“蠢,作也。”《書·大誥》:“有大艱于西土,西土人亦不静,越兹蠢。”孔傳:“四國作大難於京師,西土人亦不安,於此蠢動。”孫星衍疏:“蠢者,《釋詁》云:‘動也。’”杜篤《論都賦》:“濱據南山,帶以涇渭,號曰陸海,蠢生萬類。”

〔5〕迪:蹈行,實行。《書·皋陶謨》:“允迪厥德,謨明弼諧。”孔傳:“迪,蹈。”孔疏:“爲人君者當信實蹈行。”

〔6〕俶(chù,《廣韻》昌六切,入屋,昌):造,作。《詩·大雅·崧高》:“有俶其城,寢廟既成。”毛傳:“俶,作也。”

〔7〕厲:作。方言詞。邢疏:“厲者,《方言》云:‘厲、卬,爲也。甌越曰卬,吳曰厲。’爲亦作也。”《書·皋陶謨》:“庶明勵翼。”孔疏引鄭玄本“勵”作“厲”,云:“鄭云:厲,作也。以衆賢明作輔翼之臣。”

【案】該條屬於二義同條。訓詞"作"有三個意義,訓釋對應的被訓詞,形成三組同義詞。作,興起。《説文》人部:"作,起也。"《孟子·公孫丑上》:"由湯至於武丁,賢聖之君六七作。"以此義訓釋"淖、肩"。作,動。以此義訓釋"動、摇、蠢"。作,從事。以此義訓釋"迪、俶、厲"。

1.109　茲、斯、咨[1]、呰[2]、已[3],此也。

【注釋】

〔1〕咨:通"茲",指示代詞,此。郝疏:"咨者,與茲音近同字通。《魏孔羨碑》云:'咨可謂命世大聖,千載之師表者已。'咨即茲也。"

〔2〕呰(cī,《集韻》資昔切,入昔,精):指示代詞,此。方俗語詞。邢疏:"呰、已與此皆音相近,故得爲此也。郭云:'呰、已皆方俗異語。'"《文子·上德》:"刺我行者,欲我交;呰我貨者,欲我市。"

〔3〕已:指示代詞,此。方俗語詞。郭注:"呰、已皆方俗異語。"《論語·陽貨》:"飽食終日,無所用心,難矣哉!不有博弈者乎?爲之,猶賢乎已。"《史記·夏本紀》"敦序九族,衆明高翼,近可遠在已",《書·皋陶謨》作"邇可遠在茲"。

1.110　嗟[1]、咨[2],蹉也[3]。

【注釋】

〔1〕嗟(jiē,《廣韻》子邪切,平麻,精):嘆詞,表贊美、悲傷等。《釋名·釋言語》:"嗟,佐也。言之不足以盡意,故發此聲以自佐也。"《玉篇》口部:"嗟,嗟歎也。"《詩·周南·麟之趾》:"麟之趾,振振公子,于嗟麟兮!"毛傳:"于嗟,歎辭也。"

〔2〕咨:嘆詞,多表贊賞。《書·堯典》:"帝曰:'咨!汝羲暨和。'"孔傳:"咨,嗟。"《論語·堯曰》:"堯曰:'咨,爾舜!天之歷數在爾躬。允執其中。'"

〔3〕瑳：古"嗟"字。方言詞。郭注："今河北人云瑳歎。"《玉篇》
　　長部："瑳，今作嗟，憂歎也。"揚雄《太玄·樂》："上九，極樂
　　之幾，不移日而悲，則哭泣之瑳資。"

1.111　閑[1]、狎[2]、串[3]、貫[4]，習也。

【注釋】

〔1〕閑：通"嫻"，熟習。朱駿聲《説文通訓定聲》乾部："閑，叚
　　借爲閒……又爲嫻。"《詩·大雅·卷阿》："君子之馬，既閑且
　　馳。"鄭箋："閑，習也。今賢者在位，王錫其車衆多矣，其馬
　　又閑習於威儀能馳矣。"《戰國策·燕策二》："閑於兵甲，習
　　於戰攻。"

〔2〕狎：熟習，熟練。《國語·周語中》："此嬴者陽也，未狎君政，
　　故未承命。"王充《論衡·程材》："日見之，日爲之，手狎也。"

〔3〕串（guàn，《廣韻》古患切，去諫，見）：熟習。邢疏："皆便習
　　也。"《正字通》丨部："串，狎習也。"《詩·大雅·皇矣》："帝
　　遷明德，串夷載路。"林岊講義："串，習也。習其夷易而載
　　始。"陳奐傳疏："串，習……習常道是也。"

〔4〕貫：熟習，熟練。《左傳·襄公三十一年》："射御貫則能獲
　　禽。"杜注："貫，習也。"

1.112　曩[1]、塵[2]、佇[3]、淹[4]、留[5]，久也。

【注釋】

〔1〕曩（nǎng，《廣韻》奴朗切，上蕩，泥）：以前，過去。《左傳·襄
　　公二十四年》："曩者志入而已，今則怵也。"孔疏："曩，猶向
　　也。"《莊子·齊物論》："曩子行，今子止；曩子坐，今子起。"
　　成玄英疏："曩，昔也，向也。"

〔2〕塵：久遠。郭注："皆稽久也。"《文選》張衡《思玄賦》："美
　　襞積以酷烈兮，允塵邈而難虧。"劉良注："塵，久。"

〔3〕佇（zhù，《廣韻》直呂切，上語，澄）：久立。《説文》人部新附：

"佇,久立也。"《詩·邶風·燕燕》:"瞻望弗及,佇立以泣。"毛傳:"佇立,久立也。"《楚辭·離騷》:"延佇乎吾將反。"王逸注:"佇,立貌也。"

〔4〕淹:久。《公羊傳·宣公十二年》:"晉,大國也。王師淹病矣。"何注:"淹,久也。"

〔5〕留:長久。《禮記·儒行》:"遽數之不能終其物,悉數之乃留,更僕未可終也。"鄭注:"留,久也。"

【案】"佇"與訓詞"久"不同義。

1.113 逮[1]、及[2]、暨[3],與也。

【注釋】

〔1〕逮:介詞,引進時間,及,到。《左傳·哀公六年》:"逮夜至於齊。"

〔2〕及:連詞,和,與。《詩·豳風·七月》:"六月食鬱及薁,七月烹葵及菽。"《左傳·隱公元年》:"生莊公及共叔段。"

〔3〕暨:連詞,表示並列關係,及,和。《書·堯典》:"帝曰:'咨!汝羲暨和。'"孔傳:"暨,與也。"《史記·秦始皇本紀》:"地東至海暨朝鮮,西至臨洮、羌中。"張守節正義:"暨,及也。"

【案】與,連詞,及。以此義訓釋"及、暨"。與,介詞,引進與動作行爲有關的處所,及。"與"與"逮"義不同,雖都可釋爲"及",但語法意義不同。

1.114 騭[1]、假[2]、格[3]、陟[4]、躋[5]、登,陞也[6]。

【注釋】

〔1〕騭(zhì):上升。方言詞。郭注引《方言》曰:"魯衛之間曰騭。"《玉篇》馬部:"騭,升也。"《書·洪範》:"惟天陰騭下民,相協厥居。"陸釋文引馬融注:"騭,升也。"

〔2〕假(xiá):上升。《淮南子·齊俗》:"其不能乘雲升假亦明矣。"許慎注:"假,上也。"

〔3〕格：上升。方言詞。郭注引《方言》曰：“梁益曰格。”《書·吕刑》：“乃命重黎，絶地天通，罔有降格。”孫星衍疏引《爾雅·釋詁》：“格，陟也。”

〔4〕陟（zhì，《廣韻》竹力切，入職，知）：升。《詩·大雅·文王》：“文王陟降，在帝左右。”朱熹集傳：“蓋以文王之神在天，一升一降，無時不在上帝之左右。是以子孫蒙其福澤，而君有天下也。”馬瑞辰傳箋通釋：“《集傳》之説是也……古者言天及祖宗之默佑，皆曰陟降。《敬之》詩曰：‘無曰高高在上，陟降厥士，日監在兹。’此言天之陟降也。《閔予小子》詩曰：‘念兹皇祖，陟降庭止。’《訪落》詩曰：‘紹庭上下，陟降厥家。’此言祖宗之陟降也。天陟降，文王之神亦隨天神爲陟降，故曰‘文王陟降，在帝左右’。”《楚辭·離騷》：“陟陞皇之赫戲兮，忽臨睨夫舊鄉。”洪興祖補注：“一無‘陟’字。陞，一作升。”

〔5〕躋（jī，《廣韻》祖稽切，平齊，精。又子計切，去霽，精）：登升。方言詞。《方言》一：“東齊海岱之間謂之躋。”《易·震》：“震來厲，億喪貝，躋于九陵，勿逐，七日得。”孔疏：“躋，升也。”《公羊傳·文公二年》：“躋者何？升也。”

〔6〕陞：同“升”，上升，登上。《玉篇·阜部》：“陞，與升同。”《詩·小雅·天保》：“如月之恒，如日之升。”

1.115　揮〔1〕、盝〔2〕、歇〔3〕、涸，竭也。

【注釋】

〔1〕揮：揮手以示停止。《漢書·敘傳上》：“拔足揮洗，揖酈生之説。”

〔2〕盝（lù，《廣韻》盧谷切，入屋，來）：通“漉”，使水乾竭。《周禮·考工記·慌氏》：“清其灰而盝之，而揮之。”鄭注：“於灰澄而出盝晞之，晞而揮去其屑。”

〔3〕歇：盡，完。方言詞。《方言》十二：“歇，涸也。”《左傳·襄

公二十九年》:"齊國之政,將有所歸,未獲所歸,難未歇也。"
杜注:"歇,盡也。"

【案】該條屬於二義同條。竭,乾涸。《詩·大雅·召旻》:"池之竭
矣,不云自頻。"以此義訓釋"盈、涸"。竭,遏止。《淮南子·原道》:
"凝竭而不流。"王念孫《讀書雜志·淮南內篇一》:"竭之言遏也。
《爾雅》曰:'遏,止也。'"以此義訓釋"揮、歇"。共構成兩組同
義詞。

1.116　揗[1]、拭、刷,清也。

【注釋】

〔1〕揗(zhèn,《廣韻》章刃切,去震,章):揩拭。郭注:"振訊、拭
　　拭、掃刷,皆所以爲潔清。"《禮記·喪大記》:"浴用絺巾,揗
　　用浴衣。"鄭注:"揗,拭也。"

【案】"揗、拭、刷"都有揩拭義,"清"有清除義,被訓詞與訓詞不
同義。

1.117　鴻[1]、昏、於、顯、間[2],代也[3]。

【注釋】

〔1〕鴻:大雁。《易·漸》:"鴻漸于干。"虞注:"鴻,大鴈也。"

〔2〕間:更迭,交替。《書·益稷》:"笙鏞以間,鳥獸蹌蹌。"孔傳:
　　"間,迭也。"

〔3〕代:更迭,交替。《楚辭·離騷》:"日月忽其不淹兮,春與秋
　　其代序。"王逸注:"代,更也。"

【案】昏,日暮。於,介詞,在。顯,光明。這三個被訓詞與"鴻"
在古代典籍中未見有更迭義,與訓詞"代"不同義。被訓詞"間"
與訓詞"代"同義。

1.118　饁[1]、饟[2],饋也[3]。

【注釋】

〔1〕饁(yè,《廣韻》筠輒切,入葉,云):給耕作者送飯。《説

文》食部:"饁,餉田也。"《詩·豳風·七月》:"同我婦子,饁
彼南畝,田畯至喜。"毛傳:"饁,饋也。"《左傳·僖公三十三
年》:"初,臼季使過冀,見冀缺耨,其妻饁之。"杜注:"野饋
曰饁。"

〔2〕饟(xiǎng,《廣韻》式亮切,去漾,書): 同"餉",饋食於人。
郝疏:"是饟、餉聲義同。"《說文》食部:"饟,周人謂餉曰
饟。"《詩·周頌·良耜》:"或來瞻女,載筐及筥,其饟伊黍。"
《漢書·灌嬰傳》:"受詔別擊楚軍後,絶其饟道。"顔師古注:
"饟,古餉字。"

〔3〕饋: 進食於人。《說文》食部:"饋,餉也。"《周禮·天官·膳
夫》:"凡王之饋,食用六穀,膳用六牲。"鄭注:"進物於尊者
曰饋。"

1.119　遷、運[1],徙也。

【注釋】

〔1〕運: 移動,遷移。郭注:"今江東通言遷徙。"《說文》辵部:
"運,逆徙也。"《莊子·逍遥遊》:"是鳥也,海運則將徙於南
冥。南冥者,天池也。"陸釋文:"簡文云:'運,徙也。'"《淮
南子·原道》:"是故舉錯不能當,動静不能中,終身運枯形
于連嶁列埒之門,而蹪蹈于汚壑穽陷之中。"高誘注:"運,
行也。"

1.120　秉[1]、拱[2],執也。

【注釋】

〔1〕秉: 拿着。《廣雅·釋詁》:"秉,持也。"《詩·邶風·簡兮》:"左
手執籥,右手秉翟。"《管子·輕重乙》:"有一人秉劍而前。"

〔2〕拱: 兩手持物。郭注:"兩手持爲拱。"《國語·吳語》:"行頭
皆官師,擁鐸拱稽。"韋昭注:"拱,執也。"

1.121　廞[1]、熙[2],興也。[3]

【注釋】

〔1〕廞(xīn，《廣韻》許金切，平侵，曉)：興，作。《集韻》寝韻：
　　“廞，興也。”《周禮·春官·大司樂》：“大喪，涖廞樂器。”鄭注：
　　“廞，興也。臨笙師、鎛師之屬，興樂器也。興謂作之也。”

〔2〕熙：興，作。《書·舜典》：“舜曰：‘咨，四岳，有能奮庸熙帝之
　　載。’”孔傳：“載，事也。訪群臣有能起發其功，廣堯之事者。”
　　《漢書·敘傳下》：“疇咨熙載，髦俊並作。”顏師古注：“熙，興
　　也。載，事也。謀於衆賢，誰可任用，故能興其事業也。”

〔3〕興：作。《周禮·地官·舞師》：“凡小祭祀，則不興舞。”鄭注：
　　“興，猶作也。”

1.122　衛[1]、蹶[2]、假[3]，嘉也。

【注釋】

〔1〕衛：通“禕”，美好。郝疏：“衛者，禕之叚音也。上文云：‘禕，
　　美也。’”錢大昕《答問七》：“問：‘衛、蹶、假之爲嘉，何也？’
　　曰：‘衛當爲禕，禕與嘉同訓美，故禕亦有嘉義。’”

〔2〕蹶(jué，《廣韻》居月切，入月，見)：嘉美。俗語詞。邢疏：“謂
　　嘉美也。”鄭注：“今時俗訝其物則曰衛。蹶與衛亦不相遠，
　　但方俗語有差耳。”郝疏：“今東齊里俗見人有善，誇美之曰
　　蹶，蹶即作厥音，證知北方多古語，此言合於《雅》訓矣。”

〔3〕假(xià，《集韻》亥駕切，去禡，匣)：嘉，美。《詩·周頌·雝》：
　　“假哉皇考，綏予孝子。”毛傳：“假，嘉也。”《逸周書·克殷》：
　　“叔振奏拜假，又陳常車。”

1.123　廢[1]、稅[2]、赦[3]，舍也。

【注釋】

〔1〕廢：拋棄，廢棄。《書·大禹謨》：“不虐無告，不廢困窮。”《論
　　語·衛靈公》：“君子不以言舉人，不以人廢言。”

〔2〕稅(tuō，《集韻》他括切，入末，透)：通“說”或“挩”，捨棄，

解除。《集韻》末韻:"挩,《説文》:'解挩也。'或作税。"朱
駿聲《説文通訓定聲》泰部:"税,假借爲挩。"《韓非子·十
過》:"昔者,衛靈公將之晉,至濮水之上,税車而放馬,設舍
以宿。"《史記·李斯列傳》:"物極則衰,吾未知所税駕也。"
司馬貞索隱:"税駕,猶解駕,言休息也。李斯言己今日富貴
已極,然未知向後吉凶止泊在何處也。"

〔3〕赦:捨棄。《左傳·宣公十二年》:"左右曰:'不可許也,得國
無赦。'"

1.124　棲遲[1]、憩[2]、休、苦[3]、嘳[4]、齂[5]、呬[6],息也。

【注釋】

〔1〕棲遲:遊息。《詩·陳風·衡門》:"衡門之下,可以棲遲。"毛
傳:"棲遲,遊息也。"孔疏:"舍人曰:'棲遲,行步之息也。'"
馬瑞辰傳箋通釋:"棲遲,疊韻字。"

〔2〕憩(qì):休息,歇息。亦作"愒"。《集韻》祭韻:"愒,《説文》:
'息也。'"《詩·召南·甘棠》:"蔽芾甘棠,勿翦勿敗,召伯所
憩。"毛傳:"憩,息也。"

〔3〕苦(gǔ):通"盬",止息。《詩·小雅·四牡》:"王事靡盬,我心
傷悲。"王引之述聞:"盬者,息也。王事靡盬者,王事靡有止
息也。……'苦'讀與'靡盬'之盬同。"

〔4〕嘳(kuì,《廣韻》苦怪切,去怪,溪):通"喟",嘆息。郝疏:"嘳
者,喟之假音也。"玄應《一切經音義》七:"喟,又作嘳。"

〔5〕齂(xiè,《廣韻》許介切,去怪,曉。又虛器切,去至,曉。又
莫八切,入黠,明):鼻息。《説文》鼻部:"齂,臥息也。"《廣
韻》怪韻:"齂,鼻息。"

〔6〕呬(xì,《廣韻》虛器切,去至,曉):喘息。方言詞。郭注:"今
東齊呼息爲呬也。"

【案】該條屬於二義同條。"息"以休息、止息義訓釋"棲遲、憩、

休、苦"。息,氣息。"嘅、鰊、呬"發出氣息的狀態不同,但都以氣息爲共義,與"息"構成同義詞。

1.125　供、峙[1]、共[2],具也[3]。

【注釋】

〔1〕峙:通"庤",具備。庤,王筠《説文解字句讀》九下:"人部'儲,偫也',偫、庤一字,故以儲説之。云置屋下者,字從广,且儲以待用,不可露積也……《詩》《書》亦多借峙。"《書·費誓》:"峙乃糗糧,無敢不逮。"孔疏:"峙,具也。預貯米粟謂之儲峙。"

〔2〕共:供給,後寫作"供"。郭注:"皆謂備具。"《周禮·天官·小宰》:"令百官府共其財用。"陸釋文:"共音恭。《禮》本供字皆作共,可以意求之。"《左傳·僖公三十年》:"行李之往來,共其乏困,君亦無所害。"陸釋文:"共,音恭,本亦作供。"

〔3〕具:供置。《説文》廾部:"具,共置也。"段玉裁注:"共、供古今字,當從人部作供。"《廣韻》遇韻:"具,備也,辦也。"《書·盤庚中》:"兹予有亂政同位,具乃貝玉。"孫星衍疏:"《釋詁》云:'共,具也。'……言有亂政之臣在位,惟知共貝貨幣,以致民俗奢侈。"

1.126　㒇[1]、憐[2]、惠[3],愛也。

【注釋】

〔1〕㒇(wǔ,《廣韻》文甫切,上麌,微。又莫補切,上姥,明。又武夫切,平虞,明):撫愛。方言詞。郭注:"㒇,韓鄭語,今江東通呼爲憐。"《説文》心部:"㒇,撫也。"徐鍇繫傳:"撫愛之也。"

〔2〕憐:憐愛。方言詞。《方言》一:"憐,愛也。汝潁之間曰憐,宋魯之間曰牟,或曰憐。"《莊子·秋水》:"夔憐蚿,蚿憐蛇,蛇憐風,風憐目,目憐心。"《列子·楊朱》:"生相憐,死相捐。"

〔3〕惠：恩愛，寵愛。邢疏：“愛，謂寵惜也。”《詩·鄭風·褰裳》：“子惠思我，褰裳涉溱。”毛傳：“惠，愛也。”

1.127　娠[1]、蠢[2]、震、戁[3]、妯[4]、騷[5]、感、訛[6]、蹶[7]，動也。

【注釋】

〔1〕娠：懷孕。《説文》女部：“娠，女妊身動也。”段玉裁注：“凡從辰之字，皆有動意，震、振是也。妊而身動曰娠。”《左傳·昭公元年》：“當武王邑姜方震大叔。”杜注：“懷胎爲震。”陸釋文：“震，本又作娠。”《漢書·高帝紀上》：“已而有娠，遂産高祖。”

〔2〕蠢：動。《玉篇》蚰部：“蠢，動也，作也。”《書·大誥》：“有大艱于西土，西土人亦不静，越兹蠢。”孔傳：“四國作大難於京師，西土人亦不安，於此蠢動。”孫星衍疏：“蠢者，《釋詁》云：‘動也。’”《莊子·天地》：“蠢動而相使，不以爲賜。”陸釋文：“蠢，動也。”

〔3〕戁(nǎn，《廣韻》奴板切，上潸，泥。又人善切，上獮，日）：恐懼，悚懼。《詩·商頌·長發》：“不戁不竦，百禄是總。”毛傳：“戁，恐。竦，懼也。”

〔4〕妯(chōu，《廣韻》丑鳩切，平尤，徹）：擾動。方言詞。《説文》女部：“妯，動也。”《方言》六：“妯，擾也。人不静曰妯。秦晉曰蹇，齊宋曰妯。”《詩·小雅·鼓鐘》：“淮有三洲，憂心且妯。”毛傳：“妯，動也。”

〔5〕騷：騷動。《六書故》十七：“騷，馬驚擾也。引之爲騷動、騷擾。”《詩·大雅·常武》：“徐方繹騷，震驚徐方。”毛傳：“騷，動也。”

〔6〕訛：通“吪”(é)，行動，移動。《詩·小雅·無羊》：“或降于阿，或飲于池，或寢或訛。”毛傳：“訛，動也。”王先謙集疏：“《玉篇》口部引《詩》：‘或寢或吪。’吪，動也。是正字當作吪。”

〔7〕蹶(guì)：動。《詩·大雅·板》：“天之方蹶，無然泄泄。”毛傳：
　　“蹶，動也。”陳奂傳疏：“蹶訓動，猶擾亂也。”《文選》宋玉
　　《風賦》：“躐石伐木，梢殺林莽。”李善注：“蹶，動也。”

【案】“娠、戁”，文獻中未見有動義，與訓詞“動”不同義。

1.128　覆[1]、察、副[2]，審也。

【注釋】

〔1〕覆：審查，查核。《周禮·考工記·弓人》：“覆之而角至，謂
　　之句弓。”鄭注：“覆，猶察也。”《韓非子·内儲説下》：“韓昭
　　侯之時，黍種嘗貴甚。昭侯令人覆廪，吏果竊黍種而糶之
　　甚多。”

〔2〕副(pì，《廣韻》芳逼切，入職，滂)：剖分，破開。《説文》刀部：
　　“副，判也。”《玉篇》刀部：“副，破也。”《禮記·曲禮上》：“爲
　　天子削瓜者副之。”鄭注：“副，析也。既削，又四析之。”

【案】文獻中未見“副”有審查義，與訓詞“審”不同義。

1.129　契[1]、滅、殄[2]，絶也。

【注釋】

〔1〕契：絶，斷。郭注：“今江東呼刻斷物爲契斷。”《説苑·雜言》：
　　“干將鏌鋣，拂鍾不錚，試物不知，揚刃離金斬羽契鐵斧，此
　　至利也。”

〔2〕殄(tiǎn，《廣韻》徒典切，上銑，定)：滅絶，絶盡。《書·畢命》：
　　“商俗靡靡，利口惟賢，餘風未殄，公其念哉？”孔疏：“餘風
　　至今未絶，公其念絶之哉？”《淮南子·本經》：“上掩天光，下
　　殄地財。”高誘注：“殄，盡也。”參見1.55條。

1.130　郡[1]、臻[2]、仍[3]、迺[4]、侯[5]，乃也。

【注釋】

〔1〕郡：頻仍。王引之述聞：“郡者，仍也。仍者，重也，數也。”《法
　　言·孝至》：“龍堆以西，大漠以北，鳥夷獸夷，郡勞王師，漢家

不爲也。”

〔2〕臻：仍，重複。朱駿聲《説文通訓定聲》坤部：“臻，猶仍也。”
　　　《墨子·尚同中》：“飄風苦雨，荐臻而至者，此天之降罰也。”
　　　孫詒讓間詁：“《毛詩·大雅·節南山》傳云：‘薦，重也。’……
　　　《易·坎象》：‘水荐至。’《釋文》引京房‘荐’作‘臻’。”

〔3〕仍：一再，頻繁。《廣雅·釋言》：“仍，再也。”《國語·周語下》：
　　　“晉仍無道而鮮胄，其將失之矣。”韋昭注：“仍，數也。”《漢
　　　書·武帝紀》：“今大將軍仍復克獲，斬首虜萬九千級。”顏師
　　　古注：“仍，頻也。”

〔4〕迺(nǎi，《廣韻》奴亥切，上海，泥)：同“乃”，連詞，表承接，
　　　於是。郭注：“迺即乃。”邢疏：“乃，語辭也。迺、乃音義同。”
　　　《詩·大雅·緜》：“迺慰迺止，迺左迺右。”

〔5〕侯：連詞，於是。《詩·大雅·文王》：“上帝既命，侯于周服。”
　　　王引之《經傳釋詞》四：“言商之子孫甚衆，而上帝既命文王
　　　之後，乃臣服于周也。《蕩》之‘侯作侯祝’，亦可訓爲乃。”

【案】乃，連詞，於是。以此義訓釋“侯”。又通“仍”，頻仍。《周
　　　禮·春官·司几筵》：“凡吉事變几，凶事仍几。”鄭注：“故書‘仍’
　　　爲‘乃’。”以此義訓釋“郡、臻、仍”，意義相同。

1.131　迪[1]、繇[2]、訓[3]，道也。

【注釋】

〔1〕迪：道，道理。《説文》辵部：“迪，道也。”《書·大禹謨》：“惠
　　　迪吉，從逆凶，惟影響。”孔傳：“迪，道也。順道吉，從逆凶。”
　　　《楚辭·九章·懷沙》：“易初本迪兮，君子所鄙。”王逸注：“迪，
　　　道也。”蔣驥注：“易初本迪，謂變易其初時本然之道也。”

〔2〕繇(yóu，《廣韻》以周切，平尤，以)：通“猷”，道理，道術。《文
　　　選》班固《典引》：“孔繇先命，聖孚也。”蔡邕注：“繇，道也。
　　　言孔子先定道，誠至信也。”《漢書·敘傳上》：“謨先聖之大

縣兮,亦厶惪而助信。"顔師古注:"縣,道也。"厶,古"鄰"
字,接近。惪,古"德"字。

〔3〕訓:道理。《詩·大雅·烝民》:"古訓是式,威儀是力。"毛傳:
"訓,道。"

1.132　僉[1]、咸、胥[2],皆也。

【注釋】

〔1〕僉(qiān,《廣韻》七廉切,平鹽,清):都,皆。方言詞。《方
言》七:"僉、胥,皆也。自山而東五國之郊曰僉,東齊曰胥。"
《廣韻》鹽韻:"僉,咸也,皆也。"《書·堯典》:"僉曰:'於,鯀
哉!'"孔傳:"僉,皆也。"《文選》蔡邕《郭有道碑文》:"僉
以爲先民既没,而德音猶存者,亦賴之於見述也。"

〔2〕胥(xū):都。方言詞。郭注:"東齊曰胥,見《方言》。"《詩·小
雅·角弓》:"爾之遠矣,民胥然矣。"鄭箋:"胥,皆也。"《漢
書·揚雄傳上》:"雲飛揚兮雨滂沛,于胥德兮麗萬世。"顔師
古注:"胥,皆也。"

1.133　育[1]、孟[2]、耆[3]、艾[4]、正[5]、伯[6],長也。

【注釋】

〔1〕育:生長,成長。《禮記·中庸》:"致中和,天地位焉,萬物育
焉。"鄭注:"育,生也,長也。"《孟子·滕文公上》:"后稷教民
稼穡,樹藝五穀,五穀熟而民人育。"

〔2〕孟:兄弟姊妹中排行居長的。《方言》十二:"孟,姊也。"《説
文》子部:"孟,長也。"《左傳·隱公元年》:"惠公元妃孟子。"
孔疏:"孟、仲、叔、季,兄弟姊妹長幼之別字也。孟、伯俱長
也。"《白虎通·姓名》:"適長稱伯,伯禽是也。庶長稱孟,魯
大夫孟氏是也。"

〔3〕耆(qí,《廣韻》渠脂切,平脂,群):年長。《説文》老部:"耆,
老也。"《詩·魯頌·閟宫》:"俾爾昌而大,俾爾耆而艾。"朱熹

集傳：“而祝其昌大壽考也。”《漢書·孔光傳》：“太師光……今年耆有疾，俊艾大臣，惟國之重，其猶不可以闕焉。”

〔4〕艾：年長，年紀大。方言詞。《方言》六：“艾，長老也。東齊魯衞之間，凡尊老謂之俊，或謂之艾。”《楚辭·九歌·少司命》：“竦長劍兮擁幼艾，蓀獨宜兮爲民正。”王逸注：“艾，長也。”

〔5〕正：官長。《國語·周語中》：“其貴國之賓至，則以班加一等，益虔。至於王吏，則皆官正蒞事，上卿監之。”韋昭注：“正，長也。”《禮記·王制》：“成獄辭，史以獄成告於正。”

〔6〕伯：排行第一。《儀禮·士冠禮》：“伯某甫，仲、叔、季，唯其所當。”鄭注：“伯、仲、叔、季，長幼之稱。”

【案】該條屬於二義同條。“長”以成長義訓釋“育”。長，年長。《論語·先進》：“以吾一日長乎爾，毋吾以也。”以此義訓釋“耆、艾”。長，排行第一。《易·説卦》：“震一索而得男，故謂之長男。”以此義訓釋“孟、伯”。長，官長。《廣雅·釋詁》：“長，君也。”《書·益稷》：“外薄四海，咸建五長。”孔傳：“諸侯五國立賢者一人爲方伯，謂之五長。”以此義訓釋“正”。共構成四組同義詞。

1.134　艾[1]，歷也。

【注釋】

〔1〕艾：年長。參見 1.133 條。

【案】文獻未見“艾”有經歷義，與訓詞不同義。

1.135　厤[1]、秭[2]、算，數也。

【注釋】

〔1〕厤：“曆”的古字，數目。《管子·海王》：“吾子食鹽二升少半，此其大厤也。”注：“厤，數。”

〔2〕秭(zǐ，《廣韻》將几切，上旨，精)：數名。説法有多種。或曰十億，或曰萬億，或曰億億。郭注：“今以十億爲秭。”《説文》

禾部：“秭，一曰數億至萬曰秭。”《詩·周頌·豐年》：“豐年多
黍多稌，亦有高廩，萬億及秭。”毛傳：“數萬至萬曰億，數億至
億曰秭。”《禮記·內則》“后王命冢宰，降德于衆兆民”孔疏：
“億之數有大小二法：其小數以十爲等，十萬爲億，十億爲
兆也；其大數以萬爲等，萬至萬是萬萬爲億，又從億而數至
萬億曰兆，億億曰秭……兆在億、秭之間，是大數之法。”

1.136　歷[1]，傅也[2]。

【注釋】

〔1〕歷：靠近。《楚辭·遠遊》：“歷太皓以右轉兮，前飛廉以
　　啟路。”

〔2〕傅：迫近。郭注：“傅，近。”《詩·小雅·菀柳》：“有鳥高飛，
　　亦傅于天。彼人之心，于何其臻。”《左傳·隱公十一年》：“鄭
　　伯伐許。庚辰，傅于許。”杜注：“傅于許城下。”

1.137　艾[1]、歷[2]、覛[3]、胥[4]，相也[5]。

【注釋】

〔1〕艾：通“乂”，治理。《詩·小雅·小旻》：“或哲或謀，或肅或
　　艾。”毛傳：“艾，治也。”朱熹集傳：“艾與乂同，治也。”《漢
　　書·王莽傳下》：“《書》云：‘言之不從，是謂不艾。’”顔師古
　　注：“艾讀曰乂。乂，治也。”

〔2〕歷：同“歷”，閱視，審視。王引之述聞：“歷，謂閱視之也。”
　　《禮記·郊特牲》：“然後簡其車賦，而歷其卒伍。”《漢書·敘
　　傳上》：“歷古今之得失，驗行事之成敗。”

〔3〕覛（mì，《廣韻》莫狄切，入錫，明。又莫獲切，入麥，明）：察
　　看。郭注：“覛謂相視也。”《國語·周語上》：“古者，太史順
　　時覛土。”韋昭注：“覛，視也。”

〔4〕胥：察看。《詩·大雅·緜》：“爰及姜女，聿來胥宇。”毛傳：
　　“胥，相。”鄭箋：“於是與其妃大姜自來相可居者，著大姜之

賢知也。"《荀子·君道》:"狂生者不胥時而落。"

〔5〕相:治理。《小爾雅·廣詁》:"相,治也。"《書·立政》:"相我受民,和我庶獄庶慎。"孔傳:"能治我所受天民。"孔疏:"相訓助也。助君所以治民事,故相爲治。"又:省視,察看。《説文》目部:"相,省視也。"《書·無逸》:"相小人,厥父母勤勞稼穡,厥子乃不知稼穡之艱難。"孔傳:"視小人不孝者,其父母躬勤艱難,而子乃不知其勞。"

【案】該條屬於二義同條。"相"以治理義訓釋"艾",又以省視義訓釋"歷、覢、胥",共構成兩組同義詞。

1.138 艾[1]、亂[2]、靖[3]、神[4]、弗[5]、淈[6],治也。

【注釋】

〔1〕艾(yì):治理。《書·堯典》:"下民其咨,有能俾艾?"孔傳:"艾,治也。"《漢書·齊懷王劉閎傳》:"保國艾民,可不敬與!"顏師古注:"艾,治也。"

〔2〕亂:治理。《玉篇》乙部:"亂,理也。"《書·盤庚中》:"茲予有亂政同位,具乃貝玉。"孔傳:"亂,治也。此我有治政之臣,同位於父祖。"又《皋陶謨》:"亂而敬。"孔傳:"亂,治也。有治而能謹敬。"

〔3〕靖:治理。《廣韻》静韻:"靖,理也。"《詩·小雅·菀柳》:"俾予靖之,後予極焉。"毛傳:"靖,治。"

〔4〕神:治。《孟子·盡心上》:"夫君子所過者化,所存者神。"焦循正義引何休曰:"如堯、舜生唐、虞,則唐、虞之民皆化;孔子在魯國,則魯國三月大治。"《荀子·王制》:"夫是之謂大神。"王先謙集解引郝懿行曰:"《釋詁》:'神者,治也。'然則大神謂大治。"

〔5〕弗:被除,清除。《詩·大雅·生民》:"生民如何?克禋克祀,以弗無子。"鄭箋:"弗之言祓也……以祓除其無子之疾而得

其福也。”

〔6〕淈(gǔ,《廣韻》古忽切,入没,見。又下没切,入没,匣）: 通
“汩”,治。郝疏:“淈者,汩之假音也。”朱駿聲《説文通訓定
聲》履部“淈”字下引《詩》:“淈此群醜。”今本《詩·魯頌·泮
水》作“屈此群醜”,鄭箋:“屈,治。”

【案】古代文獻中未見“弗”有治理義,“弗”與“治”不同義。

1.139　頤[1]、艾[2]、育,養也。

【注釋】

〔1〕頤: 蓄養。《漢書·敘傳下》:“既登爵位,禄賜頤賢。”顏師
古注:“頤,養也。謂引招賢人而養之。”

〔2〕艾: 養育。方言詞。《方言》一:“胎,養也。汝潁梁宋之間
曰胎,或曰艾。”《詩·小雅·南山有臺》:“樂只君子,保艾爾
後。”朱熹集傳:“艾,養也。”《國語·周語上》:“樹於有禮,艾
人必豐。”

1.140　沇[1]、渾[2]、隕,墜也。

【注釋】

〔1〕沇(quǎn,《廣韻》姑泫切,上銑,見): 水落貌。郭注:“皆水
落貌。”

〔2〕渾(gǔn,《集韻》古本切,上混,見): 墜落。郝疏:“渾者,水
流之墜也。《説文》云:‘混流聲也。一曰涓下皃。’涓下,亦
沈墜之義也。”

1.141　際[1]、接、翣[2],捷也[3]。

【注釋】

〔1〕際: 連接。《易·泰》:“无往不復,天地際也。”《左傳·定公
十年》:“屬與敝邑際,故敢助君憂之。”

〔2〕翣(shà): 夾,左右相持或相對。《説文》羽部:“翣,一曰俠
也。”段玉裁注:“漢人多用俠爲夾。此俠當爲夾,或當爲挾。”

〔3〕捷：通“接”，接續，連續。郭注：“捷謂相接續也。”郝疏：
　　“捷、接聲同，故古字通。”《文選》司馬相如《上林賦》：“捷
　　垂條，掉希間。”李善注引張揖曰：“捷持懸垂之條。”

1.142　毖[1]、神[2]、溢[3]，慎也。

【注釋】

〔1〕毖(bì，《廣韻》兵媚切，去至，幫)：謹慎，戒慎。《說文》比部：
　　“毖，慎也。”《書·畢命》：“惟周公左右先王，綏定厥家，毖殷
　　頑民，遷于洛邑。”孔疏：“慎彼殷之頑民，恐其或有叛逆，故
　　遷於洛邑。”《詩·周頌·小毖》：“予其懲而毖後患。”毛傳：
　　“毖，慎也。”

〔2〕神：通“慎”，謹慎。朱駿聲《說文通訓定聲》坤部：“神，假
　　借爲慎。”《逸周書·寶典》：“行之以神，振之以寶，順之以事，
　　明衆以備。”

〔3〕溢：謹慎。邢疏：“謂謹慎也。”《詩·周頌·維天之命》：“假
　　以溢我，我其收之。”毛傳：“溢，慎。”

1.143　鬱陶[1]、繇[2]，喜也。

【注釋】

〔1〕鬱(yù)陶(yáo，《廣韻》徒刀切，平豪，定)：喜而未暢。《禮
　　記·檀弓下》：“人喜則斯陶，陶斯咏。”鄭注：“陶，鬱陶也。”
　　孔疏：“鬱陶者，心初悦而未暢之意也。言人若外竟會心，則
　　懷抱欣悦，但始發俄爾，則鬱陶未暢。”

〔2〕繇(yóu，《廣韻》餘昭切，平宵，以)：通作“猶”，和悦。郭注：
　　“《禮記》曰：‘人喜則斯陶，陶斯詠，詠斯猶。’猶即繇也，古
　　今字耳。”

1.144　馘[1]、穧[2]，獲也[3]。

【注釋】

〔1〕馘(guó，《廣韻》古獲切，入麥，見)：軍戰中獲得敵耳。郭

注:"今以獲賊耳爲馘。"《玉篇》聝部:"馘,截耳也。"《詩·大雅·皇矣》:"執訊連連,攸馘安安。"毛傳:"馘,獲也。不服者殺而獻其左耳曰馘。"孔疏:"罪其不聽命服罪,故取其耳以計功也。"《左傳·宣公二年》:"俘二百五十人,馘百人。"

〔2〕穧(jì,《廣韻》子計切,去霽,精。又子例切,去祭,精):收割莊稼。郭注:"獲禾爲穧。"《説文》禾部:"穧,穫刈也。"段玉裁注:"穫刈謂穫而芟之也。"

〔3〕獲:本義指獵得。《説文》犬部:"獲,獵所獲也。"王筠句讀:"《夏官·大司馬》:'獲者取左耳。'鄭注:'獲得也。得禽獸者取左耳,當以計功。'案:此獲之本義也。"《易·解》:"田獲三狐,得黄矢,貞吉。"又引申泛指獲得,得到。邢疏:"皆謂克獲也。"《廣雅·釋詁》:"獲,得也。"《國語·楚語下》:"成不禮於穆,願食熊蹯,不獲而死。"

1.145 阻、艱,難也。

1.146 剡[1]、畧[2],利也。

【注釋】

〔1〕剡(yǎn,《廣韻》以冉切,上琰,以):鋭利。《廣雅·釋詁》:"剡,鋭也。"《楚辭·九章·橘頌》:"曾枝剡棘,圓果摶兮。"王逸注:"剡,利也。"

〔2〕畧(lüè,《廣韻》離灼切,入藥,來):通作"略",鋒利。郝疏:"畧、利,一聲之轉。"《玉篇》㓞部:"畧,今作略。"《詩·周頌·載芟》:"有略其耜,俶載南畝。"

1.147 允[1]、任[2]、壬[3],佞也[4]。

【注釋】

〔1〕允:詔佞。郭注:"《書》曰:'而難任人。'允信者,佞人似信。"《書·多士》:"惟天不畀,允罔固亂,弼我,我其敢求位?"孫星衍疏:"允者,《釋言(詁)》云:'佞也。'"

〔2〕任(rén)：奸佞。《書·舜典》：“惇德允元，而難任人，蠻夷率服。”孔傳：“任，佞。”《商君書·慎法》：“破勝黨任，節去言談。”

〔3〕壬：奸佞。邢疏：“謂諂佞也。”《書·皋陶謨》：“能哲而惠，何憂乎驩兜，何遷乎有苗，何畏乎巧言令色孔壬？”孔傳：“孔，甚也……禹言有苗、驩兜之徒甚佞如此。”孫星衍疏：“史遷‘哲’作‘智’，‘而’作‘能’，‘令’作‘善’，‘壬’作‘佞’。”

〔4〕佞(nìng，《廣韻》乃定切，去徑，泥)：用花言巧語諂媚人，諂諛。《說文》女部：“佞，巧讇高材也。”《書·呂刑》：“非佞折獄，惟良折獄。”孔傳：“非口才可以斷獄，惟平良可以斷獄。”《論語·公冶長》：“焉用佞？禦人以口給，屢憎於人。”邢昺疏：“佞是口才捷利之名，本非善惡之稱，但爲佞有善惡耳。爲善捷敏是善佞……爲惡捷敏是惡佞。”

1.148　俾[1]、拼[2]、抨[3]，使也[4]。俾、拼、抨、使，從也[5]。

【注釋】

〔1〕俾(bǐ，《廣韻》并弭切，上紙，幫)：使。《書·湯誥》：“俾予一人，輯寧爾邦家。”《詩·邶風·綠衣》：“我思古人，俾無訧兮。”毛傳：“俾，使。”又：順從。尹桐陽義證：“《書·君奭》：‘罔不率俾。’言無不率而從之也。”王引之述聞：“俾者，從也。猶《魯頌》言‘至于海邦，莫不率從’也。”《書·君奭》：“我咸成文王功于不怠，丕冒，海隅出日，罔不率俾。”

〔2〕拼：通作“抨”，使令。郭注：“皆謂使令。”《詩·大雅·桑柔》：“民有肅心，抨云不逮。”毛傳：“抨，使也。”陸釋文：“抨，本或作拼，同。使也。”又：通“并”，爲“并”之後出字(參黃侃箋識、黃焯編次《爾雅音訓》)，併合，聚合。《禮記·王制》：“輕任并，重任分，斑白者不提挈。”

〔3〕抨(bēng,《集韻》悲萌切,平耕,幫）：使,令。《漢書·揚雄傳上》："抨雄鴆以作媒兮,何百離而曾不壹耦！"顏師古注："抨,使也。"《文選》張衡《思玄賦》："抨巫咸使占夢兮,乃貞吉之元符。"張銑注："抨,使也。"又：通"并",爲"并"之後出字(參黃侃箋識、黃焯編次《爾雅音訓》),併合,聚合。《韓非子·初見秦》："軍乃引而退,并於李下,大王又并軍而至。"

〔4〕使：致使,使得。《詩·鄭風·狡童》："維子之故,使我不能餐兮。"又：順從。《詩·小雅·雨無正》："云不可使,得罪于天子。亦云可使,怨及朋友。"鄭箋："不可使者,不正,不從也。可使者,雖不正,從也。"

〔5〕從：隨從,依順。《書·益稷》："予違,汝弼。汝無面從,退有後言。"孔傳："無得面從我違,而退後有言我不可弼。"又：聚合。《荀子·正論》："治古不然。凡爵列官職,賞慶刑罰,皆報也,以類相從者也。"《莊子·刻意》："澹然無極,而衆美從之。"

【案】"使也"條以使得義訓釋被訓詞,形成一組同義詞。"從也"條屬於二義同條。"從"以隨從義訓釋"俾、使",以聚合義訓釋"拼、抨",共構成兩組同義詞。

1.149　儴[1]、仍[2],因也[3]。

【注釋】

〔1〕儴(ráng,《廣韻》汝陽切,平陽,日）：因循,沿襲。郭注："皆謂因緣。"陸賈《新語·至德》："儴道者衆歸之,恃刑者民畏之。"

〔2〕仍：沿襲。《說文》人部："仍,因也。"《書·顧命》："華玉仍几。"孔傳："仍,因也。因生時几,不改作。"《禮記·明堂位》："薦用玉豆雕篹,爵用玉琖仍雕。"鄭注："仍,因也。因爵之形爲之飾也。"

〔3〕因：沿襲，承襲。《廣韻》真韻：“因，仍也。”《論語·爲政》：
　　“殷因於夏禮，所損益可知也。”

1.150　董[1]、督[2]，正也。

【注釋】

〔1〕董：正，守正。郭注：“皆謂御正。”《楚辭·九章·涉江》：“余
　　將董道而不豫兮，固將重昏而終身。”王逸注：“董，正也。”

〔2〕督：正，糾正。《周禮·春官·大祝》：“禁督逆祀命者。”鄭注：
　　“督，正也。正王之所命，諸侯之所祀。有逆者，則刑罰焉。”
　　《呂氏春秋·季春》：“君曰勿身。勿身督聽。”高誘注：“督，
　　正也。正聽，傾不聽也。”

1.151　享[1]，孝也[2]。

【注釋】

〔1〕享：祭祀。《廣雅·釋言》：“亯，祀也。”王念孫疏證：“亯與
　　享同。”《書·泰誓下》：“郊社不修，宗廟不享。”孔疏：“不享，
　　謂不祭祀也。”《易·萃》：“王假有廟，致孝享也。”《詩·小
　　雅·天保》：“吉蠲爲饎，是用孝享。”毛傳：“享，獻也。”

〔2〕孝：祭祀。《論語·泰伯》：“菲飲食而致孝乎鬼神，惡衣服而
　　致美乎黻冕，卑宮室而盡力乎溝洫。”《史記·夏本紀》：“（禹）
　　薄衣食，致孝于鬼神。卑宮室，致費於溝淢。”裴駰集解：“馬
　　融曰：‘祭祀豐潔。’”

1.152　珍[1]、享[2]，獻也。

【注釋】

〔1〕珍：進獻。《文選》揚雄《羽獵賦》：“移珍來享。”李善注引
　　犍爲舍人《爾雅注》云：“獻珍物曰珍，獻食物曰享。”

〔2〕享：進獻，貢獻。《詩·商頌·殷武》：“昔有成湯，自彼氐羌，
　　莫敢不來享。”鄭箋：“享，獻也。”《禮記·曲禮下》：“五官致
　　貢曰享。”鄭注：“享，獻也。致其歲終之功於王謂之獻也。”

1.153　縱[1]、縮[2]，亂也[3]。

【注釋】

〔1〕縱：直，與“橫”相對。《楚辭·七諫·沈江》：“不開寤而難道兮，不別橫之與縱。”

〔2〕縮：直。《禮記·檀弓上》：“古者冠縮縫，今也衡縫。”鄭注：“縮，從也。今禮制，衡讀爲橫，今冠橫縫，以其辟積多。”《儀禮·鄉射禮》：“一純以取實于左手，十純則縮而委之。”鄭注：“縮，從也。於數者東西爲從。”

〔3〕亂：橫渡。《書·禹貢》：“入于渭，亂于河。”孔傳：“正絕流曰亂。”《詩·大雅·公劉》：“涉渭爲亂，取厲取鍛。”孔疏：“然則水以流爲順，橫度則絕其流，故爲亂。”

【案】“縱”與“縮”都有直義，是一組同義詞。訓詞“亂”與這兩個被訓詞不同義。

1.154　探[1]、篡[2]、俘，取也。

【注釋】

〔1〕探：探取，摸取。郭注：“探者，摸取也。”《説文》手部：“探，遠取之也。”《書·多方》：“爾乃惟逸惟頗，大遠王命，則惟爾多方探天之威，我則致天之罰，離逖爾土。”孔傳：“若爾乃爲逸豫頗僻，大棄王命，則惟汝衆方取天之威，我則致行天罰。”

〔2〕篡：奪取，逆取。方言詞。郭注：“篡者，奪取也。”《方言》一：“自關而西秦晉之間，凡取物而逆謂之篡。”《墨子·兼愛中》：“今家主獨知愛其家，而不愛人之家，是以不憚舉其家以篡人之家。”《漢書·衛青傳》：“大長公主執囚青，欲殺之。其友騎郎公孫敖與壯士往篡之，故得不死。”顏師古注：“逆取曰篡。”

1.155　徂[1]、在，存也。

【注釋】

〔1〕徂(cú)：通“且”，語氣助詞，無義。《詩·鄭風·出其東門》：“雖

則如荼,匪我思且!"

【案】古籍中尚未發現"徂"表示存義。該條鄭樵、郝懿行等都認爲是解釋《詩·鄭風·出其東門》中"匪我思且"的,認爲句中的"且"表示存義,"徂"通"且",因而有存義。其實,"且"是語氣助詞,與訓詞"存"不同義。

1.156　在[1]、存[2]、省[3]、士[4],察也。

【注釋】

〔1〕在:察知,審察。《書·舜典》:"在璿璣玉衡,以齊七政。"孔傳:"在,察也。"《左傳·文公十二年》:"趙有側室曰穿,晉君之壻也。有寵而弱,不在軍事。"杜注:"又未嘗涉知軍事。"

〔2〕存:鑒察,省察。《禮記·禮運》:"故聖人參於天地,並於鬼神,以治政也。處其所存,禮之序也。"鄭注:"存,察也。"《孟子·離婁上》:"存乎人者,莫良於眸子,眸子不能掩其惡。"

〔3〕省(xǐng,《廣韻》息井切,上靜,心):察視,省察。邢疏:"省謂視察。"《易·復》:"先王以至日閉關,商旅不行,后不省方。"《禮記·禮器》:"禮不可不省也。"鄭注:"省,察也。"

〔4〕士:考察。郝疏:"士者,《説文》云'事也',是事之察也。"《周禮·秋官·司寇》:"士師,下大夫四人。"鄭注:"士,察也。"《荀子·致士》:"定其當而當,然後士其刑賞而還與之。"

1.157　烈[1]、枿[2],餘也。

【注釋】

〔1〕烈:樹木被砍伐後重生的枝條。方言詞。郭注:"晉衛之間曰蘖,陳鄭之間曰烈。"《詩·大雅·皇矣》"其灌其栵"王引之述聞:"栵讀爲烈。烈,枿也。斬而復生者也。"

〔2〕枿(niè,《廣韻》五割切,入曷,疑):同"蘖",樹木砍伐後再生的枝條。方言詞。《方言》一:"烈、枿,餘也。陳鄭之間曰枿,晉衛之間曰烈,秦晉之間曰肄,或曰烈。"《漢書·敘傳下》:

"三栬之起,本根既朽,枯楊生華,曷惟其舊!" 顏師古注引
劉德曰:"《詩》云:'包有三栬。'《爾雅》曰:'烈、栬,餘也。'
謂木斫髡而復栬生也。"

1.158　迓[1],迎也。

【注釋】

〔1〕迓(yà,《廣韻》吾駕切,去禡,疑):同"訝",迎接。《説文》
言部:"訝,相迎也。"段玉裁注:"此下鉉增'迓'字,云:'訝
或从辵。'爲十九文之一。按:迓,俗字,出於許後。"《左
傳·成公十三年》:"迓晉侯于新楚。"杜注:"迓,迎也。"
《書·盤庚中》:"予迓續乃命于天。"孔傳:"迓,迎也。"

1.159　元[1]、良[2],首也[3]。

【注釋】

〔1〕元:人頭。《左傳·僖公三十三年》:"狄人歸其元,面如生。"
杜注:"元,首。"《漢書·敘傳下》:"長孺剛直,義形於色,下
折淮南,上正元服。"顏師古注:"元,首也。故謂冠爲元服。"

〔2〕良:首領。邵正義:"《小雅·六月》毛傳云:'元戎,先良也。'
是以良爲元也……又《少儀》所謂'良綏',鄭注以爲'君
綏',君即上也。"《廣雅·釋詁》:"元、良,長也。"王念孫疏證:
"《齊語》云:'四里爲連,連爲之長。十連爲鄉,鄉有良人。'
是良與長同義。婦稱夫曰良人,義亦同也。"《左傳·桓公八
年》:"楚人上左,君必左,無與王遇,且攻其右,右無良焉,
必敗。"

〔3〕首:人頭。《詩·邶風·静女》:"愛而不見,搔首踟躕。"又:
首領。《左傳·昭公二十九年》:"見群龍無首,吉。"

【案】該條屬於二義同條。"首"以人頭義訓釋"元",以首領義
訓釋"良",共構成兩組同義詞。

1.160　薦[1]、摯[2],臻也[3]。

【注釋】

〔1〕薦：通“洊”，屢次，接連。郝疏：“薦者，瀳之假音也……又通作洊，《易》云：‘水洊至。’按：洊與瀳同，石經作洊，蓋瀳之或體；《爾雅》作薦，蓋瀳之省聲耳。”《詩·大雅·雲漢》：“天降喪亂，饑饉薦臻。”毛傳：“薦，重。”《漢書·王莽傳下》：“枯旱霜蝗，饑饉薦臻，百姓困乏，流離道路，於春尤甚，予甚悼之。”顏師古注：“薦讀曰荐。荐，仍也。”

〔2〕摯：至，到。郭注：“摯，至也。”《書·西伯戡黎》：“天曷不降威？大命不摯。”孔傳：“摯，至也……有大命宜王者何以不至。”

〔3〕臻：到，達到。《詩·邶風·泉水》：“遄臻于衛，不瑕有害。”毛傳：“臻，至。”

【案】文獻中未見“薦”有到義，與“臻”不同義。

1.161　賡[1]、揚[2]，續也。

【注釋】

〔1〕賡(gēng，《廣韻》古行切，平庚，見)：繼續，連續。《書·益稷》：“皋陶拜手稽首，颺言曰……乃賡載歌曰：‘元首明哉，股肱良哉，庶事康哉。’”孔傳：“賡，續。”

〔2〕揚：繼承。《書·立政》：“以覲文王之耿光，以揚武王之大烈。”《爾雅》“續也”條王引之述聞引此文云：“皆謂續前人之業也。”《逸周書·祭公》：“揚文武大勛，弘成康昭考之烈。”

1.162　祔[1]、祪[2]，祖也[3]。

【注釋】

〔1〕祔(fù，《集韻》符遇切，去遇，奉)：附祭新鬼的廟。俞樾《群經平議》三四：“古者孫祔於祖，但取昭穆相同，非必祔於毀廟之祖也。且如其説，祪祖者，毀廟之祖。而祔者，祔於毀廟之祖，安得即以祪祖釋祔乎？”

〔2〕祪(guǐ，《廣韻》過委切，上紙，見)：毀廟。俞樾《群經平議》

三四:"《説文》以祪、祔、祖三篆相次,正本此經之文,蓋有新附之廟,有已毀之廟,故必兼祔、祪而言,然後廟制乃備。吾鄉許氏宗彦《廟祧考》曰:'五廟者,一祖四親,服止五,廟亦止五。先王于親盡之祖,限于禮不得不毀,而又不忍遽毀,故五廟外建二祧,使親盡者遷焉,行亨嘗之禮。由遷而毀,去事有漸,禮之正,仁之至。此周人宗廟之大法也。'詳見《鑑止水齋集》,其義至精。然則此經兼祔、祪言,即兼廟、祧言。廟、祧雖別,亦得通稱。"段玉裁《説文解字注》示部:"祔謂新廟,祪謂毀廟,皆祖也。"

〔3〕祖:祖廟。《説文》示部:"祖,始廟也。"《周禮·考工記·匠人》:"左祖右社,面朝後市。"鄭注:"祖,宗廟。"

1.163　即[1],尼也[2]。

【注釋】

〔1〕即:接近,靠近。《詩·衛風·氓》:"匪來貿絲,來即我謀。"鄭箋:"即,就也。"

〔2〕尼:後作"昵",親近。《説文》尸部:"尼,從後近之。"段玉裁注:"尼訓近,故古以爲親暱字。"《書·高宗肜日》:"典祀無豐于昵。"孔傳:"昵,近也。"孔疏:"尼與昵音義同。"《尸子》:"悦尼而來遠。"

1.164　尼[1],定也。

【注釋】

〔1〕尼:止息。郭注:"尼者,止也。止亦定。"《玉篇》尸部:"尼,止也。"《山海經·大荒北經》:"其所歊所尼,即爲源澤。"郭璞注:"尼,止也。"

1.165　邇[1]、幾[2]、暱[3],近也。

【注釋】

〔1〕邇(ěr,《廣韻》兒氏切,上紙,日):接近。《書·仲虺之誥》:

“惟王不邇聲色，不殖貨利。”孔傳：“邇，近也。”《詩·周南·汝墳》：“雖則如燬，父母孔邇。”毛傳：“邇，近也。”

〔2〕幾(jī，《廣韻》居依切，平微，見。又渠希切，平微，群)：將近。《易·小畜》：“月幾望。”

〔3〕暱：親近。郭注：“暱，親近也。”《詩·小雅·菀柳》：“上帝甚蹈，無自暱焉。”毛傳：“暱，近也。”《左傳·襄公二年》：“若背之，是棄力與言，其誰暱我？”孔疏：“他人其誰肯親我乎？”陸釋文：“暱，本又作昵。”

【案】該條屬於二義同條。近，動詞，接近，親近。以此義訓釋“邇、暱”。近，副詞，近於，接近於，表示近於某種性質或狀態。以此義訓釋“幾”。共構成兩組同義詞。

1.166　妥[1]、安[2]，坐也。

【注釋】

〔1〕妥：安坐。《詩·小雅·楚茨》：“以妥以侑，以介景福。”毛傳：“妥，安坐也。”《儀禮·士相見禮》：“妥而後傳言。”鄭注：“妥，安坐也。”

〔2〕安：坐。《逸周書·度邑》：“安，予告汝。”

1.167　貉[1]、縮[2]，綸也[3]。

【注釋】

〔1〕貉(mò，《集韻》莫白切，入陌，明)：以繩捆束。《集韻》陌韻：“貉，縮綸也，即綸繩也，謂牽縛貉之。”

〔2〕縮：以繩捆束。縮，底本原作“縎”，據宋刻本《爾雅》改。《詩·大雅·緜》：“縮版以載，作廟翼翼。”朱熹集傳：“縮，束也。載，上下相承也。言以索束版，投土築訖，則升下而上以相承載也。”參見6.9條。

〔3〕綸(lún，《廣韻》力迍切，平諄，來)：以絲帶纏束。《墨子·節葬下》：“存乎匹夫賤人死者，殆竭家室。（存）乎諸侯死者，

虛庫府,然後金玉珠璣比乎身,綸組節約,車馬藏乎壙。"《淮
南子·齊俗》:"綸組節束,追送死也。"許慎注:"綸,束縛也。"

1.168　貉[1]、嘆[2]、安,定也。

【注釋】

〔1〕貉:静定。《詩·大雅·皇矣》:"貉其德音,其德克明。"陸釋
　　文:"貉,本作貃。"陳奂傳疏:"貉,静。《爾雅·釋詁》文。《左
　　傳》《禮記》《韓詩》皆作'莫其德音'。《釋文》引《韓詩》:
　　'莫,定也。'《玉篇》:'嘆,静也。'嘆與莫同。"

〔2〕嘆:静定。《廣雅·釋詁》:"嘆,安也。"《吕氏春秋·孝行》:"飢
　　馬盈廄,嘆然,未見芻也。"高誘注:"嘆然,無聲。"《楚辭·哀
　　時命》:"聊竄端而匿迹兮,嘆寂默而無聲。"

1.169　伊[1],維也[2]。伊、維,侯也[3]。

【注釋】

〔1〕伊:語助詞,用於句中或句首,無義。《儀禮·士冠禮》:"旨
　　酒既湑,嘉薦伊脯。"鄭注:"伊,惟也。"賈疏:"云'伊,惟也'
　　者,助句辭,非爲義也。"《詩·小雅·正月》:"有皇上帝,伊誰
　　云憎。"

〔2〕維:語助詞,用於句中或句首。《易·解》:"君子維有解。"
　　孔疏:"維,辭也。"《詩·小雅·六月》:"維此六月,既成我服。"

〔3〕侯:語助詞,用於語首或句中,無義。邢疏:"皆發語辭,轉
　　互相訓。"《詩·小雅·十月之交》:"擇三有事,亶侯多藏。"朱
　　熹集傳:"侯,維。"《漢書·敘傳上》:"侯草木之區别兮,苟能
　　實而必榮。"顔師古注:"侯,發語辭也。"

1.170　時[1]、寔[2],是也。

【注釋】

〔1〕時:此,這。《書·堯典》:"黎民於變時雍。"孔傳:"時,是。"
　　《詩·秦風·駟鐵》:"奉時辰牡,辰牡孔碩。"毛傳:"時,是。"

〔2〕寔(shí,《廣韻》常職切,入職,禪):此,這。《詩·召南·小星》:"肅肅宵征,夙夜在公,寔命不同。"毛傳:"寔,是也。"《禮記·大學》:"寔能容之,以能保我子孫黎民。"

1.171　卒[1]、猷[2]、假[3]、輟[4],已也[5]。

【注釋】

〔1〕卒:盡,完畢。《詩·邶風·日月》:"父兮母兮,畜我不卒。"鄭箋:"卒,終也。"《史記·魏公子列傳》:"語未及卒,公子立變色,告車趣駕歸救魏。"

〔2〕猷:同"猶",相當於"已"。郝疏:"猶、猷古字通。"

〔3〕假(gé,《集韻》各額切,入陌,見):通"格",至,到。方言詞。《方言》一:"假,至也。邠唐冀兗之間曰假。"《詩·商頌·玄鳥》:"四海來假,來假祁祁。"鄭箋:"假,至也。"朱熹集傳:"假與格同。"《史記·司馬相如列傳》:"乘虛無而上假兮,超無友而獨存。"裴駰集解引徐廣曰:"假,至也。"

〔4〕輟:中止。《玉篇》車部:"輟,止也。"《論語·微子》:"(長沮、桀溺)耰而不輟。"何晏集解引鄭玄曰:"輟,止也。"

〔5〕已:停止。《廣韻》止韻:"已,止也。"《詩·鄭風·風雨》:"風雨如晦,雞鳴不已。"鄭箋:"已,止也。"《荀子·宥坐》:"已此三者,然後刑可即也。"楊倞注:"已,止。"

1.172　求[1]、酋[2]、在[3]、卒、就[4],終也。

【注釋】

〔1〕求:終,最後。《書·康誥》:"我時其惟殷先哲王德,用康乂民作求。"孫星衍疏:"求者,《詩》箋云:'終也。'……我是以思殷先哲王之德,以安治民,爲終成殷先王之道。"《詩·大雅·下武》:"王配于京,世德作求。"鄭箋:"求,終也。武王配行三后之道於鎬京者,以其世世積德,庶爲終成其大功。"

〔2〕酋:終盡。《詩·大雅·卷阿》:"豈弟君子,俾爾彌爾性,似先

公酉矣。"毛傳:"酉,終也。"鄭箋:"嗣先君之功而終載之。"《漢書·敘傳上》:"《説難》既酉,其身迺囚。"王念孫《讀書雜志》十五:"酉讀爲就。就,成也。言《説難》之書既成,而其身乃囚也。"

〔3〕在:終,終結。《書·吕刑》:"非天不中,惟人在命。"《左傳·昭公十二年》:"昭子曰:'必亡。宴語之不懷,寵光之不宣,令德之不知,同福之不受,將何以在?'"洪亮吉詁引《爾雅》:"在,終也。"

〔4〕就:終盡。《國語·越語下》:"先人就世,不穀即位。"韋昭注:"就世,終世也。"《説苑·君道》:"齊桓公問於甯戚曰:'筦子今年老矣,爲棄寡人而就世也。吾恐法令不行,人多失職,百姓疾怨,國多盜賊,吾何如而使姦邪不起,民衣食足乎?'"

1.173 崩[1]、薨[2]、無禄[3]、卒、徂落[4]、殪[5],死也。

【注釋】

〔1〕崩:特指帝王死。《禮記·曲禮下》:"天子死曰崩,諸侯曰薨,大夫曰卒,士曰不禄,庶人曰死。"後代亦稱皇后、太后之死。《漢書·五行志七中之上》:"即位五年,王太后乃崩。"

〔2〕薨(hōng,《廣韻》呼肱切,平登,曉):諸侯死。自周代開始,人之死亡有尊卑之分,"薨"以稱諸侯之死。《説文》死部:"薨,公侯碎也。"《論語·憲問》:"君薨,百官總己以聽於冢宰三年。"《韓非子·和氏》:"武王薨,文王即位。"後也指高級官員死亡。《漢書·孔光傳》:"及霸薨,上素服臨弔者再。"

〔3〕無禄:猶不禄,士之死。《公羊傳·隱公三年》:"天子曰崩,諸侯曰薨……士曰不禄。"何注:"不禄,無禄也。"

〔4〕徂落:死的婉稱。《孟子·萬章上》:"《堯典》曰:'二十有八載,放勛乃徂落,百姓如喪考妣。'"趙注:"徂落,死也。"

〔5〕殪(yì,《廣韻》於計切,去霽,影):死亡。《書·康誥》:"天乃

大命文王殪戎殷,誕受厥命。"《左傳·定公八年》:"(顔高)
僂,且射子鉬,中頰,殪。"陸釋文:"殪,於計反,死也。"

【案】該條的相同義是死,訓詞"死"表示泛指,其他被訓詞有特
定的使用範圍。"崩、薨、無禄、卒",分指不同等級的人死亡。徂
落,死的婉稱。殪,被擊殺而死。

釋言第二

該篇和《釋詁》基本一樣,採用通訓。或以通語訓釋方言,或以雅言訓釋俗語,或以常用詞、基本詞訓釋生僻詞,或以今語詞訓釋古語詞。詞語類型與《釋詁》相似,只是一條中,被訓詞一般比《釋詁》的數量少。

2.1 殷[1]、齊[2],中也。

【注釋】

〔1〕殷:中間。《周禮·秋官·大行人》:"凡諸侯之邦交,歲相問也,殷相聘也,世相朝也。"鄭注:"殷,中也。"《文選》王延壽《魯靈光殿賦》:"據坤靈之寶勢,承蒼昊之純殷。"張載注:"殷,中也。"

〔2〕齊:中間,中央。《列子·周穆王》:"四海之齊,謂中央之國。"

2.2 斯[1]、謑[2],離也。

【注釋】

〔1〕斯:離開。方言詞。《方言》七:"斯,離也。齊陳曰斯。"《列子·黃帝》:"華胥氏之國……不知斯齊國幾千萬里。"張湛注:"斯,離也。"

〔2〕謑(chǐ,《廣韻》尺氏切,上紙,昌):離別。王引之述聞:"周景王作洛陽謑臺。徐鍇曰:'謑臺猶別館也。'別館與離宮同義,故曰'謑,離別也'。"《說文》言部:"謑,離別也。"

2.3 謖[1]、興,起也。

【注釋】

〔1〕謖(sù,《廣韻》所六切,入屋,生):起立,起。《儀禮·特牲饋

食禮》：“尸諼，祝前，主人降。”鄭注：“諼，起也。”《列子·黃
帝》：“乃若夫没人，則未嘗見舟而諼操之者也。”張湛注：
“諼，起也。”

2.4　還、復，返也。

2.5　宣[1]、徇[2]，徧也。

【注釋】

〔1〕宣：周徧。《詩·大雅·公劉》：“既庶既繁，既順迺宣，而無永
嘆。”毛傳：“宣，徧也。”《管子·小匡》：“公宣問其鄉里，而有
考驗。乃召而與之坐，省相其質，以參其成功成事。”注：“宣，
徧也。徧問其鄉里之人。”

〔2〕徇：周徧。郭注：“皆周徧也。”郝疏：“徇者，旬之假音也。《説
文》云：‘旬，徧也。十日爲旬。’《詩》：‘來旬來宣。’傳：‘旬，
徧也。’”

2.6　馹[1]、遽[2]，傳也[3]。

【注釋】

〔1〕馹(rì，《廣韻》人質切，入質，日)：古代驛站專用的車，後亦
指驛馬。郭注：“皆傳車驛馬之名。”《説文》馬部：“馹，驛傳
也。”段玉裁注：“《爾雅》舍人注曰：‘馹，尊者之傳也。’《吕
覽》注曰：‘馹，傳車也。’按：馹爲尊者之傳，用車，則遽爲
卑者之傳，用騎……俗字用馹爲驛。”朱駿聲通訓定聲：“車
曰馹、曰傳，馬曰驛、曰遽。”《左傳·文公十六年》：“楚子乘
馹，會師于臨品。”杜注：“馹，傳車也。”

〔2〕遽(jù)：傳車，驛馬。《説文》辵部：“遽，傳也。”《國語·吴
語》：“徒遽來告，孤日夜相繼。”韋昭注：“遽，傳車也。”《左
傳·僖公三十三年》：“及滑，鄭商人弦高將市於周，遇之……
且使遽告於鄭。”杜注：“遽，傳車。”孔疏引孫炎曰：“傳車，
驛馬也。”

〔3〕傳(zhuàn，《廣韻》直戀切，去線，澄。又知戀切，去線，知)：傳遞文書、傳達命令的車馬。《左傳·成公五年》：“梁山崩，晉侯以傳召伯宗。”杜注：“傳，驛。”《漢書·高帝紀下》：“橫懼，乘傳詣維陽。”顏師古注：“傳者，若今之驛。古者以車，謂之傳車，其後又單置馬，謂之驛騎。”

2.7　蒙[1]、荒[2]，奄也[3]。

【注釋】

〔1〕蒙：覆蓋。《方言》十二：“蒙，覆也。”《詩·鄘風·君子偕老》：“蒙彼縐絺，是紲袢也。”毛傳：“蒙，覆也。”

〔2〕荒：掩蓋。《説文》艸部：“荒，一曰艸淹地也。”《詩·周南·樛木》：“南有樛木，葛藟荒之。”毛傳：“荒，奄。”

〔3〕奄(yǎn，《廣韻》衣儉切，上琰，影)：覆蓋。《説文》大部：“奄，覆也。”《詩·魯頌·閟宮》：“奄有下國，俾民稼穡。”鄭箋：“奄猶覆也。”《淮南子·修務》：“萬物至衆，而知不足以奄之。”高誘注：“奄，蓋之也。”

2.8　告[1]、謁[2]，請也。

【注釋】

〔1〕告：請求。郭注：“皆求請也。”《國語·魯語上》：“國有饑饉，卿出告糴，古之制也。”韋昭注：“告，請也。”

〔2〕謁：請求。《左傳·昭公十六年》：“宣子謁諸鄭伯。”杜注：“謁，請也。”《國語·越語下》：“微君王之言，臣固將謁之。”韋昭注：“謁，請也。請伐吳也。”

2.9　肅[1]、雝[2]，聲也。

【注釋】

〔1〕肅：鳥類翅膀扇動的聲音。《詩·小雅·鴻雁》：“鴻雁于飛，肅肅其羽。”毛傳：“肅肅，羽聲也。”

〔2〕雝(yōng，《廣韻》於容切，平鍾，影)：鳥類和鳴聲。《文選》

宋玉《九辯》:"雁噰噰而南游兮,鸧雞啁哳而悲鳴。"王逸注:
"雄雌和樂,群戲行也。"

2.10　格[1]、懷[2],來也。

【注釋】

〔1〕格:來,至。參見1.5條。

〔2〕懷:來到。參見1.5條。

2.11　畛[1]、厎[2],致也[3]。

【注釋】

〔1〕畛(zhěn):致告。參見1.29條。

〔2〕厎(dǐ,舊讀zhǐ,《廣韻》職雉切,上旨,章):傳達,表達。《左
傳·昭公十三年》:"盟以厎信,君苟有信,諸侯不貳,何患
焉?"杜注:"厎,致也。"《書·武成》:"予小子其承厥志,厎
商之罪,告于皇天后土。"

〔3〕致:表達。《墨子·節葬下》:"哭往哭來,反從事乎衣食之財,
俋乎祭祀,以致孝於親。"《左傳·成公十三年》:"勤禮莫如
致敬,盡力莫如敦篤。"

2.12　恀[1]、怙[2],恃也。

【注釋】

〔1〕恀(shì,《廣韻》承紙切,上紙,禪。又尺氏切,上紙,昌。又
諸氏切,上紙,章):憑藉,依賴。《廣韻》紙韻:"恀,恃事曰
恀。"《荀子·非十二子》:"儉然,恀然。"楊倞注:"恀然,恃尊
長之貌。"

〔2〕怙(hù,《廣韻》侯古切,上姥,匣):依靠,憑恃。《説文》心部:
"怙,恃也。"《詩·小雅·蓼莪》:"無父何怙,無母何恃。"陸釋
文:"《韓詩》云:'怙,賴也。'"《左傳·宣公十五年》:"怙其俊
才,而不以茂德,茲益罪也。"

2.13　律[1]、遹[2],述也[3]。

【注釋】

〔1〕律：遵循，遵守。《禮記·中庸》：“仲尼祖述堯舜，憲章文武，上律天時，下襲水土。”

〔2〕遹(yù，《廣韻》餘律切，入術，以)：遵循。郝疏：“述者，《説文》云：‘循也。’”《書·康誥》：“今民將在祇遹乃文考，紹聞衣德言。”孔傳：“今治民將在敬循汝文德之父，繼其所聞，服行其德言，以爲政教。”

〔3〕述：遵循。《説文》辵部：“述，循也。”《書·五子之歌》：“五子咸怨，述大禹之戒以作歌。”孔傳：“述，循也。”《禮記·中庸》：“父作之，子述之。”

2.14　俞[1]、畣[2]，然也[3]。

【注釋】

〔1〕俞：嘆詞，表示應允。《書·堯典》：“帝曰：‘俞！予聞。如何？’”孔傳：“俞，然也。”《禮記·内則》：“子能食食，教以右手；能言，男唯女俞。”鄭注：“俞，然也。”

〔2〕畣(dá，《廣韻》都合切，入合，端)：“荅”的古字，應答。邢疏：“畣，古荅字。”《廣雅·釋言》：“對，畣也。”王念孫疏證：“畣，經傳通作荅。”

〔3〕然：嘆詞，表示應答。郝疏：“今順天人謂然爲唉。”《玉篇》火部：“然，譍言也。”《晏子春秋·内篇雜下》：“公見其妻曰：‘此子之内子耶？’晏子對曰：‘然，是也。’”

【案】“然、俞”詞性相同，語法意義相同，爲一組同義虛詞。“畣”是動詞，與“俞、然”不構成同義關係。

2.15　豫[1]、臚[2]，敘也[3]。

【注釋】

〔1〕豫：次序。邢疏：“事豫備者亦有敘也。”郝疏：“豫者，舒也，序也。”《禮記·祭義》“卿大夫序從”鄭注：“序，以次第從也。

序,或爲豫。”

〔2〕臚:陳列。揚雄《太玄·捝》:“秉圭戴璧,臚湊羣辟。”司馬
　　光集注:“臚,陳序也。”

〔3〕敍:本義是次第。《説文》攴部:“敍,次弟也。”《書·舜典》:
　　“納于百揆,百揆時敍。”孔疏:“於是皆得次序,無廢事也。”
　　《周禮·地官·鄉師》:“凡邦事,令作秩敍。”鄭注:“敍,猶次
　　也。”又:按次序排列。《周禮·天官·司書》:“以周知入出
　　百物,以敍其財。”鄭注:“敍,猶比次也。”

【案】該條屬於二義同條。“敍”以次第義訓釋“豫”,以按次序
排列義訓釋“臚”,構成兩組同義詞。

2.16　庶幾[1],尚也[2]。

【注釋】

〔1〕庶幾:副詞,表示希望出現某種情況,希望,但願。《詩·小
　　雅·車舝》:“雖無旨酒,式飲庶幾。雖無嘉殽,式食庶幾。”《左
　　傳·襄公二十六年》:“懼而奔鄭,引領南望曰:‘庶幾赦余!’”

〔2〕尚:副詞,表示希冀,也許可以。《書·湯誓》:“爾尚輔予一
　　人,致天之罰! 予其大賚汝。”《左傳·昭公十三年》:“初,靈
　　王卜,曰:‘余尚得天下!’”杜注:“尚,庶幾也。”

2.17　觀[1]、指[2],示也。

【注釋】

〔1〕觀:給人看,示人。《國語·周語上》:“先王耀德不觀兵。”
　　韋昭注:“觀,示也。”

〔2〕指:指示。《説文》見部“觀”字段玉裁注:“凡以我諦視物
　　曰觀,使人得以諦視我亦曰觀,猶之以我見人、使人見我皆
　　曰視。”《禮記·仲尼燕居》“治國其如指諸掌而已乎”,《中
　　庸》作“治國其如示諸掌乎”。

2.18　若[1]、惠[2],順也。

【注釋】

〔1〕若：順,順從。郝疏:"若者,《釋詁》云:'善也。'善者和順於道德,故又訓順。"《書‧説命中》:"明王奉若天道,建邦設都。"《詩‧小雅‧大田》:"播厥百穀,既庭且碩,曾孫是若。"鄭箋:"若,順也。"《穀梁傳‧莊公元年》:"不若於道者,天絶之也。"范注:"若,順。"

〔2〕惠：柔順,順從。《詩‧邶風‧燕燕》:"終温且惠,淑慎其身。"毛傳:"惠,順也。"《國語‧晉語一》:"若惠於父而遠於死,惠於衆而利社稷,其可以圖之乎？"韋昭注:"惠,順也。"

2.19　敖〔1〕、嫭〔2〕,傲也。

【注釋】

〔1〕敖：倨傲,傲慢。後作"傲"。《廣雅‧釋言》:"敖,妄也。"王念孫疏證:"亦作傲。"《書‧益稷》:"無若丹朱傲,惟慢遊是好。"《禮記‧曲禮上》:"敖不可長,欲不可從。"陸釋文:"敖,慢也。"孔疏:"敖者,矜慢在心之名。"

〔2〕嫭(hū)：怠慢。《禮記‧投壺》:"毋嫭毋敖。"鄭注:"嫭、敖,慢也。"

2.20　幼、鞠〔1〕,稚也。

【注釋】

〔1〕鞠：幼稚。《書‧康誥》:"兄亦不念鞠子哀,大不友于弟。"

2.21　逸〔1〕、愆〔2〕,過也。

【注釋】

〔1〕逸：過失。《書‧盤庚上》:"予亦拙謀,作乃逸。"孔傳:"逸,過也。"

〔2〕愆(qiān,《廣韻》去乾切,平仙,溪)：同"愆",過失。《説文》心部"愆"字籀文"愆",段玉裁注:"从言,侃聲。過在多言,故从言。"《漢書‧劉輔傳》:"朝廷無諷諫之士,元首無失道

之僭。”

2.22　疑[1]、休[2]，戾也[3]。

【注釋】

〔1〕疑：止息，安定。郭注：“疑者亦止。”《詩·大雅·桑柔》：“靡所止疑，云徂何往。”毛傳：“疑，定也。”鄭箋：“我從兵役，無有止息時。”《儀禮·鄉射禮》：“賓升西階上疑立。”鄭注：“疑，止也。有矜莊之色。”賈疏：“疑，正立自定之貌。”

〔2〕休：停止。郭注：“戾，止也。”《詩·大雅·瞻卬》：“婦無公事，休其蠶織。”毛傳：“休，息也。”孔疏：“汝今婦人之不宜與朝廷公事而休止養蠶織紝。”

〔3〕戾：止息。參見 1.75 條。

2.23　疾[1]、齊[2]，壯也[3]。

【注釋】

〔1〕疾：快速，急速。《廣韻》質韻：“疾，病也。”段玉裁《説文解字注》疒部：“經傳多訓爲急也，速也。此引伸之義，如病之來多無期無迹也。”《易·繫辭上》：“唯神也，故不疾而速，不行而至。”孔疏：“不須急疾，而事速成。”《管子·度地》：“夫水之性，以高走下則疾。”

〔2〕齊：疾，迅捷。參見 1.58 條。

〔3〕壯：迅速，迅猛。郭注：“壯，壯事，謂速也。”邢疏：“急疾、齊整，皆於事敏速彊壯也。”《莊子·徐無鬼》：“庶人有旦暮之業則勸，百工有器械之巧則壯。”陸釋文引李頤注：“壯，猶疾也。”

2.24　悈[1]、褊[2]，急也。

【注釋】

〔1〕悈（jiè，《廣韻》紀力切，入職，見）：褊急。郭注：“皆急狹。”郝疏：“悈者，心之急也……通作戒。《詩》‘我是用急’，《鹽鐵論·繇役》篇作‘我是用戒’……戒亦悈也，戒俱悈字之省。”

〔2〕褊(biǎn，《廣韻》方緬切，上獮，幫)：急躁。《詩·魏風·葛屨》：
"維是褊心，是以爲刺。"鄭箋："魏俗所以然者，是君心褊急，
無德教使之耳。"

2.25　貿〔1〕、賈〔2〕，市也〔3〕。

【注釋】

〔1〕貿：交易，交換。《説文》貝部："貿，易財也。"《詩·衛風·氓》：
"氓之蚩蚩，抱布貿絲。"朱熹集傳："貿，買也。"《吕氏春
秋·士容》："是故丈夫不織而衣，婦人不耕而食，男女貿功以
長生。"高誘注："貿，易也。"

〔2〕賈(gǔ，《廣韻》公户切，上姥，見)：做買賣。《説文》貝部：
"賈，賈市也。"段玉裁注："市，買賣所之也。因之，凡買凡賣
皆曰市。賈者，凡買賣之偁也。"《書·酒誥》："肇牽車牛，遠
服賈。"《韓非子·五蠹》："長袖善舞，多錢善賈。"

〔3〕市：臨時或定期集中一地進行貿易。邢疏："謂市買賣物
也。"《易·繫辭下》："日中爲市，致天下之民，聚天下之貨，
交易而退，各得其所。"

2.26　厞〔1〕、陋〔2〕，隱也。

【注釋】

〔1〕厞(fèi，《集韻》父沸切，去未，奉)：隱蔽。《説文》厂部："厞，
隱也。"段玉裁注："隱者，蔽也。"《禮記·喪大記》："甸人取
所徹廟之西北厞薪，用爨之。"陸釋文："厞，隱也。"

〔2〕陋：隱蔽，隱匿。邢疏："皆幽隱也。"《書·堯典》："明明揚
側陋。"孫星衍疏："高誘注《淮南子》云：'側，伏也。'《釋言》
云：'陋，隱也。'是側陋爲隱匿。"

2.27　遏〔1〕、遾〔2〕，逮也〔3〕。

【注釋】

〔1〕遏：相及。方言詞。郭注："東齊曰遏，北燕曰遾，皆相及逮。"

〔2〕遾(shì,《廣韻》時制切,去祭,禪）：亦作“噬”,相及。方言詞。《方言》七：“蝎、噬,逮也。東齊曰蝎,北燕曰噬。逮,通語也。”

〔3〕逮：及,及至。《書·費誓》：“峙乃糗糧,無敢不逮。”孔傳：“皆當儲峙汝糗糒之糧,使足食,無敢不相逮及。”《左傳·成公十八年》：“晉悼公即位于朝,始命百官,施舍已責,逮鰥寡,振廢滯,匡乏困。”

2.28　征[1]、邁[2],行也。

【注釋】

〔1〕征：遠行。《詩·小雅·小明》：“我征徂西,至于艽野。”鄭箋：“征,行。”《楚辭·離騷》：“濟沅湘以南征兮,就重華而陳詞。”王逸注：“征,行也。”

〔2〕邁：遠行,行進。邢疏：“皆出行也。”《說文》辵部：“邁,遠行也。”《詩·小雅·小宛》：“我日斯邁,而月斯征。”鄭箋：“邁、征,皆行也。”

2.29　圮[1]、敗[2],覆也。

【注釋】

〔1〕圮(pǐ,《廣韻》符鄙切,上旨,並）：毀壞,坍塌。郭注：“謂毀覆。”《書·咸有一德》：“祖乙圮于耿。”孔傳：“河水所毀曰圮。”參見 1.31 條。

〔2〕敗：毀壞。《說文》攴部：“敗,毀也。”《易·大有》：“大車以載,積中不敗也。”馬王堆漢墓帛書《戰國縱橫家書·蘇秦謂齊王章(四)》：“王必毋以豎之私怨敗齊之德。”

2.30　荐[1]、原[2],再也。

【注釋】

〔1〕荐：副詞,一再,屢次。《玉篇》艸部：“荐,重也,數也,再也。”《左傳·定公四年》：“吳爲封豕長蛇,以荐食上國。”杜

注："荐，數也。"孔疏："《釋言》云：'荐，再也。'再亦數之義也。"《國語·魯語上》："天災流行，戾於敝邑，饑饉荐降，民羸幾卒。"韋昭注："荐，重也。"

〔2〕原：副詞，再。《禮記·文王世子》："食下，問所膳，命膳宰曰：'末有原。'"鄭注："末猶勿也。原，再也。"

2.31 撫〔1〕、敉〔2〕，撫也。

【注釋】

〔1〕撫：被訓詞與訓詞誤同，當作"憮"。方言詞。郭注："憮，愛撫也。"《方言》一："憮，愛也。韓鄭曰憮。"

〔2〕敉（mǐ，《廣韻》綿婢切，上紙，明）：安撫，安定。《書·洛誥》："四方迪亂，未定于宗禮，亦未克敉公功。"孔傳："禮未彰，是亦未能撫順公之大功。"孫星衍疏引鄭玄曰："敉，安也。"

2.32 臞〔1〕、脙〔2〕，瘠也〔3〕。

【注釋】

〔1〕臞（qú，《廣韻》其俱切，平虞，群。又其遇切，去遇，群）：消瘦。《說文》肉部："臞，少肉也。"《廣韻》虞韻："臞，瘠也。"《戰國策·燕策二》："（陳翠）遂入見太后，曰：'何臞也？'"鮑彪注："臞，少肉。"《史記·司馬相如列傳》："相如以爲列仙之傳居山澤間，形容甚臞。"裴駰集解引徐廣曰："臞，瘦也。"

〔2〕脙（xiū，《廣韻》許尤切，平尤，曉。又巨鳩切，平尤，群）：瘦瘠。方言詞。郭注："齊人謂瘠瘦爲脙。"

〔3〕瘠（jí，《廣韻》秦昔切，入昔，從）：瘦弱。《玉篇》疒部："瘠，瘦也。"《左傳·襄公二十一年》："瘠則甚矣，而血氣未動。"杜注："瘠，瘦也。"

2.33 桄〔1〕、熲〔2〕，充也〔3〕。

【注釋】

〔1〕桄（guàng）：充滿。邢疏："皆充盛也。"《說文》木部："桄，充

也。"段玉裁注:"桄讀古曠切,所以充拓之圻堨也。必外有桄,而後内可充拓之令滿,故曰:'桄,充也。'"

〔2〕熲(jiǒng):儘量展開,發揮。後作"擷"。俞樾平議:"擷訓竟,充亦訓竟,是擷、充同義矣。此經熲字即《方言》擷字,疑擷從穎,亦或從熲,古文又省'手'耳。"參見1.49條。《方言》十三:"擷,竟也。"

〔3〕充:充滿。郭注:"皆充盛也。"又:儘量展開,發揮。《小爾雅·廣詁》:"充,竟也。"《孟子·滕文公下》:"充仲子之操,則蚓而後可者也。"

【案】該條屬於二義同條。"充"以充滿義訓釋"桄",又以儘量發揮義訓釋"熲",共構成兩組同義詞。

2.34　屢、暱[1],亟也[2]。

【注釋】

〔1〕暱(nì,《廣韻》尼質切,入質,娘):親愛。《左傳·隱公元年》:"不義不暱,厚將崩。"陸釋文:"暱,親也。"

〔2〕亟(qì,《廣韻》去吏切,去志,溪):屢次。《漢書·刑法志》:"於是師旅亟動,百姓罷敝。"顏師古注:"亟,屢也。"又音jí(《廣韻》紀力切,入職,見):互相親愛。方言詞。《方言》一:"亟,愛也。東齊海岱之間曰亟。自關而西秦晉之間,凡相敬愛謂之亟。"《列子·仲尼》:"鼻將窒者,先覺焦朽;體將僵者,先亟犨佚。"

【案】該條屬於二義同條。"亟"以屢次義訓釋"屢",又以親愛義訓釋"暱",共構成兩組同義詞。

2.35　靡[1]、罔[2],無也。

【注釋】

〔1〕靡:無,没有。《書·咸有一德》:"天難諶,命靡常。"《詩·邶風·泉水》:"有懷于衛,靡日不思。"鄭箋:"靡,無也。"

〔2〕罔：無，没有。《書·湯誓》："爾不從誓言，予則孥戮汝，罔有攸赦。"《詩·大雅·抑》："罔敷求先王，克共明刑。"鄭箋："罔，無也。"《漢書·揚雄傳下》："故意者以爲事罔隆而不殺，物靡盛而不虧。"顏師古注："罔、靡，皆無也。"

2.36　爽[1]，差也。爽，忒也[2]。

【注釋】

〔1〕爽：差失，差錯。《方言》十三："爽，過也。"《詩·衛風·氓》："女也不爽，士貳其行。"毛傳："爽，差也。"

〔2〕忒(tè，《廣韻》他德切，入德，透)：差錯。《廣雅·釋詁》："忒，差也。"《六書故》十三："忒，過差也。"《易·豫》："故日月不過，而四時不忒。"《吕氏春秋·孟春》："宿離不忒，無失經紀。"高誘注："忒，差也。"

2.37　佴[1]，貳也。

【注釋】

〔1〕佴(èr，《廣韻》仍吏切，去志，日)：相次，隨後。《説文》人部："佴，佽也。"《文選》司馬遷《報任少卿書》："李陵既生降，穨其家聲；而僕又佴之蠶室，重爲天下觀笑。"李善注引如淳曰："佴，次也。若人相次也。"

2.38　劑[1]、翦[2]，齊也[3]。

【注釋】

〔1〕劑：剪絶，剪齊。郭注："南方人呼翦刀爲劑刀。"《説文》刀部："劑，齊也。"賈誼《新書·諭誠》："豫讓劑面而變容，吞炭而爲啞。"

〔2〕翦：剪斷。《詩·魯頌·閟宫》："居岐之陽，實始翦商。"毛傳："翦，齊也。"鄭箋："翦，斷也。"

〔3〕齊(jiǎn，《集韻》子淺切，上獮，精)：通"剪"，剪斷。《儀禮·既夕禮》："馬不齊髦。"鄭注："齊，翦也。"

2.39　饙[1]、餾[2]，稔也[3]。

【注釋】

[1] 饙(fēn，《廣韻》府文切，平文，非)：蒸飯，米煮半熟，用箕漉出再蒸。邢疏："孫炎曰：蒸之曰饙。……《説文》云：饙，一蒸米也。"朱駿聲《説文通訓定聲》屯部："饙，滫飯也……如今北方蒸飯，先以米下水一涫漉出，再蒸匀熟之。下水涫之曰饙，再蒸之曰餾。"徐鍇《説文解字繫傳》食部"餾"字下引《詩》"可以饙餾"，今本《詩·大雅·泂酌》作"餴餾"。

[2] 餾(liù，《廣韻》力救切，去宥，來。又力求切，平尤，來)：把半熟的食物蒸熟，或把熟的食物蒸熱。郭注："今呼餐飯爲饙，饙熟爲餾。"

[3] 稔：蒸熟。也作"餁、飪"。陸釋文："稔，字又作餁。"郝疏："稔者，飪之假音也。"

2.40　媵[1]、將[2]，送也。

【注釋】

[1] 媵(yìng，《廣韻》以證切，去證，以)：致送，相送。《儀禮·燕禮》："主人盥洗升，媵觚于賓。"鄭注："媵，送也。"《楚辭·九歌·河伯》："波滔滔兮來迎，魚隣隣兮媵予。"王逸注："媵，送也。言江神聞己將歸，亦使波流滔滔來迎，河伯遣魚隣隣侍從，而送我也。隣，一作鱗。"

[2] 將：送行。邢疏："皆謂送行也。"《詩·邶風·燕燕》："之子于歸，遠于將之。"鄭箋："將，亦送也。"《淮南子·詮言》："來者弗迎，去者弗將。"許慎注："將，送也。"

2.41　作、造，爲也。

2.42　蜚[1]、餯[2]，食也。

【注釋】

[1] 蜚(fēi，《廣韻》甫微切，平微，非。又府尾切，上尾，非)：請

人吃麥飯。方言詞。《説文》食部：“饙，饚也。从食，非聲。陳楚之間相謁食麥飯曰饙。”《方言》一：“饙，食也。陳楚之内相謁而食麥饘謂之饙。”

〔2〕餱(hóu，《廣韻》户鈎切，平侯，匣)：食糧，乾糧。《廣韻》侯韻：“餱，乾食。”《詩·小雅·伐木》：“民之失德，乾餱以愆。”毛傳：“餱，食也。”

【案】該條屬於二義同條。訓詞“食”以吃義訓釋“饙”，又以食物義訓釋“餱”，共構成兩組同義詞。訓詞表泛指，被訓詞表特指。

2.43 鞠[1]、究[2]，窮也。

【注釋】

〔1〕鞠(jū，《廣韻》居六切，入屋，見)：窮盡。郭注：“皆窮盡也。”《詩·小雅·小弁》：“踧踧周道，鞠爲茂草。”毛傳：“鞠，窮也。”

〔2〕究：窮盡。《詩·大雅·蕩》：“侯作侯祝，靡屆靡究。”毛傳：“究，窮也。”《漢書·司馬遷傳》：“六藝經傳以千萬數，累世不能通其學，當年不能究其禮。”顏師古注：“究，盡也。”

2.44 滷[1]、矜[2]、鹹[3]，苦也。

【注釋】

〔1〕滷(lǔ，《廣韻》郎古切，上姥，來。又昌石切，入昔，昌)：鹽碱地。郭注：“滷，苦地也。”邢疏：“謂斥滷可煮鹽者。”《玉篇》鹵部：“滷，苦地也。”

〔2〕矜：苦，勞苦。《莊子·在宥》：“矜其血氣，以規法度。”郭慶藩集釋：“‘矜其血氣’，猶孟子言‘苦其心志’也。矜者，苦也。”

〔3〕鹹：像鹽那樣的味道。《書·洪範》：“潤下作鹹。”

【案】“滷”與訓詞“苦”意義不相同。

2.45 干[1]、流[2]，求也。

【注釋】

〔1〕干：求取。《書·大禹謨》：“罔違道以干百姓之譽。”孔傳：“干，

求也。”《論語·爲政》:“子張學干禄。”何注:“干,求也。”

〔2〕流:尋求,擇取。《詩·周南·關雎》:“參差荇菜,左右流之。”
毛傳:“流,求也。”

2.46　流[1],覃也[2]。覃,延也。

【注釋】

〔1〕流:蔓延。郭注:“皆謂蔓延相被及。”《廣雅·釋言》:“流,
演也。”《孟子·公孫丑上》:“德之流行,速於置郵而傳命。”

〔2〕覃(tán,《廣韻》徒含切,平覃,定):蔓延,延及。《詩·周
南·葛覃》:“葛之覃兮,施于中谷。”毛傳:“覃,延也。”孔疏:
“言葛之漸長,稍稍延蔓兮而移於谷中。”

2.47　佻[1],偷也[2]。

【注釋】

〔1〕佻(tiāo,《廣韻》吐彫切,平蕭,透):輕薄放縱。郭注:“謂苟
且。”邢疏引李巡曰:“佻,偷薄之偷。”《廣韻》蕭韻:“佻,輕
佻。”《左傳·昭公十年》:“《詩》曰:‘德音孔昭,視民不佻。’”
杜注:“佻,偷也。”孔疏:“其視下民不偷薄苟且也。”《楚
辭·離騷》:“雄鳩之鳴逝兮,余猶惡其佻巧。”王逸注:“佻,
輕也。”

〔2〕偷:輕薄,不厚道。《論語·泰伯》:“故舊不遺,則民不偷。”

2.48　潛[1],深也。潛、深[2],測也。

【注釋】

〔1〕潛:深。《荀子·大略》:“雨小,漢故潛。”又:引申爲探
測。《莊子·田子方》:“上闚青天,下潛黄泉。”郭慶藩集釋:
“潛與闚對文。潛,測也。與闚之意相近。古訓潛爲測,見
《爾雅》。”

〔2〕深:測。《商君書·禁使》:“探淵者知千仞之深,縣繩之數
也。”《列子·黄帝》:“彼將處乎不深之度,而藏乎無端之紀。”

《爾雅》"測也"條王引之述聞引此文云："不深,不測也。"

2.49　穀[1]、鞠[2],生也。

【注釋】

〔1〕穀:養育。《詩·小雅·甫田》:"以祈甘雨,以介我稷黍,以穀
我士女。"

〔2〕鞠:生養,撫育。方言詞。《方言》一:"鞠,養也。陳楚韓鄭之
間曰鞠。"《書·盤庚下》:"鞠人謀人之保居,敘欽。"孔疏:"鄭、
王皆以鞠爲養,言能謀養人安其居者,我則次序而敬之。"
《詩·小雅·蓼莪》:"父兮生我,母兮鞠我。"毛傳:"鞠,養。"

2.50　啜[1],茹也[2]。

【注釋】

〔1〕啜(chuò,《廣韻》昌悅切,入薛,昌。又嘗芮切,去祭,禪。又
陟衛切,去祭,知。又姝雪切,入薛,禪):食,嘗。《説文》口
部:"啜,嘗也。"《廣雅·釋詁》:"啜,食也。"《墨子·節用中》:
"飯於土塯,啜於土形。"《禮記·檀弓下》:"孔子曰:'啜菽飲
水盡其歡,斯之謂孝。'"

〔2〕茹:吃。方言詞。《方言》七:"茹,食也。吴越之間,凡貪飲
食者謂之茹。"郭注:"今俗呼能粗食者爲茹。"《詩·大雅·烝
民》:"柔則茹之,剛則吐之。"《漢書·董仲舒傳》:"食於舍而
茹葵。"顔師古注:"食菜曰茹。"

2.51　茹[1]、虞[2],度也。

【注釋】

〔1〕茹:猜度。《詩·邶風·柏舟》:"我心匪鑒,不可以茹。"毛傳:
"鑒,所以察形也。茹,度也。"鄭箋:"鑒之察形,但知方圓白
黑,不能度其真僞。"

〔2〕虞:猜度,料想。郭注:"皆測度也。"《書·大禹謨》:"儆戒
無虞,罔失法度。"孔傳:"虞,度也。"《左傳·僖公四年》:"不

虞君之涉吾地也,何故?"

2.52　試[1]、式[2],用也。

【注釋】

〔1〕試:任用,使用,運用。《詩·小雅·大東》:"私人之子,百僚是試。"毛傳:"是試,用於百官也。"《禮記·緇衣》:"子曰:'好賢如《緇衣》,惡惡如《巷伯》,則爵不瀆而民作愿,刑不試而民咸服。'"鄭注:"試,用也。"《漢書·張禹傳》:"久之,試爲博士。"

〔2〕式:用。《書·梓材》:"后式典集,庶邦丕享。"孔傳:"君天下能用常法則和集,衆國大來朝享。"《左傳·成公二年》:"蠻夷戎狄,不式王命。"杜注:"式,用也。"

2.53　誥[1]、誓[2],謹也。

【注釋】

〔1〕誥:戒慎。《國語·楚語上》:"近臣諫,遠臣謗,輿人誦,以自誥也。"

〔2〕誓:謹慎。《玉篇》言部:"誓,謹也。"《禮記·文王世子》:"曲藝皆誓之,以待又語。"鄭注:"誓,謹也。皆使謹習其事。"

2.54　競[1]、逐[2],彊也[3]。

【注釋】

〔1〕競:强勁。《左傳·宣公元年》:"於是晉侯侈,趙宣子爲政,驟諫而不入,故不競於楚。"

〔2〕逐:競爭,爭先。《玉篇》辵部:"逐,競也。"《左傳·昭公元年》:"自無令王,諸侯逐進,狎主齊盟。"杜注:"逐猶競也。"

〔3〕彊(qiǎng,《集韻》巨兩切,上養,群):竭力,盡力。《淮南子·修務》:"名可務立,功可彊成。"

【案】"逐"與訓詞"彊"不同義。

2.55　禦[1]、圉[2],禁也。

【注釋】

〔1〕禦：禁止。《廣雅·釋詁》：“禦，止也。”《周禮·秋官·司寤氏》：“禦晨行者，禁宵行者、夜遊者。”鄭注：“禦，亦禁也。”《國語·魯語下》：“諸侯有旅賁，禦災害也。”韋昭注：“禦，禁也。”

〔2〕圉：通“禦”，阻止。朱駿聲《説文通訓定聲》豫部：“圉，假借爲禦。”《詩·大雅·桑柔》：“多我覯痻，孔棘我圉。”鄭箋：“圉，當作禦。”

2.56　窒[1]、薶[2]，塞也。

【注釋】

〔1〕窒：堵塞。《集韻》屑韻：“窒，塞穴也。”《詩·豳風·七月》：“穹窒熏鼠，塞向墐户。”毛傳：“窒，塞也。”孔疏：“言窮盡塞其窟穴也。”《莊子·秋水》：“梁麗可以衝城，而不可以窒穴，言殊器也。”

〔2〕薶(mái，《廣韻》莫皆切，平皆，明)：後作“埋”，埋葬。《説文》艸部：“薶，瘞也。”《荀子·正論》：“雖此倮而薶之，猶且必掘也，安得葬薶哉！”

【案】“薶”與訓詞“塞”不同義。

2.57　黼[1]、黻[2]，彰也[3]。

【注釋】

〔1〕黼(fǔ，《廣韻》方矩切，上麌，非)：古代禮服上白黑相間的斧形花紋，象徵臨事決斷。陸釋文：“白與黑曰黼，爲斧形。”《説文》黹部：“黼，白與黑相次文。”《書·益稷》：“藻火粉米，黼黻絺繡。”孔傳：“黼若斧形。”《周禮·考工記·畫繢》：“白與黑謂之黼，黑與青謂之黻，五采備謂之繡。”

〔2〕黻(fú，《廣韻》分勿切，入物，非)：古代禮服上繡的黑與青相間的亞形花紋。郭注：“黻文如兩己相背。”阮元《揅經室集·釋黻》：“説‘黻’者曰‘兩己相背戾’，而自古畫象則作亓

形,明兩弓相背戾,非兩己相背戾也。"《詩·秦風·終南》:"君
子至止,黻衣繡裳。"毛傳:"黑與青謂之黻。"

〔3〕彰:錯綜駁雜的花紋或色彩。《説文》彡部:"彰,文彰也。"
徐鍇繫傳:"彰,文章也……文章,飾也。"《廣雅·釋言》:"山
龍,彰也。"王念孫疏證:"《考工記》説畫繢之事云:'青與赤
謂之文,赤與白謂之章,白與黑謂之黼,黑與青謂之黻,五采
備謂之繡。'……是黼、黻與文、章同義,故云:'黼、黻,彰
也。'"《書·皋陶謨》:"以五采彰施于五色,作服。"孔傳:"以
五采明施于五色,作尊卑之服。"

2.58　膺[1]、身,親也。

【注釋】

〔1〕膺:躬親,自己。郭注:"謂躬親。"《禮記·少儀》:"拚席不
以鬣,執箕膺擖。"鄭注:"膺,親也。"

2.59　愷悌[1],發也。

【注釋】

〔1〕愷(kǎi,《廣韻》苦亥切,上海,溪)悌:和樂平易。《左傳·僖
公十二年》:"《詩》曰:'愷悌君子,神所勞矣。'"杜注:"愷,
樂也。悌,易也。"

【案】愷悌,亦作"豈弟"。《詩·齊風·載驅》:"魯道有蕩,齊子豈
弟。"舊注多以爲該條是解釋句中的"豈弟",意思是破曉出發。
郭注:"發,發行也。《詩》曰:'齊子愷悌。'"舍人、李巡、孫炎、
郝懿行、邵晉涵等都持此解。古籍中"愷悌"没有天不亮就出發
的意思。"愷悌"表示和樂平易,與"發"的出發義無任何關聯。

2.60　髦士[1],官也。

【注釋】

〔1〕髦士:英俊之士。郭注:"取俊士,令居官。"《詩·小雅·甫
田》:"攸介攸止,烝我髦士。"毛傳:"髦,俊也。"

2.61　畯[1]，農夫也[2]。

【注釋】

[1] 畯(jùn，《廣韻》子峻切，去稕，精)：古代掌管農事之官。郭注："今之嗇夫是也。"《詩·豳風·七月》："饁彼南畝，田畯至喜。"毛傳："田畯，田大夫也。"孔疏："《釋言》云：'畯，農夫也。'孫炎曰：'農夫，田官也。'"劉楨《大暑賦》："農畯捉鎛而去疇，織女釋杼而下機。"

[2] 農夫：古代田官。《詩·周頌·噫嘻》："率時農夫，播厥百穀。"鄭箋："又能率是主田之吏農夫，使民耕田而種百穀也。"

2.62　蓋、割，裂也。

【案】蓋，傷害。王引之述聞："《呂刑》曰'鰥寡無蓋'，謂鰥寡無害也。《孟子·萬章》篇：'謨蓋都君。'謂謀害舜也。"與訓詞"裂"之割裂義不相同。

2.63　邕[1]、支[2]，載也。

【注釋】

[1] 邕(yōng)：同"擁"，擁戴。方俗語詞。郭注："皆方俗語。"邢疏："謝氏云：'邕，字又作擁。'釋云：'擁者，護之載。'"

[2] 支：支撐。方俗語詞。《左傳·定公元年》："天之所壞，不可支也。"

【案】該條屬於二義同條。載，愛戴。《韓非子·功名》："人主者，天下一力以共載之，故安。"以此義訓釋"邕"。載，承載。以此義訓釋"支"。共構成兩組同義詞。

2.64　諈諉[1]，累也[2]。

【注釋】

[1] 諈(zhuì，《廣韻》竹恚切，去寘，知)諉(wěi，《廣韻》，女恚切，去寘，娘)：煩重貌。《列子·力命》："眠娗、諈諉、勇敢、怯疑四人相與游於世，胥如志也。"張湛注："講(諈)諉，煩重之貌。"

〔2〕累：負重。《吕氏春秋·審分》：“主無所避其累矣。”高誘注：
　　“累,猶負也。”

2.65　漠[1]、察[2],清也。

【注釋】

〔1〕漠：清静。王引之述聞：“是漠爲清也。”《説文》水部：“漠,
　　一曰清也。”《莊子·知北遊》：“嘗相與無爲乎! 澹而静乎!
　　漠而清乎! 調而間乎! ”《楚辭·遠遊》：“漠虚静以恬愉兮,
　　澹無爲而自得。”

〔2〕察：明晰。邢疏：“察,明也。”《墨子·修身》：“辯是非不察
　　者,不足與游。”《荀子·非相》：“禹、湯有傳政,而不若周之
　　察也。”

【案】該條屬於二義同條。清,清静,寂静。以此義訓釋“漠”。清,
清楚。以此義訓釋“察”。共構成兩組同義詞。

2.66　庇[1]、庥[2],廕也[3]。

【注釋】

〔1〕庇：遮蔽,覆蓋。《説文》广部：“庇,蔭也。”《左傳·文公七
　　年》：“葛藟猶能庇其本根。”

〔2〕庥(xiū,《廣韻》許尤切,平尤,曉)：樹蔭。俗語詞。郭注：“今
　　俗語呼樹蔭爲庥。”

〔3〕廕：同“蔭”,樹蔭。又音yìn (《廣韻》於禁切,去沁,影)：
　　遮蔽。《左傳·文公七年》：“公族,公室之枝葉也。若去之,
　　則本根無所庇廕矣。”

【案】該條屬於二義同條。“廕”以樹蔭義訓釋“庥”,又以遮蔽
義訓釋“庇”,共構成兩組同義詞。

2.67　穀[1]、履[2],禄也。

【注釋】

〔1〕穀：俸禄。《詩·小雅·天保》：“天保定爾,俾爾戩穀。”毛傳：

“戬，福。穀，禄。”《孟子·滕文公上》：“經界不正，井地不鈞，
穀禄不平。”趙注：“穀，所以爲禄也。”

〔2〕履：通“釐”，福禄。朱駿聲《説文通訓定聲》履部：“履，假借爲
釐。”《詩·周南·樛木》：“樂只君子，福履綏之。”毛傳：“履，禄。”

2.68　履〔1〕，禮也。

【注釋】

〔1〕履：禮儀。《易·序卦》：“物畜然後有禮，故受之以履。”王注：
“履者，禮也。”《詩·商頌·長發》：“率履不越，遂視既發。”毛
傳：“履，禮也。”

2.69　隱〔1〕，占也〔2〕。

【注釋】

〔1〕隱：審度。郭注：“隱度。”邢疏：“占者，視兆以知吉凶也。
必先隱度，故曰‘隱，占也’。”《廣雅·釋詁》：“隱，度也。”
《書·盤庚下》：“邦伯、師長、百執事之人，尚皆隱哉。”孔疏：
“隱，謂隱審也。”《管子·禁藏》：“是故君子上觀絶理者以自
恐也，下觀不及者以自隱也。”注：“隱，度也。度己有不及之
事當效之也。”

〔2〕占：估計，揣度。《墨子·號令》：“度食不足，食民各自占家
五種石升數，爲期其，在葺害，吏與雜訾。”《史記·平準書》：
“諸賈人末作貰貸賣買，居邑稽諸物，及商以取利者，雖無市
籍，各以其物自占，率緡錢二千而一算。”司馬貞索隱：“郭
璞云‘占，自隱度也’。謂各自隱度其財物多少，爲文簿送之
官也。”

2.70　逆〔1〕，迎也。

【注釋】

〔1〕逆：迎接。方言詞。《方言》一：“逢、逆，迎也。自關而東曰逆，
自關而西或曰迎，或曰逢。”《書·顧命》：“虎賁百人，逆子釗

於南門之外。"《國語·晉語四》:"乃歸女而納幣,且逆之。"
韋昭注:"逆,親迎也。"

2.71　憯[1],曾也[2]。

【注釋】

〔1〕憯(cǎn):副詞,竟然。《詩·小雅·節南山》:"民言無嘉,憯
莫懲嗟。"毛傳:"憯,曾也。"

〔2〕曾(zēng,《廣韻》作滕切,平登,精):副詞,乃,竟。《詩·衛
風·河廣》:"誰謂河廣?曾不容刀。"王引之《經傳釋詞》八:
"曾,乃也。"

2.72　增,益也[1]。

【注釋】

〔1〕益:增加。《廣雅·釋詁》:"益,加也。"《易·謙》:"天道虧盈
而益謙。"孔疏:"減損盈滿而增益謙退。"

2.73　窶[1],貧也。

【注釋】

〔1〕窶(jù,《廣韻》其矩切,上麌,群):泛指貧窮。慧琳《一切
經音義》二十:"窶,字書'窶,空也'。"《列子·楊朱》:"原憲
窶於魯,子貢殖於衛。"張湛注:"窶,貧也。"《新書·退讓》:
"翟,窶國也,惡見此臺也?"

2.74　薆[1],隱也。

【注釋】

〔1〕薆(ài):隱蔽。《方言》六:"掩、翳,薆也。"郭注:"謂蔽薆也。
《詩》曰:'薆而不見。'"《楚辭·離騷》:"何瓊佩之偃蹇兮,眾
薆然而蔽之。"

2.75　僾[1],唈也[2]。

【注釋】

〔1〕僾(ài):呼吸不暢。《詩·大雅·桑柔》:"如彼遡風,亦孔之

僾。”毛傳:“僾,唈。”鄭箋:“見之使人唈然如鄉疾風,不能
息也。”

〔2〕唈(yì,《廣韻》於汲切,入緝,影。又烏苔切,入合,影):氣
不順暢。《荀子·禮論》:“祭者,志意思慕之情也。愅詭唈僾,
而不能無時至焉。”楊倞注:“唈僾,氣不舒憤鬱之貌。”

2.76　基[1],經也[2]。基,設也。

【注釋】

〔1〕基:起始,開始。參見1.1條。又:謀劃。參見1.13條。

〔2〕經:起始。《鬼谷子·抵巇》:“經起秋毫之末,揮之於太山之
本。”陶弘景注:“經,始也。”

2.77　祺[1],祥也。祺,吉也。

【注釋】

〔1〕祺:吉祥。郭注:“謂徵祥。”《詩·大雅·行葦》:“壽考維祺,
以介景福。”毛傳:“祺,吉也。”《漢書·禮樂志》:“群生啿啿,
惟春之祺。”顏師古注引如淳曰:“祺,福也。”

2.78　兆[1],域也[2]。

【注釋】

〔1〕兆:界域。《周禮·春官·小宗伯》:“兆五帝於四郊。”鄭注:
“兆,爲壇之營域。”又:墓地。《儀禮·士喪禮》:“既朝哭,主
人皆往兆南,北面,免絰。”鄭注:“兆,域也。”《左傳·哀公二
年》:“素車樸馬,無入于兆,下卿之罰也。”杜注:“兆,葬域。”

〔2〕域:疆界,疆域。《集韻》屋韻:“域,區處也。”《詩·商頌·玄
鳥》:“古帝命武湯,正域彼四方。”《漢書·趙充國傳》:“既臨
其域,諭以威德。”又:墓地。《詩·唐風·葛生》:“葛生蒙棘,
蘞蔓于域。”毛傳:“域,塋域也。”

【案】該條形成兩組同義詞。在“界域”和“墓地”的意義上各
組成一組同義詞。

2.79　肇[1]，敏也[2]。

【注釋】

〔1〕肇：亦作"肈"，敏疾。郝疏："《詩》'肇敏戎公'，釋文引《韓詩》云：'肇，長也。'長有敏意。"《詩·大雅·江漢》："肇敏戎公，用錫爾祉。"毛傳："肇，謀。敏，疾。"馬瑞辰傳箋通釋："肇、敏連言，即訓肇爲敏……謀、敏古同聲。"

〔2〕敏：疾速，敏捷。《詩·小雅·甫田》："曾孫不怒，農夫克敏。"毛傳："敏，疾也。"

2.80　挾[1]，藏也。

【注釋】

〔1〕挾：懷藏，隱藏。邢疏："謂隱藏物也……《史記》秦有挾書之律。"《廣韻》怗韻："挾，懷也，藏也。"《管子·任法》："是以群臣百姓，人挾其私而幸其主。"《莊子·齊物論》："旁日月，挾宇宙。"成玄英疏："挾，懷藏也。"

2.81　浹[1]，徹也[2]。

【注釋】

〔1〕浹（jiā，《廣韻》子協切，入怗，精）：通達。《荀子·解蔽》："其所以貫理焉，雖億萬，已不足以浹萬物之變，與愚者若一。"《淮南子·原道》："是故内不得於中，稟授於外而以自飾也，不浸于肌膚，不浹于骨髓，不留于心志，不滯于五藏。"高誘注："浹，通也。"

〔2〕徹：通達。《説文》攴部："徹，通也。"《國語·周語中》："若本固而功成，施徧而民阜，乃可以長保民矣，其何事不徹？"韋昭注："徹，達也。"《左傳·成公十六年》："癸巳，潘尪之黨與養由基蹲甲而射之，徹七札焉。"杜注："一發達七札，言其能陷堅。"

2.82　替[1]，廢也。替，滅也。

【注釋】

〔1〕替：廢棄，廢除。《書·大誥》：“已！予惟小子，不敢替上帝命。”孔傳：“不敢廢天命。”《楚辭·九章·懷沙》：“刓方以爲圜兮，常度未替。”王逸注：“替，廢也。”又：引申爲滅絕，斷絕。《國語·魯語上》：“今先君儉而君侈，令德替矣。”韋昭注：“替，滅也。”

【案】該條形成兩組同義詞。在廢棄的意義上“替、廢”兩詞爲一組，在滅絕的意義上“替、滅”兩詞爲一組。

2.83 速[1]，徵也[2]。徵，召也。

【注釋】

〔1〕速：召，請。《易·需》：“有不速之客三人來。”陸釋文：“速，馬（融）云：‘召也。’”《詩·小雅·伐木》：“既有肥羜，以速諸父。”鄭箋：“速，召也。”

〔2〕徵：徵召，多指君召臣。《書·舜典》：“舜生三十徵庸。”《左傳·僖公十六年》：“王以戎難告于齊，齊徵諸侯而戍周。”

2.84 琛[1]，寶也。

【注釋】

〔1〕琛（chēn，《廣韻》丑林切，平侵，徹）：珍寶，常作貢物。邢疏：“謂珍寶也。”《詩·魯頌·泮水》：“憬彼淮夷，來獻其琛。”毛傳：“琛，寶也。”

2.85 探，試也。

2.86 髦[1]，選也。髦，俊也。

【注釋】

〔1〕髦：選拔。王引之述聞：“選士亦謂之髦，‘譽髦斯士’是也。‘譽髦斯士’，選斯士也。”《詩·大雅·思齊》：“古之人無斁，譽髦斯士。”又：英俊之士。《詩·小雅·甫田》：“攸介攸止，烝我髦士。”毛傳：“髦，俊也。”《漢書·敍傳下》：“世宗曄曄，

思弘祖業，疇咨熙載，髦俊並作。"

2.87　俾[1]，職也[2]。

【注釋】

〔1〕俾：使。《書·湯誥》："俾予一人，輯寧爾邦家。"《詩·邶風·綠衣》："我思古人，俾無訧兮。"毛傳："俾，使。"

〔2〕職：掌管，執掌。《左傳·僖公二十六年》："載在盟府，大師職之。"杜注："職，主也。"

【案】"俾"之使義與"職"之掌管義沒有相同之處，不形成同義關係。

2.88　紕[1]，飾也。

【注釋】

〔1〕紕（pí，《廣韻》符支切，平支，並）：在衣冠或旗幟上鑲飾緣邊。《詩·鄘風·干旄》："素絲紕之，良馬四之。"毛傳："紕，所以織組也。"鄭箋："素絲者以爲縷，以縫紕旌旗之旒縿，或以維持之。"《禮記·玉藻》："縞冠素紕，既祥之冠也。"鄭注："紕，緣邊也。"

2.89　淩[1]，慄也[2]。慄，感也。

【注釋】

〔1〕淩：亦作"凌"，戰慄。郭注："淩懅戰慄。"陸釋文："樊注作淩。"

〔2〕慄（lì，《廣韻》力質切，入質，來）：戰慄。《素問·瘧論》："瘧之始發也，先起於毫毛，伸欠乃作，寒慄鼓頷，腰脊俱痛。"王冰注："慄，謂戰慄。"又：憂傷。《古今韻會舉要》質韻："慄，又哀愴意。"《文選》張衡《西京賦》："將乍往而未半，怵悼慄而慫兢。"李善注："慄，憂戚也。"

2.90　蠲[1]，明也。茅[2]，明也。明，朗也[3]。

【注釋】

〔1〕蠲（juān，《廣韻》古玄切，平先，見）：明示，顯示。《左傳·襄

公十四年》:"惠公蠲其大德,謂我諸戎是四嶽之裔冑也,毋是翦棄。"杜注:"蠲,明也。"《荀子·王制》:"立身則輕楛,事行則蠲疑。"郝懿行補注:"蠲者,明也。謂喜明察而好狐疑也。"

〔2〕茅:顯明。郝疏:"茅者,郭引《左氏宣十二年傳》云'前茅慮無',杜預注:'茅,明也。'正義引舍人曰:'茅,昧之明也。'杜注又引'或曰時楚以茅爲旌識'。然則茅旌亦取顯明爲義。"

〔3〕朗:明亮。《詩·大雅·既醉》:"昭明有融,高朗令終。"毛傳:"朗,明也。"

2.91　猷[1],圖也。猷,若也。

【注釋】

〔1〕猷:謀劃。參見1.13條。又:同"猶",似,同。郭注:"《詩》曰:'寔命不猷。'"今本《詩·召南·小星》作"寔命不猶"。朱熹集傳:"猶,亦同也。"

2.92　偁[1],舉也。

【注釋】

〔1〕偁(chēng,《廣韻》處陵切,平蒸,昌):"稱"的古字,稱舉。郭注引《書》:"偁爾戈。"許慎《説文解字·敘》:"其偁《易》孟氏、《書》孔氏、《詩》毛氏、《禮》周官、《春秋》左氏、《論語》《孝經》,皆古文也。"

2.93　稱[1],好也。

【注釋】

〔1〕稱:好,美好。郭注:"物稱人意亦爲好。"邢疏:"謂美好。"《周禮·考工記·輪人》:"進而眡之,欲其肉稱也。"鄭注:"肉稱,弘殺好也。"《管子·幼官》:"收天下之豪傑,有天下之稱材。"

2.94　坎[1]、律，銓也[2]。

【注釋】

〔1〕坎：通"科"，法規。朱駿聲《説文通訓定聲》隨部："科，假借爲坎……科、坎雙聲。"《孟子·離婁下》"盈科而後進，放乎四海"趙岐注："科，坎。"俞樾《群經平議》三四："蓋坎、科一聲之轉，其義相通……然則科字正有銓量之義，坎律猶科律也……科即坎之假字。"

〔2〕銓：衡量輕重的器具，即秤。邢疏："謂銓量也。"段玉裁《説文解字注》"銓"字下云："銓，稱也。稱，各本作衡，今正。禾部'稱，銓也'與此爲轉注，乃全書之通例。稱，即今秤字……稱錘以金爲之，故從金。"《廣雅·釋器》："稱謂之銓。"《漢書·王莽傳中》："白煒象平，考量以銓。"顏師古注引應劭曰："銓，權衡也。"

【案】"坎、律、銓"不是同義詞。

2.95　矢[1]，誓也。

【注釋】

〔1〕矢：通"誓"，發誓。郝疏："然則矢、誓古通用。"《詩·鄘風·柏舟》："髧彼兩髦，實維我儀。之死矢靡它。"毛傳："矢，誓。"《論語·雍也》："夫子矢之曰：'予所否者，天厭之，天厭之！'"

2.96　舫[1]，舟也。

【注釋】

〔1〕舫(fǎng，《廣韻》甫妄切，去漾，非)：併連起來的船隻。郭注："並兩船。"《戰國策·楚策一》："舫船載卒，一舫載五十人。"鮑彪注："舫，併舟也。"

2.97　泳[1]，游也。

【注釋】

〔1〕泳：潛行水中。《説文》水部："泳，潛行水中也。"王筠釋例：

"'泳'下云'潛行水中也','汓'下云'浮行水上也',蓋爲《谷風》'泳之游之'作注也。毛傳釋'泳'而不釋'游',故許君補之。蓋謂《詩》借'游'爲'汓'耳……蓋對文别,散則通也。"《詩·周南·漢廣》:"漢之廣矣,不可泳思!"毛傳:"潛行爲泳。"

2.98 **迨[1],及也。**

【注釋】

〔1〕迨(dài,《廣韻》徒亥切,上海,定):及,趕上。方言詞。邢疏:"謂相及也。"《方言》三:"迨、遝,及也。東齊曰迨,關之東西曰遝,或曰及。"《詩·召南·摽有梅》:"求我庶士,迨其吉兮。"鄭箋:"迨,及也。"

2.99 **冥,幼也[1]。**

【注釋】

〔1〕幼(yào,《集韻》一笑切,去笑,影):幽深,幽暗。《詩·小雅·斯干》:"噲噲其正,噦噦其冥。"毛傳:"冥,幼也。"陸釋文:"幼,本或作窈。"《漢書·中山靖王劉勝傳》:"今臣心結日久,每聞幼眇之聲,不知涕泣之横集也。"

2.100 **降,下也。**

2.101 **傭[1],均也。**

【注釋】

〔1〕傭(chōng,《廣韻》丑凶切,平鍾,徹):均,公平。郭注:"齊等。"《詩·小雅·節南山》:"昊天不傭,降此鞠訩。"毛傳:"傭,均。"《周禮·春官·典同》"正聲緩"鄭注:"鄭司農云:'鍾形下當踔,正者不高不下,鍾形上下正傭。'"

2.102 **强[1],暴也。**

【注釋】

〔1〕强:亦作"彊",强暴,强横。《老子》:"心使氣曰强。"

2.103　窕[1]，肆也[2]。肆，力也。

【注釋】

〔1〕窕(tiǎo，《集韻》土了切，上筱，透）：輕佻放肆。賈誼《新書·容經》："故聖人者，在小不寶，在大不窕。"

〔2〕肆：恣縱，放肆。《玉篇》長部："肆，放也，遂也。"《左傳·昭公十二年》："昔穆王欲肆其心，周行天下。"又：極力。《墨子·兼愛下》："而有道肆相教誨。"孫詒讓間詁："《爾雅·釋言》：'肆，力也。'……言勤力相教誨。"

2.104　俅[1]，戴也。

【注釋】

〔1〕俅(qiú)：本義是冠飾貌。《説文》人部："俅，冠飾皃。"《詩·周頌·絲衣》："絲衣其紑，載弁俅俅。"

【案】"俅"是形容詞，"戴"是動詞，兩詞詞性不同，意義相關，所以不是同義詞。

2.105　瘞[1]，幽也。

【注釋】

〔1〕瘞(yì，《廣韻》於罽切，去祭，影）：本義是埋。《説文》土部："瘞，幽薶也。"《廣韻》祭韻："瘞，埋也。"《詩·大雅·雲漢》："上下奠瘞，靡神不宗。"陸釋文："瘞，埋也。"此義與"幽"不同義。

2.106　氂[1]，罽也[2]。

【注釋】

〔1〕氂(máo)：同"氂"，毛織品。邢疏："舍人曰：'氂謂毛罽也。胡人續羊毛而作衣。'"《龍龕手鑑》毛部：氂，同"氂"。

〔2〕罽(jì，《廣韻》居例切，去祭，見）：毧類毛織物。郭注："毛氂所以為罽。"《逸周書·王會》："請令以丹青、白旄、紕罽、江歷、龍角、神龜為獻。"

2.107　烘[1],燎也[2]。煁[3],炷也[4]。

【注釋】

〔1〕烘:燒。郭注:"謂燒燎。"郝疏:"燎者,《説文》云:'放火
也。'《廣雅》云:'燒也。'燒、燎義同。"《詩·小雅·白華》:
"樵彼桑薪,卬烘于煁。"毛傳:"烘,燎也。"

〔2〕燎:放火焚燒。《説文》火部:"燎,放火也。"《書·盤庚上》:
"若火之燎于原,不可嚮邇,其猶可撲滅?"

〔3〕煁(chén,《廣韻》氏任切,平侵,禪):一種可移動的火爐。
郭注:"今之三隅竈。"郝疏:"郭云'三隅竈'者,蓋如今之
風爐,形如筆筒,缺其上口,爲三角以受風,謂之風竈。形制
大小隨人所爲,舟車皆可攜帶,故《説文》謂之'行竈'也。"
《詩·小雅·白華》:"樵彼桑薪,卬烘于煁。"毛傳:"煁,炷竈
也。"孔疏:"然則炷者,無釜之竈,其上燃火謂之烘,本爲此
竈上亦燃火照物,若今之火爐也。"

〔4〕炷(wēi,《廣韻》烏攜切,平齊,影):一種可移動的火爐,形同
今之風爐。《説文》火部:"炷,行竈也。"

2.108　陪[1],朝也[2]。

【注釋】

〔1〕陪:輔佐。《玉篇》阜部:"陪,助也。"《詩·大雅·蕩》:"爾
德不明,以無陪無卿。"毛傳:"無陪貳也,無卿士也。"《史
記·孝文本紀》:"淮南王,弟也,秉德以陪朕。"裴駰集解引
文穎曰:"陪,輔也。"

〔2〕朝:常指位卑者見位尊者,又臣見君。《字彙》月部:"朝,晨
朝也。人君視政,臣下觀君,均貴於早,聲轉爲朝也。"《書·舜
典》:"五載一巡守,群后四朝。"陸釋文:"鄭云:四朝,四季
朝京師也。"

【案】"陪"與"朝"意義不相同。

2.109　康[1]**，苛也**[2]**。**

【注釋】

〔1〕康：爲人邪惡而耽於享樂。《古文苑·詛楚文》：“今楚王熊相康回無道，淫失甚亂。”《淮南子·主術》：“人主好鷙鳥猛獸，珍怪奇物，狡躁康荒，不愛民力，馳騁田獵，出入不時。”

〔2〕苛：邪惡。《左傳·昭公十三年》：“苛慝不作，盜賊伏隱，私欲不違，民無怨心。”

2.110　樊[1]**，藩也**[2]**。**

【注釋】

〔1〕樊：籬笆。《詩·小雅·青蠅》：“營營青蠅，止于樊。”毛傳：“樊，藩也。”

〔2〕藩：籬笆。《説文》艸部：“藩，屏也。”《玉篇》艸部：“藩，籬也。”《易·大壯》：“羝羊觸藩，羸其角。”孔疏：“藩，藩籬也。”

2.111　賦[1]**，量也**[2]**。**

【注釋】

〔1〕賦：計算。《左傳·襄公二十五年》：“賦車兵、徒卒、甲楯之數。”杜注：“使器杖有常數。”

〔2〕量：計量。《楚辭·惜誓》：“苦稱量之不審兮，同權槩而就衡。”王逸注：“量，所以別多少。”

2.112　粻[1]**，糧也。**

【注釋】

〔1〕粻（zhāng，《廣韻》陟良切，平陽，知）：糧食。方言詞。郭注：“今江東通言粻。”《説文》新附米部：“粻，食米也。”《詩·大雅·崧高》：“以峙其粻，式遄其行。”鄭箋：“粻，糧。”《禮記·王制》：“五十異粻，六十宿肉，七十貳膳，八十常珍，九十飲食不離寢。”鄭注：“粻，糧也。”

2.113　庶[1]**，侈也**[2]**。庶，幸也**[3]**。**

【注釋】

〔1〕庶：衆多。參見 1.61 條。又：欣幸，希冀。《玉篇》广部：“庶，幸也，冀也。”《詩·檜風·素冠》：“庶見素冠兮，棘人欒欒兮。”毛傳：“庶，幸也。”

〔2〕侈：多。《莊子·駢拇》：“駢拇枝指，出乎性哉，而侈於德。”《國語·楚語上》：“不羞珍異，不陳庶侈。”韋昭注：“庶，衆也。侈，猶多也。”

〔3〕幸：期望，希冀。《字彙》干部：“幸，又冀望也。”《史記·屈原賈生列傳》：“冀幸君之一悟，俗之一改也。”

2.114　筑[1]，拾也。

【注釋】

〔1〕筑：亦作“築”，拾。郭注：“謂拾掇。”《書·金縢》：“凡大木所偃，盡起而築之。”陸釋文：“築，本亦作筑……馬云：‘築，拾也。’”

2.115　奘[1]，駔也[2]。

【注釋】

〔1〕奘（zàng，又讀 zhuǎng，《廣韻》徂朗切，上蕩，從。又徂浪切，去宕，從）：壯大。方言詞。《玉篇》大部：“奘，大也。”《方言》一：“秦晉之間，凡人之大謂之奘，或謂之壯。”

〔2〕駔（zǎng）：粗大。方言詞。郭注：“今江東呼大爲駔。駔猶麤也。”《管子·侈靡》：“好緣而好駔，此謂成國之法也。”

2.116　集，會也。

2.117　舫[1]，泭也[2]。

【注釋】

〔1〕舫：亦作“方”，竹木編成的筏。郭注：“水中箄筏。”陸釋文：“舫，謝音方，《詩》亦作方。”《詩·周南·漢廣》：“江之永矣，不可方思。”毛傳：“方，泭也。”陸釋文：“孫炎注《爾雅》云：

‘方木置水爲柎柴也。’”

〔2〕泭(fú,《廣韻》防無切,平虞,奉。又芳無切,平虞,敷）：竹
筏,木筏。邢疏:“《論語》云:‘乘桴浮於海。’注云:‘桴,編
竹木。大曰栰,小曰桴。’是也。舫、方、泭、桴,音義同。”《方
言》九:“泭謂之𥴩。𥴩謂之筏。筏,秦晉之通語也。”《國
語·齊語》:“至於西河,方舟設泭,乘桴濟河,至於石枕。”韋
昭注:“編木曰泭,小泭曰桴。”《楚辭·九章·惜往日》:“乘氾
泭以下流兮,無舟楫而自備。”王逸注:“編竹木曰泭。”

2.118　洵[1],均也。洵,龕也[2]。

【注釋】

〔1〕洵(xún,《廣韻》詳遵切,平諄,邪）：通“旬”,平均,周遍。
郭注:“謂調均。”郝疏:“洵者,旬之假借也。《說文》云:‘旬,
徧也。’徧即均。”《詩·大雅·桑柔》:“菀彼桑柔,其下侯旬。”
毛傳:“旬,言陰均也。”孔疏:“李巡曰:‘洵,徧之均也。’則
旬是均之義。”又:忠信。《詩·鄭風·羔裘》:“羔裘如濡,洵
直且侯。”

〔2〕龕:誠信。《逸周書·祭公》:“周克龕紹成康之業,以將天命。”

2.119　逮[1],遝也[2]。

【注釋】

〔1〕逮:及,達到。參見 2.27 條。

〔2〕遝(tà,《廣韻》徒合切,入合,定）：及,達到。方言詞。郭注:
“今荆楚人皆云遝。”《方言》三:“迨、遝,及也。東齊曰迨,
關之東西曰遝,或曰及。”《墨子·迎敵祠》:“城之外,矢之所
遝。”孫詒讓間詁:“遝,舊本作還……王(念孫)云:‘還當爲
遝,謂矢之所及也。’”《睡虎地秦墓竹簡·秦律·工律》:“遝
其未靡,謁更其久。”

2.120　是[1],則也[2]。

【注釋】

〔1〕是：法則。郭注：“是事可法則。”郝疏：“則者，《釋詁》云：
‘法也。’是者，偍之假音也……然則儀容行動俱謂之偍，容
止可法故謂之則……偍從是聲，因省作是。”

〔2〕則：法則，準則。《廣韻》德韻：“則，法則。”《楚辭·離騷》：
“雖不周於今之人兮，願依彭咸之遺則。”王逸注：“則，法
也。”《管子·形勢》：“天不變其常，地不易其則。”

2.121　畫〔1〕，形也〔2〕。

【注釋】

〔1〕畫：繪畫。《釋名·釋書契》：“畫，繪也。以五色繪物象也。”
《書·顧命》：“東序西嚮，敷重豐席，畫純，雕玉仍几。”孔疏：
“《考工記》云：‘畫繢之事雜五色。’是彩色爲畫，蓋以五彩
色畫帛以爲緣。鄭玄云：‘似雲氣，畫之爲緣。’”《儀禮·鄉射
禮》：“大夫布侯，畫以虎豹。士布侯，畫以鹿豕。”

〔2〕形：描繪。《説文》彡部：“形，象形也。”王筠句讀：“謂象其
形也。”《列子·天瑞》：“有形者，有形形者。”

2.122　賑〔1〕，富也。

【注釋】

〔1〕賑：富裕。郭注：“謂隱賑富有。”《説文》貝部：“賑，富也。”
《文選》張衡《西京賦》：“郊甸之内，鄉邑殷賑。”李善注引
《爾雅》：“賑，富也。”

2.123　局〔1〕，分也。

【注釋】

〔1〕局：局部，部分。郭注：“謂分部。”《禮記·曲禮上》：“左右
有局，各司其局。”鄭注：“局，部分也。”孔疏：“軍之在左右，
各有部分，不相濫也。”

2.124　憒〔1〕，怒也。

【注釋】

〔1〕懠(qí,又讀jì,《廣韻》徂奚切,平齊,從。又在詣切,去霽,從):
　　憤怒。《詩·大雅·板》:"天之方懠,無爲夸毗。"毛傳:"懠,
　　怒也。"

2.125　偰[1],聲也。

【注釋】

〔1〕偰(xiè,又讀xì,《廣韻》先結切,入屑,心。又息七切,入質,
　　心):細小的聲音。《説文》人部:"偰,聲也。"段玉裁注:"見
　　《釋言》,謂聲之小者也。"《廣韻》屑韻:"偰,動草聲。又云
　　鷙鳥之聲。"

2.126　葵[1],揆也[2]。揆,度也。

【注釋】

〔1〕葵:通"揆",測度,揣測。《詩·小雅·采菽》:"樂只君子,天
　　子葵之。"毛傳:"葵,揆也。"

〔2〕揆(kuí,《廣韻》求癸切,上旨,群):度量,揣度。《説文》手
　　部:"揆,葵也。"《詩·鄘風·定之方中》:"揆之以日,作于楚
　　室。"毛傳:"揆,度也。"《漢書·董仲舒傳》:"孔子作《春秋》,
　　上揆之天道,下質諸人情。"

2.127　逮[1],及也。

【注釋】

〔1〕逮:達到。參見2.27、2.119條。

2.128　惄[1],飢也。

【注釋】

〔1〕惄(nì,《廣韻》奴歷切,入錫,泥):憂思,憂傷。方言詞。《説
　　文》心部:"惄,一曰憂也。"《方言》一:"惄,思也。秦晉或
　　曰慎。凡思之貌亦曰慎,或曰惄。"又:"惄,傷也。汝謂之
　　惄。"《詩·周南·汝墳》:"未見君子,惄如調飢。"毛傳:"惄,

飢意也。"鄭箋:"愬,思也。未見君子之時,如朝飢之思
食也。"

【案】"愬"不表示飢餓。"愬如調飢",意思是説憂思之意好像朝
飢一樣迫切。毛亨所釋是用比喻説明句意。本條釋"愬"爲"飢",
不當。

2.129　昣[1],重也。

【注釋】

〔1〕昣(zhěn,《廣韻》章忍切,上軫,章):自重。郭注:"謂厚重。"
《説文》目部:"昣,目有所恨而止也。"王筠句讀:"《釋言》:
'昣,重也。'案,重者,不敢輕舉妄動也。與'止'義合。"《左
傳·隱公三年》:"夫寵而不驕,驕而能降,降而不憾,憾而能
昣者,鮮矣。"杜注:"恨則思亂,不能自安自重。"孔疏:"憾
而不能昣,言其心難自抑。"

2.130　獵[1],虐也。

【注釋】

〔1〕獵:淩虐。郭注:"淩獵,暴虐。"郝疏:"虐者,《説文》云:'殘
也。'殘兼暴、害、賊、惡諸義。獵者,敗獵逐禽,亦爲殘害於
物也……獵訓爲虐,與《釋詁》'獮,殺也'義同。"《國語·吳
語》:"今大夫國子興其衆庶,以犯獵吳國之師徒。"王引之
述聞:"韋注曰:'獵,震也。'家大人曰:震與獵義不相近,諸
書亦無訓獵爲震者,震當爲虐。"

2.131　土[1],田也。

【注釋】

〔1〕土:土地。郝疏:"然則土爲田之大名,田爲已耕之土。對
文則别,散則通也。"《書·禹貢》:"厥貢惟土五色。"孔傳:
"王者封五色土爲社。建諸侯則各割其方色土與之,使
立社。"

2.132　戍[1]，遏也[2]。

【注釋】

〔1〕戍：防守。《詩·王風·揚之水》：“彼其之子，不與我戍申。”
　　毛傳：“戍，守也。”

〔2〕遏：防止。邢疏：“遏，止也。”

2.133　師[1]，人也。

【注釋】

〔1〕師：衆人。郭注：“謂人衆。”《詩·大雅·文王》：“殷之未喪師，
　　克配上帝。”鄭箋：“師，衆也。”《左傳·哀公五年》：“師乎師
　　乎，何黨之乎？”杜注：“師，衆也。”

【案】“人”臨時義表示衆人。《穀梁傳·莊公十七年》：“十有七
年春，齊人執鄭詹。人者，衆辭也。”《史記·魯仲連鄒陽列傳》“人
無不按劍相眄者”，《漢書》“人”作“衆”。“人”以臨時義與“師”
構同，不符合同義詞的條件，所以不是同義詞。

2.134　硈[1]，鞏也。

【注釋】

〔1〕硈(qià，《廣韻》恪八切，入鎋，溪)：石堅硬。郭注：“硈然，
　　堅固。”《説文》石部：“硈，石堅也。”

2.135　棄[1]，忘也。

【注釋】

〔1〕棄：遺忘。《正字通》木部：“棄，遺也。”《左傳·昭公十三年》：
　　“南蒯、子仲之憂，其庸可棄乎？”杜注：“棄，猶忘也。”

2.136　嚚[1]，閑也。

【注釋】

〔1〕嚚：閑適。郭注：“嚚然，閑暇貌。”《孟子·盡心上》：“人知之，
　　亦嚚嚚；人不知，亦嚚嚚。”趙注：“嚚嚚，自得無欲之貌。”

2.137　謀，心也[1]。

【注釋】

〔1〕心：思慮，謀劃。王引之述聞："心者，思也。"《吕氏春秋·審應》："紂雖多心，弗能知矣。"

2.138 獻[1]，聖也[2]。

【注釋】

〔1〕獻：有德行、有才能的人。《玉篇》犬部："獻，賢也。"《書·益稷》："萬邦黎獻，共惟帝臣。"孔傳："獻，賢也。萬國衆賢共爲帝臣。"《論語·八佾》："殷禮，吾能言之，宋不足徵也，文獻不足故也。"

〔2〕聖：德行高尚、才智過人的人。《論語·雍也》："子曰：'何事於仁，必也聖乎！'"《孟子·滕文公下》："我亦欲正人心，息邪説，距詖行，放淫辭，以承三聖者，豈好辯哉？予不得已也。"

2.139 里[1]，邑也[2]。

【注釋】

〔1〕里：城邑的廛里、街坊。郭注："謂邑居。"《説文》里部："里，居也。"《周禮·地官·載師》："以廛里任國中之地。"

〔2〕邑：人民聚居之處。大曰都，小曰邑。《釋名·釋州國》："邑，猶悒也。邑人聚會之稱也。"《周禮·地官·里宰》："里宰掌比其邑之衆寡，與其六畜、兵器，治其政令。"鄭注："邑，猶里也。"賈疏："邑是人之所居之處，里又訓爲居，故云'邑，猶里也'。"《公羊傳·桓公元年》："邑多田少稱邑。"徐疏："言'邑多田少稱邑'者，謂邑内家數多，而邑外之田頃畝少。"

2.140 襄[1]，除也。

【注釋】

〔1〕襄：除去。《詩·鄘風·牆有茨》："牆有茨，不可襄也。"毛傳："襄，除也。"

2.141　振[1],古也。

【注釋】

〔1〕振：自,從。王引之述聞：“蓋《爾雅》本作‘振,自也’。‘自’字古文作𦣻,形與‘古’相似,因譌爲‘古’。《爾雅》之‘振,自也’正釋《詩》之‘振古如兹’,《毛傳》之‘振,自也’即本於《爾雅》。韋昭注《晉語》、如淳注《漢書·高紀》並云：‘振,起也。’凡事之所起,即事之所自。故振又訓爲自。‘振古如兹’,猶《甫田》之言‘自古有年’也。”《詩·周頌·載芟》：“匪且有且,匪今斯今,振古如兹。”毛傳：“振,自也。”鄭箋：“振,亦古也。”

2.142　懟[1],怨也。

【注釋】

〔1〕懟(duì,《廣韻》直類切,去至,澄)：怨恨。《説文》心部：“懟,怨也。”《廣雅·釋詁》：“懟,恨也。”《左傳·僖公二十四年》：“其母曰：‘盍亦求之？以死,誰懟？’”《孟子·萬章上》：“如告,則廢人之大倫,以懟父母,是以不告也。”

2.143　繐[1],介也[2]。

【注釋】

〔1〕繐：本義指鞋上鑲嵌絲帶。《説文》系部：“繐,以絲介履也。”段玉裁注：“介者,畫也。謂以絲介畫履閒爲飾也。蓋即《周禮》之繶、絇。”桂馥義證：“《周禮·屨人》注云：‘烏屨有絇、有繶、有純者,飾也。’又‘赤繶、黄繶’注云：‘以赤黄之絲爲下緣。’”

〔2〕介：界限。後作“界”。《説文》八部：“介,畫也。”《詩·周頌·思文》“無此疆爾界”,陸釋文“界”作“介”。

2.144　虖,謼也[1]。

【注釋】

〔1〕謼(hū,《廣韻》荒烏切,平模,曉。又荒故切,去暮,曉)：今

作"呼",大聲叫號。《玉篇》言部:"譹,大叫也。"《詩·大雅·蕩》:"式號式呼,俾晝作夜。"陸釋文:"呼,崔本作譹。"《漢書·息夫躬傳》:"上遣侍御史、廷尉監逮躬,繫雒陽詔獄。欲掠問,躬仰天大譹,因僵仆。"顏師古注:"譹,古呼字。"

2.145 凶,咎也[1]。

【注釋】

[1] 咎(jiù,《廣韻》其九切,上有,群):災禍,不幸之事。《説文》人部:"咎,災也。"《書·大禹謨》:"君子在野,小人在位,民棄不保,天降之咎。"孔疏:"上天降之殃咎。"《左傳·莊公二十一年》:"鄭伯效尤,其亦將有咎。"

2.146 苞[1],稹也[2]。

【注釋】

[1] 苞:草木叢生、茂密。參見 1.56 條。

[2] 稹(zhěn,《廣韻》章忍切,上軫,章):草木叢生。方言詞。郭注:"今人呼物叢緻者爲稹。"邢疏:"孫炎曰:'物叢生曰苞,齊人名曰稹。'"《説文》禾部:"稹,穜概也。"王筠句讀:"謂種薮稠密也。"《詩·唐風·鴇羽》:"肅肅鴇羽,集于苞栩。"毛傳:"苞,稹。"

2.147 逜[1],寤也[2]。

【注釋】

[1] 逜(wù,《廣韻》五故切,去暮,疑):迕逆,抵觸。郭注:"相干寤。"陸釋文:"逜,孫本吾字作午。"《鶡冠子·天則》:"下之所逜,上之可蔽,斯其離人情而失天節者也。"陸佃解:"逜之言干也。"

[2] 寤(wù,《廣韻》五故切,去暮,疑):通"啎",逆,倒着。朱駿聲《説文通訓定聲》豫部:"寤,假借爲啎。"《左傳·隱公元年》:"莊公寤生,驚姜氏,故名寤生,遂惡之。"

2.148 頔[1],題也。

【注釋】

〔1〕頔(dìng,《廣韻》丁定切,去徑,端):亦作“定”,額。郭注:
“題,額也。”《詩·周南·麟之趾》“麟之定”陸釋文:“定,題
也。字書作頔,音同。”《集韻》徑韻:“頔,題也。通作定。”

2.149 猷[1]、肯,可也。

【注釋】

〔1〕猷:同“猶”,可。郭注:“《詩》曰:‘猷來無棄。’”郝疏:“可者,
《説文》云:‘肎也。’按:意所善曰可。”今本《詩·魏風·陟
岵》作“猶來無棄”。

2.150 務[1],侮也。

【注釋】

〔1〕務(wǔ,《集韻》罔甫切,上噳,微):通“侮”,侮辱。《集韻》
噳韻:“侮,慢也。或作務。”《詩·小雅·常棣》:“兄弟鬩于牆,
外禦其務。”鄭箋:“務,侮也。兄弟雖内鬩而外禦侮也。”《左
傳·僖公二十四年》引作“外禦其侮”。

2.151 貽[1],遺也。

【注釋】

〔1〕貽(yí,《廣韻》與之切,平之,以):贈送,給予。《詩·邶風·静
女》:“静女其孌,貽我彤管。”

2.152 貿[1],買也。

【注釋】

〔1〕貿:交易,交換。或可單指買。《詩·衛風·氓》:“氓之蚩蚩,
抱布貿絲。”朱熹集傳:“貿,買也。”參見2.25條。

2.153 賄[1],財也。

【注釋】

〔1〕賄:財物。邢疏:“財帛總名賄。”《詩·衛風·氓》:“以爾車

來,以我賄遷。"毛傳:"賄,財。"《周禮·天官·大宰》:"六曰
商賈,阜通貨賄。"鄭注:"金玉曰貨,布帛曰賄。"

2.154　甲[1],狎也。

【注釋】

〔1〕甲:通"狎",親昵,習狎。郭注:"謂習狎。"《詩·衛風·芄蘭》:
"雖則佩韘,能不我甲。"毛傳:"甲,狎也。"馬瑞辰傳箋通
釋:"甲,又狎之假借也。"

2.155　菼[1],騅也[2]。菼,薍也[3]。

【注釋】

〔1〕菼(tǎn,《廣韻》吐敢切,上敢,透):初生的荻。似葦而小,
莖稈可用於編席。《詩·衛風·碩人》:"葭菼揭揭,庶姜孽孽。"
毛傳:"菼,薍也。"孔疏引陸璣云:"薍,或謂之荻。至秋堅成,
則謂之萑。"《詩·王風·大車》:"大車檻檻,毳衣如菼。"毛傳:
"菼,騅也。蘆之初生者也。"鄭箋:"菼,薍也。"陳奐傳疏:
"騅,當作雜……《傳》蘆字乃蘿字之誤。"

〔2〕騅(zhuī):初生的荻。郭注:"菼,草色如騅,在青白之間。"

〔3〕薍(wàn,《廣韻》五患切,去諫,疑):初生的荻。《説文》艸部:
"薍,菵也。"《詩·秦風·蒹葭》"蒹葭蒼蒼"陸璣疏:"葭,一名
蘆菼,一名薍。薍,或謂之荻。至秋堅成,則謂之萑。"

2.156　粲[1],餐也。

【注釋】

〔1〕粲:通"餐",飯食。方言詞。郭注:"今河北人呼食爲餐。"
《詩·鄭風·緇衣》:"適子之館兮,還予授子之粲兮。"毛傳:
"粲,餐也。"陳奐傳疏:"粲爲餐之假借字。"

2.157　渝[1],變也。

【注釋】

〔1〕渝:變更,改變。《玉篇》水部:"渝,變也。"《詩·鄭風·羔裘》:

"彼其之子,舍命不渝。"毛傳:"渝,變也。"

2.158　宜[1],肴也[2]。

【注釋】

〔1〕宜:菜肴,亦謂做菜肴。邢疏引李巡曰:"飲酒之肴也。"
《詩·鄭風·女曰雞鳴》:"弋言加之,與子宜之。"毛傳:"宜,
肴也。"孔疏:"與子賓客作肴羞之饌,共食之。"

〔2〕肴:熟的肉類食物。《廣雅·釋器》:"肴,肉也。"《玉篇》肉部:
"肴,俎實,又啖肉也。"《禮記·學記》:"雖有嘉肴,弗食,不
知其旨也。"《楚辭·招魂》:"肴羞未通,女樂羅些。"王逸注:
"魚肉爲肴。"洪興祖補注:"肴,骨體,又菹也。"

2.159　夷[1],悦也。

【注釋】

〔1〕夷:愉快,喜悦。《詩·鄭風·風雨》:"既見君子,云胡不夷?"
毛傳:"夷,說也。"孔疏:"言其必大悦也。"《楚辭·九懷·陶
壅》:"道莫貴分歸真,羨余術兮可夷。"王逸注:"夷,喜也。"

2.160　顛[1],頂也。

【注釋】

〔1〕顛:頭頂。《詩·秦風·車鄰》:"有車鄰鄰,有馬白顛。"《墨
子·修身》:"華髮隳顛,而猶弗舍者,其唯聖人乎!"孫詒讓
間詁:"墮顛,即禿頂。"

2.161　耋[1],老也。

【注釋】

〔1〕耋(dié,《廣韻》徒結切,入屑,定):年老,也特指六十至
八十歲的高齡。郭注:"八十爲耋。"《詩·秦風·車鄰》:"今
者不樂,逝者其耋。"毛傳:"耋,老也。八十曰耋。"《左傳·僖
公九年》:"以伯舅耋老,加勞,賜一級,無下拜。"杜注:"七十
曰耋。"《公羊傳·宣公十二年》:"使帥一二耋老而綏焉。"何

注:"六十稱耋。"

2.162　輶[1],輕也。

【注釋】

〔1〕輶(yóu):輕。段玉裁《說文解字注》車部:"輶車即輕車也,本是車名,引申爲凡輕之偁。"《詩·大雅·烝民》:"人亦有言:德輶如毛,民鮮克舉之。"鄭箋:"輶,輕。"《漢書·敘傳上》:"守孔約而不貳兮,迺輶德而無累。"顏師古注:"輶,輕也。"

2.163　俴[1],淺也。

【注釋】

〔1〕俴(jiàn,《廣韻》慈演切,上獮,從。又即淺切,上獮,精):淺,薄。《說文》人部:"俴,淺也。"《詩·秦風·小戎》:"小戎俴收,五楘梁輈。"毛傳:"俴,淺。"孔疏:"則大車之用,内前軫至後軫,其深八尺;兵車之軫比之爲淺,故謂之淺軫也。"

2.164　綯[1],絞也[2]。

【注釋】

〔1〕綯(táo,《廣韻》徒刀切,平豪,定):絞製繩索。《玉篇》系部:"綯,糾絞繩索也。"《詩·豳風·七月》:"晝爾于茅,宵爾索綯。"毛傳:"綯,絞也。"鄭箋:"夜作絞索,以待時用。"一說即繩索。陳奐傳疏:"索者,糾繩之名。綯即繩也。索綯猶言糾繩。"

〔2〕絞:糾絞繩索。邢疏:"謂糾絞繩索也。李巡曰:'綯,繩之絞也。'"《禮記·雜記上》"小斂,環絰"孔疏:"知以一股所謂纏絰者,若是兩股相交,則謂之絞。"

2.165　訛[1],化也。

【注釋】

〔1〕訛:感化,改變。《書·堯典》:"申命羲叔,宅南交,平秩南訛。"孔傳:"訛,化也。"《詩·小雅·節南山》:"式訛爾心,以

畜萬邦。"鄭箋:"訛,化。"

2.166　跋[1],躐也[2]。

【注釋】

〔1〕跋:踐踏。《詩·豳風·狼跋》:"狼跋其胡,載疐其尾。"毛傳:
"跋,躐。"

〔2〕躐(liè,《廣韻》良涉切,入葉,來):踐踏。《玉篇》足部:"躐,
踐也。"《楚辭·九歌·國殤》:"凌余陣兮躐余行,左驂殪兮右
刃傷。"王逸注:"躐,踐也。"

2.167　疐[1],跲也[2]。

【注釋】

〔1〕疐(zhì,《廣韻》陟利切,去至,知):牽絆。郭注:"《詩》曰:
'載疐其尾。'"邢疏:"然則'跋'與'疐'皆是顛倒之類……
毛傳云……'退則跲其尾',謂却頓而倒於尾上也。"

〔2〕跲(jiá,《廣韻》古洽切,入洽,見。又巨業切,入業,群。又居
怯切,入業,見):牽絆。《吕氏春秋·慎大》:"北方有獸,名
曰蹶,鼠前而兔後,趨則跲,走則顛,常爲蛩蛩距虚取甘草以
與之。"

2.168　烝[1],塵也[2]。

【注釋】

〔1〕烝:久,長久。《詩·小雅·南有嘉魚》:"南有嘉魚,烝然罩
罩。"鄭箋:"烝,塵也。塵然,猶言久如也。"

〔2〕塵:久遠。參見 1.112 條。

2.169　戎[1],相也。

【注釋】

〔1〕戎:相助。郭注:"相佐助。"《廣韻》東韻:"戎,亦助也。"
《詩·小雅·常棣》:"每有良朋,烝也無戎。"毛傳:"戎,相也。"
朱熹集傳:"戎,助也。"

2.170 飫[1],私也。

【注釋】

〔1〕飫(yù,《廣韻》依倨切,去御,影):古代君主燕飲同姓的私宴。邢疏:"孫炎曰:'飫非公朝,私飲酒也。'"《詩·小雅·常棣》:"儐爾籩豆,飲酒之飫。"毛傳:"飫,私也。不脫屨升堂謂之飫。"陳奂傳疏:"《湛露》:'厭厭夜飲。'傳:'夜飲,燕私也。宗子將有事,則族人皆侍。'《楚茨》:'諸父兄弟,備言燕私。'傳:'燕而盡其私恩。'此即私字之義。'不脫屨升堂謂之飫',傳既本《爾雅》釋飫爲私,而又申明其爲燕私也。"《國語·魯語下》:"繹不盡飫則退。"韋昭注:"説曰:'飫,宴安私飲也。'"

2.171 孺[1],屬也[2]。

【注釋】

〔1〕孺:親屬。郭注:"謂親屬。"邢疏:"李巡云:'孺,骨肉相親屬也。'"《禮記·曲禮下》:"天子之妃曰后,諸侯曰夫人,大夫曰孺人。"孔疏:"孺,屬也。言其爲親屬。"

〔2〕屬:親屬。《釋名·釋親屬》:"屬,續也。恩相連續也。"《孟子·離婁下》:"夫章子豈不欲有夫妻子母之屬哉?"

2.172 幕,暮也[1]。

【注釋】

〔1〕暮:本字爲"莫(mù)",帳篷。朱駿聲《説文通訓定聲》豫部:"莫,假借爲幕。"《史記·張釋之馮唐列傳》:"上功莫府。"司馬貞索隱:"莫,當爲幕。"

2.173 煽[1],熾也[2]。熾,盛也。

【注釋】

〔1〕煽:熾盛。《詩·小雅·十月之交》:"楀維師氏,豔妻煽方處。"毛傳:"煽,熾也。"

〔2〕熾：昌盛，興盛。《詩·小雅·六月》：“玁狁孔熾，我是用急。”
　　　毛傳：“熾，盛也。”

2.174　柢[1]，本也。

【注釋】

〔1〕柢(dǐ，《廣韻》都禮切，上薺，端。又都計切，去霽，端。又都
　　　奚切，平齊，端)：樹根，特指直根。《説文》木部：“柢，木根
　　　也。”徐鍇繫傳：“華葉之根曰蒂，樹之根曰柢，音同也。”朱
　　　駿聲通訓定聲：“蔓根爲根，直根爲柢。”《老子》：“是謂深根
　　　固柢，長生久視之道。”《韓非子·解老》：“樹木有曼根，有直
　　　根。根者，書之所謂柢也。柢也者，木之所以建生也；曼根
　　　者，木之所以持生也。”

2.175　窕[1]，閒也。

【注釋】

〔1〕窕(tiǎo，《廣韻》徒了切，上篠，定)：閒暇。郝疏：“閒，暇也。”

2.176　淪[1]，率也[2]。

【注釋】

〔1〕淪：相率。郭注：“相率使。”《釋名·釋水》：“淪，倫也。水
　　　文相次有倫理也。”《詩·小雅·雨無正》：“若此無罪，淪胥以
　　　鋪。”毛傳：“淪，率也。”鄭箋：“言王使此無罪者見牽率相引
　　　而徧得罪也。”

〔2〕率：相率。《詩·魯頌·閟宫》：“莫不率從，魯侯之功。”鄭箋：
　　　“率從，相率從於中國也。”

2.177　罹[1]，毒也[2]。

【注釋】

〔1〕罹(lí，《廣韻》呂支切，平支，來)：憂懼，憂患。參見1.66條。

〔2〕毒：禍患，禍害。《書·盤庚上》：“乃不畏戎毒于遠邇。”孔疏：
　　　“毒謂禍患也。”

2.178 檢[1]，同也。

【注釋】

〔1〕檢：齊比，等同。《管子·山權數》：“北郭有掘闕而得龜者，此檢數百里之地也。”注：“檢，猶比也。以此龜爲用者，其數可比百里之地。”

2.179 郵[1]，過也。

【注釋】

〔1〕郵：通“尤、訧”，過失，罪過。郝疏：“過謂失誤。凡非議人及罪責人亦爲過也。郵者，古本作尤。”朱駿聲《説文通訓定聲》頤部：“郵，假借爲訧。”《詩·小雅·賓之初筵》：“是曰既醉，不知其郵。”鄭箋：“郵，過。”《國語·晉語四》：“遠人入服，不爲郵矣。”韋昭注：“郵，過也。”

2.180 遯[1]，遁也[2]。

【注釋】

〔1〕遯：逃遁。郭注：“謂逃去。”《説文》辵部：“遯，遁也。”《書·微子》：“吾家耄遜于荒。”孔傳：“在家耄亂，故欲遁出於荒野。”

〔2〕遁(dùn，《廣韻》徒困切，去慁，定。又徒損切，上混，定)：同“遁”，逃遁。《説文》辵部：“遁，逃也。”《玉篇》辵部：“遁”，退還也，隱也。《易·序卦》：“物不可以久居其所，故受之以遁。遁者，退也。”

2.181 獘[1]，踣也[2]。僨[3]，僵也[4]。

【注釋】

〔1〕獘：仆倒。《説文》犬部：“獘，頓仆也……或从死。”《左傳·哀公二年》：“鄭人擊簡子中肩，獘于車中。”杜注：“獘，踣也。”《禮記·表記》：“俔焉日有孳孳，獘而后已。”鄭注：“獘，仆也。”

〔2〕踣(bó,又讀pòu,《廣韻》蒲北切,入德,並。又匹候切,去候,滂）：向前仆倒。郭注：“前覆。”邢疏：“前卻顛倒之名也。斃又謂之踣,皆前覆也。”《左傳·襄公十四年》：“譬如捕鹿,晉人角之,諸戎掎之,與晉踣之。”杜注：“踣,僵也。”孔疏：“前覆謂之踣。”

〔3〕僨(fèn,《廣韻》方問切,去問,非）：仰倒,倒覆。邢疏：“僨謂之僵,皆仰偃也。”《左傳·隱公三年》：“庚戌,鄭伯之車僨于濟。”陸釋文：“僨,佛問反,仆也。”孔疏：“《釋言》云：‘僨,僵也。’舍人曰：‘背踣意也。’車踣而入濟,是風吹之墜濟水。”《莊子·天運》：“一死一生,一僨一起,所常無窮。”

〔4〕僵：仰倒。《説文》人部：“僵,偃也。”段玉裁注：“僵謂仰倒,如《莊子》‘推而僵之’。”《戰國策·燕策一》：“乃陽僵棄酒。”《吕氏春秋·開春》：“管仲扜弓射公子小白,中鈎。鮑叔御,公子小白僵。”高誘注：“僵,猶偃也。”

2.182　畛[1],殄也[2]。

【注釋】

〔1〕畛(zhěn,《廣韻》章忍切,上軫,章。又側鄰切,平真,莊）：界限。《小爾雅·廣詁》：“畛,界也。”《莊子·齊物論》：“夫道未始有封,言未始有常,爲是而有畛也。”成玄英疏：“畛,界畔也。”

〔2〕殄：盡,滅絶,絶盡。參見1.55條。

【案】“畛”含有絶、盡義,是界限義的一個實義素。“殄、畛”意義相通,但不在同一層次上,故不構成同義關係。

2.183　曷[1],盍也[2]。

【注釋】

〔1〕曷：表示反問,猶何不。《詩·唐風·有杕之杜》：“中心好之,曷飲食之？”《荀子·彊國》：“則女主亂之宫,詐臣亂之朝,

貪吏亂之官，衆庶百姓皆以貪利爭奪爲俗，曷若是而可以持國乎？"

〔2〕盍：表示反詰，猶何不。《左傳・成公六年》："或謂欒武子曰：'聖人與衆同欲，是以濟事。子盍從衆？'"杜注："盍，何不也。"《論語・公冶長》："顔淵、季路侍。子曰：'盍各言爾志？'"

2.184　虹[1]，潰也。

【注釋】

〔1〕虹：通"訌"，惑亂。郭注："謂潰敗。"邢疏："潰，敗亂也。"《集韻》東韻："訌，《説文》：'讀也。'通作虹。"《詩・大雅・抑》："彼童而角，實虹小子。"毛傳："虹，潰也。"鄭箋："此人實潰亂小子之政。"

2.185　陪[1]，闇也[2]。

【注釋】

〔1〕陪：同"暗"，光綫不足，黑暗。郭注："陪然，冥貌。"《集韻》感韻："晻，《説文》：'不明也。'或作陪、暗。"

〔2〕闇(àn，《廣韻》烏紺切，去勘，影）：通"暗"，晦暗，不亮。《六書故》二五："闇，與暗通。"《周禮・春官・眂祲》："一曰祲，二曰象，三曰鑴，四曰監，五曰闇，六曰瞢，七曰彌，八曰敘，九曰隮，十曰想。"鄭注引鄭司農云："闇，日月食也。"孫詒讓正義："闇，即暗之借字。"《吕氏春秋・開春》："明火不獨在乎火，在於闇。"高誘注："闇冥無所見，火乃光耳，故曰'在於闇'也。"

2.186　䵑[1]，膠也。

【注釋】

〔1〕䵑(nì，《廣韻》尼質切，入質，娘）：黏。方言詞。郭注："膠，黏䵑。"《説文》禾部："䵑，䵌或从刃。"《方言》二："䵑，黏

也。齊魯青徐自關而東,或曰靭。”郭注:“言黏靭也。”《戰
國策·趙策三》:“夫膠漆,至靭也,而不能合遠。”

2.187　孔[1],甚也。

【注釋】

〔1〕孔:表示程度,甚,很。《詩·周南·汝墳》:“雖則如燬,父母
　　孔邇。”毛傳:“孔,甚。”《楚辭·九章·懷沙》:“眴兮杳杳,孔
　　静幽默。”王逸注:“孔,甚也。”

2.188　厥[1],其也。

【注釋】

〔1〕厥(jué,《廣韻》居月切,入月,見):他的,那個。《書·禹貢》:
　　“厥土惟白壤,厥賦惟上上錯,厥田惟中中。”《詩·大雅·生
　　民》:“厥初生民,時維姜嫄。”鄭箋:“厥,其。”

2.189　戛[1],禮也。

【注釋】

〔1〕戛(jiá,《廣韻》古黠切,入黠,見):常禮,常法。參見1.14條。

2.190　闍[1],臺也。

【注釋】

〔1〕闍(dū,《廣韻》當孤切,平模,端。又視遮切,平麻,禪):城
　　門上的臺。郭注:“城門臺。”《詩·鄭風·出其東門》:“出其
　　闉闍,有女如荼。”毛傳:“闍,城臺也。”

【案】兩詞都表示高而上平的方形建築物。臺,用土築成的高而
平的四方形建築物,通稱。闍的範圍比臺小。

2.191　囚,拘也。

2.192　攸[1],所也。

【注釋】

〔1〕攸:用於動詞前,組成名詞性詞組,相當於“所”。《詩·大
　　雅·靈臺》:“王在靈囿,麀鹿攸伏。”鄭注:“攸,所也。文王

親至靈囿,視牝鹿所遊伏之處。"

2.193 展[1],適也[2]。

【注釋】

〔1〕展:省視。王引之述聞:"適與省同義……是省視謂之展,亦謂之適也。"《集韻》獮韻:"展,省視也。"《周禮·春官·肆師》:"大祭祀,展犧牲。"鄭注:"展,省閱也。"《禮記·檀弓下》:"吾聞之也,去國則哭于墓而后行,反其國不哭,展墓而入。"鄭注:"展,省視之。"

〔2〕適:省視。王引之述聞:"適,展也。'適饌'猶言'視具'。《內則》曰:'佐長者視具。'是也。適與省同義,故鄭注曰:'親視其所有。'"《禮記·文王世子》:"適饌省醴,養老之珍具,遂發咏焉。"

2.194 鬱[1],氣也。

【注釋】

〔1〕鬱(yù,《廣韻》紆物切,入物,影):熱氣。郭注:"鬱然氣出。"邢疏:"鬱然氣出也,謂鬱烝之氣也。"《漢書·王褒傳》:"故服絺綌之涼者,不苦盛暑之鬱燠。"顏師古注:"鬱,熱氣也。"

2.195 宅[1],居也。

【注釋】

〔1〕宅:定居,居住。《書·盤庚上》:"我王來,既爰宅于茲。"孔傳:"言祖乙已居於此。"《詩·商頌·玄鳥》:"天命玄鳥,降而生商,宅殷土芒芒。"鄭箋:"自契至湯八遷,始居亳之殷地而受命。"

2.196 休[1],慶也[2]。

【注釋】

〔1〕休:美好。參見 1.52 條。

〔2〕慶:美善。《尚書·呂刑》:"一人有慶,兆民賴之。"

2.197　祈[1]，叫也。

【注釋】

〔1〕祈：叫呼求禱。郭注："祈祭者叫呼而請事。"《書·召誥》："我
非敢勤，惟恭奉幣，用供王能祈天永命。"孔傳："求天長命，
將以慶王多福。"《詩·小雅·甫田》："琴瑟擊鼓，以御田祖，
以祈甘雨，以介我稷黍。"

2.198　濬[1]、幽，深也。

【注釋】

〔1〕濬(jùn，《廣韻》私閏切，去稕，心)：深。郭注："濬，亦深也。"
《書·舜典》："濬哲文明，溫恭允塞。"孔傳："濬，深。"《詩·商
頌·長發》："濬哲維商，長發其祥。"毛傳："濬，深。"

2.199　哲[1]，智也。

【注釋】

〔1〕哲：明智。邵正義："《書》疏引舍人云：'哲，大智也。'"《説
文》口部："哲，知也。"《書·皋陶謨》："知人則哲，能官人。"
孔傳："哲，智也。"

2.200　弄[1]，玩也。

【注釋】

〔1〕弄：玩耍，遊戲。《左傳·僖公九年》："夷吾弱不好弄，能鬭
不過，長亦不改，不識其他。"杜注："弄，戲也。"

2.201　尹[1]，正也[2]。皇[3]、匡[4]，正也。

【注釋】

〔1〕尹：古代官的通稱。郭注："謂官正也。"郝疏："是'正'兼
官長、軍長二義。"《廣雅·釋詁》："尹，官也。"《書·益稷》：
"百獸率舞，庶尹允諧。"孔傳："尹，正也。衆正官之長，信皆
和諧。"《左傳·文公元年》："使爲大師，且掌環列之尹。"杜
注："環列之尹，宮衛之官。"

〔2〕正：官長。參見 1.133 條。

〔3〕皇：通“匡”，匡正。朱駿聲《説文通訓定聲》壯部：“皇，假借爲匡。”《詩·豳風·破斧》：“周公東征，四國是皇。”毛傳：“皇，匡也。”《穆天子傳》五：“皇我萬民，旦夕勿忘。”郭璞注：“皇，正也。”《國語·晉語二》：“是之不果奉，而暇晉是皇。”

〔4〕匡：糾正，扶正。《左傳·襄公十四年》：“善則賞之，過則匡之，患則救之，失則革之。”杜注：“匡，正也。”《論語·憲問》：“管仲相桓公，霸諸侯，一匡天下，民到于今受其賜。”

2.202　服〔1〕，整也。

【注釋】

〔1〕服：整治，治理。郭注：“服御之，令齊整。”《詩·周南·葛覃》：“爲絺爲綌，服之無斁。”鄭箋：“服，整也……整治之無厭倦。”《管子·度地》：“臣服之以盡忠於君，君體有之以臨天下，故能爲天下之民先也。”《韓非子·説疑》：“故有道之主，遠仁義，去智能，服之以法。”

2.203　聘〔1〕，問也。

【注釋】

〔1〕聘：訪問，聘問。《説文》耳部：“聘，訪也。”《詩·小雅·采薇》：“我戍未定，靡使歸聘。”毛傳：“聘，問也。”孔疏：“聘、問俱是謂問安否之義，散則通，對則别。”《禮記·王制》：“諸侯之於天子也，比年一小聘，三年一大聘，五年一朝。”

2.204　愧，慙也〔1〕。

【注釋】

〔1〕慙：同“慚”，羞愧。《説文》心部：“慙，媿也。”段玉裁注：“女部曰‘媿，慙也’，二篆爲轉注。”《廣韻》談韻：“慙，愧也。”《易·繫辭下》：“將叛者其辭慙。”《吕氏春秋·孟夏》：“上至

於天子朝之而不憖。”

2.205　殛，誅也。

【注釋】

〔1〕殛（jí，《廣韻》紀力切，入職，見）：誅殺。《説文》歹部：“殛，殊也。”段玉裁注：“殊，謂死也。”《書·湯誓》：“有夏多罪，天命殛之。”孔傳：“桀有昏德，天命誅之。”《左傳·昭公七年》：“昔堯殛鯀于羽山。”

2.206　克[1]，能也。

【注釋】

〔1〕克：能。《書·舜典》：“慎徽五典，五典克從。”孔傳：“五教能從，無違命。”《詩·齊風·南山》：“析薪如之何？匪斧不克。”毛傳：“克，能也。”

2.207　翌[1]，明也。

【注釋】

〔1〕翌（yì，《廣韻》與職切，入職，以）：明，次（指時間）。《漢書·武帝紀》：“翌日親登崇嵩，御史乘屬、在廟旁吏卒咸聞呼萬歲者三。”顏師古注引應劭曰：“翌，明也。”又：昭明。王引之述聞：“翌，爲明日之明，又爲昭明之明。”

【案】“翌”與“明”在次（指時間）義上形成一組同義詞，在昭明義上形成另一組同義詞。

2.208　訩[1]，訟也[2]。

【注釋】

〔1〕訩（xiōng，《廣韻》許容切，平鍾，曉）：爭訟，爭辯。《詩·魯頌·泮水》：“不告于訩，在泮獻功。”毛傳：“訩，訟也。”朱熹集傳：“師克而和，不爭功也。”

〔2〕訟：爭論，爭辯。《説文》言部：“訟，爭也。”《書·盤庚上》：“今汝聒聒，起信險膚，予弗知乃所訟。”

2.209　晦[1]，冥也。

【注釋】

〔1〕晦：昏暗。《楚辭·九歌·山鬼》：“雲容容兮而在下，杳冥冥
　　兮羌畫晦。”王逸注：“晦，暗也。”

2.210　奔，走也[1]。

【注釋】

〔1〕走：疾趨，奔跑。《説文》走部：“走，趨也。”《釋名·釋姿容》：
　　“徐行曰步，疾行曰趨，疾趨曰走。”《尚書·多士》：“攸服奔
　　走，臣我多遜。”孔傳：“所當服行奔走，臣我多爲順事。”《韓
　　非子·五蠹》：“田中有株，兔走觸株，折頸而死。”

2.211　逡[1]，退也。

【注釋】

〔1〕逡(qūn，《廣韻》七倫切，平諄，清)：退讓，退却。《玉篇》辵
　　部：“逡，退也，卻也。”《漢書·公孫弘傳》：“有功者上，無功
　　者下，則群臣逡。”王先謙補注：“逡，退也。言群臣明退讓之
　　義也。”

2.212　疐[1]，仆也[2]。

【注釋】

〔1〕疐(zhì，《廣韻》陟利切，去至，知)：牽絆，顛仆。參見2.167條。

〔2〕仆：向前跌倒。《廣韻》宥韻：“仆，前倒。”《左傳·定公八年》：
　　“偃且射子鉏，中頰，殪。”孔疏引《吳越春秋》：“臣迎風則偃，
　　背風則仆。”《史記·項羽本紀》：“樊噲側其盾以撞，衛士仆
　　地。”泛指倒下。《集韻》屋韻：“仆，僵也。”《史記·司馬穰苴
　　列傳》：“穰苴則仆表決漏。”司馬貞索隱：“仆者，卧其表也。”

2.213　亞[1]，次也。

【注釋】

〔1〕亞：次，次於。《左傳·襄公十九年》：“圭媯之班亞宋子而相

親也。"杜注:"亞,次也。"《儀禮·士虞禮》:"俎入,設于豆東,魚亞之。"鄭注:"亞,次也。"《國語·吳語》:"吳公先歃,晉侯亞之。"

2.214　諗[1],念也。

【注釋】

〔1〕諗(shěn):思念。郭注:"相思念。"《詩·小雅·四牡》:"豈不懷歸,是用作歌,將母來諗。"毛傳:"諗,念也。"

2.215　屆[1],極也[2]。

【注釋】

〔1〕屆(jiè):同"屆",至,到。《玉篇》尸部:"屆,至也。"《書·大禹謨》:"惟德動天,無遠弗屆。"孔傳:"屆,至也。"

〔2〕極:到達。參見 1.5 條。

2.216　弇[1],同也[2]。弇,蓋也。

【注釋】

〔1〕弇(yǎn,《廣韻》衣儉切,上琰,影。又古南切,平覃,見):通"奄",集聚,擁有。《詩·周頌·執競》:"自彼成康,奄有四方。"毛傳:"奄,同也。"又:覆蓋,遮蔽。《墨子·耕柱》:"是猶弇其目而祝於叢社也。"

〔2〕同:會合,集聚。《說文》冂部:"同,合會也。"《詩·豳風·七月》:"嗟我農夫,我稼既同,上入執宮功!"鄭箋:"既同,言已聚也。"

2.217　恫[1],痛也。

【注釋】

〔1〕恫(tōng,《廣韻》他紅切,平東,透):哀痛。邢疏:"謂痛傷。"《說文》心部:"恫,痛也。"《詩·大雅·思齊》:"神罔時怨,神罔時恫。"毛傳:"恫,痛也。"

2.218　握[1],具也。

【注釋】

〔1〕握：掌握。郭注：“謂備具。”《左傳·閔公二年》：“衣身之偏，握兵之要，在此行也，子其勉之。”

2.219　振[1]，訊也[2]。

【注釋】

〔1〕振：振作，奮起。郭注：“振者，奮迅。”《説文》手部：“振，一曰奮也。”《詩·周頌·振鷺》：“振鷺于飛，于彼西雝。”

〔2〕訊：通“迅”，振奮。郝疏：“訊者，迅之假借也。”《漢書·揚雄傳上》：“猋駭雲訊，奮以方攘。”顔師古注：“訊亦奮訊也。”《文選》揚雄《甘泉賦》“訊”作“迅”。

2.220　鬩[1]，恨也[2]。

【注釋】

〔1〕鬩(xì，《廣韻》許激切，入錫，曉)：同“閲”，爭吵，爭鬥。《説文》鬥部：“鬩，恒訟也。”桂馥義證：“恒當爲相。”《詩·小雅·常棣》：“兄弟鬩于牆，外禦其務。”毛傳：“鬩，很也。”孔疏：“很者，忿爭之名。”

〔2〕恨：本亦作“很”，爭訟。郝疏：“恨者，當作很。《玉篇》云：‘很，戾也，諍訟也。’……《爾雅》釋文引孫炎亦作很。《禮記·曲禮上》：‘很毋求勝，分毋求多。’鄭注：‘很，鬩也。謂爭訟也。’

2.221　越[1]，揚也。

【注釋】

〔1〕越：激揚，宣揚。郭注：“謂發揚。”王引之述聞：“揚、越一聲之轉……激揚之轉爲激越，清揚之轉爲清越。”《禮記·聘義》：“叩之，其聲清越以長，其終詘然，樂也。”鄭注：“越，猶揚也。”

2.222　對[1]，遂也[2]。

【注釋】

〔1〕對：通“遂”，達。《詩·大雅·蕩》：“流言以對，寇攘式内。”

毛傳：“對，遂也。”《荀子·成相》：“欲衷對，言不從。”俞樾平
議：“言欲遂其衷忱，而無如言之不從也。”

〔2〕遂：通達。《禮記·月令》：“慶賜遂行，毋有不當。”鄭注：“遂，
　　　猶達也。”孔疏：“通達施行，使之周徧。”《史記·孟子荀卿列
　　　傳》：“荀卿嫉濁世之政，亡國亂君相屬，不遂大道而營於巫
　　　祝，信機祥。”

2.223　煋[1]，火也。

【注釋】

〔1〕煋(huǐ，《廣韻》許委切，上紙，曉)：火，烈火。方言詞。郭
　　　注：“煋，齊人語。”《玉篇》火部：“煋，烈火也。”《詩·周南·汝
　　　墳》：“魴魚赬尾，王室如煋。”毛傳：“煋，火也。”陸釋文：“齊
　　　人謂火曰煋。”

2.224　懈，怠也。

2.225　宣[1]，緩也[2]。

【注釋】

〔1〕宣：協和，協調。《書·盤庚中》：“汝不憂朕心之攸困，乃咸
　　　大不宣乃心，欽念以忱，動予一人。”孫星衍疏：“鄭注讀和爲
　　　桓，則‘宣乃心’謂‘和乃心’也……汝大不和衷，敬思以誠
　　　信，感動我也。”

〔2〕緩：和諧。《禮記·樂記》：“其樂心感者，其聲嘽以緩。”

2.226　遇，偶也[1]。

【注釋】

〔1〕偶：不期而遇。郭注：“偶爾相值遇。”郝疏：“《文選》注兩
　　　引《爾雅》並作‘偶，遇也’……《爾雅》古本或作‘偶，遇’。”
　　　《集韻》候韻：“偶，不期會也。”《穀梁傳·僖公四年》：“有二
　　　事偶，則以後事致。”

2.227　曩[1]，曏也[2]。

【注釋】

〔1〕曩(nǎng,《廣韻》奴朗切,上蕩,泥):不久以前,表示過去不久的時間。《説文》日部:"曩,曏也。"《國語·晉語二》:"曩而言戲乎? 抑亦所聞之乎?"韋昭注:"曩,向也。"

〔2〕曏(xiàng,《廣韻》許亮切,去漾,曉。又許兩切,上養,曉。又式亮切,去漾,書):不久以前,以往。《説文》日部:"曏,不久也。"徐鍇繫傳:"不久,猶言未久也。若今人言適來也,若今人言已過之言也。"《儀禮·士相見禮》:"曏者,吾子辱使某見,請還摯於將命者。"鄭注:"曏,曩也。"

2.228　偟[1],暇也。

【注釋】

〔1〕偟(huáng,《廣韻》胡光切,平唐,匣):閑暇,空閑。邢疏:"謂閒暇。"《廣韻》唐韻:"偟,偟暇。"《法言·君子》:"問也者,忠孝之問也。忠臣孝子,偟乎不偟?"李軌注:"偟,暇。"

2.229　宵,夜也。

2.230　懊[1],忨也[2]。愒[3],貪也。

【注釋】

〔1〕懊(yù,《廣韻》於六切,入屋,影):貪愛。郭注:"謂愛忨。"邢疏:"皆謂愛忨貪羨也。"王引之述聞:"《鄭語》曰:'申吕方彊,其隩愛大子,亦必可知也。'隩與懊同。"《玉篇》心部:"懊,貪也。"

〔2〕忨(wán,《廣韻》五丸切,平桓,疑。又五換切,去換,疑):貪愛。《説文》心部:"忨,貪也。"段玉裁注:"貪者,欲物也。忨與玩、翫義皆略同。"《玉篇》心部:"忨,貪也,愛也。"《國語·晉語八》:"今忨日而漱歲,怠偷甚矣。"韋昭注:"忨,偷也。"

〔3〕愒(kài,《廣韻》苦蓋切,去泰,溪。又去例切,去祭,溪):貪羨。《玉篇》心部:"愒,貪羨也。"《左傳·昭公元年》:"主民,

觋歲而惕日,其與幾何?”杜注:“觋、惕,皆貪也。”

2.231　楮[1],柱也。

【注釋】

〔1〕楮(zhī,《廣韻》章移切,平支,章):柱下的木基或石基。《説文》木部:“楮,柱砥。古用木,今以石。”朱駿聲通訓定聲:“楮,柱底也……古用木,今以石,蘇俗謂之柱礎石。”

2.232　裁[1],節也。

【注釋】

〔1〕裁:節制,控制。《易·繫辭上》:“化而裁之謂之變。”孔疏:“陰陽變化而相裁節之謂之變也。”《楚辭·惜誓》:“神龍失水而陸居兮,爲螻蟻之所裁。”王逸注:“裁,制也。”《左傳·襄公十八年》:“茍捷有功,無作神羞,官臣偃無敢復濟,唯爾有神裁之!”

2.233　竝[1],併也[2]。

【注釋】

〔1〕竝:“並”的古字,一起,共同。《集韻》迥韻:“竝,隸作並。”《論語·憲問》:“吾見其居於位也,見其與先生竝行也。”

〔2〕併:並列,一起。《説文》人部:“併,並也。”《禮記·祭義》:“行,肩而不併。”孔疏:“‘行,肩而不併’者,謂老少並行,言肩臂不得併行,少者差退在後。”

2.234　卒[1],既也[2]。

【注釋】

〔1〕卒:盡,完畢。參見 1.171 和 1.172 條。

〔2〕既:盡,終盡。郭注:“既,已。”《穀梁傳·桓公三年》:“既者,盡也。”《莊子·應帝王》:“吾與汝既其文,未既其實。”成玄英疏:“既,盡也。”

2.235　懵[1],慮也。

【注釋】

〔1〕憽(cóng,《廣韻》藏宗切,平冬,從。又似由切,平尤,邪):謀慮。郭注:"謂謀慮也。"邢疏:"字書作悰。"《説文》心部:"憽,慮也。"

2.236　將^[1],資也^[2]。

【注釋】

〔1〕將:資助,供給。《詩·召南·鵲巢》:"之子于歸,百兩成之。"《周禮·春官·大史》:"及將幣之日,執書以詔王。"鄭注:"將,送也。"

〔2〕資:通"齎",送。郝疏:"資者,齎之假音也……是齎訓送,與將義同。"《廣雅·釋言》:"資,操也。"王念孫疏證:"資,與齎通。"《莊子·德充符》:"戰而死者,其人之葬也不以翣資。"陸釋文引李頤曰:"資,送也。"《漢書·嚴助傳》:"今發兵行數千里,資衣糧,入越地。"顏師古注:"資,猶齎。"

2.237　黹^[1],紩也^[2]。

【注釋】

〔1〕黹(zhǐ,《廣韻》豬几切,上旨,知):縫紉,刺繡。今語詞。郭注:"今人呼縫紩衣爲黹。"邢疏:"謂縫刺也。"《説文》黹部:"黹,箴縷所紩衣。"段玉裁注:"以鍼貫縷紩衣曰黹。"《周禮·春官·司服》"祭社稷五祀則希冕"鄭注:"希讀爲絺,或作黹,字之誤也。"賈疏:"黹,紩也。謂刺繒爲繡。"

〔2〕紩(zhì,《廣韻》直一切,入質,澄):縫。《説文》糸部:"紩,縫也。"段玉裁注:"凡鍼功曰紩。"《晏子春秋·内篇諫下》:"身服不雜綵,首服不鏤刻,且古者嘗有紩衣攣領而王天下者。"

2.238　遞^[1],迭也。

【注釋】

〔1〕遞:亦作"遰",交替,輪流。《説文》辵部:"遞,更易也。"《廣

雅·釋詁》:"遞,代也。"《楚辭·九辯》:"四時遞來而卒歲兮,陰陽不可與儷偕。"洪興祖補注:"遞,更易也。本作遞。"《吕氏春秋·孟秋》:"五帝固相與爭矣。遞興廢,勝者用事。"

2.239 矧[1],況也。

【注釋】

[1] 矧(shěn,《廣韻》式忍切,上軫,書):況且,而況。郝疏:"矧者,抌之或體也。《説文》云:'抌,況詞也。从矢,引省聲。'今經典通作矧,不省。"《書·大禹謨》:"至誠感神,矧兹有苗。"孔傳:"矧,況也。"《詩·小雅·伐木》:"矧伊人矣,不求友生?"毛傳:"矧,況也。"

2.240 廩[1],廯也[2]。

【注釋】

[1] 廩(lǐn,《廣韻》力稔切,上寢,來):糧倉。郭注:"或説云即倉廩。"《廣雅·釋室》:"廩,倉也。"《廣韻》寢韻:"倉有屋曰廩。"《詩·周頌·豐年》:"亦有高廩,萬億及秭。"毛傳:"廩,所以藏盛盛之穗也。"《左傳·文公十六年》:"自廬以往,振廩同食。"杜注:"廩,倉也。"一説:少。邢疏:"孫炎云:'廯,藏穀鮮絜也。'舍人云:'廩,少鮮也。'"《公羊傳·文公十三年》:"群公廩。"徐疏:"廩者,希少之名。"

[2] 廯(xiān,《廣韻》相然切,平仙,心):囷倉,倉廩。《廣雅·釋室》:"廯,倉也。"王念孫疏引孫炎注云:"廯,藏穀鮮絜也。"《玉篇》广部:"廯,倉也,廩也。"一説:少。王引之述聞:"《説文》無廯字,自漢以前亦無謂倉廩爲廯者,舍人本作鮮,訓廩爲少鮮,是也。"

2.241 逭[1],逃也。

【注釋】

[1] 逭(huàn,《廣韻》胡玩切,去换,匣):逃避。《書·太甲中》:

"天作孽,猶可違；自作孽,不可逭。"孔傳:"逭,逃也。言天
災可避,自作災不可逃。"

2.242　訊[1],言也[2]。

【注釋】

〔1〕訊:詢問。《説文》言部:"訊,問也。"《詩·小雅·正月》:"召
　　彼故老,訊之占夢。"毛傳:"訊,問也。"鄭箋:"君臣在朝,侮
　　慢元老,召之不問政事,但問占夢。"

〔2〕言:問。《廣雅·釋詁》:"言,問也。"《儀禮·聘禮》:"若有言,
　　則以束帛,如享禮。"鄭注:"有言,有所告請,若有所問也。"
　　《左傳·昭公二十五年》:"叔孫氏之司馬鬷戾言於其衆曰:
　　'若之何?'莫對。"

2.243　間[1],倪也[2]。

【注釋】

〔1〕間:伺望。亦作"閒"。《廣雅·釋詁》:"間,覻也。"《國語·魯
　　語下》:"昔欒氏之亂,齊人閒晉之禍,伐取朝歌。"韋昭注:
　　"閒,候也。"

〔2〕倪(xiàn,《集韻》輕甸切,去霰,溪):窺視。邵正義:"《説文》
　　云:'倪,聞見也。'爲間者,密有所聞見,故謂間爲倪。"《説
　　文》人部:"倪,一曰間見。"《戰國策·趙策三》:"魏王使客將
　　軍新垣衍間入邯鄲。"

2.244　沄[1],沆也[2]。

【注釋】

〔1〕沄(yún,《廣韻》王分切,平文,云。又户昆切,平魂,匣):水
　　流廣大迴旋。郭注:"水流澐沄。"《説文》水部:"沄,轉流
　　也。"段玉裁注:"回轉之流沄沄然也。"《春秋繁露·山川頌》:
　　"水則源泉混混沄沄,晝夜不竭。"

〔2〕沆(hàng,《廣韻》胡朗切,上蕩,匣):水廣闊。《説文》水部:

“沆,莽沆,大水也。”段玉裁注:“《西京賦》:‘滄池漭沆。’薛
云:‘漭沆,猶洸潒,亦寬大也。’《南都賦》:‘漭沆洋溢。’《吳
都賦》《海賦》皆云‘沆瀁’,《羽獵賦》云‘沆茫’,義皆同。”
《風俗通·山澤·沆》:“沆者,莽也。言其平望莽莽無涯際也。”

2.245　干[1],扞也[2]。

【注釋】

〔1〕干:捍衛。郭注:“相扞衛。”《詩·周南·兔罝》:“赳赳武夫,
公侯干城。”毛傳:“干,扞也。”鄭箋:“干也,城也,皆以禦
難也。”

〔2〕扞(hàn,《廣韻》侯旰切,去翰,匣):同“捍”,保護,保衛。《廣
韻》翰韻:“扞,以手扞。又衛也。”《書·文侯之命》:“汝多修,
扞我于艱。”孔傳:“扞我於艱難,謂救周誅犬戎。”《左傳·文
公六年》:“親帥扞之,送致諸竟。”杜注:“扞,衛也。”

2.246　趾[1],足也。

【注釋】

〔1〕趾:腳。郭注:“足,腳。”《詩·豳風·七月》:“三之日于耜,
四之日舉趾。”毛傳:“四之日,周四月也,民無不舉足而耕
矣。”《易·鼎》:“初六,鼎顛趾,利出否;得妾以其子,无咎。”
孔疏:“趾,足也。”

2.247　跰[1],刖也[2]。

【注釋】

〔1〕跰(fèi,《廣韻》扶沸切,去未,奉):同“剕”,古代斷足的刑
罰。郭注:“斷足。”邢疏:“跰,一名刖,斷足刑也。”《說文》
足部:“跰,跀也。”段玉裁注:“字亦作剕。”《玉篇》足部“跰”
字下引《書》:“跰辟疑赦,其罰倍差。”今本《書·吕刑》作
“剕”。孔傳:“剕足曰剕。”

〔2〕刖(yuè,《廣韻》魚厥切,入月,疑。又五忽切,入没,疑。又

五刮切,入鎋,疑）：砍掉脚的酷刑。《説文》刀部:“刖,絶也。”《玉篇》刀部:“刖,斷足也。”《左傳·莊公十六年》:“九月,殺公子閼,刖强鉏。”杜注:“斷足曰刖。”《韓非子·和氏》:“王以和爲誑,而刖其左足。”

2.248　襄^[1],駕也。

【注釋】

〔1〕襄:馬拉車。《詩·鄭風·大叔于田》:“兩服上襄,兩驂雁行。”鄭箋:“襄,駕也。”王引之述聞:“予謂上者,前也。上襄,猶言前駕。謂並駕於車前,即下章之‘兩服齊首’也。”

2.249　忝^[1],辱也。

【注釋】

〔1〕忝(tiǎn,《廣韻》他玷切,上忝,透。又他念切,去㮇,透）：羞辱,有愧於。《詩·小雅·小宛》:“夙興夜寐,毋忝爾所生。”毛傳:“忝,辱也。”《書·堯典》:“否德忝帝位。”孔傳:“忝,辱也。”《漢書·敍傳下》:“陵不引決,忝世滅姓。”顔師古注:“忝,辱也。”

2.250　燠^[1],煖也^[2]。

【注釋】

〔1〕燠(yù,又讀 ào,《廣韻》於六切,入屋,影。又烏晧切,上晧,影。又烏到切,去号,影）：熱,暖。方言詞。郭注:“今江東通言燠。”《説文》火部:“燠,熱在中也。”段玉裁注:“《洪範》:‘庶徵:曰燠,曰寒。’古多假奥爲之。《小雅》:‘日月方奥。’傳曰:‘奥,煖也。’”王筠句讀:“《釋言》:‘燠,煖也。’是通語也。云‘在中’者,蓋主《詩》‘不如子之衣,安且燠兮’爲説,衣之燠所以煖其身也。”《書·洪範》:“庶徵:曰雨,曰暘,曰燠,曰寒,曰風,曰時。”孔疏:“《釋言》云:‘燠,煖也。’”《禮記·内則》:“下氣怡聲,問衣燠寒。”陸釋文:“燠,本又作奥,暖也。”

〔2〕煗:同"暖",温暖,暖和。《説文》火部:"煗,温也。"《禮記·王制》:"七十非帛不煗,八十非人不煗,九十雖得人不煗矣。"

2.251 塊[1],堛也[2]。

【注釋】

〔1〕塊(kuài,《廣韻》苦對切,去隊,溪):土塊。郭注:"土塊也。"《國語·晉語四》:"野人舉塊以與之,公子怒,將鞭之。"韋昭注:"塊,墣也。"

〔2〕堛(bì,《廣韻》芳逼切,入職,滂):土塊。《説文》土部:"堛,凷也。"桂馥義證:"凷也者,《玉篇》:'堛,土塊也。'《釋言》:'塊,堛也。'孫炎云:'堛,土塊也。'"

2.252 將[1],齊也[2]。

【注釋】

〔1〕將:分割。郭注:"謂分齊也。"《詩·小雅·楚茨》:"或剝或亨,或肆或將。"毛傳:"肆,陳。將,齊也。"鄭箋:"有肆其骨體於俎者,或奉持而進之者。"孔疏引王肅云:"分齊其肉所當用。"

〔2〕齊:分際。《詩·小雅·楚茨》:"既齊既稷,既匡既勑。"陸釋文:"齊,一音才細反,謂分之齊也。"

2.253 䴲[1],饘也[2]。

【注釋】

〔1〕䴲(hú,《廣韻》戶吳切,平模,匣):稠粥。方言詞。郭注:"糜也。"邢疏:"䴲、饘、鬻、糜,相類之物,稠者曰糜,淖者曰鬻。䴲、饘是其別名。"

〔2〕饘(zhān,《廣韻》諸延切,平仙,章。又旨善切,上獮,章):稠粥。方言詞。《説文》食部:"饘,糜也。周謂之饘,宋謂之䴲。"《左傳·僖公二十八年》:"執衛侯,歸之于京師,寘諸深室。甯子職納橐饘焉。"杜注:"饘,糜也。"《禮記·檀弓上》:"哭泣之哀,齊斬之情,饘粥之食,自天子達。"孔疏:"厚曰

饘,希曰粥。"

2.254　啟[1],跪也。

【注釋】

[1]啟:通"跽",亦作"啓",跪坐。郭注:"小跽。"郝疏:"啟者,跽之假音也。"《詩·小雅·四牡》:"王事靡鹽,不遑啓處。"毛傳:"啓,跪。"

2.255　瞑[1],密也。

【注釋】

[1]瞑(mián,《廣韻》莫賢切,平先,明。又武延切,平仙,明):密緻。郭注:"謂緻密。"《説文》目部:"瞑,目旁薄緻宀宀也。"段玉裁注:"目好者,必目旁肉好,乃益見目好。"徐鍇繫傳:"今人云眼瞼單也。"《廣韻》仙韻:"瞑,密緻皃。"

2.256　開,闢也。

2.257　袍,襺也[1]。

【注釋】

[1]襺(jiǎn,《廣韻》古典切,上銑,見):用新絲綿絮的袍。郭注:"《左傳》曰:'重襺衣裘。'"邢疏:"襺是袍之别名,謂新絲著袍者也。"《詩·秦風·無衣》"與子同袍"毛傳:"袍,襺也。"孔疏:"《玉藻》云:'纊爲襺,緼爲袍。'注云:'衣有著之異名也。緼謂今纊及舊絮也。'然則純著新緜名爲襺,雜用舊絮名爲袍。雖著有異名,其制度是一,故云'袍,襺也'。"

2.258　障[1],畛也[2]。

【注釋】

[1]障:界限。陸釋文:"障,又界也,蔽也。亦作鄣。"郝疏:"畛者,《説文》云:'井田間陌也。'《文選·東京賦》注引宋衷《太玄經》注:'畛,界也。'《詩·載芟》傳:'畛,場也。'場、障聲義近也。障者,《説文》云:'隔也。'《釋文》:'又界也。'然

則障、畛皆有界限之義,界限所以隔別也。"《廣韻》漾韻:
"障,界也。"

〔2〕畛(zhěn,《廣韻》側鄰切,平真,莊):界限,疆界。《莊子·齊
物論》:"夫道未始有封,言未始有常,爲是而有畛也。"成玄
英疏:"畛,界畔也。"

2.259　靦[1],姡也[2]。

【注釋】

〔1〕靦(tiǎn):面見人的樣子。郭注:"面姡然。"《詩·小雅·何人
斯》:"有靦面目,視人罔極。"毛傳:"靦,姡也。"鄭箋:"姡然
有面目,女乃人也。"馬瑞辰傳箋通釋:"是靦與姡皆人面之
貌。"《國語·越語下》:"余雖靦然而人面哉,吾猶禽獸也,又
安知是諓諓者乎?"韋昭注:"靦,面目之貌。"

〔2〕姡(huó,《廣韻》户括切,入末,匣):面見人的樣子。王引之
述聞:"《說文》:'靦,人面皃也。''姡,面靦也。'即孫、李所
云:'人面姡然也。'然則靦與姡皆人面之貌。"

2.260　鬻[1],糜也[2]。

【注釋】

〔1〕鬻(zhōu,《集韻》之六切,入屋,章):同"粥",稀飯。也泛
指用糧食或糧食加其他東西煮成的半流質食物。郭注:"淖
糜。"《儀禮·士喪禮》:"夏祝鬻餘飯,用二鬲于西牆下。"鄭
注:"鬻餘飯,以飯尸餘米爲鬻也。"陸釋文:"本又作粥,之六
反。"《左傳·昭公七年》:"饘於是,鬻於是,以餬余口。"杜注:
"於是鼎中爲饘鬻。饘鬻,餬屬。"孔疏:"稠者曰糜,淖者曰
鬻,餬、饘是其別名。"

〔2〕糜(mí,《廣韻》靡爲切,平支,明):稠粥。《說文》米部:"糜,
糝也。"段玉裁注:"以米和羹謂之糝,專用米粒爲之謂之糝
糜,亦謂之鬻。"《釋名·釋飲食》:"糜,煮米使糜爛也。"《禮

記·問喪》：“水漿不入口，三日不舉火，故鄰里爲之糜粥以飲食之。”孔疏：“糜厚而粥薄。”

2.261　舒，緩也。

2.262　翿[1]，纛也[2]。纛，翳也[3]。

【注釋】

[1] 翿（tāo，《廣韻》土刀切，平豪，透。又徒刀切，平豪，定）：同“纛、翿”，羽葆幢，聚鳥羽於幢首（柄頭），其形下垂如蓋。舞者可執，或用爲引柩，亦可作車飾。郭注：“舞者所以自蔽翳。”《集韻》豪韻：“纛，舞者所執幢。或作翿。”又号韻：“纛，左纛也。以旄牛尾爲之，在左騑馬首。蔡邕詩或作翿。”《詩·王風·君子陽陽》：“君子陶陶，左執翿，右招我由敖。”毛傳：“翿，纛也，翳也。”

[2] 纛（dào，又讀dú，《廣韻》徒到切，去号，定。又徒沃切，入沃，定）：羽葆幢。《玉篇》系部：“纛，羽葆幢也。亦作翿。”《周禮·地官·鄉師》：“及葬，執纛以與匠師御柩而治役。”鄭注：“鄭司農云：‘翿，羽葆幢也。’《爾雅》曰：‘纛，翳也。’以指摩輓柩之役，正其行列進退。”《史記·項羽本紀》：“紀信乘黄屋車，傅左纛。”裴駰集解：“李斐曰：‘纛，毛羽幢也。在乘輿車衡左方上注之。’蔡邕曰：‘以犛牛尾爲之，如斗，或在騑頭，或在衡上也。’”

[3] 翳（yì，《廣韻》於計切，去霽，影）：羽葆幢。《山海經·海外西經》：“（夏后啓）左手操翳。”郭璞注：“羽葆也。”郝懿行箋疏：“羽葆幢也。懿行案：《説文》云：‘翳，翿也。所以舞也。’”

2.263　隍[1]，壍也[2]。

【注釋】

[1] 隍：無水的護城壕。參見1.60條。

[2] 壍：城壕，護城河。《説文》叔部：“壍，溝也。”段玉裁注：“凡

穿地爲水瀆皆稱溝。"《詩·大雅·韓奕》:"實墉實壑,實畝實
藉。"孔疏:"壑,即城下之溝。"《孟子·滕文公下》:"志士不
忘在溝壑。"

2.264　芼[1],搴也[2]。

【注釋】

〔1〕芼(mào,《廣韻》莫報切,去号,明):擇取,拔取。郭注:"謂
拔取菜。"《詩·周南·關雎》:"參差荇菜,左右芼之。"毛傳:
"芼,擇也。"

〔2〕搴(qiān,《廣韻》九輦切,上獮,見):拔取,採取。《晏子春
秋·内篇諫下》:"寡人不席而坐地,二三子莫席,而子獨搴草
而坐之,何也?"《史記·河渠書》:"搴長茭兮沈美玉,河伯許
兮薪不屬。"裴駰集解:"如淳曰:'搴,取也。'"

2.265　典[1],經也[2]。

【注釋】

〔1〕典:經籍。《説文》丌部:"典,五帝之書也。"《玉篇》丌部:
"典,經籍也。"《書·五子之歌》:"有典有則,貽厥子孫。"孔
傳:"典謂經籍。"

〔2〕經:典範著作。《荀子·勸學》:"其數則始乎誦經,終乎讀
禮。"楊倞注:"經,謂《詩》《書》。"

2.266　威[1],則也。

【注釋】

〔1〕威:法則,儀則。郭注:"威儀可法則。"《詩·周頌·有客》:"既
有淫威,降福孔夷。"毛傳:"威,則。"鄭箋:"既有大則,謂用
殷正朔,行其禮樂,如天子也。"

2.267　苛[1],妎也[2]。

【注釋】

〔1〕苛:煩瑣,繁細。《史記·高祖本紀》:"父老苦秦苛法久矣,

誹謗者族,偶語者弃市。"《漢書·欒布傳》:"彭王病不行,而疑以爲反。反形未見,以苛細誅之,臣恐功臣人人自危也。"

〔2〕妎(hài,《廣韻》胡計切,去霽,匣):煩苛。《集韻》怪韻:"妎,煩苛。"《亢倉子·臣道》:"夫不傷貨財,不妎人力,不損官吏,而功成政立。"

2.268　芾[1]**,小也。**

【注釋】

〔1〕芾(fèi,《廣韻》方味切,去未,非。又博蓋切,去泰,幫):小。郭注:"芾者,小貌。"《易·豐》:"豐其沛。"陸釋文:"沛,子夏作芾,傳云:小也。"《詩·召南·甘棠》:"蔽芾甘棠,勿翦勿伐。"毛傳:"蔽芾,小貌。"

2.269　迷,惑也。

2.270　狃[1]**,復也。**

【注釋】

〔1〕狃(niǔ,《廣韻》女久切,上有,娘。又女救切,去宥,娘):重複。《詩·鄭風·大叔于田》:"將叔無狃,戒其傷女。"鄭箋:"狃,復也。請叔無復者,愛也。"

2.271　逼,迫也。

2.272　般[1]**,還也**[2]**。**

【注釋】

〔1〕般(pán):旋轉。《說文》舟部:"般,辟也。象舟之旋。"《易·屯》:"乘馬班如。"陸釋文:"子夏傳云:'相牽不進皃。'鄭本作般。"《白虎通·崩薨》:"明臣子於其君父,非有老少也。亦因喪質,無般旋之禮,但盡悲哀而已。"

〔2〕還(xuán):旋轉,迴旋。《莊子·庚桑楚》:"夫尋常之溝,巨魚無所還其體,而鯢鰌爲之制。"陸釋文:"還,音旋,回也。"《楚辭·招魂》:"抑鶩若通兮,引車右還。"王逸注:"還,轉也。"

2.273　班[1]，賦也[2]。

【注釋】

〔1〕班：分給，賞賜。郭注：“謂布與。”《正字通》玉部：“班，凡
以物與人亦曰班。”《書·洪範》：“武王既勝殷，邦諸侯，班宗
彝。”孔傳：“賦宗廟彝器酒罇賜諸侯。”《國語·周語中》：“其
適來班貢，不俟馨香嘉味。”韋昭注：“班，賦也。”

〔2〕賦：授，給與。《國語·晉語四》：“公屬百官，賦職任功。”韋
昭注：“賦，授也。授職事，任有功。”《呂氏春秋·似順》：“出
高庫之兵以賦民。”高誘注：“賦，予也。”

2.274　濟[1]，渡也。濟，成也。濟，益也。

【注釋】

〔1〕濟：渡河，渡過。《書·大誥》：“予惟小子，若涉淵水，予惟往
求朕攸濟。”孔傳：“往求我所以濟渡。”《左傳·文公三年》：
“秦伯伐晉，濟河焚舟。”引申爲成功，成就。《書·君陳》：“必
有忍，其乃有濟。”孔傳：“爲人君長必有所含忍，其乃有所
成。”《左傳·成公六年》：“聖人與衆同欲，是以濟事。”又引
申爲益。《易·繫辭卜》：“臼杵之利，萬民以濟。”

2.275　緡[1]，綸也[2]。

【注釋】

〔1〕緡（mín，《廣韻》武巾切，平真，明）：釣絲。《詩·召南·何彼
襛矣》：“其釣維何？維絲伊緡。”毛傳：“緡，綸也。”鄭箋：
“以絲爲之綸，則是善釣也。”

〔2〕綸（lún，《廣韻》力迍切，平諄，來）：釣絲。方言詞。郭注：“緡，
繩也。江東謂之綸。”《詩·小雅·采綠》：“之子于釣，言綸之
繩。”鄭箋：“綸，釣繳也。”《史記·老莊申韓列傳》：“走者可
以爲罔，游者可以爲綸，飛者可以爲矰。”

2.276　辟[1]，歷也[2]。

【注釋】

〔1〕辟：治理。王引之述聞：“理亦治也。”《玉篇》辟部：“辟，理也。”《書·金縢》：“我之弗辟，我無以告我先王。”陸釋文：“辟，治也。”《左傳·文公六年》：“宣子於是乎始爲國政，制事典，正法罪，辟刑獄。”杜注：“辟，猶理也。”

〔2〕歷：治理。邵正義：“律與歷聲相近。”

2.277 漦[1]，盝也[2]。

【注釋】

〔1〕漦(chí，《廣韻》俟甾切，平之，崇)：順流。《説文》水部：“漦，順流也。”

〔2〕盝(lù，《廣韻》盧谷切，入屋，來)：滲流。郝疏：“盝者，與漉同。滲也。”《廣韻》屋韻：“盝，去水也，漉也。或作漉。”《周禮·考工記·慌氏》：“清其灰而盝之，而揮之。”

2.278 寬，綽也[1]。

【注釋】

〔1〕綽(chuò，《廣韻》昌約切，入藥，昌)：寬緩，寬裕。郭注：“謂寬裕也。”《玉篇》系部：“綽，寬也，緩也。”《詩·衛風·淇奧》：“寬兮綽兮，倚重較兮。”毛傳：“綽，緩也。”《莊子·大宗師》：“以刑爲體者，綽乎其殺也。”成玄英疏：“綽，寬也。”

2.279 袞[1]，黻也[2]。

【注釋】

〔1〕袞(gǔn，《廣韻》古本切，上混，見)：古代帝王、上公穿的繪有龍形紋的禮服。《周禮·春官·司服》：“享先王則袞冕。”鄭注引鄭司農曰：“袞，卷龍衣也。”孫詒讓正義：“卷龍者，謂畫龍於衣，其形卷曲，其字《禮記》多作卷。鄭《王制》注云：‘卷，俗讀也，其通則曰袞。’是袞雖取卷龍之義，字則以袞爲正。作卷者，借字也。”

〔2〕黻(fú,《廣韻》分勿切,入物,非)：古代大夫的禮服。《禮
　　記·禮器》："禮,有以文爲貴者,天子龍袞,諸侯黼,大夫黻,
　　士玄衣纁裳。"

2.280　華[1],皇也[2]。

【注釋】

〔1〕華(huā,《廣韻》呼瓜切,平麻,曉)：花。《易·大過》："枯楊
　　生華,老婦得其士夫,无咎无譽。"《詩·周南·桃夭》："桃之
　　夭夭,灼灼其華。"

〔2〕皇：通"蘤",草木之花。邢疏："草木之華一名皇。"

2.281　昆[1],後也。

【注釋】

〔1〕昆：後。與"先"相對。俗語詞。郭注："謂先後。方俗語。"
　　《書·大禹謨》："禹,官占,惟先蔽志,昆命于元龜。"孔傳：
　　"昆,後也。官占之法,先斷人志,後命於元龜,言志定然後
　　卜。"《楚辭·大招》："魂兮歸徠,正始昆只。"王逸注："昆,後
　　也。"又：後裔,子孫。《書·仲虺之誥》："王懋昭大德,建中
　　于民,以義制事,以禮制心,垂裕後昆。"孔傳："垂優足之道
　　示後世。"《國語·晉語二》："天降禍於晉國,讒言繁興,延及
　　寡君之紹續昆裔。"韋昭注："昆,後也。"

【案】該條構成兩組同義詞。"昆"與"後"在"後"和"後裔"的
意義上,各構成一組同義詞。

2.282　彌[1],終也。

【注釋】

〔1〕彌：終極。郭注："終,竟也。"《詩·大雅·卷阿》："豈弟君子,
　　俾爾彌爾性。"毛傳："彌,終也。"

釋 訓 第 三

　　《釋訓》主要收録重言詞,用單音詞訓釋。單音詞多爲基本詞、常用詞,比重言詞的使用頻率高。該篇重言詞也即疊音詞,一類是疊音單純詞,另一類是疊音合成詞。《釋訓》多採用通訓,包括兩個方面:一是解釋被訓詞的詞彙意義,二是揭示源於《詩經》的興喻之義。前者,部分單音詞和重言詞形成同義關係。

3.1　明明[1]、斤斤[2],察也。

【注釋】

〔1〕明明:明察。郭注:"皆聰明鑒察。"《書·堯典》:"明明揚側陋。"孔疏:"汝當明白舉其明德之人於僻隱鄙陋之處。"

〔2〕斤斤:明察。《詩·周頌·執競》:"自彼成康,奄有四方,斤斤其明。"毛傳:"斤斤,明察也。"《漢書·敘傳下》:"平津斤斤,晚躋金門。"顏師古注:"斤斤,明察也。"

3.2　條條[1]、秩秩[2],智也。

【注釋】

〔1〕條條:通達。《春秋繁露·如天之爲》:"其在人者,亦宜行而無留,若四時之條條然也。"

〔2〕秩秩:有智慧。《詩·秦風·小戎》:"厭厭良人,秩秩德音。"毛傳:"秩秩,有知也。"

3.3　穆穆[1]、肅肅[2],敬也。

【注釋】

〔1〕穆穆:端莊恭敬。郭注:"皆容儀謹敬。"《書·舜典》:"賓于四

門,四門穆穆。"《大戴禮記·五帝德》:"亹亹穆穆,爲綱爲紀。"

〔2〕肅肅:恭敬貌。《詩·大雅·思齊》:"雝雝在宫,肅肅在廟。"
毛傳:"肅肅,敬也。"

3.4　諸諸、便便[1],辩也。

【注釋】

〔1〕便便(pián,《廣韻》房連切,平仙,並):善於辭令。《論語·鄉
黨》:"其在宗廟朝廷,便便言,唯謹爾。"何晏集解引鄭玄曰:
"便便,辩也。雖辩而謹敬。"

【案】《説文》言部:"諸,辩也。"《爾雅》舊注據此訓"諸諸"爲"言
辭辯給"。目前經傳中未見"諸諸"有表"言辭辯給"義的。存疑。

3.5　肅肅、翼翼[1],恭也。

【注釋】

〔1〕翼翼:恭敬謹慎貌。郭注:"皆恭敬。"《詩·大雅·大明》:"維
此文王,小心翼翼。"鄭箋:"小心翼翼,恭慎貌。"《漢書·禮
樂志》:"王侯秉德,其鄰翼翼。"顔師古注:"翼翼,恭敬也。"

3.6　廱廱[1]、優優[2],和也。

【注釋】

〔1〕廱廱(yōng,《廣韻》於容切,平鍾,影):字亦作"噰噰",或
省作"雝雝",和樂貌。郭注:"皆和樂。"《楚辭·九辩》:"雁
廱廱而南遊兮,鵾鷄啁哳而悲鳴。"王逸注:"雄雌和樂,群戲
行也。廱,一作噰。"

〔2〕優優:寬和、寬舒貌。《詩·商頌·長發》:"敷政優優,百禄是
遒。"毛傳:"優優,和也。"《淮南子·時則》:"優優簡簡,百怨
不起。規度不失,生氣乃理,衡之爲度也。"

3.7　兢兢[1]、憴憴[2],戒也。

【注釋】

〔1〕兢兢:小心謹慎。《詩·小雅·小旻》:"戰戰兢兢,如臨深淵,

如履薄冰。"毛傳:"兢兢,戒也。"

〔2〕憴憴(shéng):亦作"繩繩",戒慎貌。郭注:"皆戒慎。"《詩·大雅·抑》:"子孫繩繩,萬民靡不承。"鄭箋:"繩繩,戒也。"

3.8　戰戰[1]、蹌蹌[2],動也。

【注釋】

〔1〕戰戰:恐動趨步貌。郭注:"皆恐動趨步。"《詩·小雅·小旻》:"戰戰兢兢,如臨深淵,如履薄冰。"毛傳:"戰戰,恐也。"

〔2〕蹌蹌(qiāng,《廣韻》七羊切,平陽,清):走路有節奏的樣子。《詩·小雅·楚茨》:"濟濟蹌蹌,絜爾牛羊。"《禮記·曲禮下》:"大夫濟濟,士蹌蹌。"鄭注:"皆行容止之貌也。"

3.9　晏晏[1]、溫溫,柔也。

【注釋】

〔1〕晏晏:和悦貌。郭注:"皆和柔。"《詩·衛風·氓》:"總角之宴,言笑晏晏。"毛傳:"晏晏,和柔也。"

3.10　業業[1]、翹翹[2],危也。

【注釋】

〔1〕業業:因感危險而畏懼。《書·皋陶謨》:"兢兢業業,一日二日萬幾。"孔傳:"業業,危懼。"《漢書·董仲舒傳》:"故堯兢兢日行其道,而舜業業日致其孝……此其寖明寖昌之道也。"

〔2〕翹翹(qiáo,《廣韻》渠遙切,平宵,群):高而危殆貌。《詩·豳風·鴟鴞》:"予室翹翹,風雨所漂搖。"毛傳:"翹翹,危也。"

【案】該條屬於二義同條。危,危險。以此義訓釋"翹翹"。危,又引申表示憂懼。《書·湯誥》:"慄慄危懼,若將隕于深淵。"以此義訓釋"業業"。共構成兩組同義詞。

3.11　惴惴[1]、憢憢[2],懼也。

【注釋】

〔1〕惴惴(zhuì,《廣韻》之睡切,去寘,章):憂懼戒慎貌。郭注:

"皆危懼。"《詩·秦風·黃鳥》:"臨其穴,惴惴其慄。"毛傳:
"惴惴,懼也。"

〔2〕憢憢(xiāo,《廣韻》許幺切,平蕭,曉):同"嘵",恐懼。《詩·豳風·鴟鴞》:"予室翹翹,風雨所漂搖,予維音嘵嘵。"毛傳:"嘵嘵,懼也。"

3.12 番番[1]、矯矯[2],勇也。

【注釋】

〔1〕番番(bō,《廣韻》博禾切,平戈,幫):勇武貌。《書·秦誓》:"番番良士,旅力既愆,我尚有之。"孔傳:"勇武番番之良士,雖眾力已過老,我今庶幾欲有此人而用之。"《詩·大雅·崧高》:"申伯番番,既入于謝。"毛傳:"番番,勇武貌。"

〔2〕矯矯(jiǎo,《廣韻》居夭切,上小,見):勇武貌。郭注:"皆壯勇之貌。"《詩·魯頌·泮水》:"矯矯虎臣,在泮獻馘。"鄭箋:"矯矯,武貌。"

3.13 桓桓[1]、烈烈[2],威也。

【注釋】

〔1〕桓桓(huán,《廣韻》胡官切,平桓,匣):勇武、威武貌。《書·牧誓》:"勗哉夫子! 尚桓桓。"孔傳:"桓桓,武貌。"《詩·魯頌·泮水》:"桓桓于征,狄彼東南。"毛傳:"桓桓,威武貌。"

〔2〕烈烈:威武貌。郭注:"皆嚴猛之貌。"《詩·小雅·黍苗》:"烈烈征師,召伯成之。"鄭箋:"烈烈,威武貌。"

3.14 洸洸[1]、赳赳[2],武也。

【注釋】

〔1〕洸洸(guāng,《廣韻》古黃切,平唐,見。又烏光切,平唐,影):威武貌。《詩·大雅·江漢》:"江漢湯湯,武夫洸洸。"毛傳:"洸洸,武貌。"

〔2〕赳赳:威武貌。《詩·周南·兔罝》:"赳赳武夫,公侯干城。"

毛傳：“赳赳，武貌。”

3.15　藹藹[1]、濟濟[2]，止也[3]。

【注釋】

〔1〕藹藹：盛多貌。《詩·大雅·卷阿》：“藹藹王多吉士，維君子使。”毛傳：“藹藹，猶濟濟也。”

〔2〕濟濟：衆多貌。《詩·大雅·旱麓》：“瞻彼旱麓，榛楛濟濟。”毛傳：“濟濟，衆多也。”

〔3〕止：衆多。《莊子·人間世》：“虛室生白，吉祥止止。”

3.16　悠悠[1]、洋洋[2]，思也。

【注釋】

〔1〕悠悠：思念，憂思。郭注：“皆憂思。”《詩·邶風·終風》：“莫往莫來，悠悠我思。”鄭箋：“我思其如是，心悠悠然。”

〔2〕洋洋：憂思。邢疏：“《邶風·二子乘舟》云：‘中心養養。’此皆想念憂思也。洋、養音義同。”《禮記·中庸》：“使天下之人齊明盛服，以承祭祀。洋洋乎如在其上，如在其左右。”鄭注：“洋洋，人想思其傍僾之貌。”

3.17　蹶蹶[1]、踖踖[2]，敏也。

【注釋】

〔1〕蹶蹶（guì，《廣韻》居衞切，去祭，見）：行動敏捷的樣子。郭注：“皆便速敏捷。”《詩·唐風·蟋蟀》：“好樂無荒，良士蹶蹶。”毛傳：“蹶蹶，動而敏於事。”

〔2〕踖踖（jí，《廣韻》資昔切，入昔，精）：恭敬而敏捷貌。《詩·小雅·楚茨》：“執爨踖踖，爲俎孔碩。”孔疏：“其當執爨竈之人，皆踖踖然敬慎於事而有容儀矣。”

3.18　薨薨[1]、增增[2]，衆也。

【注釋】

〔1〕薨薨（hōng，《集韻》呼宏切，平耕，曉）：象聲詞，衆蟲齊飛聲。

《詩·周南·螽斯》:“螽斯羽,薨薨兮。”毛傳:“薨薨,衆多也。”朱熹集傳:“薨薨,群飛聲。”

〔2〕增增:衆多貌。《詩·魯頌·閟宮》:“公徒三萬,貝胄朱綅,烝徒增增。”毛傳:“增增,衆也。”

【案】該條“薨薨”與“衆”不同義,“增增”與“衆”同義。

3.19　烝烝[1]、遂遂[2],作也。

【注釋】

〔1〕烝烝:美盛貌,興盛貌。《詩·魯頌·泮水》:“烝烝皇皇,不吳不揚。”毛傳:“烝烝,厚也。”鄭箋:“烝烝,猶進進也。”

〔2〕遂遂:茂盛貌。郭注:“皆物盛興作之貌。”

3.20　委委[1]、佗佗[2],美也。

【注釋】

〔1〕委委(wēi,《廣韻》於爲切,平支,影):美好的樣子。郭注:“皆佳麗美豔之貌。”邢疏:“李巡曰:‘皆寬容之美也。’孫炎曰:‘委委,行之美。’”《詩·鄘風·君子偕老》:“委委佗佗,如山如河。”孔疏:“委委、佗佗,皆行步之美。”

〔2〕佗佗(tuó,《廣韻》徒河切,平歌,定):盛美的樣子。

3.21　忯忯[1]、惕惕[2],愛也。

【注釋】

〔1〕忯忯(qí,《廣韻》巨支切,平支,群。又是支切,平支,禪):愛悅。亦作“媞媞”。邢疏引李巡曰:“忯忯,和適之愛也。”郝疏:“《漢書·敘傳》云:‘媞媞公主。’孟康注:‘媞音題。媞媞、惕惕,愛也。’按:《說文》‘媞’或从氏作‘妮’,與《爾雅》‘忯’字之音近,故孟康借引音‘題’,則與郭同。”《說文》心部:“忯,愛也。”

〔2〕惕惕:愛悅。《廣韻》錫韻:“惕,又愛也。”

3.22　偈偈[1]、格格[2],舉也。

【注釋】

〔1〕偁偁：偁，同“稱”，稱揚。《說文》人部：“偁，揚也。”段玉裁注：“凡古偁舉、偁謂字皆如此作。”王筠句讀：“今皆借稱爲之。”《廣雅·釋詁》：“偁，譽也。”王念孫疏證：“偁，通作稱。”許慎《說文解字·敘》：“其偁《易》孟氏、《書》孔氏、《詩》毛氏、《禮》周官、《春秋》左氏、《論語》、《孝經》，皆古文也。”

〔2〕格格：亦作“閣閣”，揚起。《詩·小雅·斯干》：“約之閣閣，椓之橐橐。”《周禮·考工記·匠人》鄭注引作“約之格格”。

【案】該條屬於二義同條。“舉”以稱揚義訓釋“偁偁”，以揚起義訓釋“格格”，共構成兩組同義詞。

3.23 蓁蓁[1]、孽孽[2]，戴也[3]。

【注釋】

〔1〕蓁蓁(zhēn)：集聚貌。《楚辭·招魂》：“蝮蛇蓁蓁，封狐千里些。”王逸注：“蓁蓁，積聚之皃。”

〔2〕孽孽：亦作“孼孼”，盛飾貌。《詩·衛風·碩人》：“庶姜孽孽，庶士有朅。”毛傳：“孽孽，盛飾。”

〔3〕戴：增益。《說文》異部：“戴，分物得增益曰戴。”段玉裁注：“《毛傳》云：‘蓁蓁，至盛皃。孽孽，盛飾。’是皆謂加多也。”

3.24 懕懕[1]、媞媞[2]，安也。

【注釋】

〔1〕懕懕(yān，《廣韻》一鹽切，平鹽，影)：安詳貌。懕，亦作“厭”。《說文》心部：“懕，安也……《詩》曰‘懕懕夜飲’”，今本《詩·小雅·湛露》作“厭厭”。

〔2〕媞媞(tí，《廣韻》杜奚切，平齊，定。又徒禮切，上薺，定)：安樂貌。郭注：“皆好人安詳之容。”邢疏引孫炎曰：“媞媞，行步之安也。”

3.25 祁祁[1]、遲遲[2]，徐也。

【注釋】

〔1〕祁祁:舒緩貌。郭注:"皆安徐。"《詩·小雅·大田》:"有渰
　　萋萋,興雨祁祁。"毛傳:"祁祁,徐也。"

〔2〕遲遲:舒緩,從容不迫的樣子。《禮記·孔子閒居》:"孔子曰:
　　'無聲之樂,氣志不違;無體之禮,威儀遲遲。'"孫希旦集
　　解:"威儀遲遲,行禮以和而從容不迫也。"

3.26　丕丕[1]、簡簡[2],大也。

【注釋】

〔1〕丕丕(pī,《廣韻》敷悲切,平脂,滂):極大。《書·立政》:"率
　　惟謀從容德,以並受此丕丕基。"孔傳:"武王循惟謀從文王
　　寬容之德,故君臣並受此大大之基業,傳之子孫。"

〔2〕簡簡:盛大貌。郭注:"皆多大。"《詩·周頌·執競》:"降福
　　簡簡,威儀反反。"毛傳:"簡簡,大也。"

3.27　存存[1]、萌萌[2],在也。

【注釋】

〔1〕存存:存在。《易·繫辭上》:"成性存存,道義之門。"《莊子·田
　　子方》:"夫'凡之亡不足以喪吾存',則楚之存不足以存存。"

〔2〕萌萌:存在。亦作"蕄蕄"。鄭注:"萌,存。《書》作蒽,《說文》
　　作蕄。"

3.28　懋懋[1]、慔慔[2],勉也。

【注釋】

〔1〕懋懋(mào,《廣韻》莫候切,去候,明):勤勉。《文子·上禮》:
　　"乃世之衰也,至伏羲氏,昧昧懋懋,皆欲離其童蒙之心,而
　　覺悟乎天地之間,其德煩而不一。"

〔2〕慔慔(mù,《廣韻》莫故切,去暮,明):自勉,盡力。郭注:"皆
　　自勉強。"邵正義:"《說文》云:'慔,勉也。'重言之義同。"

3.29　庸庸[1]、慅慅[2],勞也。

【注釋】

〔1〕庸庸：酬功。《荀子·大略》：“親親、故故、庸庸、勞勞，仁之殺也。”楊倞注：“庸，功也。庸庸、勞勞，謂稱其功勞，以報有功勞者。”

〔2〕慅慅(sāo)：勞苦。郭注：“皆劬勞也。”

3.30　赫赫[1]、躍躍[2]，迅也。

【注釋】

〔1〕赫赫：顯赫盛大貌，顯著貌。《詩·小雅·節南山》：“赫赫師尹，民具爾瞻。”毛傳：“赫赫，顯盛貌。”《國語·楚語上》：“赫赫楚國，而君臨之。”韋昭注：“赫赫，顯盛也。”

〔2〕躍躍(yuè，《廣韻》以灼切，入藥，以)：疾跳貌。《詩·小雅·巧言》：“躍躍毚兔，遇犬獲之。”朱熹集傳：“躍躍，跳疾貌。”

3.31　綽綽[1]、爰爰[2]，緩也。

【注釋】

〔1〕綽綽：寬裕貌。郭注：“皆寬緩也。”《詩·小雅·角弓》：“此令兄弟，綽綽有裕。”毛傳：“綽綽，寬也。”

〔2〕爰爰(yuán，《廣韻》雨元切，平元，云)：舒緩貌。《詩·王風·兔爰》：“有兔爰爰，雉離于羅。”毛傳：“爰爰，緩意。”

3.32　坎坎[1]、墫墫[2]，喜也。

【注釋】

〔1〕坎坎：擊鼓的聲音。象聲詞。《詩·小雅·伐木》：“坎坎鼓我，蹲蹲舞我。”鄭箋：“爲我擊鼓坎坎然……謂以樂樂己。”

〔2〕墫墫(cūn，《廣韻》七倫切，平諄，清)：歡舞的樣子。《說文》士部：“墫，舞也。从士，尊聲。《詩》曰：‘墫墫舞我。’”今本《詩·小雅·伐木》作“蹲蹲”，鄭箋：“爲我興舞蹲蹲然，謂以樂樂己。”

3.33　瞿瞿[1]、休休[2]，儉也[3]。

【注釋】

〔1〕瞿瞿(qú)：勤謹貌。《詩·唐風·蟋蟀》：“好樂無荒，良士瞿瞿。”毛傳：“瞿瞿然顧禮義也。”

〔2〕休休：安閑貌，安樂貌。《詩·唐風·蟋蟀》：“好樂無荒，良士休休。”毛傳：“休休，樂道之心。”

〔3〕儉：謙卑的樣子。《荀子·非十二子》：“儉然，侜然。”楊倞注：“儉然，自卑謙之貌。”《大戴禮記·文王官人》：“沈静而寡言，多稽而儉貌。”

3.34　旭旭[1]、蹻蹻[2]，憍也[3]。

【注釋】

〔1〕旭旭：得意驕傲之貌。郭注：“皆小人得志憍蹇之貌。”揚雄《河東賦》：“嘻嘻旭旭，天地稠㪍。”

〔2〕蹻蹻：驕慢貌。《詩·大雅·板》：“老夫灌灌，小子蹻蹻。”毛傳：“蹻蹻，驕貌。”

〔3〕憍(jiāo，《廣韻》舉喬切，平宵，見)：同“驕”，驕傲，驕矜。《戰國策·魏策一》：“君予之地，智伯必驕。驕而輕敵，鄰國懼而相親。”鮑彪注：“元作憍。”《楚辭·九章·抽思》：“憍吾以其美好兮，覽余以其脩姱。”洪興祖補注：“憍，矜也。”

3.35　夢夢[1]、訰訰[2]，亂也。

【注釋】

〔1〕夢夢(méng，《廣韻》莫中切，平東，明)：混亂。《詩·小雅·正月》：“民今方殆，視天夢夢。”朱熹集傳：“夢夢，不明也。”

〔2〕訰訰(zhùn，《廣韻》之閏切，去稕，章)：雜亂。郭注：“皆闇亂。”王引之述聞：“《釋文》：‘訰，或作諄。’襄三十一年《左傳》：‘且年未盈五十，而諄諄焉如八九十者，弗能久矣。’諄諄，眊亂也。言眊亂如八九十人也。”

3.36　懊懊[1]、邎邎[2]，悶也。

【注釋】

〔1〕懱懱(bó,《廣韻》蒲角切,入覺,並）：煩燥鬱悶。郭注：“皆
　　煩悶。”

〔2〕邈邈：同“藐藐”,煩悶。邢疏引舍人曰：藐藐,“憂悶也”。
　　《詩·大雅·抑》：“誨爾諄諄,聽我藐藐。”

3.37　儚儚^[1]、洞洞^[2],惛也^[3]。

【注釋】

〔1〕儚儚(méng,《集韻》彌登切,平登,明。又謨中切,平東,明。
　　又亡冰切,平蒸,微）：迷昏不明。儚,當作“儚”。郭注：“皆
　　迷惛。”《説文》人部“儚,惛也”,段玉裁注：“惛者,不憭也。
　　《釋訓》曰：‘儚儚、洞洞,惛也。’‘儚’當作‘儚’。與‘夢夢,
　　亂也’義別。”

〔2〕洞洞：不明瞭。亦作“個個”。《玉篇》人部：“個個,惛也。”
　　《潛夫論·救邊》：“個個憒憒,當何終極。”

〔3〕惛(hūn,《廣韻》呼昆切,平魂,曉。又呼悶切,去慁,曉）：糊
　　塗,不明白。《説文》心部：“惛,不憭也。”《商君書·農戰》：
　　“是以其君惛於説,其官亂於言,其民惰而不農。”

3.38　版版^[1]、盪盪^[2],僻也。

【注釋】

〔1〕版版：邪僻,反常。亦作“板板”。郭注：“皆邪僻。”陸釋文
　　引李巡曰：“版版者,失道之僻也。”《詩·大雅·板》：“上帝板
　　板,下民卒癉。”《後漢書·董卓傳》李賢注引作“上帝版版”。

〔2〕盪盪(dàng,《廣韻》徒朗切,上蕩,定）：浩大貌,空曠貌。《韓
　　詩外傳》二：“盪盪乎其義不可失也,磏乎其廉不可劘也。”

3.39　爞爞^[1]、炎炎,薰也。

【注釋】

〔1〕爞爞(chóng,《廣韻》直弓切,平東,澄。又徒冬切,平冬,定）：

通"蟲蟲",熱氣薰蒸貌。郭注:"皆旱熱薰炙人。"《詩·大雅·雲漢》:"旱既大甚,蘊隆蟲蟲。"毛傳:"蘊蘊而暑,隆隆而雷,蟲蟲而熱。"陸釋文:"蟲,《爾雅》作爞。"

3.40 居居[1]、究究[2],惡也。

【注釋】

〔1〕居居:憎惡而疏遠貌。《詩·唐風·羔裘》:"羔裘豹袪,自我人居居。"毛傳:"居居,懷惡不相親比之貌。"鄭箋:"其意居居然有悖惡之心,不恤我之困苦。"

〔2〕究究:相互憎惡貌。郭注:"皆相憎惡。"《詩·唐風·羔裘》:"羔裘豹褎,自我人究究。"毛傳:"究究,猶居居也。"

3.41 仇仇[1]、敖敖[2],傲也。

【注釋】

〔1〕仇仇:傲慢的樣子。《詩·小雅·正月》:"執我仇仇,亦不我力。"毛傳:"仇仇,猶謷謷也。"孔疏:"以《釋訓》云'仇仇、敖敖,傲也',義同。"

〔2〕敖敖:衆人傲慢的樣子。王符《潛夫論·賢難》:"《詩》云:'無罪無辜,讒口敖敖。'"今本《詩·小雅·十月之交》作"讒口囂囂"。鄭箋:"囂囂,衆多貌。"陸釋文引《韓詩》作"謷謷"。

3.42 佌佌[1]、瑣瑣[2],小也。

【注釋】

〔1〕佌佌(cǐ):渺小,微賤。郭注:"皆才器細陋。"《詩·小雅·正月》:"佌佌彼有屋,蔌蔌方有穀。"毛傳:"佌佌,小也。"

〔2〕瑣瑣:渺小卑賤的樣子。《詩·小雅·節南山》:"瑣瑣姻亞,則無膴仕。"鄭箋:"瑣瑣昏姻妻黨之小人。"

3.43 悄悄[1]、慘慘[2],愠也[3]。

【注釋】

〔1〕悄悄:憂愁貌。《詩·邶風·柏舟》:"憂心悄悄,愠于群小。"

毛傳："悄悄,憂貌。"

〔2〕慘慘：憂悶,憂愁。《詩·小雅·正月》："憂心慘慘,念國之爲虐。"毛傳："慘慘,猶戚戚也。"

〔3〕慍(yǔn,《集韻》委隕切,上隱,影)：鬱結。郭注："皆賢人愁恨。"《集韻》隱韻："慍,心所鬱積也。"《尸子》："南風之薰兮,可以解吾民之慍兮。"《楚辭·九章·哀郢》："憎慍惀之脩美兮,好夫人之忼慨。"洪興祖補注："慍,紆粉切,心所慍積也。"

3.44 痯痯[1]、瘐瘐[2],病也。

【注釋】

〔1〕痯痯(guǎn,《廣韻》古滿切,上緩,見)：憂鬱無所依的樣子。亦作"管管"。《詩·大雅·板》："靡聖管管,不實於亶。"毛傳："管管,無所依繫。"

〔2〕瘐瘐(yǔ,《集韻》勇主切,上噳,以)：憂病的樣子。亦作"愈愈"。郭注："皆賢人失志懷憂病也。"《詩·小雅·正月》："憂心愈愈,是以有侮。"毛傳："愈愈,憂懼也。"何楷《詩經世本古義》云："《爾雅》作'瘐瘐'。"

3.45 殷殷[1]、惸惸[2]、忉忉[3]、慱慱[4]、欽欽[5]、京京[6]、忡忡[7]、惙惙[8]、恸恸[9]、弈弈[10],憂也。

【注釋】

〔1〕殷殷：憂傷貌。郭注："此皆作者歌事以詠心憂。"《詩·邶風·北門》："出自北門,憂心殷殷。"鄭箋："喻己仕於闇君,猶行而出北門,心爲之憂殷殷然。"

〔2〕惸惸(qióng)：憂愁貌。《詩·小雅·正月》："憂心惸惸,念我無祿。"毛傳："惸惸,憂意也。"

〔3〕忉忉(dāo,《廣韻》都牢切,平豪,端)：憂愁貌。《詩·齊風·甫田》："無思遠人,勞心忉忉。"毛傳："忉忉,憂勞也。"孔疏："以言勞心,故云憂勞也。"

〔4〕憻憻(tuán,《廣韻》度官切,平桓,定）：憂勞貌。《詩·檜風·素冠》："庶見素冠兮,棘人欒欒兮,勞心憻憻兮。"毛傳："憻憻,憂勞也。"

〔5〕欽欽：憂思難忘貌。《詩·秦風·晨風》："未見君子,憂心欽欽。"鄭箋："思望而憂之。"

〔6〕京京：憂愁不絕貌。《詩·小雅·正月》："念我獨兮,憂心京京。"毛傳："京京,憂不去也。"

〔7〕忡忡：憂愁貌。《詩·召南·草蟲》："未見君子,憂心忡忡。"

〔8〕惙惙(chuò,《廣韻》陟劣切,入薛,知）：憂鬱貌,憂傷貌。《詩·召南·草蟲》："未見君子,憂心惙惙。"毛傳："惙惙,憂也。"《吳越春秋·勾踐入臣外傳》："心惙惙兮若割,淚泫泫兮雙懸！"

〔9〕怲怲(bǐng,《廣韻》兵永切,上梗,幫。又陂病切,去映,幫）：憂甚貌。《詩·小雅·頍弁》："未見君子,憂心怲怲。"毛傳："怲怲,憂盛滿也。"

〔10〕弈弈：憂愁貌。亦作"奕奕"。《詩·小雅·頍弁》："未見君子,憂心弈弈。"孔疏："弈弈,憂之狀。"

3.46 畇畇[1],田也。

【注釋】

〔1〕畇畇(yún,《廣韻》羊倫切,平諄,以。又相倫切,平諄,心。又詳遵切,平諄,邪）：墾田貌。郭注："言墾辟也。"《詩·小雅·信南山》："畇畇原隰,曾孫田之。"毛傳："畇畇,墾辟貌。"馬瑞辰傳箋通釋："畇畇者,田已均治之貌,故傳訓爲'墾辟貌'。"

3.47 畟畟[1],耜也[2]。

【注釋】

〔1〕畟畟(cè,《廣韻》初力切,入職,初。又子力切,入職,精）：深耕快進的樣子。邢疏："舍人曰：'畟畟,耜入地之貌。'"《詩·周

頌·良耜》：“畟畟良耜，俶載南畝。”毛傳：“畟畟，猶測測也。”孔疏：“以畟畟文連良耜，則是刃利之狀，故猶測測以爲利之意也。”

〔2〕耜(sì，《廣韻》詳里切，上止，邪)：用耜起土。《周禮·秋官·薙氏》：“薙氏掌殺草。春始生而萌之，夏日至而夷之，秋繩而芟之，冬日至而耜之。”

3.48　郝郝[1]，耕也。

〔1〕郝郝(shì，《廣韻》施隻切，入昔，書)：耕土解散的樣子。郭注：“言土解。”邢疏：“謂耕地，其土解散郝郝然也。《周頌·載芟》云：‘其耕澤澤。’……郝郝、澤澤並音釋，其義亦同。”

3.49　繹繹[1]，生也。

【注釋】

〔1〕繹繹：禾苗陸續生長的樣子。亦作“驛驛”。《詩·周頌·載芟》：“驛驛其達，有厭其傑。”孔疏引舍人曰：“穀皆生之貌。”陸釋文：“《爾雅》作繹繹，云：‘生也。’”

3.50　穟穟[1]，苗也。　　、

【注釋】

〔1〕穟穟(suì，《廣韻》徐醉切，去至，邪)：禾穗成熟貌。《說文》禾部：“穟，禾采之皃。《詩》曰：‘禾穎穟穟。’”段玉裁注：“按《公羊傳》注：‘生曰苗，秀曰禾。’苗、禾一也……許以經言禾穎，則穟穟指采，言成就之皃。”

3.51　緜緜[1]，穗也[2]。

【注釋】

〔1〕緜緜：連續不斷的樣子。一說仔細精密的樣子。《詩·周頌·載芟》：“厭厭其苗，緜緜其麃。”孔疏：“孫炎曰：‘緜緜，言詳密也。’郭璞曰：‘芸不息也。’”

〔2〕麃(biāo，《集韻》悲嬌切，平宵，幫)：耘田除草。《說文》禾

部:"穧,耕禾閒也。"段玉裁注:"穧者,耘也,非耕也。"《左傳·昭公元年》:"譬如農夫,是穫是蔉,雖有饑饉,必有豐年。"杜注:"穫,耘也。壅苗爲蔉。"

3.52 挃挃[1],穫也。

【注釋】

[1] 挃挃(zhì,《廣韻》陟栗切,入質,知):割禾聲。《詩·周頌·良耜》:"穫之挃挃,積之栗栗。"毛傳:"挃挃,穫聲也。"

3.53 栗栗[1],衆也。

【注釋】

[1] 栗栗:衆多貌。郭注:"積聚緻。"《詩·周頌·良耜》:"穫之挃挃,積之栗栗。"毛傳:"栗栗,衆多也。"

3.54 溞溞[1],淅也[2]。

【注釋】

[1] 溞溞(sāo,《廣韻》蘇遭切,平豪,心):淘米聲。象聲詞。郭注:"洮米聲。"《集韻》尤韻:"叟,叟叟,淅米聲。古作夜,或作溞,通作溲。"《詩·大雅·生民》:"釋之叟叟,烝之浮浮。"毛傳:"釋,淅米也。叟叟,聲也。"陸德明《爾雅音義》引《詩》作"淅之溞溞"。

[2] 淅(xī,《廣韻》先擊切,入錫,心):淘米。《說文》水部:"淅,汰米也。"段玉裁注:"《毛詩傳》曰:'釋,淅米也。'……《孟子注》曰:'淅,漬米也。'凡釋米、淅米、漬米、汰米、瀾米、淘米、洮米、漉米,異稱而同事。"《儀禮·士喪禮》:"祝淅米于堂,南面,用盆。"鄭注:"淅,汰也。"

3.55 烰烰[1],烝也[2]。

【注釋】

[1] 烰烰(fú,《廣韻》縛謀切,平尤,奉):熱氣蒸騰貌。亦作"浮浮"。《說文》火部:"烰,烝也。从火,孚聲。《詩》曰:'烝之

烰烰。’”段玉裁注：“烰烰，烝皃。謂火氣上行之皃也。”按，
今本《詩·大雅·生民》作“烝之浮浮”。

〔2〕烝：指氣體上升，後作“蒸”。《説文》火部：“烝，火气上行
也。”《墨子·節用中》：“逮夏，下潤濕，上熏烝。”

3.56　俅俅[1]，服也[2]。

【注釋】

〔1〕俅俅(qiú)：冠飾華美貌。《説文》人部：“俅，冠飾皃。从人，
求聲。《詩》曰：‘弁服俅俅。’”

〔2〕服：穿戴。郭注：“謂戴弁服。”《孝經·卿大夫》：“非先王之
法服，不敢服。”《漢書·王莽傳上》：“周公服天子之冕。”

3.57　峨峨[1]，祭也。

【注釋】

〔1〕峨峨：盛壯，盛美。《詩·大雅·棫樸》：“奉璋峨峨，髦士攸
宜。”毛傳：“峨峨，盛壯也。”鄭箋：“奉璋之儀峩峩然。”

3.58　鍠鍠[1]，樂也。

【注釋】

〔1〕鍠鍠(huáng，《廣韻》户盲切，平庚，匣)：鐘鼓之聲。《漢
書·禮樂志》引《詩·周頌·執競》：“鐘鼓鍠鍠，磬管鏘鏘。”
今本作“喤喤”。

3.59　穰穰[1]，福也。

【注釋】

〔1〕穰穰(ráng，《廣韻》汝陽切，平陽，日)：福多。《詩·周頌·執
競》：“鐘鼓喤喤，磬筦將將，降福穰穰。”毛傳：“穰穰，衆也。”
孔疏：“穰穰，衆多之貌也。某氏引此詩明穰穰是福豐之貌也。”

3.60　子子孫孫，引無極也[1]。

【注釋】

〔1〕引：延長。《詩·小雅·楚茨》：“子子孫孫，勿替引之。”毛傳：

"引,長也。"

3.61　顒顒卬卬[1],君之德也。

【注釋】

[1] 顒顒(yóng,《廣韻》魚容切,平鍾,疑):肅敬貌。《詩·大雅·卷阿》:"顒顒卬卬,如圭如璋,令聞令望。"鄭箋:"體貌則顒顒然敬順。"孔疏引孫炎曰:"顒顒,體貌溫順也。"　卬卬(áng,《廣韻》五剛切,平唐,疑):軒昂貌。《詩·大雅·卷阿》:"顒顒卬卬,如圭如璋。"毛傳:"卬卬,盛貌。"鄭箋:"志氣則卬卬然高朗。"

【案】從本條到 3.74 條,並非解釋被訓詞的詞彙意義,而是說明在《詩經》中的興喻之義。本條"顒顒卬卬"興喻君主的美德。

3.62　丁丁[1]、嚶嚶[2],相切直也。

【注釋】

[1] 丁丁(zhēng,《廣韻》中莖切,平耕,知):原指伐木聲。象聲詞。《詩·小雅·伐木》:"伐木丁丁,鳥鳴嚶嚶。"毛傳:"丁丁,伐木聲也。"

[2] 嚶嚶(yīng,《廣韻》烏莖切,平耕,影):鳥鳴聲。《詩·小雅·伐木》:"嚶其鳴矣,求其友聲。"鄭箋:"求其尚在深谷者,其相得則復鳴嚶嚶然。"

【案】兩個疊音詞興喻朋友們彼此友愛,互相切磋。

3.63　藹藹[1]、萋萋[2],臣盡力也。噰噰[3]、喈喈[4],民協服也。

【注釋】

[1] 藹藹:盛多貌。《詩·大雅·卷阿》:"藹藹王多吉士,維君子使,媚于天子。"毛傳:"藹藹,猶濟濟也。"孔疏引舍人曰:"藹藹,賢士之貌。"

[2] 萋萋:草木茂盛貌。《詩·大雅·卷阿》:"菶菶萋萋,雝雝喈

喈。"毛傳:"梧桐盛也,鳳皇鳴也。"

〔3〕噰噰(yōng,《廣韻》於容切,平鍾,影):鳥和鳴聲。亦作"雝雝"。《詩·大雅·卷阿》:"藹藹萋萋,雝雝喈喈。"鄭箋:"雝雝、喈喈,喻民臣和協。"

〔4〕喈喈(jiē,《廣韻》古諧切,平皆,見):鳥和鳴聲。

【案】前一條以"藹藹、萋萋"興喻君有盛德,則賢士集聚,群臣盡忠。後一條以"噰噰、喈喈"興喻君有盛德,百姓懷附。

3.64 佻佻[1]、契契[2],愈遐急也。

【注釋】

〔1〕佻佻(tiáo,《廣韻》徒聊切,平蕭,定):獨行貌。《詩·小雅·大東》:"佻佻公子,行彼周行。"毛傳:"佻佻,獨行貌。"

〔2〕契契:愁苦貌。《詩·小雅·大東》:"契契寤歎,哀我憚人。"毛傳:"契契,憂苦也。"

【案】愈遐急,當作"遐愈急"(參見俞樾《群經平議》三四)。這一條興喻賢人憂苦遠益急切。

3.65 宴宴[1]、粲粲[2],尼居息也[3]。

【注釋】

〔1〕宴宴:安閑逸樂貌。亦作"燕燕"。《漢書·五行志下》:"六物不同,民心不壹,事序不類,官職不則,同始異終,胡可常也?《詩》曰:'或宴宴居息,或盡瘁事國。'其異終也如是。"今本《詩經》作"燕燕",毛傳:"燕燕,安息貌。"

〔2〕粲粲:鮮明貌。《詩·小雅·大東》:"西人之子,粲粲衣服。"毛傳:"粲粲,鮮盛貌。"鄭箋:"京師人衣服鮮絜而逸豫。"

〔3〕尼:親近。《説文》尸部:"尼,從後近之。"段玉裁注:"尼訓近,故古以爲親暱字。"

【案】以"宴宴、粲粲"表現周王室貴族在京城近處安息悠閑。

3.66 哀哀[1]、悽悽[2],懷報德也。

【注釋】

〔1〕哀哀：悲傷不已。

〔2〕悽悽：悲傷的樣子。邢疏：“郭音云：‘悽，本或作萋。’”邵正義：“《小雅·杕杜》云‘其葉萋萋’，下云‘憂我父母’，興喻之義與《蓼莪》同，故皆爲懷報德也。”

3.67　儵儵[1]、嘒嘒[2]，罹禍毒也。

【注釋】

〔1〕儵儵(yōu)：憂思貌。陸釋文：“樊本作攸，引《詩》云：‘攸攸我里。’”郝疏：“儵儵即悠悠。毛傳‘悠’訓爲‘憂’，《爾雅》‘罹’亦訓‘憂’，其義正同。”

〔2〕嘒嘒(huì，《廣韻》呼惠切，去霽，曉)：蟬鳴聲。象聲詞。《詩·小雅·小弁》：“菀彼柳斯，鳴蜩嘒嘒。”毛傳：“蜩，蟬也。嘒嘒，聲也。”鄭箋：“柳木茂盛則多蟬，淵深而旁生萑葦，言大者之旁無所不容。”

【案】訓釋語表達了這兩個詞在《詩經》中的文義。郭注：“悼王道穢塞，羨蟬鳴自得，傷己失所，遭讒賊。”即言周幽王太子宜臼爲讒言所害，遭父棄逐，羨慕蟬鳴自得。

3.68　晏晏[1]、旦旦[2]，悔爽忒也。

【注釋】

〔1〕晏晏：和悦温柔貌。《詩·衛風·氓》：“總角之宴，言笑晏晏。”毛傳：“晏晏，和柔也。”

〔2〕旦旦：誠懇貌。《詩·衛風·氓》：“信誓旦旦，不思其反。”鄭箋：“言其懇惻欵誠。”

3.69　臯臯[1]、琄琄[2]，刺素食也。

【注釋】

〔1〕臯臯(gāo)：愚頑貌。《詩·大雅·召旻》：“臯臯訿訿，曾不知其玷。”毛傳：“臯臯，頑不知道也。”陸釋文引《爾雅》云：

"刺素食也。"

〔2〕琄琄(xuàn,《廣韻》胡畎切,上銑,匣）：佩玉貌。亦作"鞙鞙"。《詩·小雅·大東》："鞙鞙佩璲,不以其長。"毛傳："鞙鞙,玉貌。"陸釋文："鞙,字或作琄。"

【案】以這兩個詞諷喻有些貴族雖佩有美玉,但無德而空食禄。

3.70　懽懽[1]、愮愮[2],憂無告也。

【注釋】

〔1〕懽懽(guàn,《廣韻》古玩切,去換,見）：情義懇切的樣子。亦作"灌灌"。《詩·大雅·板》："老夫灌灌,小子蹻蹻。"毛傳："灌灌,猶款款也。"

〔2〕愮愮(yáo,《廣韻》餘昭切,平宵,以）：心神不安的樣子。假借作"搖搖"。《詩·王風·黍離》："行邁靡靡,中心搖搖。"毛傳："搖搖,憂無所愬。"

【案】這兩詞所在《詩經》表達的文意是賢者憂懼而無處訴説。

3.71　憲憲[1]、洩洩[2],制法則也。

【注釋】

〔1〕憲憲：歡樂的樣子。《詩·大雅·板》："天之方難,無然憲憲。"毛傳："憲憲,猶欣欣也。"孔疏："憲憲,猶欣欣,喜樂貌也。謂見王將爲惡政而喜樂之。"

〔2〕洩洩(yì)：舒暢、和悦貌。亦作"泄泄"。《詩·大雅·板》："天之方蹶,無然泄泄。"毛傳："泄泄,猶沓沓也。"孔疏："泄泄,猶沓沓,競進之意也。謂見王將爲惡政,競隨從而爲之制法也。"

【案】兩個被訓詞形容群臣競相制定法規。

3.72　謔謔[1]、謞謞[2],崇讒慝也[3]。

【注釋】

〔1〕謔謔(xuè,《廣韻》虛約切,入藥,曉）：喜樂貌。《詩·大雅·板》：

“天之方虐,無然謔謔。”毛傳:“謔謔然喜樂。”鄭箋:“今王方爲酷虐之政,女無謔謔然以讒慝助之。”

〔2〕謞謞(hè):盛烈貌。郝疏:“謞者,當作熇。《説文》云‘火熱也’,引《詩》‘多將熇熇’……《正義》引舍人曰:‘謔謔、謞謞,皆盛烈貌。’孫炎曰:‘厲王暴虐,大臣謔謔然喜,謞謞然盛,以興讒慝也。’”

〔3〕慝(tè,《廣韻》他德切,入德,透):邪惡。《書·大禹謨》:“負罪引慝,祇載見瞽瞍。”孔傳:“慝,惡。”

【案】這兩詞在《詩經》中表達的意思是厲王暴虐,大臣喜樂而增加讒言邪惡。

3.73　翕翕[1]、訿訿[2],莫供職也。

【注釋】

〔1〕翕翕(xī,《廣韻》許及切,入緝,曉):失意不滿貌。亦作“潝潝”。郝疏:“翕翕者,小人黨與之合。”《詩·小雅·小旻》:“潝潝訿訿,亦孔之哀。”毛傳:“潝潝然患其上。”孔疏:“潝潝爲小人之勢,是作威福也。”

〔2〕訿訿(zǐ,《廣韻》將此切,上紙,精):不稱職的樣子。《詩·小雅·小旻》:“潝潝訿訿,亦孔之哀。”孔疏:“訿訿者,自營之狀,是求私利也。自作威福,競營私利,是不供君職也。”

【案】這兩詞所在《詩經》表達的文意是,小人糾結,所謂的賢者私曠職事。

3.74　速速[1]、蹙蹙[2],惟逑鞫也[3]。

【注釋】

〔1〕速速:鄙陋的樣子。亦作“薪薪”。《詩·小雅·正月》:“佌佌彼有屋,薪薪方有穀。”毛傳:“薪薪,陋也。”鄭箋:“此言小人富而窶陋將貴也。”《後漢書·蔡邕傳》李賢注引《詩》作“速速方穀”。

〔2〕蹙蹙(cù,《廣韻》子六切,入屋,精)：局縮,不舒展的樣子。《詩·小雅·節南山》："我瞻四方,蹙蹙靡所騁。"鄭箋："蹙蹙,縮小之貌。我視四方土地日見侵削於夷狄,蹙蹙然,雖欲馳騁,無所之也。"

〔3〕遒(qiú)：同"逎",急迫。邢疏："遒,急迫也。"　鞠(jū)：困窘。《詩·大雅·雲漢》："鞠哉庶正,疚哉冢宰。"鄭箋："鞠,窮也……疚,病也。窮哉病哉者,念此諸臣勤於事而困於食,以此言勞倦也。"

【案】兩個被訓詞表達的文中之意是,小人得勢,賢士被迫陷於困境。

3.75　抑抑[1],密也。

【注釋】

〔1〕抑抑：慎審貌,謙謹貌。《詩·小雅·賓之初筵》："其未醉止,威儀抑抑。"毛傳："抑抑,慎密也。"馬瑞辰傳箋通釋："此傳慎密猶慎審也。"

3.76　秩秩[1],清也。

【注釋】

〔1〕秩秩：有順序的樣子。《詩·大雅·假樂》："威儀抑抑,德音秩秩。"毛傳："秩秩,有常也。"

3.77　甹夆[1],掣曳也[2]。

【注釋】

〔1〕甹(pīng,《廣韻》普丁切,平青,滂)夆(féng,又讀fēng,《廣韻》符容切,平鍾,奉)：牽引違離正道。亦作"荓蜂"。郭注："謂牽挏。"《詩·周頌·小毖》："莫予荓蜂,自求辛螫。"毛傳："荓蜂,摩曳也。"

〔2〕掣曳：牽引。邢疏："掣曳者,從旁牽挽之,言是挽離正道,使就邪僻。"

3.78　朔,北方也。

3.79　不俟[1],不來也。

【注釋】

〔1〕俟(sì,《廣韻》牀史切,上止,崇): 等待。郭注:"不可待,是
　　不復來。"《易·繫辭下》:"君子見幾而作,不俟終日。"

3.80　不遹[1],不蹟也[2]。

【注釋】

〔1〕遹: 遵循。參見 1.12 條和 2.13 條。

〔2〕蹟: 遵循。郭注:"言不循軌跡也。"《詩·小雅·沔水》:"念
　　彼不蹟,載起載行。"鄭箋:"彼,彼諸侯也。諸侯不循法度,
　　妄興師出兵。"

3.81　不徹[1],不道也。

【注釋】

〔1〕徹(chè,《廣韻》丑列切,入薛,徹。又直列切,入薛,澄): 遵
　　循。郭注:"徹亦道也。"《詩·小雅·十月之交》:"天命不徹,
　　我不敢傚。"毛傳:"徹,道也。"鄭箋:"不道者,言王不循天
　　之政教。"

3.82　勿念[1],勿忘也。

【注釋】

〔1〕勿: 助詞,用於句首。郭注:"勿念,念也。"《詩·小雅·節南
　　山》:"弗問弗仕,勿罔君子。"王引之《經傳釋詞》:"勿,語助
　　也……勿罔,罔也。言弗問而察之,則下民欺罔其上矣……
　　與他處訓'無'者不同。"

3.83　蕿[1]、諼[2],忘也。

【注釋】

〔1〕蕿(xuān): 通"諼",忘記。陸釋文:"蕿,施音袁,謝許袁反。
　　郭云:'義見《伯兮》。'《詩》云:'焉得蕿草。'毛傳云:'蕿草

令人善忘。'則謝讀爲是。"《集韻》元韻:"蕿、蘐、萱、蕄，《説文》:'令人忘憂艸。'通作諼。"

〔2〕諼(xuān):忘記。《玉篇》言部:"諼，忘也。"《詩·衛風·淇奥》:"有匪君子，終不可諼兮。"毛傳:"諼，忘也。"馬瑞辰傳箋通釋:"《説文》:'蕿，令人忘憂之草也。或从煖作蘐，或从宣作萱。'……是知凡《詩》作諼、訓忘者，皆當爲蕿及蘐、萱之假借。若諼之本義，自爲詐耳。"

3.84　每有〔1〕，雖也。

【注釋】

〔1〕每:雖。"有"爲衍文。王引之述聞:"陳氏碩甫曰:《爾雅》訓每爲雖，非訓有爲雖也。'每'下不得有'有'字，蓋因注而衍……《玉篇》《廣韻》並云:'每，雖也。'"《詩·小雅·皇皇者華》:"駪駪征夫，每懷靡及。"毛傳:"每，雖。"《莊子·庚桑楚》:"不見其誠己而發，每發而不當。"陸釋文:"《爾雅》云:'每，雖也。'謂雖有發動不中當。"

3.85　饎〔1〕，酒食也。

【注釋】

〔1〕饎(chì，又讀xī，《廣韻》昌志切，去志，昌):酒食。郭注:"猶今云饎饌，皆一語而兼通。"《詩·小雅·天保》:"吉蠲爲饎，是用孝享。"毛傳:"饎，酒食也。"

3.86　舞、號，雩也〔1〕。

【注釋】

〔1〕雩(yú，《廣韻》羽俱切，平虞，云):古代爲祈雨而舉行的一種邊舞蹈邊呼號的祭祀。郭注:"雩之祭，舞者吁嗟而請雨。"《公羊傳·桓公五年》:"大雩者何? 旱祭也。"何注:"雩，旱請雨祭名……使童男女各八人舞而呼雩，故謂之雩。"《荀子·天論》:"雩而雨，何也? 曰:無何也，猶不雩而雨也。"

楊倞注：“雩，求雨之禱也。”

3.87　暨[1]**，不及也。**

【注釋】

〔1〕暨：及，和。參見 1.113 條。

【案】“不及”之“不”字爲衍文。王引之述聞：“傳注皆訓暨爲及，未有訓爲不及者，‘不’字蓋涉下文‘蠢，不遜也’而衍。”

3.88　蠢[1]**，不遜也。**

【注釋】

〔1〕蠢：不謙遜。郝疏：“蠢爲妄動，故不遜順。”《書·大禹謨》：“蠢茲有苗，昏迷不恭。”孔傳：“蠢，動。”

3.89　如切如磋[1]**，道學也。如琢如磨**[2]**，自脩也。瑟兮僩兮**[3]**，恂慄也**[4]**。赫兮烜兮**[5]**，威儀也。有斐君子，終不可諼兮**[6]**，道盛德至善，民之不能忘也。**

【注釋】

〔1〕如切如磋：比喻互相商討砥礪。郭注：“骨、象須切磋而爲器，人須學問以成德。”《詩·衛風·淇奥》：“有匪君子，如切如磋，如琢如磨。”毛傳：“治骨曰切，象曰磋……道其學而成也。”此處不是解釋詞語的概念義，而是隨文釋義。下同。

〔2〕如琢如磨：比喻品德的磨礪修飾。郭注：“玉、石之被雕磨，猶人自脩飾。”《詩·衛風·淇奥》：“有匪君子，如切如磋，如琢如磨。”毛傳：“玉曰琢，石曰磨……聽其規諫以自脩，如玉、石之見琢磨也。”

〔3〕瑟：莊嚴貌，嚴密貌。　僩（xiàn，《廣韻》下赧切，上潸，匣）：寬大貌。亦作“僴”。《詩·衛風·淇奥》：“瑟兮僩兮，赫兮咺兮。”毛傳：“瑟，矜莊貌。僩，寬大也。”孔疏：“瑟，矜莊，是外貌莊嚴也。僩，寬大，是内心寬裕也。”

〔4〕恂（xún，《廣韻》相倫切，平諄，心）慄：嚴肅恭謹的樣子。《禮

記·大學》："瑟兮僩兮者，恂慄也。"鄭注："恂，字或作峻……
言其容貌嚴栗也。"

〔5〕赫：光明的樣子。　烜（xuǎn，又讀 xuān，《廣韻》況晚切，
上阮，曉）：盛大顯著，顯赫。陸釋文："烜者，光明宣著。"
《詩·衛風·淇奧》："瑟兮僩兮，赫兮咺兮。"毛傳："赫，有明
德赫赫然。咺，威儀容止宣著也。"孔疏："赫，有明德赫赫然，
是内有其德，故發見於外也。咺，威儀宣著，皆言外有其儀，
明内有其德。"

〔6〕有斐君子，終不可諼兮：出自《詩·衛風·淇奧》。　斐（fěi，
《廣韻》敷尾切，上尾，敷）：有文采貌。《詩》借作"匪"。　諼：
忘記。參見 3.83 條。

3.90　既微且尰[1]：骭瘍爲微[2]，腫足爲尰。

【注釋】

〔1〕微：小腿生濕瘡。亦作"癥"。　尰（zhǒng，《廣韻》時宂
切，上腫，禪）：足部水腫。亦作"瘇"。陸釋文："既微，如字。
字書作癥，《三蒼》云'足創'。尰，本或作瘇，同，並籀文'瘇'
字也。"《廣韻》腫韻："尰，足腫病。"《詩·小雅·巧言》："既微
且尰，爾勇伊何！"毛傳："骭瘍爲微，腫足爲尰。"鄭箋："此人
居下濕之地，故生微、腫之疾。"

〔2〕骭（gàn，《廣韻》下晏切，去諫，匣）：脛骨，亦指小腿。

3.91　是刈是濩[1]：濩，煑之也。

【注釋】

〔1〕是刈是濩：語出《詩·周南·葛覃》。　刈：割。

3.92　履帝武敏[1]：武，迹也。敏，拇也。

【注釋】

〔1〕履帝武敏：語出《詩·大雅·生民》。傳説周始祖后稷之母
姜嫄踩到大神足迹的拇指上，心有所動，因而懷孕生了后

稷。　　敏：通"拇"，足大趾。

3.93　張仲孝友[1]：善父母爲孝,善兄弟爲友。

【注釋】

〔1〕張仲孝友：語見《詩·小雅·六月》。邢疏引李巡曰："張,姓。
仲,字。其人孝,故稱孝友。"

3.94　有客宿宿[1],言再宿也。有客信信,言四宿也。

【注釋】

〔1〕有客宿宿：與下文"有客信信"均出自《詩·周頌·有客》。
郭注："再宿爲信,重言之,故知四宿。"

3.95　美女爲媛[1]。

【注釋】

〔1〕媛(yuàn,《廣韻》王眷切,去線,云)：美女。《説文》女部：
"媛,美女也。"《詩·鄘風·君子偕老》："展如之人兮,邦之媛
也。"毛傳："美女爲媛。"

3.96　美士爲彦[1]。

【注釋】

〔1〕彦(yàn,《廣韻》魚變切,去線,疑)：賢士,俊才。《詩·鄭
風·羔裘》："彼其之子,邦之彦兮。"毛傳："彦,士之美稱。"

3.97　其虛其徐[1],威儀容止也。

【注釋】

〔1〕其虛其徐：語出《詩·邶風·北風》,文中"徐"作"邪"。鄭箋：
"邪讀如徐。"

3.98　猗嗟名兮[1],目上爲名。

【注釋】

〔1〕猗嗟名兮：語出《詩·齊風·猗嗟》。　　猗(yī) 嗟(jiē)：嘆
詞,表示贊嘆。毛傳："猗嗟,歎辭。"　　名：目上眉睫之間。
郭注："眉眼之間。"

3.99　式微式微者[1]，微乎微者也。

【注釋】

〔1〕式微式微：出自《詩·邶風·式微》。鄭箋：“‘式微式微’者，
微乎微者也……式，發聲也。”

3.100　之子者[1]，是子也。

【注釋】

〔1〕之：指示代詞，此，這個。《詩·周南·桃夭》：“之子于歸，宜
其室家。”

3.101　徒御不驚[1]，輦者也[2]。

【注釋】

〔1〕徒御不驚：語出《詩·小雅·車攻》。　徒：步卒。　御：
駕車者。　不：助詞，無義。　驚：當作“警”，警衛，戒備。

〔2〕輦（niǎn，《廣韻》力展切，上獮，來）：人挽或推的車。《説文》
車部：“輦，輓車也……在車前引之。”《周禮·地官·鄉師》：
“大軍旅會同，正治其徒役，與其輦輂。”鄭注：“輦，人輓行，
所以載任器也，止以爲蕃營。《司馬法》曰：‘夏后氏謂輦曰
余車，殷曰胡奴車，周曰輜輦。輦，一斧、一斤、一鑿、一梩、
一鋤，周輦加二版二築。’”

3.102　襢裼[1]，肉袒也。

【注釋】

〔1〕襢（tǎn，《廣韻》徒旱切，上旱，定）裼（xī，《廣韻》先擊切，入
錫，心）：脱衣露體、赤膊。襢，同“袒”。郭注：“脱衣而見體。”
《詩·鄭風·大叔于田》：“襢裼暴虎，獻于公所。”陸釋文：“襢，
本或作袒。”

3.103　暴虎[1]，徒搏也。馮河[2]，徒涉也。

【注釋】

〔1〕暴虎：徒手搏虎。上古俗語。郭注：“空手執也。”《詩·鄭

風·大叔于田》:"襢裼暴虎,獻于公所。"毛傳:"暴虎,空手以搏之。"

〔2〕馮(píng,《廣韻》扶冰切,平蒸,並)河:徒步渡河。《易·泰》:"用馮河,不退遺。"孔疏:"無舟渡水,馮陵于河,是頑愚之人。"《詩·小雅·小旻》:"不敢暴虎,不敢馮河,人知其一,莫知其他。"毛傳:"馮,陵也。徒涉曰馮河,徒搏曰暴虎。"

【案】裘錫圭認爲,"暴虎"之"暴"本字是"虣",甲骨文作,像用戈搏虎。古代狩獵猛虎通常用車,"暴虎"是無車徒步搏虎(參見裘錫圭《説"玄衣朱襮袡"——兼釋甲骨文虣字》,《文物》1976年第12期)。

3.104　籧篨[1],口柔也[2]。

【注釋】

〔1〕籧(qú,《廣韻》强魚切,平魚,群)篨(chú,《廣韻》直魚切,平魚,澄):諂佞。郭注:"籧篨之疾不能俯。口柔之人視人顏色,常亦不伏,因以名云。"陸釋文:"舍人云:'籧篨,巧言也。' 李云:'籧篨,巧言辭以饒人,謂之口柔。'"

〔2〕口柔:以言語媚人,奉承。邢疏引李巡曰:"籧篨,巧言好辭,以口饒人,是謂口柔。"

3.105　戚施[1],面柔也[2]。

【注釋】

〔1〕戚施:比喻諂諛獻媚的人。陸釋文:"舍人曰:'令色誘人。' 李曰:'和顏悦色以誘人,是謂面柔也。'"《詩·邶風·新臺》:"燕婉之求,得此戚施。"毛傳:"戚施,不能仰者。"鄭箋:"戚施面柔,下人以色,故不能仰也。"

〔2〕面柔:奴顏獻媚、阿諛奉承之人。郭注:"戚施之疾不能仰,面柔之人常俯,似之,亦以名云。"

3.106　夸毗[1],體柔也[2]。

【注釋】

〔1〕夸毗(pí)：卑屈諂諛。《詩·大雅·板》："天之方懠,無爲夸毗。"毛傳："夸毗,以體柔人也。"孔疏："夸毗者,便僻其足,前却爲恭,以形體順從於人,故云'以體柔人'。"

〔2〕體柔：卑屈取媚於人。郭注："屈己卑身以柔順人也。"

3.107　婆娑[1],舞也。

【注釋】

〔1〕婆娑(suō,《廣韻》素何切,平歌,心)：舞蹈。《詩·陳風·東門之枌》："子仲之子,婆娑其下。"毛傳："婆娑,舞也。"

3.108　擗[1],拊心也。

【注釋】

〔1〕擗(pǐ,《廣韻》房益切,入昔,並)：撫心,捶胸。郭注："謂椎胷也。"《玉篇》手部："擗,拊心也。《詩》曰：'寤擗有摽。'亦作辟。"今《詩·邶風·柏舟》作"寤辟有摽"。《孝經·喪親》："擗踊哭泣,哀以送之。"

3.109　矜[1]、憐,撫掩之也[2]。

【注釋】

〔1〕矜(jīn,《廣韻》居陵切,平蒸,見)：憐憫,同情。方言詞。《方言》一："矜,哀也。齊魯之間曰矜。"錢繹箋疏："矜,古音讀如鄰……《小雅·鴻雁》篇：'爰及矜人。'毛傳：'矜,憐也。'"《書·泰誓上》："天矜于民,民之所欲,天必從之。"孔傳："矜,憐也。"《論語·子張》："君子尊賢而容衆,嘉善而矜不能。"

〔2〕撫掩：安慰體恤。郭注："撫掩猶撫拍,謂慰恤也。"

3.110　緎[1],羔裘之縫也。

【注釋】

〔1〕緎(yù,《廣韻》雨逼切,入職,云。又況逼切,入職,曉)：羔裘的接縫。郭注："縫飾羔皮之名。"邢疏："孫炎曰：'緎之

爲界緘。'然則縫合羔羊皮爲裘,縫即皮之界緘,因名裘縫
爲緘,故郭云'縫飾羔皮之名'。"《詩·召南·羔羊》:"羔羊之
革,素絲五緘。"毛傳:"緘,縫也。"

3.111　殿屎[1],呻也。

【注釋】

〔1〕殿屎:愁苦呻吟。《詩·大雅·板》:"民之方殿屎,則莫我敢
葵。"毛傳:"殿屎,呻吟也。"馬瑞辰傳箋通釋:"《説文》引
《詩》作'唸㕧'者,正字。《詩》及《爾雅》作'殿屎'者,假
借字也。"

3.112　幬謂之帳[1]。

【注釋】

〔1〕幬(chóu,《廣韻》直由切,平尤,澄):牀帳。方言詞。郭注:
"今江東亦謂帳爲幬。"《説文》巾部:"幬,襌帳也。"《楚辭·招
魂》:"翡阿拂壁,羅幬張些。"洪興祖補注:"幬,襌帳也。"

3.113　侜張[1],誑也。

【注釋】

〔1〕侜(zhōu)張:欺誑,欺謾。亦作"譸張"。《書·無逸》:"民
無或胥譸張爲幻。"孔傳:"譸張,誑也。"郭注、邢疏引作
"侜張"。

3.114　誰昔[1],昔也。

【注釋】

〔1〕誰昔:從前。《詩·陳風·墓門》:"知而不已,誰昔然矣。"毛
傳:"昔,久也。"鄭箋:"誰昔,昔也。"　　誰:助詞,無義。
郭注:"誰,發語辭。"

3.115　不辰[1],不時也。

【注釋】

〔1〕不辰:不逢時。《詩·大雅·桑柔》:"我生不辰,逢天僤怒。"

鄭箋:"辰,時也。"　　辰:時刻。郭注:"辰亦時也。"

3.116　凡曲者爲罶[1]。

【注釋】

〔1〕罶(liǔ,《廣韻》力久切,上有,來):捕魚的竹簍。郭注:"《毛
　　詩傳》曰:'罶,曲梁也。'凡以薄爲魚笱者,名爲罶。"參見
　　6.4條。

3.117　鬼之爲言歸也[1]。

【注釋】

〔1〕古人以爲人死後魂靈不滅而成爲鬼,必歸土。郭注:"《尸子》
　　曰:'古者謂死人爲歸人。'"《説文》鬼部:"人所歸爲鬼。"
　　《禮記·祭義》:"衆生必死,死必歸土,此之謂鬼。"　　之爲
　　言:聲訓術語,常用來説明訓詞與被訓詞之間的音義關係,
　　相當於現代漢語中的"所謂……就是……"。

釋親第四

本篇類聚親屬稱謂,分爲宗族、母黨、妻黨、婚姻四類。多數一條釋多詞,或解釋類義詞,或辨釋同義詞的同中之異。少數一條釋一詞。

(一)宗族[1]

【注釋】

〔1〕宗族:父系的親屬稱謂。

4.1 **父爲考[1],母爲妣[2]。**

【注釋】

〔1〕考:父親。郝疏:"《方言》云'南楚瀑洭之間謂婦妣曰母姼(音多),稱父考曰父姼',郭注:'古者通以考妣爲生存之稱。'"《書·康誥》:"子弗祇服厥父事,大傷厥考心。"孔傳:"大傷其父心,是不孝。"《易·蠱》:"有子考,无咎,厲,終吉。"後稱已死的父親。《公羊傳·隱公元年》:"惠公者何?隱之考也。"何注:"生稱父,死稱考。"

〔2〕妣:母親。郭注:"《蒼頡篇》曰:'考妣延年。'"《書·舜典》:"百姓如喪考妣。"孔傳:"考妣,父母。"後稱已死的母親。《公羊傳·隱公元年》:"仲子者何?桓之母也。"何注:"生稱母,死稱妣。"

【案】"父"與"考"爲一組同義詞,"母"與"妣"爲一組同義詞。上古父母不論生死都可稱"考、妣",與"父、母"意義相等。後只稱死去的父母爲"考、妣",詞義範圍小於"父、母"。

4.2　父之考爲王父[1]，父之妣爲王母[2]。王父之考爲曾祖王父[3]，王父之妣爲曾祖王母[4]。曾祖王父之考爲高祖王父[5]，曾祖王父之妣爲高祖王母[6]。

【注釋】

〔1〕王父：祖父。《書·牧誓》：“昏棄厥遺，王父母弟不迪。”孔疏：“《釋親》云：‘父之考爲王父。’”《漢書·外戚傳下》：“《春秋》不以父命廢王父命，爲人後之禮不得顧私親，不當謝。”顏師古注：“王父謂祖也。”

〔2〕王母：祖母。　　王：古代對祖父母輩的尊稱。郭注：“加王者，尊之。”郝疏：“祖父母而曰王者，王，大也，君也，尊上之稱。”《禮記·曲禮下》：“祭王父曰皇祖考，王母曰皇祖妣。”

〔3〕曾祖王父：曾祖父。　　曾：指隔了兩代的親屬。郭注：“曾猶重也。”

〔4〕曾祖王母：曾祖母。

〔5〕高祖王父：高祖父。　　高：輩分最大。郭注：“高者，言最在上。”

〔6〕高祖王母：高祖母。

4.3　父之世父、叔父爲從祖祖父[1]，父之世母、叔母爲從祖祖母[2]。

【注釋】

〔1〕從祖祖父：祖父的兄弟，即伯祖父、叔祖父。　　世父：大伯父。父和子相繼爲一世，祖父的嫡長子爲祖父的繼承人，故稱世父。後世父爲伯父的統稱。　　從（cóng）：同一宗次於至親的。

〔2〕從祖祖母：祖父兄弟的妻子，即伯祖母、叔祖母。　　世母：伯母。

4.4　父之晜弟[1]，先生爲世父，後生爲叔父。

【注釋】

〔1〕晜(kūn,《廣韻》古渾切,平魂,見）：同“昆”,兄。《詩·王風·葛藟》：“終遠兄弟,謂他人昆。”

4.5　男子先生爲兄,後生爲弟。謂女子先生爲姊[1],後生爲妹。

【注釋】

〔1〕姊：姐。

4.6　父之姊妹爲姑。

4.7　父之從父晜弟爲從祖父[1],父之從祖晜弟爲族父[2]。族父之子相謂爲族晜弟[3],族晜弟之子相謂爲親同姓。

【注釋】

〔1〕從父晜弟：同祖父的兄弟,即堂兄弟。晜,同“昆”。《儀禮·喪服》：“大夫、大夫之子、公之昆弟爲從父昆弟、庶孫、姑姊妹女子子適士者。”　　從祖父：堂伯父,堂叔父。

〔2〕從祖晜弟：同曾祖父的兄弟。《儀禮·喪服》：“從祖昆弟。”鄭注：“父之從父昆弟之子。”

〔3〕族晜弟：同高祖父的兄弟。《儀禮·喪服》：“緦麻三月者……族曾祖父母、族祖父母、族父母、族昆弟。”賈疏：“云‘族昆弟’者,己之三從兄弟,皆名爲族。”

4.8　兄之子、弟之子相謂爲從父晜弟。

4.9　子之子爲孫,孫之子爲曾孫,曾孫之子爲玄孫,玄孫之子爲來孫,來孫之子爲晜孫,晜孫之子爲仍孫,仍孫之子爲雲孫。

4.10　王父之姊妹爲王姑[1],曾祖王父之姊妹爲曾祖王姑,高祖王父之姊妹爲高祖王姑,父之從父姊妹爲從祖姑[2],父之從祖姊妹爲族祖姑[3]。

【注釋】

〔1〕王姑：祖父的姐妹。郝疏：“王姑者，從王父而得尊稱也。”揚雄《太玄·斂》：“利于王姑，不利公家，病。”

〔2〕從父姊妹：同祖父的姐妹。

〔3〕從祖姊妹：同曾祖父的姐妹。

4.11 父之從父晜弟之母爲從祖王母[1]，父之從祖晜弟之母爲族祖王母。父之兄妻爲世母[2]，父之弟妻爲叔母[3]。父之從父晜弟之妻爲從祖母[4]，父之從祖晜弟之妻爲族祖母[5]。

【注釋】

〔1〕從祖王母：從祖祖母，即伯祖母或叔祖母。

〔2〕世母：伯母。《儀禮·喪服》：“世母、叔母何以亦期也？”

〔3〕叔母：叔父的妻子，即嬸母。

〔4〕從祖母：即堂伯母或堂叔母。

〔5〕族祖母：當作“族母”。胡培翬《儀禮正義》：“《爾雅》：‘父之從祖昆弟爲族父。父之從祖晜弟之妻爲族母。’今本《爾雅》作‘族祖母’，誤。”參見 4.7 條。一說爲族父的母親，祖父的堂兄弟之妻。郝疏：“‘父之從祖晜弟之妻爲族祖母’者，上云‘父之從祖晜弟爲族父’，故其妻爲族祖母也。本爲族母，言祖者，亦如從母言從祖母之例。”蕭嵩《大唐開元禮·凶禮·緦麻三月》：“爲族祖母，報。”注：“祖之同堂兄弟之妻。”

4.12 父之從祖祖父爲族曾王父，父之從祖祖母爲族曾王母。

4.13 父之妾爲庶母[1]。

【注釋】

〔1〕庶母：父親的妾。郝疏：“庶者，眾也。‘庶母’猶言‘諸母’

也。”《儀禮·士昏禮》:“庶母及門內施鞶,申之以父母之命。”鄭注:“庶母,父之妾也。”

4.14　祖,王父也[1]。

【注釋】

〔1〕王父:祖父。參見 4.2 條。

4.15　晜[1],兄也。

【注釋】

〔1〕晜:同“昆”,兄。郭注:“今江東人通言晜。”參見 4.4 條。

(二)母黨[1]

【注釋】

〔1〕母黨:母系的親屬稱謂。

4.16　母之考爲外王父[1],母之妣爲外王母[2]。母之王考爲外曾王父[3],母之王妣爲外曾王母[4]。

【注釋】

〔1〕外王父:即外祖父。因是異姓,故稱“外”。

〔2〕外王母:即外祖母。

〔3〕外曾王父:即外曾祖父。

〔4〕外曾王母:即外曾祖母。

4.17　母之晜弟爲舅,母之從父晜弟爲從舅。

4.18　母之姊妹爲從母[1],從母之男子爲從母晜弟[2],其女子子爲從母姊妹[3]。

【注釋】

〔1〕從母:母親的姐妹,即姨母。《儀禮·喪服》:“從母,丈夫婦人報。”鄭注:“從母,母之姊妹。”賈疏:“母之姊妹與母一體,從於己母,而有此名,故曰從母。”

〔2〕男子:即兒子。　　從母晜弟:母之姊妹之子,即姨表

兄弟。

〔3〕女子子：即女兒。顧炎武《日知錄·女子子》：“女子子謂己
所生之子若兄弟之子。言女子者，別於男子也。”《儀禮·喪
服》：“女子子在室爲父。”鄭注：“女子子者，子女也，別於男
子也。言在室者，謂已許嫁。”　　從母姊妹：母之姊妹之
女，即姨表姊妹。

（三）妻黨[1]

【注釋】

〔1〕妻黨：此處主要是妻族的親屬稱謂，兼及姑之子、舅之子、
姊妹之夫、外孫、嫂婦娣姒等稱謂。

4.19　妻之父爲外舅，妻之母爲外姑。

【案】此條與下文“婦稱夫之父曰舅，稱夫之母曰姑”相應，男人
稱岳父爲“外舅”、岳母爲“外姑”，婦人稱公公爲“舅”、婆婆爲
“姑”，均是交表婚制的反映。交表婚制實行時期，表親通婚現象
非常普遍：男子娶舅舅或姑母的女兒爲妻，女子亦以舅舅或姑
母的兒子爲夫，這種情況下，舅舅就是公公（舅）或岳父（外舅），
姑母就是婆婆（姑）或岳母（外姑）了。“外舅、外姑”之“外”，蓋
是父權社會後，以示宗族內外親疏有別。郝疏：“‘舅、姑’皆尊
老之稱，加‘外’者，別之也。”《釋名·釋親屬》：“妻之父曰外舅，
母曰外姑。言妻從外來，謂至己家爲歸。故反以此義稱之，夫妻
匹敵之義也。”

4.20　姑之子爲甥，舅之子爲甥，妻之昆弟爲甥，姊妹
之夫爲甥。[1]

【注釋】

〔1〕甥：古代對姑之子、舅之子、妻之兄弟、姊妹之夫的通稱。
郭注：“四人體敵，故更相爲甥。甥猶生也，今人相呼皆依

此。"郝疏："據郭注及《釋名》,知古來有此稱,今所不行。"

【案】甥,一般指姊妹的子女。《説文》男部："甥,謂我舅者,吾謂之甥也。"《詩·大雅·韓奕》："韓侯取妻,汾王之甥。"鄭箋："姊妹之子爲甥。"《爾雅》此條"甥"之命名來源,學者看法不一。郭沫若《甲骨文字研究·釋祖妣》認爲是亞血族群婚制的遺迹,"大抵由異姓之兄弟群與姊妹群互爲婚姻,即兄弟共多妻,姊妹共多夫","在亞血族結婚制下實僅一人,蓋姑舅迺互爲夫婦者,姑舅之子即妻之昆弟,妻之昆弟亦即姊妹之夫,故統於一名"。芮逸夫《釋甥之稱謂》認爲"甥"是交表婚制時代稱謂的遺迹,稱舅之子爲甥、妻之昆弟爲甥、姊妹之夫爲甥,"都是在交表婚姻制下改變的稱謂",稱姑之子爲甥則是受到傳統"子從親稱"的影響,"由己身從父稱其姊妹之子而來"。

4.21　妻之姊妹同出爲姨[1]。女子謂姊妹之夫爲私[2]。

【注釋】

〔1〕同出:都已出嫁。一説爲隨同出嫁。郝疏："蓋古之媵女取於姪娣,姊爲妻則娣爲妾,同事一夫,是謂同出。"

〔2〕私:姐妹之夫。《釋名·釋親屬》："姊妹互相謂夫曰私,言於其夫兄弟之中,此人與己姊妹有恩私也。"《詩·衛風·碩人》："東宮之妹,邢侯之姨,譚公維私。"毛傳："妻之姊妹曰姨,姊妹之夫曰私。"孔疏引孫炎曰："同出,俱已嫁也。私,無正親之言。"

4.22　男子謂姊妹之子爲出[1]。女子謂晜弟之子爲姪[2]。謂出之子爲離孫[3]。謂姪之子爲歸孫[4]。女子子之子爲外孫[5]。

【注釋】

〔1〕出:外甥。母系社會時實行族外婚,姊妹之子必須離開己氏族到外氏族結婚,故稱爲"出"。進入父系社會後,姊妹從

父家出嫁到外姓,而姊妹之子不離開其父系氏族,作爲親屬稱謂的“出”逐漸爲“甥”所代替。《左傳·莊公二十二年》:“陳厲公,蔡出也。”杜注:“姊妹之子曰出。”孔疏:“《釋親》云:‘男子謂姊妹之子爲出。’言姊妹出嫁而生子也。”《公羊傳·文公十四年》:“接菑,晉出也。貜且,齊出也。”何注:“出,外孫也。”顧炎武《日知録·出》:“傳中凡言出者,皆是外甥。”

〔2〕姪:女子對兄弟之子的稱謂。母系社會時,兄弟出嫁到對方氏族之後,與對方氏族女子所生的兒子則一定要回嫁到自己的氏族中來,故稱爲“姪”,内含“至”義。到了父系社會,“姪”逐漸成爲男子和女子對兄弟之子的共同稱謂。《儀禮·喪服》:“姪者何也? 謂吾姑者,吾謂之姪。”

〔3〕離孫:男子謂姊妹之孫。在母系社會中,出之子不生於己族,只以輩分論之,故稱爲“離孫”。《左傳》中稱爲“彌甥”或“從孫甥”。

〔4〕歸孫:女子稱姪子的兒子。在母系社會中,姪從外氏族嫁到己氏族,其子又生於己氏族,故稱爲“歸孫”。

〔5〕女子子:女兒。參見 4.18 條。

4.23　**女子同出[1],謂先生爲姒[2],後生爲娣[3]。**

【注釋】

〔1〕同出:同嫁一個丈夫。郭注:“同出,謂俱嫁事一夫。”

〔2〕姒:古代同夫諸妾稱長者曰姒。

〔3〕娣:古代同夫諸妾稱幼者曰娣。郝疏:“娣姒即衆妾相謂之詞,不關嫡夫人在内。其嫡夫人則禮稱女君。”《説文》女部:“娣,女弟也。”《易·歸妹》:“‘歸妹以娣’,以恒也。”孔疏:“妹而爲娣,恒久之道也。”

4.24　**女子謂兄之妻爲嫂,弟之妻爲婦。**

【案】此處言女子稱兄、弟之妻爲"嫂、婦"。先秦古籍中,也有男子稱兄弟之妻爲"嫂、婦"的情況。《左傳·昭公二十八年》:"子容之母走謁諸姑。"杜注:"子容母,叔向嫂,伯華妻也。"陸釋文:"嫂,兄妻也。"

4.25　長婦謂稚婦爲娣婦[1],娣婦謂長婦爲姒婦[2]。

【注釋】

〔1〕長婦:兄之妻。　　稚婦:弟之妻。　　娣婦:兄妻稱弟妻爲娣婦。

〔2〕姒婦:弟妻稱兄妻爲姒婦。郭注:"今相呼先後,或云妯娌。"邵正義:"古之稱娣姒者,猶今人稱妯娌也。兄妻稱弟妻曰妯娌,弟妻亦可稱兄妻曰妯娌。蓋晰言之,則兄妻爲姒,弟妻爲娣;合言之,則昆弟之妻統稱爲娣姒;急言之,則但稱爲姒。"鄭珍《巢經巢集經説·姒娣》:"惟女子謂姊妹爲姒娣,故妯娌相稱,即據其年之長少以姒娣呼之,親之若姊妹也,而繫以'婦'曰'姒婦、娣婦',別其非同生也。"

(四)婚姻[1]

【注釋】

〔1〕婚姻:婚姻關係中的親屬稱謂。

4.26　婦稱夫之父曰舅[1],稱夫之母曰姑[2]。姑舅在則曰君舅、君姑[3],没則曰先舅、先姑[4]。謂夫之庶母爲少姑。

【注釋】

〔1〕舅:丈夫的父親。《國語·魯語下》:"古之嫁者,不及舅姑,謂之不幸。"《禮記·檀公下》:"昔者吾舅死於虎,吾夫又死焉,今吾子又死焉。"鄭注:"夫之父曰舅。"

〔2〕姑:丈夫的母親。《左傳·昭公二十八年》:"子容之母走謁

諸姑。”

〔3〕君：敬稱。

〔4〕先舅：稱丈夫的亡父。《國語·魯語下》“祭悼子，康子與焉”韋昭注：“悼子，穆伯之父，敬姜先舅也。” 先姑：稱丈夫的亡母。《國語·魯語下》：“吾聞之先姑。”韋昭注：“夫之母曰姑，殁曰先姑。”

【案】“舅、姑”的這個意義，是母系社會群婚制的殘餘。可與4.19條參看。

4.27 夫之兄爲兄公[1]，夫之弟爲叔，夫之姊爲女公[2]，夫之女弟爲女妹[3]。

【注釋】

〔1〕兄公：丈夫之兄。公，對長輩或平輩的敬稱。《釋名·釋親屬》：“公，君也。君，尊稱也。”納蘭性德《通志堂集·淥水亭雜識三》：“君公，其舅之稱歟。故婦人謂夫之兄曰兄公。”

〔2〕女公：丈夫的姐姐。亦作“女妐”。《禮記·昏義》“順於舅姑，和於室人”鄭注：“室人，謂女妐、女叔、諸婦也。”孔疏：“女妐謂壻之姊也，女叔謂壻之妹也。”

〔3〕女妹：夫之妹，即小姑。郭注：“今謂之女妹是也。”

4.28 子之妻爲婦，長婦爲嫡婦[1]，衆婦爲庶婦[2]。

【注釋】

〔1〕長婦：嫡長子之妻。

〔2〕庶婦：庶子的妻妾。《儀禮·士昏禮》：“庶婦則使人醮之，婦不饋。”鄭注：“庶婦，庶子之婦也。”

4.29 女子子之夫爲壻。

4.30 壻之父爲姻[1]，婦之父爲婚[2]。

【注釋】

〔1〕姻：女婿的父親。《詩·小雅·節南山》：“瑣瑣姻亞，則無膴

仕。”鄭箋：“壻之父曰姻。”《左傳·定公十三年》：“荀寅，范
吉射之姻也。”杜注：“壻父曰姻，荀寅子娶吉射女。”

〔2〕婚：妻之父。《荀子·富國》：“婚姻娉内，送逆無禮。”楊倞注：
“婦之父爲婚。”

4.31　父之黨爲宗族[1]，母與妻之黨爲兄弟[2]。

【注釋】

〔1〕黨：親族。

〔2〕兄弟：親戚的統稱，指内外姻親。《詩·小雅·伐木》：“籩豆
有踐，兄弟無遠。”鄭箋：“兄弟，父之黨，母之黨。”《儀禮·士
冠禮》：“兄弟畢袗玄。”鄭注：“兄弟，主人親戚也。”鳳韶《鳳
氏經説·九族無外兄弟有外》：“經稱兄弟，同異姓皆有之。”

4.32　婦之父母、壻之父母相謂爲婚姻。兩壻相謂
爲亞[1]。

【注釋】

〔1〕亞(yà)：姐妹丈夫的互稱，即連襟。後作“婭”。《釋名·釋
親屬》：“兩壻相謂曰亞。言一人取姊，一人取妹，相亞次也。”
《詩·小雅·節南山》：“瑣瑣姻亞，則無膴仕。”毛傳：“兩壻相
謂曰亞。”

4.33　婦之黨爲婚兄弟，壻之黨爲姻兄弟。

4.34　嬪[1]，婦也。

【注釋】

〔1〕嬪：古代婦女的通稱。《説文》女部：“嬪，服也。”段玉裁注：
“婦者，服也。故釋嬪亦曰服也。”《周禮·天官·大宰》：“七
曰嬪婦，化治絲枲。”鄭注：“嬪，婦人之美稱也。”賈疏：“嬪
婦，謂國中婦人有德行者。”

【案】婦，婦女。《釋名·釋親屬》：“婦，服也，服家事也。”《廣
雅·釋親》：“女子謂之婦人。”《左傳·僖公二十四年》：“女德無

極，婦怨無終。”“嬪、婦”爲同義詞，都指婦女，其中“嬪”爲
美稱。

4.35 謂我舅者，吾謂之甥也[1]。

【注釋】

〔1〕甥：姊妹之子。《詩·大雅·韓奕》：“韓侯取妻，汾王之甥。”
　　鄭箋：“姊妹之子爲甥。”

釋 宮 第 五

　　這一篇所收詞語爲宮室建築類。道路、橋梁、行步之名等皆爲連類而及，故也以"宮"總括之。多數一條釋多詞，或解釋類義詞，或解釋同義詞；少數一條釋一詞。

5.1　宮謂之室，室謂之宮。

【案】"宮、室"是同義詞，都表示房屋。《説文》宮部："宮，室也。"《詩·鄘風·定之方中》："揆之以日，作于楚室。"毛傳："室猶宮也。"析言，範圍大小有別。宮，有圍牆的房子，通稱。室，房屋的一個居住單位，是房間、内室。段玉裁《説文解字注》宮部："宮，言其外之圍繞，室言其内。析言則殊，統言不別也。"姜兆錫《爾雅注疏參議》："愚按，室外總名宮，宮内別名室，對文本異，散文則通。"《管子·八觀》："宮營大而室屋寡者，其室不足以實其宮。"

5.2　牖户之間謂之扆[1]，其内謂之家[2]。東西牆謂之序[3]。

【注釋】

〔1〕牖：窗。　扆(yǐ，《廣韻》於豈切，上尾，影)：古代宮殿門和窗之間的地方。《説文》户部："户牖之閒謂之扆。"段玉裁注："凡室，户東牖西，户牖之中閒是曰扆。"

〔2〕家：人居之處。《詩·大雅·縣》："陶復陶穴，未有家室。"孔疏引李巡曰："謂門以内也。"

〔3〕序：正堂的東西牆。《大戴禮記·王言》："曾子懼，退，負序

而立。"孔廣森補注:"序,東西牆也。堂上之牆曰序,堂下之牆曰壁,室中之牆曰墉。"

5.3　西南隅謂之奧[1],西北隅謂之屋漏[2],東北隅謂之宧[3],東南隅謂之宎[4]。

【注釋】

〔1〕隅:角落。　　奧:室内西南角。《論語·八佾》:"與其媚於奧,寧媚於竈。"皇侃疏:"奧,内也。謂室中西南角。室向東南開户,西南安牖。牖内隱奧無事,恒尊者所居之處也。"

〔2〕屋漏:室内西北角。《詩·大雅·抑》:"相在爾室,尚不愧于屋漏。"孔疏:"屋漏者,室内處所之名,可以施小帳而漏隱之處,正謂西北隅也。"

〔3〕宧(yí,《廣韻》與之切,平之,以):室内東北角。邢疏引李巡云:"東北者陽始起,育養萬物,故曰宧。宧,養也。"郝疏:"宧者,《説文》云:'養也。室之東北隅,食所居。'按:宧與頤同。《釋詁》頤訓養也。云'食所居'者,古人庖廚食閣皆在室之東北隅,以迎養氣。"

〔4〕宎(yào,又讀yǎo,《集韻》一叫切,去嘯,影。又一鳥切,上篠,影):室内東南角。郭注:"宎亦隱闇。"《儀禮·既夕禮》:"比奠,舉席埽室,聚諸宎。"鄭注:"室東南隅謂之宎。"

5.4　梱謂之閾[1]。柣謂之楔[2]。楣謂之梁[3]。樞謂之椳[4]。樞達北方謂之落時[5],落時謂之戺[6]。

【注釋】

〔1〕梱(zhì,《廣韻》直一切,入質,澄。又千結切,入屑,清):門下橫木,門檻。邢疏:"梱者,孫炎云:'門限也。'"　　閾(yù,《廣韻》況逼切,入職,曉):門檻。邢疏:"經傳諸注皆以閾爲門限,謂門下橫木爲内外之限也。俗謂之地梱,一名閾。"《儀禮·士冠禮》:"布席于門中,闃西閾外,西面。"

〔2〕根(chéng,《廣韻》直庚切,平庚,澄）：門兩旁豎的木柱。郭注：“門兩旁木。”郝疏引《論語》皇侃疏云：“門左右兩橀邊各豎一木，名之爲根。根以禦車過，恐觸門也。”《禮記·玉藻》：“君入門，介拂闑，大夫中根與闑之間，士介拂根。”陸釋文：“根，門楔也。謂兩傍木。”

〔3〕楣：門框上的橫木，上有孔聯貫門樞。《楚辭·九歌·湘夫人》：“桂棟兮蘭橑，辛夷楣兮藥房。” 梁：門楣。郝疏：“其門上之楣，橫木爲孔以貫樞。楣之言冒，冒在門上。今登萊謂之門梁，江浙謂之門龍，皆是此物。”

〔4〕樞：門的承軸臼。《説文》木部：“樞，户樞也。”段玉裁注：“户所以轉動開閉之樞機也。”《莊子·讓王》：“蓬户不完，桑以爲樞。”陸釋文：“司馬云：屈桑條爲户樞也。” 椳(wēi,《廣韻》烏恢切,平灰,影）：承托門軸的門臼。《説文》木部：“椳，門樞謂之椳。”段玉裁注：“謂樞所槷謂之椳也。椳，猶淵也。宛中爲樞所居也。”徐灝注箋：“樞謂之椳，蓋削木爲半弧形，宛中以居門軸也。”

〔5〕落時：古代宮室撐持門樞之木。郝疏：“户在東南，其持樞之木或達於北方者，名落時。落之言絡，連綴之意。”

〔6〕扈(shì,《廣韻》鉏里切,上止,崇）：亦作“厄”，門軸。邢疏：“其持樞之木，或達北檼以爲牢固者，名落時。檼即棟也。落時又名扈，是持樞一木有此二名也。”

5.5 墤謂之坫[1]。牆謂之墉[2]。

【注釋】

〔1〕墤(guǐ,《廣韻》過委切,上紙,見）：壞損的牆。《説文》土部：“墤，毀垣也。”《管子·霸形》：“東山之西，水深滅墤。”注：“墤，敗牆也。”《鶡冠子·王鈇》：“丘第之業，域不出著，居不連墤。” 坫(diàn,《廣韻》都念切,去㮇,端）：牆。《説文》

土部：“坫，屏也。”段玉裁注：“以土爲之，高可屏蔽，故許云‘屏也’。”

〔2〕墉：城墻。《説文》土部：“墉，城垣也。”《詩·大雅·皇矣》：“以爾鉤援，與爾臨衝，以伐崇墉。”毛傳：“墉，城也。”又：高墻。《尚書·梓材》：“若作室家，既勤垣墉，惟其塗塈茨。”陸釋文：“馬云：卑曰垣，高曰墉。”又：牆垣。《詩·召南·行露》：“誰謂鼠無牙？何以穿我墉？”毛傳：“墉，牆也。”《易·解》：“上六，公用射隼于高墉之上，獲之，无不利。”孔疏：“墉，牆也。”

【案】“垝、坫”爲同義詞，都表示牆，用土築成。朱駿聲《説文通訓定聲》解部：“凡絫土爲之者皆得以坫名，即皆得以垝名。”兩詞又微有别：“坫”爲統稱，泛指屏牆；“垝”爲專稱，特指毀垣。“墉”與“牆”爲同義詞，都表示牆垣。“墉”還特指城牆和高牆。

5.6　鏝謂之杇[1]。椹謂之榩[2]。地謂之黝[3]。牆謂之堊[4]。

【注釋】

〔1〕鏝：瓦工塗牆的工具，俗稱瓦刀。方言詞。古字作“槾”。邢疏：“鏝者，泥鏝也。一名杇，塗土之作具也。”　杇：泥抹子。方言詞。後作“釫”。《説文》木部：“杇，所以涂也。秦謂之杇，關東謂之槾。”段玉裁注：“此器今江浙以鐵爲之，或以木……杇、槾古字也，釫、鏝今字也。”

〔2〕椹（zhēn，《廣韻》知林切，平侵，知）：墊板。郭注：“斫木櫍也。”邢疏：“椹者，斫木所用以藉者之木名也。一名榩。”《廣雅·釋器》：“杬、櫍，椹也。”王念孫疏證：“凡椹櫍，或用以斫木……或用以坴努。《周官·圉師》注云：‘椹質，圉人所習。’……或用以斬人……《〈戰國策〉·秦策》云：‘今臣之胸不足以當椹質，要不足以待斧鉞。’是也。或用以爲射

槷。《周官·司弓矢》：‘王弓弧弓，以授射甲革椹質者。’是也。或用以爲門槷，昭八年《穀梁傳》‘置旃以爲轅門，以葛覆質以爲槷’范甯注云：‘質，椹。’是也。”《正字通》木部：“椹，擣衣以石爲質。”　　楱（qián，《廣韻》渠焉切，平仙，群）：木砧。

〔3〕黝（yǒu，《廣韻》於糾切，上黝，影）：黑色。郭注：“黑飾地也。”邢疏：“以黑飾地謂之黝，以白飾牆謂之堊。”

〔4〕堊：石灰。郭注：“白飾牆也。”郝疏：“飾牆古用白土，或用白灰，宗廟用蜃灰。”《釋名·釋宮室》：“堊，亞也，次也。先泥之，次以白灰飾之也。”《莊子·徐無鬼》：“郢人堊漫其鼻端，若蠅翼，使匠石斲之。匠石運斤成風，聽而斲之，盡堊而鼻不傷。”

【案】“鏝、杇”爲同義詞，均指泥工塗牆的工具，區別在於方域不同。“椹、楱”爲同義詞。

5.7　欙謂之杙〔1〕。在牆者謂之楎〔2〕，在地者謂之臬〔3〕。大者謂之栱〔4〕，長者謂之閣〔5〕。

【注釋】

〔1〕欙（zhí，《廣韻》之翼切，入職，章。又徒得切，入德，定）：木椿。郭注：“橜也。”邵正義：“凡木采於山，去其枝條以待用者，俗稱爲木料。古謂之橜，又謂之欙，又謂之杙。其狀不一，或衺而鋭，或大而長，其用至廣。”《墨子·備梯》：“縣火，四尺一鉤欙，五步一竈。”孫詒讓閒詁：“《説文》木部云：‘欙，弋也。’鉤欙，蓋以弋著鉤而縣火。”　　杙（yì，《廣韻》與職切，入職，以）：一頭尖的木椿，木椿。《左傳·襄公十七年》：“齊人獲臧堅，齊侯使夙沙衛唁之，且曰：‘無死。’堅稽首……以杙抉其傷而死。”《尚書大傳》四：“爨竈者有容，椓杙者有數。”鄭注：“杙者，繫牲者也。”

〔2〕楎(huī,《廣韻》許歸切,平微,曉）：釘在牆上用來懸掛衣物的木橛。《禮記·内則》：“男女不同椸枷,不敢縣於夫之楎椸。”鄭注：“楎,杙也。”

〔3〕臬(niè,《廣韻》五結切,入屑,疑）：豎立在地上的木橛或木柱。或爲測日影的標杆,或爲門中央樹立的短木柱。郭注：“即門橜也。”邢疏：“此别杙所在長短之名也……在地及門中者名臬。”《周禮·考工記·匠人》“置槷以縣,眡以景”鄭注：“玄謂槷,古文臬假借字。於所平之地中央樹八尺之臬,以縣正之,眡之以其景,將以正四方也。”賈疏：“臬即表也。”

〔4〕栱(gǒng,《廣韻》居悚切,上腫,見）：大木椿。郝疏：“栱者,《御覽》三百卅七引《埤蒼》云：‘栱,大弋也。’”

〔5〕閾：放於門扇旁固定已開門扇位置的長木。郝疏：“閾者,即下文云‘所以止扉’者也。”王引之述聞：“謂門之既開,其旁有長橜以止之,使不摇動。今時城門既開,插木橜於旁以止之,是其遺法也。或於門旁置斷木以止扉,今人宫室多有之,謂之門墩。”一説指舊式門扇旁邊用作轉軸的長木柱。《説文》門部：“閾,所以止扉也。”徐鍇繫傳：“所以止扉,即今云門頰,扇所附著也。”

【案】該條形成一組同義詞。“橜”表示泛稱,“杙”與“栱”的形狀不同,“楎、臬、閾”的所在位置與功能不同。

5.8　闍謂之臺[1],有木者謂之榭[2]。

【注釋】

〔1〕闍(dū,《廣韻》當孤切,平模,端。又視遮切,平麻,禪）：城門上用土築的高臺,主要用於軍事或雲氣觀望。《爾雅·釋言》：“闍,臺也。”郭注：“城門臺。”《詩·鄭風·出其東門》：“出其闉闍,有女如荼。”毛傳：“闍,城臺也。”孔疏：“闍,是

城上之臺,謂當門臺也。"陸釋文引孫炎云:"闍,積土如水渚,所以望氣祥也。"　　臺:用土築成四方形的高而平的建築物。郭注:"積土四方。"郝疏:"郭注本李巡,其云'積土四方'者,據下文云'四方而高曰臺'也。"《書·泰誓上》:"惟宮室臺榭,陂池侈服,以殘害于爾萬姓。"孔傳:"土高曰臺,有木曰榭。"《詩·大雅·靈臺》:"經始靈臺,經之營之。"毛傳:"四方而高曰臺。"

〔2〕榭:建在臺上只有楹柱而沒有牆壁的房子。《左傳·襄公三十一年》:"宮室卑庳,無觀臺榭。"

【案】"臺"與"闍"是同義詞,都表示高而上平的方形建築物。"臺"是通稱,"闍"專指城臺,範圍比"臺"小。從作用來看,"臺"的用處廣泛,而"闍"主要用於軍事或雲氣觀望。邵正義:"《左氏定四年傳》云:'邾子在門臺。'杜注:'門上有臺。'是門臺亦名闍也。以其在城門、宮門,故謂之闍,若苑囿之臺則不名爲闍。下文云:'四方而高曰臺。'此乃臺之通稱也。城臺、門臺其形亦四方,故又稱爲隅。《考工記》云:'宮隅之制七雉,城隅之制九雉。'戴震補注云:'門臺謂之宮隅,城臺謂之城隅,亦謂之闍。'是也。"

5.9　雞棲於弋爲榤[1],鑿垣而棲爲塒[2]。

【注釋】

〔1〕弋:後作"杙",木樁。　　榤(jié,《廣韻》渠列切,入薛,群):同"桀",雞栖息的木樁。《正字通》木部:"榤,俗桀字。"

〔2〕塒(shí,《廣韻》市之切,平之,禪):牆上挖洞形成的雞窩。邢疏:"李巡曰:'別雞所棲之名也。弋,橛也。鑿牆爲雞作棲曰塒'……避寒,故穿牆以棲雞。"《詩·王風·君子于役》:"雞棲于塒,日之夕矣,羊牛下來。"毛傳:"鑿牆而棲曰塒。"

5.10　植謂之傳[1],傳謂之突[2]。

【注釋】

〔1〕植：門外閉時用以加鎖的中立直木。又稱傳、突。郭注：“户持鏁植也。見《埤蒼》。”邢疏：“植，謂户之維持鏁者也。植木爲之，因名云。又名傳，又名突也。文見《埤蒼》。”郝疏：“植爲立木，所以鍵門持鎖。古人門外閉訖，中植一木，加鎖其上，所以定距兩邊，固其鍵閉。其木植，故謂之植。”《説文》木部：“植，户植也。”段玉裁注：“植，當爲直立之木。徐鍇以爲横鍵，非也。”《墨子·非儒下》：“季孫與邑人争門關，决植。”

〔2〕突：同“梜”，門杠。陸釋文：“突，本又作梜。”

5.11 宋廇謂之梁[1]，其上楹謂之梲[2]。開謂之梜[3]。栭謂之栵[4]。棟謂之桴[5]。桷謂之榱[6]。桷直而遂謂之閲[7]，直不受檐謂之交。檐謂之樀[8]。

【注釋】

〔1〕宋(máng，《廣韻》莫郎切，平唐，明。又武方切，平陽，微)廇(liù，《廣韻》力救切，去宥，来)：房梁。郭注：“屋大梁也。”

〔2〕楹：廳堂的前柱。《詩·小雅·斯干》：“殖殖其庭，有覺其楹。”孔疏：“有覺然高大者，其宫寢之楹柱也。” 梲(zhuō，《廣韻》職悦切，入薛，章)：梁上短柱。《論語·公冶長》：“臧文仲居蔡，山節藻梲。”

〔3〕開(biàn，《廣韻》皮變切，去線，並。又符万切，去願，並)：斗拱。 梜(jí，《廣韻》秦悉切，入質，從)：斗拱。李誠《營造法式·大木作制度一·栱》：“栱，其名有六：一曰開，二曰梜，三曰櫨，四曰曲枅，五曰欒，六曰栱。”

〔4〕栭(ér，《廣韻》如之切，平之，日)：柱頂上支承梁的方木。郝疏：“《禮器》及《明堂位》正義引李巡云：‘栭謂欂櫨也。一名栵。皆謂斗栱也。’然則栵與栭本一物而兩名。栵言其

標,則栱言其本。謂之斗栱者,言方木似斗形而拱承屋棟。”《文選》張衡《西京賦》:“彫楹玉碣,繡栭雲楣。”李善注引薛綜曰:“栭,斗也。” 楶(jié,《廣韻》子結切,入屑,精):柱頂上支承梁的方木。《漢書·敘傳上》:“楶棁之材,不荷棟梁之任。”顔師古注:“楶即薄櫨,所謂枅也。”揚雄《法言·學行》:“吾未見好斧藻其德若斧藻其楶者也。”李軌注:“楶,櫨也。”

〔5〕桴:房屋的二梁。《説文》木部:“桴,棟名。”段玉裁注:“桴,眉棟也……《爾雅》渾言之,許析言之。鄭注《鄉射禮記》曰:‘五架之屋,正中曰棟,次曰楣,前曰庪。’注《鄉飲酒禮》曰:‘楣,前梁也。’許之眉棟,即《禮經》之楣也……許以屋櫋聯曰楣,則棟前曰眉棟,謂棟之近前若眉者也。”

〔6〕桷(jué,《廣韻》古岳切,入覺,見):方形的椽子。方言詞。《説文》木部:“桷,榱也。椽方曰桷。《春秋傳》曰:‘刻桓宫之桷。’”段玉裁注:“桷之言棱角也。椽方曰桷,則知桷圜曰椽矣。”《詩·魯頌·閟宫》:“松桷有舄,路寢孔碩。”毛傳:“桷,榱也。”《穀梁傳·莊公二十四年》:“二十有四年,春,王三月,刻桓宫桷。”陸釋文:“桷,榱也。方曰桷,圓曰椽。” 榱(cuī,《廣韻》所追切,平脂,生):方形的椽子。《説文》木部:“榱,秦名爲屋椽,周謂之榱,齊魯謂之桷。”《左傳·襄公三十一年》:“棟折榱崩,僑將厭焉。”《史記·司馬相如列傳》:“重坐曲閣,華榱璧璫。”

〔7〕遂:通達。 閲:長直達於檐的方形椽子。郝疏:“椽之長而直達於檐者名閲。”

〔8〕樀(dí,《廣韻》都歷切,入錫,端。又徒歷切,入錫,定):屋檐。邢疏:“屋檐一名樀,一名屋梠,又名宇,皆屋之四垂也。”《説文》木部:“樀,户樀也。”段玉裁注:“户樀謂門檐也。郭

注《爾雅》及《篇》《韵》皆云屋梠,則不專謂門。"王筠《釋例》:"楠,讀若滴,吾鄉檐瓦有當者謂之滴水,即此意也。"李誡《營造法式·大木作制度二·檐》:"檐,其名有十四……三曰楠。"

【案】該條有七組同義詞,分別是"宋庿"與"梁"、"閞"與"梜"、"枅"與"㮰"、"棟"與"桴"、"桷"與"榱"、"閞"與"交"、"檐"與"楠"。"宋庿"與"梁"都表示房梁。"棟"與"桴"都表示棟梁。棟,屋的正梁。《說文》木部:"棟,極也。"王筠句讀:"棟爲正中一木之名,今謂之脊檁者是。"朱駿聲通訓定聲:"屋內至中至高之處,亦曰阿,俗謂之正梁。"《易·繫辭下》:"上古穴居而野處,後世聖人易之以宮室,上棟下宇,以待風雨。""棟"又作屋棟通稱。桴,中棟以下第二棟。"閞"與"交"都表示方形的椽子,長短不同。"檐"與"楠"爲一物異名,都表示屋檐。

5.12　容謂之防[1]。

【注釋】

[1] 容:射禮唱獲者用以防箭的障蔽物,形如牀頭小曲屏風,用皮革製成。又稱防。邢疏:"容者,射禮唱獲者蔽身之物也。一名防,言所以容身防矢也。"郝疏:"是容與扆同,扆爲屏風,容唯小曲爲異……容即今之圍屏,其形小曲。射者之容,蓋亦放此。"《周禮·夏官·射人》:"王以六耦射三侯,三獲三容。"鄭注:"容者,乏也,待獲者所蔽也。"《荀子·正論》:"居則設張容,負依而坐,諸侯趨走乎堂下。"楊倞注:"《爾雅》云:'容謂之防。'郭璞云:'如今牀頭小曲屏風,唱射者所以自防隱也。'言施此容於戶牖間,負之而坐也。"

5.13　連謂之簃[1]。

【注釋】

[1] 簃(yí,《廣韻》弋支切,平支,以。又直離切,平支,澄):當

作"移",樓閣邊的小屋。郝疏:"《逸周書·作雒》篇云:'設
移、旅楹。'孔晁注:'承屋曰移。'然則《爾雅》古本作移,魏
晉以後始加竹爲簃。故《御覽》一百八十四引《通俗文》云:
'連閣曰簃。'"《説文》竹部:"簃,閣邊小屋也。"

5.14 屋上薄謂之筄[1]。

【注釋】

〔1〕薄:通"箔",簾子。《莊子·達生》:"有張毅者,高門縣薄,無
不走也。"成玄英疏:"縣薄,垂簾也。"《禮記·曲禮上》:"帷薄
之外不趨,堂上不趨,執玉不趨。"孔疏:"薄,簾也。" 筄
(yào,《廣韻》弋照切,去笑,以):鋪在椽上瓦下用以防漏的
竹席或葦席。郝疏:"薄即簾也,以葦爲之,或以竹。屋上薄
亦然。"

5.15 兩階間謂之鄉[1],中庭之左右謂之位[2],門屏之間謂之宁[3]。屏謂之樹[4]。

【注釋】

〔1〕鄉:殿堂前兩階之間。郭注:"人君南鄉當階間。"郝疏:"兩
階者,堂之東西階也。人君嚮明而治,當兩階間而南鄉,因
謂之鄉。"

〔2〕位:朝堂上群臣的列位。邢疏:"位,群臣之列位也。"《説文》
人部:"位,列中庭之左右謂之位。"段玉裁注:"庭當作廷,字
之誤也……中廷猶言廷中。古者朝不屋,無堂階,故謂之朝
廷。"《國語·周語上》:"大夫、士日恪位著,以儆其官。"韋昭
注:"中庭之左右曰位,門屏之間曰著也。"

〔3〕宁(zhù,《廣韻》直呂切,上語,澄。又直魚切,平魚,澄):古
代宫殿的門與屏之間。郭注:"人君視朝所宁立處。"邢疏:
"謂路門之外,屏樹之内,人君視朝宁立之之處,因名爲宁。"
《禮記·曲禮下》:"天子當宁而立,諸公東面,諸侯西面,

曰朝。”

〔4〕樹：門屏，照壁。郭注：“小牆當門中。”《禮記·郊特牲》：“臺門而旅樹。”鄭注：“屏謂之樹，樹所以蔽行道。管氏樹塞門，塞猶蔽也。禮，天子外屏，諸侯内屏，大夫以簾，士以帷。”

【案】“樹”與“屏”爲一組同義詞，“樹”的詞義範圍小於“屏”。

5.16　閟謂之門[1]。正門謂之應門[2]。觀謂之闕[3]。

【注釋】

〔1〕閟（bēng，《廣韻》甫盲切，平庚，幫）：古代宗廟門内設祭的地方。亦作“祊”。《詩·小雅·楚茨》：“祝祭于祊，祀事孔明。”毛傳：“祊，門内也。”孔疏：“李巡曰：‘閟，廟門名。’”朱熹集傳：“祊，廟門内也。孝子不知神之所在，故使祝博求之於門内待賓客之處也。”

〔2〕應門：王宫的正門。《詩·大雅·緜》：“迺立應門，應門將將。”毛傳：“王之正門曰應門。”《禮記·明堂位》：“九采之國，應門之外，北面東上。”孔疏引李巡云：“宫中南嚮大門，應門也。應是當也。以當朝正門，故謂之應門。”

〔3〕觀：宗廟或宫廷門前建於高臺上的獨立建築物，中間有通道。《禮記·禮運》：“昔者仲尼與於蜡賓，事畢，出遊於觀之上，喟然而歎。”鄭注：“觀，闕也。”　　闕：觀。因觀兩旁爲高建築物，中間有通道，遠觀似有一缺口，故名。漢代闕的使用對象、範圍廣於觀，主要有禮儀與標志作用。《説文》門部：“闕，門觀也。”徐鍇繫傳：“蓋爲二臺於門外，人君作樓觀於上，上員下方。以其闕然爲道謂之闕，以其上可遠觀謂之觀，以其縣法謂之象魏。”《詩·鄭風·子衿》：“挑兮達兮，在城闕兮。”孔疏引孫炎云：“宫門雙闕，舊章懸焉。使民觀之，因謂之觀。”

【案】“閟謂之門”，阮元《校勘記》作“門謂之閟”，今注從此説。

5.17　宮中之門謂之闈[1]，其小者謂之闈[2]，小闈謂之
　　　閤[3]。衖門謂之閎[4]。

【注釋】

〔1〕闈：宮中小門。《説文》門部：“闈，宮中之門也。”《左傳·閔
　　　公二年》：“共仲使卜齮賊公于武闈。”杜注：“宮中小門謂
　　　之闈。”

〔2〕闈：宮中小門。《説文》門部：“闈，特立之户。上圜下方，有
　　　似圭。”《楚辭·離騷》：“闈中既以邃遠兮，哲王又不寤。”王
　　　逸注：“小門謂之闈。”《公羊傳·宣公六年》：“有人荷畚，自
　　　闈而出者。”何注：“宮中之門謂之闈，其小者謂之闈。”

〔3〕閤（gé，《廣韻》古沓切，入合，見）：宮中小門。郝疏：“闈爲特
　　　立之户，不在門旁。其閤必云門旁不特立者，以閤又小於闈
　　　耳。《公羊·宣六年》疏引李巡曰：‘皆門户大小之異。’言於
　　　小之中又分大小也。古者闈、閤連言，多不分別。”《漢書·公
　　　孫弘傳》：“開東閤以延賢人。”顔師古注：“閤者，小門也。”

〔4〕衖（xiàng，《廣韻》胡絳切，去絳，匣）：同“巷”，小巷。　　閎
　　　（hóng，《廣韻》户萌切，平耕，匣）：巷門。郭注：“閎，衖頭門。”
　　　《左傳·成公十七年》：“齊慶克通于聲孟子，與婦人蒙衣乘輦
　　　而入于閎。”杜注：“閎，巷門。”

【案】“闈、闈、閤”爲一組同義詞，都表示宮中小門，大小不同。

5.18　門側之堂謂之塾[1]。

【注釋】

〔1〕塾：門内外東西兩側的堂屋。邵正義引李如圭云：“門之内
　　　外，其東西皆有塾。門一而塾四，其外塾南鄉。”《古今注·都
　　　邑》：“塾，門外之舍也。臣來朝君，至門外，當就舍更衣，熟
　　　詳所應對之事。塾之言熟也。”《書·顧命》：“先輅在左塾之
　　　前，次輅在右塾之前。”

5.19 橛謂之闑^[1]。闔謂之扉^[2]。所以止扉謂之閎^[3]。

【注釋】

〔1〕闑（niè，《廣韻》魚列切，入薛，疑。又五結切，入屑，疑）：門中所豎短木。《説文》門部：“闑，門梱也。”《儀禮·士冠禮》：“布席于門中，闑西閾外，西面。”鄭注：“闑，門橛。”

〔2〕闔：宅院的門扇，兩扇，外形較大。《説文》門部：“闔，門扇也。”《管子·八觀》：“閭閈不可以毋闔。”注：“闔，扉也。”《禮記·月令》：“是月也，耕者少舍，乃修闔扇。”　扉：堂室内户的門扇，一扇，外形比闔小。邢疏：“闔，門扇也。一名扉。”《説文》户部：“扉，户扇也。”《左傳·襄公二十八年》：“子尾抽桷擊扉三。”杜注：“扉，門闔也。”

〔3〕閎：阮元《校勘記》校作“閎”，門開後插在兩旁用來固定門扇的長木桩。參見 5.7 條。

5.20　瓴甋謂之甓^[1]。

【注釋】

〔1〕瓴（líng，《廣韻》郎丁切，平青，來）甋（dì，《廣韻》都歷切，入錫，端）：長方形磚。蔡邕《弔屈原文》：“啄碎琬琰，寶其瓴甋。”　甓（pì，《廣韻》扶歷切，入錫，並）：長方形磚。郭注：“甋甎也。今江東呼瓴甓。”《詩·陳風·防有鵲巢》：“中唐有甓，邛有旨鷊。”毛傳：“甓，瓴甋也。”馬瑞辰傳箋通釋：“《説文》：‘甓，令甓也。’又曰：‘墼，令適也。’甓、適、墼三字同韻，故通用。《廣雅》：‘瓴甋、甓，甋甎也。’《通俗文》：‘狹長者謂之甋甎。’據《吳語》韋昭注‘員曰囷，方曰鹿’，則甋甎蓋甎之長方者耳。”

5.21　宮中衖謂之壼^[1]，廟中路謂之唐^[2]，堂途謂之陳^[3]。

【注釋】

〔1〕壼（kǔn，《廣韻》苦本切，上混，溪）：宮中巷舍間道。郭注：

“巷閣間道。”《詩·大雅·既醉》：“其類維何？室家之壼。”朱熹集傳：“壼，宫中之巷也。”

〔2〕唐：廟中道路。《詩·陳風·防有鵲巢》：“中唐有甓，邛有旨鷊。”毛傳：“唐，堂塗也。”孔疏引李巡曰：“唐，廟中路名。”《漢書·揚雄傳上》：“甘露零其庭，醴泉流其唐。”顏師古注引應劭曰：“《爾雅》：‘廟中路謂之唐。’”

〔3〕陳：堂下到院門的通道。郭注：“堂下至門徑也。”《釋名·釋宫室》：“陳，堂塗也。言賓主相迎陳列之處也。”《詩·小雅·何人斯》：“彼何人斯，胡逝我陳。”毛傳：“陳，堂塗也。”

【案】“壼、唐、陳”爲一組同義詞，都表示場所中的道路，地點不同。

5.22　路、旅〔1〕，途也。路、場〔2〕、猷〔3〕、行，道也。

【注釋】

〔1〕旅：道路。《書·禹貢》：“蔡、蒙旅平，和夷底績。”王引之述聞：“‘蔡、蒙旅平’者，言二山之道已平治也。”《禮記·郊特牲》：“臺門而旅樹。”鄭注：“旅，道也。屏謂之樹，樹所以蔽行道。”

〔2〕場：道路。《説文》土部：“場，祭神道也。”《墨子·備城門》：“除城場外，去池百步，牆垣、樹木小大俱壞伐，除去之。”孫詒讓間詁：“《爾雅·釋詁》云：‘場，道也。’謂城下周道。《旗幟》篇云：‘道廣三十步，於城下夾階者各二。’是也。”

〔3〕猷（yóu，《廣韻》以周切，平尤，以）：道路。亦作“繇”。《説文》辵部：“繇，行繇徑也。”段玉裁注：“按，此當作‘行徑也’，或作‘行由徑也’。”

【案】這組都表示道路。路，道路，特點在於大而不是小。《孟子·盡心下》：“山徑之蹊間，介然用之而成路。”朱熹集注：“路，大路也。”旅，側重於道路較遠而且坎坷。途，泛稱，包括各種類型的道路。場,側重於道路寬闊。猷,行走之路。行,使用頻率較低,主要用於上古,用法與"途"基本相同。道,人工修建而成的比較平坦的大路,多可以通車。

5.23　一達謂之道路,二達謂之歧旁[1],三達謂之劇旁[2],四達謂之衢,五達謂之康[3],六達謂之莊[4],七達謂之劇驂[5],八達謂之崇期[6],九達謂之逵[7]。

【注釋】

〔1〕歧旁:兩岔的道路。郭注:"歧道旁出也。"

〔2〕劇旁:三面相通的道路。郝疏:"劇旁者,《釋名》云:'古者列樹以表道,道有夾溝以通水潦,恒見修治,此道旁轉多,用功稍劇也。'《詩·兔罝》正義引孫炎云:'旁出歧多,故曰劇。'按:劇者,甚也,言此道歧多旁出轉甚也。"

〔3〕康:四通八達的大路。《晏子春秋·內篇諫上》:"粟米盡于氓,任器存于陌,公驅及之康內。"

〔4〕莊:大路。《晏子春秋·內篇問下》:"異日,君過于康莊,聞甯戚歌,止車而聽之。"

〔5〕劇驂:七面相通的大道。郭注:"三道交,復有一歧出者。今北海劇縣有此道。"《釋名·釋道》:"七達曰劇驂。驂馬有四耳,今此道有七,比於劇也。"

〔6〕崇期:四通八達的道路。郭注:"四道交出。"《釋名·釋道》:"八達曰崇期。崇,充也。道多所通,人充滿其上,如共期也。"

〔7〕逵:四通八達的道路。《說文》九部:"馗,九達道也。似龜背,故謂之馗。馗,高也。從九,從首。逵,馗或從辵從坴。"《詩·周南·兔罝》:"肅肅兔罝,施于中逵。"毛傳:"逵,九達之道。"《左傳·隱公十一年》:"潁考叔挾輈以走,子都拔棘以逐之,及大逵。"杜注:"逵,道方九軌也。"

【案】該條是一組同義詞,都表示道路,《爾雅》編者認爲數量不同。實際上，"劇旁、衢、康、莊、劇驂、崇期、逵"並不實指"三達、四達、五達、六達、七達、八達、九達"，多表示四通八達的道路。有的是通行於不同地區的方言詞。俞樾《群經平議》三五云："《(左)傳》於魯國多言衢，於齊國多言莊，於鄭國多言逵。"

5.24　室中謂之時[1]，堂上謂之行，堂下謂之步，門外謂之趨，中庭謂之走，大路謂之奔。

【注釋】

[1] 時：通"跱"，徘徊不前。《玉篇》止部："跱，躇也，止不前也。"

【案】該條構成一組同義詞，儲存態下的意義，都表示人舉足向前移動，區別在速度不同。行，行走，表示總稱。步，不慌不忙，從容而行。趨，快步向前行走，步伐間或無間隔，或有一足之寬。走，即疾趨，相當於現代的跑。奔，狂跑，速度最快。《爾雅》編者以處所不同來辨釋這組同義詞，顯然，針對的是文化義。邢疏："此皆人行步趨走之處，因以名……案，此經所釋，謂祭祀之禮。知者，以《召誥》云：'王朝步自周，則至于豐。'注云：'告文王廟，告文王，則告武王可知。'出廟入廟，不以遠爲文，是也。若迎賓，則《樂師》云：'行以《肆夏》，趨以《采薺》。'行謂大寢之庭至路門，趨謂路門至應門。"《爾雅》訓釋反映了周代祭祀之禮對人行走的要求。

5.25　隄謂之梁[1]。石杠謂之徛[2]。

【注釋】

[1] 隄：同"堤"，沿江河湖海用土石等修成的建築物，主要用來擋水。《說文》𨸏部："隄，唐也。"段玉裁注："唐、塘正俗字……隄與唐得互爲訓者，猶陂與池得互爲訓也。其實宎者爲池爲唐，障其外者爲陂爲隄。"《韓非子·喻老》："千丈之隄，以螻蟻之穴潰。"《禮記·月令》："修利隄防，道達溝瀆。"　　梁：堤壩，堤堰。一個功用是用來絕水。《爾雅·釋

地》："梁莫大於湨梁。"郭注："湨,水名。梁,隄也。"邢疏：
"《詩》傳云：'石絕水曰梁。'然則以土石爲隄障絕水者名
梁。雖所在皆有,而無大於湨水之旁者。"另一個功用是用
來捕魚。《詩·邶風·谷風》："毋逝我梁,毋發我笱。"毛傳：
"梁,魚梁。"《周禮·天官·獻人》："獻人掌以時獻爲梁。"鄭
注引鄭司農云："梁,水偃也。偃水爲關空,以笱承其空。"

〔2〕石杠：兩頭聚石,以木橫架,可行如橋。一說即石橋。郭注：
"聚石水中以爲步渡彴也……或曰今之石橋。"　　　徛(jì,《廣
韻》居義切,去寘,見)：放在水中用以過河的石頭。一說即
渡橋。《説文》彳部："徛,舉脛有渡也。"徐鍇繫傳："即溪澗
夏有水冬無水處,橫木爲之,至冬則去,今曰水彴橋。"《廣
韻》寘韻："徛,石杠。聚石以爲步渡。"

【案】"隄"與"梁"都表示堤壩、堤堰,共同作用都是擋水。"梁"
還能遏魚,而"隄"無這種功用。

5.26　室有東西廂曰廟,無東西廂有室曰寢〔1〕,無室曰
榭。四方而高曰臺,陜而脩曲曰樓〔2〕。

【注釋】

〔1〕寢：宗廟中藏祖先衣冠的後殿。《詩·商頌·殷武》："寢成孔
安。"朱熹集傳："寢,廟中之寢也。"《禮記·月令》："乃脩闔
扇,寢廟畢備。"鄭注："凡廟,前曰廟,後曰寢。"孔疏："廟是
接神之處,其處尊,故在前。寢,衣冠所藏之處,對廟爲卑,
故在後。但廟制有東西廂,有序牆,寢制惟室而已。"

〔2〕陜：同"狹",狹窄。

釋 器 第 六

這一篇所收詞語爲器用類，還包括服飾、飲食等。服飾、飲食等與器皿、器具一樣，均爲人所用，但畢竟不同，置於本篇是"以本器用之原"（郝疏），屬連類而及。"此篇所釋皆正名辨物，依類象形"（郝疏），以同義詞條爲多，或辨釋名物之異，或求同訓解。

6.1 木豆謂之豆[1]，竹豆謂之籩[2]，瓦豆謂之登[3]。

【注釋】

〔1〕豆：古代食器，亦用作裝酒肉的祭器。形似高足盤，多有蓋。新石器時代晚期開始出現，盛行於商周時期。多爲陶質，也有用青銅、木、竹製成的。郭注："豆，禮器也。"《説文》豆部："豆，古食肉器也。"《孟子·告子上》："一簞食，一豆羹，得之則生，弗得則死。"《公羊傳·桓公四年》："一曰乾豆。"何注："豆，祭器名，狀如鐙。"

〔2〕籩（biān，《廣韻》布玄切，平先，幫）：古代祭祀和宴會時盛乾果的竹器，形狀像木製的豆。《説文》竹部："籩，竹豆也。"段玉裁注："豆，古食肉器也。木豆謂之梪，竹豆謂之籩。"朱駿聲通訓定聲："豆盛濕物，籩盛乾物。豆重而籩輕。"《論語·泰伯》："籩豆之事，則有司存。"皇侃疏："籩、豆，禮器也。竹曰籩，木曰豆。豆盛俎醢，籩盛菓實，並容四升，柄尺二寸，下有跗也。"《周禮·天官·籩人》："（籩人）掌四籩之實。"鄭注："籩，竹器如豆者，其容實皆四升。"

〔3〕登：祭祀時盛肉食的禮器。邢疏：“對文則木曰豆，瓦曰登，散則皆名豆。”《詩·大雅·生民》：“卬盛于豆，于豆于登。”毛傳：“木曰豆，瓦曰登。豆，薦菹醢也。登，大羹也。”鄭箋：“祀天用瓦豆，陶器質也。”

6.2　盎謂之缶〔1〕。甌瓿謂之瓵〔2〕。康瓠謂之甈〔3〕。

【注釋】

〔1〕盎：罐子，腹大，口沿内收。王闓運《爾雅集解》：“盎、罌聲轉通用。《左傳》正義引此作罌。秦伯罃又作罌。《周官》：‘盎齊。’《易》：‘用缶。’謂酒器也。”《急就篇》：“甄、缶、盆、盎、甕、㽀、壺。”顏師古注：“缶、盆、盎一類耳。缶即盎也，大腹而斂口，盆則斂底而寬上。”《淮南子·精神》：“其取之地而已爲盆盎也，與其未離於地也無以異。”又：瓦盆。方言詞。《説文》皿部：“盆，盎也。”“盎，盆也。”《廣雅·釋器》：“盎謂之盆。”《方言》五：“㽀瓵謂之盎。自關而西或謂之盆，或謂之盎。”錢繹箋疏：“蓋瓦盆底形如已剖之瓠，故謂之瓠；以其非全盆，故謂之甈。”　　缶：罐子，腹大，口沿内收。郝疏：“缶象篆文缶之形，口微斂而腹大，正如今之汲水罐也。”《説文》缶部：“罌，缶也。”段玉裁注：“罌，缶器之大者。”又：類似現在的盆，圓形，侈口，底小，比盤深，多爲陶器。郭注：“盆也。”《方言》五：“缶謂之瓿甊。”郭注：“即盆也，音偶。”

〔2〕甌（ōu，《廣韻》烏侯切，平侯，影）瓿（bù，舊讀pǒu，《廣韻》防無切，平虞，並。又蒲口切，上厚，並）：罌，統稱。又名瓵。《龍龕手鑒》瓦部：“瓵，甌瓿也。”　　瓵（yí，《廣韻》與之切，平之，以）：小罌。方言詞。郭注：“瓿甊，小罌，長沙謂之瓵。”《説文》瓦部：“瓵，甌瓿謂之瓵。”《玉篇》瓦部：“瓵，小罌也。”《史記·貨殖列傳》“蘖麴鹽豉千荅”裴駰集解引徐廣曰：“或作台，器名有瓵。孫叔然云：‘瓵，瓦器，受斗六升合

爲瓵,音貽。'"

〔3〕康瓠:破瓦壺。郭注:"瓠,壺也。"《史記·屈原賈生列傳》:"斡棄周鼎兮而寶康瓠。"錢繹《方言箋疏》"罃瓶謂之盎"條下引《史記》此文,釋云:"周鼎猶言完鼎;康瓠猶言破瓠。"　　瓵(qì,《廣韻》去例切,去祭,溪。又五計切,去霽,疑):破瓦壺。

【案】"缶"有兩個意義:罐和盆。"盎"也有此二義。"缶"以兩個意義分別訓釋對應的"盎",爲一物異名。附加意義方面,"盎"具有方言色彩。

6.3　斪斸謂之定〔1〕。斫謂之鐯〔2〕。斛謂之疀〔3〕。

【注釋】

〔1〕斪(qú,《廣韻》其俱切,平虞,群)斸(zhú,《廣韻》陟玉切,入燭,知):古代鋤類農具。亦稱定。邢疏:"斪斸,一名定。郭云:'鋤屬。'李巡曰:'鋤別名也。'"段玉裁《説文解字注》"欘"字下云:"夫《爾雅》斪斸本一物,安得二之?且《考工記》注引《爾雅》作句欘……蓋似鉬而健於鉬,似斤而不以斫木,專以斫田。其首如鉬,然句於矩,故謂句欘也。"

〔2〕鐯(zhuó,《廣韻》張略切,入藥,知):大鋤。亦作"欘"。又名斫。郭注:"钁也。"郝疏:"《説文》云:'钁,大鉬也。'"《説文》木部:"欘,斫謂之欘。"段玉裁注:"欘,一作鐯,俗字也。"

〔3〕斛(qiāo,《廣韻》吐彫切,平蕭,透):古"鍫"字,古農具,即鍫。方言詞。《方言》五:"臿,燕之東北朝鮮洌水之間謂之斛,宋魏之間謂之鏵,或謂之鍏,江淮南楚之間謂之臿。"《廣雅·釋詁》:"斛,穿也。"王念孫疏證:"《説文》:'斛,突也。'突與穿同義。《爾雅》:'斛謂之疀。'鄭注《少牢》下篇作'挑謂之歃'。疀、歃並與鍤同,所以穿地者也。"　　疀(chā,《廣

韻》楚洽切,入洽,初):古代農具,即鍬。方言詞。郭注:"皆
古鍬、鍤字。"鄭注:"即鍤也,亦謂之鍬。"《說文》甾部:"䱔,
斛也,古田器也。"

6.4　緵罟謂之九罭[1]。九罭,魚罔也。嫠婦之笱謂之
　　罶[2]。槮謂之涔[5]。

【注釋】

〔1〕緵(zōng,《廣韻》作弄切,去送,精)罟:網眼細密的魚網。
邢疏:"此別羅網之異名也。罟,網也。緵罟,一名九罭,即
魚罔也。"　　九罭(yù,《廣韻》雨逼切,入職,云):有許多
囊袋相連的魚網。郭注:"今之百囊罟,是亦謂之罭。今江
東呼爲緵。"《詩·豳風·九罭》:"九罭之魚,鱒魴。"毛傳:"九
罭,緵罟,小魚之網也。"孔疏:"孫炎曰:'九罭,謂魚之所入
有九囊也。'"郝懿行《爾雅義疏》:"緵之言總也。《孟子》所
謂'數罟',言其網目細密,故毛以爲'小魚之網'。"《文選》
張衡《西京賦》:"布九罭,設罜䍡。"

〔2〕嫠(lí,《廣韻》里之切,平之,來)婦之笱(gǒu,《廣韻》古厚
切,上厚,見):嫠婦,寡婦。笱,竹製的捕魚器。在水口以
曲薄爲梁,即用竹木、蘆葦等彎曲插於水中,不開缺口,使魚
可入而不可出。一般是夜施曉取或朝施暮取,寡婦不用守
待而食其利,故名。鄭注:"以薄爲魚笱,其功易,故號寡婦
之笱也。"邵正義:"今南方排竹水中,疏節相維,謂之魚簿。
設門焉,隨潮爲啓閉,故《淮南·兵略訓》云:'發笱門。'高誘
注云:'笱,竹笱,所以捕魚。其門可入而不得出。'是其制
也。"　　罶(liǔ,《廣韻》力久切,上有,來):捕魚器具。又
名嫠婦之笱。《說文》網部:"罶,曲梁,寡婦之笱,魚所留也。"
朱駿聲通訓定聲:"以土若石堰水爲關空曰梁,曲薄爲器,其
口可入而不可出,以承梁空捕魚者曰笱。而以曲薄爲梁,令

魚可入而不可出謂之罶。罶非笱而其用如笱，故曰嫠婦之
笱，如吾蘇蟹籪之類是也。"《詩·小雅·魚麗》："魚麗于罶，
鱨鯊。"毛傳："罶，曲梁也，寡婦之笱也。"

〔3〕罺（cháo，《廣韻》初教切，去效，初。又側交切，平肴，莊）：
捕魚具，即抄網。又名汕。郭注："今之撩罟。"郝疏："撩罟，
今謂之抄網也。"《廣韻》肴韻："罺，抄網。"　　汕（shàn）：
抄網。邵正義："汕又爲罺之别名也。"《詩·小雅·南有嘉魚》：
"南有嘉魚，烝然汕汕。"毛傳："汕汕，樔也。"鄭箋："樔者，
今之撩罟也。"

〔4〕篧（zhuó，《廣韻》側角切，入覺，莊。又士角切，入覺，崇）：
用細竹編成的捕魚用的罩。郭注："捕魚籠也。"邢疏引李巡
云："篧，編細竹以爲罩捕魚也。"

〔5〕槮（sǎn，《廣韻》桑感切，上感，心）：同"罧"，積柴水中用作
捕魚之具。方言詞。郭注："今之作槮者，聚積柴木於水中，
魚得寒，入其裏藏隱，因以簿圍捕取之。"《集韻》寢韻："槮，
積柴水中以取魚。或作罧。"　　潛（qián，《集韻》慈鹽切，
平鹽，從）：捕魚之具。又名槮。方言詞。胡承珙《小爾雅
義證·廣獸》："今沇州人積柴水中捕魚爲罧，幽州名之爲
潛也。"

【案】"九罭"之"九"不是實數，只言其多。囊袋是收魚之處，相
當於今天的網口。尹桐陽義證："罭，从网、古。古，十口也。初
作网時僅一面，脚處分爲多口，今俗呼扯网是也。引申爲凡网之
偶。九，數之究也。罭，域也。脚處用繩結爲口，不一而足，各
有分域，因名'九罭'。或者謂結繩之界與。""緵罟"表示統稱，
"九罭"是其中的一種。

6.5　鳥罟謂之羅〔1〕，兔罟謂之罝〔2〕，麋罟謂之罞〔3〕，彘
罟謂之羉〔4〕，魚罟謂之眾〔5〕。繴謂之罿〔6〕。罿，罬

也[7]。罬謂之罦[8]。罦，覆車也。

【注釋】

[1] 羅：捕鳥的網。《説文》网部：“羅，以絲罟鳥也……古者芒氏初作羅。”《詩·王風·兔爰》：“有兔爰爰，雉離于羅。”毛傳：“鳥網爲羅。”

[2] 罝（jū，《廣韻》子邪切，平麻，精）：捕兔網。郭注：“罝猶遮也。”邢疏：“李巡云：‘兔自作徑路，張罝捕之也。’然則張罔遮兔，因名曰罝。”《説文》网部：“罝，兔网也。”《詩·周南·兔罝》：“肅肅兔罝，椓之丁丁。”毛傳：“兔罝，兔罟也。”

[3] 罞（máo，《廣韻》莫交切，平肴，明。又莫紅切，平東，明）：捕獲麋鹿的網。郭注：“冒其頭也。”邢疏：“麋罔名罞。罞，冒也。言冒覆其頭也。”邵正義：“麋爲鹿之屬。捕鹿者或執其角，或掎其足。其用罔者謂之罞。”

[4] 羉（luán，《廣韻》落官切，平桓，來）：捕捉野豬的網。郭注：“羉，幕也。”邢疏：“彘，豬也。其罔名羉。羉，幕也。言幕絡其身也。”

[5] 罛（gū，《廣韻》古胡切，平模，見）：一種大型魚網。方言詞。郭注：“最大罟也。今江東云。”《説文》网部：“罛，魚罟也。”《詩·衛風·碩人》：“施罛濊濊，鱣鮪發發。”毛傳：“罛，魚罟。”《國語·魯語上》：“水虞於是乎講罛罶，取名魚，登川禽，而嘗之寢廟，行諸國，助宣氣也。”

[6] 繴（bì，《廣韻》北激切，入錫，幫。又蒲革切，入麥，並）：覆車，一種能自動覆蓋的捕獲鳥獸的網。方言詞。郭注：“今之翻車也。有兩轅，中施罥以捕鳥。展轉相解，廣異語。”邢疏引孫炎曰：“覆車，網可以掩兔者也。一物五名，方言異也。”《説文》系部：“繴，繴謂之罿，罿謂之罬，罬謂之罦，捕鳥覆車也。”　　罿（chōng，《廣韻》尺容切，平鍾，昌。又徒

紅切,平東,定）：覆車。方言詞。郝疏：“《月令》正義引孫
炎云：‘覆車是兩轅網。’”《説文》网部：“罿,罬也。”《詩·王
風·兔爰》：“有兔爰爰,雉離于罿。”毛傳：“罿,罬也。”朱熹
集傳：“罿,罬也,即罦也。”

〔7〕罬（zhuó,《廣韻》陟劣切,入薛,知。又紀劣切,入薛,見）：
覆車。方言詞。《説文》网部：“罬,捕鳥覆車也。”王筠釋例：
“覆車,吾鄉謂之翻車。不用網目,以雙繩貫柔條,張之如弓,
繩之中央縛兩竹,竹之末箕張,亦以繩貫之,而張之以機。
機上繫蛾,鳥食蛾則機發,竹覆於弓而羅其項矣。以其弓似
半輪,故得車名。此真所謂一目羅者也。若捕小鳥則用罬,
其形相似,但弓上結網爲異。罬特以繩連綴之,故從叕也。”
《玉篇》网部：“罬,連也。幡車上覆岡。”

〔8〕罦（fú,《廣韻》芳無切,平虞,敷。又縛謀切,平尤,奉）：覆
車。方言詞。《詩·王風·兔爰》：“有兔爰爰,雉離于罦。”毛傳：
“罦,覆車也。”孔疏：“孫炎曰：‘覆車,網可以掩兔者也。一
物五名,方言異也。’”

6.6　絇謂之救[1]。

【注釋】

〔1〕絇（qú,《廣韻》其俱切,平虞,群。又九遇切,去遇,見）：古
時鞋頭上的裝飾,有孔,可穿繫鞋帶。《儀禮·士喪禮》：“乃
屨,綦結于跗,連絇。”鄭注：“絇,屨飾,如刀衣鼻,在屨頭上,
以餘組連之,止足坼也。”　　救：通“糾”,纏繞收聚。郭注：
“救絲以爲絇。”郝疏：“救之言糾也,糾繚斂聚之意。”

【案】這兩個詞不同義。

6.7　律謂之分[1]。

【注釋】

〔1〕律：節氣,時令。古人以律與曆附會,用十二律對應一年

的十二個月。邵正義:"鄭注《月令》云:'凡律空九分。'孔
疏云:'陰律稱同,言與陽同也。總而言之,陰陽皆稱律,故
十二月皆云律中也。'"　　分:春、秋分兩個節候。《左
傳·昭公十七年》:"日過分而未至。"《左傳·僖公五年》:"凡
分、至、啓、閉,必書雲物。"杜注:"分,春、秋分也。"孔疏:
"春之半,秋之半,晝夜長短等,晝夜中分百刻,故春、秋之半
稱春、秋分也。"

【案】"律、分"都表示節氣,前者是泛指,後者是特指,範圍大小
不同。

6.8　大版謂之業[1]。

【注釋】

[1] 業:古代樂器架子橫木上的大版,用以懸掛鐘、鼓、磬等。
《説文》丵部:"業,大版也。所以飾縣鐘鼓。捷業如鋸齒,以
白畫之,象其鉏鋙相承也。"段玉裁注:"栒以縣鐘鼓,業以覆
栒爲飾。其形刻之捷業然如鋸齒,又以白畫之,分明可觀,
故此大版名曰業。業之爲言釅也。"《詩·周頌·有瞽》:"設
業設虡,崇牙樹羽。"毛傳:"業,大板也。所以飾栒爲縣也。
捷業如鋸齒,或曰畫之。"《文選》張衡《西京賦》:"負筍業
而餘怒,乃奮翅而騰驤。"李善注:"當筍下爲兩飛獸以背負,
又以板置上,名爲業。"

6.9　繩之謂之縮之[1]。

【注釋】

[1] 縮:用繩捆束。郭注:"縮者,約束之。"《詩·大雅·緜》:"其
繩則直,縮版以載。"孔疏:"孫炎曰:'繩束築板謂之縮。'郭
璞曰:'縮者,縛束之也。'然則縮者,束物之名。用繩束板,
故謂之縮。"

【案】當作"繩謂之縮"。郝疏:"《詩·緜》傳用《爾雅》作'乘謂

之縮'（鄭箋：乘當作繩），正義引作'繩謂之縮'。是《爾雅》古本蓋如此，今本兩'之'字衍，宜據以訂正。"繩，用繩捆束。

6.10 彝[1]、卣[2]、罍[3]，器也。小罍謂之坎[4]。

【注釋】

〔1〕彝：古代青銅祭器的通稱。郭注："皆盛酒尊，彝其揔名。"《說文》系部："彝，宗廟常器也……此與爵相似。《周禮》六彝：雞彝、鳥彝、黃彝、虎彝、蜼彝、斝彝，以待祼將之禮。"《書·益稷》："予欲觀古人之象，日、月、星辰、山、龍、華蟲作會，宗彝、藻、火、粉米、黼、黻絺繡。"孔傳："宗廟彝樽亦以山龍華蟲為飾。"《左傳·襄公十九年》："且夫大伐小，取其所得以作彝器。"杜注："彝，常也。謂鍾鼎為宗廟之常器。"

〔2〕卣（yǒu，《廣韻》與久切，上有，以。又以周切，平尤，以）：古代用於祭祀的青銅製酒器。橢圓形，小口，深腹，圈足，有蓋和提梁。《書·文侯之命》："用賚爾秬鬯一卣。"孔傳："卣，中罇也。"《詩·大雅·江漢》："釐爾圭瓚，秬鬯一卣。"毛傳："卣，器也。"

〔3〕罍（léi，《廣韻》魯回切，平灰，來）：古代一種盛酒的容器。小口，廣肩，深腹，圈足，有蓋。多用青銅或陶製成。邢疏："罍者，尊之大者也。"《詩·周南·卷耳》："我姑酌彼金罍，維以不永懷。"陸釋文："罍，酒罇也。"朱熹集傳："罍，酒器。刻為雲雷之象，以黃金飾之。"《儀禮·少牢饋食禮》："司宮設罍水于洗東，有枓。"

〔4〕坎：古代酒器，形狀似壺而小。郝疏："是坎為酒罇，言小於罍，則受實不及一斛。"

6.11 衣梳謂之襘[1]。黼領謂之襮[2]。緣謂之純[3]。袕謂之裒[4]。衣眥謂之襟[5]。衱謂之裾[6]。衿謂之袸[7]。佩衿謂之褑[8]。執衽謂之袺[9]。扱衽謂之襭[10]。衣

蔽前謂之襜[11]。婦人之褘謂之縭[12]。縭[13],綏也[14]。裳削幅謂之纀[15]。

【注釋】

〔1〕裗(liú,《廣韻》力求切,平尤,來):衣衽下垂、擺動的飾物。 䘽(ní,《廣韻》五稽切,平齊,疑):衣褸,衣襟下的裝飾。郭注:"衣縷也。齊人謂之攣。或曰袿衣之飾。"郝疏:"裗䘽猶言流曳,皆謂衣衽下垂流移摇曳之貌。"《玉篇》衣部:"䘽,衣裗也。"

〔2〕襮(bó,《廣韻》補各切,入鐸,幫。又博沃切,入沃,幫):繡有黼形花紋的衣領。郭注:"繡刺黼文以褗領。"《詩·唐風·揚之水》:"素衣朱襮,從子于沃。"毛傳:"襮,領也。諸侯繡黼丹朱中衣。"

〔3〕純(zhǔn,《廣韻》之尹切,上準,章):邊緣的裝飾物。郭注:"衣緣飾也。"《儀禮·士喪禮》:"夏葛屨,冬白屨,皆繶緇絇純組綦,繫于踵。"賈疏:"純謂緣口。"

〔4〕袕(xué,《廣韻》食聿切,入術,船):衣服開孔。郭注:"衣開孔也。"郝疏:"袕者,郭讀與穴同,故云'衣開孔'。" 褮(yīng,《廣韻》户扃切,平青,匣):衣服開孔。邢疏:"袕,衣開孔也。名褮。"《龍龕手鑒》衣部:"褮,音熒,衣開孔也。"

〔5〕眥(zì):衣領交接處。 襟:古代衣服的交領。邢疏:"謂交領也。"郝疏:"衣有眥者,《淮南·齊俗》篇云:'隅眥之削。'蓋削殺衣領以爲斜形,下屬於襟,若目眥然也。"《詩·鄭風·子衿》"青青子衿"孔疏引孫炎曰:"襟,交領也。衿與襟音義同,衿是領之别名,故云。"

〔6〕衱(jié):衣後襟,衣裾。郭注:"衣後襟也。"邢疏:"衱,一名裾,即衣後裾也。"杜甫《麗人行》:"背後何所見?珠壓腰衱穩稱身。"浦起龍解:"《爾雅》:'衱謂之裾。'朱注:'衣裾以

珠綴之。’”

〔7〕衿(jīn,《廣韻》居吟切,平侵,見):衣服的結帶。《集韻》
侵韻:“衿,衣糸也。”《儀禮·士昏禮》:“母施衿結帨曰:‘勉
之敬之,夙夜無違宫事。’”胡培翬正義:“衿,衣小帶。”《禮
記·内則》:“男女未冠笄者,雞初鳴,咸盥、漱、櫛、縰、拂髦,
總角,衿纓,皆佩容臭。”　　袸(jiàn,《廣韻》在甸切,去霰,
從。又徂尊切,平魂,從):衣小帶。邢疏:“衿,衣小帶也。
一名袸。”

〔8〕褑(yuàn,《廣韻》王眷切,去線,云):衣襟上佩玉的帶。郭
注:“佩玉之帶上屬。”《龍龕手鑒》衣部:“褑,佩帶也。”

〔9〕袺(jié,《廣韻》古屑切,入屑,見。又古黠切,入黠,見):手
提起衣襟。郭注:“持衣上衽。”《説文》衣部:“執衽謂之袺。”
《詩·周南·芣苢》:“采采芣苢,薄言袺之。”毛傳:“袺,執衽
也。”孔疏:“置袺,謂手執之而不扱,襭則扱於帶中矣。”

〔10〕扱(chā,《廣韻》楚洽切,入洽,初):插。　　襭(xié,《廣
韻》胡結切,入屑,匣):把衣襟插在腰帶上兜東西。郭注:
“扱衣上衽於帶。”《説文》衣部:“襭,以衣衽扱物謂之襭。”
《詩·周南·芣苢》:“采采芣苢,薄言襭之。”毛傳:“扱衽曰
襭。”陳奐傳疏:“襭者,插衽於帶以納物。”

〔11〕襜(chān,《廣韻》處占切,平鹽,昌):遮至膝前的圍裙,即蔽
膝。郭注:“今蔽膝也。”《説文》衣部:“襜,衣蔽前。”《詩·小
雅·采緑》:“終朝采藍,不盈一襜。”毛傳:“衣蔽前謂之襜。”

〔12〕褘:當作“幃”(huī),蔽膝,佩巾。佩之於前,可以蔽膝;蒙
之於首,可以覆額。　　縭(lí,《廣韻》吕支切,平支,來):
婦女繫在胸前的大佩巾。郝疏:“然蔽膝亦名巾者,《方言》
以蔽膝爲大巾,《釋名》亦云:‘婦人蔽膝,齊人謂之巨巾,田
家婦女出至田野以覆其頭,故因以爲名也。’然則婦人之褘

既以蔽膝,又以覆頭。今青州婦人以巾覆者,其遺象也。"
《詩·豳風·東山》:"親結其縭,九十其儀。"毛傳:"縭,婦人
之褘也。母戒女,施衿結帨。"

〔13〕縭:冠帶繫結後剩餘的末梢部分。又稱纚。郭注:"即今之
香纓也。"《文選》張衡《思玄賦》:"獻環琨與琛縭兮,申厥好
以玄黃。"李善注:"縭,今之香纓……《韓詩章句》曰:'縭,
帶也。'"

〔14〕緌:冠帶繫結後剩餘的末梢部分。邢疏:"緌猶繫也,取繫
屬之義。"《説文》糸部:"緌,系冠纓也。"段玉裁注:"緌,系
冠纓灰者。各本作'系冠纓也',《韵會》無'也'字,皆非,
今正。緌與纓無異材,垂其餘則爲緌,不垂則舌於纓卷閒。"
《禮記·内則》:"冠緌纓。"孔疏:"結纓頷下以固冠,結之餘
者散而下垂,謂之緌。"

〔15〕襮(pú,《廣韻》博木切,入屋,幫):古代諸侯、大夫、士家居
所穿深衣的下裳。郭注:"削殺其幅,深衣之裳。"邢疏:"衣
下曰裳。削,殺也。裳削殺其幅者名襮,謂深衣之裳也。"《説
文》糸部:"襮,裳削幅謂之襮。"朱駿聲通訓定聲:"惟深衣
衣裳相連,以六幅之布直裁其四爲八,斜裁其二爲四,前後
各六幅,故當旁之衽,或削而上,或削而下,無辟積也。"

6.12　輿,革前謂之鞎[1],後謂之第[2];竹前謂之禦[3],
後謂之蔽[4]。環謂之捐[5]。鑣謂之鑣[6]。載轡謂之
轙[7]。轡首謂之革[8]。

【注釋】

〔1〕鞎(hén,《廣韻》户恩切,平痕,匣):古代車廂前面革製的遮
蔽物。王引之述聞:"曰前曰後,皆車簀也。以革爲簀,則在
前者謂之鞎,在後者謂之茀……鞎之言限也,限隔内外,使
塵不得入也。"《説文》革部:"鞎,車革前曰鞎。"

〔2〕笰（fú，《廣韻》分勿切，入物，非）：古代車廂後面革製的遮
蔽物。亦作"茀"。郭注："以韋靾後户。"郝疏："笰者，《玉篇》
《廣韵》並云：'輿後笰也。'《詩》正義引李巡曰：'笰，車後户
名也。'按：笰當作茀。《碩人》傳：'茀，蔽也。'《載驅》傳：
'車之蔽曰茀。'是茀取茀蔽爲義。車後户者，升車自後入，
故以後爲户也。"《詩·齊風·載驅》："簟茀朱鞹。"孔疏引李
巡曰："輿革前，謂輿前以革爲車飾曰鞎。茀，車後户名也。"

〔3〕禦：車輿前竹製的遮蔽物，用於遮擋風塵。郭注："以簟衣
軾。"邢疏："李巡曰：'竹前，謂編竹當車前以擁蔽，名之曰
禦。禦，止也。'孫炎曰：'禦，以簟爲車飾也。'"

〔4〕蔽：車輿後竹製的遮蔽物，也有用蒲製的，用於遮擋風塵。
郭注："以簟衣後户。"《儀禮·既夕禮》："主人乘惡車，白狗
幦，蒲蔽。"鄭注："蔽，藩。"賈疏："藩，謂車兩邊禦風爲藩，
蔽以蒲草，亦無飾也。"《周禮·春官·巾車》："王之喪車五乘，
木車蒲蔽。"鄭注引鄭司農曰："以蒲爲蔽，天子喪服之車。"

〔5〕捐（yuán）：車上穿繮繩的圓環。郭注："著車衆環。"王引之
述聞："家大人曰：環與捐皆圓貌也。捐之言圓也。《説文》：
'圓，規也。'規亦圓也。"

〔6〕鑣（biāo，《廣韻》甫嬌切，平宵，幫）：馬嚼子。與銜合用，
銜在口内，鑣在口旁。青銅製或鐵製，也有用骨、角製的，
上面可繫鑾鈴。《説文》金部："鑣，馬銜也。"王筠釋例："上
文'銜，馬勒口中'也。革部'勒，馬頭絡銜也'。然則勒以
革爲之，所以繫鑣。鑣與銜皆以金爲之，鑣在口旁，銜在口
中。三物一體，故通其名，而所在不可不别也。"《詩·秦風·駟
驖》："輶車鸞鑣，載獫歇驕。"《楚辭·九歎·離世》："斷鑣銜
以馳騖兮，暮去次而敢止。"王逸注："鑣，勒也。銜，飾口鐵
也。"　　　鑷（niè，《廣韻》魚列切，入薛，疑。又語訐切，入月，

疑）：馬勒旁鐵。又名鑣。郭注：“馬勒旁鐵。”邢疏：“鑣，馬
勒旁鐵，一名鑣。”

〔7〕轡：駕馭馬的韁繩。　　軜（yǐ，《廣韻》魚倚切，上紙，疑。
又魚羈切，平支，疑）：車衡上貫穿韁繩的大環。郭注：“車
軛上環，轡所貫也。”邢疏：“轡者，御馬之具也。古者乘車駕
駟馬，凡八轡。轅端之木名衡，衡即軛，軛上著環以貫轡，此
即載轡之環名軜。”《説文》車部：“軜，車衡載轡者。”《淮南
子·説山》：“遺人馬而解其羈，遺人車而税其軜。”《文選》張
衡《東京賦》：“龍輈華軜，金錣鏤錫。”

〔8〕轡首：馬龍頭。　　革：轡首，即馬龍頭。郝疏：“轡首垂
即靶也，以革爲之，因名革。《韓奕》箋：‘鞗革謂轡也，以金
爲小環，往往纏搤之。’《説文》鞗作鋚，云：‘轡首銅。’然則
轡首有革有銅，《爾雅》單言革者，轡以革爲主，銅爲飾耳。”
《詩·小雅·蓼蕭》：“既見君子，鞗革忡忡。”毛傳：“革，轡首
也。”孔疏：“馬轡所靶之外有餘而垂者謂之革。”

6.13　餀謂之餯[1]。食饐謂之餲[2]。摶者謂之糷[3]，米者謂之蘖[4]。肉謂之敗[5]，魚謂之餒[6]。

【注釋】

〔1〕餀（hài，《廣韻》呼艾切，去泰，曉）：食物腐敗變臭。郭注：“説
物臭也。”邢疏引李巡云：“餀、餯皆穢臭也。”《説文》食部：
“餀，食臭也。”《六書故》二八：“餀，食敗氣逆人也。”　　餯
（huì，《廣韻》許穢切，去廢，曉）：食物腐敗發臭。《正字通》
食部：“餯，食臭。”

〔2〕饐：食物經久腐臭。　　餲（ài，《廣韻》於犗切，去夬，影。
又於罽切，去祭，影。又烏葛切，入曷，影）：食物經久而腐
臭變味。郭注：“飯饐臭。”邢疏：“饐，飯臭也。一名餲。”《論
語·鄉黨》：“食不厭精，膾不厭細，食饐而餲。”何晏集解引

孔安國曰:"饐、餲,臭味變也。"皇侃疏:"饐謂飲食經久而腐臭也,餲謂經久而味惡也。"《慎子·外篇》:"冬則凍冰,夏則餲饐。"

〔3〕餺:飯煮得太爛而粘在一起。 䉣(làn,《廣韻》郎旰切,去翰,來):煮得太爛而粘在一起的飯。郭注:"飯相著。"邢疏:"飯餺相著者名䉣。李巡云:'䉣,飯淖糜相著也。'"郝疏:"《孟子》云'糜爛',今語云'爛熟',皆是。《呂覽·本味》篇云:'熟而不爛。'高誘注:'爛,失飪也。'蓋爛謂過熟,故言'失飪'。"

〔4〕䴬(bò,《廣韻》博厄切,入麥,幫。又普麥切,入麥,滂):夾生飯。郭注:"飯中有腥。"邢疏:"飯中有腥米者名䴬。李巡曰:'米飯半腥半熟名䴬。'"《説文》米部:"䴬,炊米者謂之䴬。"

〔5〕肉:肉變質。

〔6〕魚:魚臭爛。 鯘:魚腐爛。《論語·鄉黨》:"魚餒而肉敗,不食。"何晏集解引孔安國曰:"魚敗曰餒。"《史記·孔子世家》:"魚餒,肉敗,割不正,不食。"

6.14 肉曰脱之〔1〕,魚曰斮之〔2〕。

【注釋】

〔1〕脱:肉去皮骨。郭注:"剥其皮也。今江東呼麋鹿之屬通爲肉。"邢疏:"此論治擇魚肉之名也。肉剥去其皮,因名'脱之'。李巡云:'肉去其骨曰脱。'"《禮記·内則》:"肉曰脱之,魚曰作之,棗曰新之。"孔疏:"肉曰脱之者,皇氏云:'治肉,除其筋膜,取好處。'故李巡注《爾雅·釋器》云:'肉去其骨曰脱。'郭云:'剥其皮也。'"《列子·天瑞》:"化而爲蟲,生竈下,其狀若脱,其名曰鴝掇。"

〔2〕斮(zhuó,《廣韻》側略切,入藥,莊。又側角切,入覺,莊):

刮去魚鱗。亦作"作"。郭注:"謂削鱗也。"邢疏:"斬謂斬
削其鱗,則脫是脫剝其皮也。嫌羊豕有不剝其皮者……《禮
記·內則》及李巡《爾雅》本皆云'魚曰作之',皇侃云:'作,
謂搖動也。凡取魚,搖動之,視其鮮餧,餧者不食。'李巡云:
'作之,魚骨小,無所去。'今本作斬。"

6.15　冰[1],脂也。

【注釋】

〔1〕冰:脂膏。郭注:"《莊子》云:'肌膚若冰雪。'冰雪,脂膏
　　也。"邢疏:"脂,膏也。一名冰。"段玉裁《說文解字注》仌部:
　　"《釋器》:'冰,脂也。'孫本'冰'作'凝'。按,此可證《詩》
　　'膚如凝脂'本作'冰脂'。以'冰'代'仌',乃別製'凝'字。
　　經典凡'凝'字皆'冰'之變也。"

6.16　肉謂之羹[1],魚謂之鮨[2]。肉謂之醢[3],有骨者謂之臡[4]。

【注釋】

〔1〕羹:用肉做成的薄糊狀主菜。郭注:"肉臛也。"《左傳·隱公
　　元年》:"公賜之食,食舍肉。公問之,對曰:'小人有母,皆嘗
　　小人之食矣,未嘗君之羹,請以遺之。'"《荀子·非相》:"君
　　子啜其羹,食其胾。"

〔2〕鮨(qí,《廣韻》渠脂切,平脂,群):魚醬。郝疏:"郭以鮨為
　　鮓屬,非也。鮓乃以鹽藏魚,鮨是以魚作醬。《爾雅》方釋諸
　　醬之名。"《說文》魚部:"鮨,魚胳醬也。出蜀中。"

〔3〕醢(hǎi,《廣韻》呼改切,上海,曉):用肉做成的糊狀食物,
　　肉醬。郭注:"肉醬。"《說文》酉部:"醢,肉醬也。"《詩·大
　　雅·行葦》:"醓醢以薦,或燔或炙。"《晏子春秋·內篇諫下》:
　　"醢醢腐,不勝沽也。"

〔4〕臡(ní,《廣韻》奴低切,平齊,泥。又人兮切,平齊,日):帶

骨的肉醬,亦泛指肉醬。《説文》肉部:"胏,有骨醢也。臡,胏或从難。"《周禮·天官·醢人》:"朝事之豆,其實韭菹、醓醢,昌本、麋臡。"鄭注:"三臡亦醢也。作醢及臡者,必先膊乾其肉,乃後莝之,雜以粱麴及鹽,漬以美酒,塗置瓶中,百日則成矣……有骨爲臡,無骨爲醢。"

6.17　康謂之蠱[1]。

【注釋】

[1] 康:同"糠、穅",穀皮。《説文》禾部:"穅,穀皮也。康,穅或省。"朱駿聲通訓定聲:"今蘇俗穀皮之粗大者曰礱穅,米皮之粉細者曰穅。字亦作糠。"《墨子·備城門》:"二舍共一井爨,灰、康、粃、秠、馬矢,皆謹收藏之。"孫詒讓閒詁:"吳鈔本'康'作'糠',俗字。"　　蠱:陳穀中所生的蟲。《左傳·昭公元年》:"穀之飛,亦爲蠱。"杜注:"穀久積則變爲飛蟲,名曰蠱。"

6.18　澱謂之垽[1]。

【注釋】

[1] 澱(diàn,《廣韻》堂練切,去霰,定):沉積的泥滓。《説文》水部:"澱,滓滋也。"　　垽(yìn,《廣韻》魚覲切,去震,疑。又吾靳切,去焮,疑):泥渣。方言詞。郭注:"滓,澱也。今江東呼垽。"邢疏:"澱,滓泥也。一名垽。"《説文》土部:"垽,澱也。"

6.19　鼎絶大謂之鼐[1],圜弇上謂之鼒[2],附耳外謂之釴[3],款足者謂之鬲[4]。

【注釋】

[1] 鼐(nài,《廣韻》奴代切,去代,泥。又奴亥切,上海,泥):大鼎。郭注:"最大者。"郝疏:"天子諸侯之鼎即牛鼎也,容一斛爲最大,是即《爾雅》所謂鼐矣。"《詩·周頌·絲衣》:"鼐鼎及鼒,兕觥其觩。"毛傳:"大鼎謂之鼐,小鼎謂之鼒。"

〔2〕弇(yǎn,《廣韻》衣儉切,上琰,影。又古南切,平覃,見):器
物上下窄小而中部寬大。　　鼒(zī,《廣韻》子之切,平之,
精。又昨哉切,平咍,從):口小的鼎。郭注:"鼎斂上而小
口。"《説文》鼎部:"鼒,鼎之圜掩上者。从鼎,才聲。《詩》曰:
'鼐鼎及鼒。'子之切。鎡,俗鼒从金从兹。"

〔3〕釴(yì,《廣韻》與職切,入職,以):附耳在脣外的方鼎。郭注:
"鼎耳在表。"郝疏:"附耳外者,言近於耳而在外之處。謂之
釴,釴猶翼也。"

〔4〕款足:空心曲足。　　鬲(lì,《廣韻》郎擊切,入錫,來):古
代炊具。口圓,似鼎,三足中空而曲。方言詞。郭注:"鼎曲
脚也。"郝疏:"鼎款足,謂足中空也。足中實者必直,空者必
曲。"《説文》鬲部:"鬲,鼎屬。實五糓。斗二升曰糓。象腹
交文,三足。"《方言》五:"鍑,吳揚之間謂之鬲。"《周禮·考
工記·陶人》:"鬲實五糓,厚半寸,脣寸。"孫詒讓正義:"其
用主於烹飪,與釜、鍑同。"《漢書·郊祀志上》:"其空足曰鬲,
以象三德,饗承天祐。"顔師古注引蘇林曰:"足中空不實者
名曰鬲也。"沈括《夢溪補筆談·器用》:"古鼎中有三足皆
空,中可容物者,所謂鬲也。"

6.20　䰝謂之䰞[1]。䰞,鉹也[2]。

【注釋】

〔1〕䰝(zèng,《廣韻》子孕切,去證,精):同"甑",蒸食炊器。
其底有孔,置於鬲或鍑上蒸,似現代的蒸籠。古用陶製,
殷周時期有以青銅製,後多用木製。陸釋文:"䰝,本或作
甑。"　　䰞(qín,《廣韻》昨淫切,平侵,從。又徐林切,平侵,
邪。又昨鹽切,平鹽,從):甑。方言詞。《方言》五:"甑,自
關而東謂之甗,或謂之䰞。"《龍龕手鑒》鬲部:"䰞,甑屬。"
《詩·檜風·匪風》:"誰能亨魚,溉之釜䰞。"孔疏引孫炎曰:

“關東謂甌爲㼽,涼州謂甌爲鉹。”

〔2〕鉹(chǐ,《廣韻》尺氏切,上紙,昌。又弋支切,平支,以):甌。涼州方言詞。郭注:“涼州呼鉹。”邢疏:“䰓,一名㼽,涼州名鉹。”《説文》金部:“鉹,曲鉹也。一曰㼽鼎。”王筠句讀:“蓋謂其名曰曲鉹,一名曰㼽,而又釋之以鼎也者。鬲部:‘㼽,鼎大上小下若甑曰㼽。’是也。《廣韻》:‘鉹,甌也。’《釋器》:‘㼽,鉹也。’曲鉹雖無徵,或是許君時方言也。”

6.21　璲[1],瑞也[2]。玉十謂之區[3]。

【注釋】

〔1〕璲:瑞玉,主要用於佩帶,起裝飾作用。《玉篇》玉部:“璲,玉璲,以玉爲佩也。”《詩·小雅·大東》:“鞙鞙佩璲,不以其長。”毛傳:“璲,瑞也。”鄭箋:“佩璲者,以瑞玉爲佩。”孔疏:“禮以玉爲瑞信,其官謂之典瑞,此瑞正謂所佩之玉,故箋云:‘佩璲者,以瑞玉爲佩。’《玉藻》云:‘古之君子必佩玉。’是也。”

〔2〕瑞:瑞玉。一種憑信,不佩帶,相當於後來的印信。古代邦國的等級劃分以及軍事戰爭都以瑞爲憑信。王闓運《爾雅集解》:“瑞者,圭璧。王侯所執以爲信,不可佩也。”《説文》玉部:“瑞,以玉爲信也。”王筠句讀:“猶今言印信,故璧、琮、琥及土部‘圭’下皆云:‘瑞玉。’”《玉篇》玉部:“瑞,信節也,諸侯之珪也。”《書·舜典》:“輯五瑞。既月乃日,覲四岳群牧,班瑞于群后。”陸釋文:“瑞,信也。”《左傳·哀公十四年》:“司馬請瑞焉,以命其徒攻桓氏。”杜注:“瑞,符節,以發兵。”

〔3〕區:玉的計數單位,十塊玉相合。兩塊玉相合爲一瑴,五瑴爲一區。郭注:“雙玉曰瑴,五瑴爲區。”

6.22　羽本謂之翮[1]。一羽謂之箴[2],十羽謂之縛[3],

百羽謂之緷[4]。

【注釋】

〔1〕翮(hé,《廣韻》下革切,入麥,匣）：鳥羽莖下端中空部分,俗稱羽管。郭注："鳥羽根也。"《説文》羽部："翮,羽莖也。"《周禮·地官·羽人》："羽人掌以時徵羽翮之政,于山澤之農,以當邦賦之政令。"鄭注："翮,羽本。"

〔2〕箴(zhēn)：量詞,計羽數的單位,一根羽毛。

〔3〕縛(zhuàn,《集韻》柱戀切,去綫,澄）：量詞,計羽數的單位,十根羽毛捆成一束。

〔4〕緷(gǔn,《廣韻》古本切,上混,見。又胡本切,上混,匣）：量詞,計羽數的單位,百根羽毛捆成一束。

【案】《周禮·地官·羽人》："凡受羽,十羽爲審,百羽爲摶,十摶爲縛。"鄭注："審、摶、縛,羽數束名也。《爾雅》曰：'一羽謂之箴,十羽謂之縛,百羽謂之緷。' 其名音相近也。一羽有名,蓋失之矣。"《爾雅》和《周禮》計算羽數的量詞不同,蓋因時間、地點不同,各有所本。

6.23　木謂之虡[1]。

【注釋】

〔1〕虡(jù,《廣韻》其呂切,上語,群）：古時懸鐘鼓木架的兩側立柱。《説文》虍部："虡,鐘鼓之柎也。飾爲猛獸……虡,篆文虡省。"《詩·周頌·有瞽》："設業設虡,崇牙樹羽。"《禮記·檀弓上》："有鐘磬而無簨虡。"鄭注："横曰簨,植曰虡。"

6.24　旄謂之藣[1]。

【注釋】

〔1〕旄：犛牛尾。《玉篇》㫃部："旄,旄牛尾也。舞者持。"《書·牧誓》："王左杖黄鉞,右秉白旄以麾。"陸釋文："旄,音毛。"孔傳："馬云：'白旄,旄牛尾也。'"《荀子·王制》："西海則有皮革、文

旄焉。”楊倞注：“旄，旄牛尾。文旄，謂染之爲文綵也。”　　蘢
(bēi，《廣韻》彼爲切，平支，幫)：古代舞者手執的牦牛尾。郭
注：“旄牛尾也。”邢疏：“舞者所執也。”

6.25　菜謂之蔌[1]。

【注釋】

[1] 蔌(sù，《廣韻》桑谷切，入屋，心)：蔬菜的總稱。郭注：“蔌
者，菜茹之揔名。”《詩·大雅·韓奕》：“其蔌維何？維筍及
蒲。”毛傳：“蔌，菜殽也。”

6.26　白蓋謂之苫[1]。

【注釋】

[1] 白蓋：白茅編成的覆蓋物。　　苫(shān，《廣韻》失廉切，
平鹽，書)：用茅草編成的覆蓋物。郭注：“白茅苫也。今江
東呼爲蓋。”《左傳·襄公十四年》：“乃祖吾離被苫蓋，蒙荆
棘，以來歸我先君。”杜注：“蓋，苫之別名。”

6.27　黃金謂之璗[1]，其美者謂之鏐[2]。白金謂之銀，
　　其美者謂之鐐[3]。鉼金謂之鈑[4]。錫謂之鈏[5]。

【注釋】

[1] 璗(dàng，《廣韻》徒朗切，上蕩，定)：黃金。邢疏：“黃金，
一名璗。”《詩·小雅·瞻彼洛矣》“鞞琫有珌”毛傳：“鞞，容刀鞞
也。琫，上飾。珌，下飾也。天子玉琫而珧珌，諸侯璗琫而璆珌。”

[2] 鏐(liú，《廣韻》力求切，平尤，來。又力幽切，平幽，來)：成
色好的黃金。又稱紫磨金。郭注：“鏐即紫磨金。”《史記·夏
本紀》：“貢璆、鐵、銀、鏤。”裴駰集解引鄭玄曰：“黃金之美
者謂之鏐。”

[3] 鐐(liáo，又讀liào，《廣韻》落蕭切，平蕭，來。又力吊切，去嘯，
來)：純美的銀子。陸釋文引《字林》云：“美金也。”《說文》
金部：“鐐，白金也。”

〔4〕鈑(bǎn,《廣韻》布綰切,上潸,幫)：餅狀金銀塊。亦作"版"。
　　郭注："《周禮》曰：祭五帝,即供金鈑。是也。"陸釋文："鈑,
　　本亦作版。"

〔5〕鈏(yǐn,《廣韻》余忍切,上軫,以)：錫的別名。郭注："白
　　鑞。"邢疏："錫,今白鑞也。一名鈏。"《説文》金部："鈏,錫
　　也。"《周禮·地官·卝人》："卝人掌金玉錫石之地,而爲之厲
　　禁以守之。"鄭注："錫,鈏也。"

6.28　象謂之鵠[1],角謂之觷[2],犀謂之剒[3],木謂之劂[4], 玉謂之雕。

【注釋】

〔1〕鵠：對象牙進行加工雕刻。郝疏："鵠者,《釋文》云：'白也,
　　本亦作鷝。'《廣雅》作'鷝',云：'治象牙也。'是鵠乃假借
　　字。古無正體,从齒从角,各以意爲之耳。"

〔2〕觷(xué,《廣韻》胡覺切,入覺,匣。又五角切,入覺,疑。又
　　烏酷切,入沃,影)：對獸角加工雕琢。《説文》角部："觷,治
　　角也。"

〔3〕剒(cuò,《廣韻》倉各切,入鐸,清)：對犀角進行雕刻打磨。

〔4〕劂(duó,《廣韻》徒落切,入鐸,定)：斫木,加工木料。郭
　　注："《左傳》曰：'山有木,工則劂之。'"《説文》刀部："劂,
　　判也。"

6.29　金謂之鏤,木謂之刻,骨謂之切,象謂之磋,玉謂之琢,石謂之磨。

【案】"鏤、刻、切、磋、琢、磨"是一組同義詞,都表示雕製器
物,區别在於雕製的對象不同。鏤,雕製金屬器物。刻,雕製木
器。切,雕製骨器。磋,雕製象牙。琢,雕製玉器。磨,雕製石器。
郭注："六者皆治器之名。"

6.30　璆[1]、琳[2],玉也。

【注釋】

〔1〕璆(qiú,《廣韻》巨鳩切,平尤,群。又渠幽切,平幽,群）:同
“球”,美玉。《説文》玉部:“璆,球或从翏。”《書·禹貢》:“厥
貢璆、鐵、銀、鏤、砮、磬。”孔傳:“璆,玉名。”

〔2〕琳:美玉。《書·禹貢》:“厥貢惟球、琳、琅玕。”孔傳:“球、琳,
皆玉名。”司馬相如《上林賦》:“玫瑰碧琳,珊瑚叢生。”

6.31　簡謂之畢[1]。

【注釋】

〔1〕簡:竹簡。《墨子·非命下》:“子胡不尚考之乎商周虞夏
之記,從十簡之篇以尚皆無之,將何若者也?”《左傳·襄公
二十五年》:“南史氏聞大史盡死,執簡以往,聞既書矣,乃
還。”　畢:古代用以寫字的竹簡。郭注:“今簡札也。”
邢疏:“簡,竹簡也。古未有紙,載文於簡,謂之簡札,一名
畢。”郝疏:“《釋文》:‘畢,李本作筆。’按:畢用竹,故李巡
从竹。”《禮記·學記》:“今之教者,呻其佔畢,多其訊。”鄭注:
“簡謂之畢。”

6.32　不律謂之筆[1]。

【注釋】

〔1〕不律:筆。方言詞。郭注:“蜀人呼筆爲不律也,語之變轉。”
《説文》聿部:“聿,所以書也。楚謂之聿,吳謂之不律,燕謂
之弗。从聿,一聲。”

6.33　滅謂之點[1]。

【注釋】

〔1〕點:塗抹已寫的文字。郭注:“以筆滅字爲點。”

6.34　絶澤謂之銑[1]。

【注釋】

〔1〕銑(xiǎn,《廣韻》蘇典切,上銑,心）:最有光澤的金屬。郭注:

"銑即美金,言最有光澤也。"

6.35　金鏃翦羽謂之鍭[1],骨鏃不翦羽謂之志[2]。

【注釋】

〔1〕鍭(hóu,《廣韻》户鉤切,平侯,匣。又胡遘切,去候,匣):古代用於田獵、射禮的一種箭。金屬箭頭,箭身羽毛剪得短齊,前重後輕。邢疏云:"辨弓箭之名也。鏃,箭頭也。翦,齊也……孫炎云:金鏑斷羽,使前重也。"《説文》金部:"鍭,矢金鏃翦羽謂之鍭。"《詩·大雅·行葦》:"敦弓既堅,四鍭既鈞。"鄭箋:"周之先王將養老,先與群臣行射禮,以擇其可與者以爲賓。"孔疏:"鍭者,鐵鏃之矢名也。"《周禮·夏官·司弓矢》:"殺矢、鍭矢用諸近射、田獵,矰矢、茀矢用諸弋射,恒矢、庳矢用諸散射。"鄭注:"殺矢,言中則死。鍭矢象焉。鍭之言候也。二者皆可以司候射敵之近者及禽獸,前尤重,中深,而不可遠也。"

〔2〕志:箭名。箭頭用骨製成,箭身羽毛不剪短齊,箭前後輕重相等,用於禮射和習射。郭注:"今之骨骲是也。"《儀禮·既夕禮》:"志矢一乘,軒輖中,亦短衛。"鄭注:"志猶擬也,習射之矢。"李如圭集釋:"志矢不言鏃,則無鏃也。"

6.36　弓有緣者謂之弓[1],無緣者謂之弭[2]。以金者謂之銑[3],以蜃者謂之珧[4],以玉者謂之珪[5]。

【注釋】

〔1〕緣:衣邊。此處指弓的兩端以絲繩纏繞作裝飾。

〔2〕弭(mǐ,《廣韻》綿婢切,上紙,明):没有絲繩纏繞作裝飾的弓。《説文》弓部:"弭,弓無緣,可以解彎紛者。"徐鍇繫傳:"緣者,綵纏飾之也。"桂馥義證引孫炎曰:"弭謂不以繳束,骨飾兩頭者也。"《左傳·僖公二十三年》:"若不獲命,其左執鞭弭,右屬櫜鞬,以與君周旋。"杜注:"弭,弓末無緣者。"

《儀禮·既夕禮》:"有弭飾焉,亦張可也。"鄭注:"弓無緣者謂之弭,弭以骨角爲飾。"

〔3〕銑(xiǎn,《廣韻》蘇典切,上銑,心):銑弓,弓的兩端用黃金裝飾。郭注:"用金、蜃、玉飾弓兩頭,因取其類以爲名。"

〔4〕珧(yáo,《廣韻》餘昭切,平宵,以):兩端用貝殼作裝飾的弓。《楚辭·天問》:"馮珧利決,封狶是射。"王逸注:"珧,弓名也。"

〔5〕珪:兩端用玉作裝飾的弓。鄭注:"有以纏束而漆之者,有不用纏束而不漆者,金、蜃、玉三者皆可飾弓兩頭,因取其類以爲名耳。"邵正義:"飾弓者,金謂之銑,蜃謂之珧,玉謂之珪,各因其本質以爲名也。"

6.37 珪大尺二寸謂之玠[1]。璋大八寸謂之琡[2]。璧大六寸謂之宣[3]。肉倍好謂之璧[4],好倍肉謂之瑗[5],肉好若一謂之環。

【注釋】

〔1〕珪:同"圭",古代帝王諸侯舉行朝聘、祭祀、喪葬等典禮儀式時所用的一種玉器。長條形,上圓下方,其名稱、大小因爵位及用途不同而異。《説文》土部:"珪,古文圭从玉。"《書·金縢》:"植璧秉珪,乃告太王、王季、文王。"《荀子·大略》:"聘人以珪,問士以璧。" 玠(jiè,《廣韻》古拜切,去怪,見):大圭。郭注:"《詩》曰:'錫爾玠珪。'"今本《詩·大雅·崧高》作"介圭"。《説文》玉部:"玠,大圭也。从玉,介聲。《周書》曰:'稱奉介圭。'"

〔2〕璋:瑞玉名,古代朝聘、祭祀、喪葬、治軍時用作禮器或信物,形似半圭。《説文》玉部:"璋,剡上爲圭,半圭爲璋。"《書·顧命》:"太保受同,降、盥,以異同秉璋以酢。"孔傳:"半圭曰璋。"《左傳·昭公五年》:"朝聘有珪,享覜有璋。" 琡

(chù,《廣韻》昌六切,入屋,昌。又之六切,入屋,章）：玉器,八寸的璋。邢疏：“璋,半珪也。大八寸者名琡。”郝疏：“《玉人》云：‘牙璋七寸,射二寸,厚寸,以起軍旅,以治兵守。’‘琢圭璋八寸,以覜聘。’是彼琢璋即此所謂琡也。”

〔3〕宣：直徑六寸之璧。亦作“瑄”。郭注：“《漢書》所云‘瑄玉’是也。”陸釋文：“宣,如字。本或作瑄,音同。”邢疏：“璧亦玉器,子男所執者也,大六寸者名宣。”

〔4〕肉：圓形中間有孔的玉器或錢幣邊體。郭注：“肉,邊。好,孔。”《漢書·食貨志下》：“（周景王）卒鑄大錢,文曰‘寶貨’,肉好皆有周郭。” 好：孔,指璧孔或錢孔。《周禮·考工記·玉人》：“璧羨度尺,好三寸,以爲度。”鄭注引鄭司農曰：“好,璧孔也。”

〔5〕瑗(yuàn,《廣韻》王眷切,去線,云）：孔徑比邊寬大一倍的璧。郭注：“孔大而邊小。”《說文》玉部：“瑗,大孔璧。人君上除陛以相引。”《管子·輕重丁》：“因使玉人刻石而爲璧,尺者萬泉,八寸者八千,七寸者七千,珪中四千,瑗中五百。”《荀子·大略》：“聘人以珪,問士以璧,召人以瑗,絕人以玦,反絕以環。”

6.38 繸[1],綬也[2]。

【注釋】

〔1〕繸：古代貫穿佩玉的帶子。郭注：“即佩玉之組,所以連繫瑞玉者,因通謂之繸也。”邢疏：“所佩之玉名璲,繫玉之組名綬,以其連繫璲玉,因名其綬曰繸。”

〔2〕綬：用來拴繫玉飾和印章的絲質帶子。《說文》系部：“綬,韍維也。”段玉裁注：“古者韍佩皆系於革帶,佩玉之系謂之璲,俗字爲繸,又謂之綬。韍之系亦謂之綬。”《禮記·玉藻》：“天子佩白玉而玄組綬。”鄭注：“綬者,所以貫佩玉,

相承受者也。"《史記·范雎蔡澤列傳》:"懷黃金之印,結紫綬於要。"

6.39 一染謂之縓[1],再染謂之赬[2],三染謂之纁[3]。青謂之葱,黑謂之黝[4]。斧謂之黼[5]。

【注釋】

〔1〕縓(quán,又讀quàn,《廣韻》七絹切,去線,清。又此緣切,平仙,清):淺紅色。郭注:"今之紅也。"邢疏:"此述染絳法也。一染一入色名縓,今之紅也。"郝疏:"縓色在白、赤、黃之間。"《說文》糸部:"縓,帛赤黃色。一染謂之縓,再染謂之赬,三染謂之纁。"《儀禮·既夕禮》:"縓綼緆。"鄭注:"一染謂之縓,今紅也。"《禮記·檀弓上》:"練,練衣黃裏縓緣。"陸釋文:"縓,淺赤色,今之紅也。"

〔2〕赬(chēng,《廣韻》丑貞切,平清,徹):比縓稍紅的淺紅色。郭注:"淺赤。"《詩·周南·汝墳》:"魴魚赬尾,王室如燬。"毛傳:"赬,赤也。"

〔3〕纁(xūn,《廣韻》許云切,平文,曉):比赬稍紅的淺紅色。郭注:"纁,絳也。"《說文》糸部:"纁,淺絳也。"《廣韻》文韻:"纁,三染絳。"《周禮·考工記·鍾氏》:"三入爲纁。"鄭注:"染纁者,三入而成。"

〔4〕黝:微青黑色。《說文》黑部:"黝,微青黑色。"《周禮·地官·牧人》:"陰祀,用黝牲毛之。"王充《論衡·自紀》:"使面黝而黑醜,垢重襲而覆部,占射之者,十而失九。"

〔5〕斧:古代禮服上黑白相間像斧形的花紋。《禮記·檀弓上》:"加斧于椁上,畢塗屋。"鄭注:"斧謂之黼,白黑文也。" 黼(fǔ,《廣韻》方矩切,上麌,非):古代禮服上白黑相間的花紋,取斧形,像臨事決斷。又名斧。郭注:"黼文畫斧形,因名云。"邵正義:"是黼、斧字異而義同也。"《書·益稷》:"藻火粉米,

黼黻絺繡。”孔傳:“黼若斧形。”孔疏引孫炎云:“黼文如斧形,蓋半白半黑,似斧,刃白而身黑。”《詩·小雅·采菽》:“又何予之,玄袞及黼。”毛傳:“白與黑謂之黼。”

【案】“縓、䞓、纁”爲一組同義詞,都表示淺紅色,區別在於調染次數的不同:染一次的稱“縓”,染兩次的稱“䞓”,染三次的稱“纁”。“青、葱”爲一組同義詞,都表示青色。青,青緑色。葱,淺青色,比青顔色淺。

6.40 邸謂之柢[1]。

【注釋】

[1] 邸:通“柢”,根柢。邢疏:“根柢名邸。邸,本也。郭云:‘根柢皆物之邸。邸即底,通語也。’言凡物之柢必在底下,因名云也。”郝疏:“邸者,本爲邸舍,經典借爲根柢,故此釋之也。”《集韻》霽韻:“邸,本也。”《周禮·夏官·弁師》:“王之皮弁,會五采玉璂,象邸,玉笄。”鄭注:“邸,下柢也。以象骨爲之。”賈疏:“‘邸,下柢也’者,謂於弁内頂上以象骨爲柢。” 柢:根柢。《廣韻》薺韻:“柢,本也,根也。”《周禮·春官·典瑞》:“四圭有邸,以祀天,旅上帝。”孫詒讓正義:“四圭共著一璧爲柢。”

【案】“邸、柢”是通假關係,而非同義詞。

6.41 雕謂之琢[1]。

【注釋】

[1] 琢:雕刻加工玉石。《詩·衛風·淇奥》:“有匪君子,如切如磋,如琢如磨。”毛傳:“治骨曰切,象曰磋,玉曰琢,石曰磨。”《荀子·大略》:“和之璧,井里之厥也。玉人琢之,爲天子寶。”

6.42 蓐謂之茲[1]。

【注釋】

[1] 蓐(rù,《廣韻》而蜀切,入燭,日):草席,草墊。王筠《説文

解字句讀》"蓐"字下云："此皆人之蓐也,蔟則蠶之蓐也。俗作'褥'字,蓋即蓐之分別文。"《左傳·宣公十二年》："軍行,右轅,左追蓐。"杜注："在車之右者挾轅爲戰備,在左者追求草蓐爲宿備。"《周禮·夏官·圉師》："圉師掌教圉人養馬,春除蓐。"鄭注："蓐,馬茲也。"　　茲:草席。郭注："茲者,蓐席也。"《史記·周本紀》："毛叔鄭奉明水,衛康叔封布茲。"裴駰集解引徐廣曰："茲者,籍席之名。"

6.43　竿謂之箷[1]。

【注釋】

〔1〕箷(yí,《廣韻》弋支切,平支,以):用竹竿做的衣架。亦作"椸"。郭注："衣架。"邢疏："凡以竿爲衣架者名箷,《曲禮》曰:'男女不同椸枷。'謂此也。"

6.44　簀謂之笫[1]。

【注釋】

〔1〕簀(zé,《廣韻》側革切,入麥,莊):用竹子或木條編成的牀墊。亦稱笫。郭注："牀版。"郝疏："簀以竹爲之,許云'牀棧',郭云'牀版',皆謂分析竹片施於牀榦之上。故《易》'剝牀以辨',《釋文》引黃云:'辨,牀簀也。'蓋'辨'爲分析之名,施於牀上辨辨然。其義與許、郭合矣。"《說文》竹部:"簀,牀棧也。"《禮記·檀弓上》:"華而睆,大夫之簀與?"鄭注:"簀,謂牀笫也。"王充《論衡·感類》:"魯季孫賜曾子簀,曾子病而寢之。"　　笫(zǐ,《廣韻》阻史切,上止,莊):竹編的牀墊。《說文》竹部:"笫,牀簀也。"《國語·晉語一》:"牀笫之不安邪?抑驪姬之不存側邪?"韋昭注:"笫,簀也。"揚雄《太玄·閑》:"次六,閑黃坎,席金笫。"范望注:"宗廟之中,故有黃坎之室、金笫之牀也。"

6.45　革中絶謂之辨[1],革中辨謂之韏[2]。

【注釋】

〔1〕辧(piàn)：皮革中斷。郭注：“中斷皮也。”

〔2〕鞿(quàn，《廣韻》去願切，去願，溪。又居轉切，上獮，見)：已分割的皮革從中間再分割，即指細皮條。郭注：“復分半也。”王筠《説文解字句讀》“鞿”字下云：“案，許意與郭注同，鞿乃細皮條也。”一説：皮革的捲曲。王引之述聞：“革中辧之辧，當爲辟字，形相近，又涉上句辧字而誤也。辟與鞿皆屈也，辟字或作襞。《説文》曰：‘詘，詰詘也。一曰屈襞。’又曰：‘襞，鞿衣也。’徐鍇曰：‘鞿，猶卷也。’《廣雅》曰：‘鞿、詘，曲也。’又曰：‘襞、鞿，詘也。’”又一説：皮革的皺褶。《説文》韋部：“鞿，革中辧謂之鞿。”段玉裁注：“皮之縐文蹙蹙者曰鞿。”

6.46　鏤，鋑也[1]。

【注釋】

〔1〕鋑(sōu，《集韻》先侯切，平侯，心)：同“鎪”，鏤刻。郭注：“刻鏤物爲鋑。”《文選》王褒《洞簫賦》：“鋑鏤離灑，絳脣錯雜。”

6.47　卣[1]，中尊也。

【注釋】

〔1〕參見 6.10 條。

釋 樂 第 七

　　此篇首先總釋五聲之異名，次及辨釋八音之器大小不同之名稱。

7.1　宮謂之重，商謂之敏，角謂之經，徵謂之迭，羽謂之柳。[1]

【注釋】

[1] "宮、商、角、徵、羽"，我國古代音樂術語，表示五聲音階中的五個音級，大致相當於工尺譜上的 "上、四、工、六、五" 或現代簡譜上的 "1、2、3、5、6"。"重、敏、經、迭、柳"，皆爲異名。郭注："皆五音之别名。"

7.2　大瑟謂之灑[1]。

【注釋】

[1] 瑟：古撥弦樂器。形似古琴，但無徽位，有五十弦、二十五弦、十五弦等。每弦有一柱，上下移動，以定聲音。郝疏："《風俗通》云：'今瑟長五尺五寸，非正器也。' 應劭所説蓋小瑟，郭注所言乃大瑟也……《禮圖》舊云：'雅瑟長八尺一寸，廣一尺八寸，二十三弦，其常用者十九弦。頌瑟長七尺二寸，廣尺八寸，二十五弦，盡用之。'《通典》引同。郭云 '二十七弦'，未見所出。"《詩·唐風·山有樞》："子有酒食，何不日鼓瑟。"　　灑：大瑟。郭注："長八尺一寸，廣一尺八寸，二十七絃。"邢疏："其大者别名灑。孫叔然云：音多變，布如灑出也。"郝疏："謂之灑者，《釋文》引孫炎 '音多變，布出

如灑也'。"

7.3 大琴謂之離[1]。

【注釋】

〔1〕琴：撥弦樂器。琴身狹長,木質音箱,面板外側有十三徽,底板有兩個出音孔。上古作五弦,至周增爲七弦。傳爲神農創製。亦稱七弦琴、古琴。《説文》琴部："琴,禁也。神農所作。洞越,練朱五弦,周加二弦。象形。"《詩·小雅·鹿鳴》："我有嘉賓,鼓瑟鼓琴。" 離：古代一種大琴。郭注："或曰琴大者二十七絃,未詳長短。《廣雅》曰:'琴長三尺六寸六分,五絃。'"邢疏："琴之大者別名離也。孫叔然云:'音多變聲流離也。'"郝疏："《初學記》引《樂録》曰:'大琴二十弦。今無此器。'《御覽》五百七十七引《爾雅》注云:'大琴曰離,二十弦。'此是伏羲所制。郭注作'二十七弦',疑與大瑟相涉而誤也。"

7.4 大鼓謂之鼖[1],小者謂之應[2]。

【注釋】

〔1〕鼖(fén,《廣韻》符分切,平文,奉)：軍中所用的大鼓。郭注："鼖長八尺。"《説文》鼓部："鼖,大鼓謂之鼖。鼖八尺而兩面,以鼓軍事。"

〔2〕應：小鼓。《詩·周頌·有瞽》："應田縣鼓,鞉磬柷圉。"毛傳："應,小鞞也。田,大鼓也。"《周禮·春官·笙師》："笙師掌教龡竽、笙、塤、籥、簫、篪、笎、管、舂牘、應、雅,以教祴樂。"鄭注引鄭司農曰:"應,長六尺五寸,其中有椎。"

7.5 大磬謂之馨[1]。

【注釋】

〔1〕磬(qìng,《廣韻》苦定切,去徑,溪)：打擊樂器。用玉、石或金屬製成,狀如曲尺,懸掛於架上,擊之而鳴。《説文》石

部："磬,樂石也……古者母句氏作磬。"《詩·商頌·那》："既和且平,依我磬聲。"毛傳:"磬,聲之清者也。"《左傳·襄公十一年》:"凡兵車百乘,歌鐘二肆,及其鎛、磬,女樂二八。"杜注:"鎛、磬,皆樂器。"　　馨(xiāo,《廣韻》許嬌切,平宵,曉。又巨嬌切,平宵,群):古樂器名,即大磬。郭注:"馨形似犂錧,以玉石爲之。"陸釋文:"孫云:'馨,喬也。喬,高也。謂其聲高也。'李云:'大磬聲清燥也,故曰馨。馨,燥也。'"

7.6　大笙謂之巢[1],小者謂之和[2]。

【注釋】

〔1〕笙：簧管樂器。由簧片、笙管、斗子三部分組成,簧管十三至十九根不等。奏時手按指孔,吹吸振動簧片而發音。《説文》竹部:"笙,十三簧,象鳳之身也。笙,正月之音。物生,故謂之笙。大者謂之巢,小者謂之和。从竹,生聲。古者隨作笙。"《詩·小雅·鹿鳴》:"我有嘉賓,鼓瑟吹笙。"　　巢：古樂器名,大笙。郭注:"列管瓠中,施簧管端。大者十九簧。"邢疏:"其大者名巢。巢,高也。言其聲高。小者名和。"

〔2〕和：小笙。郭注:"十三簧者。"《儀禮·鄉射禮》:"三笙一和而成聲。"

7.7　大篪謂之沂[1]。

【注釋】

〔1〕篪(chí,《廣韻》直離切,平支,澄)：竹管樂器。像笛,横吹。郭注:"篪,以竹爲之。長尺四寸,圍三寸。一孔上出,一寸三分,名翹。横吹之。小者尺二寸。《廣雅》云八孔。"《詩·小雅·何人斯》:"伯氏吹壎,仲氏吹篪。"毛傳:"土曰壎,竹曰篪。"《史記·范睢蔡澤列傳》:"(伍子胥)鼓腹吹篪,乞食於吳市,卒興吳國。"　　沂(yí)：大篪。郝疏:"謂之沂者,《御覽》五百八十引舍人曰:'大篪,其聲悲。沂,鏘然也。'"

7.8　大塤謂之嘂[1]。

【注釋】

[1]塤(xūn,《廣韻》況袁切,平元,曉)：同"壎",一種吹奏樂器。陶製,也有用石、骨、象牙製成者。大如鵝蛋或雞蛋,頂部稍尖,底平,中空,有球形或橢圓形等多種。頂上有吹口,前面有三、四或五孔,後面有二孔,古今各異。郭注："塤,燒土爲之,大如鵝子,銳上平底,形如稱錘,六孔。小者如雞子。"邢疏："塤、壎,古今字。"《釋名·釋樂器》："塤,喧也。聲濁喧喧然也。"《荀子·樂論》："鐘統實,磬廉制,竽笙簫和,筦籥發猛,塤箎翁博,瑟易良,琴婦好,歌清盡,舞意天道兼。"《周禮·春官·小師》："小師掌教鼓、鼗、柷、敔、塤、簫、管、弦、歌。"鄭注："塤,燒土爲之,大如鴈卵。"孫詒讓正義引聶崇義曰："大如鴈卵謂之雅塤,小者如雞子謂之頌塤。凡六孔：上一,前三,後二。"　　嘂(jiào,《廣韻》古弔切,去嘯,見)：大塤。邢疏："大塤名嘂。孫炎曰：'音大如叫呼聲。'"《廣韻》嘯韻："嘂,大壎。"

7.9　大鐘謂之鏞[1],其中謂之剽[2],小者謂之棧[3]。

【注釋】

[1]鏞(yōng,《廣韻》餘封切,平鍾,以)：大鐘,懸吊,敲擊發聲。亦稱鋪。郭注："亦名鋪。"邢疏引孫炎曰："鏞,深長之聲。"《説文》金部："大鐘謂之鏞。"《詩·大雅·靈臺》："虡業維樅,賁鼓維鏞。"毛傳："鏞,大鐘也。"《書·益稷》："笙鏞以間,鳥獸蹌蹌。"孔傳："鏞,大鍾。"

[2]剽(piáo,《廣韻》符霄切,平宵,並)：樂器名,中鐘。邢疏："孫炎曰：'剽者聲輕疾也。'李巡云：'其中微小,故曰剽。'"

[3]棧(zhǎn,《集韻》阻限切,上產,莊)：樂器名,小鐘。邢疏："其小者名棧。李巡云：'棧,淺也。'東晉太興元年,會稽剡

縣人家井中得一鐘,長三寸,口徑四寸,上有銘古文云‘棧’。
鐘之小者,既長三寸,自然淺也。”

7.10　大簫謂之言[1],小者謂之筊[2]。

【注釋】

[1]簫:一種竹製管樂器。用一組長短不等的細竹管編排而
成,吹孔在頂端側沿,正面五孔,背面一孔。相傳出於西
羌,亦稱長笛、洞簫。《説文》竹部:“簫,參差管樂。象鳳之
翼。”《詩·周頌·有瞽》:“既備乃奏,簫管備舉。”鄭箋:“簫,
編小竹管,如今賣餳者所吹也。”　言:大簫。郭注:“編
二十三管,長尺四寸。”陸釋文:“言,本或作管。”

[2]筊(jiǎo):小簫。郭注:“十六管,長尺二寸。簫,一名籟。”
邢疏引李巡曰:“小者聲揚而小,故言筊。筊,小也。”

7.11　大管謂之簥[1],其中謂之篞[2],小者謂之篎[3]。

【注釋】

[1]簥(jiāo,《廣韻》舉喬切,平宵,見):古樂器,大管。郭注:“管
長尺,圍寸,併漆之,有底。賈氏以爲如篪,六孔。”鄭注:“管
如笛,形小,併兩管而吹之。大者曰簥,音嬌,不大不小者曰
篞,乃結反,小者曰篎,音妙。”

[2]篞(niè,《廣韻》奴結切,入屑,泥):管樂器名,中等大小的
管。郝疏:“謂之簥者,《御覽》五百八十引舍人曰:‘大管聲
高大,故曰簥。簥者,高也。中者聲精密,故曰篞。篞,密也。
小者聲音清妙也。’”

[3]篎(miǎo,《廣韻》亡沼切,上小,明。又彌笑切,去笑,明):
古代的一種管樂器。《説文》竹部:“篎,小管謂之篎。”

7.12　大籥謂之産[1],其中謂之仲[2],小者謂之箹[3]。

【注釋】

[1]籥(yuè,《廣韻》以灼切,入藥,以):古管樂器。像編管之形,

似爲排簫之前身,有吹籥、舞籥兩種。吹籥似笛而短小,三孔;舞籥長而六孔,可執作舞具。《詩·邶風·簡兮》:"左手執籥,右手秉翟。"孔疏:"籥雖吹器,舞時與羽並執,故得舞名。"《史記·司馬相如列傳》:"蓋象金石之聲,管籥之音。"　　産:古管樂器名,籥之一種。郭注:"籥如笛,三孔而短小。"

〔2〕仲:古樂器名,中等大小的籥。邢疏:"籥,樂器名。其大者名産,其中者名仲,小者名箹。"郝疏:"《御覽》五百八十引舍人云:'仲,其聲適中仲吕也。小者形聲細小,曰箹也。'"

〔3〕箹(yuē,《廣韻》於角切,入覺,影):小管樂器。《説文》竹部:"箹,小籟也。"桂馥義證:"小籟也者,即小龠。"

7.13　徒鼓瑟謂之步。徒吹謂之和。徒歌謂之謠[1]。徒擊鼓謂之咢[2]。徒鼓鐘謂之修。徒鼓磬謂之寋[3]。

【注釋】

〔1〕謠:不用樂器伴奏的歌唱。《詩·魏風·園有桃》:"心之憂矣,我歌且謠。"毛傳:"曲合樂曰歌,徒歌曰謠。"《列子·周穆王》:"西王母爲王謠,王和之,其辭哀焉。"張湛注:"徒歌曰謠。"

〔2〕咢(è,《廣韻》五各切,入鐸,疑):只擊鼓而無其他樂器伴奏的歌唱。《詩·大雅·行葦》:"嘉殽脾臄,或歌或咢。"毛傳:"歌者,比於琴瑟也。徒擊鼓曰咢。"

〔3〕寋(jiǎn,《廣韻》其偃切,上阮,群):擊磬而不伴以其他樂器。陸釋文:"李云:'置擊衆聲寋連也。'本或作謇字,同。"

7.14　所以鼓柷謂之止[1]。所以鼓敔謂之籈[2]。

【注釋】

〔1〕柷(zhù,《廣韻》之六切,入屋,章。又昌六切,入屋,昌):古樂器名。木製,形如方斗,雅樂開始時擊之。　　止:用於撞擊柷使發聲的椎。郭注:"柷如漆桶,方二尺四寸,深一尺八寸,中有椎柄,連底桐之,令左右擊。止者其椎名。"

〔2〕敔(yǔ,《廣韻》魚巨切,上語,疑):樂器名。形如伏虎,雅
　　樂將終時擊奏。又稱楬。《書·益稷》:"下管鼗鼓,合止柷
　　敔。"孔疏:"樂之初,擊柷以作之;樂之將末,戛敔以止
　　之。"　　籈(zhēn,《廣韻》側鄰切,平真,莊):敲擊樂器敔
　　所用的木板。郭注:"敔如伏虎,背上有二十七鉏鋙刻,以木
　　長尺櫟之,籈者其名。"

7.15　大鼗謂之麻[1],小者謂之料[2]。

【注釋】

〔1〕鼗(táo,《廣韻》徒刀切,平豪,定):鼓名。即長柄搖鼓,俗
　　稱撥浪鼓。漢前,鼗鼓以柱子貫穿,用時樹立;漢以後改變
　　爲現在的形制。亦作"鞀"。《周禮·春官·小師》:"小師掌
　　教鼓、鼗、柷、敔、塤、簫、管、弦、歌。"鄭注:"鼗如鼓而小,持
　　其柄搖之,旁耳還自擊。"　　麻:大鼗。郭注:"麻者,音概
　　而長也。"

〔2〕料:小鼗。郭注:"料者,聲清而不亂。"

7.16　和樂謂之節[1]。

【注釋】

〔1〕節:一種古樂器。皮製,內盛糠,可以拍之成聲以節樂。邢
　　疏:"八音克諧,無相奪倫,謂之和樂,樂和則應節……節,樂
　　器名,謂相也。《樂記》云:'治亂以相。'鄭注云:'相即拊也,
　　亦以節樂。拊者,以韋爲表,裝之以糠。糠,一名相,因以名
　　焉。'言治理奏樂之時,擊拊以輔相,於樂而爲節也。"郝疏:
　　"《釋名》云:'搏拊,以韋盛穅,形如鼓,以手拍拊之也。'……
　　此則節所從來亦遠矣。"

釋 天 第 八

本篇所收詞語範圍較廣,主要是關於天文、曆法、氣象等方面的,共分十二類。郝疏:"此篇所釋四時、祥、災、歲陽、歲名、月陽、月名、風雨、星名,皆天所運轉列陳而爲敬授庶徵之本,故以次詮釋。其祭名以下蓋附見焉。"每條或訓釋一個詞,或訓釋多個詞,均以同義詞爲多。後者有的釋其異名,有的據其節令、位置、狀態、方式、對象等辨析同中之異。

(一)四時[1]

【注釋】

[1]四時:四季。

8.1　穹蒼[1],蒼天也。

【注釋】

[1]穹蒼:蒼天。郭注:"天形穹隆,其色蒼蒼,因名云。"《詩·大雅·桑柔》:"靡有旅力,以念穹蒼。"毛傳:"穹蒼,蒼天。"孔疏引李巡曰:"古時人質,仰視天形穹隆而高,色蒼蒼然,故曰穹蒼。"

8.2　春爲蒼天,夏爲昊天,秋爲旻天,冬爲上天。

【案】"蒼天、昊天、旻天、上天"都表示天,區別在於四季的不同。《白虎通·四時》:"春曰蒼天,夏曰昊天。"《楚辭·九思·哀歲》:"旻天兮清涼,玄氣兮高朗。"王逸注:"秋天爲旻天。"《詩·小雅·信南山》:"上天同雲,雨雪雰雰。"這四個詞還泛指天,渾言無別。《晏子春秋·外篇》:"足游浮雲,背凌蒼天,尾偃天間,躍啄北海,頸尾咳於天地乎！然而滲滲不知六翮之所在。"《書·堯典》:"乃命羲和,欽若昊天,厤象日月星辰,敬授人時。"孔疏:"《毛詩傳》云:'尊而君之,則稱皇天;元氣廣大,則稱昊天;仁覆閔下,則稱旻天;自上降監,則稱上天;據遠視之蒼蒼然,則稱蒼天。'《爾雅》四時異名,《詩傳》即隨事立稱……六籍之中諸稱天者,以情所求言之耳,非必於其時稱之。"《書·多士》:"爾殷遺多士,弗弔旻天,大降喪于殷。"孔疏:"天有多名,獨言旻天者,旻,愍也。"《書·湯誥》:"敢用玄牡,敢昭告于上天神后,請罪有夏。"

（二）祥

【案】吉祥的徵兆。

8.3 春爲青陽[1],夏爲朱明[2],秋爲白藏[3],冬爲玄英[4]。四氣和謂之玉燭[5]。

【注釋】

[1] 青陽:春季。郭注:"氣清而温陽。"《尸子》:"春爲青陽,夏爲朱明,秋爲白藏,冬爲玄英。"《漢書·禮樂志》:"青陽開動,根荄以遂。"

[2] 朱明:夏季。郭注:"氣赤而光明。"《漢書·禮樂志》:"朱明盛長,旉與萬物。"

[3] 白藏:秋季。秋於五色爲白,序屬歸藏,故稱。郭注:"氣白而收藏。"

[4] 玄英:冬季。邢疏:"言冬之氣和,則黑而清英也。"

[5] 玉燭:四季之氣和暢。形容太平盛世。郭注:"道光照。"邢疏:"'道光照'者,道,言也。言四時和氣,温潤明照,故曰玉燭。"《尸子》:"四時和,正光照,此之謂玉燭。"

8.4 春爲發生,夏爲長嬴,秋爲收成,冬爲安寧。[1]四

時和爲通正,謂之景風[2]。

【注釋】

〔1〕這一條是説明四季不同的名稱。郭注:"此亦四時之別號。《尸子》皆以爲太平祥風。"邵正義:"此四時之氣,因以爲別號也。"

〔2〕景風:祥和之風。《列子·湯問》:"將終,命宮而總四弦,則景風翔,慶雲浮,甘露降,澧泉涌。"《太平御覽》一九引《尸子》曰:"翔風,瑞風也。一名景風,一名惠風。"《法苑珠林》七:"李巡曰:'景風,太平之風也。'"

8.5　甘雨時降,萬物以嘉,謂之醴泉[1]。

【注釋】

〔1〕醴泉:及時之雨。《尸子》:"甘雨時降,萬物以嘉,高者不少,下者不多,此之謂醴泉。"王充《論衡·是應》:"醴泉乃謂甘露也。"

(三)災[1]

【注釋】

〔1〕災:自然災害。此處義類表示因災荒而歉收。

8.6　穀不熟爲饑,蔬不熟爲饉,果不熟爲荒。仍饑爲荐[1]。

【注釋】

〔1〕仍:一再,頻繁。　荐:連年災荒,連續災荒。郭注:"連歲不熟。《左傳》曰:'今又荐饑。'"

【案】"饑、饉、荒"是一組同義詞,都表示收成不好,凶年。同中之異是對象不同。有的古籍對這三個詞的區別與《爾雅》不同。《穀梁傳·襄公二十四年》:"五穀不升爲大饑,一穀不升謂之嗛,二穀不升謂之饑,三穀不升謂之饉,四穀不升謂之康,五穀不升謂之大侵。"《墨子·七患》:"一穀不收謂之饉,二穀不收謂之旱,三穀不收謂之凶,四穀不收謂之餽,五穀不收謂之饑。"《韓詩外傳》八:"一穀不升謂之嗛,二穀不升謂之饑,三穀不升謂之饉,四穀不升謂之荒,五穀不升謂之大侵。"

（四）歲陽[1]

【注釋】

〔1〕歲陽:亦稱歲雄。古代以干支紀年,甲、乙、丙、丁、戊、己、庚、辛、壬、癸十干叫歲陽。

8.7　大歲在甲曰閼逢[1],在乙曰旃蒙[2],在丙曰柔兆[3],在丁曰强圉[4],在戊曰著雍[5],在己曰屠維[6],在庚曰上章[7],在辛曰重光[8],在壬曰玄黓[9],在癸曰昭陽[10]。

【注釋】

〔1〕大歲:古代天文學中假設的歲星。古代認爲歲星(即木星)十二年一周天(實爲 11.86 年),因將黃道十二等分,以歲星所在部分作爲歲名。歲星運行方向自西向東,與將黃道分爲十二支的方向正相反。假設太歲星運動,就以每年太歲所在的部分來紀年。如太歲在寅叫攝提格,在卯叫單閼等。又配以十歲陽,組成六十干支,用以紀年。又稱太歲、歲陰或太陰。《越絕書》十二:"舉兵無擊大歲上物,卯也。"　　閼(yān,《廣韻》烏前切,平先,影。又於乾切,平仙,影)逢(páng,《廣韻》薄江切,平江,並):歲陽名之一,用以紀年,相當於干支紀年中天干之甲。《漢書·律曆志上》:"至於元封七年,復得閼逢攝提格之歲。"顏師古注引孟康曰:"歲在甲曰閼逢,在寅曰攝提格,此爲甲寅之歲也。"

〔2〕旃(zhān,《廣韻》諸延切,平仙,章)蒙:歲陽名之一,用以

紀年,相當於干支紀年中天干之乙。《淮南子·天文》:"在乙曰旃蒙。"高誘注:"在乙,言萬物遏蒙甲而出,故曰旃蒙也。"

〔3〕柔兆:歲陽名之一,用以紀年,相當於干支紀年中天干之丙。《淮南子·天文》:"在丙曰柔兆。"高誘注:"在丙,言萬物皆生枝布葉,故曰柔兆也。"

〔4〕强圉:歲陽名之一,用以紀年,相當於干支紀年中天干之丁。《淮南子·天文》:"在丁曰强圉。"高誘注:"在丁,言萬物剛盛,故曰强圉也。"

〔5〕著雍:歲陽名之一,用以紀年,相當於干支紀年中天干之戊。邢疏:"戊午之歲曰著雍敦牂。"郎瑛《七修類稿·天地一·歲月陽名》:"(太歲)在戊曰著雍。戊在中央,主和養萬物也。"

〔6〕屠維:歲陽名之一,用以紀年,相當於干支紀年中天干之己。亦作"徒維"。《淮南子·天文》:"在己曰屠維。"高誘注:"在己,言萬物各成其性,故曰屠維。屠,別。維,離也。"

〔7〕上章:歲陽名之一,用以紀年,相當於干支紀年中天干之庚。《淮南子·天文》:"在庚曰上章。"高誘注:"在庚,言陰氣上升,萬物畢生,故曰上章也。"

〔8〕重光:歲陽名之一,用以紀年,相當於干支紀年中天干之辛。《淮南子·天文》:"在辛曰重光。"高誘注:"在辛,言萬物就成熟,其煌煌,故曰重光也。"

〔9〕玄黓(yì,《廣韻》與職切,入職,以):歲陽名之一,用以紀年,相當於干支紀年中天干之壬。《淮南子·天文》:"在壬曰玄黓。"高誘注:"在壬,言歲終包任萬物,故曰玄黓也。"

〔10〕昭陽:歲陽名之一,用以紀年,相當於干支紀年中天干之癸。《淮南子·天文》:"在癸曰昭陽。"高誘注:"在癸,言陽

氣始萌,萬物合生,故曰昭陽。"

【案】"閼逢、旃蒙、柔兆、强圉、著雍、屠維、上章、重光、玄黓、昭陽" 蓋是外來詞。張清常提出:"它們可能是民族交際融合過程中,殘留在漢語中的非華夏族語詞。"(張清常《〈爾雅〉研究的回顧與展望——紀念羅常培老師》,《語言研究》1984 年第 1 期第 73 頁)

8.8　大歲在寅曰攝提格[1],在卯曰單閼[2],在辰曰執徐[3],在巳曰大荒落[4],在午曰敦牂[5],在未曰協洽[6],在申曰涒灘[7],在酉曰作噩[8],在戌曰閹茂[9],在亥曰大淵獻[10],在子曰困敦[11],在丑曰赤奮若[12]。

【注釋】

〔1〕攝提格:古代歲星紀年法中的十二辰之一,太歲在寅稱攝提格,省稱攝提。《史記·天官書》:"以攝提格歲:歲陰左行在寅,歲星右轉居丑。"司馬貞索隱:"太歲在寅,歲星正月晨出東方……李巡云:'言萬物承陽起,故曰攝提格。格,起也。'"

〔2〕單(chán,《廣韻》市連切,平仙,禪)閼(yè,《廣韻》於歇切,入月,影):太歲紀年法中的十二辰之一,太歲在卯稱單閼。《史記·天官書》:"單閼歲:歲陰在卯,星居子。"司馬貞索隱引李巡曰:"陽氣推萬物而起,故曰單閼。單,盡也。閼,止也。"賈誼《鵩鳥賦》:"單閼之歲兮,四月孟夏。庚子日斜兮,鵩集予舍。"

〔3〕執徐:太歲紀年法中的十二辰之一,太歲在辰曰執徐。陸釋文引李巡云:"執,蟄也。徐,舒也。言蟄物皆敷舒而出,故曰執徐也。"《漢書·禮樂志》:"天馬徠,執徐時,將搖舉,誰與期?"

〔4〕大荒落:太歲紀年法,太歲在巳稱大荒落。《漢書·天文志》:

"在巳曰大荒落。"《史記·曆書》:"彊梧大荒落四年。"司馬
貞索隱:"彊梧,丁也。大荒落,巳也。"

〔5〕敦牂(zāng):太歲紀年法,太歲在午稱敦牂。郝疏:"郭牂者,
《占經》引李巡云:'言萬物皆茂壯,猗那其枝,故曰敦牂。敦,
茂也。牂,壯也。'"《史記·曆書》:"商横敦牂後元元年。"

〔6〕協洽:太歲紀年法,太歲在未稱協洽。郝疏:"協洽者,《占
經》引李巡云:'言陰陽化生,萬物和合,故曰協洽。協,和也。
洽,合也。'孫炎云:'物生和洽,含英秀也。'"《淮南子·天
文》:"協洽之歲,歲有小兵,蠶登稻昌,菽麥不爲,民食三
升。"高誘注:"協,和。洽,合也。言陰欲化,萬物和合。"

〔7〕涒(tūn,《廣韻》他昆切,平魂,透)灘:太歲紀年法,太歲
在申稱涒灘。《吕氏春秋·季冬》:"維秦八年,歲在涒灘。"
高誘注:"歲在申名涒灘……涒灘,誇人短舌不能言爲涒灘
也。"《史記·曆書》:"横艾涒灘始元元年。"張守節正義:"孫
炎注《爾雅》云:'涒灘,萬物吐秀傾垂之貌也。'"

〔8〕作噩:太歲紀年法,太歲在酉稱作噩。郝疏:"作噩者,《釋
文》云:'噩,本或作咢。'《史記》索隱引李巡云:'作鄂,皆物
芒枝起之貌。'《占經》引李巡云:'在酉言萬物墜落,故曰作
鄂。作,索也。鄂,茂也。'"《史記·曆書》:"昭陽作噩二年。"

〔9〕閹(yān,《廣韻》央炎切,平鹽,影。又衣儉切,上琰,影)茂:
太歲紀年法,太歲在戌稱閹茂。《淮南子·天文》:"太陰在戌,
歲名曰閹茂。"《史記·天官書》:"閹茂歲:歲陰在戌,星居
巳。"司馬貞索隱:"孫炎云:'萬物皆蔽冒,故曰閹茂。閹,蔽。
茂,冒也。'"

〔10〕大淵獻:太歲紀年法,太歲在亥稱大淵獻。《史記·曆書》:
"尚章大淵獻二年。"司馬貞索隱:"尚章,癸也,《爾雅》作
'昭陽'。大淵獻,亥也。"《淮南子·天文》:"大淵獻之歲,歲

有大兵,大饑,蠶開,菽麥不爲,禾蟲,民食三升。”高誘注:
“淵,藏。獻,迎也。言萬物終于亥,大小深藏窟伏以迎陽。”

〔11〕困敦:太歲紀年法,太歲在子稱困敦。《淮南子·天文》:“困
敦之歲,歲大霧起,大水出。”高誘注:“困,混。敦,沌也。言
陽氣皆混沌,萬物牙蘗也。”

〔12〕赤奮若:太歲紀年法,太歲在丑稱赤奮若。《史記·天官書》:
“赤奮若歲:歲陰在丑,星居寅。”司馬貞索隱:“李巡云:‘言
陽氣奮迅。若,順也。’”《淮南子·天文》:“太陰在丑,歲名
曰赤奮若,歲星舍尾、箕。”

【案】“攝提格、單閼、執徐、大荒落、敦牂、協洽、涒灘、作噩、閹
茂、大淵獻、困敦、赤奮若”蓋是外來詞。張清常提出:“它們可
能是民族交際融合過程中,殘留在漢語中的非華夏族語詞。”
(張清常《〈爾雅〉研究的回顧與展望——紀念羅常培老師》,《語
言研究》1984 年第 1 期第 73 頁)

（五）歲名

8.9　載,歲也。夏曰歲,商曰祀〔1〕,周曰年,唐虞曰載。

【注釋】

〔1〕祀:歲,年。商代祭祀鬼神,每年不同季節有不同的祭祀内
容,各種祭祀都進行完畢,説明過了一年,故名。邢疏:“取
四時一終。”《書·伊訓》:“惟元祀十有二月乙丑,伊尹祠于
先王。”陸釋文:“祀,年也。夏曰歲,商曰祀,周曰年,唐虞曰
載。”《逸周書·柔武》:“維王元祀一月既生魄。”

（六）月陽〔1〕

【注釋】

〔1〕月陽:古代以十天干紀月的别名。天屬陽,故名。亦稱月雄。

郭注:"皆月之別名。"郝疏:"月雄、月雌,即月陽、月陰也。
畢陬乃以月陽配月陰,十二月皆然也。"《史記·曆書》"月名
畢聚"司馬貞索隱:"謂月值畢及陬訾也。畢,月雄也。聚,
月雌也。"

8.10　月在甲曰畢,在乙曰橘,在丙曰修,在丁曰圉,
在戊曰厲,在己曰則,在庚曰窒,在辛曰塞,在壬曰
終,在癸曰極。

(七)月名

8.11　正月爲陬[1],二月爲如[2],三月爲寎[3],四月爲余,
五月爲皋,六月爲且[4],七月爲相,八月爲壯,九月
爲玄,十月爲陽,十一月爲辜,十二月爲涂。

【注釋】

〔1〕陬(zōu):農曆正月的別稱。《楚辭·離騷》:"攝提貞于孟陬
兮,惟庚寅吾以降。"王逸注:"正月爲陬。"《漢書·劉向傳》:
"昔孔子對魯哀公,並言夏桀、殷紂暴虐天下,故曆失則攝提
失方,孟陬無紀,此皆易姓之變也。"

〔2〕如:農曆二月的別稱。郝疏:"如者,隨從之義,萬物相隨而
出,如如然也。"

〔3〕寎(bǐng,《集韻》補永切,上梗,幫):農曆三月的別稱。郝疏:
"寎者,《釋文》:'李陂病反。本或作窉。'……然則窉者,丙
也。三月陽氣盛,物皆炳然也。"

〔4〕且(jū):農曆六月的別稱。郝疏:"且者,次且,行不進也。
六月陰漸起,欲遂上,畏陽,猶次且也。"

(八)風雨

8.12　南風謂之凱風[1],東風謂之谷風[2],北風謂之涼

風[3]，西風謂之泰風[4]。

【注釋】

〔1〕凱風：南風，和暖的風。《詩·邶風·凱風》：“凱風自南，吹彼棘心。”毛傳：“南風謂之凱風，樂夏之長養者。”孔疏：“李巡曰：‘南風長養萬物，萬物喜樂，故曰凱風。凱，樂也。’”

〔2〕谷風：東風，生長之風。亦作“穀風”。邢疏引孫炎曰：“谷之言穀，穀，生也。谷風者，生長之風也。”《詩·邶風·谷風》：“習習谷風，以陰以雨。”毛傳：“東風謂之谷風。”《漢書·王莽傳下》：“其夕穀風迅疾，從東北來。”

〔3〕涼風：北風。邢疏：“北風一名涼風，言北方寒涼之風也。”

〔4〕泰風：西風，大風。邢疏：“孫炎曰：‘西風成物，物豐泰也。’《詩·大雅·桑柔》云：‘泰風有隧。’是也。”按，今本《詩》“泰”作“大”。

8.13　焚輪謂之穨[1]，扶摇謂之猋[2]。風與火爲庉[3]。迴風爲飄[4]。

【注釋】

〔1〕穨：本亦作“頹”，從上而下的暴風。又稱“焚輪”。郭注：“暴風從上下。”《詩·小雅·谷風》：“習習谷風，維風及頹。”毛傳：“頹，風之焚輪者也。”孔疏：“孫炎曰：‘迴風從上下曰頹。’”王先謙集疏：“‘焚輪’與‘扶摇’，皆風之名詞。‘焚’喻其暴，‘輪’喻其迴，合言之即紛綸棼亂之狀。”

〔2〕扶摇：飆風，盤旋而上的暴風。郭注：“暴風從下上。”邢疏：“李巡曰：‘扶摇，暴風從下升上，故曰猋。猋，上也。’孫炎曰：‘迴風從下上曰猋。’”《莊子·逍遥遊》：“鵬之徙於南冥也，水擊三千里，摶扶摇而上者九萬里。”成玄英疏：“扶摇，旋風也。”　　猋(biāo)：通“飆”，暴風，旋風。朱駿聲《説文通訓定聲》小部：“猋，假借爲飆。”《禮記·月令》：“(孟春

之月）猋風暴雨總至,藜莠蓬蒿並興。”鄭注:“回風爲猋。”
《漢書·刑法志》:“猋起雲合,果共軋之。”顏師古注:“猋,疾
風也。”

〔3〕庉(tún,《廣韻》徒渾切,平魂,定）: 火燼盛貌。亦作“炖”。
郭注:“庉庉,燼盛之貌。”陸釋文:“庉,本或作炖字,同。”邢
疏:“言風自火出,火因風燼,而有大風者爲庉。”王引之述
聞:“然則炖者,火得風而炖炖然盛,非謂風自火出也。古無
炖字,故借庉爲之。”

〔4〕迴風: 旋風。亦作“回風”。郭注:“旋風也。”邢疏:“李巡曰:
‘一曰飄風,別二名也。’”《楚辭·九章·悲回風》:“悲回風之
搖蕙兮,心冤結而內傷。”洪興祖補注:“回風爲飄。”　　飄:
旋風。郝疏:“旋風回旋于地,不上不下,異于穨、猋。其行
飄飄,故謂之飄。”《詩·檜風·匪風》:“匪風飄兮,匪車嘌兮。”
毛傳:“迴風爲飄。”《漢書·蒯通傳》:“天下之士雲合霧集,
魚鱗雜襲,飄至風起。當此之時,憂在亡秦而已。”顏師古注:
“飄讀曰猋,謂疾風。”

8.14　日出而風爲暴,風而雨土爲霾[1],陰而風爲曀[2]。

【注釋】

〔1〕霾(mái,《廣韻》莫皆切,平皆,明）: 風中夾雜塵土。邢疏引
孫炎曰:“大風揚塵土從上下也。”《釋名·釋天》:“風而雨土
曰霾。霾,晦也,言如物塵晦之色也。”《詩·邶風·終風》:“終
風且霾,惠然肯來。”毛傳:“霾,雨土也。”

〔2〕曀(yì,《廣韻》於計切,去霽,影）: 陰天而有風。邢疏引孫
炎曰:“雲風曀日光。”《説文》日部:“曀,陰而風也。《詩》曰:
‘終風且曀。’”《釋名·釋天》:“曀,翳也,言雲氣掩翳日光,
使不明也。”《詩·邶風·終風》:“終風且曀,不日有曀。”毛傳:
“陰而風曰曀。”

8.15　天氣下，地不應曰雺[1]。地氣發，天不應曰霧。霧謂之晦[2]。

【注釋】

[1] 雺(méng，又讀wù，《廣韻》莫紅切，平東，明。又莫浮切，平尤，明。又莫綜切，去宋，明。又莫候切，去候，明)：天上的空氣降落，而大地不去接應。後作"霧"，亦作"霿、霂"。郭注："言蒙昧。"

[2] 晦：霧。郭注："言晦冥。"邢疏："霧又名晦。"

8.16　螮蝀謂之雩[1]。螮蝀，虹也。蜺爲挈貳[2]。

【注釋】

[1] 螮(dì，《廣韻》都計切，去霽，端)蝀(dōng，《廣韻》德紅切，平東，端。又多動切，上董，端)：虹的別名。亦作"蝃蝀"。郭注："俗名爲美人虹。江東呼雩。"惲敬《大雲山房文稿·蝃蝀說》："蝃蝀謂之雩，虹也。雌曰蜺，蜺曰挈貳。"

[2] 蜺(ní)：同"霓"，雨後或日出、日沒之際天空中所現的七色圓弧，常有內外二環，內環稱虹，也稱正虹、雄虹；外環稱蜺，也稱副虹、雌虹、雌蜺或挈貳。《楚辭·天問》："白蜺嬰茀，胡爲此堂？"王逸注："蜺，雲之有色似龍者也。"洪興祖補注："蜺，雌虹也。"趙令時《侯鯖錄》四："天弓，即虹也，又謂之帝弓。明者爲虹，暗者爲蜺。"　　挈(qiè)貳：雌虹。郭注："蜺，雌虹也。見《離騷》。挈貳，其別名。見《尸子》。"邢疏："《音義》云：虹雙出，色鮮盛者爲雄，雄曰虹；闇者爲雌，雌曰蜺。"

8.17　弇日爲蔽雲[1]。

【注釋】

[1] 弇(yǎn，《廣韻》衣儉切，上琰，影)日：遮蔽日光。郭注："即暈氣五彩覆日也。"

8.18 疾雷爲霆霓[1]。

【注釋】

〔1〕霆：迅雷，霹靂。郭注：“雷之急激者謂霹靂。”《詩·大雅·常武》：“震驚徐方，如雷如霆。” 霓：阮元校爲衍文。

8.19 雨霓爲霄雪[1]。

【注釋】

〔1〕霓(xiàn，《廣韻》蘇佃切，去霰，心)：同“霰”，米雪。雨點下降遇冷凝結而成的白色不透明球形或圓錐形小冰粒。郭注：“《詩》云：‘如彼雨雪，先集維霓。’霓，水雪雜下者，謂之消雪。”《詩·小雅·頍弁》作“霰”。《説文》雨部：“霓，霰或从見。” 霄(xiāo)：米雪，雪珠。亦指下雪珠。方言詞。邢疏：“霓，水雪雜下也，因名霄雪。霄即消也。”《説文》雨部：“霄，雨霓爲霄。齊語也。”

8.20 暴雨謂之涷[1]，小雨謂之霡霖[2]，久雨謂之淫[3]。淫謂之霖[4]。濟謂之霽[5]。

【注釋】

〔1〕涷(dōng，《廣韻》多貢切，去送，端)：暴雨。郭注：“今江東呼夏月暴雨爲涷雨。”《廣韻》送韻：“涷，瀑雨。”《楚辭·九歌·大司命》：“令飄風兮先驅，使涷雨兮灑塵。”王逸注：“暴雨爲涷雨。”

〔2〕霡(mài，《廣韻》莫獲切，入麥，明)霖：濛濛小雨。《釋名·釋天》：“霡霖，小雨也。言裁霡歷霑漬，如人沐頭，惟及其上枝，而根不濡也。”《詩·小雅·信南山》：“益之以霡霖，既優既渥。”毛傳：“小雨曰霡霖。”《玉篇》雨部：“霡，小雨曰霡霖。”

〔3〕淫：久下不停的雨。邢疏：“淫，過也。久雨過多，害於五稼，故謂之淫。”《素問·五運行大論》：“其眚淫潰。”王冰注：“淫，久雨也。”

〔4〕霖：久雨。《說文》雨部：“霖，雨三日已往。”《書·說命》：“若歲大旱，用汝作霖雨。”孔傳：“霖，三日雨。霖以救旱。”《左傳·隱公九年》：“凡雨，自三日以往爲霖。”

〔5〕濟：雨止。王充《論衡·明雩》：“暘濟雨濟之時，人君無事，變復之家，猶名其術。”　霽：雨止。方言詞。郭注：“今南陽人呼雨止爲霽。”《說文》雨部：“霽，雨止也。”《書·洪範》：“乃命卜筮，曰雨，曰霽。”

【案】“淫”與“霖”都表示久雨。“淫”强調久雨過多、過甚，會帶來水災；“霖”强調小雨下得較密集，多用於大旱之後的久雨，相當於甘霖。“濟”本義是古水名，“濟”以引申義與“霽”之本義構成同義關係。“霽”有方言色彩。

（九）星名

8.21　壽星[1]，角[2]、亢也[3]。天根[4]，氐也[5]。

【注釋】

〔1〕壽星：十二星次之一，角、亢二宿在其中。郭注：“數起角、亢，列宿之長，故曰壽。”《國語·晉語四》：“歲在壽星及鶉尾，其有此土乎？”韋昭注：“自軫十二度至氐四度，爲壽星之次。”《漢書·律曆志下》：“壽星，初軫十二度，白露。中角十度，秋分。終於氐四度。”

〔2〕角：星宿名，即角宿，二十八宿中東方蒼龍七宿的第一宿，有星兩顆。《鶡冠子·天則》：“四氣爲政，前張後極，左角右鉞。”陸佃解：“角，東方之星也。”《國語·周語中》：“夫辰角見而雨畢，天根見而水涸。”韋昭注：“辰角，大辰蒼龍之角。角，星名也。”

〔3〕亢：星宿名，即亢宿，二十八宿東方蒼龍七宿的第二宿，有星四顆。《呂氏春秋·仲夏》：“仲夏之月，日在東井，昏亢中，

旦危中。”高誘注：“亢，東方宿，衞之分野。”《史記·律書》：
“南至於亢。亢者，言萬物亢見也。”

〔4〕天根：星宿名，即氐宿，二十八宿東方蒼龍七宿的第三宿，
有星四顆。郭注：“角、亢下繫於氐，若木之有根。”《國語·周
語中》：“天根見而水涸。”韋昭注：“天根，亢、氐之間。”

〔5〕氐（dī，《廣韻》都奚切，平齊，端）：星宿名，即氐宿，亦稱天
根。《吕氏春秋·季冬》：“季冬之月，日在婺女，昏婁中，旦氐
中。”高誘注：“氐，東方宿。”《淮南子·天文》：“何謂九野？
中央曰鈞天，其星角、亢、氐。”

8.22　天駟[1]，房也[2]。大辰[3]，房、心[4]、尾也[5]。大火謂之大辰[6]。

【注釋】

〔1〕天駟：星宿名，即房宿，二十八宿東方蒼龍七宿的第四宿，
有星四顆。古時以爲主車馬，故名。郭注：“龍爲天馬，故房
四星謂之天駟。”《國語·周語下》：“昔武王伐殷，歲在鶉火，
月在天駟。”韋昭注：“天駟，房星也。”

〔2〕房：房宿。《吕氏春秋·季秋》：“季秋之月，日在房。”高誘注：
“房，東方宿。”

〔3〕大辰：十二星次中大火次的別名，房、心、尾三宿在其中。
《左傳·昭公十七年》：“冬，有星孛于大辰。”杜注：“大辰，房、
心、尾也。”

〔4〕心：星宿名，二十八宿東方蒼龍七宿的第五宿，有星三顆。
《詩·唐風·綢繆》“三星在天”鄭箋：“三星，謂心星也。”《素
問·五運行大論》：“丹天之氣經于牛女戊分，黅天之氣經于
心尾巳分。”《史記·天官書》：“東宮蒼龍，房、心。”

〔5〕尾：星宿名，二十八宿東方蒼龍七宿的第六宿，有星九顆。
《禮記·月令》：“孟春之月，日在營室，昏參中，旦尾中。”《淮

南子·天文》:"東方曰蒼天,其星房、心、尾。"

〔6〕大火:星宿名,即心宿。又名大辰。郭注:"大火,心也,在
中最明,故時候主焉。"邢疏:"李巡云:'大火,蒼龍宿心,以
候四時。'"《漢書·律曆志下》:"大火,初氐五度,寒露。"

8.23　析木謂之津〔1〕,箕〔2〕、斗之間〔3〕,漢津也〔4〕。

【注釋】

〔1〕"謂"爲衍文。析木之津:析木次的別名,十二星次之一,與
十二辰相配爲寅,與二十八宿相配爲尾、箕兩宿。郭注:"即
漢津也。"邢疏:"析木之津,箕、斗之次名也。孫炎曰:'析別
水木以箕、斗之間,是天漢之津也。'"《左傳·昭公八年》:"今
在析木之津,猶將復由。"杜注:"箕、斗之間有天漢,故謂之
析木之津。"孔疏:"天河在箕、斗二星之間,箕在東方木位,
斗在北方水位。分析水木以箕星爲隔,隔河須津梁以渡,故
謂此次爲析木之津也。"

〔2〕箕:星宿名,二十八宿之一,東方青龍七宿的末一宿,有星
四顆。郭注:"箕,龍尾。"《詩·小雅·大東》:"維南有箕,不
可以簸揚;維北有斗,不可以挹酒漿。"孔疏:"箕、斗並在南
方之時,箕在南而斗在北,故言南箕、北斗也。以箕、斗是人
之用器,故令相對爲名。"

〔3〕斗:星宿名,二十八宿之一,北方玄武七宿的第一宿,有星
六顆。又稱南斗。因像斗形,故名。《易·豐》:"日中見斗。"

〔4〕漢津:十二星次中的析木之津。郝疏:"《左傳》及《周語》
並云'析木之津',韋昭注:'津,天漢也。析木,次名。從尾
十度至南斗十一度爲析木,其間爲漢津。'"

8.24　星紀〔1〕,斗、牽牛也〔2〕。

【注釋】

〔1〕星紀:十二星次之一,斗、牛二宿在其中。郭注:"牽牛、斗

者,日月五星之所終始,故謂之星紀。"《左傳·襄公二十八年》:"歲在星紀,而淫於玄枵。"杜注:"星紀在丑,斗、牛之次。"

〔2〕牽牛:星宿名,二十八宿之一,北方玄武七宿的第二宿,有星六顆。又稱牛宿。《史記·天官書》:"牽牛爲犧牲,其北河鼓。"

8.25 玄枵[1],虚也[2]。顓頊之虚[3],虚也。北陸[4],虚也。

【注釋】

〔1〕玄枵(xiāo,《廣韻》許嬌切,平宵,曉):十二星次之一,女、虚、危三宿在其中。《説文》木部:"枵,《春秋傳》曰'歲在玄枵'。玄枵,虚也。"《左傳·襄公二十八年》:"玄枵,虚中也。"杜注:"玄枵三宿,虚星在其中。"

〔2〕虚:星宿名,二十八宿玄武七宿的第四宿,有星四顆。古人據其運行情況以考正仲秋的節氣。郭注:"虚在正北,北方色黑。枵之言耗,耗亦虚意。"《書·堯典》:"宵中星虚,以殷仲秋。"孔傳:"虚,玄武之中星。亦言七星皆以秋分日見,以正三秋。"《晏子春秋·内篇諫上》:"景公之時,熒惑守于虚,期年不去。"

〔3〕顓(zhuān,《廣韻》職緣切,平仙,章)頊(xū,《廣韻》許玉切,入燭,曉)之虚:虚宿的別名。郭注:"顓頊水德,位在北方。"《左傳·昭公十年》:"今兹歲在顓頊之虚。"杜注:"歲,歲星也。顓頊之虚謂玄枵。"孔疏:"當以北方三次,以玄枵爲中。玄枵次有三宿,又虚在其中。以水位在北,顓頊居之,故謂玄枵虚星爲顓頊之虚也。"

〔4〕北陸:虚宿的別名。郭注:"虚星之名凡四。"《左傳·昭公四年》:"古者日在北陸而藏冰。"孔疏:"日在北陸,爲夏之

十二月也。十二月，日在玄枵之次……於是之時，寒極冰厚，
故取而藏之也。”

8.26　營室謂之定[1]。娵觜之口[2]，營室、東壁也[3]。

【注釋】

〔1〕營室：星名。最早包括室、壁二宿，後專指室宿。當黄昏它
們出現在正南方天空時，正是農事結束、營造房屋的季節，
故名。《周禮·考工記·輈人》：“龜蛇四斿，以象營室也。”
鄭注：“營室，玄武宿，與東壁連體而四星。”　　定：星名。
二十八宿之一，即營室星。亦稱室宿。郭注：“定，正也。作
宫室皆以營室中爲正。”《詩·鄘風·定之方中》：“定之方中，
作于楚宫。”毛傳：“定，營室也。”鄭箋：“楚宫，謂宗廟也。
定星昏中而正，於是可以營制宫室，故謂之營室。定昏中而
正，謂小雪時。”

〔2〕娵(jū，《廣韻》子于切，平虞，精）觜(zī，《廣韻》即移切，平
支，精。又姊宜切，平支，精）之口：星次名，在二十八宿爲
室宿和壁宿。其位置相當於現代天文學上黄道十二宫中的
雙魚宫。亦作“娵訾”。郭注：“營室、東壁星四方似口，因名
云。”邢疏：“娵訾，室、壁之次也。”《左傳·襄公三十年》：“及
其亡也，歲在娵訾之口。”杜注：“娵訾，營室、東壁。”孔疏引
孫炎曰：“營室、東壁，四方似口，故因名云。”

〔3〕東壁：星名。舊曆十月，壁宿在東，所以稱東壁。《漢書·天
文志》：“甘氏在建星、婺女，太初曆在營室、東壁。”《淮南
子·天文》：“太陰在辰，歲名曰執除，歲星舍營室、東壁。”

8.27　降婁[1]，奎[2]、婁也[3]。

【注釋】

〔1〕降婁：十二星次之一，奎、婁兩宿在其中。郭注：“奎爲溝
瀆，故名降。”《左傳·襄公三十年》：“於是歲在降婁，降婁中

而旦。”杜注:“降婁,奎、婁也。周七月,今五月,降婁中而天明。”

〔2〕奎:星宿名,二十八宿之一,西方白虎七宿的第一宿,有星十六顆。因其形似胯,故名。古人多因其形亦似文字而認爲它主文運和文章。段玉裁《説文解字注》大部:“奎與胯雙聲,奎宿十六星以像似得名。”《禮記·月令》:“仲春之月,日在奎。”《吕氏春秋·季夏》:“季夏之月,日在柳,昏心中,旦奎中。”高誘注:“奎,西方宿。”

〔3〕婁:星宿名,二十八宿之一,西方白虎七宿的第二宿,有星三顆。《禮記·月令》:“季冬之月,日在婺女,昏婁中,旦氐中。”

8.28 大梁〔1〕,昴也〔2〕。西陸〔3〕,昴也。

【注釋】

〔1〕大梁:十二星次之一,胃、昴、畢三宿在其中。《國語·晉語四》:“歲在大梁,將集天行。”韋昭注:“自胃七度至畢十一度爲大梁。”《漢書·王莽傳中》:“更以天鳳七年,歲在大梁,倉龍庚辰。”

〔2〕昴(mǎo,《廣韻》莫飽切,上巧,明):星宿名,二十八宿之一,西方白虎七宿的第四宿,有星七顆。郭注:“昴,西方之宿,别名旄頭。”《説文》日部:“昴,白虎宿星。”《書·堯典》:“日短星昴,以正仲冬。”孔傳:“昴,白虎之中星。”《史記·天官書》:“昴曰髦頭,胡星也,爲白衣會。”張守節正義:“昴七星爲髦頭,胡星,亦爲獄事。”

〔3〕西陸:昴宿的别名。昴宿在西方白虎七宿中居中,故名。郝疏:“二十八宿分列四方,當有四陸,《左傳》《爾雅》獨言北陸、西陸,又於二陸之中各舉一星爲識,故云‘北陸,虛也’,‘西陸,昴也’,是皆舉一以包之耳。”《左傳·昭公四年》:

“古者日在北陸而藏冰,西陸朝覿而出之。”

8.29　濁謂之畢[1]。

【注釋】

〔1〕濁:畢星的別名。郭注:“掩兔之畢,或呼爲濁,因星形以名。”《史記·律書》:“北至于濁。濁者,觸也,言萬物皆觸死也,故曰濁。”　　畢:星宿名,二十八宿之一,西方白虎七宿的第五宿,有星八顆。形似古代捕捉禽獸用的畢網,故名。古人以爲此星主兵、主雨。《字彙》田部:“畢,宿名。畢八星,二星直上如柄,六星曲爲兩行,張其口。”《詩·小雅·大東》:“東有啟明,西有長庚,有捄天畢,載施之行。”朱熹集傳:“天畢,畢星也。狀如掩兔之畢。”《史記·周本紀》:“九年,武王上祭于畢。”司馬貞索隱:“畢,天星之名。畢星主兵,故師出而祭畢星也。”

8.30　咮謂之柳[1]。柳,鶉火也[2]。

【注釋】

〔1〕咮(zhòu,《廣韻》陟救切,去宥,知。又張流切,平尤,知):星宿名,柳宿的別稱。形狀似朱雀之口,故名。郭注:“咮,朱鳥之口。”《左傳·襄公九年》:“咮爲鶉火,心爲大火。”孔疏:“咮,謂柳也。”　　柳:星宿名,二十八宿之一,南方朱雀七宿的第三宿,有星八顆。郝疏:“柳者八星,曲頭垂似柳。”《禮記·月令》:“季秋之月,日在房,昏虛中,旦柳中。”《吕氏春秋·季夏》:“季夏之月,日在柳。”高誘注:“柳,南方宿,周之分野。”

〔2〕鶉火:十二星次之一,柳、星、張三宿在其中。《左傳·昭公八年》:“歲在鶉火,是以卒滅,陳將如之。”《漢書·律曆志下》:“鶉火,初柳九度,小暑。中張三度,大暑。”

8.31　北極謂之北辰[1]。

【注釋】

〔1〕北辰：北極星，出現於天空北部的一顆亮星。約正對地軸，從地球上看，其位置幾乎不變，人們常靠它來辨別方向。又名北極。邢疏："'北極謂之北辰'者，極，中也。辰，時也。居天之中，人望之在北，因名北極。斗杓所建，以正四時，故云北辰。"《論語·爲政》："爲政以德，譬如北辰，居其所而衆星共之。"

8.32　何鼓謂之牽牛〔1〕。

【注釋】

〔1〕何鼓：即河鼓，俗稱牛郎星。又名牽牛。郭注："今荊楚人呼牽牛星爲擔鼓。擔者，荷也。"郝疏："何鼓亦名黃姑，聲相轉耳。郭云：'擔鼓，擔者，荷也。'擔荷，《説文》作'擔何'。今南方農語猶呼此星爲扁擔。蓋因何鼓三星中豐而兩頭鋭下，有儋何之象，故因名焉。"　牽牛：星名，即何鼓，由三顆星組成。《詩·小雅·大東》："睆彼牽牛，不以服箱。"毛傳："何鼓謂之牽牛。"

8.33　明星謂之启明〔1〕。

【注釋】

〔1〕明星：金星。郭注："太白星也。晨見東方爲启明，昏見西方爲太白。"《詩·鄭風·女曰雞鳴》："子興視夜，明星有爛。"朱熹集傳："明星，启明之星，先日而出者也。"　启明：金星。早晨出現在東方時稱啟明，黃昏出現在西方時稱太白或長庚。亦作启明。《説文》口部："启，開也。"王筠句讀："《士昏禮》《既夕禮》注：'今文啟爲開。'經典皆借'啟'爲'启'。惟《釋天》'明星謂之启明'。"《詩·小雅·大東》："東有启明，西有長庚。"毛傳："日旦出，謂明星爲啟明；日既入，謂明星爲長庚。"

8.34　彗星爲欃槍[1]。

【注釋】

[1] 欃(chán,《廣韻》士咸切,平咸,崇)槍:彗星的別名。後曳
長尾,呈雲霧狀。俗稱掃帚星。舊謂彗星主除舊布新,其出
現又爲重大災難的預兆。郭注:"亦謂之孛,言其形孛孛似
埽彗。"《尸子》:"彗星爲欃槍。"《文選》揚雄《甘泉賦》:"左
欃槍而右玄冥兮,前熛闕而後應門。"

8.35　奔星爲彴約[1]。

【注釋】

[1] 奔星:流星。《漢書·司馬相如傳上》:"奔星更於閨闥,宛虹
拖於楯軒。"顏師古注:"奔星,流星也。"　彴(bó,《集韻》
弼角切,入覺,並)約:流星。邢疏:"奔星即流星也。一名
彴約。"《通雅·天文》:"彴約,奔星。"

(十)祭名

8.36　春祭曰祠[1],夏祭曰礿[2],秋祭曰嘗[3],冬祭曰蒸[4]。

【注釋】

[1] 祠:祭名,春祭。《周禮·春官·大宗伯》:"以祠春享先王,以
禴夏享先王,以嘗秋享先王,以烝冬享先王。"

[2] 礿(yuè,《廣韻》以灼切,入藥,以):夏祭。亦作"禴"。《公
羊傳·桓公八年》:"春曰祠,夏曰礿,秋曰嘗,冬曰烝。"何
注:"春物始生,孝子思親,繼嗣而食之,故曰祠……薦尚麥
苗,麥始熟可礿,故曰礿。"董仲舒《春秋繁露·四祭》:"四
祭者,因四時之所生熟,而祭其先祖父母也。故春曰祠,夏
曰礿,秋曰嘗,冬曰蒸……祠者,以正月始食韭也。礿者,
以四月食麥也。嘗者,以七月嘗黍稷也。蒸者,以十月進初
稻也。"

〔3〕嘗(cháng)：秋祭。亦作"嚐"。《詩·小雅·天保》："禴祠烝
嘗,于公先王。"毛傳："春曰祠,夏曰禴,秋曰嘗,冬曰烝。"
《禮記·王制》："天子諸侯宗廟之祭,春曰礿,夏曰禘,秋曰
嘗,冬曰烝。"鄭注："此蓋夏殷之祭名。周則改之,春曰祠,
夏曰礿。"

〔4〕蒸：冬祭。亦作"烝"。郭注："進品物也。"《五經文字》艹部：
"蒸,《爾雅》以爲祭名。其經典祭烝多去草,以此爲新蒸。"

【案】"祠、礿、嘗、蒸"都表示祭名,區別在於季節的不同。有的
古籍四季祭名與《爾雅》所述略有不同,參見 1.72 條。

8.37　祭天曰燔柴[1],祭地曰瘞薶[2],祭山曰庪縣[3],祭川曰浮沈[4],祭星曰布[5],祭風曰磔[6]。

【注釋】

〔1〕燔(fán,《廣韻》附袁切,平元,奉）柴：將玉帛、犧牲等置於
柴堆上焚燒以祭天。邢疏："祭天之禮,積柴以實牲體、玉
帛而燔之,使煙氣之臭上達於天,因名祭天曰燔柴也。"《儀
禮·覲禮》："祭天燔柴,祭山丘陵升,祭川沈,祭地瘞。"

〔2〕瘞(yì,《廣韻》於罽切,去祭,影）薶(mái,《廣韻》莫皆切,平
皆,明）：把玉帛、犧牲等埋到土中以祭地。郭注："既祭,埋
藏之。"《禮記·祭法》："燔柴於泰壇,祭天也。瘞埋於泰折,
祭地也。用騂犢。"孔疏："'瘞埋於泰折,祭地也'者,謂瘞
繒埋牲,祭神州地祇於北郊也。"《漢書·郊祀志下》："天地
用牲一,燔燎瘞薶用牲一。"

〔3〕庪(guǐ,《廣韻》過委切,上紙,見）縣(xuán,《廣韻》胡涓切,
平先,匣）：把玉及璧等懸掛在山上以祭山。郭注："或庪或
縣,置之於山。《山海經》曰:'縣以吉玉。'是也。"邢疏："庪
縣,祭山之名也。庪謂埋藏之……縣謂縣其牲幣於山林中,
因名祭山曰庪縣。"《公羊傳·僖公三十一年》"山川有能潤

于百里者,天子秩而祭之"徐疏引李巡曰:"祭山以黃玉及璧,以庪置几上,遙遙而眠之,若縣,故曰庪縣。"

〔4〕浮沈:把玉帛、犧牲等沉入水中以祭河川。郭注:"投祭水中,或浮或沈。"邵正義:"祭川並用牲玉,故或沈或浮。"

〔5〕布:布散祭品於地以祭星。邢疏引孫炎曰:"既祭,布散於地,似星布列也。"

〔6〕磔(zhé,《廣韻》陟格切,入陌,知):割裂犧牲肢體以祭風。郭注:"今俗當大道中磔狗,云以止風,此其象。"邢疏:"磔謂披磔牲體,象風之散物,因名云。"《呂氏春秋·季春》:"國人儺九門磔禳,以畢春氣。"

8.38　是禷是禡[1],師祭也[2]。

【注釋】

〔1〕是禷是禡:《詩·大雅·皇矣》文。　　禷(lèi,《廣韻》力遂切,去至,來):今本《詩》作"類",征戰出師時而祭天。　　禡(mà,《廣韻》莫駕切,去禡,明):在軍隊駐紮之處祭祀。《皇矣》孔疏:"初出兵之時,於是爲類祭;至所征之地,於是爲禡祭。"

〔2〕師祭:軍隊出兵時所行祭祀祈禱之禮。《周禮·春官·肆師》"凡四時之大甸獵,祭表貉,則爲位"鄭注:"貉,師祭也……於所立表之處,爲師祭造軍法者,禱氣勢之增倍也。其神蓋蚩尤,或曰黃帝。"《禮記·王制》"禡於所征之地"鄭注:"禡,師祭也,爲兵禱。其禮亦亡。"

8.39　既伯既禱[1],馬祭也[2]。

【注釋】

〔1〕既伯既禱:《詩·小雅·吉日》文。　　伯:祭祀馬神。又,《吉日》毛傳:"伯,馬祖也。重物慎微,將用馬力,必先爲之禱其祖。"

〔2〕馬祭：祭祀馬神。郭注：“伯，祭馬祖也。將用馬力，必先祭
　　其先。”

8.40　禘[1]，大祭也[2]。

【注釋】

〔1〕禘(dì,《廣韻》特計切，去霽，定)：大祭。郭注：“五年一大
　　祭。”《説文》示部：“禘，諦祭也。”段玉裁注：“諦有三，有時
　　諦，有殷禘，有大禘。”《論語·八佾》：“子曰：‘禘自既灌而往
　　者，吾不欲觀之矣。’”《禮記·王制》：“天子犆礿，祫禘，祫嘗，
　　祫烝。”鄭注：“魯禮，三年喪畢而祫於大祖，明年春禘於群
　　廟。自爾之後，五年而再殷祭，一祫一禘。”

〔2〕大祭：天子諸侯在宗廟祭祀祖先的大祭，五年舉行一次。
　　《周禮·天官·酒正》：“凡祭祀，以灋共五齊三酒，以實八尊。
　　大祭三貳，中祭再貳，小祭壹貳，皆有酌數。”鄭注：“大祭，天
　　地；中祭，宗廟；小祭，五祀。”

8.41　繹[1]，又祭也。周曰繹，商曰肜[2]，夏曰復胙[3]。

【注釋】

〔1〕繹：周代稱正祭之次日又祭爲繹。郭注：“祭之明日尋繹復
　　祭。”《左傳·宣公八年》：“辛巳，有事于大廟，仲遂卒于垂。
　　壬午，猶繹。萬入，去籥。”杜注：“繹，又祭。陳昨日之禮，所
　　以賓尸。”孔疏：“《公羊傳》曰：‘繹者何？祭之明日也。’”

〔2〕肜(róng,《廣韻》以戎切，平東，以)：商代稱正祭之次日又
　　祭爲肜。《書·高宗肜日》：“高宗肜日。”孔傳：“祭之明日又
　　祭，殷曰肜，周曰繹。”孔疏引孫炎曰：“祭之明日尋繹復祭
　　也。肜者，相尋不絶之意。”《竹書紀年》上：“二十九年，肜
　　祭太廟，有雉來。”

〔3〕復胙(zuò,《廣韻》昨誤切，去暮，從)：夏代稱正祭之次日又
　　祭爲復胙。阮校：“復昨者，復昨日之祭也。”　　胙：本亦

作“昨、祚”。陸釋文：“昨，才各反，本又作祚，亦作胙……祚，
福也。胙，祭肉也。於義並同。”

（十一）講武[1]

【注釋】

〔1〕講武：講習武事。這裏説的田獵和習武均須順四時，所以
　　亦放在《釋天》中。

8.42　春獵爲蒐[1]，夏獵爲苗[2]，秋獵爲獮[3]，冬獵爲狩[4]。

【注釋】

〔1〕蒐(sōu，《廣韻》所鳩切，平尤，生)：春天打獵。郭注：“搜索
　　取不任者。”《左傳·隱公五年》：“故春蒐，夏苗，秋獮，冬狩，
　　皆於農隙以講事也。”杜注：“蒐，索，擇取不孕者。苗，爲苗
　　除害也。獮，殺也，以殺爲名，順秋氣也。狩，圍守也，冬物
　　畢成，獲則取之，無所擇也。”《漢書·主父偃傳》：“春蒐，秋
　　獮。諸侯春振旅，秋治兵，所以不忘戰也。”顔師古注：“蒐，
　　蒐索也，取不孕者。”

〔2〕苗：夏季田獵。郭注：“爲苗稼除害。”《詩·小雅·車攻》：“之
　　子于苗，選徒囂囂。”毛傳：“夏獵曰苗。”

〔3〕獮(xiǎn，《廣韻》息淺切，上獮，心)：秋天打獵。郭注：“順
　　殺氣也。”《周禮·春官·肆師》：“獮之日，涖卜來歲之戒。”鄭
　　注：“秋田爲獮。”

〔4〕狩：冬獵。郭注：“得獸取之，無所擇。”《詩·魏風·伐檀》：“不
　　狩不獵，胡瞻爾庭有縣貆兮！”鄭箋：“冬獵曰狩。”

【案】“蒐、苗、獮、狩”是同義詞，表示田獵，區別在於田獵的季
節不同。四季田獵名，有的與《爾雅》同，有的與《爾雅》不盡相
同。如：《公羊傳·桓公四年》：“春曰苗，秋曰蒐，冬曰狩。”《穀梁
傳·桓公四年》：“春曰田，夏曰苗，秋曰蒐，冬曰狩。”

8.43　宵田爲獠[1]，火田爲狩[2]。

【注釋】

[1] 獠(liáo，《廣韻》落蕭切，平蕭，來)：夜間田獵。方言詞。
郭注："今江東亦呼獵爲獠，音遼。或曰：即今夜獵載鑪照
也。"《廣韻》蕭韻："獠，夜獵也。"《史記·司馬相如列傳》：
"於是乃相與獠於蕙圃。"司馬貞索隱："《爾雅》云：'宵獵
曰獠。'"

[2] 狩：放火焚燒草木而田獵。郭注："放火燒草獵亦爲狩。"
郝疏："此釋非時之田也。"《公羊傳·莊公四年》："於讎者，
將壹譏而已，故擇其重者而譏焉，莫重乎其與讎狩也。"何
注："狩者，上所以共承宗廟，下所以教習兵行義。"《列子·黃
帝》："趙襄子率徒十萬，狩於中山，藉苃燔林，扇赫百里。"
張湛注："火畋曰狩。"

8.44　乃立冢土，戎醜攸行[1]。起大事[2]，動大衆，必先有事乎社而後出[3]，謂之宜[4]。

【注釋】

[1] 乃立冢土，戎醜攸行：《詩·大雅·緜》文，意思是修建了大社，兵
衆前往祭祀。　　冢土：大社，祭祀土神的地方。　　戎：
大。　　醜：衆。　　攸：乃，就。　　行：往。

[2] 大事：這裏指征戰。《左傳·成公十三年》："國之大事，在祀
與戎。"

[3] 有事：這裏指祭祀。　　社：社壇，祭祀土神之所。

[4] 宜：祭名，祭祀土地神。邢疏："其祭之名謂之爲宜。"《書·泰
誓上》："予小子夙夜祗懼，受命文考，類于上帝，宜于冢土。"
孔傳："祭社曰宜。"《詩·魯頌·閟宮》："皇皇后帝，皇祖后稷，
享以騂犧，是饗是宜，降福既多。"《禮記·王制》："天子將出，
類乎上帝，宜乎社，造乎禰。"鄭注："類、宜、造，皆祭名。"

8.45 振旅闐闐[1]。出爲治兵[2],尚威武也。入爲振旅,反尊卑也[3]。

【注釋】

〔1〕振旅闐闐(tián,《廣韻》徒年切,平先,定):《詩·小雅·采芑》文。 振旅:整治軍隊。 闐闐:衆多、旺盛貌。

〔2〕治兵:練兵。出兵征戰時,年輕者、位卑者在前,爲的是崇尚勇武。

〔3〕反尊卑:入内練兵時,老者、位尊者在前,爲的是恢復尊卑有序的正常儀禮。郭注:"尊老在前,復常儀也。"

(十二)旌旂[1]

【注釋】

〔1〕旌旂(qí,《廣韻》渠希切,平微,群):與前子目"講武"有關,所以放在《釋天》中。邵正義:"此因上文講武而連類及之也。"

8.46 素錦綢杠[1],纁帛縿[2],素陞龍于縿[3],練旒九[4],飾以組[5],維以縷[6]。

【注釋】

〔1〕綢杠:纏繞旗杆。郭注:"以白地錦韜旗之竿。"陸釋文:"《廣雅》云:'天子之杠高九仞,諸侯七仞,卿大夫五仞,士三仞。'"

〔2〕纁:淺赤色。 縿(shān,《廣韻》所銜切,平銜,生):旌旗的正幅,爲旒所著之處。郭注:"纁帛,絳也。縿,衆旒所著。"

〔3〕陞(shēng,《廣韻》識蒸切,平蒸,書)龍:頭向上的龍。郭注:"畫白龍於縿,令上向。"

〔4〕練:白絹。 旒(liú,《廣韻》力求切,平尤,來):旌旗下邊懸垂的飾物。

〔5〕組：寬而薄的絲帶。郭注："用綦組飾旒之邊。"

〔6〕維：連接。　　縷：絲綫,麻綫。郭注："用朱縷維連持之,
不欲令曳地。"

8.47　緇廣充幅長尋曰旐[1]。繼旐曰斾[2]。

【注釋】

〔1〕緇(zī,《廣韻》側持切,平之,莊)：黑色的帛。　　充幅：
全幅,整幅。　　尋：古代長度單位,一般爲八尺。　　旐
(zhào,《廣韻》治小切,上小,澄)：古代一種畫有龜蛇的
旗。《説文》㫃部："旐,龜蛇四游,以象營室,游游而長……
《周禮》曰:'縣鄙建旐。'"朱駿聲通訓定聲："旐,旗畫龜蛇
者,四游象室壁四星。九旗之帛皆用絳,惟旐用緇,長八尺,
繼旐又有斾,斾帛用絳,亦長八尺,故旐獨長也。"《詩·小
雅·出車》："設此旐矣,建彼旄矣。"毛傳："龜蛇曰旐。"《漢
書·雋不疑傳》："始元五年,有一男子乘黄犢車,建黄旐,衣
黄襜褕,著黄冒,詣北闕,自謂衛太子。"顏師古注："旐,旌旗
之屬,畫龜蛇曰旐。"

〔2〕斾(pèi)：同"斾",旐末鑲以帛製的狀如燕尾的垂旒。郭注：
"帛續旐末爲燕尾者。"《詩·小雅·六月》："織文鳥章,白斾
央央。"毛傳："白斾,繼旐者也。"

8.48　注旄首曰旌[1]。

【注釋】

〔1〕注：附著。　　旄：犛牛尾。　　旌：古代旗的一種。杆
頭飾有犛牛尾,用以指揮或開道。郭注："載旄於竿頭,如今
之幢,亦有旒。"《説文》㫃部："旌,游車載旌,析羽注旄首,
所以精進士卒。"段玉裁注："所謂注旄於干首者,蓋夏后氏
但用旄牛尾,周人加用析羽;夏時徒綏不旒,周人則注羽旄
而仍有縿旒。先有旄首而後有析羽注之,故許云'析羽注

旓首'。"《周禮·春官·司常》:"全羽爲旞,析羽爲旌。"《楚辭·遠遊》:"擥彗星以爲旍兮,舉斗柄以爲麾。"洪興祖補注:"旍,即旌字。"

8.49　有鈴曰旂[1]。

【注釋】

[1] 旂(qí,《廣韻》渠希切,平微,群):畫有兩龍並且在杆頭懸鈴的旗。郭注:"縣鈴於竿頭,畫蛟龍於斿。"《説文》㫃部:"旂,旗有衆鈴,以令衆也。"《釋名·釋兵》:"交龍爲旂。旂,倚也,畫作兩龍相依倚,諸侯所建也……通以赤色爲之,無文采,三孤,所建象無事也。"《詩·周頌·載見》:"龍旂陽陽,和鈴央央。"《孟子·萬章下》:"敢問招虞人何以? 曰:以皮冠。庶人以旃,士以旂,大夫以旌。"

8.50　錯革鳥曰旟[1]。

【注釋】

[1] 錯:塗飾,畫。　　革:通"亟",急疾。　　革鳥:飛翔急疾的鷹隼類的鳥。　　旟(yú,《廣韻》以諸切,平魚,以):古代畫有鳥隼的軍旗。《説文》㫃部:"旟,錯革畫鳥其上,所以進士衆。旟旟,衆也。"段玉裁注引孫炎曰:"錯,置也。革,急也。言畫急疾之鳥於縿。"《詩·大雅·江漢》:"既出我車,既設我旟,匪安匪舒,淮夷來鋪。"鄭箋:"鳥隼曰旟。"《國語·吳語》:"左軍亦如之,皆赤常、赤旟、丹甲、朱羽之矰,望之如火。"韋昭注:"鳥隼爲旟。"

8.51　因章曰旃[1]。

【注釋】

[1] 因:依據。　　章:彩色,花紋。　　旃(zhān,《廣韻》諸延切,平仙,章):同"氊",赤色、無飾、曲柄的旗。郭注:"以帛練爲旒,因其文章,不復畫之。"《説文》㫃部:"旃,旗曲柄

也。所以斿表士衆……《周禮》曰：‘通帛爲旐。’”段玉裁注：“《司常職》文，注云：‘通帛謂大赤，從周正色，無飾。’”《左傳·僖公二十八年》：“亡大斾之左旃。”杜注：“通帛曰旃。”《儀禮·聘禮》：“使者載旃，帥以受命于朝。”鄭注：“旃，旌旗屬也。載之者所以表識其事也。”

釋 地 第 九

　　本篇類聚了地理類詞語,既有人文地理類,也有自然地理類,包括九州、十藪、八陵、九府、五方、野、四極等。詞條有單個詞的訓釋,也有同義詞的訓釋,還有類義詞聚於同一條的訓釋。單個詞的訓釋數量較多,採用義界式、闡明文中之義、説明情況等形式。同義詞的訓釋據其位置、大小、形態、用途、時間等辨析同中之異。

（一）九州[1]

【注釋】

〔1〕九州:傳説中我國上古時期的行政區劃。關於九州,説法不一。如《書·禹貢》作冀、兗、青、徐、揚、荆、豫、梁、雍,《周禮·夏官·職方氏》作揚、荆、豫、青、兗、雍、幽、冀、并,《吕氏春秋·有始》作冀、兗、青、徐、楊(揚)、荆、豫、雍、幽。《爾雅》之"九州"與此都不同。

9.1　兩河間曰冀州[1]。

【注釋】

〔1〕兩河:戰國秦漢時,黃河自今河南武陟縣以下向東北流,經山東省西北隅北折至河北滄縣東北入海,略呈南北流向,與上游今晉陝間的北南流向的一段東西相對,當時合稱兩河。《吕氏春秋·有始》:"兩河之間爲冀州,晉也。"　　冀州:古九州之一,指今晉、陝間黃河以東,豫、晉間黃河以北,魯西北和冀東南地區。郭注:"自東河至西河。"《書·禹貢》:"冀

州,既載壺口。"蔡沈集傳:"冀州,帝都之地,三面距河。兗,河之西。雍,河之東。豫,河之北。《周禮·職方》:'河内曰冀州。'是也。"

9.2　河南曰豫州[1]。

【注釋】

[1]河:黄河。　　豫州:古九州之一,黄河以南到荆山(今湖北南漳縣西)之間。《書·禹貢》:"荆河惟豫州。"《周禮·夏官·職方氏》:"河南曰豫州。"

9.3　河西曰雝州[1]。

【注釋】

[1]雝州:古九州之一,在黄河以西。亦作"雍州"。郭注:"自西河至黑水。"《書·禹貢》:"黑水、西河惟雍州。"孔疏:"計雍州之境,被荒服之外,東不越河,而西逾黑水。王肅云'西據黑水、東距西河',所言得其實也。"案,黑水,或謂即張掖河,或謂即黨河(均在今甘肅),或謂即大通河(在今青海),諸説不一;西河,指黄河流經今山西省西境部分。

9.4　漢南曰荆州[1]。

【注釋】

[1]漢:漢水。　　荆州:古九州之一,漢水以南至衡山之陽。郭注:"自漢南至衡山之陽。"《書·禹貢》:"荆及衡陽惟荆州。"孔傳:"北據荆山,南及衡山之陽。"荆,荆山(今湖北省南漳縣西)。

9.5　江南曰楊州[1]。

【注釋】

[1]江:長江。　　楊州:古九州之一,長江以南至東海的區域。亦作"揚州"。郭注:"自江南至海。"《書·禹貢》:"淮、海惟揚州。"孔傳:"北據淮,南距海。"

9.6　濟河間曰兖州[1]。

【注釋】

[1] 濟：古濟水，自今河南滎陽北向東北流至今山東利津入海。　　兖(yǎn，《廣韻》以轉切，上獮，以）州：古九州之一，位於濟水與黃河之間。郭注：“自河東至濟。”《書·禹貢》：“濟、河惟兖州。”孔傳：“東南據濟，西北距河。”

9.7　濟東曰徐州[1]。

【注釋】

[1] 徐州：古九州之一，約在今江蘇、山東、安徽的部分地區。郭注：“自濟東至海。”《書·禹貢》：“海、岱及淮惟徐州。”孔傳：“東至海，北至岱，南及淮。”海，黃海。岱，泰山。濟，濟水。

9.8　燕曰幽州[1]。

【注釋】

[1] 燕：周代諸侯國名。又稱北燕。姬姓，召公奭之後，在今河北省北部和遼寧省西端，建都薊（今北京城西南隅）。戰國時爲七雄之一，後爲秦所滅。　　幽州：古九州之一，戰國時燕國屬地。亦作“幽州”。郭注：“自易水至北狄。”《周禮·夏官·職方氏》：“東北曰幽州。”

9.9　齊曰營州[1]。

【注釋】

[1] 齊：周代諸侯國名，今山東泰山以北黃河流域及膠東半島地區。戰國時爲七雄之一，後爲秦所滅。　　營州：古九州之一，齊國屬地。郭注：“自岱東至海。此蓋殷制。”

（二）十藪[1]

【注釋】

[1] 藪(sǒu，《廣韻》蘇后切，上厚，心）：湖澤。上古有九藪。《國

語·周語下》《周禮·夏官·職方氏》《吕氏春秋·有始》《淮南子·地形》等所記名稱與所在,不盡一致。《爾雅》中"周有焦護"爲漢人所增,故成"十藪"。

9.10　魯有大野[1]。

【注釋】

〔1〕魯:周代諸侯國名,在今山東省兖州區東南至江蘇省沛縣、安徽省泗縣一帶。　　大野:古澤名,又稱巨野、鉅野,在今山東省巨野縣、嘉祥縣一帶。郭注:"今高平鉅野縣東北大澤是也。"《書·禹貢》:"大野既豬,東原底平。"孔傳:"大野,澤名。"孔疏:"《地理志》云:'大野澤在山陽鉅野縣北。鉅即大也。'"

9.11　晉有大陸[1]。

【注釋】

〔1〕晉:春秋諸侯國名,在今山西大部、河北西南部、陝西中部及河南西北部。周成王封弟叔虞於唐,南有晉水,至叔虞子燮父改國號晉。後晉爲其大夫韓、趙、魏所分而亡。　　大陸:古澤名,又稱巨鹿澤、廣阿澤,在今河北隆堯、巨鹿、任縣三縣之間。郭注:"今鉅鹿北廣河澤是也。"《書·禹貢》:"北過降水,至于大陸。"孔傳:"大陸,澤名。"

9.12　秦有楊陓[1]。

【注釋】

〔1〕秦:周朝諸侯國名,在今陝西大部、甘肅一帶。嬴姓,周孝王封其後非子爲附庸,予以秦邑。秦襄公始立國,至秦孝公時,爲戰國七雄之一。　　楊陓(yū,《廣韻》憶俱切,平虞,影):古澤名,又稱楊紆、陽紆、陽華。舊說都認爲在今陝西省,但确址説法不一,不可考。郭注:"今在扶風汧縣西。"《周禮·夏官·職方氏》:"河内曰冀州,其山鎮曰霍山,其澤藪曰

楊紆。”鄭注：“霍山在彘，楊紆所在未聞。”孫詒讓正義：“楊
紆、楊陓、陽華、陽紆、陽肝，聲類並相近，惠説以爲一地，義
似可通，惟所在地域則舛互殊甚……楊紆所在，漢時已不可
考，故班鄭並闕而不言，而舊説多强爲傅合，悉無塙證，謹從
蓋闕，以竢知者。”

9.13　宋有孟諸[1]。

【注釋】

[1] 宋：周代諸侯國名，在今河南東部及山東、江蘇、安徽之間。
子姓。周武王滅商後，封商王紂子武庚於商舊都（今河南商
丘）。成王時，武庚叛亂，被殺，又以其地封與微子啟，號宋
公，爲宋國。公元前 286 年爲齊所滅。　　孟諸：古澤名，
在今河南商丘東北、虞城西北。亦作“孟豬、孟瀦”。郭注：“今
在梁國睢陽縣東北。”《左傳·僖公二十八年》：“余賜女孟諸
之麋。”杜注：“孟諸，宋藪澤。”《史記·司馬相如列傳》：“浮
勃澥，游孟諸。”張守節正義：“《周禮·職方氏》：‘青州藪曰
望諸。’鄭玄云：‘望諸，孟瀦也。’”

9.14　楚有雲夢[1]。

【注釋】

[1] 楚：周代諸侯國名。羋姓，始祖鬻熊。西周時立國荆山一
帶，都丹陽，周人稱爲“荆蠻”。戰國末，漸弱，爲秦所滅。
　　雲夢：古澤名。亦作“雲瞢”。所在地歷來説法不一。先
秦兩漢時，大致在今湖南益陽縣、湘陰縣以北，湖北江陵縣、
安陸縣以南，武漢市以西地區。郭注：“今南郡華容縣東南
巴丘湖是也。”《尸子》：“荆有雲夢，犀兕麋鹿盈溢。”《墨
子·明鬼》：“燕之有祖，當齊之社稷，宋之有桑林，楚之有雲
夢也。”

9.15　吴越之間有具區[1]。

【注釋】

〔1〕吳：周代諸侯國名。姬姓，始祖爲周太王之子太伯。據有今江蘇、上海大部和安徽、浙江的一部分。公元前473年爲越所滅。　越：周代諸侯國名。姒姓，建都會稽。春秋時興起，據有今江蘇北部運河以東地區、江蘇南部、安徽南部、江西東部和浙江北部。戰國時爲楚所滅。　具區：古澤名，即太湖。又名震澤、笠澤。郭注：“今吳縣南太湖，即震澤是也。”《周禮·夏官·職方氏》：“東南曰揚州，其山鎮曰會稽，其澤藪曰具區。”鄭注：“具區、五湖在吳南。浸，可以爲陂灌溉者。”夏味堂《拾雅·釋地》：“具區，震澤也。”

9.16　齊有海隅[1]。

【注釋】

〔1〕海隅：古澤名。邢疏：“此營州藪也。”郝疏：“今自登萊之黃縣、掖縣以西，歷青州之壽光、樂安以東，及武定之海豐、利津以北，延袤千餘里間，皆海隅之地。”《呂氏春秋·有始》：“何謂九藪……齊之海隅。”《戰國策·趙二》：“大王誠能聽臣，燕必致氈裘狗馬之地，齊必致海隅魚鹽之地，楚必致橘柚雲夢之地，韓魏皆可使致封地湯沐之邑。”

9.17　燕有昭余祁[1]。

【注釋】

〔1〕昭余祁：古澤名，亦作“昭餘祁”，在今山西祁縣西南、介休縣東北。又稱大昭、昭余。郭注：“今太原鄔陵縣北九澤是也。”《周禮·夏官·職方氏》：“正北曰并州，其山鎮曰恒山，其澤藪曰昭餘祁，其川虖池、嘔夷，其浸淶、易。”鄭注：“昭餘祁在鄔。”

【案】“昭余祁”蓋爲外來詞（徐朝華《上古漢語詞彙史》第277—278頁，商務印書館2003年）。

9.18　鄭有圃田[1]。

【注釋】

[1]鄭：古國名。春秋國名。姬姓。本周西都畿内地,周宣王封弟友於此,在今陝西華縣西北。平王東遷,鄭徙於溱洧之上,即爲新鄭,在今河南新鄭縣。　　圃田：古澤名,在今河南中牟縣西。亦稱圃澤、原圃、囿中。郭注：“今滎陽中牟縣西圃田澤是也。”《周禮·夏官·職方氏》：“河南曰豫州,其山鎮曰華山,其澤藪曰圃田。”《竹書紀年》下：“三月,爲大溝于北郛,以行圃田之水。”

9.19　周有焦護[1]。

【注釋】

[1]周：發祥地在今陝西岐山南。武王滅商後建都鎬京,在今陝西西安市南。　　焦護：古澤名,亦作“焦獲”,在今陝西涇陽北。郭注：“今扶風池陽縣瓠中是也。”

（三）八陵[1]

【注釋】

[1]八陵：上古傳説中的八處大陵。其中滈梁、河墳並非陵,因其絶大若陵,所以歸入陵中。陵,大土山。

9.20　東陵,阰。南陵,息慎。西陵,威夷。中陵,朱滕。北陵,西隃[1],鴈門是也[2]。

【注釋】

[1]西隃：鴈門山。鄭注：“西隃即鴈門也,鴈門山在今代州。”《山海經·北山經》：“又北,水行五百里,至于鴈門之山,無草木。”郭璞注：“鴈門山,即北陵,西隃。鴈之所出,因以名云。在高柳北。”

[2]鴈門：山名,在今山西代縣西北。鴈出其間,故名。郭注：

“即鴈門山也。”《吕氏春秋·恃君》:“鴈門之北,鷹隼、所鷙、須窺之國,饕餮、窮奇之地,叔逆之所,儋耳之居,多無君。”《淮南子·墬形》:“燭龍在鴈門北,蔽于委羽之山,不見日。”

【案】東陵,土山名。《尚書·禹貢》:“過九江,至于東陵。”孔傳:“東陵,地名。”《莊子·駢拇》:“伯夷死名於首陽之下,盜跖死利於東陵之上。”這裏的東陵所處位置不同。“阠”(xìn,《廣韻》息晉切,去震,心)字不見所出。南陵,土山名。《史記·外戚世家》:“薄太后後文帝二年,以孝景帝前二年崩,葬南陵。”司馬貞索隱:“《廟記》云:‘在霸陵南十里,故謂南陵。’按,今在長安東滻水東東原上,名曰少陰。在霸陵西南,故曰‘東望吾子,西望吾夫’是也。”張守節正義:“《括地志》云:‘南陵故縣在雍州萬年縣東南二十四里。漢南陵縣,本薄太后陵邑。陵在東北,去縣六里。’”根據故訓,南陵所處位置不同。息慎,古籍中未見。《文選》潘岳《西征賦》李善注引《韓詩》有“威夷”,但未必便是“西陵”。中陵:土山名。《管子·地員》:“中陵十五施,百五尺而至於泉。”“朱滕”不可考。

9.21 陵莫大於加陵[1]。

【注釋】

〔1〕加陵:土山名。賈誼《新書·禮容語下》:“晉之三卿郤錡、郤犨、郤至從晉厲公,會諸侯於加陵。”

9.22 梁莫大於湨梁[1]。

【注釋】

〔1〕湨(jú,《廣韻》古闃切,入錫,見)梁:湨水大堤,在今河南西北部。亦作“溴梁”。郭注:“湨,水名。梁,隄也。”《春秋·襄公十六年》:“公會晉侯、宋公、衛侯、鄭伯、曹伯……于溴梁。”杜注:“溴水出河内軹縣,東南至温入河。”

9.23 墳莫大於河墳[1]。

【注釋】

〔1〕墳（fén，《廣韻》符分切，平文，奉）：堤岸，水邊高地。　　河墳：黄河河堤。邢疏：“墳，大防，亦謂隄。雖水所皆有，而河墳最大也。”錢坫《爾雅釋地四篇注》：“今蒲州府榮河縣是其地。”

（四）九府[1]

【注釋】

〔1〕九府：九州寶藏及特産。

9.24　東方之美者，有醫無閭之珣玗琪焉[1]。

【注釋】

〔1〕醫無閭：山名，在今遼寧省北鎮市西，爲陰山山脈分支。以産玉石著名。外來詞。《周禮·夏官·職方氏》：“東北曰幽州，其山鎮曰醫無閭。”鄭注：“醫無閭，在遼東。”　　珣（xún，《廣韻》相倫切，平諄，心）玗（yú，《廣韻》羽俱切，平虞，云）琪：東方美玉。亦作“珣玗璂”。外來詞。郭注：“醫無閭，山名，今在遼東。珣玗琪，玉屬。”《説文》玉部：“珣，醫無閭之珣玗琪，《周書》所謂夷玉也。”段玉裁注：“璂、琪同。醫無閭，山名，在今盛京錦州府廣寧縣西十里。屈原賦謂之‘於微閭’。珣玗璂合三字爲玉名……蓋醫無閭、珣玗璂皆東夷語。”《淮南子·墜形》：“東方之美者，有醫毋閭之珣玗琪焉。”

9.25　東南之美者，有會稽之竹箭焉[1]。

【注釋】

〔1〕會稽：山名，在浙江省中部紹興、嵊縣、諸暨、東陽之間。相傳夏禹大會諸侯於此計功，故名。　　竹箭：即箭竹，一種可製箭杆的小竹。《吕氏春秋·仲冬》：“日短至，則伐林木，取竹箭。”《周禮·夏官·職方氏》：“東南曰揚州，其山鎮曰會

稽,其澤藪曰具區,其川三江,其浸五湖,其利金錫竹箭。"參
見 13.158 條。

9.26　南方之美者,有梁山之犀象焉[1]。

【注釋】

〔1〕梁山:湖南的衡山,即南嶽。鄭注:"梁山在今汝州梁縣。"　犀
象:犀牛皮角和象牙。郭注:"犀牛皮角,象牙骨。"

9.27　西南之美者,有華山之金石焉[1]。

【注釋】

〔1〕華山:五嶽之一,在陝西省華陰市南,北臨渭河平原,屬秦
嶺東段。古稱西嶽。郭注:"黃金礝石之屬。"鄭注:"華山在
今華陰。"

9.28　西方之美者,有霍山之多珠玉焉[1]。

【注釋】

〔1〕霍山:在山西省霍州市東南。　多:衍文。劉光蕡《爾
雅注疏校勘札記》:"《淮南子·墜形》篇'珠玉'上無'多'
字。"《淮南子·墜形》:"西方之美者,有霍山之珠玉焉。"高
誘注:"出夜光之珠,五色之玉也。今河東永安縣也。"

9.29　西北之美者,有崑崙虛之璆琳琅玕焉[1]。

【注釋】

〔1〕崑崙虛:昆侖山,在新疆、西藏之間,西接帕米爾高原,東延
入青海。勢極高峻,多雪峰冰川。亦作"崑崙、崑崙、昆侖"。
古代神話傳說,昆侖山上有瑶池、閬苑、增城等仙境。以產
于闐玉著名。鄭注:"《山海經》云:'崑崙之虛方八百里,高
萬仞。'"　璆(qiú,《廣韻》巨鳩切,平尤,群。又渠幽切,
平幽,群)琳:美玉名。《管子·輕重甲》:"崑崙之虛不朝,
請以璆琳、琅玕爲幣乎?"　琅(láng,《廣韻》魯當切,平
唐,來)玕(gān,《廣韻》古寒切,平寒,見):似珠玉的美石。

郭注:"琅玕,狀似珠也。《山海經》曰:'崑崙山有琅玕樹。'"
《書·禹貢》:"厥貢惟球琳、琅玕。"孔傳:"琅玕,石而似玉。"
孔疏:"琅玕,石而似珠者,必相傳驗,實有此言也。"

9.30　北方之美者,有幽都之筋角焉[1]。

【注釋】

〔1〕幽都:山名。郭注:"幽都,山名。謂多野牛筋角。"《淮南
子·墬形》:"北方之美者,有幽都之筋角焉。"高誘注:"古之
幽都在雁門以北,其畜宜牛羊馬,出好筋角,可以爲弓弩。"

9.31　東北之美者,有斥山之文皮焉[1]。

【注釋】

〔1〕斥山:山名。郝疏"斥山"作"庈山",云:"山在今登州府榮
城縣南一百二十里矣。"　文皮:有花紋的獸皮,特指虎
豹之類的皮。邢疏:"斥山,山名也。文皮,虎豹之屬,其皮
毛有文采細縟,故謂之文皮焉。"《淮南子·墬形》:"東北方
之美者,有斥山之文皮焉。"高誘注:"文皮,虎豹之皮也。"

9.32　中有岱岳,與其五穀魚鹽生焉[1]。

【注釋】

〔1〕岱岳:泰山的別稱。《淮南子·墬形》:"中央之美者,有岱嶽,
以生五穀桑麻,魚鹽出焉。"高誘注:"岱嶽,泰山也。王者
禪代所祠,因曰岱嶽也。五穀、桑麻、魚鹽,所養人者。出猶
生也。"

（五）五方[1]

【注釋】

〔1〕五方:言五方風氣殊異而生怪異之物。有些是傳説,並非
確有其物。

9.33　東方有比目魚焉[1],不比不行,其名謂之鰈[2]。

【注釋】

〔1〕比目魚：身體扁平而闊，有細鱗，兩眼都在右側。生活在淺海中，左側向下臥在沙底。舊説此魚一目，須兩兩相並始能游行。又稱鞋底魚、鰈。郭注："狀似牛脾，鱗細，紫黑色，一眼，兩片相合乃得行。今水中所在有之。江東又呼爲王餘魚。"《本草綱目·鱗四·比目魚》："比，並也。魚各一目，相並而行也。"

〔2〕鰈(dié，《廣韻》吐盍切，入盍，透)：比目魚。《説文》魚部："鰈，比目魚也。"楊慎《異魚圖贊》二："東海比目，不比不行，兩片得立，合體相生，狀如鞋屜，鰈實其名。"徐珂《清稗類鈔·動物·鰈》："鰈，一作鯣。大者長二尺許，左側面甚發達，色淡黑，有淡褐色斑點，兩眼俱在其前。"

9.34　南方有比翼鳥焉[1]，不比不飛，其名謂之鶼鶼[2]。

【注釋】

〔1〕比翼鳥：傳説中的鳥，一鳥僅有一翼一目，須兩兩相比並才能飛行。《山海經·西山經》"(崇吾之山)有鳥焉，其狀如鳧，而一翼一目，相得乃飛，名曰蠻蠻"，郭璞注："比翼鳥也。色青赤，不比不能飛。《爾雅》作鶼鶼鳥也。"《逸周書·王會》："丘羌鸞鳥，巴人以比翼鳥，方揚以皇鳥。"

〔2〕鶼鶼(jiān，《廣韻》古甜切，平添，見)：比翼鳥。郭注："似鳧，青赤色，一目一翼，相得乃飛。"《太平御覽》九二七引張華《博物志》："崇吾之山有鳥焉，一足一翼一目，相得乃飛，名曰鶼鶼。"

9.35　西方有比肩獸焉[1]，與邛邛岠虛比[2]，爲邛邛岠虛齧甘草，即有難，邛邛岠虛負而走，其名謂之蟨[3]。

【注釋】

〔1〕比肩獸：即蟨，傳説中的一種動物。陸釋文引李巡曰："邛

邛岠虛能走,蟨知美草。即若驚難者,邛邛岠虛便負蟨而走,故曰比肩獸。"李元《蠕範·物體五》:"蟨,跳兔也,比肩獸也。頭尾如兔,爪足似鼠,褐色,前足寸許,後足近尺,尾端有毛。一躍數尺,止即蟨仆,與岠驢比而齧甘草,岠驢負之,一走百里。"

〔2〕邛邛(qióng,《廣韻》渠容切,平鍾,群)岠虛:獸名,傳説與蟨互相依存,平時蟨以美草供給邛邛岠虛,遇難時邛邛岠虛負蟨而逃。亦作"邛邛距虛"。《穆天子傳》一:"邛邛距虛走百里。"郭璞注:"亦馬屬。《尸子》曰:'距虛不擇地而走。'"

〔3〕蟨(jué,《廣韻》其月切,入月,見):比肩獸。底本作"蟨",宋刻本《爾雅》作"蟨"。郭注:"《吕氏春秋》曰:'北方有獸,其名爲蟨,鼠前而兔後,趨則頓,走則顛。'然則邛邛岠虛亦宜鼠後而兔前,前高不得取甘草,故須蟨食之。今鴈門廣武縣夏屋山中有獸,形如兔而大,相負共行,土俗名之爲蟨鼠。"《吕氏春秋·慎大》:"北方有獸,名曰蹶。鼠前而兔後,趨則跆,走則顛,常爲蛩蛩距虛取甘草以與之。"

9.36 北方有比肩民焉[1],迭食而迭望[2]。

【注釋】

〔1〕比肩民:古代傳説中半身之人,僅有一目、一鼻、一臂、一脚,必須兩兩配合才能活動。郭注:"此即半體之人,各有一目、一鼻、一孔、一臂、一脚,亦猶魚鳥之相合,更望備驚急。"郝疏:"比肩民者,名婁。《韓詩外傳》五云:'北方有獸,名曰婁。更食而更視,不相得不能飽。'然則此亦獸屬。"

〔2〕迭:更替,輪流。　望:觀望警戒。

9.37 中有枳首蛇焉[1]。

【注釋】

〔1〕枳首蛇:歧頭蛇,兩頭蛇。枳,通"枝",歧出。郭注:"歧頭

蛇也。或曰：今江東呼兩頭蛇爲越王約髮。亦名弩絃。”羅願《爾雅翼·釋魚》：“中央有枳首蛇。枳首者，歧頭，蓋兩頭也。大如指，一頭無目無口，然兩頭俱能行。一名越王蛇，亦名越王約髮，亦名越王弩弦。舊云見之令人不利，然孫叔敖殺而埋之，亦無他，此未可信也。今生寧國者，黑鱗白章，長盈尺。”

9.38　此四方中國之異氣也。

（六）野

9.39　邑外謂之郊[1]，郊外謂之牧[2]，牧外謂之野[3]，野外謂之林[4]，林外謂之坰[5]。

【注釋】

[1] 邑：京城，國都。郭注：“邑，國都也。假令百里之國，五十里之界，界各十里也。”

[2] 牧：城邑的遠郊。邢疏：“言可放牧也。”郝疏：“遠郊在郊外，牧田在遠郊，是郊外謂之牧矣。”《詩·邶風·靜女》：“自牧歸荑，洵美且異。”朱熹集傳：“牧，外野也。”《史記·周本紀》：“麋鹿在牧，蜚鴻滿野。”裴駰集解引徐廣曰：“牧，郊也。”

[3] 野：牧外之原野。《說文》里部：“野，郊外也。”《詩·邶風·燕燕》：“之子于歸，遠送于野。”毛傳：“郊外曰野。”《書·武成》：“歸馬于華山之陽，放牛于桃林之野。”

[4] 林：野外。邢疏：“言野外之地名林，以其去都邑遠，薪采者少，其地可長平林，因名云也。”段玉裁《說文解字注》林部：“林，冂部曰‘野外謂之林’，引伸之義也。”《詩·魯頌·駉》“在坰之野”毛傳：“坰，遠野也。邑外曰郊，郊外曰野，野外曰林，林外曰坰。”

[5] 坰（jiōng，《廣韻》古螢切，平青，見）：林外之遠野。邢疏：

"言林外之地最爲遠野名坰。"《列子・黃帝》:"禾生、子伯，范氏之上客，出行，經坰外，宿於田更商丘開之舍。"張湛注:"坰，郊野之外也。"

9.40 下溼曰隰[1]，大野曰平[2]，廣平曰原，高平曰陸[3]，大陸曰阜[4]，大阜曰陵，大陵曰阿[5]。

【注釋】

〔1〕溼:同"濕"。　　隰(xí，《廣韻》似入切，入緝，邪):低溼之地。《書・禹貢》:"原隰厎績，至于豬野。"孔傳:"下溼曰隰。"《詩・邶風・簡兮》:"山有榛，隰有苓。"毛傳:"下溼曰隰。"

〔2〕平:比原野大的平地。《文選》司馬相如《上林賦》:"填阬滿谷，掩平彌澤。"李善注:"《廣雅》曰:'大野曰平。'"

〔3〕陸:高平之地。《說文》自部:"陸，高平地。"《易・漸》:"鴻漸于陸，夫征不復，婦孕不育，凶，利禦寇。"王注:"陸，高之頂也。"孔疏:"'陸，高之頂也'者，《爾雅》云'高平曰陸'，故曰'高之頂也'。"

〔4〕陸:大土山。《詩・衛風・考槃》:"考槃在陸，碩人之軸。"孔疏:"陸與阜類。"《楚辭・九歎・憂苦》:"巡陸夷之曲衍兮，幽空虛以寂寞。"王逸注:"大阜曰陸。"　　阜(fù，《廣韻》房久切，上有，奉):土山。《釋名・釋山》:"土山曰阜。"《詩・小雅・天保》:"如山如阜，如岡如陵。"毛傳:"高平曰陸，大陸曰阜，大阜曰陵。"銀雀山漢墓竹簡《孫臏兵法・地葆》:"山勝陵，陵勝阜，阜勝陳丘。"

〔5〕阿(ē，《廣韻》烏何切，平歌，影):比陵更大的土山。《說文》自部:"阿，大陵也。"《詩・小雅・菁菁者莪》:"菁菁者莪，在彼中阿。"毛傳:"大陵曰阿。"

9.41 可食者曰原[1]，陂者曰阪[2]，下者曰隰[3]。

【注釋】

〔1〕可食者：寬廣平整可種植莊稼之地。郭注：“可種穀給食。”

〔2〕陂(bēi，《廣韻》彼爲切，平支，幫)：山坡，斜坡。《釋名·釋山》：“山旁曰陂，言陂陁也。”《史記·酷吏列傳》：“(寧成)乃貰貸買陂田千餘頃，假貧民，役使數千家。”　阪(bǎn，《廣韻》府遠切，上阮，幫)：山坡，斜坡。郭注：“陂陀不平。”《説文》自部：“坡者曰阪。”段玉裁注：“《釋地》《毛傳》皆曰：‘陂者曰阪。’許云：‘坡者曰阪。’然則坡、陂異部同字也。”《詩·小雅·伐木》：“伐木于阪，釃酒有衍。”《吕氏春秋·孟冬》：“葬於山林則合乎山林，葬於阪隰則同乎阪隰，此之謂愛人。”

〔3〕隰(xí，《廣韻》似入切，入緝，邪)：地勢低下可以耕種的地方。邢疏：“下平而可食者名隰。”《公羊傳·昭公元年》：“原者何？上平曰原，下平曰隰。”

9.42　田一歲曰菑[1]，二歲曰新田，三歲曰畬[2]。

【注釋】

〔1〕菑(zī，《廣韻》側持切，平之，莊)：初耕一年的田地。郭注：“今江東呼初耕地反草爲菑。”《詩·小雅·采芑》：“薄言采芑，于彼新田，于此菑畝。”毛傳：“田一歲曰菑，二歲曰新田，三歲曰畬。”孔疏：“孫炎曰：‘菑，始災殺其草木也。新田，新成柔田也。畬，和也，田舒緩也。’”《淮南子·泰族》：“后稷墾草發菑，糞土樹穀，使五種各得其宜，因地之勢也。”

〔2〕畬(yú，《廣韻》以諸切，平魚，以)：已墾種三年的熟田。郝疏：“畬者，田和柔也。孫炎曰：‘畬，和也，田舒緩也。’蓋治田三歲則陳根悉拔，土脈膏肥。”《詩·周頌·臣工》：“亦又何求？如何新畬。”毛傳：“田二歲曰新，三歲曰畬。”

（七）四極[1]

【注釋】

〔1〕四極：四方極遠之地。這裏所釋爲九州之外四方極遠之地名及其人性稟氣。

9.43　東至於泰遠[1]，西至於邠國[2]，南至於濮鉛[3]，北至於祝栗[4]，謂之四極[5]。

【注釋】

〔1〕泰遠：傳説中東方極遠之國。亦作“太遠”。邢疏：“泰遠、邠國、濮鉛、祝栗，此四方極遠之國名也。”郭璞《山海經圖讚·海外東經》：“東盡太遠，西窮邠國。”

〔2〕邠（bīn，《廣韻》府巾切，平真，幫）國：傳説中西方極遠之國。

〔3〕濮（pú，《廣韻》博木切，入屋，幫）鉛（qiān，《廣韻》與專切，平仙，以）：傳説中南方極遠之國。鉛，同“鉛”。

〔4〕祝栗：傳説中北方極遠之國。

〔5〕四極：四方極遠之國。《管子·内言》：“官府之藏，彊兵保國，城郭之險，外應四極。”注：“四極，謂國之四鄙也。”

9.44　觚竹[1]、北户[2]、西王母[3]、日下[4]，謂之四荒[5]。

【注釋】

〔1〕觚（gū，《廣韻》古胡切，平模，見）竹：古國名，在今河北盧龍縣南。觚，通“孤”。邵正義：“《漢書·地理志》：‘遼西郡令支縣有孤竹城。’是觚竹在北也。”

〔2〕北户：古國名，在極遠的南方。邢疏：“北户者，即日南郡是也。顏師古曰：‘言其在日之南，所謂北户以向日者。’”李斯《琅邪臺刻石》：“六合之内，皇帝之土。西涉流沙，南盡北户，東有東海，北過大夏。人迹所至，無不臣者。”

〔3〕西王母：傳説中西方極遠處國名。《淮南子·墜形》：“西王母在流沙之瀕。”高誘注：“《地理志》曰：‘西王母石室在金城臨羌西北塞外也。’”

〔4〕日下：傳説中的古國名。邢疏：“日下者，謂日所出處其下之國也。”鄭注：“疑日下即今日本。”

〔5〕四荒：四方荒遠之地。郭注：“觚竹在北，北户在南，西王母在西，日下在東，皆四方昏荒之國，次四極者。”《楚辭·離騷》：“忽反顧以游目兮，將往觀乎四荒。”朱熹集注：“故復反顧，而將往觀乎四方絶遠之國。”

9.45　九夷〔1〕、八狄〔2〕、七戎〔3〕、六蠻〔4〕，謂之四海〔5〕。

【注釋】

〔1〕九夷：東方的九個民族。鄭注：“九夷在東。《風俗通》云：‘一曰玄菟，二曰樂浪，三曰高驪，四曰滿飾，五曰鳧更，六曰索家，七曰東屠，八曰倭人，九曰天鄙。’”《論語·子罕》：“子欲居九夷。”何晏集解引馬融曰：“九夷，東方之夷，有九種也。”

〔2〕八狄：北方的八個民族。鄭注：“八狄在北。《風俗通》云：‘一曰天竺，二曰咳首，三曰僬僥，四曰跛踵，五曰穿胸，六曰儋耳，七曰狗軹，八曰旁春。’”《淮南子·修務》：“故秦楚燕魏之歌也，異轉而皆樂；九夷八狄之哭也，殊聲而皆悲，一也。”高誘注：“東方之夷九種，北方之狄八類。”

〔3〕七戎：西方的七個民族。《墨子·節葬下》：“舜西教乎七戎。”或稱六戎、五戎。鄭注：“七戎在西。《風俗通》云：‘六戎，一曰僥夷，二曰戎英，三曰老白，四曰耆羌，五曰鼻息，六曰天剛。’”《周禮·夏官·職方氏》：“辨其邦國……五戎、六狄之人民。”

〔4〕六蠻：南方的六個民族。或曰八蠻、五蠻。邢疏：“蠻者，慢

也,其類有八。李巡云:'一曰天竺,二曰咳首,三曰僬僥,四曰跛踵,五曰穿胸,六曰儋耳,七曰狗軹,八曰旁春。'"鄭注:"六蠻在南。《風俗通》云:'五蠻,一曰月支,二曰穢貊,三曰匈奴,四曰單于,五曰白屋。'"

〔5〕四海:四鄰各族居住的地域。郭注:"九夷在東,八狄在北,七戎在西,六蠻在南,次四荒者。"《史記·五帝本紀》:"南撫交阯、北發;西,戎、析枝、渠廋、氐、羌;北,山戎、發、息慎;東,長、鳥夷。四海之内,咸戴帝舜之功。"

9.46　岠齊州以南戴日爲丹穴[1],北戴斗極爲空桐[2],東至日所出爲大平[3],西至日所入爲大蒙[4]。

【注釋】

〔1〕岠:通"距",距離。　齊州:猶中州,即中原,中國。郭注:"岠,去也。齊,中也。"邢疏:"中州,猶言中國也。"　戴:值,當。　丹穴:傳説中的南方極遠處地名。邢疏:"言去中國以南,北户以北,值日之下,其處名丹穴。"《淮南子·氾論》"丹穴"高誘注:"丹穴,南方當日下之地。

〔2〕斗:北斗星。　極:北極星。邢疏:"斗,北斗也。極者,中宫天極星。其一明者,泰一之常居也。以其居天之中,故謂之極。極,中也。北斗拱極,故云'斗極'。"　空桐:山名,即崆峒,在今甘肅省平涼市西,險峻雄偉。邢疏:"值此斗極之下,其處名空桐。"《史記·孝武本紀》:"上遂郊雍,至隴西,西登空桐。"張守節正義:"空桐山,在原州平高縣西一百里。"

〔3〕大平:東方極遠處地名。大,本亦作"太"。郝疏:"太平者,《大荒東經》云:'東海之外,大荒之中,有山名曰大言,日月所出。'蓋此即太平也。"

〔4〕大蒙:古謂日落處,指西方極遠之地。亦稱蒙氾。《淮南

子·氾論》:"丹穴、太蒙、反踵、空同、大夏、北户、奇肱、脩股之民,是非各異,習俗相反。"高誘注:"太蒙,西方日所入處也。"

9.47　大平之人仁,丹穴之人智,大蒙之人信,空桐之人武。[1]

【注釋】

[1] 四方之人分別具有仁、智、信、武等品質。郭注:"地氣使之然也。"邢疏:"言是土地之氣,剛柔不同,使之仁智信武耳。若《考工記》云:'鄭之刀、宋之斤、魯之削、吴越之劍,遷乎其地而弗能爲良,地氣然也。'"郝疏:"《墜形篇》注:'東方木德仁,故有君子之國。'此即太平之人仁也。推是而言,南方火德明,故其人智;西方金德實,故其人信;北方水德怒,故其人武;中國土德和平,故其人五性具備也。"

釋 丘 第 十

　　本篇類聚山丘詞語，並附屬厓岸類。丘類有自然而高者，亦有人力所爲者。厓岸爲自然形成者。有的詞條是同義詞的訓釋，據其形態、高低、形成方式、位置等辨析同中之異；有的詞條僅是説明情況。

（一）丘[1]

【注釋】

〔1〕丘：自然形成的小土山。

10.1　丘，一成爲敦丘[1]，再成爲陶丘[2]，再成鋭上爲融丘[3]，三成爲崑崙丘[4]。

【注釋】

〔1〕敦丘：一層之丘。亦作“頓丘”。郭注：“成，猶重也。《周禮》曰：‘爲壇三成。’今江東呼地高堆者爲敦。”邢疏：“成，重也。言丘上更有一丘相重累者名敦丘。《詩·衞風·氓》篇云：‘送子涉淇，至于頓丘。’是也。”

〔2〕陶丘：兩重的山丘。邢疏：“丘形上有兩丘相重累者名陶丘。”郝疏：“陶從匋，匋是瓦器，丘形重累似之。”

〔3〕融丘：尖頂重疊的山丘。邢疏：“丘形再重而頂纖者名融丘也。”郝疏：“融丘者，《釋名》云：‘鋭上曰融丘。融，明也；明，陽也。凡上鋭皆高而近陽者也。’按：融，炊气上出也，宜兼高、長二義，長與高即鋭上之意。”

〔4〕崑崙丘：三層重疊的山丘。郭注：“崑崙山三重，故以名云。”

邢疏:"《崐崘山記》云:'崐崘山,一名崐丘,三重,高萬一千里.'是也。凡丘之形三重者,因取此名云耳。"

10.2 如乘者[1],乘丘[2]。如陼者[3],陼丘[4]。

【注釋】

〔1〕乘:同"乘",通"塍",田塍,田埂。

〔2〕乘丘:形似車乘的山丘。或云形似田塍的山丘。郭注:"形似車乘也。或云乘者,謂稻田塍埒。"邢疏:"許叔重云:塍埒,稻田畦隄。埒,畔也。案《地理志》云泰山有乘丘。《春秋·莊十年》:'公敗宋師于乘丘。'是因丘以爲名乎?"《漢書·地理志上》:"(泰山郡)縣二十四:奉高,博……乘丘,富陽,桃山,桃鄉,式。"顏師古注:"《春秋·莊公十五年》:'公敗宋師于乘丘。'即此是也。"

〔3〕陼(zhǔ,《廣韻》章与切,上語,章):水中小洲。

〔4〕陼丘:平地隆起的高地,形同水中小洲。邢疏:"陼,水中可居之小者,丘形似之,名爲陼丘也。"《釋名·釋丘》:"如陼者曰陼丘,形似水中之高地,隆高而廣也。"

10.3 水潦所止[1],泥丘[2]。

【注釋】

〔1〕潦(lǎo,《廣韻》盧晧切,上晧,來):積水。

〔2〕泥丘:頂上凹窪聚集雨水的高地。亦作"尼丘"。邢疏:"水潦,雨水也。丘形頂上污下,潦水停止而成泥潭者,名泥丘。"邵正義:"(《史記》)正義引《括地志》云:'尼丘山在兗州鄒城闕里。'蓋依《爾雅》爲名,凡丘頂之停止水潦者,俱名泥丘矣。"《釋名·釋丘》:"水潦所止曰泥丘,其上污水留不去成泥也。"

10.4 方丘,胡丘[1]。

【注釋】

〔1〕胡丘:即"壺丘",形似腹圓口方的壺的高地。又名方丘。

邢疏：“丘形四方者名胡丘。”

10.5 絶高爲之京[1]，非人爲之丘[2]。

【注釋】

〔1〕爲之：謂之。 京：人工堆成的高丘。郭注：“人力所作。”
《説文》京部：“京，人所爲絶高丘也。”朱駿聲通訓定聲：“對
文則人力所作者爲京，地體自然者爲邱；散文則亦通稱
也。”《詩·小雅·甫田》：“曾孫之庾，如坻如京。”毛傳：“京，
高丘也。”《淮南子·覽冥》：“大衝車，高重京，除戰道，便死
路，犯嚴敵，殘不義。”

〔2〕丘：自然形成的土山。郭注：“地自然生。”邢疏引李巡云：
“謂非人力所爲，自然生者。”《説文》丘部：“丘，土之高也，
非人所爲也。”《書·禹貢》：“桑土既蠶，是降丘宅土。”孔傳：
“地高曰丘。大水去，民下丘居平土，就桑蠶。”《文選》司馬
相如《封禪文》：“微夫此之爲符也。以登介丘，不亦恧乎。”

10.6 水潦所還[1]，埒丘[2]。

【注釋】

〔1〕還：通“環”，環繞。

〔2〕埒(liè，《廣韻》力輟切，入薛，來)丘：被積水所環繞、圍有
界限的土山。郭注：“謂丘邊有界埒，水繞環之。”邢疏：“還，
環繞也。埒，小隄也，壅土爲之。言此丘邊有其界埒，外則
爲水潦環繞者名埒丘。”

10.7 上正，章丘[1]。

【注釋】

〔1〕章丘：丘頂平正的土山。郭注：“頂平。”邢疏：“丘頂上平
正者名章丘。章亦平也。”邵正義：“丘頂之平正者名章丘。
後世有章丘山，蓋依此名。《隋書·地理志》：‘齊郡有章丘
縣……取縣南章丘山爲名也。’”

10.8　澤中有丘,都丘[1]。

【注釋】

[1]都丘:池澤中的土山。郭注:"在池澤中。"邢疏:"都,水所聚也。言在池澤中者因名都丘。"《釋名·釋丘》:"澤中有丘曰都丘,言蟲鳥往所都聚也。"

10.9　當途,梧丘[1]。

【注釋】

[1]梧丘:當道的高丘。邢疏:"途,道也。梧,遇也。當道有丘名梧丘,言若相遇於道路然也。"《晏子春秋·内篇雜下》:"景公畋於梧丘。"吴則虞集釋引《釋名》:"當塗曰梧丘。"《説苑·指武》:"大冠如箕,長劍柱頤,攻翟不能下,曡於梧丘。"

10.10　途出其右而還之,畫丘[1]。途出其前,戴丘[2]。途出其後,昌丘[3]。

【注釋】

[1]畫丘:道路出自其西側且被道路環繞的山丘。郭注:"言爲道所規畫。"邢疏:"右,謂西也。還,繞也。畫,規畫也。言道出丘西而復環繞之者,名畫丘,若爲道所規畫然也。"《釋名·釋丘》:"道出其右曰畫丘。人尚右,凡有指畫皆用右也。"

[2]戴丘:道路出自南側的山丘。郭注:"道出丘南。"邢疏:"謂道過丘南,若爲道負戴,故爲戴丘。"

[3]昌丘:道路出自北側的山丘。郭注:"道出丘北。"邢疏:"謂道過丘北者名昌丘。"

10.11　水出其前,渻丘[1]。水出其後,沮丘。水出其右,正丘[2]。水出其左,營丘[3]。

【注釋】

[1]渻(shěng,《廣韻》息井切,上静,心)丘:有河流出自其南的土山。陸佃《爾雅新義·釋丘》:"恃源而往,雖不頓虧,然

既湝矣。《説文》曰:'湝,少減也。'"

〔2〕正丘: 一説當作"沚丘"。阮校作"沚丘",云:"今《爾雅》作
　　　'正',蓋'止'之訛。此'制止'與下'營迴'義取相反。"《釋
　　　名·釋丘》:"水出其右曰沚丘。沚,止也,西方義氣有所制
　　　止也。"

〔3〕營丘: 有河流出自其南面向東流過的土山。郭注:"今齊之
　　　營丘,淄水過其南及東。"邢疏:"《地理志》云:'齊郡臨淄城
　　　中有丘,即營丘也。'《志》又云: 泰山萊蕪縣,淄水所出,
　　　東至博昌入泲。然則淄水出萊蕪,經臨淄,過營丘,南折而
　　　北,至博昌入泲,言此以證水出其左者名營丘。"《史記·周
　　　本紀》:"封尚父於營丘,曰齊。"裴駰集解:"《爾雅》曰:'水
　　　出其前而左曰營丘。'郭璞曰:'今齊之營丘,淄水過其南
　　　及東。'"

10.12　如覆敦者〔1〕,敦丘〔2〕。

【注釋】

〔1〕敦: 古代青銅食器,用以盛黍、稷、稻、粱等。一般爲三短足,
　　　圓腹,二環耳,有蓋。蓋和器身都作半圓形,合成球形。流
　　　行於春秋戰國時期。

〔2〕敦(duì,《集韻》都内切,去隊,端) 丘: 丘形似扣覆的敦。
　　　郭注:"敦,盂也。"邢疏:"丘形如覆敦者名敦丘。"參見
　　　10.1條。

10.13　邐迤〔1〕,沙丘〔2〕。

【注釋】

〔1〕邐(lǐ,《廣韻》力紙切,上紙,來) 迤(yǐ,《集韻》演爾切,上
　　　紙,以): 曲折連綿貌。

〔2〕沙丘: 曲折綿延的沙土高地。《史記·殷本紀》:"益廣沙丘
　　　苑臺,多取野獸蜚鳥置其中。"裴駰集解:"《爾雅》曰:'迤

邐,沙丘也。'"

10.14　左高,咸丘[1]。右高,臨丘。前高,旄丘[2]。後高,陵丘。偏高,阿丘[3]。

【注釋】

〔1〕咸丘:左高右低的山丘。《左傳·桓公七年》:"七年春二月己亥,焚咸丘。"杜注:"咸丘,魯地。高平鉅野縣南有咸亭。"

〔2〕旄丘:前高後低的山丘。《詩·邶風·旄丘》:"旄丘之葛兮,何誕之節兮。"毛傳:"前高後下曰旄丘。"

〔3〕阿丘:一邊偏高的山丘。《釋名·釋丘》:"偏高曰阿丘。阿,荷也。如人擔荷物,一邊偏高也。"《詩·鄘風·載馳》:"陟彼阿丘,言采其蝱。"毛傳:"偏高曰阿丘。"孔疏引李巡曰:"謂丘邊高。"

10.15　宛中,宛丘[1]。

【注釋】

〔1〕宛丘:四周高中央低平的圓形高地。《詩·陳風·宛丘》:"子之湯兮,宛丘之上兮。"毛傳:"四方高中央下曰宛丘。"

10.16　丘背有丘爲負丘[1]。

【注釋】

〔1〕負丘:土山後面還有一個土山。郝疏:"此自别爲一丘。郭意欲爲宛丘作解,蓋失之矣。且此明言'丘背有丘',亦非'中央隆高'之義。"

10.17　左澤,定丘[1]。右陵,泰丘[2]。

【注釋】

〔1〕定丘:東邊有水澤的土山。邢疏:"謂丘之東有水澤者名定丘。"

〔2〕泰丘:即大丘,西有大陵的土山。邢疏:"謂丘之西有大阜者名泰丘。"《漢書·郊祀志上》"周顯王之四十二年,宋大丘

社亡,而鼎淪没於泗水彭城下",顏師古注:"《爾雅》云'左
陵泰丘',謂丘左有陵者其名泰丘也。郭璞云'宋有泰丘',
蓋以丘名此地也。"

10.18　如㕞,㕞丘[1]。如陵,陵丘[2]。

【注釋】

〔1〕㕞丘:本或作"畝丘",有壟界如田畝的高地。郭注:"丘
　　有壟界如田㕞。"《詩·小雅·巷伯》:"楊園之道,猗于畝丘。"毛
　　傳:"畝丘,丘名。"

〔2〕陵丘:大丘,大阜。郭注:"陵,大阜也。"邢疏:"丘形如大阜
　　者名陵丘。"《墨子·節用中》:"古者人之始生,未有宮室之
　　時,因陵丘堀穴而處焉。"

10.19　丘上有丘爲宛丘[1]。

【注釋】

〔1〕宛丘:四周高中央低平的圓形高地。參見 10.15 條。在宛
　　丘之上又有一個中間低窪的土丘,仍稱宛丘。郭注:"嫌人
　　不了,故重曉之。"

10.20　陳有宛丘[1],晉有潛丘[2],淮南有州黎丘[3]。

【注釋】

〔1〕宛丘:古丘名,在今河南淮陽,春秋時陳國建都於宛丘旁。
　　郭注:"今在陳郡陳縣。"

〔2〕潛丘:古丘名,在今山西太原市南晉源鎮東。郭注:"今在
　　太原晉陽縣。"郝疏:"潛丘者,《元和志》及《寰宇記》俱云:
　　'在太原縣南三里。隋開皇二年於其上置大興國觀。'按舊
　　圖經,宋修惠明寺,陶土作瓦,是丘遂湮。然則亦僅存其名
　　矣。晉陽縣,今爲太原縣。"

〔3〕州黎丘:古丘名,在今安徽壽縣西南。郭注:"今在壽春縣。"

10.21　天下有名丘五,三在河南,其二在河北。

【案】“五丘”有兩種説法,一指州黎、宛、營、潛、敦五丘,或説爲崐崙、軒轅、平、瑳、青五丘。郭注:“説者多以州黎、宛、營爲河南,潛、敦爲河北者。案,此方稱天下之名丘,恐此諸丘碌碌,未足用當之。殆自別更有魁梧桀大者五,但未詳其名號、今者所在耳。”翟灝《爾雅補郭》:“今以郭意求之,則惟西域有崐崙、軒轅二邱,海外西北有平邱,東南有瑳邱,東有青邱。依《山海經》所言,此五邱爲天下最魁梧桀大而名稱于上古。軒轅、平邱在河以北,瑳、青在河以南。河出崐崙西北,則崐崙亦屬河南。”此供參考。

(二)厓岸[1]

【注釋】

〔1〕厓岸:水邊高地。

10.22　望厓洒而高[1],岸[2]。

【注釋】

〔1〕洒(cuǐ,《集韻》取猥切,上賄,清):高峻貌。下同。

〔2〕岸:水邊高峻之地。郭注:“厓,水邊。洒謂深也。視厓峻而水深者曰岸。”

10.23　夷上洒下,不漘[1]。

【注釋】

〔1〕不:一説爲衍文。邢疏引孫炎曰:“不者,蓋衍字。”一説作語助。郭注:“不,發聲。”　漘(chún,《廣韻》食倫切,平諄,船):上平下陡的崖岸。郭注:“厓上平坦而下水深者爲漘。”《詩·魏風·伐檀》:“坎坎伐輪兮,寘之河之漘兮。”毛傳:“漘,厓也。”

10.24　隩[1],隈[2]。厓內爲隩,外爲隈。

【注釋】

〔1〕隩(yù,《廣韻》於六切,入屋,影。又烏到切,去号,影):水

邊深曲處。郭注:"今江東呼爲浦隈。"邢疏:"隩,一名隈也。"
《説文》𨸏部:"隩,水隈崖也。"段玉裁注:"厓,山邊也。引
申之爲水邊,隈厓謂曲邊也。"

〔2〕隈(wēi,《廣韻》烏恢切,平灰,影。又烏繢切,去隊,影):水
流彎曲處。江東方言詞。郝疏:"郭云'今江東呼爲浦隩','隩'
當作'隈'。《文選》詩注引作'今江東人呼浦爲隈',是也。"
《左傳·僖公二十五年》:"秦人過析隈,入而係輿人,以圍商
密,昏而傅焉。"杜注:"隈,隱蔽之處。"《淮南子·覽冥》:"田
者不侵畔,漁者不争隈。"高誘注:"隈,曲深處,魚所聚也。"

【案】"隩"與"隈"都表示水岸彎曲處,同中之異是内、外有别。
隈,本亦作"鞫"。郭注:"别厓表裏之名。"邢疏:"孫炎云:'内曲,
裏也。外曲,表也。'李巡曰:'厓内近水爲隩,其外爲鞫。'此句
覆釋上文'隩,隈'之處也。云'外爲隈'者,'隈'當作'鞫',傳
寫誤也。"《詩·大雅·公劉》:"止旅乃密,芮鞫之即。"鄭箋:"水
之内曰隩,水之外曰鞫。"

10.25　畢[1],堂牆。

【注釋】

〔1〕畢:水邊堤壩。又名堂牆。王引之述聞:"今案,'畢,堂牆'
之'堂',當讀爲'陂唐'之'唐'。唐,隄也。牆謂隄内一面
障水者,以其在水之旁,故謂之牆,又謂之畢……畢之言蔽
障,蔽水使不外出也。《説文》曰:'牆,垣蔽也。'唐牆蔽水,
故謂之畢矣。"一説山形四方高且兩邊有崖岸者。俞樾《群
經平議》三五:"凡山形四方而高者曰堂,堂之兩邊復有厓岸
曰牆,亦謂之畢。故曰'畢,堂牆'也。"

10.26　重厓[1],岸。岸上,滸[2]。

【注釋】

〔1〕重厓:兩崖相重累者。或説高崖。郭注:"兩厓累者爲岸。"

郝疏:"重厓者言其高,非必累兩厓也……蓋厓已高,其岸尤高,故云重厓。"

〔2〕澵:沿河岸之地域。郭注:"岸上地。"郝疏:"據《釋水》云:'澵,水厓。'此云'岸上,澵',是厓、岸通名,故二文互見。'澵'猶許也,'許'與所通,'所'謂處所,故郭以爲'岸上地'矣。"《詩·王風·葛藟》:"緜緜葛藟,在河之澵。"毛傳:"水厓曰澵。"

10.27　墳[1],大防。

【注釋】

〔1〕墳(fén,《廣韻》符分切,平文,奉):堤防似的高岸。又名大防。郭注:"謂隄。"邢疏引李巡曰:"墳謂厓岸,狀如墳墓,名大防也。"《詩·周南·汝墳》:"遵彼汝墳,伐其條枚。"毛傳:"墳,大防也。"《楚辭·九章·哀郢》:"登大墳以遠望兮,聊以舒吾憂心。"朱熹集注:"水中高者曰墳,《詩》'汝墳'是也。"

10.28　涘爲厓[1]。

【注釋】

〔1〕涘(sì,《廣韻》牀史切,上止,崇):大水之邊岸。《説文》水部:"涘,水厓也。"《詩·秦風·蒹葭》:"所謂伊人,在水之涘。"毛傳:"涘,厓也。"《莊子·秋水》:"秋水時至,百川灌河,涇流之大,兩涘渚涯之間,不辨牛馬。"成玄英疏:"涘,岸也。"　厓:同"涯",水岸。郭注:"謂水邊。"《玉篇》厂部:"厓,水邊也。或作涯。"《詩·魏風·伐檀》:"坎坎伐檀兮,寘之河之干兮。"毛傳:"干,厓也。"

10.29　窮瀆[1],氾[2]。谷者[3],溦[4]。

【注釋】

〔1〕窮瀆:窮竭不疏通的崖岸。

〔2〕氾(sì,《廣韻》詳里切,上止,邪):水不能流通的崖岸。郭注:

“水無所通者。”邢疏：“謂窮困不通水瀆名汜也。”郝疏：“汜之言澌也，窮盡意也。”

〔3〕谷：山谷間流水的崖岸。《詩·小雅·十月之交》：“高岸爲谷，深谷爲陵。”

〔4〕濰（méi，《集韻》旻悲切，平脂，明）：水流通過山谷的崖岸。本亦作“湄”。王引之述聞：“言水厓謂之涘，其窮瀆之厓則謂之汜，通谷者之厓則謂之濰。汜、濰皆厓岸之名，非溝瀆之名也。對文則汜與濰異，散文則通。”

【案】“汜、濰”是同義詞，都表示有水的崖岸，訓語説明在水能否流通方面有差異。

釋 山 第 十 一

本篇類聚山類詞語。古代稱土積而成、以石爲體的是山，稱小土山爲丘，所以《釋丘》《釋山》分爲兩篇。篇首言大而有名之五山，篇終以五嶽與繫地望者附焉。中間部分俱釋山之形體，或單釋一詞，或同義詞類聚，辨釋同中之異。

11.1 河南華[1]，河西嶽[2]，河東岱[3]，河北恒[4]，江南衡[5]。

【注釋】

〔1〕河：黄河。　　華：華山。古稱西嶽，又稱太華山、華陰山。五嶽之一，在陝西華陰市南，北臨渭河平原，屬秦嶺東段。郭注：“華陰山。”

〔2〕嶽：吳山。又名吳嶽。在陝西隴縣西南。郭注：“吳嶽。”

〔3〕岱：泰山。又稱岱宗、岱嶽。在山東泰安縣。郭注：“岱宗，泰山。”《書·禹貢》：“海、岱惟青州。”陸釋文：“岱，音代，泰山也。”《風俗通·山澤》：“尊曰岱宗，岱者，長也。萬物之始，陰陽交代，雲觸石而出，膚寸而合，不崇朝而徧雨天下，其惟泰山乎。故爲五嶽之長。”

〔4〕恒：恒山。五嶽中的北嶽，主峰在今河北省曲陽縣北。郭注：“北岳恒山。”

〔5〕江：長江。　　衡：衡山。五嶽中的南嶽，在今湖南省中部。郭注：“衡山，南岳。”《書·禹貢》：“荆及衡陽惟荆州。”孔傳：“北據荆山，南及衡山之陽。”

11.2 山三襲[1],陟[2]。再成[3],英[4]。一成,坯[5]。

【注釋】

〔1〕襲:重疊。

〔2〕陟:三重的山陵。郭注:"襲亦重。"邢疏:"山之形若三山重累者名陟。重衣謂之襲,故以襲爲重也。"《列子·湯問》:"四方悉平,周以喬陟。"張湛注:"山之重壘也。"

〔3〕成:重。

〔4〕英:兩重的山陵。郭注:"兩山相重。"郝疏:"'成'猶重也,已見《釋丘》。'英'本華萼之名,華萼相銜,與跗連接,重累而高,故再重之山取此爲名。"

〔5〕坯:一層之山。亦作"伾"。《書·禹貢》:"東過洛汭,至于大伾。"

11.3 山大而高,崧[1]。山小而高,岑[2]。銳而高,嶠[3]。

【注釋】

〔1〕崧(sōng,《廣韻》息弓切,平東,心):同"嵩",高而大的山。《詩·大雅·崧高》:"崧高維嶽,駿極于天。"毛傳:"崧,高貌。山大而高曰崧。"

〔2〕岑(cén,《廣韻》鋤針切,平侵,崇):小而高的山。郭注:"言岑崟。"《文選》馬融《長笛賦》:"託九成之孤岑兮,臨萬仞之石磎。"

〔3〕嶠(jiào,《廣韻》渠廟切,去笑,群):尖而高的山。郭注:"言鐵峻。"邢疏:"銳則鐵也,言山形鐵峻而高者名嶠。"

11.4 卑而大,扈[1]。小而衆,巋[2]。

【注釋】

〔1〕扈(hù,《廣韻》侯古切,上姥,匣):低而大的山。邢疏:"言山形卑下而廣大者名扈。"

〔2〕巋(kuī,《廣韻》丘追切,平脂,溪。又丘軌切,上旨,溪):多而小的山。邢疏:"言山小而衆、叢萃羅列者名巋。"

11.5　小山岌大山[1],岠[2]。

【注釋】

〔1〕岌(jí,《廣韻》魚及切,入緝,疑)：高於。郭注："岌,謂高過。"

〔2〕岠(huán,《廣韻》胡官切,平桓,匣。又胡登切,平登,匣)：高過大山的小山。邢疏："言小山與大山相並,而小山高過於大山者,名岠。"

11.6　屬者,嶧[1]。獨者,蜀[2]。

【注釋】

〔1〕嶧(yì,《廣韻》羊益切,入昔,以)：相互連接的山。郭注："言駱驛相連屬。"《史記·夏本紀》："嶧陽孤桐。"張守節正義："《鄒山記》云:'鄒山,古之嶧山,言絡繹相連屬也。'"

〔2〕蜀：孤峰獨秀的山。郭注："蜀亦孤獨。"邢疏："言山之孤獨者名蜀。"

11.7　上正,章[1]。宛中,隆[2]。

【注釋】

〔1〕章：頂部平正的山。郭注："山上平。"邢疏："正猶平也,言山形上平者名章。"

〔2〕隆：四周比中央高的山。郝疏："'宛中,隆'者,謂中央下而四邊高,因其高處名之爲隆。此與《釋丘》之'宛中'義同而名異者,彼據中言故曰宛,此據外言故曰隆矣。"

11.8　山脊,岡[1]。未及上,翠微[2]。

【注釋】

〔1〕岡：山脊,山梁。郭注："謂山長脊。"《釋名·釋山》："山脊曰岡。岡,亢也。在上之言也。"《書·胤征》："火炎崑岡,玉石俱焚。"孔傳："山脊曰岡。"《詩·周南·卷耳》："陟彼高岡,我馬玄黃。"毛傳："山脊曰岡。"

〔2〕翠微：青翠掩映的山腰幽深處。郭注："近上旁陂。"郝疏：

"翠微者……蓋未及山頂屏顏之間,蔥鬱菶菶,望之珞珞青翠,氣如微也。"

11.9 山頂,冢。崒者[1],厜羬[2]。

【注釋】

〔1〕崒(zú,《廣韻》慈卹切,入術,從):高,險峻。

〔2〕厜(zuī,《廣韻》姊宜切,平支,精)羬(wēi,《廣韻》魚爲切,平支,疑):山巔之末。郭注:"謂山峰頭巆巆巖。"陸釋文:"厜,又作崨。""羬,又作峩。"邢疏:"彼云崒者,謂山巔之末,其峰巆巖厜羬然者也。"《説文》厂部:"厜,厜羬,山顛也。"

11.10 山如堂者,密[1]。如防者,盛[2]。

【注釋】

〔1〕密:形狀如堂屋的山。邢疏:"言山形如堂室者名密。"《説文》山部:"密,山如堂者。"《尸子》:"松柏之鼠,不知堂密之有美樅。"

〔2〕盛:形如堤防的山。郭注:"防,隄。"邢疏:"此盛讀如粢盛之盛。隄防之形隋而高峻,若黍稷之在器,故其山形如隄防者亦名盛也。"

11.11 巒[1],山墮[2]。

【注釋】

〔1〕巒:長而狹的山。方言詞。郭注:"謂山形長狹者。荆州謂之巒。《詩》曰:'墮山喬嶽。'"《正字通》山部:"巒,一説聯山也,山迂回絲連曰巒。"《詩·周頌·般》:"於皇時周,陟其高山,墮山喬嶽,允猶翕河。"

〔2〕墮:通"隋",山形狹長。郝疏:"墮者,隋之假借。"

11.12 重甗[1],陳[2]。

【注釋】

〔1〕甗(yǎn,《廣韻》語軒切,平元,疑。又魚變切,去線,疑):古

代炊器。以青銅或陶爲之,分兩層,上部是透底的甑,下部是鬲,中置一有孔的箅,也有上下部分開的,上可蒸,下可煮,外形上大下小。

〔2〕隒(yǎn,《廣韻》魚檢切,上琰,疑):層疊的山崖。郭注:"謂山形如累兩甗。甗,甑。山形狀似之,因以名云。"慧琳《一切經音義》九一:"隒,重崖也。《考聲》云:'方崖如重甑也。'"《尉繚子·守權》:"夫守者不失其隒者也。"

11.13 **左右有岸,厒[1]。**

【注釋】

〔1〕厒(qiè):夾山的崖岸。郭注:"夾山有岸。"邢疏:"謂山兩邊有水,山與水爲岸,此山名厒。"

11.14 **大山宫小山[1],霍[2]。小山别大山[3],鲜[4]。山絶,陘[5]。**

【注釋】

〔1〕宫:圍繞。

〔2〕霍:大山圍繞小山的山形。郭注:"宫,謂圍繞之。"邢疏:"謂小山在中,大山在外圍繞之,山形若此者名霍。非謂大山名宫、小山名霍也。"《白虎通·巡狩》:"南方爲霍山者何?霍之爲言護也,言太陽用事,護養萬物也。"

〔3〕别:不相連。

〔4〕鲜:小山和大山不相連的山形。郭注:"不相連。"邢疏:"謂小山與大山分别不相連屬者名鲜。李巡云:'大山少,故曰鲜。'"《詩·大雅·皇矣》:"度其鲜原,居岐之陽。"毛傳:"小山别大山曰鲜。"

〔5〕陘(xíng,《廣韻》户經切,平青,匣):連延中斷的山形。郭注:"連中斷絶。"邢疏:"謂山形連延中忽斷絶者名陘。"《史記·趙世家》:"趙與之陘,合軍曲陽,攻取丹丘、華陽、鴟之

塞。"裴駰集解引徐廣曰:"陘者,山絕之名。常山有井陘,中
山有苦陘。"

11.15　多小石,磝[1]。多大石,礐[2]。

【注釋】

〔1〕磝(áo,《廣韻》五交切,平肴,疑):山多小石。郭注:"多
碙礫。"邢疏:"碙礫,即小石也。山多此小石者名磝。"《釋
名·釋山》:"山多小石曰磝。磝,磽也,每石磽磽,獨處而出
見也。"

〔2〕礐(què,《廣韻》苦角切,入覺,溪):山多大石。邢疏:"山多
此盤石者名礐。"

11.16　多草木,岵[1]。無草木,峐[2]。

【注釋】

〔1〕岵(hù,《廣韻》侯古切,上姥,匣):多草木的山。《詩·魏
風·陟岵》:"陟彼岵兮,瞻望父兮。"孔疏:"《釋山》云:'多草
木,岵。無草木,屺。'傳言'無草木曰岵',下云'有草木曰
屺',與《爾雅》正反,當是轉寫誤也。定本亦然。"

〔2〕峐(gāi,《廣韻》古哀切,平咍,見):無草木的山,與"屺"同
義。邢疏:"峐當作屺。"俞樾《群經平議》三五:"蓋天下之
山大抵皆有草木者也,其無草木者謂之峐,其多草木者謂之
岵,皆因其有異於常,故特異其名。若如諸書以有無對舉,
則天下之山非岵即峐矣,豈古人命名之意乎? 然則即此一
字而雅訓之精具見。"

11.17　山上有水,埒[1]。夏有水,冬無水,泶[2]。

【注釋】

〔1〕埒(liè,《廣韻》力輟切,入薛,來):有停泉的山。郭注:"有
停泉。"《釋名·釋山》:"山上有水曰埒。埒,脫也,脫而下
流也。"《列子·湯問》:"有水湧出,名曰神瀵,臭過蘭椒,

味過醲醴,一源分爲四埒,注於山下。"張湛注:"山上水流
曰埒。"

〔2〕泬(xué,《廣韻》胡覺切,入覺,匣。又士角切,入覺,崇):夏
有水冬無水的山澤。《説文》水部:"夏有水冬無水曰泬。"
段玉裁注:"謂山上夏有停潦,冬則乾也。"

11.18　山癐無所通[1],谿[2]。

【注釋】

〔1〕癐:同"瀆",小水溝。

〔2〕谿:同"溪",深山中不與外界相通的溝瀆。邢疏:"瀆即溝
瀆也,山有癐而無通流者名谿。"《説文》谷部:"谿,山瀆无
所通者。"《墨子·親士》:"其直如矢,其平如砥,不足以覆萬
物。是故谿陿者速涸,逝淺者速竭。"

11.19　石戴土謂之崔嵬[1],土戴石爲砠[2]。

【注釋】

〔1〕崔嵬(wéi,《廣韻》五灰切,平灰,疑):戴石的土山。《詩·周
南·卷耳》:"陟彼崔嵬,我馬虺隤。"毛傳:"崔嵬,土山之戴
石者。"

〔2〕砠(jū,《廣韻》七余切,平魚,清):覆有泥土的石山。亦作
"岨"。《詩·周南·卷耳》:"陟彼砠矣,我馬瘏矣。"毛傳:"石
山戴土曰砠。"

【案】本條當作"土戴石謂之崔嵬,石戴土爲砠"。邢疏:"或傳寫
誤也。"

11.20　山夾水,澗。陵夾水,澞[1]。

【注釋】

〔1〕澞(yú,《廣韻》遇俱切,平虞,疑):丘陵間的水溝。郭注:"別
山陵間有水者之名。"邢疏:"其陵間有水者名澞。"

11.21　山有穴爲岫[1]。

【注釋】

〔1〕岫(xiù,《廣韻》似祐切,去宥,邪）：山洞。郭注：“謂巖穴。”
《説文》山部：“岫,山穴也。”《文選》張衡《東京賦》：“王鮪
岫居,能黿三趾。”薛綜注：“山有穴曰岫也。”

11.22　山西曰夕陽[1],山東曰朝陽[2]。

【注釋】

〔1〕夕陽：山的西面。《詩·大雅·公劉》：“度其夕陽,豳居允荒。”
毛傳：“山西曰夕陽。”《釋名·釋山》：“山東曰朝陽,山西曰
夕陽,隨日所照而名之也。”

〔2〕朝陽：山的東面。《詩·大雅·卷阿》：“梧桐生矣,于彼朝陽。”
毛傳：“山東曰朝陽。”《書·武成》“歸馬于華山之陽”孔疏
引李巡曰：“山西暮乃見日,故曰夕陽。山東朝乃見日,故云
朝陽。”

11.23　泰山爲東嶽,華山爲西嶽,霍山爲南嶽[1],恒山
爲北嶽,嵩高爲中嶽[2]。

【注釋】

〔1〕霍山：安徽天柱山的別名。在安徽省潛山縣。郭注：“即天
柱山,潛水所出。”邢疏：“此山本名天柱,漢武帝移江南霍山
之祀於此,故又名霍山。其經之霍山,即江南衡是也。”《漢
書·武帝紀》“登灊天柱山”顏師古注：“應劭曰：‘灊音若潛,
南嶽霍山在灊。灊,縣名,屬廬江。’文穎曰：‘天柱山在灊縣
南,有祠。’”酈道元《水經注·禹貢山水澤地所在》：“霍山爲
南嶽,在廬江灊縣西南。”　　　南嶽：霍山。漢武帝時,曾將
南嶽嶽祠移於霍山,俗人呼之爲南嶽。隋唐以後,又恢復以
衡山爲南嶽。邢疏：“郭云：霍山,今在廬江潛縣西南,別名
天柱山。漢武帝以衡山遼曠,移其神於此。今其土俗人皆
呼之爲南嶽。”

〔2〕嵩高：即嵩山。在河南登封縣北，漢武帝時始稱，列爲五嶽之一。亦稱外方山、太（大）室山。郭注：“大室山也。”《史記·封禪書》：“昔三代之君，皆在河洛之間，故嵩高爲中嶽。”

11.24　梁山[1]**，晉望也**[2]**。**

【注釋】

〔1〕梁山：在今山西離石縣東北，位於黄河與汾河間。夏禹治水，鑿吕梁以通黄河，即指此。春秋時屬晉國。郭注：“晉國所望祭者，今在馮翊夏陽縣西北臨河上。”《詩·大雅·韓奕》：“奕奕梁山，維禹甸之。”厲荃《事物異名録·坤輿》：“《書》‘治梁及岐’注：‘梁山，吕梁山也。在今石州離石縣東北。’”

〔2〕望：古祭名，古代帝王遥祭山川、日月、星辰。邢疏：“言梁山在晉國境内，晉以歲時望祭之，故云‘晉望也’。”

釋 水 第 十 二

　　本篇類聚諸水之名，同時也搜列了有關洲渚、舟船等詞語。分爲水泉、水中、河曲、九河四類。有的一條釋一詞；有的一條釋多詞，或訓釋以異名，或解釋同義詞的同中之異。

（一）水泉

【案】水之原在於泉，故《釋水》之篇先泉後水。

12.1　泉一見一否爲瀸[1]。

【注釋】

〔1〕瀸（jiān，《廣韻》子廉切，平鹽，精）：泉水時有時無。郭注：“瀸纏有貌。”郝疏：“蓋泉有時出見，有時涸竭，水脈常含津潤，故以瀸漬爲言，此古説也。郭義則以瀸爲纖。纖，小意也。”

12.2　井一有水一無水爲瀱汋[1]。

【注釋】

〔1〕瀱（jì，《廣韻》居例切，去祭，見）汋（zhuó，《廣韻》士角切，入覺，崇。又市若切，入藥，禪）：井水時有時竭。郭注：“《山海經》曰：‘天井夏有水冬無水。’即此類也。”邢疏：“此言井或一時有水、一時無水者名瀱汋也。”郝疏：“井一有水一無水曰瀱汋。瀱，渴也。汋，有水聲汋汋也。”

12.3　濫泉正出[1]**。正出，涌出也。沃泉縣出**[2]**。縣出，下出也。氿泉穴出**[3]**。穴出，仄出也**[4]**。**

【注釋】

〔1〕濫泉：涌出的水泉。亦作“檻泉”。邢疏：“《詩·大雅·瞻卬》

云：'觱沸檻泉。'故此釋之也。"《釋名·釋水》："水正出曰濫泉。濫，銜也。如人口有所銜，口闞則見也。"

〔2〕沃泉：由上向下流的泉水。郭注："從上溜下。"《釋名·釋水》："懸出曰沃泉，水從上下，有所灌沃也。"

〔3〕氿(guǐ，《廣韻》居洧切，上旨，見)泉：從側旁流出的泉水。郭注："從旁出也。"《釋名·釋水》："側出曰氿泉。氿，軌也。流狹而長，如車軌也。"《詩·小雅·大東》："有洌氿泉，無浸穫薪。"毛傳："側出曰氿泉。"

〔4〕仄出：側出。

12.4　湀闢[1]，流川。過辨[2]，回川。

【注釋】

〔1〕湀(guǐ，《廣韻》居誄切，上旨，見)闢：通直的水流。郭注："通流。"邢疏："湀闢者，則通流大川之別名也。"

〔2〕過辨：迴旋的水流。郭注："旋流。"邢疏："回，旋也。言川水之中有回旋而流者名過辨。"

12.5　灉[1]，反入。

【注釋】

〔1〕灉(yōng，《廣韻》於容切，平鍾，影。又於用切，去用，影)：河水決出又倒流回來的支流。郭注："即河水決出復還入者。河之有灉，猶江之有沱。"邢疏："反，復也。謂河水決出而復入河者名灉。"

12.6　潬[1]，沙出。

【注釋】

〔1〕潬(tān，《廣韻》徒旱切，上旱，定)：同"灘"，水中沙灘。郭注："今江東呼水中沙堆爲潬。"鄭注："今錢塘亦有此語。"《集韻》寒韻："潬，水中沙出。通作灘。"楊慎《金石古文》三李冰《湔堋堰官碑》："深淘潬，淺包隇。"楊慎注："潬，古灘

字。隖即堰也。"

12.7　汧[1]，出不流。

【注釋】

〔1〕汧(qiān，《廣韻》苦堅切，平先，溪。又苦甸切，去霰，溪)：
泉水流出後停積不流動。郭注："水泉潛出便自停成汧池。"
邢疏："謂水泉潛出停成汧池者名汧。《地理志》云：扶風汧
縣，'雍州弦蒲藪，汧出西北入渭'。以其初出不流，停成弦
蒲澤藪，故曰'汧，出不流'也，其終則入渭也。"

12.8　歸異、出同流，肥[1]。

【注釋】

〔1〕肥：水同源而異流。邢疏："謂小水支分歸入大水則異、其
泉源初出則同流者名肥。即《詩·邶風·泉水》云：'我思肥
泉，兹之永歎。'毛傳云：'所出同、所歸異爲肥泉。'是也。"

12.9　瀵[1]，大出尾下。

【注釋】

〔1〕瀵(fèn，《廣韻》方問切，去問，非。又匹問切，去問，敷)：地
底涌出的泉水。郭注："今河東汾陰縣有水口，如車輪許，濆
沸涌出，其深無限，名之爲瀵。馮翊郃陽縣復有瀵，亦如之，
相去數里而夾河，河中渚上又有一瀵，瀵源皆潛相通。"《列
子·湯問》："當國之中有山，山名壺領，狀若甌甄。頂有口，
狀若員環，名曰滋穴。有水湧出，名曰神瀵。"張湛注："山頂
之泉曰瀵。"

12.10　水醮曰厬[1]。

【注釋】

〔1〕醮(jiào，《廣韻》子肖切，去笑，精)：盡、竭。　　厬(guǐ，《廣
韻》居洧切，上旨，見)：水乾涸而露巖崖。邢疏："醮，盡也。
凡水之盡皆曰厬。"

12.11 水自河出爲灉[1]，濟爲濋[2]，汶爲瀾[3]，洛爲波[4]，漢爲潛[5]，淮爲滸[6]，江爲沱[7]，過爲洵[8]，潁爲沙[9]，汝爲漬[10]。

【注釋】

〔1〕灉(yōng，《廣韻》於容切，平鍾，影。又於用切，去用，影)：從黃河主道分出又流回主河道的水。郭注："《書》曰：'灉、沮會同。'"

〔2〕濋(chǔ，《廣韻》創舉切，上語，初)：濟水支流，在今山東省定陶縣一帶。酈道元《水經注·濟水》："河水東北出於定陶縣，北屈，左合氾水。氾水西分濟瀆，東北逕濟陰郡南。《爾雅》曰：濟別爲濋。呂忱曰：水決復入爲氾。廣異名也。"

〔3〕汶(wèn，《廣韻》亡運切，去問，微)：今大汶河，源出山東省萊蕪市北，古代本經東平縣至梁山東南，流入濟水。今主流又西經東平湖，北入黃河。　瀾(chǎn，《廣韻》昌善切，上獮，昌)：汶水支流，在今山東省寧陽縣東北。亦作"闡"。郝疏："《水經·洙水》注引呂忱曰：'洸水出東平陽，上承汶水於剛縣西闡亭東'……是洸水即闡水，《春秋經》'齊人取闡'，即此。旁加水，非。"

〔4〕波：古水名，源出今河南省魯山縣西北，南流入滍水(今沙河)。《書·禹貢》："滎、波既豬。"孔疏："沇水入河而溢爲滎。滎是澤名，洪水之時，此澤水大，動成波浪，此澤其時波水已成遏豬。言壅遏而爲豬，畜水而成澤，不濫溢也。"

〔5〕漢：漢水，也稱漢江，發源於今陝西省寧強縣，流經湖北省，在武漢市入長江。　潛：漢水支流，即今湖北省潛江縣東南部的蘆洑河。郝疏："'漢爲潛'者，《説文》同。《荀子·大略》篇注引李巡曰：'漢水溢流爲潛。'"《書·禹貢》："九江孔殷，沱潛既道。"胡渭錐指："《承天府志》云：'漢水自鍾祥縣

北三十里分流爲蘆伏河,經潛江縣東南,復入於漢,即古潛
水也。'"

〔6〕淮:即淮河,發源於河南桐柏山,流經河南、安徽等省,至江
蘇入洪澤湖。　　　滸:淮河的支流。

〔7〕江:長江。　　　沱:在四川郫縣西南,約爲今之柏條河。
《書·禹貢》:"岷山導江,東別爲沱。"

〔8〕渦(guō,《廣韻》古禾切,平戈,見):渦河,淮河的支流。《説
文》水部:"渦,水。受淮陽扶溝浪湯渠,東入淮。"　　　洵:古
渦水的支流,在今山西太原市。郝疏:"《水經注》云:'陰溝始
亂蕩蕆,終別於沙,而渦水出焉。'引《爾雅》曰:'渦爲洵。'
吕忱曰:'洵,渦水也。'"

〔9〕潁(yǐng,《廣韻》餘頃切,上静,以):淮河最大的支流,在安
徽西北及河南東部。　　　沙:古潁水支流。又名濮水。古
潁水流經今河南周口市分流爲沙水,向東流入淮河。《説文》
水部:"沙,楚東有沙水。"《左傳·昭公二十七年》:"令尹子
常以舟師及沙汭而還。"杜注:"沙,水名。"

〔10〕汝:淮河支流。源出河南魯山縣大盂山,流經寶豐、襄城、
郾城、上蔡、汝南,注入淮河。　　　濆(fén,《廣韻》符分切,
平文,奉):汝水岔流,即今河南省沙河。又名大㶏水。酈
道元《水經注·汝水》:"汝水又東南逕奇雒城西北,今南潁
川郡治也。濆水出焉,世亦謂之大㶏水。《爾雅》曰:河有雝,
汝有濆。然則濆者,汝別也。"

【案】"濟爲濋"是"水自濟出爲濋"的省略説法。後八句句式與
此相同,均爲省略式。

12.12　水決之澤爲汧[1],決復入爲汜[2]。

【注釋】

〔1〕決:疏通水道。　　　汧(qiān,《廣韻》苦堅切,平先,溪。又

苦甸切,去霰,溪):本指泉水流出後停積不流動,也表示使停積不流動的水流到河澤中。郭注:"水決入澤中者亦名爲汧。"參見 12.7 條。

〔2〕汜(sì,《廣韻》詳里切,上止,邪):由幹流分出又匯合到幹流的水。郭注:"水出去復還。"《説文》水部:"汜,水別復入水也。"《詩·召南·江有汜》:"江有汜,之子歸,不我以。"毛傳:"決復入爲汜。"

12.13 河水清且灡漪[1]。大波爲瀾,小波爲淪[2],直波爲徑[3]。

【注釋】

〔1〕河水清且灡漪:語出《詩·魏風·伐檀》。灡,通"瀾",大波,今《詩經》作"漣"。以此句爲例,旨在辨釋瀾、淪、徑。邢疏引李巡云:"分别水大小曲直之名。"

〔2〕淪(lún,《廣韻》力迍切,平諄,來):水的小波紋。《詩·魏風·伐檀》:"坎坎伐輪兮,真之河之漘兮,河水清且淪猗。"陸釋文:"淪,音倫。《韓詩》云:'順流而風曰淪。淪,文貌。'"

〔3〕徑:當爲"涇",直流的水波。阮校:"經'大波爲瀾''小波爲淪',字皆從水,此當作'直波爲涇'。《釋名·釋水》:"水直波曰涇。涇,徑也,言如道徑也。"《詩·大雅·鳧鷖》:"鳧鷖在涇,公尸來燕來寧。"馬瑞辰傳箋通釋:"'在涇'正泛指水中有直波處,言非'涇渭'之'涇'。"

12.14 江有沱,河有灉,汝有漬。[1]

【注釋】

〔1〕參見 12.11 條。

12.15 滸[1],水厓。

【注釋】

〔1〕滸:沿河岸之地域。參見 10.26 條。

12.16　水草交爲湄[1]。

【注釋】

[1] 湄(méi,《廣韻》武悲切,平脂,明）：河岸,水與草交接的地方。《説文》水部："水艸交爲湄。"《詩·秦風·蒹葭》："所謂伊人,在水之湄。"孔疏："謂水草交際之處,水之岸也。"

12.17　濟有深涉,深則厲,淺則揭。[1]揭者[2],揭衣也。以衣涉水爲厲[3]。繇膝以下爲揭[4],繇膝以上爲涉,繇帶以上爲厲。

【注釋】

[1] 濟有深涉,深則厲,淺則揭：語出《詩·邶風·匏有苦葉》。

[2] 揭(qì,《廣韻》去例切,去祭,溪）：提起衣服。郭注："謂褰裳也。"

[3] 涉：徒步渡水。　　厲：涉水。宋玉《大言賦》："流血沖天,車不可以厲。"

[4] 繇：通"由",從。

12.18　潛行爲泳[1]。

【注釋】

[1] 泳：在水底潛游。郭注："水底行也。"《説文》水部："泳,潛行水中也。"《詩·周南·漢廣》："漢之廣矣,不可泳思。"毛傳："潛行爲泳。"

12.19　汎汎楊舟,紼縭維之。[1]紼[2],繂也[3]。縭[4],綏也[5]。

【注釋】

[1] 汎汎楊舟,紼縭維之：語出《詩·小雅·采菽》。"紼縭維之",今本作"紼纚維之"。

[2] 紼(fú,《廣韻》分勿切,入物,幫）：大繩。

[3] 繂(lù)：粗繩索。本亦作"縴"。郭注："繂,索。"邢疏引李

巡云：“綟竹爲索，所以維持舟者。”

〔4〕縭(lí，《廣韻》呂支切，平支，來)：同“纚”，繩索。《正字通》
糸部：“纚，索類。《詩·小雅》‘汎汎楊舟，紼纚維之’言以索
繫舟也。”

〔5〕緌(ruí，《廣韻》儒佳切，平脂，日)：繩索。

12.20　天子造舟[1]，諸侯維舟[2]，大夫方舟[3]，士特舟[4]，庶人乘泭[5]。

【注釋】

〔1〕造舟：聚集舟船而成浮橋。依楊樹達説，云：“余謂造當讀爲
聚，造舟謂聚合其舟也。古音聚在侯部，造在幽部，二部音近，
故造聚可通作。”(《積微居小學述林·詩造舟爲梁解》)

〔2〕維舟：維連四船，使不動摇。郭注：“維連四舡。”

〔3〕方舟：雙體船。《莊子·山木》：“方舟而濟於河，有虛船來觸
舟，雖有惼心之人，不怒。”成玄英疏：“兩舟相並曰方舟。”

〔4〕特舟：單船。郭注：“單舡。”

〔5〕泭(fú，《廣韻》防無切，平虞，奉。又芳無切，平虞，敷)：竹
筏，木筏。郭注：“併木以渡。”《國語·齊語》：“方舟設泭，乘
桴濟河。”韋昭注：“編木曰泭，小泭曰桴。”《楚辭·九章·惜
往日》：“乘氾泭以下流兮，無舟檝而自備。”

【案】“造舟、維舟、方舟、特舟、泭”是一組同義詞，都表示水上的
承載工具。《爾雅》以“天子、諸侯、大夫、士、庶人”來訓釋，這
是船名内含的文化義。古籍記載周文王成婚時，曾併船爲橋，納
聘於渭水。《詩·大雅·大明》：“大邦有子，倪天之妹。文定厥祥，
親迎于渭。造舟爲梁，不顯其光。”朱熹集傳：“言卜得吉而以納
幣之禮，定其祥也。造，作。梁，橋也。作船於水，比之，而加版
於其上，以通行者，即今之浮橋也。傳曰：‘天子造舟，諸侯維舟，
大夫方舟，士特舟。’張子曰：‘造舟爲梁，文王所制，而周世遂以

爲天子之禮也。'"此後,"造舟"爲天子所用。與此相應,天子以下不同等級的人被規定使用不同的水上交通工具。《爾雅》揭示了被訓詞内含的尊卑禮制。鄭注:"此言橋渡有尊卑之制。"尹桐陽義證:"此官置津渡,以尊卑而分等差也。"五個被訓詞的異點表現在兩方面:形制與等級。

12.21 水注川曰谿〔1〕,注谿曰谷〔2〕,注谷曰溝〔3〕,注溝曰澮〔4〕,注澮曰瀆〔5〕。

【注釋】

〔1〕谿:山間小河溝。邢疏:"是澗谿之水注入於川也。故李巡云:'水出於山入於川曰谿。'"《左傳·隱公三年》:"澗谿沼沚之毛,蘋蘩薀藻之菜……可薦於鬼神,可羞於王公。"杜注:"谿,亦澗也。"《史記·司馬相如列傳》:"振谿通谷。"司馬貞索隱引張揖曰:"水注川曰谿,注溪曰谷。"

〔2〕谷:兩山間流水道。《説文》谷部:"泉出通川爲谷。"《公羊傳·僖公三年》:"無障谷。"何注:"水注川曰溪,注溪曰谷。"《韓非子·五蠹》:"山居而谷汲者,膢臘而相遺以水。"

〔3〕溝:水注入谷中的流水道。《國語·吴語》:"齊、宋、徐、夷曰:'吴既敗矣。'將夾溝而𢊁我,我無生命矣。"

〔4〕澮(kuài,《廣韻》古外切,去泰,見):水注入溝中的流水道。《荀子·解蔽》:"醉者越百步之溝,以爲蹞步之澮也。"楊倞注:"澮,小溝也。"

〔5〕瀆:溝渠。《史記·屈原賈生列傳》:"彼尋常之汙瀆兮,豈能容吞舟之魚!"司馬貞索隱:"瀆,小渠也。"

12.22 逆流而上曰泝洄〔1〕,順流而下曰泝游〔2〕。

【注釋】

〔1〕泝(sù,《廣韻》桑故切,去暮,心)洄:逆流而上。泝,同"遡"。《詩·秦風·蒹葭》:"遡洄從之,道阻且長。"毛傳:"逆

流而上曰遡洄。"

〔2〕泝游:順流而下。亦作"遡游"。《詩·秦風·蒹葭》:"遡游
從之,宛在水中央。"毛傳:"順流而涉曰遡游。"

12.23　正絶流曰亂[1]。

【注釋】

〔1〕絶流:横流。　　亂:横渡。郭注:"直横渡也。"《書·禹
貢》:"入于渭,亂于河。"孔疏:"帝都在河之東,故渡河陸行
而還帝都也。"《詩·大雅·公劉》:"涉渭爲亂,取厲取鍛。"毛
傳:"正絶流曰亂。"孔疏:"水以流爲順,横度則絶其流,故爲
亂。"朱熹集傳:"亂,舟之截流横渡者也。"

12.24　江、河、淮、濟爲四瀆[1]。四瀆者,發源注海者也。

【注釋】

〔1〕四瀆:古人對四條獨流入海大河的總稱,包括長江、黄河、
淮河、濟水。鄭注:"中原之地,諸水所流皆歸此四瀆,惟此
四瀆得專達海,故爲瀆祠焉。"《禮記·王制》:"天子祭天下
名山大川,五嶽視三公,四瀆視諸侯。"《史記·殷本紀》:"東
爲江,北爲濟,西爲河,南爲淮,四瀆已修,萬民乃有居。"

(二)水中

【案】水中各種各樣的高地。

12.25　水中可居者曰洲,小洲曰陼[1],小陼曰沚[2],小
沚曰坻[3]。人所爲爲潏[4]。

【注釋】

〔1〕陼(zhǔ,《廣韻》章与切,上語,章):同"渚",水中小洲。陸
釋文:"字又作渚。"《説文》自部:"陼,如渚者。陼丘,水中
高者也。"《漢書·司馬相如傳上》:"且齊東陼鉅海,南有琅
邪。"顔師古注:"東陼鉅海,東有大海之陼。字與渚同也。"

〔2〕沚(zhǐ,《廣韻》諸市切,上止,章)：水中小渚。《説文》水部：
　　　"沚,小渚曰沚。"《詩·秦風·蒹葭》："遡游從之,宛在水中
　　　沚。"毛傳："小渚曰沚。"

〔3〕坻(chí,《廣韻》直尼切,平脂,澄)：比沚小的水中高地。《説
　　　文》土部："坻,小渚也。"段玉裁注："坻者,水中可居之最
　　　小者也。"《詩·小雅·甫田》："曾孫之庾,如坻如京。"鄭箋：
　　　"坻,水中之高地也。"《史記·屈原賈生列傳》："乘流則逝兮,
　　　得坻則止。"

〔4〕潏(shù,《廣韻》食聿切,入術,船)：堤堰、魚梁等水中築起
　　　的土石工程。郭注："人力所作。"《説文》水部："潏,水中坻,
　　　人所爲爲潏。"《釋名·釋水》："人所爲之曰潏。潏,術也,堰
　　　使水鬱術也。魚梁、水碓之謂也。"

【案】該條構成兩組同義詞。"洲、陼、沚、坻"都表示水中可居留
　　　的陸地,"洲"的地域最大,"陼、沚、坻"面積依次遞減。"洲、潏"
　　　都表示水中陸地,洲爲水中天然形成的陸地,潏爲人工建造的水
　　　中高地。陸釋文："郭《圖》：'水中自然可居者爲洲。'人亦於水
　　　中作洲,而小不可止住者名潏,水中地也。"

（三）河曲

【案】黃河河源所出及河道曲直的情況。

12.26　河出崑崙虛[1],色白。所渠并千七百一川[2],色
　　　　黃。百里一小曲,千里一曲一直[3]。

【注釋】

〔1〕崑崙虛：崑崙山基部。

〔2〕所渠：所容納的河流。

〔3〕千里一曲一直：意爲黃河千里一大曲折。《公羊傳·文公
　　　十二年》："河曲疏矣,河千里而一曲也。"黃河自孟津以上

多曲折，百里一小曲，千里一大曲。

（四）九河[1]

【注釋】

〔1〕九河：古黄河下游的九條河流。一説爲古黄河下游支流的
　　總稱。《書·禹貢》：“九河既道。”

12.27　徒駭、太史、馬頰、覆鬴[1]、胡蘇、簡、絜[2]、鉤
　　盤、鬲津[3]。

【注釋】

〔1〕覆鬴(fǔ,《廣韻》扶雨切,上麌,奉)：河水名。

〔2〕絜(xié,《廣韻》胡結切,入屑,匣)：河水名。

〔3〕鬲(gé,《廣韻》古核切,入麥,見)津：河水名。

【案】禹時黄河九條支流名稱。《漢書·溝洫志》：“古説九河之名,
有徒駭、胡蘇、鬲津,今見在成平、東光、鬲界中。自鬲以北至徒
駭間,相去二百餘里,今河雖數移徙,不離此域。”顔師古注：“此
九河之三也。徒駭在成平,胡蘇在東光,鬲津在鬲。成平、東光
屬勃海,鬲屬平原。徒駭者,言禹治此河用功極衆,故人徒驚駭
也。胡蘇,下流急疾之貌也。鬲津,言其陿小,可鬲以爲津而度
也。鬲與隔同。”據此,“徒駭”當在今河北交河縣,“胡蘇”當在
今河北東光縣東南,“鬲津”當在今山東平原西北,其餘六河也
應在今河北交河縣到山東平原之間。邢疏：“其餘六者,太史、馬
頰、覆釜在東光之北,成平之南；簡、絜、鉤盤在東光之南,鬲縣
之北也。”

釋 草 第 十 三

《釋草》的義類是草本植物,王闓運《爾雅集解》:"百草繁矣,此所釋者唯有三種,可食者菜、藥之類,可玩者花之類。花亦通名爲藥,其別記穀種及於麻、葛者,明草之貴重也。"本篇還有少量藤本植物。這些植物多爲當時民用。詞條間或以類相從,或前後互見。單條或釋其異名,或詳具形狀,別其同中之略異。

13.1 **萑**[1],山韭。

【注釋】

[1] 萑(yù,《廣韻》余六切,入屋,以):應作"韱",多年生草本,具平伸的粗狀根莖,葉條形而肥厚,花淡紫色,鱗莖、莖和嫩葉都可食用,風味較辛辣。亦稱山韭。《説文》韭部:"韱,山韭也。"段玉裁注:"山韭謂山中自生者。按,《夏小正》正月'囿有韭'與四月'囿有見杏'皆謂自生者也……然則許所據《爾雅》作'韱,山韭'與?"《本草綱目·菜一·山韭》:"頌曰:萑,山韭也……形性亦與家韭相類,但根白,葉如燈心苗耳……時珍曰:案,《爾雅》云:'萑,山韭也。'許慎《説文》云:'韱,山韭也。'"

13.2 **茖**[1],山蔥。

【注釋】

[1] 茖(gé,《廣韻》古伯切,入陌,見):一種野蔥,百合科,多年生草本植物。又稱山蔥、茖蔥。郝疏:"蔥之生於山者名茖。"《本草綱目·菜一·茖蔥》:"茖蔥,野蔥也。山原平地皆有之。

生沙地者名沙蔥,生水澤者名水蔥,野人皆食之。開白花,
結子如小蔥頭。"

13.3　蒭[1],山薤[2]。

【注釋】

〔1〕蒭(qíng,《廣韻》渠京切,平庚,群):山薤。百合科,多年生
草本,生山地,葉細長似韭而中空,鱗莖可作蔬菜。又稱野
韮頭。郭注:"今山中多有此菜,皆如人家所種者。"

〔2〕山薤(xiè,《廣韻》胡介切,去怪,匣):蔬菜名,韮頭。薤,後
作"薤"。《玉篇》韭部:"薤,俗作薤。"《證類本草》二八:"山
薤,莖葉亦與家薤相類而根長,葉差大,莖若鹿蔥。體性亦
與家薤同,然今少用,薤雖辛而不葷五藏。"

13.4　蒚[1],山蒜[2]。

【注釋】

〔1〕蒚(lì,《廣韻》郎擊切,入錫,來):小蒜之一種,外形較小,
苗、葉、根、子似大蒜而比大蒜細數倍。得名源於蒚山產蒜,
又因帝食解毒之事。羅願《爾雅翼·釋草》:"孫炎乃云:'帝
登蒚山,遭蕕芋草毒,將死,得蒜,乃嚙之,解毒,乃收植之。
能殺蟲魚之毒,攝諸腥羶。'則是蒚是山名,其上出蒜耳。"
《本草綱目·菜一·蒜》引保昇曰:"小蒜,野生,處處有之。小
者一名蒚,一名蒚。"

〔2〕山蒜:山中生長的野蒜,小蒜的一個品種。《證類本草》
二九引《圖經本草》云:"又有一種山蒜,似大蒜臭。"

13.5　薜[1],山蘄[2]。

【注釋】

〔1〕薜(bò,《廣韻》博厄切,入麥,幫):當歸,有特殊香氣,花小,
色白,根肥大,可供藥用。包括兩種,大葉的爲山蘄,小葉的
爲白蘄。郭注:"《廣雅》云:'山蘄,當歸。'當歸,今似蘄而

麤大。"

〔2〕山蕲(qí,《廣韻》渠之切,平之,群):當歸之一種。邢疏:"生
山中者,一名薜,一名山蕲。"《廣雅·釋草》:"山蕲,當歸也。"

13.6 椴[1],木槿[2]。櫬[3],木槿。

【注釋】

〔1〕椴(duàn,《廣韻》徒玩切,去換,定):即木槿。郭注:"別二
名也。似李樹,華朝生夕隕,可食。"

〔2〕木槿:落葉灌木或小喬木,葉卵形,夏秋開花,紅、白或紫
色,朝開暮斂。可觀賞,樹皮和花可入藥。亦作"木堇"。
《詩·鄭風·有女同車》:"有女同車,顏如舜華。"毛傳:"舜,
木槿也。"《淮南子·時則》:"半夏生,木堇榮。"高誘注:"木
堇,朝榮莫落,樹高五六尺,其葉與安石榴相似也。"

〔3〕櫬(qìn,《集韻》七刃切,去稕,清):木槿。邢疏引某氏云:
"其樹如李,其華朝生暮落,與草同氣,故在'草'中。"《本草
綱目·木三·木槿》引宗奭曰:"木槿,花如小葵,淡紅色,五葉
成一花,朝開暮斂。"

13.7 术[1],山薊[2]、楊枹薊[3]。

【注釋】

〔1〕术(zhú,《廣韻》直律切,入術,澄):菊科术屬植物的泛稱。
多年生草本,有白术、蒼术等數種,根莖可入藥。郭注:"《本
草》云:'术,一名山薊。'今术似薊而生山中。"郝疏:"陶注:
'术有兩種。白术葉大有毛而作椏,根甜而少膏;赤术葉細
無椏,根小,苦而多膏。'陶言白术即山薊,赤术即楊枹薊。
《爾雅》下文'赤枹薊',郭云'即上枹薊'。此陶所本,然赤
术今呼蒼术矣。"

〔2〕山薊(jì,《廣韻》古詣切,去霽,見):术之一種,蒼术。邢疏:
"生平地者即名薊,生山中者一名术。《本草》云:'一名山薊,

一名山薑,一名山連。'"《本草綱目·草一·术》:"蒼术,山薊
也。處處山中有之。苗高二三尺,其葉抱莖而生,梢間葉似
棠梨葉,其脚下葉有三五叉,皆有鋸齒小刺,根如老薑之狀,
蒼黑色,肉白,有油膏。"

〔3〕楊枹(fú,《廣韻》縛謀切,平尤,奉)薊:术之一種。繆楷《爾
雅稗疏》:"楊枹薊……小徐《説文繫傳》以爲即今赤术是也。
楊之言陽,赤色之稱也。《詩·七月》:'我朱孔陽。'《釋木》:
'楊,蒲柳。'陸璣《詩疏》謂:'蒲柳有兩種,皮正青者曰小
楊,其一種皮紅者曰大楊。' 是楊柳本以皮紅得名,而皮青者
亦名之也。楊柳以皮紅得名,故赤色之术因借以爲名。"

13.8　葥[1],王蔧[2]。

【注釋】

〔1〕葥(jiàn,《廣韻》子賤切,去線,精):地膚。藜科,一年生高
大草本。株叢緊密,分枝多而細,葉綫形,嫩莖葉可食,老株
可製掃帚,果實稱地膚子,可入藥。郭注:"王帚也,似藜,其
樹可以爲埽蔧。江東呼之曰落帚。"

〔2〕王蔧:即地膚,長大後高大如樹,可製掃帚,故名。亦稱王
帚、落帚。邢疏:"此則藜之科大爲樹,可以作埽蔧者。一名
葥,一名王蔧,一名王帚,江東呼落帚。"

13.9　蓼[1],王芻[2]。

【注釋】

〔1〕蓼(lù,《廣韻》力玉切,入燭,來):藎草。亦名王芻。禾本
科,一年生細柔草本。高一二尺,葉片卵狀披針形,近似竹
葉。生草坡或陰濕地,作牧草,莖葉藥用,汁液可作黄色染
料。郭注:"蓼,蓐也。今呼鴟脚莎。"《文選》屈原《離騷》:"資
蓼蒐以盈室兮,判獨離而不服。" 李善注:"蓼,王芻也。"《楚
辭·招魂》:"蓼蘋齊葉兮白芷生。" 王逸注:"蓼,王芻也。"

〔2〕王芻(chú,《廣韻》測隅切,平虞,初):藎草。《詩·衛風·淇奧》"綠竹猗猗"毛傳:"綠,王芻也。"陸釋文:"《爾雅》作菉。"《證類本草》十一:"此草葉似竹而細薄,莖亦圓小,生平澤溪澗之側。荊、襄人煮以染黃,色極鮮好,洗瘡有效。俗名菉蓐草,《爾雅》云所謂'王芻'者也。"《本草綱目·草五·藎草》:"此草綠色,可染黃……古者貢草入染人,故謂之王芻;而進忠者謂之藎臣也。"

13.10　拜,蔏藋〔1〕。

【注釋】

〔1〕蔏(shāng,《廣韻》式羊切,平陽,書)藋(diào,《廣韻》徒弔切,去嘯,定):灰菜。簡稱藋,又名拜、灰藋。郭注:"蔏藋,亦似藜。"邢疏:"此亦似藜而葉大者,名拜,一名蔏藋。"郝疏:"《說文》:'藋,一曰拜,商藋。'《繫傳》云:'商藋,俗所謂灰藋也。'今按:灰藋,《唐本草》名白藋,今名灰菜。莖有紅縷,葉青背白,其葉心有白粉,四月初生,可食,高數尺,秋開細白華,結子作穗。"

13.11　蘩〔1〕,皤蒿〔2〕。蒿〔3〕,菣〔4〕。蔚〔5〕,牡菣〔6〕。

【注釋】

〔1〕蘩:白蒿。一至二年生草本,葉似艾葉,上有白毛,嫩苗可食。古代用爲祭品。郭注:"白蒿。"《詩·召南·采蘩》:"于以采蘩?于沼于沚。"毛傳:"蘩,皤蒿也。"《左傳·隱公三年》:"蘋蘩蘊藻之菜。"孔疏引陸璣曰:"凡艾白色爲皤蒿,今白蒿。春始生,及秋香美可生食,又可蒸。一名遊胡,北海人謂之旁勃。"

〔2〕皤(pó,《廣韻》薄波切,平戈,並。又博禾切,平戈,幫)蒿:白蒿。《詩·豳風·七月》"采蘩祁祁"毛傳:"蘩,白蒿也。"陸璣疏:"蘩,皤蒿。"陸佃《埤雅·釋草》:"蒿,青而高。蘩,白

而繁。《爾雅》曰:'蘩,皤蒿。'白蒿也。葉麤於青蒿,從初
生至枯,白於眾蒿,欲似細艾者,所在有之,故曰皤蒿也。"羅
願《爾雅翼·釋草》:"皤蒿,蓋今之白蒿也……春始生,及秋
香美可生食,又可蒸,以爲菹,甚益人。"

〔3〕蒿:蒿草,有青蒿、白蒿、牡蒿等。一般稱青蒿爲蒿。《詩·小
雅·鹿鳴》:"呦呦鹿鳴,食野之蒿。"朱熹集傳:"蒿,菣也。
即青蒿也。"

〔4〕菣(qìn,《廣韻》去刃切,去震,溪。又苦甸切,去霰,溪):青
蒿。亦稱香蒿。菊科,二年生草本,莖、葉入藥。方言詞。郭注:
"今人呼青蒿,香中炙啖者爲菣。"邢疏引孫炎云:"荊楚之間
謂蒿爲菣。"《説文》艸部:"菣,香蒿也。"

〔5〕蔚:即牡蒿,蒿的一種。多年生草本,全草供藥用。《詩·小
雅·蓼莪》:"蓼蓼者莪,匪莪伊蔚。"毛傳:"蔚,牡菣也。"孔
疏引陸璣曰:"牡蒿也。三月始生,七月華,華似胡麻華而紫
赤,八月爲角,角似小豆角,鋭而長。"

〔6〕牡菣:牡蒿。子實很小,不易見到,因而一般認爲無子,故
名。《本草綱目·草四·牡蒿》:"《爾雅》:'蔚,牡菣。'蒿之無
子者。則牡之名以此也。"

13.12　薦[1],彫蓬。薦,黍蓬[2]。

【注釋】

〔1〕薦:菰。多年生草本植物,生於池沼,地下莖色白,地上莖
直立,花紫紅色。嫩莖如筍,名茭白。子實名菰米,可食。
鄭樵《通志·昆蟲草木略一》:"彫蓬者,米茭也。其米謂之
彫胡,可作飯,故曰薦。黍蓬者,野茭也,不能結實,惟堪薦
藉,故曰薦。"

〔2〕黍蓬:野茭,可做草墊。

13.13　蓱[1],鼠莞[2]。

【注釋】

〔1〕蓽(bǐ,《廣韻》并弭切,上紙,幫。又傍禮切,上薺,並。又必至切,去至,幫):龍鬚草。郭注:"亦莞屬也。纖細似龍須,可以爲席。蜀中出好者。"

〔2〕鼠莞(guān,《廣韻》古丸切,平桓,見。又胡官切,平桓,匣):龍鬚草。鄭注:"龍須艸,生山谷,以可爲席,故有莞名。"

13.14　蔪[1],鼠尾[2]。

【注釋】

〔1〕蔪(jìng,《集韻》堅正切,去勁,見):鼠尾草。脣形科,一年生草本。郭注:"可以染皂。"《證類本草》十一引《圖經本草》云:"鼠尾草,舊不載所出州土,云生平澤中,今所在有之,惟黔中人採爲藥。苗如蒿,夏生,莖端作四、五穗,穗若車前,花有赤、白二色。《爾雅》謂'蔪,鼠尾',云'可以染皂草也'。四月採葉,七月採花,陰乾,古治痢多用之。"

〔2〕鼠尾:鼠尾草。俗語詞。穗形像鼠尾,俗稱鼠尾草。花及莖葉可作黑色染料,又可入藥。郝疏:"今蔓草,野人呼鴆子觜,結莢銳長,形如鳥觜,亦似鼠尾也。"

13.15　菥蓂[1],大薺[2]。

【注釋】

〔1〕菥(xī,《廣韻》先擊切,入錫,心)蓂(mì,《廣韻》莫狄切,入錫,明):一種大的薺菜,十字花科遏藍菜屬植物。莖梗上有毛,種子或全草入藥,嫩苗作野菜。張衡《南都賦》:"若其園圃,則有……菥蓂、芋瓜。"《本草綱目·菜二·菥蓂》:"薺與菥蓂,一物也,但分大小二種耳。小者爲薺,大者爲菥蓂。"

〔2〕大薺:薺之一種。《説文》艸部:"蓂,析蓂,大薺也。"賈思勰《齊民要術·五穀果蓏菜茹非中國物産者》引犍爲舍人注曰:"薺有小,故言大薺。"

13.16　蒤[1],虎杖。

【注釋】

〔1〕蒤(tú,《廣韻》同都切,平模,定)：蓼科,多年生草本,高三四尺,莖中空,表面有紅紫色斑點,故名。花狀如菊,色如桃。根入藥。亦稱虎杖。郭注："似紅草而麤大,有細刺,可以染赤。"邢疏："陶注《本草》云：'田野甚多,狀如大馬蓼,莖班而葉圓。'是也。"邵正義："蒤,一名虎杖。染草之屬也。"

13.17　孟,狼尾[1]。

【注釋】

〔1〕狼尾：狼尾草。穗像狼尾,俗稱狼尾草。郭注："似茅,今人亦以覆屋。"邢疏："草似茅者,一名孟,一名狼尾。"《本草綱目·穀二·狼尾草》："狼尾,莖、葉、穗、粒並如粟,而穗色紫黃,有毛。荒年亦可采食。"

13.18　瓠棲[1],瓣。

【注釋】

〔1〕瓠棲：瓠中之子。郭注："瓠中瓣也。《詩》云：'齒如瓠棲。'"今《詩·衛風·碩人》作"瓠犀"。朱熹集傳："瓠犀,瓠中之子,方正潔白,而比次整齊也。"

13.19　茹藘[1],茅蒐[2]。

【注釋】

〔1〕茹藘(lú,《廣韻》力居切,平魚,來)：茜草。多年生攀援草本,其根可作絳紅色染料。郭注："今之蒨也,可以染絳。"《詩·鄭風·東門之墠》："東門之墠,茹藘在阪。"毛傳："茹藘,茅蒐也。"孔疏引李巡曰："茅蒐,一名茜,可以染絳。"

〔2〕茅蒐(sōu,《廣韻》所鳩切,平尤,生)：茜草。《詩·小雅·瞻彼洛矣》"韎韐有奭"毛傳："韎韐者,茅蒐,染草也。"孔疏：

"奭者,赤貌。傳解言奭之由,以其用茅蒐之草染之,其草色赤故也。"《山海經·中山經》:"又西一百二十里曰釐山,其陽多玉,其陰多蒐。"郭璞注:"茅蒐,今之蒨草也。"

13.20 果贏之實[1],栝樓。

【注釋】

〔1〕果贏(luǒ,《廣韻》郎果切,上果,來):即栝(kuò)樓。多年生草本植物,蔓生。莖上有卷鬚,開花白色。果實卵圓形,橙黃色,亦稱栝樓。根和果實可入藥。《詩·豳風·東山》:"果贏之實,亦施于宇。"毛傳:"果贏,栝樓也。"

13.21 荼[1],苦菜[2]。

【注釋】

〔1〕荼(tú,《廣韻》同都切,平模,定。又食遮切,平麻,船。又宅加切,平麻,澄):苦菜。邢疏:"葉似苦苣而細,斷之有白汁。花黃似菊,堪食,但苦耳。"《詩·邶風·谷風》:"誰謂荼苦,其甘如薺。"毛傳:"荼,苦菜也。"《楚辭·九思·傷時》:"菫荼茂兮扶疏,蘅芷彫兮瑩嫇。"王逸注:"荼,苦菜也。"

〔2〕苦菜:越年生菊科植物。春夏間開花,花色黃,莖空,葉呈鋸形,有白汁。莖葉嫩時可食,略帶苦味,故名。《禮記·月令》:"王瓜生,苦菜秀。"《本草綱目·菜二·苦菜》:"苦菜,即苦蕒也。家栽者呼爲苦苣,實一物也。"

13.22 萑[1],蓷[2]。

【注釋】

〔1〕萑(zhuī,《廣韻》職追切,平脂,章):藥草名,即益母草。又名茺蔚。郭注:"今茺蔚也。葉似荏,方莖,白華,華生節間,又名益母。《廣雅》云。"

〔2〕蓷(tuī,《廣韻》他回切,平灰,透。又尺佳切,平脂,昌):益母草。脣形科,一年或二年生草本,全草和子實入藥。《説文》

艸部:"蓷,鵻也。"《詩·王風·中谷有蓷》:"中谷有蓷,暵其乾矣。"

13.23　蕛[1],綬。

【注釋】

〔1〕蕛(yì,《廣韻》五歷切,入錫,疑。又五革切,入麥,疑):綬草。郭注:"小草,有雜色,似綬。"郝疏:"蕛,《説文》作藙,引《詩》'邛有旨藙',《毛詩》作'鵖',傳云:'綬草也。'正義引陸璣疏:'蕛,五色作綬文,故曰綬草。'"

13.24　粢[1],稷[2]。衆[3],秫[4]。

【注釋】

〔1〕粢(zī,《廣韻》即夷切,平脂,精):穀子,去殼後稱小米。方言詞。郭注:"今江東人呼粟爲粢。"《楚辭·招魂》:"稻粢穱麥,挐黃粱些!"王逸注:"粢,稷。"《左傳·桓公二年》:"粢食不鑿,昭其儉也。"孔疏:"舍人曰:'粢,一名稷。稷,粟也。'"《淮南子·精神》:"珍怪奇異,人之所美也,而堯糲粢之飯,藜藿之羹。"高誘注:"粢,稷也。"

〔2〕稷:穀子。邢疏:"郭云'今江東人呼粟爲粢',然則粢也、稷也、粟也正是一物。"邵正義:"前人釋稷多異説,以今驗之,即北方所謂稷米也……今北方呼稷爲穀子,其米爲小米。是猶古人以稷爲粟也。"賈思勰《齊民要術·種穀》:"穀,稷也。名'粟'。'穀'者,五穀之總名,非止謂粟也。"

〔3〕衆(zhōng,《廣韻》職戎切,平東,章):穀類的一種,即秫。郭注:"謂黏粟也。"

〔4〕秫(shú,《廣韻》食聿切,入術,船):粟之黏者。郝疏:"今北方謂穀子之黏者爲秫穀子,其米爲小黃米。"《禮記·內則》:"饘、酏、酒、醴、芼、羹、菽、麥、蕡、稻、黍、粱、秫,唯所欲。"孫希旦集解引《爾雅》曰:"秫,黏粟也。"

13.25　戎叔謂之荏菽。

【案】該條有分歧，釋義有兩種。一說均指胡豆。戎叔，亦作"戎菽"。郭注："即胡豆也。"《管子·戒》："北伐山戎，出冬蔥與戎叔，布之天下。"房玄齡注："戎叔，胡豆。"一說均指大豆。郝疏："戎、壬，《釋詁》並云'大'。壬、荏古字通，荏、戎聲相轉也。"《詩·大雅·生民》："蓺之荏菽，荏菽旆旆。"毛傳："荏菽，戎菽也。"鄭箋："戎菽，大豆也。"

13.26　卉[1]，草[2]。

【注釋】

〔1〕卉：草的總稱。方言詞。《方言》十："卉，草也。東越揚州之間曰卉。"《詩·小雅·四月》："山有嘉卉，侯栗侯梅。"

〔2〕草：草本植物的總稱。《書·禹貢》："厥草惟繇，厥木惟條。"

13.27　莐[1]，雀弁。

【注釋】

〔1〕莐(yǎn，《廣韻》以轉切，上獮，以)：草名，菖草之一種。因花色赤而微黑，如雀頭，故又名雀弁。參見 13.47 條。

13.28　蘥[1]，雀麥[2]。

【注釋】

〔1〕蘥(yuè，《廣韻》以灼切，入藥，以)：雀麥。《説文》艸部："蘥，爵麥也。"徐鍇繫傳："漢、魏以前，雀字多作爵，假借也。"

〔2〕雀麥：禾本科，野生植物。形似燕麥，葉稍長，夏季開花，穗細長而疏，穀粒可作家畜飼料。邵正義："今雀麥自生田野間，農家多棄而不刈。"吳其濬《植物名實圖考·穀類·雀麥》："今燕麥附莖結實，離離下垂，尚似青稞。雀麥一莖十餘小穗，乃微似穄。二種皆與麥同時，而葉相似，其實殊非麥類。"

13.29　蘠[1]，烏蓲。

【注釋】

〔1〕壞(huài,《廣韻》胡怪切,去怪,匣）: 草名。莖歧出,花長在葉間,生於水澤中。

13.30 蘝[1],菟荄。

【注釋】

〔1〕蘝(liàn,《廣韻》郎甸切,去霰,來）: 白薟。又稱菟荄。葡萄科,攀援藤本。塊根呈卵形塊狀,數個相聚。夏季開淡黃色小花。漿果大如豌豆,熟後藍紫色或白色。塊根入藥,消癰腫。《正字通》艸部:"蘝,白蘞也⋯⋯《爾雅》'菟荄'即白斂,但字小別耳。"

13.31 蘩[1],菟葵。

【注釋】

〔1〕蘩: 蒿類,即蔞蒿。又名菟(tù)葵(xí,《廣韻》胡雞切,平齊,匣）。

13.32 蒉[1],菟瓜。

【注釋】

〔1〕蒉(yín,《廣韻》翼真切,平真,以。又以脂切,平脂,以。又以淺切,上獮,以): 菟瓜。鄭注:"即土瓜也。俗呼新羅葛。《月令》謂之王瓜。"《説文》艸部:"蒉,兔苽。"

13.33 茢薽[1],豕首[2]。

【注釋】

〔1〕茢(liè,《廣韻》良薛切,入薛,來）薽(zhēn,《廣韻》側鄰切,平真,章。又居延切,平仙,見): 天名精。又名豕首。鄭注:"天名精也,今謂之火薟。"朱謀㙔《駢雅·釋草》:"茢薽,彘顱,天名精也。"

〔2〕豕首: 藥草。菊科,多年生草本,根、葉、果實均可入藥。又稱天名精、蛤蟆藍、活鹿草。《周禮·地官·掌染》"掌以春秋

斂染草之物”鄭注:“染草:茅蒐、橐蘆、豕首、紫茢之屬。”
《本草綱目·草四·天名精》:“天名精乃天蔓菁之訛也。其氣
如豕羴,故有豕首、羴顆之名。”

13.34 莽[1],馬帚[2]。

【注釋】

〔1〕莽(píng,《廣韻》薄經切,平青,並):荔草。又名馬尾。《管
子·地員》:“蔓下於莽,莽下於蕭。”

〔2〕馬帚:鳶尾科,多年生草本。根莖短而粗壯,葉狹綫形。葉
可造紙,根可製刷,花及種子可止血、利尿。又名蠡實、荔
草,俗名鐵掃帚。郭注:“似蓍,可以爲掃彗。”《本草綱目·草
四·蠡實》:“《爾雅》云:莽,音瓶,馬帚也。此即荔草,謂其
可爲馬刷,故名。今河南北人呼爲鐵掃帚是矣。”

13.35 薞[1],懷羊[2]。

【注釋】

〔1〕薞(huì):懷羊草。亦作“蘬”。陸佃新義:“蘬,病草。無枝葉,
羊不顧我。”

〔2〕懷羊:草名。《文選》張衡《西京賦》:“草則葳莎菅蒯,薇蕨
荔芀,王芻莔臺,戎葵懷羊,苹蓱蓬茸,彌皋被岡。”

13.36 茭[1],牛蘄。

【注釋】

〔1〕茭(jiāo,《廣韻》古肴切,平肴,見):野茴香,即牛蘄。傘形
科,生於水澤畔,嫩時可食,種子入藥。又名馬芹。郭注:“今
馬蘄。葉細銳似芹,亦可食。”

13.37 葖[1],蘆萉[2]。

【注釋】

〔1〕葖(tū,《廣韻》陀骨切,入没,定):蘿蔔。邢疏:“紫花菘也,
俗呼温菘。似蕪菁,大根,一名葖。俗呼雹葖,一名蘆菔,今

謂之蘆萉是也。”

〔2〕蘆萉：蘆萉。萉，當作“菔”。郭注：“‘萉’宜爲‘菔’。蘆菔，
蕪菁屬，紫華，大根，俗呼雹葵。”

13.38　蒩灌[1]，茵芝[2]。

【注釋】

〔1〕蒩(zhí，《廣韻》恥力切，入職，徹)灌：一種叢生的菌類。郭
注：“芝，一歲三華，瑞草。”郝疏：“是蒩灌一名茵芝。蓋‘蒩’
之言‘殖’也，‘灌’猶‘叢’也。菌芝叢生而緐殖，因以爲名。”

〔2〕茵(xiú，《廣韻》似由切，平尤，邪)芝：菌的一種。一説“茵”
爲“菌”的壞字。錢大昕《潛研堂集·答問七》：“問：蒩灌是
何草？曰：李登《聲類》以蒩灌與茵芝爲一物。”朱駿聲《説
文通訓定聲》頤部：“李登《聲類》‘蒩灌，茵芝也’，是一物。
茵者，菌之壞字。蒩灌者，茲貫之借字。蕈菌滋蔓叢生，故
以爲名。”

13.39　筍[1]，竹萌。簜[2]，竹。

【注釋】

〔1〕筍：竹的嫩芽，可作菜。郭注：“初生者。”《詩·大雅·韓奕》：
“其蔌維何，維筍及蒲。”毛傳：“筍，竹也。”鄭箋：“筍，竹
萌也。”

〔2〕簜：大竹。邢疏：“李巡曰：‘竹節相去一丈曰簜。’孫炎曰：
‘竹闊節者曰簜。’”《説文》竹部：“簜，大竹也。”《書·禹貢》：
“篠簜既敷，厥草惟夭。”孔傳：“簜，大竹。”劉楨《魯都賦》：
“夏簜攢包，勁條並殖。”

【案】“簜、竹”非同實異名，兩詞的範圍大小不同。“竹”表示泛
指。郭注：“簜，竹別名。”此解不當。潘衍桐《爾雅正郭》：“蓋許、
李、孫以篠訓小竹，簜訓大竹、闊節竹者，對文則異也。《爾雅》
及《大射義》鄭注以簜訓竹者，散文則通也。郭注未解此例，遂

誤簜爲竹之别名矣。"

13.40　莪[1]，蘿[2]。

【注释】

〔1〕莪(é,《廣韻》五何切,平歌,疑)：莪蒿。多年生草本,葉子像針,花色黄緑,生水邊,嫩莖葉可作蔬菜。也稱蘿、蘿蒿、廩蒿,俗稱抱娘蒿。郭注："今莪蒿也,亦曰蘼蒿。"《説文》艸部："莪,蘿莪,蒿屬。"《詩·小雅·菁菁者莪》："菁菁者莪,在彼中阿。"孔疏引陸璣云："莪,蒿也,一名蘿蒿也。生澤田漸洳之處,葉似邪蒿而細,科生。三月中,莖可生食,又可蒸,香美,味頗似蔞蒿。"

〔2〕蘿：莪蒿。《本草綱目·草四·蘼蒿》："陸農師云:蘼之爲言高也,莪亦峩也,莪科高也,可以覆蠶,故謂之蘿。"

13.41　苨[1]，菧苨。

【注释】

〔1〕苨(nǐ,《廣韻》奴禮切,上薺,泥)：桔梗科,多年生草本,有白色乳汁,花冠藍色,葉似杏葉,根莖似人參。根味甜,可入藥。又稱菧(dǐ)苨、薺苨、甜桔梗。郭注："薺苨。"邢疏："《本草》'薺苨',陶注云:'根莖都似人參,而葉小異,根味甜。'"

13.42　絰，履。[1]

【注释】

〔1〕絰(dié,《廣韻》徒結切,入屑,定)：未詳。

13.43　莕[1]，接余。其葉苻[2]。

【注释】

〔1〕莕(xìng,《廣韻》何梗切,上梗,匣)：同"荇",即荇菜。多年生草本,生於水中。莖細長,花黄色。葉對生,橢圓形,表面緑色,背面紫色,漂浮水上。嫩葉可食,葉及根皆可入藥,亦可作飼料或緑肥。又名接余。郭注："叢生水中,葉圓,在莖

端,長短隨水深淺。江東食之,亦呼爲荇。"陸釋文:"荇,本
亦作莕。"《說文》艸部:"莕,菨餘也。"

〔2〕荇(fú,《廣韻》防無切,平虞,奉):荇菜的葉。邢疏:"荇菜,
一名接余,其葉名荇。"

13.44 白華[1],野菅[2]。

【注釋】

〔1〕白華:野菅。花青白色,故名。《詩·小雅·白華》:"白華菅兮,
白茅束兮。"毛傳:"白華,野菅也。已漚爲菅。"鄭箋:"白華
於野,已漚名之爲菅。"

〔2〕野菅(jiān,《廣韻》古顏切,平刪,見):菅,即菅茅,禾本科,
多年生草本。葉細長而尖。漚之使柔,可織席編筐;莖葉
可覆蓋屋頂。郭注:"菅,茅屬。"《本草綱目·草二·白茅》:"茅
有白茅、菅茅、黃茅、香茅、芭茅數種,葉皆相似……菅茅只
生山上,似白茅而長。"

13.45 薜,白蕲[1]。

【注釋】

〔1〕白蕲:當歸之一種。郭注:"即上'山蕲'。"郝疏:"(《本草》)
唐本注云:'當歸,苗有二種,一種似大葉芎藭,一種似細葉
芎藭。細葉者名蠶頭當歸,大葉者名馬尾當歸。'……則白
蕲葉較細,即蠶頭者。可知山蕲葉麤大,即馬尾者矣。"參見
13.5 條。

13.46 菲[1],芴[2]。

【注釋】

〔1〕菲(fěi,《廣韻》敷尾切,上尾,敷):土瓜。郭注:"即土瓜也。"

〔2〕芴(wù,《廣韻》文弗切,入物,微):土瓜。《廣雅·釋草》:"土
瓜,芴也。"

13.47 蓄[1],蕾[2]。

【注釋】

〔1〕葍(fú,《廣韻》方六切,入屋,非):草名,旋花。旋花科,多
　　年生纏繞草本。有兩種:一種又名蔓茅、菌,葉細,似薙菜
　　而小,花赤而微黑,生田野,隨地蔓延,有臭氣,古稱惡菜。
　　《詩・小雅・我行其野》:"我行其野,言采其葍。"毛傳:"葍,
　　惡菜也。"鄭箋:"葍,葍也。亦仲春時生,可采也。"另一種
　　花白、根白,根莖富含澱粉,可救荒。郭注:"大葉,白華,根
　　如指,正白,可啖。"《太平御覽》九九八引周處《風土記》:
　　"葍,蔓生,被樹而升,紫黃色,大如牛角,二三同蔕,長七八
　　尺,味甜如蜜。"

〔2〕葍:"葍"的或體,葍之一種。《説文》艸部:"葍,葍也。"朱
　　駿聲通訓定聲:"按:即'葍'之或體,方音偶謂微異耳。"
　　《詩・小雅・我行其野》"言采其葍"孔疏引陸璣云:"葍,一名
　　葍。幽州人謂之燕葍。其根正白,可著熱灰中,温噉之。飢
　　荒之歲,可蒸以禦飢。"

13.48　熒[1],委萎。

【注釋】

〔1〕熒(jiǒng,《集韻》戸茗切,上迥,匣):藥草名。又名委萎、萎
　　蕤、地節、玉竹。郭注:"藥草也。葉似竹,大者如箭,竿有節。
　　葉狹而長,表白裏青。根大如指,長一二尺,可啖。"邢疏:"藥
　　草也。一名熒,一名委萎。《本草》女萎,萎蕤,一名熒。是也。"

13.49　蘜[1],芐熒。

【注釋】

〔1〕蘜(qú,《廣韻》其俱切,平虞,群):草名。又名芐(tīng)熒。
　　邵正義:"《中山經》云:'熊耳之山有草焉,其狀如蘇而赤華,
　　名曰葶薴,可以毒魚。'葶薴疑即芐熒,聲相近也。"

13.50　竹[1],萹蓄[2]。

【注釋】

〔1〕竹：草名，萹竹。又名萹筑、竹葉菜。蓼科，一年生草本，多生郊野道旁。葉狹長似竹，節間開淡紅色或白色小花，嫩葉可入藥。郭注："似小藜，赤莖節，好生道旁，可食，又殺蟲。"《詩·衛風·淇奧》："瞻彼淇奧，綠竹猗猗。"毛傳："竹，萹竹也。"

〔2〕萹(biān，《廣韻》布玄切，平先，幫。又芳連切，平仙，滂。又方典切，上銑，幫）蓄：萹竹。《楚辭·九章·思美人》："解萹薄與雜菜兮。"王逸注："萹，萹畜也。"洪興祖補注："萹薄，謂萹蓄之成叢者。"

13.51 葴[1]，寒漿[2]。

【注釋】

〔1〕葴(zhēn，《廣韻》職深切，平侵，章)：酸漿。郭注："今酸漿草，江東呼曰苦葴。"《漢書·司馬相如傳上》："苴蘘荷，葴持若蓀。"顏師古注："葴，寒漿也。"

〔2〕寒漿：即酸漿。茄科，多年生草本，果實、根及全草入藥。郝疏："今京師人以充茗，飲可滌煩熱，故名寒漿。其味微酸，故名酸漿矣。"

13.52 薢茩[1]，英光。

【注釋】

〔1〕薢(xiè，《廣韻》古隘切，去卦，見。又佳買切，上蟹，見。又古諧切，平皆，見)茩(gòu，《廣韻》古厚切，上厚，見)：草決明。豆科，一年生半灌木狀草本。花黃色，莢呈長角狀，略有四棱。嫩苗、嫩果可食。種子代茶或供藥用，有清肝明目之功效。方言詞。又名英(jué，《廣韻》古穴切，入屑，見)光(guāng，《廣韻》古黃切，平唐，見)。郭注："英明也。葉黃銳，赤華，實如山茱萸。或曰陵也，關西謂之薢茩。"邢疏："藥草

英明也。一名英茪,一名决明。"

13.53　蕪荑[1],蔱蘠。

【注釋】

〔1〕蕪(wú,《廣韻》武夫切,平虞,微)荑(yí,《廣韻》以脂切,平脂,以):白莧,莧菜的一個品種。莧科莧屬,一年生草本,嫩莖、葉可食。又名蔱(shā)蘠。郭注:"一名白蕢。"郝疏:"下云:'蕢,赤莧。'郭意赤莧名蕢,故白者名白蕢矣。蔱,《玉篇》作殺。今俗呼人莧爲人青,蓋即蘠聲之轉。"江藩《爾雅小箋》:"(蕪荑)當作無夷。注'一名白蕢',下文云'蕢,赤莧',白蕢豈白莧邪?"

13.54　瓞[1],瓝。其紹瓞[2]。

【注釋】

〔1〕瓞(dié,《廣韻》徒結切,入屑,定):泛指小瓜。又名瓝(bó)。俗語詞。郭注:"俗呼瓝瓜爲瓞。"《玉篇》瓜部:"瓞,小瓜也。"

〔2〕瓞:蔓上結的小瓜。郭注:"紹者,瓜蔓緒,亦著子,但小如瓝。"《詩·大雅·緜》:"緜緜瓜瓞,民之初生,自土沮漆。"毛傳:"瓞,瓝也。"鄭箋:"瓜之本實繼先歲之瓜必小,狀似瓝,故謂之瓞。"孔疏:"瓜之族類本有二種,大者曰瓜,小者曰瓞。此則其種別也,而瓜蔓近本之瓜必小於先歲之大瓜,以其小如瓝,故謂之瓞。瓞是瓝之別名。"

13.55　芍[1],鳧茈[2]。

【注釋】

〔1〕芍(xiào,《廣韻》胡了切,上篠,匣):荸薺。郭注:"生下田,苗似龍須而細,根如指頭,黑色,可食。"《說文》艸部:"芍,鳧茈也。"段玉裁注:"今人謂之葧臍,即鳧茈之轉語。"

〔2〕鳧(fú)茈(cí):荸薺。多年生草本植物,種水田中。地下莖形扁圓,表面呈深褐色或棗紅色。肉白色,可食。又稱烏芋。

今方言中或稱地栗、地梨、馬蹄。郝疏:"《齊民要術》引樊光曰:'澤草,可食也。'……《本草衍義》作'荸臍',今呼蒲薺,亦呼必齊,並語聲之轉也。"

13.56 蘱[1],蒚蕫[2]。

【注釋】

[1] 蘱(lèi,《廣韻》盧對切,去隊,来。又力遂切,去至,来):蒲草的一種,即長苞香蒲。香蒲科,多年生草本,生水邊或池沼,葉可編席子、草鞋、蒲包等。郭注:"似蒲而細。"郝疏:"《廣雅》云:'蘱,茅蔽也。'《廣韻》云:'蔽,茅類。''蘱,草名,似蒲,一云似茅。'然則蘱亦菅蔽之屬。今俗名蘱絲莛,野人刈取爲索,柔韌難斷。其葉如茅而細長,有毛而澀。"

[2] 蒚(dǐng,《廣韻》都挺切,上迥,端)蕫(dǒng,《廣韻》多動切,上董,端。又徒紅切,平東,定):長苞香蒲。邢疏:"蘱,一名蒚蕫,狀似蒲而細,可爲屬,亦可絢以爲索。"

13.57 蕛[1],芺[2]。

【注釋】

[1] 蕛(tí,《廣韻》杜奚切,平齊,定):同"稊",一種形似稗的雜草,實如小米。郭注:"蕛似稗,布地生穢草。"陸釋文:"蕛,本又作稊。"邵正義:"《莊子·知北遊》云:'道在蕛稗'……《秋水》篇云:'似蕛米之在太倉。'……蕛與稗,俱堪水旱,種無不熟,北方農家種之,以備凶年。"今本《莊子》作"稊"。

[2] 芺(dié,《廣韻》徒結切,入屑,定):草名,即稊。邢疏:"蕛,一名芺。似稗之穢草也,布生於地。"郝疏:"今驗其葉似稻而細,青綠色,作穗似稗而小,穗又疏散,其米亦小,人不食之。"

13.58 鉤[1],芺[2]。

【注釋】

[1] 鉤:薊類草,即苦芺。郭注:"大如拇指,中空,莖頭有臺,似

薊。初生可食。"邢疏:"薊類也。一名鉤,一名芺。"

〔2〕芺(ǎo,《廣韻》烏晧切,上晧,影。又於兆切,上小,影):草名。亦稱苦芺。《説文》艸部:"芺,艸也。味苦,江南食以下气。"《本草綱目·草四·苦芺》:"凡物穉曰芺,此物嫩時可食,故以名之。"

13.59 薤[1],鴻薈[2]。

【注釋】

〔1〕薤(xiè,《廣韻》胡介切,去怪,匣):蔬菜名。多年生草本。地下有圓錐形鱗莖,葉叢生,細長中空,斷面爲三角形,花紫色。鱗莖稱爲藠頭,可食,乾燥後亦可入藥。後作"薤"。統稱,包括野生(即藠)與家種兩種。郭注:"即薤菜也。"《玉篇》韭部:"薤,菫菜也。俗作薤。"《山海經·北山經》:"又北二百里,曰丹熏之山,其上多樗柏,其草多韭薤。"《漢書·龔遂傳》:"勸民務農桑,令口種一樹榆、百本薤、五十本葱、一畦韭。"《本草綱目·菜一·薤》:"薤,本文作薤,韭類也……今人因其根白,呼爲藠子,江南人訛爲莜子。其葉類葱而根如蒜。"

〔2〕鴻薈:園中人工種植的薤。邢疏:"薤,葉似韭之菜也。一名鴻薈。《本草》謂之菜芝,是也。"《正字通》韭部:"薤,葉似韭,粗而長。《爾雅翼》:'似韭而無實。'山薤今名野薤,似薤而小,非即薤也。鴻薈即今家圃所植薤菜,非野薤也。"

13.60 蘇[1],桂荏[2]。

【注釋】

〔1〕蘇:即紫蘇。又名桂荏。方言詞。邢疏:"蘇,荏類之草也。以其味辛似荏,故一名桂荏。陶注《本草》云:'葉下紫色而氣甚香。其無紫色不香似荏者,名野蘇。'生池澤中者名水蘇,一名雞蘇,皆荏類也。"《方言》三:"蘇亦荏也。關之東

西或謂之蘇,或謂之荏。"枚乘《七發》:"秋黃之蘇,白露之
茹。"張衡《南都賦》:"蘇、菽、紫薑,拂徹羶腥。"

〔2〕桂荏:紫蘇。脣形科,一年生草本。莖方形,花淡紫色,葉
兩面或背面帶紫色。嫩葉用以調味,種子可榨油,葉、莖和
種子均可入藥。馬融《廣成頌》:"其土毛則攡牧薦草,芳茹
甘茶……桂荏、凫葵。"《本草綱目·草三·蘇》:"蘇,從穌,音
酥,舒暢也。蘇性舒暢,行氣和血,故謂之蘇。曰紫蘇者,以
別白蘇也,蘇乃荏類,而味更辛如桂。故《爾雅》謂之桂荏。"

13.61　薔[1],虞蓼[2]。

【注釋】

〔1〕薔(sè,《廣韻》所力切,入職,生):水蓼。蓼科。又名虞蓼。
邢疏:"薔,一名虞蓼,即蓼之生水澤者也。"

〔2〕虞蓼:水蓼。郭注:"虞蓼,澤蓼。"陸佃《埤雅·釋草》:"虞
蓼,此即蓼之生水澤者也。似蓼,莖赤,味辛。一名薔。"《本
草綱目·草五·水蓼》:"《志》曰:'生于淺水澤中,故名水蓼。'
時珍曰:按《爾雅》云'薔,虞蓼'也,山夾水曰虞。"

13.62　蓧,蓨[1]。

【注釋】

〔1〕蓨(tiáo,《廣韻》他歷切,入錫,透):即羊蹄草。又名蓧(tiáo)。
多年生草本,根入藥。《管子·地員》:"黑埴宜稻麥,其草宜
苹蓨。"賈思勰《齊民要術·五穀果蓏菜茹非中國物產者》:
"《詩義疏》曰:'今羊蹄,似蘆萉,莖赤。煮爲茹,滑而不美;
多噉令人下痢。幽陽謂之蓫,一名蓨,亦食之。'"

13.63　虋[1],赤苗。芑[2],白苗。秬[3],黑黍。秠[4],一
稃二米。

【注釋】

〔1〕虋(mén,《廣韻》莫奔切,平魂,明):赤粱粟,穀的良種。秦

漢以前,粟爲穀子的總稱,漢以後始稱穗大毛長粒粗者爲
粱,穗小毛短粒細者爲粟。郝疏:“郭言粱者,粱即粟之米,
故《三蒼》云‘粱,好粟也’。此皆言苗,郭以粟言者,粟即穀
通名耳。”《説文》艸部:“虋,赤苗嘉穀也。”

〔2〕芑(qǐ,《廣韻》墟里切,上止,溪):一種良種穀子,莖白色,
又名白粱粟。郭注:“今之白粱粟,皆好穀。”《説文》艸部:
“芑,白苗嘉穀。”《詩·大雅·生民》:“誕降嘉種,維秬維秠,
維穈維芑。”毛傳:“穈,赤苗也。芑,白苗也。”陳奐傳疏:“赤
苗、白苗,謂禾莖有赤白二種。”

〔3〕秬(jù,《廣韻》其呂切,上語,群):黑黍,一種嘉穀。邢疏:
“李巡曰:‘黑黍,一名秬黍。’秬即黑黍之大名也。”《吕氏春
秋·孝行》:“飯之美者,玄山之禾,不周之粟,陽山之穄,南海
之秬。”高誘注:“秬,黑黍也。”《管子·地員》:“其種大秬、細
秬。”注:“秬,黑黍。”

〔4〕秠(pī,《廣韻》敷悲切,平脂,滂。又匹尤切,平尤,滂。又
匹鄙切,上旨,滂。又芳婦切,上有,滂):黑黍的一種,每個
殼中有二顆米。《詩·大雅·生民》:“誕降嘉種,維秬維秠。”
孔疏:“郭璞曰:‘秠亦黑黍,但中米異耳。漢和帝時任城生
黑黍,或三四實,實二米,得黍三斛八斗。’則秬是黑黍之大
名,秠是黑黍之中有二米者,別名之爲秠。故此經異其文,
而《爾雅》釋之。若然,秬、秠皆黑黍矣。”

13.64　稌[1],稻[2]。

【注釋】

〔1〕稌(tú,《廣韻》他胡切,平模,透。又他魯切,上姥,透):渾
言指稻。方言詞。郭注:“今沛國呼稌。”《説文》禾部:“稌,
稻也。”朱駿聲通訓定聲:“古專謂黏者爲稌,吾蘇所云糯米
也。或以偁不黏者,亦通語耳。”《詩·周頌·豐年》:“豐年多

黍多稌。"毛傳:"稌,稻也。"也專指稻之黏者。《周禮·天
官·食醫》:"凡會膳食之宜,牛宜稌,羊宜黍。"鄭注引鄭司
農云:"稌,秔也。"

〔2〕稻:禾的總稱,包括水稻與旱稻,通常指水稻,一年生草本
植物。《詩·豳風·七月》:"八月剝棗,十月穫稻。"《詩·唐
風·鴇羽》:"王事靡盬,不能蓺稻粱,父母何嘗?"朱熹集傳:
"稻即今南方所食稻米,水生而色白者也。"

13.65　菖,蕧茅[1]。

【注釋】

〔1〕蕧茅:旋花之一種。多年生蔓草,花紅色,生田野,地下莖
可蒸食,有甘味。又名菖,菸。郭注:"菖,華有赤者爲蕧。蕧、
菖一種耳。"邢疏:"菖與蕧茅一草也。華白者即名菖,華赤
者別名蕧茅。"參見 13.47 條和 13.27 條。

13.66　臺[1],夫須[2]。

【注釋】

〔1〕臺:莎草。一名夫須。生於沼澤地,葉扁而長,可製蓑笠。
邢疏引陸璣云:"舊說夫須,莎草也。可以爲蓑笠。"《詩·小
雅·南山有臺》:"南山有臺,北山有萊。"毛傳:"臺,夫須也。"
《文選》張衡《西京賦》:"王芻莔臺,戎葵懷羊。"李善注引
《爾雅》曰:"臺,夫須。"

〔2〕夫須:即莎草。多年生草本,葉扁而長,夏季抽穗開花,生
於原野沼澤之地,莖葉可編織蓑苙等。《詩·小雅·都人士》
"臺笠緇撮"鄭箋:"臺,夫須也。都人之士以臺皮爲笠,緇布
爲冠。"

13.67　藆[1],薍。

【注釋】

〔1〕藆(jiǎn,《廣韻》九輦切,上獮,見):草名。又稱薍(fá,《廣

韻》房越切,入月,並)。

13.68　苺[1]**,貝母**[2]**。**

【注釋】

〔1〕苺(méng,《廣韻》武庚切,平庚,明):藥草名,即貝母。郭注:
"根如小貝,員而白華,葉似韭。"《説文》艸部:"苺,貝母也。
从艸,明省聲。"

〔2〕貝母:百合科,多年生草本,葉長形,似韭,花黄緑色,下垂
像鐘。鱗莖入藥。《詩·鄘風·載馳》"言采其蝱"毛傳:"蝱,
貝母也。"

13.69　荍[1]**,蚍衃**[2]**。**

【注釋】

〔1〕荍(qiáo,《廣韻》渠遥切,平宵,群):錦葵。二年生草本,葉
腎形或圓形,有圓鋸齒。初夏開淡紫、深紅或淺紅色小花,
可供觀賞。蓋因花色而得名。郭注:"今荆葵也。似葵,紫色。"
陸佃新義:"衃,凝血也。今俗呼血爲荍爲是歟。"羅願《爾
雅翼·釋草》:"荍,荆葵也。蓋戎葵之類,比戎葵葉俱小。故
謝氏曰'荍,小草。多華少葉,葉又翹起'也。花似五銖錢大,
色粉紅,有紫文縷之。一名錦葵。"

〔2〕蚍(pí,《廣韻》房脂切,平脂,並)衃(fǒu,《集韻》俯九切,上
有,非):錦葵。《詩·陳風·東門之枌》:"視爾如荍,貽我握
椒。"孔疏引舍人曰:"荍,一名蚍衃。"

13.70　艾[1]**,冰臺**[2]**。**

【注釋】

〔1〕艾(ài,《廣韻》五蓋切,去泰,疑):艾蒿。菊科,多年生草本,
花黄色,葉分裂成羽狀,有香氣。莖、葉可入藥。葉片曬乾
製成艾絨,可用於灸療。郭注:"今艾蒿。"《詩·王風·采葛》:
"彼采艾兮,一日不見,如三歲兮。"《孟子·離婁上》:"今之

欲王者,猶七年之病,求三年之艾也。苟爲不畜,終身不得。"

〔2〕冰臺:艾的別名。《說文》艸部:"艾,冰臺也。"陸佃《埤
雅·釋草》:"《博物志》曰:'削冰令圓,舉以向日,以艾承其
影,則得火。'艾曰冰臺,其以此乎。"

13.71　葶[1],亭歷[2]。

【注釋】

〔1〕葶(diǎn,《廣韻》多殄切,上銑,端):葶藶。十字花科,一年
或二年生草本,種子可入藥。郭注:"實、葉皆似芥,一名狗
薺,《廣雅》云。"

〔2〕亭歷:葶藶。《韓非子·難勢》:"此味非飴蜜也,必苦菜、亭
歷也。"《淮南子·繆稱》:"大戟去水,亭歷愈張。"

13.72　苻[1],鬼目。

【注釋】

〔1〕苻(fú,《廣韻》防無切,平虞,奉):茄科,多年生蔓草,莖似
葛,花白色,果實色紅,全草入藥。又名鬼目、白英。郭注:"今
江東有鬼目草,莖似葛,葉員而毛,子如耳璫也,赤色叢生。"
《本草綱目·草七·白英》:"白英,穀菜,白草,白幕,排風。子
名鬼目。時珍曰:白英謂其花色,穀菜象其葉文,排風言其
功用,鬼目象其子形。"

13.73　薜[1],庾草。

【注釋】

〔1〕薜(bì,《廣韻》蒲計切,去霽,並):草名。又稱庾草。鄭注:
"藤生,蔓延牆樹間。花生頗似薜荔。"

13.74　薂[1],葰縷。

【注釋】

〔1〕薂(áo,《廣韻》五勞切,平豪,疑):繁縷。莖細長而中空,莖
斷有絲相連,葉卵圓形,可作蔬菜。又名葰(sǎo)縷(lǚ)、雞

腸草。邢疏："菝，一名葰蒩，一名縶蒩，一名雞腸草。《本草》
云：'縶蔞，味辛。'陶注：'此菜人以作羹。'唐本注云：'此即
雞腸草也。多生下濕坑渠之側，人家園庭亦有此草。'是也。"

13.75　離南，活莌[1]。

【注釋】

[1] 活莌：通草。又名離南。莌，同"莌"。陸佃新義："所謂
活莌，有活亦有脱。"《本草綱目·草七·通脱木》引蘇頌曰：
"《爾雅》：'離南，活莌。'即通草也。"《本草綱目·草七·通
草》："有細細孔，兩頭皆通，故名通草，即今所謂木通也。今
之通草乃古之通脱木也，宋《本草》混注爲一，名實相亂，今
分出。"

13.76　蘢[1]，天蘥[2]。

【注釋】

[1] 蘢（lóng，《廣韻》盧紅切，平東，來。又力鍾切，平鍾，來）：
草名。又名天蘥。《管子·地員》："其山之淺，有蘢與斥。"注：
"蘢、斥並古草名。"

[2] 天蘥（yuè，《廣韻》以灼切，入藥，以）：草名。郝疏："蓋此草
高大，故名天蘥。"《説文》艸部："蘢，天蘥也。"

13.77　須[1]，薞蕪。

【注釋】

[1] 須：蔓菁。十字花科，二年生草本，葉具粗毛，花黄色，根皮
有白、淡緑或紫色。肥大肉質根，可做蔬菜。俗稱大頭菜。
又名蕪菁、葑、葑（fēng）蓯（zǒng）。朱駿聲《説文通訓定聲》
需部："《爾雅》：'須，薞蕪。'即蔓菁也。"《詩·邶風·谷風》
"采葑采菲"毛傳："葑，須也。"孔疏："孫炎曰：'須，一名薞
蕪。'《坊記》注云：'葑，蔓菁也。陳宋之間謂之葑。'陸機云：
'葑，蕪菁。幽州人或謂之芥。'《方言》云：'蘴、蕘，蕪菁也。

陳楚謂之蘉,齊魯謂之蕿,關西謂之蕪菁,趙魏之郊謂之大
芥。'蘉與葑字雖異,音實同。"

13.78　蒡[1],隱荵。

【注釋】

〔1〕蒡(páng,《廣韻》薄庚切,平庚,並):薺苨,即甜桔梗。根味
甜,可入藥。方言詞。郭注:"似蘇。有毛。今江東呼爲隱荵,
藏以爲菹,亦可瀹食。"《本草綱目·草一·薺苨》:"陶弘景注
桔梗,言其葉名隱忍,可煮食之,治蠱毒。謹按,《爾雅》云
'蒡,隱荵'也……葛洪《肘後方》云:'隱荵草,苗似桔梗,人
皆食之。搗汁飲,治蠱毒。'據此,則隱荵非桔梗,乃薺苨苗
也。薺苨苗甘可食,桔梗苗苦不可食,尤爲可證。"

13.79　茜[1],蔓于。

【注釋】

〔1〕茜(yóu,《集韻》夷周切,平尤,以):水草名,即猶。似細蘆,
蔓生水邊,有惡臭。又名蔓于。方言詞。郭注:"草生水中。
一名軒于。江東呼茜,音猶。"郝疏:"茜當爲猶。《説文》:'猶,
水邊草也。'《繫傳》云:'似細蘆,蔓生水上,隨水高下,汎汎
然也,故曰猶,游也。'……今驗此草,俗人即名蘆子,其形
狀悉如徐鍇所説。"

13.80　藺[1],蘆。

【注釋】

〔1〕藺(lǔ):一種蒯類的草,莖可編草鞋。又名蘆(cuó)。邢疏:
"《説文》云:'藺,草也。可以束。'一名蘆,即蒯類也,中作
履底。"

13.81　柱夫[1],搖車。

【注釋】

〔1〕柱夫:蔓生,細葉,紫花,可食。俗名野蠶豆、紅花菜、翹搖

車、搖車。邢疏："柱夫,可食之草也。一名搖車,俗呼翹搖車。蔓生,紫華,華翹起搖動,因名云。"邵正義："今翹搖,以二月開小花,紫白色,俗謂之野蠶豆,亦名小巢菜。"

13.82　出隧,蘧蔬[1]。

【注釋】

[1] 蘧(qú)蔬:一種菌類植物。又名出隧。郭注:"蘧蔬,似土菌,生菰草中。今江東噉之,甜滑。"

13.83　蘄茞[1],麋蕪[2]。

【注釋】

[1] 蘄(qí,《廣韻》居依切,平微,見)茞(zhǐ,《廣韻》諸市切,上止,章):麋蕪的別名。郭注:"香草,葉小如萎狀。"邢疏:"芎藭苗也。一名蘄茞,一名麋蕪。《本草》:'一名薇蕪,一名江離。'"

[2] 麋(méi,《廣韻》武悲切,平脂,明)蕪:芎藭苗。傘形科,葉有香氣。《管子·地員》:"五臭疇生,蓮與蘼蕪,藁本白芷。"司馬相如《子虛賦》:"芎藭菖蒲,茳蘺蘼蕪。"《本草綱目·草三·蘼蕪》:"蘼蕪,一作麋蕪,其莖葉靡弱而繁蕪,故以名之。當歸名蘄,白芷名蘺,其葉似當歸,其香似白芷,故有蘄茞、江蘺之名。"

13.84　茨[1],蒺藜[2]。

【注釋】

[1] 茨(cí,《廣韻》疾資切,平脂,從):蒺藜。郭注:"布地蔓生,細葉,子有三角,刺人。"《詩·小雅·楚茨》:"楚楚者茨,言抽其棘。"鄭箋:"茨,蒺藜也。"

[2] 蒺藜:蒺藜科,一年生草本。莖平臥,有毛,小葉長橢圓形,小花黃色,果皮有尖刺,種子入藥。這種植物的果實也稱蒺藜。《韓詩外傳》七:"夫春樹桃李,夏得陰其下,秋得食其實;

春樹蕟藜,夏不可採其葉,秋得其刺焉。"

13.85　藅蕶[1],竊衣[2]。

【注釋】

〔1〕藅(jì,《廣韻》居例切,去祭,見)蕶(rú):即竊衣。亦作"藅
蒢。"郭注:"似芹,可食,子大如麥,兩兩相合,有毛,著人
衣。"《楚辭·九思·憫上》:"藅蒢兮青蔥,槀本兮萎落。"

〔2〕竊衣:草名。似芹,花下有芒刺,粘衣不易除去。俗稱。邢疏:
"俗名鬼麥者也。"賈思勰《齊民要術·五穀果蓏菜茹非中國
物産者》引孫炎云:"似芹,江河間食之。實如麥,兩兩相合,
有毛,著人衣。其華著人衣,故曰竊衣。"

13.86　髦[1],顛蕀[2]。

【注釋】

〔1〕髦:天門冬。一名顛蕀。因其葉細如毛,故名。郭注:"細
葉有刺,蔓生。一名商蕀。《廣雅》云:'女木也。'"郝疏:"《本
草》云:'天門冬,一名顛勒。'勒即棘也。"

〔2〕顛蕀(jí):百合科攀援草本。又名商蕀、虋冬、顛勒。《本草
綱目·草七·天虋冬》:"草之茂者爲虋,俗作門。此草蔓茂而
功同麥虋冬,故曰天虋冬,或曰天棘。《爾雅》云'髦,顛棘'
也。因其細葉如髦,有細棘也。"天虋冬,即天門冬。

13.87　藋[1],芄蘭[2]。

【注釋】

〔1〕藋(guàn):芄蘭。郭注:"藋芄蔓生,斷之有白汁,可啖。"
郝疏:"陸璣疏云:'一名蘿藦,幽州人謂之雀瓢。'"《本草綱
目·草七·蘿藦》:"其實嫩時有漿,裂時如瓢,故有雀瓢、羊婆
奶之稱。其中一子有一條白絨,長二寸許,故俗呼婆婆鍼線
包,又名婆婆鍼袋兒也。"

〔2〕芄蘭:蘿藦。多年生草質藤本。莖、葉長卵形而尖。花白色,

上有紫紅色斑點。結子莢形如羊角。莖、葉和種子皆可入藥。
俗稱羊婆奶。《詩·衛風·芄蘭》:"芄蘭之支,童子佩觿。"毛
傳:"芄蘭,草也。"鄭箋:"芄蘭柔弱,恒蔓延於地,有所依緣
則起。"陸璣疏:"蔓生,葉青綠色而厚,斷之有白汁,食之甜
脆,鬻爲茹,滑美。其子長數寸,似瓠子。"

13.88　薚,茺藩[1]。

【注釋】

〔1〕茺(chén,《廣韻》直深切,平侵,澄)藩:知母。生山中,葉
如韭,根狀莖可入藥。又名薚(tán)。郭注:"一曰提母。"

13.89　蕍[1],蕮。

【注釋】

〔1〕蕍(yú,《廣韻》羊朱切,平虞,以):藥草名。即澤瀉。又名
蕮(xì)。郭注:"今澤蕮。"

13.90　藚[1],鹿藿。其實莥[2]。

【注釋】

〔1〕藚(juàn,《廣韻》渠篆切,上獮,群。又渠殞切,上軫,群):
野菜名。即鹿藿(同"藿"),俗稱野綠豆。葉似葛而實長,可
蒸食,也可入藥。郭注:"今鹿豆也,葉似大豆,根黄而香,蔓
延生。"

〔2〕莥(niǔ,《廣韻》女久切,上有,娘):鹿藿之果實。《説文》艸
部:"莥,鹿藿之實名也。"

13.91　藃侯[1],莎[2]。其實媞[3]。

【注釋】

〔1〕藃(hào,《廣韻》胡老切,上晧,匣)侯:莎草。鄭注:"即莎
艸,或云即香附子,亦名莎艸。其根生塊似實。"

〔2〕莎(suō,《廣韻》蘇禾切,平戈,心):莎草。莎草科莎草屬,
多年生草本,常生於濕地或沼澤中。莖直立,三棱形。地下

有細長的匍匐莖,並有褐色膨大塊莖。塊莖稱香附子,可供藥用。司馬相如《子虛賦》:"其高燥則生葴菥苞荔,薛莎青薠。"羅願《爾雅翼·釋草》:"莎,莖葉都似三稜,根若附子,周匝多毛,大者如棗,近道者如杏人許,謂之香附子。"

〔3〕媞(tí):莎草子。郭注:"《夏小正》曰:'薃也者,莎蓆。媞者,其實。'"

13.92 **莞〔1〕,苻蘺〔2〕。其上蒚〔3〕。**

【注釋】

〔1〕莞(guān,《廣韻》古丸切,平桓,見。又胡官切,平桓,匣):蒲草。香蒲科,多年生水生草本。葉狹長。嫩芽稱蒲菜,可食。莖可織席,俗稱席子草。《大戴禮記·勸學》:"譬之如洿邪,水潦灟焉,莞蒲生焉。"王褒《僮約》:"奴老力索,種莞織席。"《漢書·東方朔傳》:"以韋帶劍,莞蒲爲席,兵木無刃。"顏師古注:"莞,夫離也。今謂之葱蒲,以莞及蒲爲席,亦尚質也。"

〔2〕苻蘺:蒲草。方言詞。郭注:"今西方人呼蒲爲莞蒲,蒚謂其頭臺首也。今江東謂之苻蘺,西方亦名蒲,中莖爲蒚,用之爲席。"《詩·小雅·斯干》"下莞上簟,乃安斯寢"孔疏引《本草》曰:"白蒲,一名苻蘺,楚謂之莞蒲。"

〔3〕蒚(lì,《廣韻》下革切,入麥,匣):蒲草的莖幹。郝疏:"此莞似蒲,故亦抽莖作臺,謂之爲蒚。"《説文》艸部:"蒚,夫蘺上也。"《玉篇》艸部:"蒚,又蒲蒚,謂今蒲頭有臺,臺上有重臺。中出黄,即蒲黄。"

13.93 **荷,芙渠〔1〕。其莖茄〔2〕,其葉蕸〔3〕,其本蔤〔4〕,其華菡萏〔5〕,其實蓮,其根藕,其中的〔6〕,的中薏〔7〕。**

【注釋】

〔1〕芙渠:荷花的别名。亦作"芙蕖"。郭注:"别名芙蓉,江

東呼荷。"《詩·陳風·澤陂》:"彼澤之陂,有蒲與荷。"毛傳:
"荷,芙蕖也。"

〔2〕茄(jiā,《廣韻》古牙切,平麻,見):荷莖。《文選》張衡《西
京賦》:"蕍倒茄於藻井,披紅葩之狎獵。"薛綜注:"茄,藕莖
也。以其莖倒殖於藻井,其華下向反披。"

〔3〕蕸(xiá,《廣韻》胡加切,平麻,匣):荷葉。《玉篇》艸部:"蕸,
荷葉也。"

〔4〕蔤(mì,《廣韻》美畢切,入質,明):荷的地下莖。亦作"蜜"。
郭注:"莖下白蒻在泥中者。"《本草綱目·果六·蓮藕》:"以
蓮子種者生遲,藕芽種者最易發。其芽穿泥成白蒻,即蔤
也。長者至丈餘。五六月嫩時,没水取之,可作蔬茹,俗呼
藕絲菜。"

〔5〕菡(hàn,《廣韻》胡感切,上感,匣)萏(dàn,《廣韻》徒感切,
上感,定):即荷花。《詩·陳風·澤陂》:"彼澤之陂,有蒲
菡萏。"

〔6〕的(dì):同"菂",蓮子。郭注:"蓮中子也。"《集韻》錫韻:
"菂,芙蕖中子。或省通作的。"

〔7〕薏(yì,《廣韻》於力切,入職,影):蓮子心,即蓮子中的青嫩
胚芽。邢疏引陸璣曰:"蓮青皮裏白,子為的,的中有青為薏,
味甚苦,故里語云苦如薏,是也。"

13.94　紅[1],蘢古。其大者蘬[2]。

【注釋】

〔1〕紅:莚草。又稱蘢古。蓼科,一年生草本。莖直立,多分枝,
全株有毛,生水澤中。可觀賞,花、果入藥。此蓼甚大而花
亦繁紅,故名。郭注:"俗呼紅草為蘢鼓,語轉耳。"羅願《爾
雅翼·釋草》:"蘢,紅草也。一名馬蓼。葉大而赤白色,生水
澤中,高丈餘,今人猶謂之水紅草,而《爾雅》又謂之蘢古。

《鄭詩》稱：‘山有橋松，隰有游龍。’云‘游龍’者，言其枝葉之放縱也。”

〔2〕藬(kuī，《廣韻》丘追切，平脂，溪。又丘韋切，平微，溪。又丘軌切，上旨，溪)：莐草之一種，即大蓼。邢疏：“舍人曰：‘紅名蘢古，其大者名藬。’”方以智《通雅·植物》：“《爾雅》所云‘莐，蘢古。其大者藬’，乃大蓼也。”

13.95 薺[1]，薺實。

【注釋】

〔1〕薺(cuó，《廣韻》昨何切，平歌，從。又即夷切，平脂，精。又子邪切，平麻，精)：薺菜籽。郭注：“薺子名。”《急就篇》：“芸蒜薺芥茱萸香。”顏師古注：“薺，甘菜也。其實名薺。”

13.96 黂[1]，枲實。枲[2]，麻[3]。

【注釋】

〔1〕黂(fén，《廣韻》扶涕切，去未，奉)：大麻的果實，俗稱麻子。鄭注：“大麻子。”

〔2〕枲(xǐ，《廣韻》胥里切，上止，心)：大麻的雄株。只開雄花，不結子，纖維可織麻布。《楚辭·天問》：“靡蓱九衢，枲華安居？”《儀禮·喪服》：“牡麻者，枲麻也。”亦泛指大麻。《説文》木部：“枲，麻也。”朱駿聲通訓定聲：“牡麻無實者也，夏至開花，榮而不實，亦曰夏麻……（轉注）爲凡麻之大名。”段玉裁《説文解字注》“麻”字下云：“麻與枲互訓，皆兼苴麻、牡麻言之。”《書·禹貢》：“厥貢漆、枲、絺、紵。”劉向《説苑·談叢》：“蓬生枲中，不扶自直。”

〔3〕麻：大麻。俗稱火麻。桑科，一年生草本。莖皮纖維長而堅韌，可供紡織。籽可食。《詩·齊風·南山》：“藝麻如之何？衡從其畝。”

13.97 須，葑蓯[1]。

【注釋】

〔1〕蕵(sūn,《廣韻》思渾切,平魂,心)蕪:草名,即酸模。蓼科,多年生草本,生於山野。嫩莖、葉可食,全草入藥。又稱須。郭注:"蕵蕪似羊蹄,葉細,味酢,可食。"郝疏:"此即今醋醋流也。酸模、蕵蕪,一聲之轉。莖葉俱似羊蹏而小,葉青黄色,生啖極脆,味酸欲流,兒童謂之醋醋流。"《本草綱目·草八·酸模》:"蕵蕪乃酸模之音轉,酸模又酸母之轉,皆以味而名。"

13.98 菲,蒠菜[1]。

【注釋】

〔1〕蒠(xī,《廣韻》相即切,入職,心)菜:十字花科,一年生草本。初夏開淡紫色花,供觀賞。嫩葉、莖可作蔬菜。種子榨油,供食用。又名菲。郭注:"菲草,生下溼地,似蕪菁,華紫赤色,可食。"郝疏:"按此菜極似蘿蔔,野地自生,宿根不斷,冬春皆可採食,故云蒠菜。"

13.99 蕢[1],赤莧。

【注釋】

〔1〕蕢(kuài):菜名。一年生草本,種類較多,葉互生,莖葉有粉緑色、紅色、暗紫色或帶紫斑色等。其中紅色莖葉的爲赤莧。邢疏:"赤莧,一名蕢,今莧菜之赤莖者也。"《證類本草》二七:"莧有六種。有人莧、赤莧、白莧、紫莧、馬莧、五色莧……赤莧亦謂之花莧,莖葉深赤,《爾雅》所謂'蕢,赤莧',是也。根莖亦可糟藏,食之甚美。然性微寒,故主血痢。"

13.100 蘠蘼[1],虋冬[2]。

【注釋】

〔1〕蘠(qiáng,《廣韻》在良切,平陽,從)蘼(mí,《廣韻》靡爲切,平支,明。又文彼切,上紙,微):薔薇。落葉灌木,莖細長,蔓生,枝上有刺,葉倒卵形或長圓形,花白色或淡紅色,氣味

芳香,可供觀賞,果實入藥。郭注:“門冬,一名滿冬。”《説文》艸部:“蘠,蘠靡,虋冬也。”《本草綱目·草七·營實蘠蘼》:“薔薇、山棘、牛棘、牛勒、刺花。時珍曰:此草蔓柔,靡依牆援而生,故名蘠蘼。其莖多棘刺勒人,牛喜食之,故有山刺、牛勒諸名。其子成簇而生,如營星然,故謂之營實。”

〔2〕虋(mén)冬:薔薇。郝疏:“《説文》云:‘蘠蘼,虋冬也。’即今薔薇……又虋冬、天門冬二名相亂,故説者或失之,《釋文》又誤爲麥門冬也。”

13.101 **萹苻〔1〕、止濼,貫衆〔2〕。**

【注釋】

〔1〕萹(biān)苻(fú,《廣韻》防無切,平虞,奉):貫衆。又名止濼(lì)。郭注:“葉圓鋭,莖毛黑,布地,冬不死。一名貫渠,《廣雅》云‘貫節’。”

〔2〕貫衆:蕨科,多年生草本。生於林野陰濕處。根狀莖短,葉叢生。根入藥。亦稱貫渠、貫節。《本草綱目·草一·貫衆》:“此草葉莖如鳳尾,其根一本而衆枝貫之,故草名鳳尾,根名貫衆、貫節、貫渠。”

13.102 **莙〔1〕,牛藻〔2〕。**

【注釋】

〔1〕莙(jūn,《廣韻》居筠切,平真,見。又舉云切,平文,見。又渠殞切,上軫,群):水藻名。《顔氏家訓·書證》:“按,《説文》云:‘莙,牛藻也,讀若威。’《音隱》:‘塢瑰反。’即陸璣所謂‘聚藻,葉如蓬’者也……今水中有此物,一節長數寸,細茸如絲,圓繞可愛,長者二三十節,猶呼爲莙。”

〔2〕牛藻:莙的一種,可食。郭注:“似藻,葉大,江東呼爲馬藻。”邢疏:“莙,一名牛藻,藻之葉大者也。”

13.103 **蒛葐〔1〕,馬尾。**

【注釋】

〔1〕蓫(zhú,《廣韻》直六切,入屋,澄）蕩(tāng,《廣韻》吐郎切,
平唐,透）：商陸。亦作“蓫薚”。商陸科,多年生草本。根
粗大,塊狀。夏秋開白色花,漿果紫黑色。根入藥。郭注：
“《廣雅》曰：‘馬尾,蔏陸。’《本草》云：‘別名蕩。’今關西亦
呼爲蕩,江東呼爲當陸。”《本草綱目·草六·商陸》：“此物能
逐蕩水氣,故曰蓫薚。訛爲商陸,又訛爲當陸,北音訛爲章
柳。或云枝枝相值,葉葉相當,故曰當陸。或云多當陸路而
生也。”

13.104　萍,蓱[1]。其大者蘋[2]。

【注釋】

〔1〕蓱(píng,《廣韻》薄經切,平青,並）：同“萍”,浮萍。多年
生草本,浮生於水面。葉橢圓形或倒卵形,表面綠色,背面
紫紅色。葉下生鬚根,花色白。可入藥。郭注：“水中浮蓱,
江東謂之藻。”《說文》艸部：“蓱,苹也。”王筠句讀：“當作從
水并聲,《說文》無洴字。”《玉篇》艸部：“蓱”,同“萍”。《禮
記·月令》：“虹始見,蓱始生。”

〔2〕蘋(pín,《廣韻》符真切,平真,並）：大萍。多年生草本,生
淺水中。葉柄長,頂端四片小葉成田字形。開小白花。全
草入藥。或稱四葉菜、田字草。《詩·召南·采蘋》：“于以采
蘋,南澗之濱。”毛傳：“蘋,大蓱也。”《左傳·隱公三年》：“蘋
蘩蘊藻之菜……可薦於鬼神,可羞於王公。”杜注：“蘋,大蓱
也。”《本草綱目·草八·蘋》：“蘋乃四葉菜也。葉浮水面,根
連水底,其莖細於蓴荇。其葉大如指頂,面青背紫,有細紋,
頗似馬蹄決明之葉。四葉合成,中拆十字。夏秋開小白花,
故稱白蘋。其葉攢簇如萍,故《爾雅》謂大者如蘋也。”

13.105　蕛[1],苵葵。

【注釋】

〔1〕莃(xī,《廣韻》香衣切,平微,曉)：菟葵,又名野葵。莖葉可
　　爲蔬。郭注："頗似葵而小,葉狀如藜,有毛。汋啖之,滑。"
　　《本草綱目·草五·菟葵》："菟葵苗如石龍芮,而葉光澤,花白
　　似梅,其莖紫黑,煮啖極滑。所在下澤田間皆有,人多識之。
　　六月、七月採莖、葉,曝乾入藥。"吳其濬《植物名實圖考·蔬
　　類·菟葵》："菟葵即野葵,比家葵瘦小耳。武昌謂之棋盤菜。"

13.106　芹,楚葵〔1〕。

【注釋】

〔1〕楚葵：水芹,芹之一種。傘形科,多年生水生宿根草本。匍
　　匐莖,花白,莖葉可作蔬菜。郭注："今水中芹菜。"邢疏："《本
　　草》云：水芹,一名水英。陶注云：其二月三月作英時,可
　　作菹及爚食之。"尹桐陽義證："今水芹也。《詩》采芹或在
　　泉,或在水,斥此芹言耳。莖有稜,中空,葉爲複葉互生,花
　　小而白,宜植水邊。《本草》謂之苦斳。"

13.107　蘈〔1〕,牛蘈。

【注釋】

〔1〕蘈(tuī,《廣韻》他回切,平灰,透)：草名,即牛蘈(tuí)。郭注：
　　"今江東呼草爲牛蘈者,高尺餘許,方莖,葉長而銳,有穗,穗
　　閒有華,華紫縹色,可淋以爲飲。"

13.108　蕢〔1〕,牛脣。

【注釋】

〔1〕蕢(xù,《廣韻》似足切,入燭,邪)：澤瀉。澤瀉科,多年生草
　　本,生淺水中。葉橢圓形,開白色小花。根、莖入藥,亦可食
　　用。又名牛脣、水舄、水遾菜。鄭注："狀似麻黃,亦謂之續
　　斷。其節拔可復續,生沙阪。蕢,音續。"《説文》艸部："蕢,
　　水舄也。"《詩·魏風·汾沮洳》："彼汾一曲,言采其蕢。"毛傳：

“薲,水舃也。”孔疏引陸璣云：“今澤舃也。其葉如車前草大，其味亦相似，徐州、廣陵人食之。”

13.109　苹[1]，藾蕭[2]。

【注釋】

〔1〕苹：草名。《詩·小雅·鹿鳴》：“呦呦鹿鳴，食野之苹。”鄭箋：“苹，藾蕭。”陸璣疏：“苹，葉青白色，莖似箸而輕脆，始生香，可生食，又可蒸食。”《管子·地員》：“黑埴，宜稻麥，其草宜苹蓨。”

〔2〕藾蕭：藾蒿。郭注：“今藾蒿也，初生亦可食。”邵正義：“藾蕭，爲蒿之別種，俗呼爲牛尾蒿。”

13.110　連[1]，異翹。

【注釋】

〔1〕連：連翹的本名。落葉灌木，枝條開展向下垂，中空，葉卵形或長橢圓形。花黃，果實狹卵形，稍扁。供觀賞，果實入藥。又名異翹。郭注：“一名連苕，又名連草，《本草》云。”鄭注：“亦名旱蓮，狀似當歸而非鱧腸也。《本草》謂之連翹。”《本草綱目·草五·連翹》：“《爾雅》云：‘連，異翹。’則是本名連，又名異翹，人因合稱爲連翹矣。”

13.111　澤[1]，烏蘦。

【注釋】

〔1〕澤：草名，即烏蘦。郭注：“即上‘蘦’也。”因此草生於水澤中，故名。參見 13.29 條。

13.112　傅[1]，橫目。

【注釋】

〔1〕傅：狗牙根。禾本科多年生雜草，具根狀莖或匍匐莖，節間長短不等。又稱結縷、橫目。郭注：“一名結縷，俗謂之鼓箏草。”邵正義：“顏師古云：結縷著地之處皆生細根，如線相

結,故名結縷。今俗呼鼓箏草者,兩幼童對銜之,鼓其中央,
聲如箏也。"

13.113　釐[1],蔓華。

【注釋】

〔1〕釐(lái,《集韻》郎才切,平咍,来）: 同"萊",蔓華。又名蒙華。
郝疏:"萊與釐古同聲。"《說文》艸部:"萊,蔓華也。"

13.114　薐[1],蕨攈[2]。

【注釋】

〔1〕薐: 同"菱",菱角。菱科,一年生水生草本。水上葉棱形,
花淡紅或白色。果實有硬殼,爲四角或兩角,俗稱菱角,可
食。陸釋文:"薐,字又作菱,力矜反。本今作薐。"《說文》
艸部:"薐,芰也。从艸,淩聲。楚謂之芰,秦謂之薢茩。"《周
禮·天官·籩人》:"加籩之實,薐芡棗脯。"

〔2〕蕨攈(méi,《廣韻》武悲切,平脂,明）: 菱角。又名芰。郭注:
"薐,今水中芰。"邢疏:"《字林》云:'楚人名薐曰芰,可食。'
《國語》曰:'屈到嗜芰。'俗云薐角,是也。"

13.115　大菊,蘧麥[1]。

【注釋】

〔1〕蘧(qú,《廣韻》其俱切,平虞,群。又強魚切,平魚,群）麥:
即瞿麥。石竹科,多年生草本。葉對生,狹披針形。夏季開
淡紅或白色花,上部深裂如絲。可供觀賞,全草入藥。子形
如麥,故名。郭注:"一名麥句薑,即瞿麥。"郝疏:"《繫傳》
云:'今謂之瞿麥,又名句麥。其小而華色淺者,俗謂石竹。'
《本草》云:'瞿麥,一名巨句麥,一名大菊,一名大蘭。'陶注:
'一莖生細葉,花紅紫赤可愛,子頗似麥,故名瞿麥。'"《說
文》艸部:"蘧,蘧麥也。"段玉裁注:"一名麥句薑,俗謂之洛
陽花。一名石竹。"

13.116　薜,牡贊[1]。

【注釋】

〔1〕牡贊(zàn,《集韻》則旰切,去翰,精):草名。亦作"牡贊"。

【案】郝疏:"贊,當作贊。《説文》:'薜,牡贊也。'郭云:'未詳。'今亦未知其審。或云即薜荔也,恐非。"翟灝《爾雅補郭》:"此薜荔之無實者,故以牡名。生山中。"朱駿聲《説文通訓定聲》解部:"飯帚曰贊。今北人束馬薤以刷鍋,則牡贊疑即薜荔。"可作參考。

13.117　藨[1],山莓。

【注釋】

〔1〕藨(jiàn,《廣韻》子賤切,去線,精):山莓。薔薇科,直立灌木,有刺。果實色紅,味甜,可食。莖上有刺如懸鉤,故又名懸鉤子。郭注:"今之木莓也,實似藨莓而大,亦可食。"吴其濬《植物名實圖考·蔓草·懸鉤子》:"懸鉤子,《本草拾遺》始著録。李時珍以爲即《爾雅》'藨,山莓',郭注:'今之木莓也'。小樹高不盈丈,江南山中多有之,與楊梅同時熟,或亦呼爲野楊梅。"

13.118　蕮[1],苦堇。

【注釋】

〔1〕蕮(niè):野菜名。又稱堇葵。郭注:"今堇葵也。葉似柳,子如米,汋食之滑。"

13.119　藫[1],石衣[2]。

【注釋】

〔1〕藫(tán,《廣韻》徒含切,平覃,定):水苔。緑藻門,水綿科,藻類植物。又名石衣、石髮。又:一種海藻。褐藻門,馬尾藻科。郭注:"水苔也,一名石髮,江東食之。或曰藫,葉似䕅而大,生水底,亦可食。"《玉篇》艸部:"藫,海藻也,又名

海羅。如亂髮,生海水中。”《本草綱目·草八·海藻》:“海藻,
(釋名)薃,落首,海蘿……大葉藻,生深海中新羅國。葉如
水藻而大,海人以繩繫腰,没水取之,五月以後有大魚傷人,
不可取也。”

〔2〕石衣:水苔。邵正義:“《齊民要術》引周處《風土記》云:‘石
髮,水苔也。青緑色,生於石也,江東有之。今温州有石髮菜,
是也。”《廣雅·釋草》:“石髮,石衣也。”《初學記》二七引《爾
雅》該條,並引沈懷遠《南越志》曰:“海藻,一名海苔,或曰
海羅,生研石上。”又:一種海藻。

【案】該條屬於二義同條。“薃”與“石衣”都表示水苔,也都表
示一種海藻。該條以二義構成兩組異名。

13.120　蘜[1],治薔。

【注釋】

〔1〕蘜(jú,《廣韻》居六切,入屋,見):同“菊”,菊花。別名治薔、
治牆。《説文》艸部:“蘜,治牆也。”王筠句讀:“牆,一作薔。
《釋草》同。郭以爲今之秋華菊,《玉篇》《廣韻》沿之。”《周
禮·秋官·蟈氏》:“蟈氏掌去蛙黽,焚牡蘜,以灰灑之,則死。”
鄭注:“牡蘜,蘜不華者。”《本草綱目·草四·菊》:“陸佃《埤
雅》云‘菊’本作‘蘜’,從鞠。鞠,窮也。《月令·九月》‘菊
有黄華’,華事至此而窮盡,故謂之蘜。”

13.121　唐[1]、蒙[2],女蘿[3]。女蘿,菟絲[4]。

【注釋】

〔1〕唐:草名,即菟絲子。亦稱蒙。《詩·鄘風·桑中》:“爰采唐矣,
沬之鄉矣。”毛傳:“唐,蒙。菜名。”朱熹集傳:“唐,蒙菜也,
一名兔絲。”

〔2〕蒙:菟絲。《説文》艸部:“蒙,王女也。”《管子·地員》:“群
藥安生,薑與桔梗,小辛大蒙。”錢大昕《十駕齋養新録·王

女》：“《釋艸》‘蒙，王女’注：‘蒙即唐也，女蘿別名。’案：
女蘿之大者謂之王女，猶王彗、王芻，魚有王鮪，鳥有王
雎也。”

〔3〕女蘿：即松蘿、菟絲。亦作“女羅”。《詩·小雅·頍弁》：“蔦
與女蘿，施于松柏。”毛傳：“女蘿，菟絲，松蘿也。”《楚辭·九
歌·山鬼》：“若有人兮山之阿，被薜荔兮帶女羅。”王逸注：
“羅，一作蘿。”《漢書·禮樂志》：“豐草葽，女羅施。”

〔4〕菟絲：草名。一年生草本，蔓生。莖細長，呈絲狀，纏繞於
其他植物上，花白色，子可入藥。俗稱菟絲子。《古詩十九
首·冉冉孤生竹》：“菟絲生有時，夫婦會有宜。”

13.122　苖[1]，蓨。

【注釋】

〔1〕苖：當從《釋文》作“苖”(dí)，羊蹄草。又名蓨。根可入藥。《爾
雅·釋草》“蓧，蓨”郝疏：“《說文》‘蓨，苖’‘苖，蓨’互訓，
《玉篇》蓧、蓨、苖三字互訓……皆古音通轉字也。”《說文》
艸部：“苖，蓨也。”朱駿聲通訓定聲：“與从艸从田之苗聲義
迥別。字亦作蓫，又誤作葟。”參見13.62條。

13.123　茥[1]，蕝葐。

【注釋】

〔1〕茥(guī，《廣韻》古攜切，平齊，見。苦圭切，平齊，溪)：覆盆
子。薔薇科，有刺落葉灌木。葉互生，花白色，果實味酸甜，
也可入藥。方言詞。亦稱蕝(quē)葐(pén)。郭注：“覆盆也。
實似莓而小，亦可食。”《太平御覽》九九八引孫炎曰：“青州
曰茥。”

13.124　芨[1]，菫草。

【注釋】

〔1〕芨(jī)：蒴藋，即陸英。忍冬科，野生灌木。莖有棱有節，節

間生枝。全草治跌打損傷,故又稱接骨草。又名菫(jìn)草。
陸釋文:"案,《本草》:'荕蕏,一名菫草,一名芨。'非烏頭
也。"《説文》艸部:"芨,菫艸也。"

13.125　蘻[1],百足。

【注釋】

[1] 蘻(jiān,《廣韻》子廉切,平鹽,精):地蜈蚣草。翟灝《爾雅
補郭》:"今所呼地蜈蚣草也。生塍野卑溼處,葉密而對,有
如蜈蚣足形。左蔓延右,右蔓延左,俗謂之過路蜈蚣。"

13.126　菺[1],戎葵。

【注釋】

[1] 菺(jiān,《廣韻》古賢切,平先,見):蜀葵,戎葵。錦葵科,二
年生直立草本,莖枝密被刺毛。花瓣五枚,有紫、粉、紅、白
等色。種子扁,腎臟形,可供觀賞,嫩葉及花可食,全株入藥。
因其可達丈許,花多爲紅色,故又名一丈紅。郭注:"今蜀葵
也。似葵,華如木槿華。"邢疏:"戎、蜀蓋其所自也,因以名
之。"郝疏:"戎、蜀皆大之名,非自戎、蜀來也。"

13.127　藄[1],狗毒。

【注釋】

[1] 藄(jì):草名,狗毒。郭注:"樊光云:'俗語苦如藄。'"《説文》
艸部:"藄,狗毒也。"

13.128　垂,比葉。

【案】郭注:"未詳。"後代有訓詁學者視"垂比葉"爲一名。張文
虎《舒藝室隨筆》一:"此草必密葉而常垂,故獨擅此名。"也有
認爲應是"垂、比葉"一物二名。翟灝《爾雅補郭》:"謂萎蕤也。
《説文》曰:'蕤,草木華垂貌。'此草根多長鬚,如冠緌之下垂,因
有'垂'及'萎蕤'之稱。《本草》言萎蕤葉俱兩兩相並,因又謂
之比葉。"萎蕤,草名,即玉竹。根橫生而小,黃白色,性柔多鬚。

葉如竹,兩兩相並。嫩葉及根可食。本書從後説。

13.129　覆[1],盜庚。

【注釋】

〔1〕覆(fù,《廣韻》房六切,入屋,奉。又芳福切,入屋,敷):旋覆花。菊科,多年生草本,全草入藥。夏秋開花,狀如金錢菊,故又稱金錢花。郭注:"旋覆,似菊。"邢疏引《本草》:"旋覆,一名戴椹,一名金沸草,一名盛椹。"《本草綱目·草四·旋覆花》:"金沸草、金錢花、滴滴金、盜庚、夏菊、戴椹……蓋庚者,金也,謂其夏開黃花,盜竊金氣也。"吳其濬《植物名實圖考·隰草·旋覆花》:"雩婁農曰:覆,盜庚。釋者以爲未秋有黃華,爲盜金氣。"

13.130　莩[1],麻母。

【注釋】

〔1〕莩(zì,《廣韻》疾置切,去志,從):苴麻,即大麻的雌株。郭注:"苴麻盛子者。"《集韻》志韻:"莩,《説文》'麻母也'。或作茡。"參見 13.96 條。

13.131　岶[1],九葉。

【注釋】

〔1〕岶(bó,《廣韻》蒲角切,入覺,並):淫羊藿。小檗科,多年生草本,高二三尺。根莖匍匐,呈結節狀。又名九葉。郭注:"今江東有草,五葉共叢生一莖,俗因名爲五葉,即此類也。"陸釋文:"舍人云:'岶,九葉,九枚共一莖。'"翟灝《爾雅補郭》:"《圖經本草》:'關中呼淫羊藿爲三枝九葉草。'疑即此也。其草一根數莖,莖三椏,椏三葉,葉形似藿,根似黃連,磊魂相連,因又名黃連祖。古人號之曰岶,意亦以其根之連綴略似小瓜然歟。"

13.132　蕵[1],芘草[2]。

【注釋】

〔1〕藐(mò,《廣韻》莫角切,入覺,明):紫草。郭注:"可以染紫,一名茈莫。《廣雅》云。"《廣韻》覺韻:"藐,紫草。"

〔2〕茈草:即紫草。多年生草本。暗紫色,含紫草素,可作染料,也可藥用。《山海經·西山經》:"北五十里,曰勞山,多茈草,弱水出焉。"郭璞注:"一名茈莫,中染紫也。"《本草綱目·草一·紫草》:"此草花紫,根紫,可以染紫,故名。"

13.133　倚商[1],活脫。

【注釋】

〔1〕倚商:草名,離南。郭注:"即離南也。"參見 13.75 條。

13.134　蘵[1],黃蒢。

【注釋】

〔1〕蘵(zhī,《集韻》質力切,入職,章):草名,一種茄科植物。亦作"職"。郭注:"蘵草,葉似酸漿,華小而白,中心黃,江東以作葅食。"《説文》艸部:"蔯,黃蒢,職也。"顏之推《顏氏家訓·書證》:"江南別有苦菜,葉似酸漿,其花或紫或白,子大如珠,熟時或赤或黑,此菜可以釋勞。案:郭璞注《爾雅》,此乃'蘵,黃蒢'也。今河北謂之龍葵。"

13.135　藒車[1],芑輿[2]。

【注釋】

〔1〕藒(qiè,《廣韻》丘竭切,入薛,溪)車:香草名。亦作"藒車"。古用以去除臭味及蟲蚛。《廣群芳譜·卉譜》引《廣志》云:"藒車,味辛,生彭城,高數尺,重葉白花。"

〔2〕芑(qì,《廣韻》許訖切,入迄,曉)輿:藒車。芑,亦作"芞"。郭注:"藒車,香草。"《正字通》艸部:"芑,同芞,省。"《楚辭·離騷》"畦留夷與揭車兮"王逸注:"揭車,亦芳草。一名芑輿。"

13.136 權,黃華[1]。

【注釋】

[1] 黃華:豆科,多年生草本。花蝶形,黃色,莢果。可入藥,亦可作飼料。又名權、野決明、苦豆、黃華草。邢疏:"郭云:'今謂牛芸草爲黃華,華黃,葉似苜蓿。'《説文》亦云'芸,草也,似苜蓿'……《雜禮圖》曰:'芸,蒿也。葉似邪蒿,香美可食。'然則牛芸者,亦芸類也。郭以時驗而言之。"鄭注:"野決明。"

13.137 薟[1],春草。

【注釋】

[1] 薟(mǐ,《廣韻》綿婢切,上紙,明):春草。又名芒草。郭注:"一名芒草。"邢疏:"《本草》:莽草,一名薟,一名春草。陶注云:'今是處皆有,葉青辛烈者良。今俗呼爲菵草也。'郭云'芒草'者,所見本異也。"一説即白薇。《本草綱目·草二·白薇》:"微,細也。其根細而白也。按《爾雅》'薟,春草也'。薇、薟音相近,則白薇又薟音之轉也。《别録》以薟爲莽草之名,誤矣。"

13.138 蔠葵[1],繁露。

【注釋】

[1] 蔠(zhōng,《廣韻》職戎切,平東,章)葵:落葵科,一年生纏繞草本。葉廣卵形,可作菜蔬,也可藥用。一名繁露、落葵。郭注:"承露也。大莖小葉,華紫黃色。"《本草綱目·菜二·落葵》:"落葵,葉冷滑如葵,故得葵名……《爾雅》云'蔠葵,繁露'也。一名承露,其葉最能承露,其子垂垂亦如綴露,故得露名。而蔠、落二字相似,疑落字乃蔠字之訛也。"

13.139 蕛[1],荎藸[2]。

【注釋】

[1] 蕛(wèi,《廣韻》無沸切,去未,微):五味子。木蘭科五味子

屬植物的泛稱。落葉木質藤本,葉互生,卵形。花白或淡紅
色。果實入藥。郭注:"五味也,蔓生,子叢在莖頭。"邢疏:"唐
本注云:'五味,皮肉甘酸,核中辛苦,都有鹹味,此則五味具
也。其葉似杏而大,蔓生木上。子作房如落葵,大如蔓子。'"

〔2〕莖(chí)藸(chú,《廣韻》直魚切,平魚,澄):五味子。《説文》
艸部:"藸,莖藸也。"朱駿聲通訓定聲:"莖藸,雙聲連語,單
呼曰藸,絫呼曰莖藸耳。"

13.140　荼[1],委葉。

【注釋】

〔1〕荼(tú):穢草,田中雜草。又名委葉。亦作"茶"。郭注:
"《詩》云:'以茠荼蓼。'"邢疏:"穢草也。舍人曰:'荼,一名
委葉。'……然則荼者,原田蕪穢之草,非苦菜也。"《詩·周
頌·良耜》:"其鎛斯趙,以薅荼蓼。"孔疏:"蓼是穢草,荼亦
穢草,非苦菜也。《釋草》云:'荼,委葉。'舍人曰:'荼,一名
委葉。'"

13.141　皇,守田[1]。

【注釋】

〔1〕守田:一種穀類植物。似燕麥,多生於荒田濕地。又名皇。
郭注:"似燕麥,子如彫胡米,可食。生廢田中。一名守氣。"
鄭注:"即童粱也。一穗未得數粒穀而易墮落,明年復生,故
謂之守田。"

13.142　鉤,蒮姑[1]。

【注釋】

〔1〕蒮(kuí,《廣韻》苦圭切,平齊,溪)姑:即王瓜,土瓜。又名
鉤。多年生攀援草本。花白,果實球形或長橢圓形。塊根,
果實入藥。郭注:"鉤瓟也,一名王瓜。實如瓝瓜,正赤,味
苦。"鄭注:"蒮,音暌,即土瓜也。一名王瓜。"

13.143　望，梊車[1]。

【注釋】

〔1〕梊(chéng，《廣韻》食陵切，平蒸，船)車：芒草。多年生草本，叢生。似茅而大，草長而韌，可製繩索、草鞋，亦可作飼料。又名望。梊，同"乘"。郭注："可以爲索，長丈餘。"邵正義："今田野間有草，長而堅韌，野人刈以爲繩索，俗謂之芒草，芒、望聲近而轉也。"

13.144　困，衱褖。

【案】該條未詳。郭注："未詳。"錢大昕《十駕齋養新錄·雙聲疊韻》："草木蟲魚之名多雙聲，蒹葭、萑葦、蘺芑、茮荗、蕭萑、鴻薈、蓫蕩、厥攗、莖荶、藡姑、衱褖、邛鉅、銚芅，草之雙聲也。"

13.145　攫[1]，烏階。

【注釋】

〔1〕攫(jué)：草名。生山道旁，子連相著，狀如杷齒，可染黑色。又稱烏階、狼杷草、烏杷。郭注："即烏杷也，子連相著，狀如杷齒，可以染皂。"邢疏："今俗謂之狼杷是也。"

13.146　杜[1]，土鹵。

【注釋】

〔1〕杜：香草名，杜衡。馬兜鈴科，多年生草本。葉似葵，辛香，可入藥。又名杜若、土鹵。郭注："杜衡也。似葵而香。"邢疏："香草也。一名杜，一名土鹵。"

13.147　盱[1]，虺牀。

【注釋】

〔1〕盱(xū)：一年生草本，莖直立，花、葉似蘼蕪。果實卵圓形，可入藥，稱蛇牀子。又名虺(huǐ)牀。郭注："蛇牀也。一名馬牀，《廣雅》云。"邢疏："《本草》：蛇牀，一名蛇米，一名虺牀，一名思益，一名繩毒，一名棗棘，一名牆蘼。陶注云：'近

道田野墟落間甚多，花葉正似蘼蕪。'"《本草綱目·草三·蛇
牀》："蛇虺喜臥于下食其子，故有蛇牀、蛇粟諸名。其葉似
蘼蕪，故曰牆蘼。"

13.148 蘇，菽。

【案】蘇，當作"蕏"(mǐ)。陸釋文："樊本作蕏。"草名，蕏子。又
名菽(áo)。《玉篇》艸部："蕏，蕏子菜。"一説即蘩縷，一種野草。
一名雞腸草。見閻若璩《困學紀聞注》。參見 13.74 條。

13.149 赤枹薊[1]。

【注釋】

[1] 赤枹薊：赤色的蒼术。郭注："即上'枹薊'。"邵正義："此
　　即枹薊之赤色者，後世所謂蒼术也。"參見 13.7 條。

13.150 菟奚[1]，顆凍[2]。

【注釋】

[1] 菟奚：款冬。郭注："款凍也。紫赤華，生水中。"

[2] 顆凍：款冬。菊科，多年生草本。葉叢生而大，廣卵形至心
　　臟形，冬季花莖先葉出現。野生，花葉入藥，亦可作蔬菜。又
　　名欵冬、鑽冬、冬花。顆凍是款冬的音轉，得名源於耐寒，冬
　　季開花，歷冰而不枯。《本草綱目·草五·款冬花》："《述征
　　記》云：洛水至歲末凝厲時，款冬生于草冰之中，則顆凍之
　　名以此而得，後人訛爲款冬，即款凍爾。款者，至也。至冬
　　而花也。"

13.151 中馗[1]，菌。小者菌。

【注釋】

[1] 中馗(qiú，《廣韻》巨鳩切，平尤，群)：大菌。郭注："地蕈也。
　　似蓋，今江東名爲土菌，亦曰馗廚，可啖之。"俞樾《群經平
　　議》三五："疑古本《爾雅》作'中馗，地蕈；小者菌'，故《説
　　文》即以'地蕈'釋'菌'。蓋對文則地蕈與菌大小異名，散

文則亦可通也。今注中'地蕈'字蓋本在正文,傳寫誤入注
文,而又增'也'字以足句。學者據遂注中'土菌'之文臆增
'菌'字,而大小異名者轉若大小同名,義不可通矣。”

13.152　蔽[1],小葉。

【注釋】

[1]蔽(zōu,《廣韻》側鳩切,平尤,莊):小葉麻。邵正義:“《管
子·地員》篇謂:麻之細者如蒸,細即小也。蔽爲小葉之麻,
所以別於山麻也。”

13.153　苕[1],陵苕。黃華,蔈[2];白華,茇[3]。

【注釋】

[1]苕(tiáo):紫葳。落葉木質藤本,攀援莖,花冠漏斗形,大而
鮮豔,橘紅色。可供觀賞,花、莖、葉可入藥。亦名陵苕、凌
霄花、紫葳。邵正義:“謂之陵苕,所以別於《陳風》之旨苕
也⋯⋯《本草》有紫葳,唐本注謂之凌霄。蔓生,依大木,久
延至顛。”《詩·小雅·苕之華》:“苕之華,芸其黃矣。”毛傳:
“苕,陵苕也,將落則黃。”鄭箋:“陵苕之華紫赤而繁。”《史
記·趙世家》:“美人熒熒兮,顏若苕之榮。”裴駰集解引綦毋
邃曰:“陵苕之草其華紫。”

[2]蔈(biāo,《廣韻》甫遙切,平宵,幫):苕之開黃花者。郭注:
“苕華色異,名亦不同。”《説文》艸部:“蔈,苕之黃華也。”

[3]茇(pèi,《集韻》蒲蓋切,去泰,並):苕之開白花者。邢疏:
“苕,一名陵苕。《本草》一名陵時。舍人曰:苕,陵苕也。
黃華名蔈,白華名茇,別華色之名也。”《説文》艸部:“茇,一
曰艸之白華爲茇。”

13.154　蘪[1],從水生。

【注釋】

[1]蘪(méi,《廣韻》武悲切,平脂,明):水草名。邢疏:“草從水

生者曰蘪。"

13.155　薇[1]**,垂水。**

【注釋】

〔1〕薇:菜名,即野豌豆。豆科,一年或兩年生草本。嫩莖、葉
可食。《說文》艸部:"薇,菜也,似藿。"朱駿聲通訓定聲:"山
厓水濱皆生之,即野豌豆也。"《詩·召南·草蟲》:"陟彼南山,
言采其薇。"毛傳:"薇,菜也。"陸璣疏:"薇,山菜也。莖葉
皆似小豆,蔓生。其味亦如小豆藿,可作羹,亦可生食。今
官園種之,以供宗廟祭祀。"《史記·伯夷列傳》:"隱於首陽
山,采薇而食之。"《本草綱目·菜二·薇》:"薇生麥田中,原
澤亦有。故《詩》云'山有蕨薇',非水草也。即今野豌豆,
蜀人謂之巢菜。蔓生,莖葉氣味皆似豌豆,其藿作蔬、入羹
皆宜。"

13.156　薜[1]**,山麻。**

【注釋】

〔1〕薜(bò,《廣韻》博厄切,入麥,幫):山中野生的麻,即野苧
麻。多年生草本,葉圓卵形,雌雄同株,雄花黃白,雌花淡綠,
莖皮柔韌。郭注:"似人家麻,生山中。"邢疏:"麻生山中者
名薜。"鄭注:"野苧也,苧而自生於山谷者。"

13.157　莽[1]**,數節。桃枝**[2]**,四寸有節。粼**[3]**,堅中。
篎**[4]**,篠中**[5]**。仲**[6]**,無笐**[7]**。簢**[8]**,箭萌。篠**[9]**,箭**[10]**。**

【注釋】

〔1〕莽:竹節細密的竹子。郭注:"竹類也,節間促。"郝疏:"節,
竹約也。數節,促節也。莽竹節短,蓋如今馬鞭竹。"

〔2〕桃枝:桃枝竹。一種赤皮竹,節間相距四寸。可以織席、作
杖。《山海經·西山經》:"(嶓冢之山)囂水出焉,北流注于湯
水,其上多桃枝鉤端。"吳任臣注:"桃枝,今名桃竹,實心,多

節,可以爲杖,又可爲箄。"戴凱之《竹譜》:"桃枝皮赤,編之
滑勁,可以爲席。"

〔3〕鄰:同"簰",實心的竹子。郭注:"竹類也,其中實。"郝
疏:"鄰者,《釋文》云:'又作簰。'《齊民要術》引《字林》曰:
'簰,竹實中。'"

〔4〕籅(mǐn,《廣韻》眉殞切,上軫,明):竹名,可以爲席。郭注:
"言其中空,竹類。"郝疏:"籅、筡皆析竹,析竹必須中空者,
因以爲竹名焉。贊寧《筍譜》云:'籅筍娿而節奭薄。'信乎
籅中空矣。"《廣韻》軫韻:"籅,竹名,可以爲席。"

〔5〕筡(tú,《廣韻》同都切,平模,定。又丑居切,平魚,徹):剖
竹,引申爲空心。

〔6〕仲:中等大小的竹子。郝疏:"釋文'仲或爲筗'則仲當爲
中竹,非大竹也。云無笐者,《説文》:'笐,竹列也。'養大竹
欲得成列,中竹以下任其延布而已。"

〔7〕笐(háng,《廣韻》古郎切,平唐,見):竹的行列。

〔8〕薹(tái,《廣韻》徒哀切,平咍,定。又徒亥切,上海,定。又
胥里切,上止,心):竹筍。郭注:"薹,筍屬也。《周禮》曰:
'薹菹鴈醢。'"《説文》竹部:"薹,竹萌也。"段玉裁注:"薹,
從怠,與始同音,取始生之意。筍謂掘諸地中者,如今之冬筍;
薹謂已抽出者,如今之春筍。"

〔9〕篠(xiǎo,《廣韻》先鳥切,上篠,心):箭竹之小者。郝疏:"篠
者,《説文》作筱,云:'箭屬,小竹也。'蓋篠可爲箭,因名爲
箭。"《書·禹貢》:"三江既入,震澤底定,篠簜既敷。"孔傳:
"篠,竹箭。"孔疏:"篠爲小竹,簜爲大竹。"李衍《竹譜·全德
品》:"篠竹凡四種:一出江、浙間,喜生山岡之上,連延數十
畝,高不過七八尺,大不踰指,枝繁勁細,爲掃箒最良……一
出魯郡鄒縣嶧陽,形色與他篠不殊,質特堅潤,宜爲笙管,諸

方莫及……一出海島上,内實外堅,拔之不曲,枝葉稀少,狀
若苦箵,名爲海篠……一出姑蘇靈巖山中,極短,高者不過
二尺,一枝三葉,冗細可玩,土人呼爲趁篠。"也渾稱箭。《周
禮·夏官·職方氏》:"東南曰揚州,其山鎮曰會稽……其利金
錫竹箭。"鄭注:"箭,篠也。"《山海經·西山經》:"其陽多竹
箭。"郭璞注:"箭,篠也。"

〔10〕箭:箭竹,禾本科,中小型高山竹類,每節具多數細小分枝,
散生或叢生。可爲箭,故名。《説文》竹部:"箭,矢也。"段
玉裁注:"各本無竹,依《藝文類聚》補。矢竹者,可以爲矢
之竹也。"《韓非子·顯學》:"夫必恃自直之箭,百世無矢。"
戴凱之《竹譜》:"箭竹,高者不過一丈,節間三尺,堅勁中矢,
江南諸山皆有之。會稽所生最精好,故《爾雅》云:'東南之
美者,有會稽之竹箭焉。'非總言也,大抵中矢者雖多,此箭
爲最。"沈括《夢溪筆談·謬誤》:"東南之美,有會稽之竹箭。
竹爲竹,箭爲箭,蓋二物也。今採箭以爲矢,而通謂矢爲箭
者,因其箭名之也。"參見 9.25 條。

13.158　枹[1],霍首。

【注釋】

〔1〕枹(fú):大豆的一種,品種優良,果實飽滿肥大。又名霍首。
或以爲"霍"是"藿"字的簡省。《類篇》艸部"藿"字下引《爾
雅》作"枹,霍首"。翟灝《爾雅補郭》:"霍,'藿'省……此
之所釋則是大豆,其品居衆豆上,故名之曰霍首。較衆豆特
肥大,故又名之曰枹。"

13.159　素華,軌鬷[1]。

【注釋】

〔1〕軌鬷(zǒng,《廣韻》作孔切,上董,精):草名。郝疏:"《廣韻》
引《爾雅》云:'軌鬷,一名素華。'但其形狀未聞。"

13.160　芏[1]，夫王。

【注釋】

〔1〕芏(dù，《廣韻》他魯切，上姥，透)：即茫芏。方言詞。莎草科，多年生草本，莖三棱形，葉細長，花綠褐色。莖可織席、編草鞋。俗名席草，又名鹹水草、夫王。郭注："芏草生海邊，似莞藺，今南方越人采以爲席。"陸釋文："今南人以此草作席，呼爲芏。"鄭注："即鹹䒒也。可爲屨，生鹵地。"

13.161　蘩[1]，月爾。

【注釋】

〔1〕蘩(qí，《廣韻》渠之切，平之，群)：紫蕨。多年生草本，蕨類植物，莖紫色。嫩葉可食，根、莖可入藥。又名紫蘩。郭注："即紫蘩也，似蕨，可食。"郝疏："《廣雅》：'芘蘩，蕨也。'……紫蕨即紫蘩，以其色紫，因而得名。"《説文》艸部："蘩，蘩月爾也。"

13.162　葴[1]，馬藍。

【注釋】

〔1〕葴(zhēn)：馬藍。爵牀科，多年生草本。葉對生，橢圓形，邊緣有鋸齒，花紫色。葉可製藍靛，葉、根、莖可入藥。郭注："今大葉冬藍也。"《文選》司馬相如《子虛賦》："其高燥則生葴菥苞荔，薜莎青薠。"李善注引張揖曰："葴，馬藍也。"

13.163　姚莖，涂薺[1]。

【注釋】

〔1〕涂薺：一種大的薺菜。鄭注："蒺葽也。擢莖高於薺而相似。"參見 13.15 條。

13.164　苄[1]，地黃[2]。

【注釋】

〔1〕苄(hù，《廣韻》侯古切，上姥，匣)：藥草名，即地黃。方言詞。郭注："一名地髓，江東呼苄。"《説文》艸部："苄，地黃也。

从艸,下聲。《禮記》：'鉶毛：牛,藿；羊,苄；豕,薇。'是。"

〔2〕地黃：玄參科,多年生草本。莖紫紅色,葉卵形至長橢圓形。花開數朵而大,淡紅紫色,可供觀賞。根莖入藥。其地下塊根爲黃白色,故名。《淮南子·覽冥》："今夫地黃主屬骨,而甘草主生肉之藥也。"劉向《列仙傳·山圖》："山圖者,隴西人也。少好乘馬,馬蹋之,折腳,山中道人教令服地黃、當歸、羌活、獨活、苦參散。"

13.165　蒙,王女〔1〕**。**

【注釋】

〔1〕王女：莬絲。又名蒙、唐、女蘿。郭注："蒙即唐也,女蘿別名。"參見 13.121 條。

13.166　拔〔1〕**,蘢葛。**

【注釋】

〔1〕拔(fá,《廣韻》房越切,入月,奉)：草名,蘢葛。蔓生,赤莖,葉似凌霄花葉,多蔓延籬落。郭注："似葛,蔓生,有節。江東呼爲龍尾,亦謂之虎葛。細葉赤莖。"《集韻》月韻："拔,艸名,蘢葛也。"

13.167　蕭〔1〕**,牡茅。**

【注釋】

〔1〕蕭(sù,《廣韻》桑谷切,入屋,心)：白茅類植物。郭注："白茅屬。"邢疏："茅之不實者也。"《説文》艸部："蕭,牡茅也。"

13.168　蓏耳〔1〕**,苓耳。**

【注釋】

〔1〕蓏(juǎn,《廣韻》居轉切,上獮,見)耳：野菜名,也作"卷耳"。菊科,一年生直立草本。花綠色,果實倒卵形,有刺。葉似鼠耳,細莖,叢生如盤狀。全草入藥。又稱蒼耳、枲耳。郭注："《廣雅》云'枲耳也',亦云'胡枲'。江東呼爲常枲,

或曰苓耳,形似鼠耳,叢生如盤。"《詩·周南·卷耳》:"采采
卷耳,不盈頃筐。"毛傳:"卷耳,苓耳也。"朱熹集傳:"卷耳,
枲耳。葉如鼠耳,叢生如盤。"

13.169　蕨[1],蘩[2]。

【注釋】

[1]蕨:野菜名。鳳尾蕨科,多年生草本。嫩葉可食,稱蕨菜。
《詩·小雅·四月》:"山有蕨薇,隰有杞桋。"賈思勰《齊民要
術·作菹藏生菜法》:"《詩義疏》曰:'蕨,山菜也。初生似蒜,
莖紫黑色。二月中,高八九寸,老有葉,瀹爲茹,滑美如葵。'
今隴西天水人,及此時而乾收,秋冬嘗之。"

[2]蘩(biē,《集韻》必列切,入薛,幫):同"虌",蕨。初生時有
葉,萌芽時外形嚴被物蔽,狀若鱉腳,故名。方言詞。郭注:
"江西謂之蘩。"《詩·召南·草蟲》:"陟彼南山,言采其蕨。"
陸釋文:"《草木疏》云:'周、秦曰蕨,齊、魯曰虌……俗云其
初生似鱉腳,故名焉。'"

13.170　蕎[1],邛鉅。

【注釋】

[1]蕎(jiāo,《廣韻》舉喬切,平宵,見):藥草名,大戟。大戟科,
多年生草本。莖上有白色短絨毛,花色黄,根入藥。郭注:"今
藥草大戟也。《本草》云。"郝疏:"《本草》云:'大戟,一名邛
鉅。'……此草俗呼貓眼睛,高一二尺,華黄而圓如鵝眼錢,
其中深黄,有似目睛,因以爲名。葉如柳葉而黄,其莖中空,
莖頭又攢細葉,摘皆白汁,齧人如漆。"《本草綱目·草六·大
戟》:"其根辛苦,戟人咽喉,故名。"

13.171　繁[1],由胡[2]。

【注釋】

[1]繁:"蘩"字之省,白蒿。參見13.11條。

〔2〕由胡：白蒿。郝疏：“陸璣《詩疏》：‘蟠蒿，一名游胡’：游胡即由胡。蘩即‘蘩’省。”《大戴禮記·夏小正》：“蘩，由胡。由胡者，蘩母也。蘩母者，旁勃也。”

13.172　荒[1]，杜榮。

【注釋】

〔1〕荒(wáng，《廣韻》武方切，平陽，微)：芭茅。禾本科，多年生大草本。果實多纖毛，熟則飛散如絮。皮可製繩索、編草鞋。又名杜榮。郭注：“今荒草，似茅，皮可以爲繩索、履屬也。”陸釋文：“荒，字亦作芒。”鄭注：“即芒艸也。似菅茅，可爲履、繩。”《本草綱目·草二·芒》：“芒，《爾雅》作荒。今俗謂之芭茅，可以爲籬笆故也。”

13.173　稂[1]，童粱。

【注釋】

〔1〕稂(láng，《廣韻》魯當切，平唐，來)：秀穗而殼内無米的禾粟。又名童粱。邵正義：“稂爲穀之有秨而無米者，南方農諺謂之扁子。磽瘠之地，與夫雨暘之不時，人事之不齊，禾不能成實則爲稂，豐年則無之。”《詩·曹風·下泉》：“冽彼下泉，浸彼苞稂。”孔疏：“此稂是禾之秀而不實者。”一説即狼尾草。郭注：“稂，莠類也。”《本草綱目·穀二·狼尾草》：“(釋名)稂、董蓈、狼茅、孟、宿田翁、守田。時珍曰：狼尾，其穗象形也。秀而不成，嶷然在田，故有宿田、守田之稱。”

13.174　蘆[1]，麃。

【注釋】

〔1〕蘆(pāo，《廣韻》普袍切，平豪，滂)：果名，即茅莓，莓的一種。落葉小灌木，果球形，紅色。全草及根入藥。俗稱藨田蘆，又名麃。郭注：“麃即莓也。今江東呼爲蘆莓。子似覆葐而大，赤，酢甜可啖。”《本草綱目·草七·蓬蘽》：“一種蔓小於蓬蘽，

一枝三葉,葉面青,背淡白而微有毛,開小白花,四月實熟,
其色紅如櫻桃者,俗名薅田藨,即《爾雅》所謂藨者也。"

13.175　的[1],薂[2]。

【注釋】

〔1〕的(dì,《廣韻》都歷切,入錫,端):通"茵",蓮子。又名薂(xí,
《廣韻》胡狄切,入錫,匣)。郭注:"即蓮實。"《集韻》錫韻:
"茵,芙蕖中子。或省通作的。"

13.176　購,蔏蔞[1]。

【注釋】

〔1〕蔏(shāng,《廣韻》式羊切,平陽,書)蔞:水生白蒿。又名
購。《詩·周南·漢廣》:"翹翹錯薪,言刈其蔞。"孔疏:"舍人
曰:'購,一名蔏蔞。'郭云:'蔏蔞,蔞蒿也。生下田,初出可
啖,江東用羹魚也。'陸機疏云:'其葉似艾,白色,長數寸,高
丈餘,好生水邊及澤中。正月根牙生旁莖,正白,生食之,香
而脆美。其葉又可蒸爲茹。'是也。"

13.177　苭[1],勃苭。

【注釋】

〔1〕苭(liè,《廣韻》良薛切,入薛,來):藥草名,石芸。又名勃
苭。郭注:"一名石芸,《本草》云。"郝疏:"《本草別録》:'石
芸,味甘無毒,一名螫烈,一名顧喙。'按,螫烈蓋即勃烈之
異文。"

13.178　葽繞[1],蕀菟。

【注釋】

〔1〕葽(yǎo,《廣韻》烏皎切,上篠,影)繞:遠志。多年生草本。
莖直立,葉長橢圓形,花紫色或綠白色,根入藥。又名蕀(jí)
菟(yuān)。郭注:"今遠志也。似麻黃,赤華,葉銳而黃,其上
謂之小草,《廣雅》云。"郝疏:"陶注:'小草狀似麻黃而青。'

蘇頌《圖經》云:'亦有似大青而小者,三月開花,白色。泗州出者花紅,根葉俱大於它處。' 是遠志有大葉、小葉二種,陶所説者小葉也,《圖經》所説大葉也。大葉者華紅,與郭注合。"

13.179　**茦**[1],刺。

【注釋】

[1] 茦(cì,《集韻》七賜切,去寘,清):草之芒刺。亦作"莿"。方言詞。郭注:"草刺針也。"《説文》艸部:"茦,莿也。"段玉裁注:"木芒曰束,草芒曰茦。"《方言》三:"凡草木刺人,北燕朝鮮之間謂之茦,或謂之壯,自關而東或謂之梗,或謂之劌,自關而西謂之刺,江湘之間謂之棘。"

【案】"茦、刺"爲一組同義詞,都表示草木的芒刺。刺,木芒,關西方言詞。茦,草芒,北燕朝鮮之間方言詞。

13.180　**蕭**[1],**萩**[2]。

【注釋】

[1] 蕭:蒿類植物的一種,即香蒿。《説文》艸部:"蕭,艾蒿也。"《詩·王風·采葛》:"彼采蕭兮,一日不見,如三秋兮。"孔疏引陸璣曰:"今人所謂荻蒿者是也。或云牛尾蒿,似白蒿。白葉,莖麤,科生,多者數十莖。可作燭,有香氣,故祭祀以脂爇之爲香。"《楚辭·離騷》:"何昔日之芳草兮,今直爲此蕭艾也。"

[2] 萩(qiū,《廣韻》七由切,平尤,清):香蒿。郭注:"即蒿。"郝疏:"今萩蒿葉白,似艾而多岐,莖尤高大如蔞蒿,可丈餘。"

13.181　**薄**[1],*海藻*[2]。

【注釋】

[1] 薄(xún,《集韻》徐心切,平侵,邪):海藻之一種。郭注:"藥草也。一名海蘿,如亂髮,生海中。《本草》云。"

〔2〕海藻：生於海中的藻類植物，如海帶、紫菜、石花菜、龍鬚
　菜等。有的可食用，有的可入藥。統稱。《初學記》二七引
　沈懷遠《南越志》：“海藻，一名海苔，或曰海羅，生研石上。”
　《本草綱目·草八·海藻》：“海藻近海諸地采取。亦作海菜，
　乃立名目，貨之四方云。”

13.182　長楚[1]**，銚芅**[2]**。**

【注釋】

〔1〕長楚：獼猴桃。亦作“萇楚”。落葉木質藤本。葉卵形或圓
　形，花初爲白色，後變黃色，有芳香。漿果卵形或近球形，黃
　褐綠色。果可食，味甜。根入藥。又名銚芅、羊桃、陽桃、楊桃。
　《詩·檜風·隰有萇楚》：“隰有萇楚，猗儺其枝。”毛傳：“萇楚，
　銚弋也。”鄭箋：“銚弋之性，始生正直，及其長大，則其枝猗
　儺而柔順，不妄尋蔓草木。”陸璣疏：“萇楚，今羊桃是也。葉
　長而狹，華紫赤色，其枝莖弱，過一尺引蔓于草上。今人以
　爲汲灌，重而善没，不如楊柳也。近下根，刀切其皮，著熱灰
　中脱之，可韜筆管。”

〔2〕銚(yào，《集韻》弋笑切，去笑，以）芅(yì，《廣韻》與職切，入
　職，以）：獼猴桃。郭注：“今羊桃也，或曰鬼桃。葉似桃，華
　白，子如小麥，亦似桃。”《本草綱目·草七·羊桃》：“羊桃莖
　大如指，似樹而弱如蔓，春長嫩條柔軟。葉大如掌，上綠下
　白，有毛，狀似苧麻而團。其條浸水有涎滑。”

13.183　蘦，大苦。

【案】蘦(líng，《廣韻》郎丁切，平清，來），藥草名，甘草。又名大
苦。郭注：“今甘草也。蔓延生，葉似荷，青黃，莖赤有節，節有
枝相當。或云：蘦似地黃。”一説爲黃藥。沈括《夢溪筆談·藥
議》：“《本草》注引《爾雅》云：‘蘦，大苦。’注：‘甘草也。蔓延生，
葉似荷青，莖赤。’此乃黃藥也，其味極苦，故謂之大苦，非甘草

也。甘草枝葉悉如槐,高五六尺,但葉端微尖而糙澀,似有白毛,實作角生,如相思角,四五角作一本生,熟則角坼,子如小扁豆,極堅,齒嚙不破。"沈説近之。

13.184　茉苣[1],**馬舄**[2]。**馬舄,車前。**

【注釋】

〔1〕茉(fú,《廣韻》縛謀切,平尤,奉)苣(yǐ,《廣韻》羊己切,上止,以):車前。車前科,多年生草本。葉長卵形,花淡綠色,果實紡錘形。全草入藥。郭注:"今車前草,大葉長穗,好生道邊,江東呼爲蝦蟆衣。"《詩·周南·茉苣》:"采采茉苣,薄言采之。"毛傳:"茉苣,馬舄。馬舄,車前也。宜懷任焉。"陸璣疏:"茉苣,一名馬舄,一名車前,一名當道,喜在牛跡中生,故曰車前、當道也。"

〔2〕馬舄(xì,《廣韻》思積切,入昔,心):車前。《本草綱目·草五·車前》:"陸機《詩》疏云:此草好生道邊及牛馬跡中,故有車前、當道、馬舄、牛遺之名。舄,足履也。"

13.185　綸似綸[1],**組似組**[2],**東海有之。帛似帛**[3],**布似布**[4],**華山有之。**

【注釋】

〔1〕綸(guān,《廣韻》古頑切,平山,見)似綸:前一個綸字指海草名,後一個綸字指古代官吏繫印用的青絲帶。郭注:"綸,今有秩嗇夫所帶糾青絲綸;組,綬也。海中草生彩理有象之者,因以名云。"

〔2〕組似組:前一組字表示一種薄而寬呈帶狀的海草。邢疏:"綸是糾青絲繩也。組,綬也。東海有草,采理似之,即名綸草、組草。"後一組字表示寬而薄的絲帶,古代多用作佩印或佩玉的綬。《説文》系部:"組,綬屬。其小者以爲冕纓。"段玉裁注:"屬當作織,淺人所改。組可以爲綬,組非綬類也。

綬織猶冠織,織成之幘梁謂之纚,織成之綬材謂之組。"

〔3〕帛似帛:前一帛表示山中草葉似帛的野生植物,後一帛字表示古代絲織物的通稱。鄭注:"必藤蔓之類,有似布、帛,故名。"

〔4〕布似布:前一布表示山中草葉似布的野生植物,後一布字表示棉、麻、苧、葛等織物的統稱。邢疏:"華山有草,葉似帛、布者,因名帛草、布草也。"

13.186　莔[1],東蘦。

【注釋】

〔1〕莔(háng,《廣韻》胡郎切,平唐,匣。又古郎切,平唐,見):草名,馬藺。多年生草本,葉基生,綫形。又名東蘦、蘦實、馬棟。郝疏:"蘇頌《圖經》:'蘦實,馬藺子也,北人呼爲馬棟子。葉似薤而長厚,三月開紫碧花,五月結實作角,子如麻大而赤色,有稜,根細長,通黃色,人取以爲刷。'今按,此草北人通呼馬棟,所見又有黃白二華,俱香於紫碧華者,然不多有,餘悉如《圖經》所説,參以《本草》,蘦實疑即《爾雅》'莔,東蘦'也。"《集韻》唐韻:"莔,艸名,葉似蒲,叢生。"《文選》張衡《西京賦》:"草則蔵莎菅蒯,薇蕨荔莔。"

13.187　豬馬[1],羊齒。

【注釋】

〔1〕豬馬:羊齒天門冬。百合科,多年生草本。莖直立,塊根入藥。郭注:"草細葉,葉羅生而毛,有似羊齒。今江東呼爲鴈齒,繅者以取繭緒。"

13.188　蘶[1],麋舌。

【注釋】

〔1〕蘶(kuò,《廣韻》古活切,入末,見):牛舌草。一年或多年生草本,生水邊或水中。葉互生,長圓形,花黃綠色。可入藥。

又名麋舌草。郭注:"今麋舌草。春生,葉有似於舌。"邢疏:
"菁草,春生,葉似麋舌,故菁一名麋舌。"

13.189　搴,柜朐。

【案】該條爲"搴(qiān),柜朐(qú)",還是"搴柜朐",不能考實,
闕疑。郝疏:"上文'搴,蒬'釋文:'搴,本亦作搴。'然則搴即搴
也。郭俱未詳。搴、柜雙聲,柜、朐疊韵。"

13.190　蘩之醜[1],秋爲蒿。

【注釋】

〔1〕蘩:蒿類植物,蘩、蕭、蔚、莪等,統稱。郭注:"醜,類也。春
　　時各有種名,至秋老成,皆通呼爲蒿。"

13.191　芺、薊[1],其實荂[2]。

【注釋】

〔1〕薊(jì):菊科植物,多年生草本,有大薊、小薊兩種。大薊莖
　　高四五尺,小薊莖高僅尺餘。嫩葉和莖可食,全草可入藥。
　　又稱芺。《説文》艸部:"薊,芺也。"參見 13.58 條。

〔2〕荂(fū):菊科植物薊的果實。郭注:"芺與薊莖頭皆有蓊臺,
　　名荂,荂即其實,音俘。"

13.192　葽[1]、荂[2],荼[3]。

【注釋】

〔1〕葽(biāo):蘆葦花穗。邢疏:"鄭注《周禮》'掌荼'及《詩》
　　'有女如荼',皆云:'荼,茅秀也。'葽也,荂也,其别名。"

〔2〕荂:"華"的異體字,草木之花。《説文》𠌯部:"𠌯,艸木華也。
　　荂,𠌯。或从艸,从夸。"

〔3〕荼(tú,《廣韻》食遮切,平麻,船):茅、蘆之類的白花。
　　《詩·豳風·鴟鴞》:"予手拮据,予所捋荼。"毛傳:"荼,萑苕
　　也。"孔疏:"《七月》傳云:'萑爲萑。'此爲萑苕,謂葽之秀穗
　　也。《出其東門》箋云:'荼,茅秀。'然則茅葽之秀,其物相

類,故皆名荼也。"《漢書·禮樂志》:"顏如荼,兆逐靡。"顏師
古注引應劭曰:"荼,野菅,白華也。言此奇麗。白如荼也。"

13.193 猋[1]、薦[2],芀[3]。葦醜[4],芀[5]。

【注釋】

〔1〕猋(biāo,《廣韻》甫遙切,平宵,幫):蘆花。郭注:"皆芀荼
之別名,方俗異語所未聞。"郝疏:"荼者,秀也……《考工
記》:'鮑人之事,望而眡之,欲其荼白也。'《既夕禮》云:'茵
箸用荼。'注皆以荼爲茅秀也。萑葦之秀亦爲荼。"

〔2〕薦(biāo,《廣韻》甫嬌切,平宵,幫):蘆葦之花。邢疏:"苕
又一名猋,又名薦,皆萑茅之屬,華秀名也。"《廣韻》宵韻:
"薦,萑葦秀。"

〔3〕芀(tiáo,《廣韻》徒聊切,平蕭,定):同"苕",蘆葦的花穗。
陸釋文:"芀,字或作苕。"鄭注:"苕也,即菅花,可爲苕帚。"
邵正義:"芀者,葦類之秀。"

〔4〕醜:類。

〔5〕芀:蘆葦。王引之《經義述聞》二八引王念孫云:"《豳風·鴟
鴞》傳曰:荼、萑,苕也。則萑葦之秀皆謂之苕。萑亦葦之
類也,故曰:'葦醜,芀。'"

13.194 葭[1],華[2]。蒹[3],薕[4]。葭,蘆。茭[5],蔈[6]。其
萌蔅[7]。

【注釋】

〔1〕葭(jiā,《廣韻》古牙切,平麻,見):初生的蘆葦。《說文》艸
部:"葭,葦之未秀者。"《詩·召南·騶虞》:"彼茁者葭,壹發
五豝。"毛傳:"葭,蘆也。"鄭箋:"記蘆始出者,著春田之早
晚。"孔疏:"'葭,蘆',《釋草》文。李巡曰:'葦初生。'"《文
選》司馬相如《子虛賦》:"其埤濕,則生藏莨蒹葭。"

〔2〕華:當作"葦",初生的蘆葦。阮校:"華,當作葦字之誤也。"

郭注:"即今蘆也。"

〔3〕蒹(jiān,《廣韻》古甜切,平添,見):没有出穗的蘆葦。方言詞。郭注:"似萑而細,高數尺,江東呼爲蒹蘆。"《説文》艸部:"蒹,萑之未秀者。"《詩·秦風·蒹葭》:"蒹葭蒼蒼,白露爲霜。"陸璣疏:"蒹,水草也。堅實,牛食之,令牛肥强。青、徐州人謂之蒹,兗州、遼東通語也。"《莊子·則陽》:"蒹葭始萌,以扶吾形。"成玄英疏:"蒹葭,亦蘆也。"

〔4〕薕(lián,《廣韻》力鹽切,平鹽,來。又勒兼切,平添,來):蘆葦一類的植物。鄭注:"萑也,蘆屬而小,可爲箔。"《説文》艸部:"薕,蒹也。"

〔5〕菼(tǎn,《廣韻》吐敢切,上敢,透):初生的荻,似葦而小,莖秆可以編席箔等。《詩·衛風·碩人》:"葭菼揭揭,庶姜孽孽,庶士有朅。"毛傳:"菼,薍也。"孔疏引陸璣云:"薍,或謂之荻,至秋堅成則謂之萑。其初生三月中,其心挺出,其下本大如箸,上鋭而細。揚州人謂之馬尾,以今語驗之,則蘆、薍别草也。"

〔6〕薍(wàn,《廣韻》五患切,去諫,疑):初生的荻。郭注:"似葦而小,實中,江東呼爲烏蘆。"《説文》艸部:"薍,菼也。八月薍爲葦也。"

〔7〕蓲(quǎn,《廣韻》去阮切,上阮,溪。又去願切,去願,溪):蘆葦嫩芽。亦指蘆葦、竹子類植物的嫩芽。郭注:"今江東呼蘆笋爲蓲,然則萑葦之類,其初生者皆名蓲。"《集韻》願韻:"蓲,竹葦萌。"贊寧《笋譜》:"笋者,竹之篛也……一名笋,一名萌,一名篛竹,一名箈,一名蓲。"

【案】該條郭璞讀作"其萌蓲","蕍"字屬下條。郝懿行則以"蕍"字屬上條。郝疏:"《説文》'夢'字解云:'灌渝,讀若萌。'是'夢,灌渝'即《爾雅》'萌,蓲蕍'。下文'蕍'字上屬,與郭讀異也。"

牟廷相《方雅》云:《説文》之‘灌渝’,《釋草》作‘虂藇’,《釋詁》
作‘權輿’,並同聲假借字也。按《大戴禮‧誥志》篇云:‘孟春百
草權輿。’是草之始萌通名權輿矣。”本文從郭注。

13.195　蕍[1]、荺[2]、葟[3]、華,榮。

【注釋】

〔1〕蕍(yú):花盛開貌。邢疏:“蕍,言華之敷貌。”

〔2〕荺(wěi,《廣韻》羊捶切,上紙,以):初生的草木花。俗語
　　詞。郭注:“今俗呼草木華初生者爲荺。”邢疏:“荺,華初生
　　之名也。”

〔3〕葟:草木花。邢疏:“葟亦華也。”鄭注:“曰蕍,曰荺,曰葟,
　　曰華,皆草木發榮也。”

13.196　卷施草[1],拔心不死。

【注釋】

〔1〕卷施草:一種冬生而拔心不死的草。鄭注:“一名宿莽。《離
　　騷》云:‘朝搴阰之木蘭兮,夕擥洲之宿莽。’”邵正義:“卷
　　施,草名,以冬生,能拔心而不死。”

13.197　茿[1]、茭[2]、荄[3],根。

【注釋】

〔1〕茿(yǔn,《廣韻》于敏切,上軫,云):茅根,草根。《説文》艸
　　部:“茿,芛也,茅根也。”段玉裁注:“茿見《釋艸》。茿者,芛
　　也。芛者,艸根也。文相承。”

〔2〕茭(xiào,《集韻》下巧切,上巧,匣):藕根。方言詞。亦指
　　草根。邢疏:“今江東呼藕紹緒如指,空中可啖者爲茭。”郝
　　疏:“《廣韵》十六軫‘茿’字下引《爾雅》而云:‘藁、葦根可
　　食者曰茭。’是草根通名茭。”《廣韻》巧韻:“蔽,草根……或
　　作茭。”

〔3〕荄(gāi,《廣韻》古哀切,平咍,見。又古諧切,平皆,見):特

指韭根,俗稱。郭注:"俗呼韭根爲荄。"亦泛指草根。《方言》
三:"荄、杜,根也。東齊曰杜,或曰茇。"《漢書·禮樂志》:"青
陽開動,根荄以遂。"顔師古注:"草根曰荄。"

13.198　攫[1],櫜含。

【注釋】

〔1〕攫(jué):草名。亦作"欔"。又名櫜(tuó)含。邵正義:"櫜含,
　　一名欔。上文'烏階'亦名欔。郭注以爲染草也,鄭注《典
　　染草》有櫜盧。疑鄭君所見本異。櫜含當作櫜盧,即烏階也。"

13.199　華,荂也[1]。華、荂,榮也。

【注釋】

〔1〕荂:草木開的花。方言詞。郭注:"今江東呼華爲荂。"參見
　　13.192條。

13.200　木謂之華,草謂之榮。不榮而實者謂之秀,榮而不實者謂之英。

【案】該條所釋是相對而言。古籍中,"華、榮、秀、英"或可通用。
邢疏:"木則名華。《月令·季春》:'桐始華。'草則名榮。《月令·仲
夏》:'木槿榮。'此對文爾。散文則草亦名華。《鄭風》云:'隰
有荷華。'是也。不見其榮但見其實者曰秀。《詩·大雅》云:'實
發實秀。'徒有其榮而不實者曰英。此亦對文爾,故以英爲不實,
其實黍稷皆先榮後實。《詩·小雅·出車》云:'黍稷方華。'是嘉
穀之秀必有榮也。"

釋 木 第 十 四

　　《釋木》的義類是木本植物。郝懿行《爾雅義疏》云："此篇所釋喬者、條者、枺者、核者,皆木之類。木爲總名,故題曰'釋木'。"地域遍布山林、川澤、丘陵、墳衍,或釋其異名,或聚類詳其形狀,辨正其名。

14.1　栲[1],山榎[2]。

【注釋】

〔1〕栲(tāo,《廣韻》土刀切,平豪,透。又他浩切,上晧,透):木名,即山楸。落葉喬木,葉似梧桐葉而薄小,木質堅硬,可作樂器、車板等。又名山榎。郭注:"今之山楸。"郝疏:《詩》正義引陸璣疏云:'栲,今山楸也,亦如下田楸耳。皮葉白,色亦白,材理好,宜爲車板。能溼,又可爲棺木。宜陽共北山多有之。'"

〔2〕榎(jiǎ,《廣韻》古疋切,上馬,見):同"檟"。

14.2　栲[1],山樗。

【注釋】

〔1〕栲(kǎo,《廣韻》苦浩切,上晧,溪):野鴉椿。又名山樗(chū)。落葉小喬木或灌木,葉小而狹。木材可製器具,其根、果、花可入藥。郭注:"栲,似樗,色小白,生山中,因名云。亦類漆樹。"《正字通》木部:"栲,《説文》栲作柯。《毛詩》本作柯,《石經》改作栲,義同。"《詩·唐風·山有樞》:"山有栲,隰有杻。"毛傳:"栲,山樗。"孔疏:"俗語曰:櫄樗栲漆,相似如一。"

14.3　柏，椈[1]。

【注釋】

〔1〕椈(jú,《廣韻》居六切,入屋,見)：柏樹。性堅緻,有脂而香,古人常破爲暢臼,用以搗和祭祀用酒。《禮記·雜記上》：“暢,臼以椈,杵以梧。”鄭注：“椈,柏也。”

14.4　髡[1]，梱[2]。

【注釋】

〔1〕髡(kūn)：剪去樹木枝條。郝疏：“柔落樹頭爲髡《齊民要術》有髡柳法,又云：‘大樹髡之,小則不髡。’”

〔2〕梱(hún,《廣韻》牛昆切,平魂,疑)：同“棞”,沒有劈開的梡木。郝疏：“《釋文》：‘梱,五門反。’則與棞聲義近。《説文》：‘棞,梡木未析也。’”

14.5　椵[1]，柂[2]。

【注釋】

〔1〕椵(jiǎ)：當作“椴”(duàn),阮校：“唐石經作椵。”白椵,落葉喬木,樹似白楊,葉互生,有鋸齒,花黃色或白色,果實球形或卵圓形。木材優良,可製器具。郭注：“白椵也。樹似白楊。”郝疏：“今椵木,皮白者爲白椵,葉大如白楊；皮赤者爲赤椵,葉如水楊。其皮柔韌,宜以束物。白者材輕耐溼,故宜爲棺也。”

〔2〕柂(yí,《集韻》余支切,平支,以)：同“杝”,白椵。《禮記·檀弓上》：“天子之棺四重,水兕革棺被之,其厚三寸,杝棺一,梓棺二。”聶崇義《新定三禮圖》作“柂棺”。

14.6　梅[1]，枏[2]。

【注釋】

〔1〕梅：楠木。樟科植物。葉橢圓形,花小,綠色,漿果卵形、橢圓形或球形。樹幹通直,木材堅實,結構細緻,可用於建築、

家具等。方言詞。慧琳《一切經音義》三三引樊光云:"荊州曰梅,楊州曰柟,益州曰赤梗,葉似豫章,無子也。"《詩·陳風·墓門》:"墓門有梅,有鴞萃止。"毛傳:"梅,柟也。"

〔2〕柟:楠木。方言詞。邢疏引孫炎云:"荊州曰梅,楊州曰柟。"《墨子·公輸》:"荊有長松文梓,梗柟豫章。"《漢書·司馬相如傳上》:"其北則有陰林巨樹,梗柟豫章。"顏師古注:"柟,音南,今所謂楠木。"

14.7 柀[1],黏[2]。

【注釋】

〔1〕柀(bǐ,《廣韻》甫委切,上紙,幫):榧。紅豆杉科,常綠喬木。葉似杉,子名榧子。木微軟,可用於建築、造船。《本草綱目·果三·榧實》:"柀亦作棑,其木名文木,斐然章采,故謂之榧。"羅願《爾雅翼·釋木》:"柀似黏而異,杉以材稱,柀又有美實,而材尤文彩。《釋木》云'柀,黏',蓋以類相附也……《本草》木部有榧實,又有彼子,皆出永昌,而誤在《蟲部》。蓋彼字當從木,即是榧也。"

〔2〕黏(shān,《集韻》師銜切,平銜,生):榧。郭注:"黏似松,生江南,可以爲舩及棺材,作柱,埋之不腐。"《本草綱目·果三·榧實》引(蘇)恭曰:"《爾雅》柀亦名黏,其葉似杉,木如柏而微軟,子名榧子。"鄭樵《通志·昆蟲草木略二》:"杉曰柀,曰黏,松類也。"

14.8 櫠[1],椵[2]。

【注釋】

〔1〕櫠(fèi,《集韻》放吠切,去廢,非):果木名,柚屬。郭注:"柚屬也,子大如盂,皮厚二三寸,中似枳,食之少味。"

〔2〕椵(jiǎ,《廣韻》古疋切,上馬,見):果木名。郝疏:"《桂海虞衡志》云:'廣南臭柚大如瓜,可食,其皮甚厚,染墨打碑可代

氄刷,且不損紙。'即郭注所說也。"

14.9　杻[1],檍[2]。

【注釋】

[1] 杻(niǔ,《廣韻》女久切,上有,娘):檍樹,俗稱牛筋木、萬年木。木質堅韌,多彎曲,可作車輞及弓幹。《詩·唐風·山有樞》:"山有栲,隰有杻。"毛傳:"杻,檍也。"陸璣疏:"葉似杏而尖,白色,皮正赤,爲木多曲少直,枝葉茂好。二月中葉疏,花如楝而細,蕊正白。蓋此樹今官園種之,正名曰萬歲。既取名于億萬,其葉又好,故種。共汲山下,人或謂之牛筋,或謂之檍,材可爲弓弩幹也。"《山海經·西山經》:"北百七十里曰申山,其上多穀柞,其下多杻橿,其陽多金玉。"

[2] 檍(yì,《廣韻》於力切,入職,影):檍樹。郭注:"似棣,細葉,葉新生可飼牛,材中車輞。關西呼杻子,一名土橿。"《周禮·考工記·弓人》:"凡取幹之道七,柘爲上,檍次之。"

14.10　楙[1],木瓜。

【注釋】

[1] 楙(mào,《廣韻》莫候切,去候,明):果木名,木瓜樹。薔薇科,落葉灌木或小喬木。夏初開花。果實橢圓,味酸,有香氣,可食用或入藥。郭注:"實如小瓜,酢可食。"

14.11　椋[1],即來。

【注釋】

[1] 椋(liáng,《廣韻》吕張切,平陽,來):亦稱椋子木。落葉灌木或喬木,材質堅重,宜作車軸、農具。郭注:"今椋,材中車輞。"郝疏引《唐本草》注云:"葉似柿,兩葉相當,子細圓如牛李子,生青熟黑。其木堅重,煮汁赤色。"《說文》木部:"椋,即來也。"段玉裁注:"絫呼曰即來,單呼曰來,《唐本艸》謂之椋子木。"

14.12　栵[1],栭[2]。

【注釋】

[1] 栵(liè,《廣韻》良薛切,入薛,來。又力制切,去祭,來):茅栗樹。又名栭、栭栗。殼斗科,落葉小喬木。葉如榆,堅果扁球形,可食用。木材堅韌,可作車轅。郭注:"樹似櫟檄而庳小,子如細栗,可食,今江東亦呼爲栭栗。"程大昌《演繁露·栭栗》:"吾鄉有小栗叢生,其外蓬中實,皆與栗同,但具體而微耳,故名栭栗。"《本草綱目·果一·栗》:"栗之大者爲板栗……小如指頂者爲茅栗,即《爾雅》所謂栭栗也。"

[2] 栭(ér,《廣韻》如之切,平之,日):栗之一種,即茅栗。方言詞。程際盛《續方言補正》:"江淮之間呼小栗爲栭。"

14.13　檴,落[1]。

【注釋】

[1] 檴(huà,《廣韻》胡化切,去禡,匣):同"樺",樺樹。又名落。材質緻密,可作器具,其皮可作繩索。郭注:"可以爲杯器素。"郝疏:"《詩》:'無浸檴薪。'鄭箋:'檴,落。木名也。'《正義》引某氏曰:'可作杯圈,皮韌,繞物不解。'陸璣疏云:'今椰榆也。其葉如榆,其皮堅韌,剥之長數尺,可爲緄索,又可爲甀帶,其材可爲杯器。'《漢書·司馬相如傳》云:'留落胥邪。'郭注:'落,檴也。中作器素。'與此注同。"段玉裁《說文解字注》木部"檴"字下注:"檴、檴古今字也。司馬《上林賦》字作華,師古曰:'華即今之樺,皮貼弓者。'《莊子》'華冠'亦謂樺皮爲冠也。樺者,俗字也。"

14.14　柚,條[1]。

【注釋】

[1] 條:即柚。常綠喬木,葉大而闊,卵形,花白色,有香氣。果實稱柚子,可食,味酸甜。郭注:"似橙,實酢,生江南。"陸佃

《埤雅·釋木》:"柚似橙而大於橘……一名條。《秦風》所謂
'有條'者即此是也。"一說爲山檟,即山楸。《詩·秦風·終
南》:"終南何有,有條有梅。"鄭箋:"條,本又作檪,音同槄,
吐刀反,山榎也。"

14.15 時,英梅。

【案】該條有兩種解釋。第一種,郁李。又名雀梅、英梅。邢疏:
"時,一名英梅。郭云:'雀梅。'似梅而小者也。"王念孫《廣雅
疏證·釋木》:"薁某與雀梅同。《論語·子罕》篇正義引《召南·何
彼襛矣》篇義疏云:唐棣,奥李也。一名雀梅,亦曰車下李。所
在山皆有。其華或白或赤,六月中熟,大如李子,可食。""奥李"
即"郁李"。吴其濬《植物名實圖考·木類·郁李》:"郁李,《本經》
下品。即唐棣,實如櫻桃而赤,吴中謂之爵梅。"第二種,"時"
字衍,應作"英,梅"。非果木。郝疏:"《說文》:'楧,梅也。'《玉篇》
作'楧,梅也'。無'時'字。未審'楧'即'英',不酸果之梅……
《爾雅》'英,梅'、《說文》'楧,梅',蓋非果類。故《南都賦》'楧、
柘、檍、檀'連言,可知楧梅非果類矣。《(齊民)要術》引郭此注
'英梅未聞',然則今注'雀梅'非郭語也。"

14.16 櫋[1],柜柳[2]。

【注釋】

[1] 櫋(yuán,《集韻》于元切,平元,云):木名,即欅柳、柜柳、杞
柳。多生溪邊及河谷低地,木材輕軟,可製家具,皮可煮汁
飲用。郝疏:"柜柳即欅柳也……北方無作飲者,俗呼之平
楊柳,或謂之鬼柳。鬼、柜聲相轉也,櫋柳聲轉爲楊柳,柜柳
又轉爲杞柳,趙岐《孟子》注'杞柳,柜柳也'。"

[2] 柜柳:杞柳。郭注:"柳,當爲柳,柜柳似柳,皮可以煮作飲。"
《孟子·告子上》"性,猶杞柳也"趙岐注:"杞柳,柜柳也。"

14.17 栚[1],杼[2]。

【注釋】

〔1〕栩(xǔ,《廣韻》況羽切,上麌,曉）：木名,櫟的別名,即殼斗科的麻櫟。果實稱橡子,葉可飼柞蠶,子殼可作染料。方言詞。《詩·唐風·鴇羽》：“肅肅鴇羽,集于苞栩。”陸璣疏：“栩,今柞櫟也。徐州謂櫟爲杼,或謂之爲栩。其子爲皂,或言皂斗,其殼爲汁,可以染皂。今京洛及河内多言杼斗,或言橡斗。謂櫟爲杼,五方通語也。”

〔2〕杼(shù,《廣韻》神與切,上語,船）：櫟樹。《管子·輕重丁》：“上斷輪軸,下采杼栗。”《山海經·中山經》：“其木多杼檀。”

14.18 味,荎著。

【案】該條有兩種解釋。味,五味子。又名荎著。因蔓生樹上,故又入木類。《説文》作“菋”,段玉裁注：“《釋艸》有‘菋,荎藸’,《釋木》有‘菋,荎著’,實一物也。春初生苗,引赤蔓於高木,長六七尺,故又入《釋木》。”參見 13.139 條。一説指木名,即五味木。邵正義：“郭注《釋草》以荎藸爲五味,故疑此爲重出。然《齊民要術》引《皇覽冢記》云：孔子冢墓中有五味木。則五味亦有木本矣。”

14.19 櫙[1],荎[2]。

【注釋】

〔1〕櫙(ōu,《廣韻》烏侯切,平侯,影）：刺榆。榆科,落葉小喬木。小枝有堅硬的枝刺,木材堅實,可作農具、車輛等。亦作“樞”,本亦作“藲”。郭注：“今之刺榆。”陸釋文：“櫙,烏侯反。《詩》云‘山有樞’,是也。本或作藲,同。”《詩·唐風·山有樞》“山有樞,隰有榆”,毛傳：“樞,荎也。”

〔2〕荎(chí,《廣韻》直尼切,平脂,澄。又徒結切,入屑,定）：刺榆。王引之述聞：“荎之言挃也。《廣雅》曰：‘挃,刺也。’故刺榆謂之荎。又謂之梗榆,梗亦刺也。”

14.20　杜[1]，甘棠[2]。

【注釋】

〔1〕杜：杜梨。薔薇科，落葉喬木。小枝有針刺，葉片菱狀卵形
　　或長卵形。統稱，有兩種，一種叫赤棠，另一種叫甘棠。郭注：
　　"今之杜梨。"《説文》木部："杜，甘棠也。"《詩·唐風·杕杜》：
　　"有杕之杜，其葉湑湑。"毛傳："杜，赤棠也。"

〔2〕甘棠：杜梨之一種，人工嫁接而成。果實色白，似梨而小，
　　味道甘美。又名棠、棠梨。《詩·召南·甘棠》："蔽芾甘棠，勿
　　翦勿伐。"毛傳："甘棠，杜也。"陸璣疏："甘棠，今棠棃，一名
　　杜棃。赤棠也，與白棠同耳，但子有赤白美惡。子白色爲白
　　棠、甘棠也，少酢滑美。赤棠子澀而酢，無味。俗語云'澀如
　　杜'，是也。赤棠木理韌，亦可以作弓幹。"

14.21　狄[1]，臧槔[2]。

【注釋】

〔1〕狄：《玉篇》木部作"楸"(dí)，木名。《廣韻》錫韻："楸，臧槔。
　　《爾雅·釋木》曰：'狄，臧槔。'是也。"

〔2〕臧槔：蓋爲烏桕樹。槔，本亦作"皋、槹"。邵正義："《玉篇》
　　云：'楸，臧槔也。'《釋文》引舍人本槔作皋，樊光本作槹。"
　　《六書故》二一："槹，膏物也。葉如鼂蹼，遇霜則丹。其實外
　　膏可爲燭，其覈中油可燃燈，亦名烏臼。"

14.22　貢綦[1]。

【注釋】

〔1〕貢綦(qí)：未詳。

14.23　朹[1]，檕梅[2]。朻者聊[3]。

【注釋】

〔1〕朹(qiú，《廣韻》巨鳩切，平尤，群)：山楂，又名檕梅。郭
　　注："朹樹狀似梅，子如指頭，赤色，似小柰，可食。"《本草綱

目·果二·山樝》引郭注並云:"此即山樝也。"

〔2〕樇(jì,《廣韻》古詣切,去霽,見。又苦奚切,平齊,溪)梅:
山楂。郝疏:"《唐本草》: 赤爪木,一名鼠樝,一名羊梾。宋
《圖經》又名'棠梾',皆山樝也。梾,與杭同。"

〔3〕朻(jiū,《廣韻》居虯切,上黝,見):樹木向下彎曲。 聊
(liú,《集韻》力求切,平尤,來):山楂之別種,樹枝向下彎
曲。王引之述聞:"朻者聊,蓋即杬之別種。猶下文言'白者
棠''枹者彙''白者楝',皆承上文言之。朻即下文之'下句
曰朻'也。"《集韻》尤韻:"聊,木名。"

14.24　魄[1],樸樕[2]。

【注釋】

〔1〕魄:樸樹。喬木,樹皮灰色,光滑。葉質較厚,闊卵形或圓形。
莖皮纖維强韌,可作繩索;根、皮入藥。又名樸樕。鄭注:"此
俗呼朴樹,其木如檀,子大如梧桐子而黄。"郝疏:"魄,即今
白木也。今京西諸山有之。其木皮白,材理細密,作炭甚堅。"

〔2〕樸(xī,《廣韻》胡雞切,平齊,匣) 樕(xī,《廣韻》呼雞切,平
齊,曉):樸樹。郭注:"魄,大木細葉,似檀,今江東多有之。
齊人諺曰:'上山斫檀,樸樕先殫。'"

14.25　梫[1],木桂。

【注釋】

〔1〕梫(qǐn,又讀qīn,《廣韻》七稔切,上寢,清。又子心切,平侵,
精。又楚簪切,平侵,初):木名,木桂、牡桂、筒桂的異名,
古代指肉桂。皮厚,可作調味品。郭注:"今南人呼桂厚皮
者爲木桂。桂樹葉似枇杷而大,白華,華而不著子。叢生巖
嶺,枝葉冬夏常青,間無雜木。"王闓運《爾雅集解》:"今謂
之肉桂。取皮浸之,故曰梫;用其樹,故曰木。"

【案】"梫"與"侵"同源,木桂所生之地無其他雜木,"梫"從此

取名。

14.26　棆[1]，無疵。

【注釋】

[1] 棆(lún,《廣韻》力迍切,平諄,來)：釣樟。樟科,落葉灌木或小喬木。葉卵形或橢圓形,花黃色,果球形。根、皮可入藥。郭注:"棆,梗屬,似豫章。"邢疏:"棆,美木也。無疵病,因名之。"《本草綱目·木一·釣樟》:"鄭樵《通志》云：釣樟亦樟之類,即《爾雅》所謂'棆,無疵',是也。"

14.27　椐[1]，樻[2]。

【注釋】

[1] 椐(jū,《廣韻》九魚切,平魚,見。又去魚切,平魚,溪。又居御切,去御,見)：木名,即靈壽木。樹小,多腫節,古時以爲手杖。《説文》木部:"椐,樻也。"《詩·大雅·皇矣》:"啓之辟之,其檉其椐。"陸璣疏:"節中腫,似扶老,即今靈壽是也。今人以爲馬鞭及杖。弘農共北山甚有之。"《山海經·北山經》:"(虢山)其上多漆,其下多桐椐。"郭璞注:"椐,樻木。腫節,中杖。"

[2] 樻(kuì,《廣韻》求位切,去至,群。又丘愧切,去至,溪)：椐,即靈壽木。郭注:"腫節可以爲杖。"《説文》木部:"樻,椐也。"

14.28　檉[1]，河柳[2]。旄[3]，澤柳。楊[4]，蒲柳。

【注釋】

[1] 檉(chēng,《廣韻》丑貞切,平清,徹)：木名,即檉柳。亦稱觀音柳、西河柳、三春柳、紅柳等。落葉小喬木,赤皮,枝細長,多下垂。枝幹可編筐,嫩枝葉可入藥。鄭注:"殷檉也,生水畔,其葉經冬變紅。"羅願《爾雅翼·釋木》:"郭璞以爲'河旁赤莖小楊也'。其皮正赤如絳,而葉細如絲,婀娜可愛。

天之將雨,檉先起氣以應之,故一名雨師。"《本草綱目·木二·檉柳》:"檉柳,赤檉、赤楊、河柳、雨師、垂絲柳、人柳、三眠柳、觀音柳。"《詩·大雅·皇矣》:"启之辟之,其檉其椐。"毛傳:"檉,河柳也。"朱熹集傳:"檉,河柳也。似楊,赤色,生河邊。"

〔2〕河柳:即檉柳。邵正義:"河柳,今南方道旁有之,亦呼爲檉柳,近根皮赤,亦有莖白者。"《説文》木部:"檉,河柳也。"

〔3〕旄:木名,澤柳,一種生在水澤中的柳樹。郭注:"生澤中者。"邢疏:"柳生澤中者别名旄。"

〔4〕楊:即水楊、蒲柳。喬木,生長在水邊,葉圓闊,枝勁韌,可爲箭笴。郭注:"可以爲箭。"邢疏:"楊,一名蒲柳,生澤中,可爲箭笴。"鄭注:"水楊也。可爲箭幹。葉圜闊,樹與柳相似,故名楊柳。"

14.29　權[1],黄英。

【注釋】

〔1〕權:一種開黄花的樹木。《説文》木部:"權,黄華木。"

14.30　輔[1],小木。

【注釋】

〔1〕輔:小木。邵正義:"輔者,《鄭風》'山有扶蘇'毛傳云:'扶蘇,扶胥,小木。'輔爲扶胥之合聲。"

14.31　杜,赤棠[1]。白者棠[2]。

【注釋】

〔1〕赤棠:杜梨之野生種。果實色紅而酸澀,無食用價值,木理堅韌,可作弓箭。《管子·地員》:"其木宜赤棠。"注:"棠,杜梨。子赤者名赤棠。"

〔2〕棠:甘棠,棠梨。《説文》木部:"棠,牡曰棠,牝曰杜。"王樹柟《爾雅説詩》:"'牡曰棠'是已接之果,'牝曰杜'是未接

之果。毛以杜爲赤棠，是未接之果，今之杜梨，所謂牝也。陸以白棠爲甘棠，是已接之果，所謂牡也。凡果之已接者，均大而甘。此皆余之所目驗也。"《山海經·西山經》："（昆侖之丘）有木焉，其狀如棠。"郭璞注："棠梨也。"參見14.20條。

14.32 諸慮[1]，山櫐。

【注釋】

〔1〕諸慮：藤本植物。又名山櫐。郭注："今江東呼櫐爲藤，似葛而麤大。"

14.33 欇[1]，虎櫐。

【注釋】

〔1〕欇(shè，《廣韻》書涉切，入葉，書。又時攝切，入葉，禪）：即紫藤。蔓生木本，葉細長，莖如竹根而堅實，花紫色蝶形，可供觀賞。又稱虎櫐、虎豆。郭注："今虎豆，纏蔓林樹而生，莢有毛刺，今江東呼爲欇欇。"郝疏："虎櫐即今紫藤，其華紫色，作穗垂垂，人家以飾庭院。謂之虎櫐者，其莢中子色斑然，如貍首文也。"

14.34 杞[1]，枸檵[2]。

【注釋】

〔1〕杞(qǐ，《廣韻》墟里切，上止，溪）：枸杞。茄科，落葉小灌木。漿果卵圓形，色紅，果實、根、皮可入藥。《詩·小雅·四牡》："翩翩者鵻，載飛載止，集于苞杞。"毛傳："杞，枸檵也。"《左傳·昭公十二年》："我有圃，生之杞乎！"杜注："杞，世所謂枸杞也。"《山海經·南山經》："又東四百里，曰虖勺之山，其上多梓柟，其下多荆杞。"郭璞注："杞，苟杞也。"

〔2〕枸檵(jì，《廣韻》古詣切，去霽，見）：枸杞。古語詞。郭注："今枸杞也。"《説文》木部："杞，枸杞也。"段玉裁注："枸檵爲古名；枸杞雖見《本艸經》，而爲今名。"《禮記·表記》："《詩》

云：‘豐水有芑。’”鄭注：“芑，枸檵也。”

14.35 杬[1]，魚毒[2]。

【注釋】

〔1〕杬(yuán,《廣韻》愚袁切，平元，疑)：同“芫”，落葉灌木。芫花，又名魚毒。陸釋文：“杬，又作芫。”《急就篇》：“烏喙附子椒芫華。”顏師古注：“芫華，一名魚毒……其根曰蜀桑，其華可以爲藥。芫，字或作杬。”段玉裁《說文解字注》艸部“芫”字下注：“《爾雅》‘杬’字本或作‘芫’，入於《釋木》，《本艸》及許君皆入艸部。”

〔2〕魚毒：芫花的別名。《說文》艸部：“芫，魚毒也。”段玉裁注：“芫草，一名魚毒，煮之以投水中，魚則死而浮出，故以爲名。”徐珂《清稗類鈔·植物·芫》：“芫爲落葉灌木，通稱芫花，莖高三四尺，春月先開管狀小紫花，節節密生，後乃發葉。性有毒，漁者煮之以投水中，魚死而浮出，故又名魚毒。”

14.36 檓[1]，大椒。

【注釋】

〔1〕檓(huǐ,《廣韻》許委切，上紙，曉)：花椒之一種。産於甘肅隴西，果實較大，故又名大椒。郭注：“今椒樹叢生，實大者名爲檓。”郝疏：“秦椒大於蜀椒，《爾雅》之‘檓，大椒’即秦椒矣。秦椒，今之花椒，本産於秦，今處處有，人家種之。”

14.37 楰[1]，鼠梓[2]。

【注釋】

〔1〕楰(yú,《廣韻》羊朱切，平虞，以。又以主切，上麌，以)：楸樹的一種，即苦楸，葉大。又名鼠梓。郭注：“楸屬也。今江東有虎梓。”《詩·小雅·南山有臺》：“南山有枸，北山有楰。”毛傳：“楰，鼠梓。”陸璣疏：“楰，楸屬。其樹枝葉、木理如楸，山楸之異者，今人謂之苦楸。濕時脆，燥時堅。今永昌又謂

鼠梓,漢人謂之楰。”

〔2〕鼠梓:苦楸。方言詞。《説文》木部:“楰,鼠梓木。”《本草綱目·木二·梓》引蘇頌曰:“又一種鼠梓,一名楰,亦楸屬也。枝葉木理皆如楸,今人謂之苦楸,江東人謂之虎梓。”

14.38　楓[1],欇欇[2]。

【注釋】

〔1〕楓:楓香樹。落葉大喬木,因其葉經霜變紅,有紅楓、丹楓之稱。木材輕軟、細緻,樹脂、根、葉、果均可入藥。郭注:“楓樹似白楊,葉員而岐,有脂而香,今之楓香是。”《説文》木部:“楓,木也。厚葉,弱枝,善摇。”段玉裁注:“厚葉,弱枝,故善摇。善摇,故名欇欇。”《楚辭·招魂》:“湛湛江水兮上有楓,目極千里兮傷春心。”

〔2〕欇欇(shè,《廣韻》書涉切,入葉,書。又時攝切,入葉,禪):楓香樹。王引之述聞:“楓木厚葉弱枝而善動,故謂之楓,又謂之欇欇。《史記·司馬相如傳》索隱引舍人注曰:‘楓爲樹,厚葉弱莖,天風則鳴,故曰欇欇。’”

14.39　寓木[1],宛童。

【注釋】

〔1〕寓木:一種寄生在樹木上的小灌木。又名宛童。《山海經·中山經》:“又東北七十里,曰龍山,上多寓木。”郭璞注:“寄生也,一名宛童,見《爾雅》。”《本草綱目·木四·桑上寄生》:“此物寄寓他木而生,如鳥立于上,故曰寄生、寓木、蔦木。俗呼爲寄生草。《東方朔傳》云:‘在樹爲寄生,在地爲寴藪。’”

14.40　無姑[1],其實夷。

【注釋】

〔1〕無姑:一種榆類樹木,其葉皮可入藥。一名無夷。郭注:“無

姑,姑榆也。生山中,葉圓而厚,剥取皮合漬之,其味辛香,所謂無夷。"

14.41 檪[1],其實梂[2]。

【注釋】

〔1〕檪(lì,《廣韻》郎擊切,入錫,來):麻檪。方言詞。《詩·秦風·晨風》:"山有苞檪,隰有六駁。"陸璣疏:"秦人謂柞櫟爲櫟。"《本草綱目·果二·橡實》:"(禹錫曰)秦人謂之櫟,徐人謂之杼,或謂之栩……今京洛河内亦謂之杼,蓋五方通語,皆一物也。"參見14.17條。

〔2〕梂(qiú,《廣韻》巨鳩切,平尤,群):檪樹的果實。子球形,殼有刺。郭注:"有梂彙自裹。"邢疏:"梂,盛實之房也。"郝疏:"檪實外有裹橐,形如彙毛,狀類毬子。"《説文》木部:"梂,櫟實。"《詩·唐風·椒聊》"椒聊之實,蕃衍盈升"鄭箋:"椒之性芬香而少實,今一梂之實,蕃衍滿升,非其常也。"

14.42 檖[1],蘿。

【注釋】

〔1〕檖(suì,《廣韻》徐醉切,去至,邪):果木名,即山梨。一種野生梨,果子似梨而小,可食。又名蘿。郭注:"今楊檖也。實似梨而小,酢可食。"陸佃《埤雅·釋木》:"檖,一名蘿,其文細密如蘿,故曰蘿也。"《詩·秦風·晨風》:"山有苞棣,隰有樹檖。"陸璣疏:"檖,一名赤蘿,一名山梨也,今人謂之楊檖,實如梨但小耳。"

14.43 楔[1],荆桃。

【注釋】

〔1〕楔(xiē,《廣韻》古黠切,入黠,見):一種桃樹。二月開花,果實小,葉橢圓而長。夏季果實成熟,可食用,味甘酸。又名荆桃。尹桐陽義證:"桃有楔如荆,二月始華者。葉橢圓

而長,花色甚麗,有紅有白。果夏熟,味甘酸。"《文選》左
思《蜀都賦》:"其樹則有……櫻枌楔樅。"李善注引劉逵曰:
"楔似松,有刺也。"張衡《南都賦》:"其木則樲松楔樱,樠栢
枏樧。"

14.44 旄[1],冬桃。榹桃[2],山桃。

【注釋】

〔1〕旄:冬桃。桃樹之異種,舊曆十月果實成熟,狀如棗,色碧
而光,味美可食。又稱冬桃。郭注:"子冬熟。"邢疏:"桃子
冬熟者名旄。"郝疏:"今冬桃有十一月熟者,形如常桃,青
若膽。"

〔2〕榹(sī,《廣韻》息移切,平支,心)桃:一種桃樹。山桃,又稱
毛桃。薔薇科,落葉喬木。果實小而多毛,味酸苦;果仁可
入藥。可用作栽培桃樹的砧木,亦可觀賞。郭注:"實如桃
而小,不解核。"《本草綱目·果一·桃》:"惟山中毛桃即《爾
雅》所謂'榹桃'者,小而多毛,核黏,味惡,其仁充滿多脂,
可入藥用。"

14.45 休[1],無實李。痤[2],接慮李。駁[3],赤李。

【注釋】

〔1〕休:不結果實的李樹。邢疏:"李之無實者名休。"

〔2〕痤(cuó,《廣韻》昨禾切,平戈,從):一種李樹,即麥李。又
名接慮李。亦作"座"。果實小而甜,與麥同時成熟。郭注:
"今之麥李。"邢疏:"與麥同熟,因名云。"《農政全書·樹藝》:
"麥李,麥秀時熟,實小,有溝,肥甜。一名座,一名接慮。"

〔3〕駁:一種李樹,果實赤紅色。又名赤李。邢疏:"李之子赤
者名駁。"

14.46 棗,壺棗[1]。邊,要棗[2]。櫅[3],白棗。樲[4],酸
棗[5]。楊徹[6],齊棗。遵[7],羊棗[8]。洗[9],大棗。煮[10],

填棗。蹶洩[11]，苦棗。晢[12]，無實棗。還味[13]，棯棗。

【注釋】

〔1〕壺棗：一種棗樹，爲中國古代優良木本植物。花小，綠白色。果實較大，形似上小下大的葫蘆。又名瓠棗、馬棗、唐棗。壺，同“壺”。郭注：“今江東呼棗大而銳上者爲壺。壺猶瓠也。”郝疏：“今棗形長，有似瓠者，俗呼馬棗，或曰唐棗。”

〔2〕要棗：一種棗樹。果實上部有一縊痕，兩邊大，中間細，形似轆轤，味甘甜。又名腰棗、細腰棗、鹿盧棗、乳頭棗、邊。郭注：“子細腰，今謂之鹿盧棗。”郝疏：“鹿盧，與轆轤同，謂細腰也。”

〔3〕欍（jī，《廣韻》祖稽切，平齊，精）：一種棗樹，白棗。郭注：“即今棗子白熟。”郝疏：“白棗者，凡棗熟時赤，此獨白熟爲異。《初學記》引《廣志》云：‘大白棗名曰蹙咨，小核多肌。’按，蹙咨之合聲爲欍。”

〔4〕樲（èr，《廣韻》而至切，去至，日）：果木名，即酸棗。枝上有刺，葉長橢圓形，花黃綠色，果實較棗小，味酸。郭注：“樹小實酢。”《孟子·告子上》：“今有場師，舍其梧檟，養其樲棘，則爲賤場師焉。”趙岐注：“樲棘，小棘，所謂酸棗也。”一說“樲”是酸棗，“棘”爲荊棘。參見錢大昕《十駕齋養新錄餘錄·樲棘》。

〔5〕酸棗：果木名。又名樲。《説文》木部：“樲，酸棗也。”《本草綱目·木三·酸棗》：“似棗木而皮細，其木心赤色，莖葉俱青，花似棗花，八月結實，紫紅色，似棗而圓小，味酸。”

〔6〕楊徹：一種齊地所産的棗樹。方言詞。翟灝《爾雅補郭》：“齊地所産之棗，其方俗謂之楊徹也。”

〔7〕遵：羊棗。君遷子之實，長橢圓形，初生色黃，熟則黑，似羊矢，俗稱羊矢棗。郭注：“實小而員，紫黑色。今俗呼之爲羊

矢棗。"段玉裁《説文解字注》木部"樗"字下注:"按,樗即《釋木》之'遵,羊棗'也……何氏焯曰:羊棗非棗也,乃柹之小者。初生色黃,熟則黑,似羊矢,其樹再椄即成柹矣……《古今注》曰:'樗棗,實似柹而小,味亦甘美。'師古曰:樗棗即今之樗棗也。樗與遵音相近,樗即遵字也。"

〔8〕羊棗:即羊矢棗。《孟子·盡心下》:"曾皙嗜羊棗,而曾子不忍食羊棗。"趙岐注:"羊棗,棗名也。"

〔9〕洗(xiǎn):大棗名。後作"梒"。郭注:"今河東猗氏縣出大棗,子如雞卵。"《集韻》銑韻、《類篇》木部作"梒",亦引《爾雅》文及郭注。

〔10〕煮:煮棗。一種棗樹。果實煮熟後加以鎮壓,可榨棗油。又名填棗。郝疏:"'煮,填棗'者,須煮熟又鎮壓之,迮取其油。鎮與填古字通也。"

〔11〕蹶洩:苦棗。郭注:"子味苦。"郝疏:"蹶洩者,今登萊人謂物之短尾者爲蹶洩……棗形肥短,故以爲名。"

〔12〕皙:棗之一種,無核。郭注:"不著子者。"郝疏:"皙者,無實棗名。《晏子春秋》所謂'東海有棗,華而不實'者也。今樂陵棗無核,非此。"

〔13〕還(xuán)味:一種棗樹,果實味道不好。又名梌棗。郭注:"還味,短味。"邢疏:"還味者,短味也,名梌棗。"

14.47 櫬[1],梧[2]。

【注釋】

〔1〕櫬(chèn):梧桐的一種,即青桐。樹皮青碧而滑澤。本爲棺名,古時以桐爲棺,因而又引申指櫬。郭注:"今梧桐。"郝疏:"《説文》:'梧,梧桐木,一名櫬。'……一種皮青碧而滑澤,今人謂之青桐,即此'櫬,梧'是也。"《本草綱目·木二·梧桐》:"櫬,(時珍曰):梧桐名,義未詳。《爾雅》謂之櫬,因

其可爲棺。《左傳》所謂'桐棺三寸',是矣。"

[2] 梧:木名。落葉喬木,幼樹皮色綠、平滑。種子可食,亦可榨油,樹皮纖維可製繩索,木質輕而韌,可製傢具及樂器。泛稱。《説文》木部:"梧,梧桐木。一名櫬。"《孟子·告子上》:"今有場師,舍其梧檟,養其樲棘。"《禮記·雜記上》:"暢,臼以椈,杵以梧。"

14.48 樸[1],枹者謂[2]。

【注釋】

[1] 樸(pú,《廣韻》博木切,入屋,幫):枹樹,即枹櫟。叢生,葉邊緣有鋸齒。種子含澱粉,木材堅硬,宜作器具和車輪。《詩·大雅·棫樸》:"芃芃棫樸,薪之槱之。"毛傳:"樸,枹木也。"朱熹集傳:"樸,叢生也。言根枝迫迮相附著也。"馬融《長笛賦》:"林簫蔓荆,森槮柞樸。"

[2] 枹(bāo,《廣韻》布交切,平肴,幫):枹樹。郭注:"樸屬叢生者爲枹。"《本草綱目·果二·槲實》:"槲有二種:一種叢生小者名枹,音孚,見《爾雅》;一種高者名大葉櫟。樹、葉俱似栗,長大粗厚,冬月凋落。" 謂:本亦作"彙",類集。錢大昕《潛研堂文集·答問七》:"謂,當從舍人本作彙,連上句讀。"

14.49 櫬[1],采薪。采薪,即薪。

【注釋】

[1] 櫬(chèn):柞木。郭注:"指解今樵薪。"邢疏:"一名櫬,一名采薪,一名即薪。"王引之述聞:"櫬與采薪、即薪,皆謂柞木也……《小雅·車舝》曰:'析其柞薪。'柞木可以爲薪,故又有采薪、即薪之名矣。"

14.50 棪[1],遫其[2]。

【注釋】

[1] 棪(yǎn,《廣韻》以冉切,上琰,以):果木名。又稱遫其。果

實像蘋果。郭注："梫實似奈,赤,可食。"《山海經·南山經》:
"又東三百里曰堂庭之山,多梫木。"郭璞注:"梫,別名連其,
子似奈而赤,可食。"

〔2〕楝(sù,《集韻》蘇谷切,入屋,心）其:即梫。亦作"遬其"。
《説文》木部:"梫,遬其也。"段玉裁注:"遬,籀文速字也。
今《爾雅》作楝,爲俗字。"

14.51　劉[1],劉杙[2]。

【注釋】

〔1〕劉:果木名,即石榴。又稱劉杙。郭注:"劉子生山中,實如
梨,酢甜,核堅。出交趾。"鄭注:"即石榴。"郝疏:"《吳都賦》
云:'梂榴禦霜。'劉逵注:'榴子出山中,實如梨,核堅,味酸
美。交趾獻之。'是榴即劉也。"

〔2〕劉杙(yì,《廣韻》與職切,入職,以）:石榴。《説文》木部:
"杙,劉,劉杙。"鄭樵《通志·昆蟲草木略二》:"石榴,《本草》
謂之'安石榴'。《爾雅》云:'劉,劉杙。'劉與榴通用故也。
一名丹若,一名若榴,其甜者又名天漿,入藥多用酸榴。"

14.52　懷[1],槐大葉而黑。守宮槐[2],葉晝聶宵炕[3]。

【注釋】

〔1〕懷(huái,《廣韻》戶乖切,平皆,匣）:一種槐樹。又名山槐。
葉大而黑,木材堅硬,可製器具。郭注:"槐樹,葉大色黑者,
名爲懷。"《漢書·西域傳上》:"罽賓地平,溫和,有目宿,雜
草奇木,檀、懷、梓、竹、漆。"顏師古注:"懷,音懷,即槐之類
也,葉大而黑也。"

〔2〕守宮槐:槐樹之一種,葉晝合夜開。郭注:"槐葉晝日聶合
而夜炕布者,名爲守宮槐。"

〔3〕聶(zhé,《集韻》質涉切,入葉,章）:合攏。　　炕(hāng,《廣
韻》呼郎切,平唐,曉）:張開。

14.53 槐[1],小葉曰榎[2]。大而皵[3],楸。小而皵,榎。

【注釋】

〔1〕槐:當作"楸",落葉喬木,樹幹端直,葉子三角狀、卵形或長橢圓形,花白色,有紫色斑點。木材細密,耐濕,可用以製作家具,種子可供藥用。郭注:"槐當爲楸。楸細葉者爲榎,老乃皮麤皵者爲楸,小而皮麤皵者爲榎。"

〔2〕榎(jiǎ,《廣韻》古疋切,上馬,見):同"檟",落葉喬木,楸之一種。樹幼時皮粗皵,葉小。邢疏:"別楸、榎之異也。楸之小葉者名榎。"《廣韻》馬韻:榎,同"檟"。

〔3〕皵(què,《廣韻》七雀切,入藥,清。又七迹切,入昔,清):樹皮粗糙皴裂。

14.54 椅[1],梓[2]。

【注釋】

〔1〕椅(yī,《廣韻》於離切,平支,影):山桐子。落葉喬木,葉卵形,花黃綠色。漿果球形,色紅。木材可作器具。《説文》木部:"椅,梓也。"段玉裁注:"《釋木》曰:'椅,梓。'渾言之也。《衛風》傳曰:'椅,梓屬。'析言之也。椅與梓有別,故《詩》言'椅桐梓漆',其分別甚微也,故《爾雅》《説文》渾言之。"《本草綱目·木二·梓》:"梓木處處有之,有三種:木理白者爲梓,赤者爲楸,梓之美文者爲椅。"《詩·小雅·湛露》:"其桐其椅,其實離離。"鄭箋:"桐也,椅也,同類而異名。"《文選》宋玉《高唐賦》:"雙椅垂房,糾枝還會。"李善注:"椅,桐屬也。"

〔2〕梓(zǐ,《廣韻》即里切,上止,精):紫葳科,落葉喬木。葉子對生或三枚輪生,花黃白色。木材輕軟耐朽,可製器具。《詩·鄘風·定之方中》:"樹之榛栗,椅桐梓漆,爰伐琴瑟。"毛傳:"椅,梓屬。"孔疏:"陸機云:'梓者,楸之疏理白色而生子者爲梓,梓實桐皮曰椅。'則大類同而小別也。"陸佃《埤

雅·釋木》:"舊説椅即是梓,梓即是楸,蓋楸之疏理而白色者
爲梓,梓實桐皮曰椅。其實兩木大類同而小别也。今呼牡
丹謂之華王,梓爲木王,蓋木莫良於梓。"

14.55　楰[1],赤楝。白者楝[2]。

【注釋】

〔1〕楰(yí,《廣韻》以脂切,平脂,以):常緑喬木,木理赤紅。又
名赤楝。《詩·小雅·四月》:"山有蕨薇,隰有杞楰。"毛傳:
"楰,赤楝也。"吳其濬《植物名實圖考·木類·楰樹》:"楰樹
生山西霍州。大樹亭亭,斜紋糾錯,枝柯柔敷。"

〔2〕楝(sù,《廣韻》桑谷切,入屋,心。又丑玉切,入燭,徹):樹
木名,分兩種,一種稱楰,木理色紅;一種稱楝,木理色白。
邢疏引陸璣曰:"楝葉如柞,皮薄而白。其木理赤者爲赤楝,
一名楰。白者爲楝。其木皆堅韌,今人以爲車轂。"

14.56　終[1],牛棘。

【注釋】

〔1〕終:一種帶刺的大灌木。又名牛棘。郭注:"即馬棘也,其
刺麤而長。"

14.57　灌木[1],叢木。

【注釋】

〔1〕灌木:無明顯主幹、比較矮小的叢生之木。《詩·周南·葛覃》:
"黄鳥于飛,集于灌木。"朱熹集傳:"灌木,叢木也。"

14.58　瘣木[1],苻婁[2]。

【注釋】

〔1〕瘣(huì,《廣韻》胡罪切,上賄,匣)木:蜷曲而枝葉不發的樹
木。郭注:"謂木病,尫傴瘿腫無枝條。"徐幹《中論·藝紀》:
"木無枝葉則不能豐其根幹,故謂之瘣。"

〔2〕苻婁:樹木有瘤而無枝。亦作"苻蔞"。陸釋文引李巡云:"苻

婁,一名瘣木,無枝木也。"郝疏:"苻婁者,疊韵字,猶俛僂也。"

14.59　蕡[1],藹[2]。

【注釋】

〔1〕蕡(fén,《廣韻》符分切,平文,奉):草木果實繁盛碩大貌。
《玉篇》艸部:"蕡,草木多實。"《詩·周南·桃夭》:"桃之夭
夭,有蕡其實。"毛傳:"蕡,實貌。"

〔2〕藹:果實繁盛的樣子。郭注:"樹實繁茂菴藹。"

14.60　枹[1],遒木[2],魁瘣[3]。

【注釋】

〔1〕枹(bāo,《廣韻》布交切,平肴,幫):叢生的樹木。邢疏:"木
叢攢迫而生者名枹。"

〔2〕遒木:叢生的樹木。郭注:"謂樹木叢生,根枝節目盤結
磈磊。"

〔3〕魁瘣:根節盤結的樹木。邢疏:"魁瘣,讀若磈磊,謂根節盤
結處也。"

14.61　棫[1],白桵[2]。

【注釋】

〔1〕棫(yù):蕤核,即白桵。薔薇科,灌木。小枝有刺,果實色紅,
可食。郭注:"桵,小木叢生,有刺,實如耳璫,紫赤可啖。"《本
草綱目·木三·蕤核》:"蕤核,白桵。時珍曰:《爾雅》'棫,白
桵',即此也。其花實蕤蕤下垂,故謂之桵,後人作蕤。柞木
亦名棫而物異。"《詩·大雅·縣》:"柞棫拔矣,行道兌矣。"鄭
箋:"棫,白桵也。"《文選》張衡《西京賦》:"木則樅栝椶柟,
梓棫楩楓。"李善注:"棫,白蕤也。"

〔2〕白桵(ruí,《廣韻》儒佳切,平脂,日):木名,即棫。《說文》
木部:"桵,白桵,棫。"桂馥義證:"陶注《本草·桵核》云:'形
如烏豆,大圓而扁,有文理,狀似胡桃,核圓。'《圖經》云:

'其木高六七尺,莖閒有刺,葉細似枸杞而尖長,花白,子紅紫色,附枝莖而生,類五味子,六月成熟。'"《詩·大雅·棫樸》"芃芃棫樸"毛傳:"棫,白桵也。"鄭箋:"白桵,相樸屬而生者,枝條芃芃然。"

14.62　梨,山檖。[1]

【注釋】

[1] 阮校作"檖,山梨"。檖(lí,《廣韻》呂支切,平支,來):山梨。邢疏:"言其在山之名則曰檖,人植之曰梨。"

14.63　桑辨有葚[1],梔[2]。女桑[3],桋桑[4]。

【注釋】

[1] 葚(shèn,《廣韻》食荏切,上寑,船):桑葚,桑樹果實。

[2] 梔(zhī,《廣韻》章移切,平支,章):桑樹之一種。郭注:"辨,半也。"邢疏:"舍人云:'桑樹一半有葚、半無葚爲梔。'"

[3] 女桑:小桑樹,枝條長。《詩·豳風·七月》:"以伐遠揚,猗彼女桑。"毛傳:"角而束之曰猗。女桑,荑桑也。"《文選》枚乘《七發》:"女桑河柳,素葉紫莖。"

[4] 桋(tí,《廣韻》以脂切,平脂,以)桑:女桑。郭注:"今俗呼桑樹小而條長者爲女桑樹。"

14.64　榆,白枌。[1]

【注釋】

[1] 當作"枌,白榆"。枌,一種白皮的榆樹。《詩·陳風·東門之枌》:"東門之枌,宛丘之栩。"毛傳:"枌,白榆也。"《本草綱目·木二·榆》:"邢昺《爾雅疏》云:榆有數十種,今人不能盡別,惟知莢榆、白榆、刺榆、榔榆數者而已。莢榆、白榆皆大榆也,有赤、白二種。白者名枌,其木甚高大,未生葉時,枝條間先生榆莢,形狀似錢而小,色白,成串,俗呼榆錢。後方生葉,似山茱萸葉而長,尖觕潤澤,嫩葉煠浸淘過可食。"

14.65 唐棣[1],栘[2]。

【注釋】

〔1〕唐棣:落葉喬木。狀似白楊,葉圓,遇微風則大搖。又名栘、扶栘、栘楊。《詩·召南·何彼襛矣》:"何彼襛矣,唐棣之華。"毛傳:"唐棣,栘也。"《本草綱目·木二·扶栘》:"栘乃白楊同類,故得楊名。按《爾雅》:'唐棣,栘也。'崔豹曰:'栘楊,江東呼爲夫栘。圓葉弱蒂,微風則大搖,故名高飛,又曰獨搖。'陸璣以唐棣爲郁李者,誤矣,郁李乃常棣,非唐棣也。"

〔2〕栘(yí,《廣韻》弋支切,平支,以。又成臡切,平齊,禪):扶栘。郭注:"似白楊,江東呼夫栘。"宋祁《宋景文公筆記·考古》:"世人多誤以常棣爲唐棣……且常棣,棣也。唐棣,栘也。栘開而反合者也,此兩物不相親。"

14.66 常棣[1],棣[2]。

【注釋】

〔1〕常棣:落葉灌木。狀似李,果實如櫻桃,可食用。種子稱郁李仁,可入藥。《詩·小雅·常棣》:"常棣之華,鄂不韡韡。"毛傳:"常棣,棣也。"

〔2〕棣(dì,《廣韻》特計切,去霽,定):常棣,即白棣。又名棠棣。郭注:"今山中有棣樹,子如櫻桃,可食。"《説文》木部:"棣,白棣也。"《文選》司馬相如《上林賦》:"隱夫薁棣,荅遝離支,羅乎後宮,列乎北園。"

14.67 檟[1],苦荼。

【注釋】

〔1〕檟(jiǎ,《廣韻》古疋切,上馬,見):茶的別名。蜀地稱苦荼。郭注:"樹小似梔子,冬生葉,可煮作羹飲。今呼早采者爲荼,晚取者爲茗。一名荈,蜀人名之苦荼。"郝疏:"今茶字古作荼……至唐陸羽著《茶經》,始減一畫作茶,今則知茶不復知

茶矣。"陸羽《茶經·一之源》："茶者……其名一曰茶,二曰
檟,三曰蔎,四曰茗,五曰荈。"

14.68 樕樸[1]**,心。**

【注釋】

[1]樕(sù,《廣韻》桑谷切,入屋,心)樸:當作"樸樕",槲寄生。
桑寄生科,常緑半寄生小灌木,高達三尺。又名心。王引之
述聞:"《校勘記》曰《毛詩·野有死麕》作'樸樕',正義引《爾
雅》及孫炎某氏注皆'樕'字在下,今本蓋誤倒。"又云:"樸
樕與心皆小貌也,因以爲木名耳。"《詩·召南·野有死麕》:"林
有樸樕,野有死鹿。"毛傳:"樸樕,小木也。"王樹柟《爾雅説
詩》引陳啟源云:"槲樕與櫟相類,華葉似栗,亦有斗,如橡子
而短小,有二種。小者叢生;大者高丈餘,名大葉櫟。毛言
其小者。"

14.69 榮[1]**,桐木。**

【注釋】

[1]榮:桐木的統稱,包括梧桐、白桐、青桐等衆多種類。桐樹
花開向上,狀若喇叭,有白、紫諸色,殊爲美豐,故名榮。王
引之述聞:"榮爲桐木,亦是通稱,非謂梧桐也。"《説文》木
部:"榮,桐木也。"又:"桐,榮也。"

14.70 棧木[1]**,干木。**

【注釋】

[1]棧木:木材質地堅緻,可製車輪。郭注:"橀木也。江東呼
木觡。"

14.71 檿桑[1]**,山桑**[2]**。**

【注釋】

[1]檿(yǎn,《廣韻》於琰切,上琰,影)桑:桑樹之一種。桑科,
落葉喬木。葉互生,可飼蠶。木質堅硬,可製弓或車轅。又

名山桑。郭注：“似桑，材中作弓及車轅。”《周禮·考工記·弓人》：“凡取幹之道七：柘爲上，檍次之，檿桑次之，橘次之，木瓜次之，荊次之，竹爲下。”鄭注引《爾雅》曰：“檿桑，山桑。”

〔2〕山桑：桑樹之一種。郝疏：“柘、檿同類，故通名。其實桑、柘非一物也。今山桑葉小於桑而多缺刻，性尤堅緊。”《詩·大雅·皇矣》“攘之剔之，其檿其柘”毛傳：“檿，山桑也。”

14.72　木自獘[1]，柛[2]。立死，椔[3]。獘者，翳[4]。
【注釋】

〔1〕獘(bì)：倒下。

〔2〕柛(shēn，《廣韻》失人切，平真，書)：樹木倒下而死。邢疏：“自獘踣者名柛。”

〔3〕椔(zī，《廣韻》側持切，平之，莊。又側吏切，去志，莊)：樹木直立而死。亦作“菑”。郭注：“不獘頓。”《詩·大雅·皇矣》：“作之屏之，其菑其翳。”毛傳：“木立死曰菑，自獘爲翳。”韓愈《燕喜亭記》“蘥糞壤，燔菑翳”朱熹考異：“《詩》‘作之屏之，其椔其翳’注曰：‘木立死曰椔，自獘曰翳。’”

〔4〕翳(yì)：樹木自己死掉。

14.73　木相磨，槸[1]。梢[2]，散[3]。梢，梢櫂[4]。
【注釋】

〔1〕槸(yì，《廣韻》魚祭切，去祭，疑)：樹枝相磨。郭注：“樹枝相切磨。”郝疏：“槸之言猶曳也，掣曳亦切摩之意。”《說文》木部：“槸，木相摩也。”

〔2〕梢(cuò，《廣韻》思積切，入昔，心)：樹皮粗硬多皺。亦名散。郭注：“謂木皮甲錯。”邢疏：“木皮甲龘錯者名梢，亦名散。”

〔3〕散(què，《廣韻》七雀切，入藥，清。又七迹切，入昔，清)：樹皮粗糙皴裂。鄭注：“槸，樹或枝相磨剔者。散，甲龘錯者。”

《玉篇》皮部："散,木皮甲錯也。"

〔4〕梢櫂:別無旁枝,向上越長越細的樹木。又稱梢。郭注:"謂木無枝柯,梢櫂長而殺者。"

14.74 樅[1],松葉柏身。檜[2],柏葉松身。

【注釋】

〔1〕樅(cōng,《廣韻》七恭切,平鍾,清。又即容切,平鍾,精):幼時的檜樹。《說文》木部:"樅,松葉柏身。"《尸子·綽子》:"松柏之鼠,不知堂密之有美樅。"《漢書·霍光傳》:"賜金錢、繒絮、繡被百領……樅木外臧槨十五具。"顏師古注:"《爾雅》及《毛詩傳》並云樅木,松葉栢身。"

〔2〕檜(guì,《廣韻》古外切,去泰,見。又古活切,入末,見):成年時的檜樹。《說文》木部:"檜,柏葉松身。"《詩·衛風·竹竿》:"淇水瀄瀄,檜楫松舟。"毛傳:"檜,柏葉松身。"《本草綱目·木一·柏》:"柏葉松身者,檜也。其葉尖硬,亦謂之栝。今人名圓柏。"

【案】"樅、檜"表示同一種樹木:柏科,常綠喬木,莖直立,幼樹的葉子像針,大樹的葉子像鱗片,雌雄異株,春天開花。木材桃紅色,有香氣,細緻堅實,可作建築材料。壽命可長達數百年。夏緯瑛《植物名釋札記》云:"所謂'松葉柏身'之樅,與'柏葉松身'之檜,實是一種樹木,即今之檜[Sabina chinensis(L.)Antoine]。因爲檜樹,常具有兩種之葉,一作鱗片狀,一作針刺狀。然其在幼年之時,多全針刺葉,而老大之時,又常全生鱗片之葉;故可爲人視爲兩種:以多鱗者爲檜,故曰'柏葉松身';以多針葉者爲樅,故曰'松葉柏身'。當都是以葉爲區別,而'柏身''松身',不過配合之言,因無顯著之差別耳。""樅、檜"都指檜樹,外形不同,是理性意義微別的同義詞。

14.75　句如羽[1]，喬[2]。下句曰朻[3]，上句曰喬。如木
　　楸曰喬[4]，如竹箭曰苞[5]，如松柏曰茂，如槐曰茂。

【注釋】

〔1〕句(gōu)：“勾”的古字，彎曲。

〔2〕喬：樹木高而上曲。《說文》夭部：“喬，高而曲也。”《詩·小
　　雅·伐木》：“出自幽谷，遷于喬木。”

〔3〕朻(jiū，《集韻》居尤切，平尤，見)：同“樛”，樹木向下彎曲。
　　《集韻》尤韻：“朻，曲木。或作樛。”《詩·周南·樛木》：“南有
　　樛木。”毛傳：“木下曲曰樛。”陸釋文：“木下曲曰樛……馬
　　融、《韓詩》本並作朻，音同。”

〔4〕喬：像楸樹一樣的樹木。郭注：“楸樹性上竦。”

〔5〕苞：像竹箭一樣的樹木。郭注：“篠竹性叢生。”

14.76　祝，州木。

【案】該條有兩說：其一，州樹。邵正義：“祝，本亦作祝。祝、州
古音通……《齊民要術》引《南方記》云：‘州樹，野生，三月花，
色仍連著實。五月熟，剝核，滋味甜。出武平。’州樹即州木矣。”
郝疏：“祝，州，古讀音同字通……此祝，一名州木。”其二，有空
穴的樹木。祝，阮校作“柷”，其著《爾雅注疏校勘記》引宋翔鳳
云：“柷，蓋謂木之中空者也。”

14.77　髦，柔英。

【案】邵正義：“髦，一名柔英。未詳。《廣韻》連引‘髦柔英’於
‘柷’字下，非也。”郝疏：“《釋草》有‘髦，顛棘’，《廣雅》謂之
‘女木’，與此‘柔英’疑同類。”此條闕疑。

14.78　槐棘醜[1]，喬。桑柳醜，條。椒樧醜[2]，菉[3]。
　　桃李醜，核。

【注釋】

〔1〕醜：類。

〔2〕椴(shā)：食茱萸。郭注："椴,似茱萸而小,赤色。"

〔3〕莍(qiú,《廣韻》巨鳩切,平尤,群)：椒類果實表皮密生疣狀突起的腺體。郝疏："莍之言裘也,芒刺鋒攢如裘自裏,故謂之莍也。"

14.79　瓜曰華之〔1〕,桃曰膽之〔2〕,棗李曰疐之〔3〕,樝梨曰鑽之〔4〕。

【注釋】

〔1〕華：從當中剖開。邢疏："此爲國君削瓜之禮也。華謂半破也,降於天子,故破而不四析也。"《禮記·曲禮上》："爲國君者華之。"鄭注："華,中裂之,不四析也。"

〔2〕膽(dǎn)：拂拭,揩拭。章炳麟《新方言·釋言》："今通謂拭治爲膽。"《禮記·內則》："棗曰新之,栗曰撰之,桃曰膽之,柤梨曰攢之。"鄭注："皆治擇之名也。"孔疏："桃多毛,拭治去毛,令色青滑如膽也。或曰,膽謂苦桃,有苦如膽者,擇去之。"

〔3〕疐(dì,《廣韻》都計切,去霽,端)：用同"蒂",瓜果的蒂部。引申爲去掉瓜果的蒂。邢疏："謂治棗李皆去其疐。"《集韻》霽韻："疐,去本也。"《正字通》疋部："《爾雅》'棗李曰疐之',與'蒂'通。'"《禮記·曲禮上》："爲大夫累之,士疐之。"

〔4〕樝(zhā)：山楂。後作"楂"。　　鑽：剔去其核。《禮記·內則》："棗曰新之,栗曰撰之,桃曰膽之,柤梨曰攢之。"陸釋文："攢,本又作鑽。"

14.80　小枝上繚爲喬。無枝爲檄〔1〕。木族生爲灌。

【注釋】

〔1〕檄(xí)：樹木光禿無枝。郭注："檄櫂直上。"邢疏："謂木無枝,檄櫂直上,長而殺者也。"

釋蟲第十五

　　《釋蟲》的義類是昆蟲。篇名"釋蟲"之"蟲",表示昆蟲的統稱。每條或釋其異名,或據其形狀、習性辨析同中之異。

15.1　螜[1],天螻。

【注釋】

〔1〕螜(hú,《廣韻》胡谷切,入屋,匣):螻蛄。體長形圓,背部黃褐色,腹部灰黃色,前脚大,呈鑷狀,適於掘土,有尾鬚。穴居土中,晝伏夜出,吃農作物嫩莖。又名天螻、蝲蝲蛄、土狗子。郭注:"螻蛄也。"《大戴禮記·夏小正》:"螜則鳴。螜,天螻也。"《本草綱目·蟲三·螻蛄》:"《周禮注》云:'螻,臭也。'此蟲氣臭,故得螻名。曰姑,曰婆,曰娘子,皆稱蟲之名。"

15.2　蜚[1],蠦蜰[2]。

【注釋】

〔1〕蜚(fěi,《廣韻》府尾切,上尾,非。又扶沸切,去未,奉):一種體輕如蚊的小飛蟲。形橢圓,發惡臭,食稻花爲害。亦作"蟦"。郭注:"蟦即負盤,臭蟲。"《左傳·莊公二十九年》:"秋,有蜚,爲災也。"《山海經·中山經》:"(瑤碧之山)有鳥焉,其狀如雉,恒食蜚,名曰鴆。"郭璞注:"蜚,負盤也。"

〔2〕蠦(lú,《廣韻》落胡切,平模,來)蜰(féi,《廣韻》符非切,平微,奉。又府尾切,上尾,非):一種圓薄能飛的小蟲,味辛辣而臭。又名蜚。郝疏:"此蟲氣如廉薑,故名飛廉;圓薄

如盤,故名負盤。今俗人呼之殥殷蟲。其大如錢,輕薄如葉,黃色,解飛,其氣殥惡。"平步青《霞外攟屑·蜚蠊即臭蟲》引朱芹《爾雅札記》云:"蠊以言其色,蜚以言其體,負盤以言其形。是蟲,經本名蜚,一名蠊蜚。"

15.3 蠨蚏[1],入耳。

【注釋】

〔1〕蠨(yǐn,《廣韻》余忍切,上軫,以)蚏(yǎn,《廣韻》以淺切,上獮,以):蚰蜒。蚏,亦作"䗃"。節足動物,形似蜈蚣而略小,體色黃褐,有細長的足十五對,生活在陰濕地方,捕食小蟲,有益農事。又稱入耳。郭注:"蚰蜒。"《方言》十一:"蚰蜒,自關而東謂之蠨蚏,或謂之入耳,或謂之蜿蟺,趙魏之間或謂之蚨虯,北燕謂之䖆蚭。"

15.4 蜩[1],蜋蜩[2],螗蜩[3]。蚻[4],蜻蜻[5]。蠽[6],茅蜩。蝒[7],馬蜩[8]。蜺[9],寒蜩。蜓蚞[10],螇螰[11]。

【注釋】

〔1〕蜩(tiáo,《廣韻》徒聊切,平蕭,定):蟬。方言詞。邢疏:"此辨蟬之大小及方言不同之名也。云'蜩'者,目諸蜩也。"郝疏:"是蜩爲諸蟬之總名。"《詩·大雅·蕩》:"如蜩如螗,如沸如羹。"毛傳:"蜩,蟬也。"孔疏:"《釋蟲》云:'蜩、蜋蜩,螗。'舍人曰:'皆蟬也。方語不同,三輔以西爲蜩,梁宋以東謂蜩爲螗。'"《莊子·逍遙遊》:"蜩與學鳩笑之。"陸釋文:"蜩,音條。司馬云:'蟬。'"《本草綱目·蟲三·蚱蟬》:"蜩,其音調也。"

〔2〕蜋(láng)蜩:蟬的一種。體長七八分,色黑,雜黃綠斑紋,腹部面有白粉,翅無色透明。方言詞。郭注:"《夏小正》傳曰:蜋蜩者,五彩具。"《方言》十一:"蟬,楚謂之蜩,宋衛之間謂之螗蜩,陳鄭之間謂之蜋蜩,秦晉之間謂之蟬,海岱之

間謂之蜻。"

〔3〕螗(táng,《廣韻》徒郎切,平唐,定)蜩:一種較小的蟬。方言詞(見本條"蜋蜩"字注釋)。郝疏:"今螗蜩小於馬蜩,背青緑色,頭有花冠,喜鳴,其聲清圓。"

〔4〕蚻(zhá,《廣韻》側八切,入黠,莊):一種小蟬。又名蜻蜻、蠪。郭注:"如蟬而小。"郝疏:"蚻蚻象其聲,蜻蜻象其色。今驗此蟬,棲霞人呼桑鸓蟟,順天人呼咨咨,其形短小,方頭廣額,體兼彩文,鳴聲清婉,若咨咨然,與蚻蚻之聲相轉矣。"

〔5〕蜻蜻(jìng,《集韻》疾正切,去勁,從):一種小蟬,即蚻。《方言》十一:"(蟬)其小者謂之麥蚻,有文者謂之蜻蜻。"《詩·衛風·碩人》"蠪首蛾眉"鄭箋:"蠪謂蜻蜻也。"孔疏:"郭氏曰:如蟬而小,有文。是也。此蟲額廣而且方,此經手、膚、領、齒,舉全物以比之,故言'如'。蠪首蛾眉,則指其體之所似,故不言'如'也。"

〔6〕蠽(jié,《廣韻》姊列切,入薛,精):一種青色的小蟬。又名茅蠽、茅蜩。方言詞。郭注:"江東呼爲茅截,似蟬而小,青色。"郝疏:"今此蟬形尤小,好鳴於草稍也。"《方言》十一"蜩蟧謂之蟁蜩"郭注:"江東呼爲茅蠽也。"

〔7〕蝒(mián,《廣韻》武延切,平仙,明):最大的一種蟬。大如雀,色黑,鳴聲震巖谷。又名蚱蟬,馬蜩。鄭注:"馬蜩,蟬類中最大者,其聲響震巖谷。"《本草綱目·蟲三·蚱蟬》:"夏月始鳴,大而色黑者,蚱蟬也,又曰蝒。"

〔8〕馬蜩:蚱蟬。郭注:"蜩中最大者爲馬蜩。"惲敬《大雲山房文稿·釋螇蚸》:"蜩、蜋蜩、螗蜩、蝒、馬蜩,皆夏蟬也。自其蛻言之曰蟬。自其鳴言之曰蜩。自其采言之曰蜋,具五色也。自其螗言之曰唐,首正,偃也。自其大言之曰馬,馬、蜀、胡,皆大也。蝒之義如蝘。"

〔9〕蜺(ní,《廣韻》五稽切,平齊,疑。又五結切,入屑,疑）：蟬的一種。較一般蟬爲小,青赤色。又稱寒螿、寒蜩。郭注:"寒螿也,似蟬而小,青赤。"《方言》十一:"黑而赤者謂之蜺。"《禮記·月令》"（孟秋之月）寒蟬鳴"鄭注:"寒蟬、寒蜩,謂蜺也。"惲敬《大雲山房文稿·釋蟪蛄》:"蜺、蚞,秋蟬也。"

〔10〕蜓(tíng,《廣韻》徒鼎切,上迥,定）蚞(mù,《廣韻》莫卜切,入屋,明）：蟬之一種。色青紫。方言詞。《方言》十一:"蛥蚗,齊謂之螇螰,楚謂之蟪蛄,或謂之蛉蛄,秦謂之蛥蚗。自關而東謂之虭蟧,或謂之蜻蟧,或謂之蜓蚞,西楚與秦通名也。"《本草綱目·蟲三·蚱蟬》:"蟬,諸蜩總名也……秋月鳴而色青紫者,曰蟪蛄,曰蛁蟟,曰蜓蚞,曰螇螰,曰蛥蚗。"

〔11〕螇(xī,《廣韻》胡雞切,平齊,匣）螰(lù,《廣韻》盧谷切,入屋,來）：蜓蚞。方言詞。郭注:"即蜻蟧也。一名蟪蛄,齊人呼螇螰。"

15.5 蛣蜣[1],蜣蜋[2]。

【注釋】

〔1〕蛣(jié,《廣韻》去吉切,入質,溪）蜣(qiāng,《廣韻》去羊切,平陽,溪）：即蜣蜋。郭注:"黑甲蟲,噉糞土。"《莊子·齊物論》"庸詎知吾所謂知之非不知邪"郭象注:"夫蛣蜣之知,在於轉丸,而笑蛣蜣者,乃以蘇合爲貴。"

〔2〕蜣蜋(láng,《廣韻》吕張切,平陽,來）：黑色甲蟲,胸部和脚有黑褐色的長毛,會飛,吃糞屎,常把糞滾成球形,産卵其中。俗稱屎殼郎、坌屎蟲。郝疏:"蜣蜋體圓而純黑,以土裹糞,弄轉成丸,雄曳雌推,穴地納丸,覆之而去,不數日間有小蜣蜋出而飛去,蓋字乳其中也。"蘇鶚《蘇氏演義》下:"蜣蜋,一名蛣蜣,一名轉丸,一名弄丸,能以土包屎,轉而成丸,圓正無斜角。"

15.6　蝎[1],蛣蚎。

【注釋】

[1] 蝎(hé,《廣韻》胡葛切,入曷,匣）:木中蛀蟲。又名蛣(jié)
蚎。郭注:"木中蠹蟲。"《國語·晉語》:"雖蝎譖,焉避之?"
韋昭注:"蝎,木蟲也。"劉師培《爾雅蟲名今釋》:"今此蟲
長短不齊,長或逾寸,短僅數分,其色多白。亦有雜青色者,
蠕蠕而行,蠕蠕而動,與蠿相似,行時自昂其首,其身一屈一
伸。桃杏諸果木所生尤多,或生于果實之中。俗呼爲蠹蟲,
亦有呼爲蝎蟲者。"

15.7　蟓[1],齧桑。

【注釋】

[1] 蟓(shàng,《廣韻》式亮切,去漾,書。又色莊切,平陽,生):
一種形似天牛的桑樹害蟲。又名齧桑。郭注:"似天牛,長
角,體有白點,喜齧桑樹,作孔入其中。江東呼爲齧髮。"郝
疏:"陳藏器説蟭蟟云:'蝎在朽木中,至春羽化爲天牛,兩角
狀如水牛,色黑,背有白點,上下緣木,飛騰不遥。'是其形
狀也。天牛夏月有之,俗言出則主雨。今齧桑蟲形似天牛,
淺黄色,角差短,喜緣桑上。郭云'齧桑樹作孔',蓋指此矣。
是齧桑、天牛非一物,説者多不辨之。"《淮南子·道應》:"吾
比夫子,猶黄鵠與蟓蟲也,終日行,不離咫尺,而自以爲遠,
豈不悲哉。"

15.8　諸慮,奚相[1]。

【注釋】

[1] 奚相:昆蟲名。翟灝《爾雅補郭》:"諸慮與山櫐同名,蓋蟲
之宛曼似櫐者也。"劉師培《爾雅蟲名今釋》:"今桑木之蟲
有色黑身長,以身繞樹作盤屈之形,殆即此文之奚相也。因
其形纏屈,故假山櫐之名以爲名。"參見 14.32 條。

15.9　蜉蝣[1]，渠略[2]。

【注釋】

〔1〕蜉(fú，《廣韻》縛謀切，平尤，奉)蝣(yóu，《廣韻》以周切，平尤，以)：昆蟲名。幼蟲生活在水中，成蟲褐綠色，有四翅，壽命極短，只有數小時至一星期左右，一般朝生暮死。方言詞。《詩·曹風·蜉蝣》："蜉蝣之羽，衣裳楚楚。"毛傳："蜉蝣，渠略也，朝生夕死。"孔疏："舍人曰：'蜉蝣，一名渠略。南陽以東曰蜉蝣，梁宋之間曰渠略。'"《漢書·王褒傳》："蟋蟀俟秋唫，蜉蝤出以陰。"顏師古注："蝤，音由，字亦作蝣。其音同也。"

〔2〕渠略：蜉蝣。亦作"蝶蟰"。方言詞。郭注："似蛣蜣，身狹而長，有角，黃黑色。叢生糞土中，朝生暮死，豬好啗之。"《方言》十一："蜉蝛，秦晉之間謂之蝶蟰。"

15.10　蚍[1]，蟥蛢。

【注釋】

〔1〕蚍(bié，《廣韻》蒲結切，入屑，並)：甲蟲名，金龜子科，種類頗多。身體多爲卵圓形，危害植物的葉、花、芽及果實等地上部分。俗稱金龜子。又名蟥(huáng)蛢(píng)、黃蛢、蛢。郭注："甲蟲也。大如虎豆，綠色。今江東呼黃蛢。"

15.11　蠸[1]、輿父，守瓜。

【注釋】

〔1〕蠸(quán，《廣韻》巨員切，平仙，群)：葉甲科，一種喜食瓜葉的黃甲小蟲。有硬殼，身上有細毛。是瓜類的主要害蟲，也食果樹和豆類植物的葉。亦稱輿父、守瓜。郭注："今瓜中黃甲小蟲，喜食瓜葉，故曰守瓜。"《列子·天瑞》："九猷生乎瞀芮，瞀芮生乎腐蠸。"張湛注："謂瓜中黃甲蟲也。"錢大昕《潛研堂集·答問七》："問：'邢疏："蠸輿父，一名守瓜。"蠸輿父豈三字名乎？'曰：'此見《莊子·至樂》篇"瞀芮生乎腐

蠸"司馬彪注:"蟲名。《爾雅》云:一名守瓜。"蓋此蟲名蠸,又名與父。邢叔明未檢《莊子》,不能得其句讀也。'"

15.12　蝚[1],蛖蟱[2]。

【注釋】

[1]蝚(róu,《廣韻》耳由切,平尤,日):蟱蛄。鄭注:"即蟱蛄也。《方言》云:'南楚謂之杜狗。'今閩人亦爲杜狗。"厲荃《事物異名録·昆蟲下》:"此言蝚及蛖,亦蟱蛄之異名耳。"

[2]蛖(máng,《廣韻》莫江切,平江,明)蟱:蟱蛄。郭注:"蛖蟱,蟱蛄類。"劉師培《爾雅蟲名今釋》:"雜色爲蛖,今蟱蛄有身雜采色者,殆即《爾雅》之'蛖蟱'。"參見15.1條。

15.13　不蜩,王蚥[1]。

【注釋】

[1]王蚥(fù):大蟬。亦稱不蜩。翟灝《爾雅補郭》下:"不,《詩》《書》及古金石文多通作丕。丕,大也。王蚥亦大之稱,此必蜩類中之大者。"

15.14　蛄蛘,强蚄[1]。

【注釋】

[1]强蚄(mǐ,《廣韻》綿婢切,上紙,明):米中蛀蟲。象鼻蟲科。體紅褐色,頭小吻長,後翅發達。又名蛄蛘(shī)。郭注:"今米穀中蠹,小黑蟲是也。建平人呼爲蚄子。"郝疏:"《説文》:'蛘,蛄蛘,强芈也。'《釋文》引'《説文》作羊。《字林》作蚄,云搔蚄',非也……今按,此蟲大如黍米,赤黑色。呼爲牛子,音如甌子,登萊人語也。廣東人呼米牛,紹興人呼米象,並因形以爲名。"

15.15　不過[1],蟷蠰[2]。其子蜱蛸[3]。

【注釋】

[1]不過:螳螂的別名。方言詞。邢疏:"不過,一名蟷蠰,一

名蟷蜋。”《本草綱目·蟲一·螳蜋》：“螳蜋，兩臂如斧，當轍
不避，故得當郎之名。俗呼爲刀蜋，兗人謂之拒斧，又呼不
過也。”

〔2〕蟷(dāng，《廣韻》都郎切，平唐，端）蠰(náng，《廣韻》奴當
切，平唐，泥）：螳螂。全身綠色或土黃色，頭呈三角形，複
眼突出，胸部細長，翅兩對，前脚呈鐮刀狀。捕食害蟲，對農
業有益。郭注：“蟷蠰，螗蜋別名。”《禮記·月令》“小暑至，
螳蜋生”孔疏：“舍人云：‘不蟠，名蟷蠰，今之螳蜋也。’”

〔3〕蜱(pí，《廣韻》符支切，平支，並）蛸(xiāo，《廣韻》相邀切，平
宵，心）：螳螂的卵塊，產於樹枝上，灰黃色，又稱螵蛸。產
桑樹上名桑螵蛸，可入藥。郭注：“一名蟳蟭。蟷蠰卵也。”

15.16　蒺藜，蜘蛆[1]。

【注釋】

〔1〕蜘(jí，《廣韻》子力切，入職，精。又子結切，入屑，精）蛆(jū，
《廣韻》子魚切，平魚，精）：蜈蚣。又名蒺藜。《廣雅·釋蟲》：
“蜘蛆，吳公也。”王念孫疏證：“吳公，一作蜈蚣。”《莊子·齊
物論》：“蜘且甘帶。”陸德明釋文：“且，字或作蛆……《廣雅》
云：‘蜈公也。’……帶，如字。崔云：‘蛇也。’司馬（彪）云：
‘小蛇也。蜘蛆好食其眼。’”《本草綱目·蟲四·蜈蚣》：“蜘蛆，
蜈蚣也。性能制蛇，見大蛇便緣上嚙其腦。”一說蟋蟀。郭
注：“似蝗而大腹，長角，能食蛇腦。”《淮南子·說林》：“騰蛇
游霧，而殆於蜘蛆。”高誘注：“蜘蛆，蟋蟀……上蛇，蛇不敢
動，故曰‘殆於蜘蛆’也。”

15.17　蝝[1]，蝮蜪。

【注釋】

〔1〕蝝(yuán，《廣韻》與專切，平仙，以）：蝗的未生翅的幼蟲。
又名蝮蜪(táo)。郭注：“蝗子未有翅者。《外傳》曰：‘蟲舍蚳

蠨。'”郝疏：“今呼蠨爲蝮蛸子。”《左傳·宣公十五年》：“冬，
蠨生，饑。”杜注：“董仲舒云：‘蝗子。’”《文選》張衡《西京
賦》：“攫胎拾卵，蚳蠨盡取。”李周翰注：“蠨，蝗子。”

15.18 蟋蟀，蛬[1]。

【注釋】

[1] 蛬（qióng，《廣韻》渠容切，平鍾，群。又居悚切，上腫，見）：
蟋蟀。郭注：“今促織也。亦名青蚸。”《方言》十一：“蜻蛚，
楚謂之蟋蟀，或謂之蛬。南楚之間謂之蚟孫。”《詩·唐風·蟋
蟀》“蟋蟀在堂”毛傳：“蟋蟀，蛬也。”孔疏：“陸機疏云：‘蟋
蟀，似蝗而小，正黑，有光澤如漆，有角翅，一名蛬，一名蜻
蛚。楚人謂之王孫，幽州人謂之趨織。’”

15.19 蟼[1]，蟆[2]。

【注釋】

[1] 蟼（jǐng，《廣韻》居影切，上梗，見。又舉卿切，平庚，見。又
古牙切，平麻，見）：蛤蟆之一種。在陂澤中，背有黑點，身
小能跳，善食百蟲，鳴時作呷呷聲，可入藥。劉師培《爾雅蟲
名今釋》：“鼀與蟼蟆爲一類，而蟾諸則別爲一物也。然鼀與
蟼蟆雖同類，而爲物則不同。以今所見考之，則《爾雅》之
‘蟾諸’，俗謂之癩蝦蟆，淮南謂之癩猴。在人家濕處，腹大
身青，皮多緻文，以皮汁入藥中，謂之蟾酥，此一物也。《爾
雅》之‘鼀’即土鴨，俗名水鴨，四足而青脊，其聲甚壯，此
別一物也。《爾雅》之‘蟼蟆’，俗直謂之蝦蟇，在陂澤中，背
有黑點，身小能跳，善食百蟲，其鳴時作呷呷聲，藥中用之以
去疗腫，此又一物也。”《急就篇》“水蟲科斗蠅蝦蟇”顏師古
注：“蝦蟇，一名蟼，大腹而短脚。”

[2] 蟆（má，《廣韻》莫霞切，平麻，明）：蝦蟆，包括很多種類，統
稱。郝疏：“今按，蝦蟆居陸，蛙居水。此是蟆，非蛙也。”《説

文》虫部："蟆,蝦蟆也。"

15.20　蜆[1],馬蝬。

【注釋】

〔1〕蜆(xián)：本亦作"蜆"(xián),蟲名,即馬陸。俗稱百足蟲。
節肢動物。體圓長,由20個環節構成,背部有黄黑相間的
環紋。栖息於陰濕處,觸之則蜷曲如環,並放出臭味。畫伏
夜出,吃草根或腐敗的植物。又稱馬蚿、馬蚰、百足。邢疏：
"蜆蟲,一名馬蝬,一名馬蠋蚼,俗呼馬蚿。《方言》云：'馬
蚿(音弦),北燕謂之蛆蝶(音子余切),其大者謂之馬柚(音
逐)。'"《本草綱目·蟲四·馬陸》："弘景曰：此蟲甚多,寸寸
斷之,亦便寸行。故魯連子云：'百足之蟲,死而不僵。'"

15.21　蝜蠡[1],蠜[2]。草蠡,負蠜[3]。蜇蠡[4],蜙蝑[5]。
蟿蠡[6],蜤蟴[7]。土蠡[8],蟓蟞。

【注釋】

〔1〕蝜(fù,《字彙》房岳切)蠡(zhōng,《廣韻》職戎切,平東,章)：
蝗類的總名。亦作"阜蠡、蟲蠡"。《本草綱目·蟲三·蟲蠡》：
"此有數種,蟲蠡總名也。江東呼爲蚱蜢……蟲蠡在草上者
曰草蠡,在土中者曰土蠡,似草蠡而大者曰蠡斯,似蠡斯而
細長者曰蟿蠡。"一説,蝗子。郭注："《詩》曰：'趯趯阜蠡。'"
邢疏："蝜蠡,一名蠜。李巡曰：'蝗子也。'"郝疏："蝜蠡名蠜。
《詩》作'阜蠡'。"

〔2〕蠜(fán,《廣韻》附袁切,平元,奉)：蝜蠡。《説文》虫部："蠜,
阜蠜也。"《詩·召南·草蟲》"趯趯阜蠡"毛傳："阜蠡,蠜也。"

〔3〕負蠜：蝗蟲的一種。又名草蠡。《詩·召南·草蟲》"喓喓草蟲"
陸釋文："《草木疏》云：'(草蟲)一名負蠜,大小長短如蝗而
青也。'"

〔4〕蜇(sī,《廣韻》息移切,平支,心)蠡：即蠡斯。體長寸許,綠

褐色,觸角細長,振翅善鳴。亦稱斯螽、螽斯、蜙蝑。《集韻》
支韻:“蜇,蟲名。《爾雅》:‘蜇螽,蜙蝑。’通作斯。”《詩·豳
風·七月》“五月斯螽動股”毛傳:“斯螽,蜙蝑也。”王夫之稗
疏:“斯螽,毛傳曰‘蜙蝑也’。《爾雅》謂之‘蜇螽’,《方言》
及《廣雅》謂之‘舂黍’。郭璞曰:‘江東呼虴蛨。’今按:虴
蛨似螳蜋,項稍短而無斧,六七月間好入人葛衣中,閩粤人
生啖之。”

〔5〕蜙(sōng,《廣韻》息恭切,平鍾,心)蝑(xū,《廣韻》相居切,
平魚,心):蜙,亦作“蚣”。又稱蜇螽。邢疏:“蜇螽,《周南》
作‘螽斯’,《七月》作‘斯螽’……一名蜙蝑,一名蜙蝑,一
名蟿蟍。”《説文》虫部:“蜙,蜙蝑,以股鳴者。”《詩·周南·螽
斯》“螽斯羽,詵詵兮”毛傳:“螽斯,蜙蝑也。”馬瑞辰傳箋通
釋:“螽斯蓋柳斯、鹿斯之比,以斯爲語詞耳。”

〔6〕蟿(qì,《廣韻》詰利切,去至,溪。又苦計切,去霽,溪)螽:
蝗的一種。綠色或黃褐色,頭尖,後翅大,飛時剉剉發聲。
後肢長,善跳躍。捕執其後肢,欲躍不得,遂作舂米之狀,故
俗稱舂米郎。郝疏:“《春秋·桓五年》正義引樊光云:‘蟿螽、
土螽,皆蜙蝑之屬。’郭以‘似蜙蝑而細長、飛翅作聲者爲螇
蚸’,郭説得之。今驗螇蚸,全似蜙蝑而細小,飛翅作聲,尤
清長。俗呼之蛤苔板是也。”《本草綱目·蟲三·蟲螽》:“似
螽斯而細長者曰蟿螽。”

〔7〕螇(qī,《廣韻》苦奚切,平齊,溪)蚸(lì,《集韻》昌石切,入
昔,昌):蝗的一種。郭注:“今俗呼似蜙蝑而細長、飛翅作
聲者爲螇蚸。”

〔8〕土螽:即灰胙蜢。又名蠰(rǎng)谿。鄭注:“蠰谿似蝗而小,
斑色,多生園中。郭云:今謂之土蜙,以其在土中也。”郝疏:
“土螽者,今土蛨虴也。亦有二種:一種體如土色,似蝗而

小,有翅,能飛不遠;又一種黑班色而大,翅絕短,不能飛,善跳。俗呼之度蛞蚘,即土蛞蚘也。"

15.22　蟚蚓[1],螼蚕[2]。

【注釋】

[1] 蟚(qǐn,《廣韻》弃忍切,上準,溪。又羌印切,去震,溪)蚓:蚯蚓的别名。蚓,亦作"螾"。《漢書·賈誼傳》"夫豈從蝦與蛭螾"顔師古注引服虔曰:"螾,今之蟚螾也。"《本草綱目·蟲四·蚯蚓》:"蚓之行也,引而後申,其壤如丘,故名蚯蚓。《爾雅》謂之蟚螾,巴人謂之朐胸,皆方音之轉也。"杭世駿《續方言》下:"蟚蚓,江東呼寒蚓。"

[2] 螼(qiǎn,《廣韻》牽繭切,上銑,溪)蚕:蚯蚓。

15.23　莫貈,蟷蜋,蛑[1]。

【注釋】

[1] 蛑(máo,《廣韻》莫浮切,平尤,明):螳螂的别名。又名莫貈(hé)、蟷蜋。參見 15.15 條。

15.24　虰蛵[1],負勞。

【注釋】

[1] 虰(dīng,《廣韻》當經切,平青,端)蛵(xīng,《廣韻》呼刑切,平青,曉):即蜻蜓。又名負勞。郭注:"或曰即蜻蛉也。"邢疏:"即蜻蛉,六足四翼蟲也。一名虰蛵,一名負勞,江東呼狐梨。"《本草綱目·蟲二·蜻蛉》:"蜻虰,蜻蜓,虰蛵……或云其尾好亭而挺,故曰蜓,曰蛵。"

15.25　蛶[1],毛蠹。

【注釋】

[1] 蛶(hàn,《廣韻》胡感切,上感,匣。又胡紺切,去勘,匣):毛蟲。遍體有毛,多短足,有毒,能螫人。又名毛蠹。鄭注:"即載也。亦謂之螫蟲,其毛能毒人,似蜂薑。"郝疏:"《説文》:

‘蛶,毛蠹也。’又云：‘载,毛蟲也。’……今俗呼爲毛载,有
毒,螫人。”

15.26　螺[1],蚝蛓。

【注釋】

〔1〕螺(mò,《集韻》密北切,入德,明）：毛蟲,即蚝蛓。郭注：“蛓
　　屬也。今青州人呼蛓爲蚝蛓。”

〔2〕蚝(zhān,《廣韻》汝鹽切,平鹽,日）蛓(sī,《廣韻》息移切,
　　平支,心）：一種毛蟲,即楊瘌子。有毒,能螫人。作繭形如
　　甕,稱雀甕,成蟲稱蛾或蝶。方言詞。亦作“蚝蛸、蚝斯”。《説
　　文》虫部：“蚝,蚝斯,墨也。”段玉裁注：“此乃食木葉之蟲,
　　非木中之蠹。”桂馥義證：“陶（弘景）云：蚝蛓,蚝蟲也。其
　　背毛螫人,生卵形如雞子,大如巴豆。陳藏器云：蚝蟲好在
　　果樹上,大小如蠶,身面背上有五色斑文,毛有毒,能螫人。
　　欲老者口吐白汁,凝聚如雀卵。其蟲以甕爲繭,在中成蛹,
　　夏月羽化而蛾生於葉閒,如蠶子。”

15.27　蟠[1],鼠負。

【注釋】

〔1〕蟠(fán,《廣韻》附袁切,平元,奉。又薄官切,平桓,並）：即
　　濕生蟲,鞋板蟲。生活於水缸底或墻根等潮濕處,背有橫文,
　　腹下多足,全蟲入藥。又名鼠負、鼠婦。郭注：“甕器底蟲”。
　　《證類本草》二二：“鼠婦生魏郡平谷及人家地上,今處處有
　　之,多在下温處,甕器底及土坎中常惹著鼠背,故名鼠負。
　　今作‘婦’字,謬耳。”

15.28　蟫[1],白魚[2]。

【注釋】

〔1〕蟫(yín,《廣韻》餘針切,平侵,以。又徒含切,平覃,定）：蠹
　　魚。衣魚科,體長而扁,觸角鞭狀,體被銀色細鱗。爲衣服、

書籍等蠹蟲。又名衣魚。郭注："衣書中蟲，一名蛃魚。"《説文》虫部："蟫，白魚也。"《本草綱目·蟲三·衣魚》："白魚、蟫魚、蛃魚、壁魚、蠹魚。宗奭曰：衣魚生久藏衣帛中及書紙中，其形稍似魚，其尾又分二岐，故得魚名。時珍曰：白，其色也；壁，其居也；蟫，其狀態也；丙，其尾形也。"

〔2〕白魚：蠹魚。邢疏："此衣書中蟲也。一名蟫，一名白魚，一名蛃魚，《本草》謂之'衣魚'，是也。"羅願《爾雅翼·釋蟲》："始則黃色，既老則身有粉，視之如銀，故名白魚。"

15.29　蛾[1]，羅。

【注釋】

〔1〕蛾(yǐ)：同"蛾"，後作"蟻"，螞蟻。亦稱羅。《爾雅·釋蟲》"蚍蜉，大螘，小者螘"陸釋文："螘，本亦作蛾，俗作蟻字，音同。"《説文》虫部："蛾，羅也。"段玉裁注："蛾，羅。見《釋蟲》。許次於此，當是螘，一名蛾。古書説蛾爲蚍蠹者多矣。蛾是正字，蟻是或體。"《墨子·公孟》："應孰辭而稱議，是猶荷轅而擊蛾也。"畢沅校注："蛾，同螘。"朱學聃《爾雅静郭》："《説文》蚰部'蛾'爲'蟲'之或體，云：'蠶化飛蛾。'虫部：'蛾，羅也。'廁於'蠹丁，螘也''螘，蚍蜉也'之間，當即螘名。"

15.30　翰[1]，天雞。

【注釋】

〔1〕翰(hàn，《廣韻》侯旰切，去翰，匣)：紡織娘。螽斯科，身體綠色或黃褐色，頭小，觸角細長，善跳躍。生活於草地中，吃青草、樹葉、瓜類等。鳴聲似紡車紡紗之聲。亦稱天雞、莎雞、絡緯、絡絲娘、紡綫娘等。郭注："小蟲，黑身，赤頭。一名莎雞。又曰樗雞。"邢疏："《詩·豳風·七月》云：'六月莎雞振羽。'陸機疏云：'如蝗而班色，毛翅數重，其翅正赤。''六月

中飛而振羽,索索作聲。幽州人謂之蒲錯。'是也。"王國維
《爾雅草木蟲魚鳥獸名釋例》:"'鶾、鶾'即《易》'翰音登于
天'之'翰',謂其鳴長也。翰音之物,以雞爲最著,故又謂
之天雞矣。"

15.31　傅,負版[1]。

【注釋】

〔1〕負版:即蝜蝂。遇物則取而負之,雖困不止。又名傅。陸
　　釋文:"(版),字亦作蝂。"郝疏:"今驗此蟲,黑身,爲性躁急,
　　背有齟齬,故能負不能釋。"柳宗元《蝜蝂傳》:"蝜蝂者,善
　　負小蟲也。行遇物,輒持取,卬其首負之,背愈重,雖困劇不
　　止也。其背甚澀,物積因不散,卒躓仆不能起。人或憐之,
　　爲去其負,苟能行,又持取如故。又好上高,極其力不已,至
　　墜地死。"

15.32　强,蚚[1]。

【注釋】

〔1〕蚚(qí,《廣韻》渠希切,平微,群。又胡輩切,去隊,匣):即
　　强蚚,米穀中的小黑甲蟲。又稱强、蛄蟹。《説文》虫部:"强,
　　蚚也。"《正字通》虫部:"蚚,今廣東呼米牛,紹興呼米象。"
　　參見 15.14 條。

15.33　蛚[1],螪何。

【注釋】

〔1〕蛚(liè,《廣韻》力糵切,入薛,來):蜥蜴類昆蟲。又名螪
　　(shāng)何。邵正義:"蛚,一名螪何。《説文》作'商何'。《玉
　　篇》作'蛚,螪蚵也',又云:'蚵蟹,蜴蜥。'《集韻》引《爾雅》:
　　'蛚,螪何。'以爲蜴蜥之類也。"一説,米中小黑甲蟲。劉師
　　培《爾雅蟲名今釋》:"蛚,即下文'强醜捋'。此與上文'强,
　　蚚'疑爲同類。"句中"强醜捋"見於本篇 15.55 條。

15.34　蜖[1]，蛹[2]。

【注釋】

〔1〕蜖(guī，《廣韻》居追切，平脂，見。又胡對切，去隊，匣)：蟲
蛹。《説文》虫部："蜖，蛹也。"王筠句讀："吾鄉諺語，凡草
木蟲之有繭自裹者，皆謂之蛹；無繭者，皆謂之蜖，如蜻蜓
在水中未蜕時，及蟬之爲復育時，皆名之。"《本草綱目·蟲
一·蠶》："蛹曰蜖。"

〔2〕蛹：蟲蛹。《荀子·賦》："蛹以爲母，蛾以爲父。"亦特指蠶蛹。
《説文》虫部："蛹，繭蟲也。"蔡邕《短人賦》："繭中蛹兮蠶
蠕頓，視短人兮形若斯。"

15.35　蜆[1]，縊女[2]。

【注釋】

〔1〕蜆(xiàn，《廣韻》胡典切，上銑，匣。又苦甸切，去霰，溪)：
蝶類的幼蟲。色黑赤頭，長寸許，吐絲作繭，懸於空中，俗名
縊女。尹桐陽義證："今所謂蝶蛹是也……所謂裸體而懸垂
於枝上者，此也。疏引《説文》云'蜕爲蝶'，得其旨矣。蜆
即倪，磬也。記磬於甸人，謂絞縊殺之。"焦贛《易林·井》：
"蜆見不祥，禍起我鄉。"劉敬叔《異苑》三："縊女，蟲也。一
名蜆。長寸許，頭赤身黑，恒吐絲自懸。"

〔2〕縊女：蝶類的幼蟲。郭注："小黑蟲。赤頭，喜自經死，故曰
縊女。"郝疏："按，今此蟲吐絲自裹，望如披蓑，形似自懸，而
非真死，舊説殊未了也。"

15.36　蚍蜉[1]，大螘，小者螘[2]。蟻[3]，杙螘。蠪[4]，飛
螘，其子蚳[5]。

【注釋】

〔1〕蚍(pí，《廣韻》房脂切，平脂，並)蜉(fú，《廣韻》縛謀切，平
尤，奉)：一種大螞蟻。郭注："俗呼爲馬蚍蜉。"邢疏："螘，

通名也。其大者別名蚍蜉,俗呼馬蚍蜉,小者即名蟻。"《禮
記·學記》"蛾子時術之"鄭注:"蛾,蚍蜉也。蚍蜉之子,微
蟲耳。時術蚍蜉之所爲,其功乃復成大垤。"

〔2〕蟻(yǐ,《廣韻》魚倚切,上紙,疑):同"蟻",小螞蟻。陸釋文:
"本亦作蛾,俗作蟻字,音同。"《説文》虫部:"蟻,蚍蜉也。"
《楚辭·招魂》:"赤蟻若象。"王逸注:"蟻,蚍蜉也。小者爲
蟻,大者謂之蚍蜉也。"《本草綱目·蟲二·蟻》:"蟻有君臣之
義,故字從義。亦作蟻。大者爲蚍蜉,亦曰馬蟻。赤者名蠪。
飛者名螱。"

〔3〕蠪(lóng,《廣韻》盧紅切,平東,來):一種赤色斑駁的大螞
蟻。又名杠(chéng)蟻。郭注:"赤駁蚍蜉。"邢疏:"其大而赤
色斑駁者名蠪,一名杠蟻。"王引之述聞:"蠪之言龙也,古者
謂雜色爲龙,或借龍字爲之,故蟻之赤色斑駁者謂之蠪,義與
龙同也。杠之言赬也,赬,赤也。蟻色赤駁,故又謂之赬蟻。"

〔4〕螱(wèi,《廣韻》於胃切,去未,影):白蟻。亦作"蟶"。陸釋
文作"蟶"。羅願《爾雅翼·釋蟲》:"螱,飛蟻,蟻之有翅者,
蓋柱中白蟻之所化也……以泥爲房,詰曲而上。往往變化
生羽,遇天晏濕,群隊而出,飛亦不能高。尋則脫翼,藉藉在
地而死矣。"《本草綱目·蟲二·蟻》:"赤者名蠪,飛者名螱。"

〔5〕蚳(chí,《廣韻》直尼切,平脂,澄):蟻卵。可作醬,供食用。
郭注:"蚳,蟻卵。"邢疏:"其子在卵者名蚳,可以作醢。"《國
語·魯語上》:"鳥翼鷇卵,蟲舍蚳蝝。"韋昭注:"蚳,蟻子也,
可以爲醢。"《周禮·天官·鱉人》:"祭祀,共蠯、蠃、蚳,以授
醢人。"鄭注:"蚳,蛾子。"賈疏:"云'蚳,蛾子'者,謂蟻之
子,取白者以爲醢。"

15.37　次蟗[1],鼅鼄[2]。鼅鼄,鼄蝥[3]。土鼄鼄[4]。草
鼄鼄[5]。

【注釋】

〔1〕次畫(qiū,《廣韻》七由切,平尤,清):即蜘蛛。郭注:"今江東呼蝃蝥。"邢疏:"次畫,即鼅鼄别名也。又一名鼁蝥。"

〔2〕鼅(zhī,《廣韻》陟離切,平支,知)鼄(zhū,《廣韻》陟輸切,平虞,知):蜘蛛。亦作"鼄鼅"。《廣韻》支韻:"鼅,《說文》曰'鼅鼄,蟊也'。鼄,上同。"

〔3〕鼁蝥(wú,《廣韻》武夫切,平虞,微):蜘蛛的别名。方言詞。亦作"蛛蝥"。《方言》十一:"鼅鼄,鼁蝥也。自關而西秦晉之間謂之鼁蝥,自關而東趙魏之郊謂之鼅鼄,或謂之蠾蝓。蠾蝓者,侏儒語之轉也。北燕朝鮮洌水之間謂之蝺蜍。"賈誼《新書·諭誠》:"蛛蝥作網,今之人俏緒。"

〔4〕土鼅鼄:蜘蛛之一種,在地下布網。鄭注:"在土中布網者曰土鼅鼄,在草中布網者曰草鼅鼄。土中者能毒人,俗謂天蚍。"

〔5〕草鼅鼄:蜘蛛之一種,在草中布網。郭注:"絡幕草上者。"

15.38 土蠭[1]。木蠭[2]。

【注釋】

〔1〕土蠭:蜂的一種。俗稱馬蜂。體圓而長,黑褐色,有細毛,尾長螫針,有毒,能螫人,脚短而粗。栖於沙土或朽木中。方言詞。郭注:"今江東呼大蠭在地中作房者爲土蠭,啖其子,即馬蠭,今荆巴間呼爲蟺。"

〔2〕木蠭:蜂的一種。在樹上作房,形體比土蠭小。方言詞。郭注:"似土蠭而小,在樹上作房,江東亦呼爲木蠭,又食其子。"

15.39 蠐[1],蠐螬[2]。

【注釋】

〔1〕蠐(féi,《廣韻》符非切,平微,奉。又扶沸切,去未,奉。又浮鬼切,上尾,奉):金龜子的幼蟲。長寸許,體乳白色,圓柱

形,向腹面彎曲,背上多橫皺紋,生活在土中,食害農作物的根和莖。又稱蠐螬、蟦蠐、地蠶、土蠶、核桃蟲。郭注:“在糞土中。”鄭注:“糞土中大白蟲也。”

〔2〕蠐(qí,《廣韻》徂奚切,平齊,從)螬(cáo,《廣韻》昨勞切,平豪,從):金龜子的幼蟲。《列子·天瑞》:“烏足之根爲蠐螬,其葉爲胡蝶。”

15.40　蝤蠐[1],蝎[2]。

【注釋】

〔1〕蝤(qiú,《廣韻》自秋切,平尤,從)蠐(qí,《廣韻》徂奚切,平齊,從):天牛的幼蟲。天牛科。色白身長,呈圓柱形。蛀食樹木枝幹。方言詞。郝疏:“蝤蠐白色,身長足短,口黑無毛,至春羽化爲天牛。陳藏器說如此。”《詩·衛風·碩人》:“領如蝤蠐,齒如瓠犀。”毛傳:“蝤蠐,蝎蟲也。”

〔2〕蝎(hé,《廣韻》胡葛切,入曷,匣):天牛、桑天牛的幼蟲。方言詞。郭注:“在木中,今雖通名爲蝎,所在異。”邢疏:“此辨蝎在土在木之異名也。其在糞土中者名蟦蠐,又名蠐螬;其在木中者,《方言》云:‘關東謂之蝤蠐,梁益之間謂之蝎。’”參見15.6條。

15.41　蛜威[1],委黍。

【注釋】

〔1〕蛜(yī,《集韻》於夷切,平脂,影)威:濕生蟲,鞋板蟲。又名委黍、鼠負、鼠婦。郭注:“舊說鼠婦別名。”陸璣《毛詩草木鳥獸蟲魚疏》:“伊威,一名委黍,一名鼠婦,在壁根下甕底土中生,似白魚者是也。”參見15.27條。

15.42　蠨蛸[1],長踦[2]。

【注釋】

〔1〕蠨(xiāo,《廣韻》蘇彫切,平蕭,心)蛸(shāo,《廣韻》所交切,

平肴,生）：蜘蛛的一種,腿很長。又名喜蛛、長踦。《説文》
虫部：“蠨,蠨蛸,長股者。”馬縞《中華古今注·長跂》：“蠨蛸
也。身小足長,故謂長跂。小蜘蛛長脚也,俗呼爲蟢子。”

〔2〕長踦：蠨蛸的異名。身小腿長,故名。《詩·豳風·東山》：
“伊威在室,蠨蛸在户。”孔疏引陸璣云：“蠨蛸,長踦,一名長
脚。荆州、河内人謂之喜母。此蟲來著人衣,當有親客至,
有喜也。幽州人謂之親客,亦如蜘蛛爲羅網居之。”

15.43　蛭蝚[1],至掌。

【注釋】

〔1〕蛭(zhì,《廣韻》丁悉切,入質,知）蝚(róu,《廣韻》耳由切,
平尤,日）：泛指陸生蛭,現俗稱旱螞蟥。又名至掌。翟灝《爾
雅補郭》：“蛭有水蛭、泥蛭、草蛭、石蛭諸種,俱别於所生。
‘蟣,蛭’見《釋魚》篇,固是水族。‘蛭蝚’别見《釋蟲》,可
知其非生於水矣。今逢土潤溽時,泥草間多生此物,俗謂之
馬蟥。其身細長而柔,引之輒斷,首鋭如鏟,能入人股掌唨
其血。蝚與至掌之名,一一堪實驗也。”

15.44　國貉,蟲蟓[1]。

【注釋】

〔1〕蟲蟓(xiǎng,《廣韻》許兩切,上養,曉。又許亮切,去漾,曉）：
即知聲蟲。生活於土中,形似蠶而大。又稱地蛹、蟓蟲、國貉。
邢疏：“此蛹蟲也。今俗呼爲蟓,一名國貉,一名蟲蟓。《説文》
云：‘知聲蟲也。’”郝疏：“今謂之地蛹,如蠶而大,出土中,故
《廣雅》云：‘土蛹,蟓蟲也。’蟓蟲即蟲蟓。蟓猶響也,言知
聲響也；亦猶向也,言知所向也。《埤雅》引《類從》云：‘帶
蟓醒迷,遶祠解惑。’《香祖筆記》一引《物類相感志》云：‘山
行慮迷,握蟓蟲一枚於手中,則不迷。’然則蟲有靈應,故有
肨蟓之言矣。”

15.45　蠖,蚇蠖[1]。

【注釋】

[1] 蚇(chǐ,《廣韻》昌石切,入昔,昌）蠖(huò,《廣韻》烏郭切,入鐸,影）:蛾的幼蟲。亦作"尺蠖"。體細長,生長於樹,顏色像樹皮,爬行時一屈一伸,如同用大拇指和中指量尺寸。種類很多,危害各種植物。又名蠖、步曲、造橋蟲。鄭注:"郭云:'今蚪蠋。'《説文》云:'蠖,屈伸蟲也。'"郝疏:"其行先屈後申,如人布手知尺之狀,故名尺蠖。"

15.46　果蠃[1],蒲盧[2]。

【注釋】

[1] 果蠃(luǒ):細腰蜂。本亦作"果蠃"。頭部呈球狀,細腰,主要捕食螟蛉等多種鱗翅目昆蟲的幼蟲。腹部末端有帶毒的針和產卵器,繁殖後代時,先用腹部毒針螫暈螟蛉幼蟲,在其體内產卵,卵孵化出來的幼蟲以螟蛉爲食,而後化蛹長成果蠃。因其腹部前端呈杆狀,後部如果蓏,故名。又名蒲盧。郭注:"即細腰蠭也。俗呼爲蠮螉。"王國維《爾雅草木蟲魚鳥獸名釋例》:"果蠃、果蠃者,圓而下垂之意,即《易·雜卦》傳之果蓏。凡在樹之果與在地之蓏,其實無不圓而垂者,故物之圓而下垂者皆以果蓏名之……蜂之細腰者,其腹亦下垂如果蓏,故謂之果蠃矣。"

[2] 蒲盧:細腰蜂。《禮記·中庸》:"夫政也者,蒲盧也。"鄭注:"蒲盧,蜾蠃,謂土蜂也。《詩》曰:'螟蛉有子,蜾蠃負之。'螟蛉,桑蟲也。蒲盧取桑蟲之子去而變化之,以成爲己子。政之於百姓,若蒲盧之於桑蟲然。"

15.47　螟蛉[1],桑蟲。

【注釋】

[1] 螟(míng,《廣韻》莫經切,平青,明）蛉(líng):螟蛾的幼蟲。

泛指棉鈴蟲、菜粉蝶等多種鱗翅目昆蟲的幼蟲。古人誤認
爲果蠃不產子,喂養螟蛉爲子。實際是果蠃產卵於螟蛉體
內,以螟蛉作爲自己幼蟲的食物。又稱桑蟲。郭注:"俗謂
之桑蟵,亦曰戎女。"《詩·小雅·小宛》:"螟蛉有子,蜾蠃負
之。"孔疏:"陸機云:'螟蛉者,桑上小青蟲也。似步屈,其色
青而細小,或在草萊上。蜾蠃,土蜂也。似蜂而小腰,取桑
蟲負之於木空中,七日而化爲其子。'"

15.48　蝎[1],桑蠹。

【注釋】

〔1〕蝎(hé,《廣韻》胡葛切,入曷,匣):特指桑蠹蟲。邵正義:
"上文云:'蝎,蛣蟈。'通言木中之蠹。此言桑木之蠹,亦
名爲蝎。"《論衡·商蟲》:"桂有蠹,桑有蝎。"參見15.6 條、
15.40 條。

15.49　熒火[1],即炤[2]。

【注釋】

〔1〕熒:同"螢"。

〔2〕即炤(zhào,《廣韻》之少切,去笑,章):螢火蟲。身體黃
褐色,腹部末端有發光器,夜間發出綠色的熒光。炤,同
"照"。郭注:"夜飛,腹下有火。"《禮記·月令》"(季夏之月)
腐草爲螢"孔疏引李巡云:"螢火夜飛,腹下如火光,故曰
'即炤'。"

15.50　密肌,繼英。

【案】此條闕疑。郭注:"未詳。"鄭注:"《釋鳥》有此,誤重出
耳。"郝疏:"《釋鳥》有'密肌,繫英',與此同名。或説此蟲即
肌求也……《一切經音義》九引《通俗文》云:'務求謂之蚑蛷,
關西呼蛷螋爲蚑蛷。'然則蚑蛷即肌求,聲之轉也。蛷螋又轉
爲蠷螋。"

15.51　蚅[1], 烏蠋[2]。

【注釋】

〔1〕蚅(è，《廣韻》於革切，入麥，影)：蛾蝶類的幼蟲。形似蠶，色青，大如指。又名烏蠋。郭注："大蟲如指，似蠶。"《本草綱目·蟲一·蠶》："凡諸草木，皆有蚅蠋之類，食葉吐絲，不如蠶絲可以衣被天下，故莫得並稱。"

〔2〕烏蠋(zhú，《廣韻》之欲切，入燭，章)：蛾蝶類的幼蟲。郝疏："蜀之言獨也。《方言》云：'蚅，蜀也。南楚謂之獨。'郭注：'蜀猶獨耳。'然則此蟲性好獨行。"《本草綱目·蟲一·枸杞蟲》："此《爾雅》所謂'蚅，烏蠋'也。其狀如蠶。亦有五色者。老則作繭，化蛾孚子。諸草木上皆有之，亦各隨所食草木之性。"方旭《蟲薈·昆蟲·蚅》："此即《爾雅》之'烏蠋'也。春夏間有之。生藿上者名藿蠋，其氣香；生槐上者名槐蠋，其氣臭；生枸杞上者名枸杞蟲，能治腎家風虛。"

15.52　蠓[1], 蠛蠓[2]。

【注釋】

〔1〕蠓(měng，《廣韻》莫孔切，上董，明。又莫紅切，平東，明)：蠓蟲。蠓科。成蟲體很小，褐色或黑色，幼蟲長圓柱狀，灰白色或帶黃白色。喜群飛。雌蟲吸人畜血，傳播疾病。又稱蠛蠓。《説文》虫部："蠓，蠛蠓。"《列子·湯問》："春夏之月有蠓蚋者，因雨而生，見陽而死。"

〔2〕蠛(miè，《廣韻》莫結切，入屑，明）蠓：蠓蟲。郭注："小蟲似蚋，喜亂飛。"《古文苑》宋玉《小言賦》："憑蚋眥以顧盼，附蠛蠓而遨遊。"章樵注："蠛蠓，飛蟲，形微於蚋。"《文選》揚雄《甘泉賦》："歷倒景而絕飛梁兮，浮蠛蠓而撇天。"李善注引孫炎《爾雅》注："蠛蠓，蟲小於蚊。"

15.53　王, 蛈蜴[1]。

【注釋】

〔1〕蛈(tiě,《廣韻》他結切,入屑,透）蝪(tāng,《廣韻》吐郎切,
平唐,透）：土蜘蛛,即螲蟷。形似蜘蛛,巢築在土中,内布
滿蛛絲,上有圓蓋,可開閉,捕食昆蟲。又名王。方言詞。
郭注：“即螲蟷。似鼄鼄,在穴中,有蓋。今河北人呼蛈蝪。”
邢疏：“此鼄鼄之一種也。一名螲蟷。穴居布罔,穴口有蓋。
河北人呼蛈蝪者是也。”《本草綱目·蟲二·螲蟷》：“蛈蝪,即
《爾雅》‘土蜘蛛’也,土中布網。”

15.54　蟓[1],桑繭[2]。雔由[3],樗繭。棘繭[4]。欒繭[5]。
蚢[6],蕭繭。

【注釋】

〔1〕蟓(xiàng,《廣韻》徐兩切,上養,邪。又式亮切,去漾,書）：
桑蠶。郭注：“食桑葉作繭者,即今蠶。”《玉篇》虫部：“蟓,
桑蠶也。”

〔2〕桑繭(jiǎn,《廣韻》古典切,上銑,見）：食桑葉的蠶所結的繭。

〔3〕雔(chóu,《廣韻》市流切,平尤,禪）由：食樗葉的野蠶。郭
注：“食樗葉。”邵正義：“食樗葉而成繭者名雔由。今人名樗
者曰臭椿,後世所謂椿綢,其即樗繭所成與？”

〔4〕棘繭：食酸棗葉的野蠶所結的繭。

〔5〕欒繭：食欒華葉的野蠶所結的繭。欒,欒華,欒木。落葉喬
木,葉似木槿而薄細,花黃,結蒴果。

〔6〕蚢(háng,《廣韻》胡郎切,平唐,匣。又苦浪切,去宕,溪）：
一種野蠶,食艾蒿葉。邢疏：“食蕭葉作繭者名蚢。”郝疏：“蚢
者,《玉篇》云：‘蠶類,食蒿葉。’蒿即蕭也。今草上蟲吐絲
作繭者甚衆,不獨蒿也。嶺南蠶或食紫蘇葉作繭矣。”

15.55　蜇醜鋪[1],螽醜奮[2],強醜捋[3],蠜醜螫[4],蠅
醜扇[5]。

【注釋】

〔1〕醜：類。邢疏："醜，類也。"　　鏬(xià)：阮校作"罅"，裂，開裂。

〔2〕螽(zhōng，《廣韻》職戎切，平東，章)：蟲名。包括阜螽、草螽、蜇螽、蟿螽、土螽五種。舊説以爲蝗類的總名。今以阜螽、蟿螽、土螽屬蝗蟲科，蜇螽、草螽屬螽斯科。《説文》蚰部："螽，蝗也。"段玉裁注："按《爾雅》有'皇螽、草螽、蜇螽、蟿螽、土螽'，皆所謂螽醜也。蜇螽，《詩》作'斯螽'，亦云'螽斯'，毛、許皆訓以蚣蝑，皆螽類而非螽也。"《春秋·桓公五年》："秋，蔡人、衞人、陳人從王伐鄭，大雩。螽。"杜注："蚣蝑之屬爲災，故書。"焦贛《易林·觀》："探蠡得螽，所願不喜。"王鳴盛《蛾術編·説字》"《豳風》'五月斯螽動股'，皆一物"注："鶴壽案：螽與蝗一物也。《春秋》謂之螽，《月令》謂之蝗，蟲之食苗爲災者……至于斯螽，一名蚣蝑，身長而青，以股鳴者，雖爲螽類，別是一種。"　　奮：張開翅膀(飛)。邢疏："螽蝗之類好奮迅作聲而飛。"

〔3〕强：强蚚。參見15.14條。　　捋(luō，《廣韻》郎括切，入末，來)：摩捋。郭注："以脚自摩捋。"邢疏："强，蟲名也。一名蚚，好自摩捋者，蓋蠅類也。"郝疏："捋者，摩捋也。"

〔4〕螸(yú，《廣韻》羊朱切，平虞，以)：蜂、螽之類腹部肥腴下垂。郝疏："《爾雅翼》引《孝經援神契》曰：'蜂蠆垂芒。'按，蠡類腹多肥腴下垂，以自休息，非必欲螫人也。"《説文》虫部："螸，螽醜螸，垂腴也。"段玉裁注："腴者，腹下肥也。螽之類皆垂其腴矣。"王筠句讀："螽與蜂皆然。"

〔5〕扇：扇動。邢疏："青蠅之類好搖翅自扇。"

【案】
《説文》釋"翥"爲飛舉。據《爾雅》體例，凡説某醜，某均表示具體名物。"翥"若釋爲飛舉，與體例不合。"翥"當表示蟲

名。後作"蠹"。"蠹"是何蟲，説法不一。一説蟬類。邢疏："蟲
類能飛蠹者謂蟬屬，皆剖坏母背以爲孔鏤而生。"二説毒蟲。《廣
韻》御韻："蠹，蟲名。《爾雅》云：'蠹醜鏤。'剖母背而生。"三説
蟘蟲。俞樾《群經平議》三五云："《廣韻》九御引《爾雅》'蠹'
作'蠹'，云'蟲名'，其説是也。'蠹醜鏤'者，謂凡蠹之類喜居
鏤隙中也。蠹疑即蟘之異文，蟘之爲蠹。"諸説皆可參考。

15.56　食苗心，螟[1]。食葉，蟘[2]。食節，賊[3]。食根，蟊[4]。

【注釋】

〔1〕螟(míng，《廣韻》莫經切，平青，明）：螟蛾的幼蟲。種類很
多，蛀食水稻、玉米、棉花等多種農作物的苗心。《春秋·隱公
五年》："（九月）螟。"杜注："蟲食苗心者爲災，故書。"孔疏：
"舍人曰：'食苗心者名螟，言冥冥然難知也。'李巡曰：'食禾
心爲螟，言其姦，冥冥難知也。'"《吕氏春秋·不審應》："蝗螟，
農夫得而殺之，奚故？爲其害稼也。"高誘注："食心曰螟。"

〔2〕蟘(tè，《集韻》敵德切，入德，定）：亦作"螣"，食苗葉的害
蟲。邢疏："食禾葉者，言假貸無厭，故曰蟘也。"《説文》虫部：
"蟘，蟲食苗葉者。吏乞貸則生蟘……《詩》曰：'去其螟蟘。'"
今《詩·小雅·大田》作"螣"。

〔3〕賊：一種專食苗節的害蟲。《詩·小雅·大田》："去其螟螣，
及其蟊賊，無害我田穉。"毛傳："食心曰螟，食葉曰螣。食
根曰蟊，食節曰賊。"孔疏引陸璣云："賊，似桃李中蠹蟲，赤
頭，身長而細耳。"

〔4〕蟊(máo，《廣韻》莫浮切，平尤，明）：食苗根的害蟲。劉珍
《東觀漢記·徐防傳》："京師淫雨，蟊賊傷稼穡。"

15.57　有足謂之蟲，無足謂之豸[1]。

【注釋】

〔1〕豸(zhì，《廣韻》池爾切，上紙，澄）：無足之蟲，如蚯蚓、蛇之

類。郝疏:"蓋凡蟲無足者,身恒橢長,行而穹隆,其脊如蚰
蜒、蚯蚓之類是也。"《漢書·五行志中之上》:"蟲豸之類謂
之孽。"顏師古注:"有足謂之蟲,無足謂之豸。"

【案】"蟲"與"豸"以足之有無而作區分,這是相對而言。統而
言之,"蟲、豸"均可泛指蟲類。《楚辭·九思·怨上》:"蟲豸兮夾
余,惆悵兮自悲。"

釋魚第十六

　　魚在古代屬“蟲”類。《説文》魚部：“魚，水蟲也。”邵晉涵《爾雅正義》：“魚類既多，故《爾雅》分釋其名。以其爲蟲類，故在《釋蟲》之後……此篇於小大之異名、俯仰之狀與夫種類之異者，晰而别之，俾人不以暫變者失其本真也。”本篇篇名之“魚”是一認知原型，只要是水生的，都包括在内，有蝦類、兩栖類、貝類、龜類、鯨類、蚊的幼蟲、水蛭等。《釋魚》的義類包括魚綱、兩栖綱、爬行綱及其他綱動物。每條或釋其異名，或據其體態、形體特徵、功能、習性等辨析同中之異。

16.1　鯉。

16.2　鱣[1]。

【注釋】

[1] 鱣(zhān，《廣韻》張連切，平仙，知)：即鱘鰉魚。喜聚於河口，背部有縱列骨板，魚吻較長。郭注：“鱣，大魚，似鱏而短鼻，口在頷下，體有邪行甲，無鱗，肉黄。大者長二三丈。今江東呼爲黄魚。”《詩·周頌·潛》：“有鱣有鮪，鰷鱨鰋鯉。”陸璣疏：“鱣，身形似龍，鋭頭，口在頷下，背上腹下皆有甲，縱廣四五尺……大者千餘斤。”《史記·屈原賈生列傳》：“横江湖之鱣鱏兮，固將制於螻蟻。”裴駰集解引如淳曰：“大魚也。”《本草綱目·鱗四·鱣魚》：“鱣出江淮、黄河、遼海深水處，無鱗大魚也。其狀似鱘，其色灰白，其背有骨甲三行，其鼻長有鬚，其口近頷下，其尾歧。”

【案】有的舊注視“鯉、鱣”是一物異名,並爲一條。《説文》魚部:
“鯉,鱣也。”朱駿聲通訓定聲:“《爾雅·釋魚》‘鯉鱣鰋鮎鱧鯇’,
樊、孫注皆以爲三魚,一物二名。《毛詩傳》‘鰋,鮎’爲訓,皆與
許讀同。”可作參考。

16.3　鰋[1],鯷[2]。

【注釋】

〔1〕鰋(yǎn,《廣韻》於幰切,上阮,影):鮎魚。魚綱,鮎科。身
　　體表面多黏液,無鱗,背部蒼黑色,腹部白色。體長,頭扁口
　　闊,上下頜有四根鬚,尾圓而短。生活於河湖池沼,白晝潛
　　伏水底泥中,夜晚出來活動。食小魚、貝類、蛙等。古語詞。
　　《詩·小雅·魚麗》:“魚麗于罶,鰋鯉。”毛傳:“鰋,鮎也。”《本
　　草綱目·鱗四·鮧魚》:“魚額平夷低偃,其涎粘滑……鰋,偃
　　也。鮎,粘也。古曰鰋,今曰鮎;北人曰鰋,南人曰鮎。”

〔2〕鯷(tí,《廣韻》杜奚切,平齊,定。又特計切,去霽,定。又是
　　義切,去寘,禪):大鮎。亦作“鮷”。陸釋文:“鯷,《字林》云:
　　‘青州人呼鮎鯷。’”《集韻》齊韻:“鮷,魚名。《説文》:‘大鮎
　　也。’或作鮧、鯷。”《戰國策·趙策二》:“黑齒雕題,鯷冠秫
　　縫,大吳之國也。”鮑彪注:“鯷,大鮎。以其皮爲冠。”黄省
　　曾《養魚經·法》:“鮎魚者,鮧魚也,即鯷魚也。大首方口,
　　背青黑而無鱗,是多涎。”

16.4　鱧[1]。

【注釋】

〔1〕鱧(lǐ,《廣韻》盧啓切,上薺,來):鱧魚。俗稱黑魚、烏鱧。
　　魚綱,鱧科。體圓柱形,青褐色,有三縱行黑色斑塊。頭扁,
　　口大,齒尖,背鰭、尾鰭均延長。性凶猛,捕食其他魚類,爲
　　淡水養殖業的害魚之一。肉肥美,供食用。亦名鮦。郭注:
　　“鮦也。”《詩·小雅·魚麗》:“魚麗于罶,魴鱧。”毛傳:“鱧,鮦

也。”《文選》張衡《西京賦》：“然後釣鰋鱣，纚鰋鮋。”徐珂《清稗類鈔·動物類·鱧》：“鱧，可食，形長體圓，頭尾幾相等，細鱗黑色，有斑文，腹背兩鰭，均連續至尾。亦名鮦魚，俗名烏魚。”

16.5　鯇[1]。

【注釋】

[1] 鯇(huàn,《廣韻》戶板切，上潸，匣)：即草魚。魚綱，鯉科。體略呈圓筒形，色青褐。生活於淡水，以水草爲食，是我國淡水養殖魚之一，肉厚，可食。郭注：“今鯶魚，似鱒而大。”《本草綱目·鱗三·鯇魚》：“鯇，又音混，郭璞作鯶。其性舒緩，故曰鯇、曰鰀，俗名草魚，因其食草也。”

16.6　鯊[1]，鮀[2]。

【注釋】

[1] 鯊(shā,《廣韻》所加切，平麻，生)：小魚名，即吹沙魚。體圓而有點紋，常張口吹沙。生活在溪澗。又名鮀、石鮀。《詩·小雅·魚麗》：“魚麗于罶，鱨鯊。”毛傳：“鯊，鮀也。”徐珂《清稗類鈔·動物類·鯊》：“鯊，小魚也。產溪澗中，長五寸許，黃白色，有黑斑，鰭大，尾圓，腹鰭能吸附於他物。口廣鰓大，常張口吹沙，故又名吹沙魚。俗稱沙魚爲鯊者，蓋將沙魚二字誤合爲一字也。”

[2] 鮀(tuó,《廣韻》徒河切，平歌，定)：吹沙魚。郭注：“今吹沙小魚，體員而有點文。”《本草綱目·鱗三·鯊魚》：“此非海中沙魚，乃南方溪澗中小魚也。”李元《蠕範·物食》：“鯊，簷鯊也，沙鰮也，鮀魚也，沙溝魚也，重脣魚也，呵浪魚也，吹沙魚也。體圓，鱗細，大如指，前半闊而扁，後半方而狹。色黃有黑點文，其尾不岐，小即有子，性好沈，常行沙中食沙，即於沙中乳子，又好張口吹沙。”

16.7　鮂[1]，黑鰦[2]。

【注釋】

〔1〕鮂(qiú，《廣韻》似由切，平尤，邪。又即由切，平尤，精)：小魚名，即白鰷。又名黑鰦。方言詞。郭注："即白鯈魚，江東呼爲鮂。"

〔2〕黑鰦(zī，《廣韻》子之切，平之，精)：鰷魚。頭尖，略呈三角形。體背部淡青灰色，體側及腹部銀白色，尾鰭邊緣灰黑色，其他鰭均爲淺黃色。又名參魚，白鰷。屠本畯《閩中海錯疏·鱗下》："鰦，頭微而小扁。"

16.8　鰼[1]，鰌[2]。

【注釋】

〔1〕鰼(xí，《廣韻》似入切，入緝，邪)：泥鰍。郭注："今泥鰌。"陸佃《埤雅·釋魚》引孫炎曰："鰼，尋也。尋習其泥，厭其清水。"李元《蠕範·物匹》："鰌，鰼也，泥鰍也。生下田淺淖中。似鱓而短，首銳，色黃黑，無鱗，有涎，濡滑難握。"

〔2〕鰌(qiū，《廣韻》自秋切，平尤，從)：魚綱鰍科魚類的統稱。體圓，尾側扁，口小，鱗細小或退化。種類多，分布廣。常見的有泥鰍、沙鰍和長薄鰍等。《莊子·齊物論》："麋與鹿交，鰌與魚游。"焦贛《易林·履》："循河楠舟，旁淮東游，漁父舉網，先得大鰌。"

16.9　鯁[1]，大鮦[2]，小者鮵[3]。

【注釋】

〔1〕鯁(jiān，《廣韻》古賢切，平先，見)：大黑魚，即大鮦，大烏鱧。狀如蝮蛇，腹背有鬣。郝疏："此申釋鱧大小之異名也。大者名鯁，小者名鮵，然則中者名鱧……今鱧大者形似蝮蛇，腹背有鬣連尾，尾末無岐，頭尾相等。"

〔2〕鮦(tóng，《廣韻》徒紅切，平東，定。又直隴切，上腫，澄)：

鱧魚。《文選》張衡《西京賦》："其中則有黿鼉巨鼈,鱣鯉鱮鮦。"李善注:"《爾雅》曰:'鱧,鮦也。'"參見 16.4 條。

〔3〕鮵(duó,《廣韻》徒活切,入末,定):小烏鱧。方言詞。郭注:"今青州呼小鱺爲鮵。"邢疏:"此即上文鱧也。其大者名鰹,小者名鮵。"

16.10　魾[1],大鱯[2],小者鮡[3]。

【注釋】

〔1〕魾(pī,《廣韻》敷悲切,平脂,敷。又符悲切,平脂,並):大鱯。《説文》魚部:"魾,大鱯也。其小者名鮡。"

〔2〕鱯(hù,《廣韻》胡誤切,去暮,匣。又胡化切,去禡,匣。又胡麥切,入麥,匣):魚名。似鮎而大,白色,無鱗而多黏液。又名鮠。方言詞。郭璞注:"鱯,似鮎而大,白色。"《山海經·北山經》:"(繡山)洧水出焉,而東流注于河,其中有鱯、黽。"郭璞注:"鱯,似鮎而大,白色也。"《本草綱目·鱗四·鮠魚》:"北人呼鱯,南人呼鮠,並與鮰音相近。邇來通稱鮰魚,而鱯、鮠之名不彰矣。"

〔3〕鮡(zhào,《廣韻》治小切,上小,澄。又徒聊切,平蕭,定):小鱯。邢疏:"鱯,魚名,似鮎而大,白色。鱯之大者別名魾,小者別名鮡也。"

16.11　鰝[1],大鰕。

【注釋】

〔1〕鰝(hào,《廣韻》胡老切,上晧,匣。又呵各切,入鐸,曉):大海蝦。方言詞。郭注:"鰕大者,出海中,長二三丈,鬚長數尺。今青州呼鰕魚爲鰝。"

16.12　鯤[1],魚子。

【注釋】

〔1〕鯤(kūn,《廣韻》古渾切,平魂,見):魚苗的總稱。郭注:"凡

魚之子總名鯤。”《國語·魯語上》：“澤不伐夭，魚禁鯤鮞。”韋昭注：“鯤，魚子也。”《古今注·魚蟲》：“魚子一曰鮞，亦曰鯤。”

16.13　鱀[1]，是鰅[2]。

【注釋】

[1] 鱀(jì，《廣韻》具冀切，去至，群。又渠記切，去志，群)：白鱀豚。哺乳綱，鯨目，白鰭豚科，白鰭豚屬的唯一種。體呈紡錘形，皮膚細滑。圓額，長吻，小眼，背青灰而腹潔白。又名白鰭豚，是鰅。郭注：“鱀，䱜屬也。體似鱏，尾如䱡魚，大腹，喙小銳而長，齒羅生，上下相銜，鼻在額上，能作聲。少肉多膏，胎生，健啖細魚。大者長丈餘，江中多有之。”

[2] 是鰅(zhú，《廣韻》直六切，入屋，澄)：白鱀豚。邵正義：“鱀，一名是鰅。《玉篇》云：‘鱀，魚名，似鱏也。’《類篇》云：‘胎生，鼻長丈。’”

16.14　鮚[1]，小魚。

【注釋】

[1] 鮚(yìng，《廣韻》以證切，去證，以。又食陵切，平蒸，船)：小魚。方言詞。郭注：“《家語》曰：其小者鮚魚也。今江東亦呼魚子未成者爲鮚。”

16.15　鮥[1]，鮛鮪[2]。

【注釋】

[1] 鮥(luò，《廣韻》盧各切，入鐸，來)：鮛鮪，較小的鱘類魚。《說文》魚部：“鮥，叔鮪也。”段玉裁注：“今川江中尚有鮥子魚，昔在南溪縣、巫山縣食之。叔鮪名鮥，則王鮪不名鮥。而以鮥注鮪者，何也？渾言、析言不同，故互注而又別其大小也。”

[2] 鮛(shū，《廣韻》式竹切，入屋，書)鮪(wěi，《廣韻》榮美切，

上旨，云）：較小的鱘類魚。郭注：“鮪，鱣屬也。大者名王鮪，小者名鮛鮪。今宜都郡自京門以上江中通出鱏鱣之魚。有一魚狀似鱣而小，建平人呼鮥子，即此魚也。”

16.16 鯦〔1〕，當魱〔2〕。

【注釋】

〔1〕鯦（jiù，《集韻》巨救切，去宥，群。又徐由切，平尤，邪）：即鰣魚。亦稱當魱。郭注：“海魚也。似鯿而大鱗，肥美，多鯁。今江東呼其最大長三尺者爲當魱。”《説文》魚部：“鯦，當互也。”段玉裁注：“《集韵》《類篇》‘模韵’魱字注云：‘吴人以爲珍，即今時魚。’尋繹郭注，誠謂時魚也。”

〔2〕當魱（hú，《廣韻》户吴切，平模，匣）：鰣魚。魚綱，鯡科。體側扁，背部黑绿色，腹部銀白色。眼周圍銀白色帶金光。生殖群體每年初夏由海洋溯河洄游，生殖後仍游歸海中，幼魚則進入支流或湖泊中覓食，至秋降河入海。肉鮮嫩，爲名貴的食用魚。方言詞。全祖望《鮚埼亭集·雜辨·説鰣》：“然則鰣魚在古曰鯦，讀爲舅聲，在後曰鰽，囚聲，而當魱，其别字也。鄞人呼曰箭魚，意在嫌其多骨。”

16.17 鮤〔1〕，鱴刀〔2〕。

【注釋】

〔1〕鮤（liè，《廣韻》良薛切，入薛，來。又力制切，去祭，來）：刀魚。又名鮆魚、鱴刀。郭注：“今之鮆魚也，亦呼爲魛魚。”李元《蠕範·物體》：“鰽，魛也，鮆也，鱭也，鯊也，蔑刀也，望魚也。側薄似刀，細鱗白色，吻上有二硬刺，腮下有長鬣，腹下有硬角，近尾有短鬣，飲而不食，子多而肥，大者長尺餘。”

〔2〕鱴（miè，《廣韻》莫結切，入屑，明）刀：刀魚。狹薄而長頭，如長薄尖刀形，細鱗，白色，鋒利如刀。亦作“篾刀”。邢疏：“是則此魚一名鮤魚，一名鱴刀，一名魛魚，一名鮆魚也。”

《周禮·天官·鼈人》"春獻鼈蜃,秋獻龜魚"鄭注:"玄謂狸
物,亦謂鱴刀、含漿之屬者。"《本草綱目·鱗三·鱭魚》:"鮆
魚、鱴魚、鱴刀、魛魚、鱭魚、望魚。時珍曰:魚形如劑物裂
箋之刀,故有諸名。"

16.18　鱊鮬[1],鱖鯞[2]。

【注釋】

〔1〕鱊(yù,《廣韻》餘律切,入術,以。又食聿切,入術,船。又
　　古滑切,入黠,見)鮬(kū,《廣韻》苦胡切,平模,溪。又薄故
　　切,去暮,並):即鱊鮬。魚綱鯉科。生活在淡水中的小魚,
　　身體側扁,銀白色,背部淡綠色。春日產卵孵化,魚苗可乾
　　製加工,故又稱春魚。亦稱魚婢、鱖鯞、妾魚。郭注:"小魚
　　也。似鮒子而黑,俗呼爲魚婢,江東呼爲妾魚。"方以智《通
　　雅·動物》:"似鮒而黑俗曰魚婢,江東曰妾魚,即所謂鱊鮬、
　　鱖鯞也。"

〔2〕鱖(jué,《廣韻》居月切,入月,見)鯞(zhǒu,《廣韻》之九切,
　　上有,章):鱊鮬。羅願《爾雅翼·釋魚》:"鱖鯞,似鯽而小,
　　黑色而揚赤,今人謂之旁皮鯽,又謂之婢妾魚。蓋其行以三
　　爲率,一頭在前,兩頭從之,若媵妾之狀,故以爲名。"《本草
　　綱目·鱗三·鱊魚》:"《爾雅》云'鱊鯞',小魚也……然今興
　　國州諸處亦有之,彼人呼爲春魚,云春月自巖穴中隨水流
　　出,狀似初化魚苗。土人取收,曝乾爲脡,以充苞苴。食以
　　薑醋,味同蝦米。"

16.19　魚有力者,鮇[1]。

【注釋】

〔1〕鮇(huī,《廣韻》許歸切,平微,曉):大而多力的魚。郭注:
　　"強大多力。"邢疏:"凡魚之強大多力,異於群輩者名鮇。"

16.20　鱝[1],鰕[2]。

【注釋】

〔1〕魵(fén,《廣韻》符分切,平文,奉。又房吻切,上吻,奉。又
　　數粉切,上吻,數):斑魚,斑文魚。形似河豚略小,背青色,
　　有蒼黑斑紋。皮可做衣服。亦名鰕。郝疏:"《御覽》引《廣志》
　　云:'斑文魚出濊國,獻其皮。'《魏略》云:'濊國出斑魚皮,
　　漢時恒獻之。'然則斑魚即魵魚,魵、斑聲近。"《説文》魚部:
　　"魵,魚名。出薉邪頭國。"段玉裁注:"《釋魚》曰:'魵,鰕。'
　　謂魵魚一名鰕魚也。"

〔2〕鰕(xiā,《廣韻》胡加切,平麻,匣):斑魚。《説文》魚部:"鰕,
　　魵也。"段玉裁注:"魵,鰕。則薉邪頭之魚也。"

16.21　魮[1],鱒[2]。

【注釋】

〔1〕魮(bì,《廣韻》毗必切,入質,並。又卑吉切,入質,幫):鱒
　　的別名,即赤眼鱒。郭注:"似鯶子,赤眼。"李元《蠕範·物
　　知》:"鱒,魮也,赤眼也。似鯶而小,赤脈貫瞳,身圓而長,鱗
　　細,青質赤章,好食螺蚌。"

〔2〕鱒(zūn,《廣韻》才本切,上混,從。又徂悶切,去慁,從):赤
　　眼鱒。魚綱,鯉科。體前部圓筒形,後部側扁,細鱗,背濃藍,
　　腹白,眼上緣紅色。亦名紅眼魚。《説文》魚部:"鱒,赤目魚。"
　　《詩·豳風·九罭》:"九罭之魚,鱒魴。"陸璣疏:"鱒,似鯶魚
　　而鱗細于鯶也,赤眼,多細文。"張衡《七辯》:"鞏洛之鱒,
　　割�爲鮮。"《本草綱目·鱗三·鱒魚》:"孫炎云:'鱒好獨行,
　　尊而必者,故字從尊從必。'處處有之,狀如鯶而小,赤脉貫
　　瞳,身圓而長,鱗細于鯶,青質赤章,好食螺蚌,善于遁網。"

16.22　魴[1],魾[2]。

【注釋】

〔1〕魴(fáng,《廣韻》符方切,平陽,奉):鯿魚的古稱。魚綱,鯉

科。體廣而薄肥,頭小而尖,細鱗,青白色,腹內有脂肪,味美。又名魾。《詩·小雅·采綠》:"其釣維何,維魴及鱮。"陸璣疏:"魴,今伊洛濟潁魴魚也。廣而薄,肥恬而少力,細鱗,魚之美者。"徐珂《清稗類鈔·動物類·鯿》:"鯿,古謂之魴,體廣而扁,頭尾皆尖小,細鱗。產於淡水,可食。"

〔2〕魾(pí,《集韻》頻脂切,平脂,並):魴魚的別名。郭注:"江東呼魴魚爲鯿,一名魾。"李元《蠕範·物體》:"魴,鯿也,鰟也,魾也……小首廣腹,縮首穿脊,細鱗,色青白,其肪在腹。"

16.23　鯬[1],鰈[2]。

【注釋】

〔1〕鯬(lí,《廣韻》力脂切,平脂,來。又郎奚切,平齊,來):鰣魚的別名。《正字通》魚部:"鯬,鰣別名,廣州謂之三鯬之魚。《六書故》作𩶩,子例切。海魚,似鯿而小,肥美。舊注鰻鯬,與'鰻鱺'之'鱺'相溷,鯬與鱺非一類也。"屈大均《廣東新語·鱗語·魚》:"語曰:黃魚不上雙魚石,三鯬不上銅鼓灘。"

〔2〕鰈(lái,《廣韻》落哀切,平咍,來):鰣魚。《正字通》魚部:"鰈,鰣魚別名。"李元《蠕範·物偏》:"鰣,鰈也。"

【案】有的訓詁視本條爲"鯬鰈"。鯬鰈,鰻鱺的別名。李元《蠕範·物匹》:"鰻鱺,鯬鰈也,蛇魚也,白鱓也。似鱔,無鱗,腹白而大,背鬐連尾,青色,多脂,善穿深穴,能緣樹,食藤花,有雄無雌。"可作參考。

16.24　蜎[1],蠉[2]。

【注釋】

〔1〕蜎(yuān,《廣韻》烏玄切,平先,影。又狂兗切,上獮,群):孑孓,蚊子的幼蟲。由蚊卵於水中孵化而成,體細長,游泳時身體一屈一伸。通稱跟頭蟲。郝疏:"按今此蟲多生止水,

頭大而尾小,尾末有歧,行則搖掉其尾,翻轉至頭,止則頭懸
在卜,尾浮水上,故謂之倒跂蟲。"《莊子·秋水》"還虷蟹與
科斗,莫吾能若也"陸德明釋文:"虷,音寒,井中赤蟲也。一
名蛝。"

〔2〕蠉(xuān,《廣韻》香兗切,上獮,曉):孑孓。郭注:"井中小
蛣蟩,赤蟲,一名孑孓,《廣雅》云。"羅願《爾雅翼·釋魚》:
"今水中小赤蟲,無足,其細如縷,長二三分,細沙中有穴,如
篨孔,俗呼沙蟲。"

16.25 蛭[1],蟣[2]。

【注釋】

〔1〕蛭:環節動物,體形長而扁平,略似蚯蚓,前後各有一個吸
盤,吸食人畜的血液。統稱,包括水蛭、泥蛭、草蛭、山蛭等。
《正字通》虫部:"蛭,馬蛭,水蟲。蝡動如血片,斷之寸,寸得
水復活……生深山草上者爲草蛭,生石上者爲石蛭,生泥中
者爲泥蛭。"《史記·屈原賈生列傳》:"彌融爚以隱處兮,夫
豈從蟻與蛭螾。"王充《論衡·福虛》:"蛭之性食血,惠王心
腹之積,殆積血也。故食血之蟲死,而積血之病愈。"

〔2〕蟣(qí,《廣韻》渠希切,平微,群):蛭之一種,水生之蛭。亦
泛指蛭。方言詞。郭注:"今江東呼水中蛭蟲入人肉者爲蟣。"
《説文》虫部:"蟣,一曰齊謂蛭曰蟣。"

16.26 科斗[1],活東[2]。

【注釋】

〔1〕科斗:蝌蚪,蛙或蟾蜍的幼體。《莊子·秋水》:"還虷蟹與
科斗,莫吾能若也。"陸釋文:"科斗,蝦蟆子也。"《急就篇》:
"水蟲科斗蜩蝦蟇。"顏師古注:"科斗,一名活東,亦曰活師,
即蝦蟇所生子也。未成蝦蟇之時,身及頭並圓而尾長,漸乃
變耳。"羅願《爾雅翼·釋魚》:"《爾雅》則謂之活東……又

併其頭尾言之則似斗也。"

〔2〕活東:蝌蚪的異名。鄭注:"蝦蟆子,未生脚者。"《山海經·東山經》:"又南三百里,曰蠱山,其上有玉,其下有金。湖水出焉,東流注于食水,其中多活師。"郭璞注:"科斗也,《爾雅》謂之活東。"

16.27　魁陸[1]。

【注釋】

〔1〕魁陸:蚶的別名。軟體動物。有兩扇貝殼,卵圓形,厚而堅硬,上有瓦楞狀突起。生於淺海泥沙中。貝殼可供藥用,亦可食。俗稱瓦楞子,又名魁蛤。郭注:"《本草》云:'魁狀如海蛤,員而厚,外有理縱橫。'即今之蚶也。"《資治通鑒·唐憲宗元和十二年》"明州歲貢蚶、蛤、淡菜"胡三省注:"蚶,魁陸也。橫從其理,五味自充,殼如瓦壟者,謂之瓦壟蚶。"

16.28　蜪[1],蚅。

【注釋】

〔1〕蜪(táo,《廣韻》土刀切,平豪,透。又徒刀切,平豪,定):蝗的未生翅的幼蟲。又名蚅(è)。翟灝《爾雅補郭》下:"《釋蟲》'蝝,蝮蜪'郭氏定爲蝗子,斯蜪亦斯物也。一名蚅者,言爲歲厄也。複見此篇者,水涸爲蟲,水長爲魚也。"俞樾《群經平議》三五:"此即《釋蟲》篇之'蝝,蝮蜪'也。郭彼注曰:'蝗子未有翅者。'蝗是蟲類,故入《釋蟲》,而蝗本魚子所化,故又入《釋魚》也。凡魚生子多在岸旁淺水處,或水涸,其子即變爲蝗。《爾雅》'蜪,蚅'即謂此矣。"參見 15.17 條。

【案】該條所釋有分歧。故訓或以爲"蜪"應作"蜎"。嚴元照《爾雅匡名》據明郎奎金、鍾人傑刻本"蜪蚅"皆作"蜎蚅",云:"竊疑'蜪'乃'蜎'字之譌。"洪頤煊《讀書叢録》八:"'蜪'是'蜎'字之譌,當屬下'黿鼀,蟾諸'句讀,《説文》'蜎,黿,詹諸',《玉篇》'蜪,蟾蠩也',皆其證。"可作參考。

16.29　鼁𪓰[1]，蟾諸[2]。在水者黽[3]。

【注釋】

[1] 鼁(qù，《廣韻》丘倨切，去御，溪）𪓰(cù，《集韻》七六切，入屋，清）：蟾蜍。郭注："似蝦蟆，居陸地，淮南謂之去蚁。"

[2] 蟾諸：蟾蜍。兩栖動物，形似蛙而大，背面多呈黑綠色，有大小疙瘩。耳後腺和皮膚腺分泌白色黏液，可入藥。俗稱癩蛤蟆。方旭《蟲薈·昆蟲》："蟾諸，即蟾蜍也。又名去蚁，又名鼁𪓰，又名𪓰鼁。《毛詩》作'戚施'。多生人家濕處，其狀類𪓹蟇而大，黃黑色，其背如癩，故俗呼癩𪓹蟇，或以爲即𪓹蟇，誤。"

[3] 黽(měng，《廣韻》武幸切，上耿，明）：蛙的一種，青脊，鳴聲甚壯。郭注："耿黽也。似青蛙，大腹。一名土鴨。"《山海經·北山經》："洧水出焉，而東流注于河，其中有鱯、黽。"郭璞注："鼁黽，似蝦蟇，小而青。或曰蝼黽，一物名耳。"《周禮·秋官·蟈氏》："蟈氏掌去鼃黽，焚牡蘜，以灰洒之，則死。"鄭注："齊魯之間謂鼃爲蟈。黽，耿黽也。蟈與耿黽尤怒鳴，爲聒人耳去之。"

16.30　蜌[1]，蠯[2]。

【注釋】

[1] 蜌(bì，《集韻》部禮切，上薺，並）：一種長而狹的蚌。殼薄，色黃，肉可食。生於淺海泥沙中。殼可入藥。俗稱馬刀，又名蠯。《本草綱目·介二·馬刀》："馬蛤，齊蛤，蜌，蠯，蟶蜌，單母……馬刀，似蚌而小，形狹而長，其類甚多。長短大小、厚薄斜正雖有不同，而性味功用大抵則一。"方旭《蟲薈·介蟲》："蜌，狀似蚌而狹，大者長三四寸，闊五六分，其殼薄而肉鮮。"

〔2〕蠯(pí,《廣韻》符支切,平支,並。又蒲莘切,上耿,並）：一
　　種長而狹的蚌。方言詞。郭注：“今江東呼蚌長而狹者爲
　　蠯。”邵正義：“以今驗之,蚌有狹而長者,俗呼爲蟶子,即蠯
　　也。《玉篇》以蜌爲蚌之長者,是矣。”《說文》虫部：“蠯,階
　　也。脩爲蠯,圜爲蠇。”

16.31　蚌,含漿[1]。

【注釋】

〔1〕含漿：蚌的別名。鄭注：“此今謂之珠母,老能產珠,其甲曰
　　方諸,照月生水,故曰含漿。”郝疏：“鄭注‘鼈人’以含漿爲
　　貍物之屬,蓋蚌類多薶伏泥中,含肉而饒漿,故被斯名矣。”

16.32　鼈三足,能[1]。龜三足,賁[2]。

【注釋】

〔1〕能(nái,《廣韻》奴來切,平哈,泥）：三足鼈。《文選》張衡《東
　　京賦》：“王鮪岫居,能鼈三趾。”劉壎《隱居通議·鬼神》：“得
　　一物,似黿,大如車輪,介而三足,蓋所謂能也。”

〔2〕賁(fén,《廣韻》符分切,平文,奉）：三足龜。郭注：“《山海
　　經》曰：‘從山多三足鼈,大苦山多三足龜。’今吳興郡陽羨
　　縣君山上有池,池中出三足鼈,又有六眼龜。”《書·盤庚下》：
　　“各非敢違卜,用宏茲賁。”王充《論衡·是應》：“鼈三足曰
　　能,龜三足曰賁。案,能與賁,不能神於四足之龜鼈,一角之
　　羊何能聖於兩角之禽？”

16.33　蚹蠃[1],螔蝓[2]。蠃[3],小者蜬[4]。

【注釋】

〔1〕蚹(fù,《廣韻》符遇切,去遇,奉）蠃(luó,《廣韻》落戈切,平
　　戈,來）：蝸牛。郭注：“即蝸牛也。”邵正義：“蚹蠃,一名螔
　　蝓。《天官·鼈人》：‘祭祀共㽉蠃蚳,以授醢人。’醢人以蠃
　　醢爲饋食之豆,《士冠禮》亦以蠃醢爲豆實,《既夕禮》則以

爲東方之饌。鄭注並以蠃爲螔蝓。今文蠃爲蝸，故《内則》云：‘蝸醢而苽食。’是也。”

〔2〕螔(yí，《廣韻》弋支切，平支，以）蝓(yú，《廣韻》羊朱切，平虞，以）：蝸牛。《廣雅·釋魚》：“蠡蠃，蝸牛，螔蝓也。”

〔3〕蠃：同“螺”，具有迴旋形貝殼的軟體動物。郭注：“螺大者如斗，出日南漲海中，可以爲酒杯。”《説文》虫部：“蠃，一曰虒蝓。”朱駿聲通訓定聲：“俗字作螺……後人別水生可食者爲螺，陸生不可食者爲蝸牛。”

〔4〕蜬(hán，《廣韻》胡男切，平覃，匣。又古南切，平覃，見）：小螺。邢疏：“蠃與螺音義同，其小者名蜬。”

16.34　蝪蜌[1]，小者蟧[2]。

【注釋】

〔1〕蝪(huá，《廣韻》户八切，入黠，匣）蜌(zé，《廣韻》場伯切，入陌，澄）：海邊寄居蟲。形似蜘蛛，有螯，入空螺殼中，戴殼而游。一説即彭蝪，小蟹。郭注：“螺屬，見《埤蒼》。或曰即彭蝪也，似蟹而小。”郝疏：“郭云‘螺屬’者，《類聚》引《南州異物志》曰：‘寄居之蟲，如螺而有脚。形如蜘蛛，本無殼，入空螺殼中戴以行，觸之縮足，如螺閉户也。火炙之乃出走，始知其寄居也。’……今海邊人凡戴殼者通謂之螺，螺與蟧聲相轉。今驗寄居形狀大小不一，其蟲俱如蜘蛛而有螯如蟹，戴殼而游，亦能走出。殼如小螺，形色瑰異。然則《埤蒼》以爲‘螺屬’，殆指此也……今按，郭注雖存兩説，前義爲長。”

〔2〕蟧(láo，《廣韻》魯刀切，平豪，來）：蝪蜌之小者。邢疏：“蝪即彭蝪也，似蟹而小，一名蜌。其小者別名蟧。案，《埤蒼》即云‘螺屬’，郭氏兩從之。”

16.35　蜃[1]，小者珧[2]。

【注釋】

〔1〕蜃：大蛤。一種有介殼的軟體動物。生於淺海底，肉可食。《左傳·昭公二十年》：“海之鹽蜃，祈望守之。”《周禮·天官·鼈人》：“以時籍魚鼈龜蜃，凡貍物。”鄭注：“蜃，大蛤。”《國語·晉語九》：“雀入於海爲蛤，雉入於淮爲蜃。”韋昭注：“小曰蛤，大曰蜃。皆介物、蚌類。”

〔2〕珧(yáo，《廣韻》餘昭切，平宵，以）：一種小海蚌，即江珧。殼略呈三角形，表面蒼黑色。生於海岸泥沙中，甲殼可飾物。郭注：“珧，玉珧，即小蚌。”《山海經·東山經》：“嶧皋之水出焉，東流注于激女之水，其中多蜃、珧。”郭璞注：“蜃，蚌也。珧，玉珧，亦蚌屬。”《正字通》玉部：“珧，蜃屬。江珧，形似蚌，殼中肉柱長寸許，似搔頭尖，謂之江珧柱。甲可飾物。”

16.36　龜〔1〕，俯者靈〔2〕，仰者謝〔3〕，前弇諸果〔4〕，後弇諸獵〔5〕，左倪不類〔6〕，右倪不若〔7〕。

【注釋】

〔1〕龜：爬行綱，龜科。身體長圓而扁，背腹皆具硬甲，四肢短，趾有蹼，頭、尾和四肢都可縮入甲殼內。多生於水邊，壽命長。古代被視爲靈物，龜甲用作占卜之具。邢疏：“此辨龜之俯仰、前後、左右，其形不同，其名亦異也。”郝疏：“《春官·卜師》：‘凡卜，辨龜之上下、左右、陰陽，以授命龜者。’龜人掌六龜之屬，各有名物。天龜曰靈屬，地龜曰繹屬，東龜曰果屬，西龜曰靁屬，南龜曰獵屬，北龜曰若屬。’是《周官》先有成文，此釋之也。”

〔2〕靈：龜之一種，靈龜的簡稱。亦稱天龜。行走時低頭向下。

〔3〕謝：龜之一種，即地龜。行走時頭仰。

〔4〕弇(yǎn，《廣韻》衣儉切，上琰，影。又古南切，平覃，見）：覆蓋，掩蔽。這裏指龜甲掩蓋。　　諸：同“者”。　　果：

龜之一種,果龜的簡稱,即東龜。行走時龜甲前掩。

〔5〕獵:龜之一種,獵龜的簡稱,即南龜。行走時龜甲後掩。

〔6〕倪(nì,《集韻》研計切,去霽,疑):通"睨",側目斜視。 不:發語詞,無義。 類:龜之一種,類龜的簡稱,即西龜。行走時頭向左斜視。

〔7〕若:龜之一種,若龜的簡稱,即北龜。行走時頭向右斜視。

16.37 貝,居陸贆[1],在水者蜬[2]。大者魧[3],小者鰿[4]。玄貝[5],貽貝[6]。餘貾[7],黃白文。餘泉[8],白黃文。蚆[9],博而頯[10]。蜠[11],大而險。蟦[12],小而橢。

【注釋】

〔1〕贆(biāo,《廣韻》甫遙切,平宵,幫):生活在陸地的貝類。邢疏:"居陸者名贆。"

〔2〕蜬(hán,《廣韻》古南切,平覃,見):生活在水中的貝類。郭注:"水陸異名也。貝中肉如科斗,但有頭尾耳。"《說文》貝部:"貝,海介蟲也。居陸名猋,在水名蜬。"

〔3〕魧(háng,《廣韻》胡郎切,平唐,匣。又古郎切,平唐,見):大貝。郭注:"《書大傳》曰:'大貝如車渠。' 車渠謂車輞,即魧屬。"《說文》魚部:"魧,大貝也。"

〔4〕鰿(jì,《廣韻》資昔切,入昔,精。又士革切,入麥,崇):小貝。郝疏:"鰿者,小貝之名。《本草》名貝子,《別錄》名貝齒,陶注:出南海。此是小小貝子,人以飾軍容服物者。"

〔5〕玄貝:貽貝。桓寬《鹽鐵論·錯幣》:"故教與俗改,弊與世易。夏后以玄貝,周人以紫石。"

〔6〕貽貝:軟體動物。殼三角形,厚而黑,有輪形條紋。生於淺海巖石上,肉味鮮美。俗稱殼菜或淡菜。郭注:"黑色貝也。"邢疏:"黑色之貝名貽貝。"

〔7〕餘貾(chí,《廣韻》直尼切,平脂,澄):黃質有白點之貝。郭

注:“以黄爲質,白爲文點。”

〔8〕餘泉:白質黄紋的貝。《詩·小雅·巷伯》“成是貝錦”毛傳:“貝錦,錦文也。”鄭箋:“錦文者,文如餘泉、餘蚔之貝文也。”孔疏引李巡曰:“餘泉,貝甲以白爲質,黄爲文彩。”

〔9〕蚆(bā,《廣韻》普巴切,平麻,滂):海蚆,軟體動物。卵圓形,殼口狹長,兩緣有齒狀突起。殼色美麗而有光澤,肉可食。郭注:“頯者,中央廣,兩頭鋭。”郝疏:“蚆者,雲南人呼貝爲海肥……尤侗《暹羅竹枝詞》云:‘海肌買賣解香燒。’原注:‘行錢用肌,羅斛香名。’然則肌與肥皆蚆之別體矣。”《正字通》虫部:“蚆,貝屬……今雲南邊夷貨多用貝,呼爲海蚆。以一爲庄,四庄爲手,四手爲苗,五苗爲索。”

〔10〕頯(kuí,《廣韻》渠追切,平脂,群。又居洧切,上旨,見):中央廣而兩頭尖。

〔11〕蜠:當作“蜠”(jùn),體大而薄的貝。鄭注:“蜠者,大而污薄。”

〔12〕蟥:即上文的“鱖”。

16.38　　蠑螈[1],蜥蜴[2]。蜥蜴,蝘蜓[3]。蝘蜓,守宫也[4]。

【注釋】

〔1〕蠑螈:兩栖動物。狀如蜥蜴,頭扁,背黑色,腹紅黄色,有黑斑,四肢短,尾側扁,生活於水中。方言詞。《方言》八:“南楚謂之蛇醫,或謂之蠑螈。”《古今注·魚蟲》:“蝘蜓,一曰守宫,一曰龍子,善於樹上捕蟬食之。其五色長大者,名爲蜥蜴,其短而大者名爲蠑螈,一曰蛇醫。”

〔2〕蜥蜴:爬行動物。尾巴細長,易斷,生活於草叢中。又名石龍子,通稱四脚蛇。荀悦《漢紀·武帝紀一》:“朔自請布卦,射之曰:‘臣欲以爲龍,復無角;臣欲以爲蛇,復有足;跂跂脈脈善緣壁,此非守宫,當是蜥蜴。’”

〔3〕蝘(yǎn,《廣韻》於憶切,上阮,影。又於殄切,上銑,影)蜓(diàn,《廣韻》徒典切,上銑,定):守宮。俗稱壁虎。壁虎科。背面暗灰色,有黑色帶狀斑紋,尾巴圓錐形,易斷,多能再生。趾上有吸盤,常在壁上活動。《荀子·賦》:"螭龍爲蝘蜓,鴟梟爲鳳皇。"楊倞注:"蝘蜓,守宮。"

〔4〕守宮:壁虎。方言詞。郝疏:"按,今登萊人謂守宮爲蠍虎,青斑色,好在壁間,即蝘蜓矣。"《方言》八:"守宮,秦晉西夏謂之守宮。"

【案】根據現代動物學知識,蠑螈爲兩栖動物,蜥蜴爲爬行動物。蜥蜴屬於蜥蜴科,蝘蜓屬於壁虎科。蠑螈、蜥蜴、蝘蜓本非一物,但因其體形相似,古籍多把"蠑螈、蜥蜴、蝘蜓"等相混,誤釋爲同一動物的不同名稱。"蝘蜓"與"守宮"爲一物異名。

16.39 蚨[1],蛇[2]。螣,螣蛇[3]。蟒,王蛇[4]。蝮虺[5],博三寸,首大如擘。

【注釋】

〔1〕蚨(dié,《廣韻》徒結切,入屑,定):毒蛇名,蝮蛇的一種。又名蛇。郭注:"蝮屬。大眼(案,一本作"火眼"),最有毒。今淮南人呼蛇子。"《玉篇》長部:"蚨,蛇也,蛇毒長也。"

〔2〕蛇(è,《廣韻》烏各切,入鐸,影):蝮蛇的一種。邢疏:"蛇也,蝮虺之屬。大眼,有毒。一名蚨,又名蛇,淮南人呼蛇子者是也。"

〔3〕螣(téng,《廣韻》徒登切,平登,定。又直稔切,上寢,澄)蛇:螣蛇,傳說中一種能飛的蛇。又名螣。郭注:"龍類也,能興雲霧而遊其中。"邢疏:"蛇似龍者也。名螣,一名螣蛇,能興雲霧而遊其中也。"《荀子·勸學》:"螣蛇無足而飛,梧鼠五技而窮。"

〔4〕王蛇:蟒蛇。一種無毒的大蛇。體長可達一丈以上,頭大,

背部黃褐色，有暗色斑點，腹部白色，多產於熱帶近水的森林裏，肉可食，皮可製物。亦稱蟒。郭注："蟒，蛇最大者，故曰王蛇。"

〔5〕蝮虺(huǐ,《廣韻》許偉切,上尾,曉)：蝮蛇科，有劇毒。頭扁平，呈三角形，身體灰褐色，有斑紋。郭注："身廣三寸，頭大如人擘指，此自一種蛇，名爲蝮虺。"郝疏："《爾雅》所釋乃是土虺，今山中人多有見者，福山、棲霞謂之土脚蛇，江淮間謂之土骨蛇。長一尺許，頭尾相等，狀類土色。人誤踐之，躍起中人。"

16.40　鯢[1]，大者謂之鰕[2]。

【注釋】

〔1〕鯢(ní,《廣韻》五稽切,平齊,疑)：兩栖綱動物。體灰黑，皮膚黏滑，頭扁圓，口大，四肢短小，尾呈鰭狀，宜游泳，栖於山溪中。聲如幼兒啼，故又俗稱娃娃魚。郭注："今鯢魚似鮎，四脚，前似獼猴，後似狗，聲如小兒啼，大者長八九尺。"徐珂《清稗類鈔·動物類·鯢》："鯢，一名山椒魚，長者至四尺餘。幼時頸側有小鰓，既長全失，以肺呼吸。體暗褐色，有黑斑，頭圓扁，四肢短小，拙於陸行，尾大而側扁。居溪流中，以魚爲食。"

〔2〕鰕(xiā,《廣韻》胡加切,平麻,匣)：大鯢。《山海經·海外西經》："龍魚陵居在其北，狀如狸，一曰鰕。即有神聖，乘此以行九野。"楊慎《異魚圖贊·鰕魚》："鰕實四足，而有魚名，頭尾類鯢，岐岐而行，長生山澗，出入浮沉。"

16.41　魚枕謂之丁[1]，魚腸謂之乙[2]，魚尾謂之丙[3]。

【注釋】

〔1〕丁：魚枕骨。郭注："枕在魚頭骨中，形似篆書丁字，可作印。"

〔2〕乙：魚腸。邵正義："此釋魚之骨體，因形以爲名也。魚頭

之骨似篆書丁字，其腸似篆書乙字，其尾似篆書丙字，今驗之良然。”一説魚鰓骨。《禮記·内則》：“狼去腸……魚去乙。”鄭注：“乙，魚體中害人者名也。今東海鰫魚有骨名乙，在目旁，狀如篆‘乙’，食之鯁人不可出。”

〔3〕丙：丙字金文狀如魚尾，故爲魚尾的代稱。郝疏：“魚尾岐與燕尾同狀，如篆書丙字。”

16.42　一曰神龜，二曰靈龜，三曰攝龜，四曰寶龜，五曰文龜，六曰筮龜，七曰山龜，八曰澤龜，九曰水龜，十曰火龜。

【案】舊注多以爲是説明《易·損》“十朋之龜”的。邢疏：“解之，則此經十龜所以釋《易》也。”“十朋之龜”即用以占吉凶、決疑難的十類龜。神龜，傳説中最神靈的龜。《莊子·秋水》：“楚有神龜，死已三千歲矣，王巾笥而藏之廟堂之上。”靈龜，龜的一種。蠵之别名。俗語詞。郭注：“涪陵郡出大龜，甲可以卜，緣中文似瑇瑁，俗呼爲靈龜，即今觜蠵龜。一名靈蠵，能鳴。”攝龜，一種小龜。郭注：“小龜也。腹甲曲折，解能自張閉，好食蛇，江東呼爲陵龜。”郝疏：“攝猶摺也，亦猶折也，言能自曲折解張閉如摺疊也。”《本草綱目·介一·攝龜》集解引保昇曰：“攝龜腹小，中心横折，能自開闔，好食蛇也。”寶龜，龜之一種，色青。《禮記·樂記》：“青黑緣者，天子之寶龜也。”《公羊傳·定公八年》：“寶者何……龜青純。”何注：“千歲之龜，青髯，明于吉凶……謂之寶者，世世寶用之辭。”文龜，甲殼有文采的龜。郭注：“甲有文彩者。”筮龜，潛伏在蓍叢下的龜。郭注：“常在蓍叢下潛伏。”邢疏：“《龜策傳》云：傳曰：‘上有擣蓍，下有神龜。’又云：‘聞蓍滿百莖者，其下必有神龜守之。’”其他諸詞：山龜、澤龜、水龜、火龜，皆以所生之地命名。邢疏：“筮龜，在蓍叢下者。山龜，生山中者。澤龜，生澤中者。水龜，生水中者。火龜，生火中者。”

釋 鳥 第 十 七

篇名"釋鳥"之"鳥",表示飛禽的統稱。《釋鳥》的義類是飛禽,雜有少量能飛的獸類。古人於鳥之同義名物辨之甚詳,或釋其異名,或據其形體、習性辨析同中之異。全篇少量詞條聚合相類詞語。

17.1　隹其,鳺鴀[1]。

【注釋】

〔1〕鳺(fū,《廣韻》甫無切,平虞,非)鴀(fǒu,《廣韻》方久切,上有,非。又甫鳩切,平尤,幫):鳥名,即火斑鳩。亦作"夫不"。鳩鴿類,體型較小,灰色,頸無斑。又名隹、隹其、鶉鳩、楚鳩。郭注:"今鶉鳩。"陸釋文:"鳺,本亦作夫。""鴀,本亦作不,同。""夫不,楚鳩也。"《詩·小雅·四牡》:"翩翩者鵻,載飛載下,集于苞栩。"毛傳:"鵻,夫不也。"陸璣疏:"鵻其,今小鳩也。一名鶉鳩,幽州人或謂之鷦鴟,梁宋之間謂之鵻,揚州人亦然。"

17.2　鶌鳩[1],**鶻鵃**[2]。

【注釋】

〔1〕鶌(jué,《廣韻》九勿切,入物,見)鳩:鶻鵃。又名鶌鵃、鶻鵃。郭注:"似山鵲而小,短尾,青黑色,多聲。今江東亦呼爲鶻鵃。"

〔2〕鶻(gǔ,《廣韻》古忽切,入没,見。又户八切,入黠,匣)鵃(zhōu,《廣韻》止遙切,平宵,章。又陟交切,平肴,知):鶌鳩。

陸釋文:"《字林》云:'鶻鵃,小種鳩也。'"《文選》張衡《東京賦》:"鶡鵙秋棲,鶻鵃春鳴。"

17.3 鳲鳩[1],鴶鵴[2]。

【注釋】

[1] 鳲(shī,《廣韻》式之切,平脂,書)鳩:即布穀。上體灰黑色,兩翼暗褐,腹下有白色橫斑,尾長大。播種季節晝夜鳴叫,似在勸耕。又名勃姑、撥穀、獲穀、擊穀、鴶鵴。郭注:"今之布穀也,江東呼爲穫穀。"《詩·曹風·鳲鳩》:"鳲鳩在桑,其子七兮。"毛傳:"鳲鳩,秸鞠也。"

[2] 鴶(jiá,《廣韻》古黠切,入黠,見)鵴(jú,《廣韻》居六切,入屋,見。又渠竹切,入屋,群):布穀鳥。郝疏:"《御覽》引陸璣疏云:'今梁宋之間謂布穀爲鴶鵴,一名擊穀,一名桑鳩。'然則鴶鵴、擊穀聲相轉。桑鳩、鳲鳩亦聲相轉矣。擊穀又轉爲郭公。陳藏器《本草拾遺》云:'江東呼爲郭公,北人云撥穀,似鷂,長尾,牝牡飛鳴,以翼相拂擊。'……其身灰色,翅尾末俱雜黑色,農人候此鳥鳴布種其穀矣。"焦贛《易林·乾》:"鴶鵴鳲鳩,專一無尤,君子是則,長受嘉福。"

17.4 鵖鳩[1],鵧鷑[2]。

【注釋】

[1] 鷑(jí,《集韻》極入切,入緝,群。又力入切,入緝,來)鳩:小黑鳥。又名鵧鷑、駕犁、鐵鸚鵡等。郭注:"小黑鳥,鳴自呼,江東名爲烏鵙。"《本草綱目·禽三·伯勞》:"鷑鳩,《爾雅》名鵧鷑。"

[2] 鵧鷑:鷑鳩。方旭《蟲薈·羽蟲》:"鵧鷑,高誘《淮南子》注作'裨笠'……狀似鳩,毛黑,有冠,先雞而鳴,故京西村人名夏雞,其聲如云'加加格格'者,故或又名駕犁。"

17.5 鶝鳩[1],王鶝[2]。

【注釋】

〔1〕鴡(jū,《集韻》千余切,平魚,清)鳩:魚鷹。上體暗褐,下體白色。趾具銳爪,捕魚而食。郭注:"鴡類,今江東呼之爲鶚,好在江渚山邊食魚。"《詩·周南·關雎》:"關關雎鳩,在河之洲。"朱熹集傳:"雎鳩,水鳥,一名王雎,狀類鳧鷖,今江淮間有之。生有定偶而不相亂,偶常並遊而不相狎。"劉向《古列女傳·魏曲沃負》:"夫雎鳩之鳥,猶未嘗見乘居而匹處也。"

〔2〕王鴡:魚鷹。師曠《禽經》:"王鴡,鴡鳩,魚鷹也。"《文選》揚雄《羽獵賦》:"王雎關關,鴻鴈嚶嚶。"朱謀㙔《駢雅·釋鳥》:"王雎,鶚也。"

17.6　鴿[1],鶀鵙[2]。

【注釋】

〔1〕鴿(gé,《廣韻》古伯切,入陌,見):即鵂鶹,鴟鵂的一種。羽暗褐色,有棕白色橫紋,尾黑褐色,腿部白色。形似鴟鵂,但頭部沒有角狀的羽毛。晝伏夜行,捕食鼠、蟲等,對農業有益,但在古書中却常視爲不祥之鳥。郭注:"今江東呼鵂鶹爲鴟鵙,亦謂之鴿鴝。"

〔2〕鴟(jì,《廣韻》渠記切,去志,群)鵙(qí,《廣韻》渠之切,平之,群):即鵂鶹。《廣韻》志韻:"鴝,鴝鵙,鵂鶹鳥,今之角鴟。"《本草綱目·禽四·鴟鵂》引陳藏器《集解》曰:"鉤鵅,即《爾雅》'鴝鵙'也,江東呼爲鉤鵅。其狀似鴟,有角怪鳥也。夜飛晝伏。"

17.7　鸅[1],鶶軌。

【注釋】

〔1〕鸅(zī,《廣韻》側持切,平之,莊。又側吏切,去志,莊):鶶軌鳥。一説爲鶶鴟,即貓頭鷹之類的鳥。俞樾《群經平議》

三五:"下文'狂,茅鴟'注曰:'今鵳鴟也。'鵳軏疑即鵳鴟
矣。是故'茅鴟'與'怪鴟'相次,怪鴟即鵂鶹也。此文'鶙,
鵳軏'與'鵒,鸋鴂'相次,鸋鴂亦即鵂鶹也。比類而觀,鵳
軏之即鵳鴟,信矣。下文又曰:'萑,老鵵。'蓋鵳軏之老者謂
之萑。"

17.8　鴗[1],天狗。

【注釋】

〔1〕鴗(lì,《廣韻》力入切,入緝,來):魚狗。翠鳥科,大如燕,
嘴長,尾短。羽多翠色,可供嵌鑲飾品用。能水上捕魚。俗
稱天狗。又名水狗、魚虎、魚師等。郭注:"小鳥也,青似翠,
食魚,江東呼爲水狗。"郝疏:"《本草拾遺》云:'穴土爲窠,
取其尾爲飾,亦有斑白者,俱能水上取魚。'按:今所見者青
翠色,大如燕而喙極長,尾絶短,喙、足皆赤色。"羅願《爾雅
翼·釋鳥》:"今此鳥穴土爲巢,嘗冬月啟其穴,橫入一尺許,
生雛其中。其咮皆紅,項下白。亦來人家陂池中竊魚食之。
今人謂之翠碧鳥,又謂之魚狗,或曰小者爲魚狗,大者名翠
奴。亦有斑白者,俱能水上取魚,其尾亦可爲飾,其肉治骨
鯁,性所宜爾。"

17.9　鷚[1],天鸙[2]。

【注釋】

〔1〕鷚(liù,《廣韻》莫浮切,平尤,明。又渠幽切,平幽,群。又武
彪切,平幽,明):雲雀。百靈科,中小型,高飛,善鳴,可觀
賞。又名告天子。郭注:"大如鷃雀,色似鶉,好高飛作聲,
今江東名之天鷚。"鄭注:"此雀類似鶉而小,尾長,所在寒月
多有之。"

〔2〕天鸙(yuè,《廣韻》以灼切,入藥,以):雲雀。《集韻》藥韻:
"天鸙,鳥名。形如鶉,色似鶉。"方旭《蟲薈·羽蟲》引《山

堂肆考》云:"告天子,褐色,似鷃而小,生海邊叢草中,遇天
晴霽則且飛且鳴,直上雲端,其聲連綿不已,一名叫天子。"

17.10　鵱鷜[1],鵝。

【注釋】

〔1〕鵱(lù,《廣韻》力竹切,入屋,來)鷜(lóu,《廣韻》落侯切,平
侯,來。又力朱切,平虞,來):野鵝。郭注:"今之野鵝。"《本
草綱目·禽一·鴈》:"鴈狀似鵝,亦有蒼、白二色,今人以白而
小者爲鴈,大者爲鴻,蒼者爲野鵝,亦曰䳱鵝,《爾雅》謂之鵱
鷜(鷜)也。"

17.11　鶬[1],麋鴰[2]。

【注釋】

〔1〕鶬(cāng,《廣韻》七岡切,平唐,清):水鳥名,即鶬鴰。似鶴,
蒼青色,長頸高脚,頂無丹,兩頰紅。亦稱麋鴰。《説文》鳥部:
"鶬,麋鴰也。"《楚辭·招魂》:"鵠酸臇鳧,煎鴻鶬些。"王逸注:
"鶬,鶬鶴也。"洪興祖補注:"鶬,音倉,麋鴰也。"《文選》司馬
相如《子虛賦》:"弋白鵠,連駕鵝,雙鶬下,玄鶴加。"《本草綱
目·禽一·鶬鷄》:"鶬,水鳥也。食于田澤洲渚之間。大如鶴,
青蒼色,亦有灰色者,長頸高脚,群飛,可以候霜。"

〔2〕麋鴰(guā,《廣韻》古活切,入末,見):鶬鴰。郭注:"今呼
鶬鴰。"

17.12　鸊[1],烏鷃[2]。

【注釋】

〔1〕鸊(luò,《廣韻》盧各切,入鐸,來):水鳥名。又稱烏鷃。郭
注:"水鳥也。似鶬而短頸,腹翅紫白,背上綠色,江東呼烏
鷃。"《太平御覽》九二五引何承天《纂文》曰:"鸊、施、石樜、
开零,皆野鴨。没食曰鸊,長頸曰施,多白曰开零,在山澗曰
石樜。"

〔2〕烏鶏(bǔ,《廣韻》博木切,入屋,幫）：水鳥名。方言詞。《本
草綱目·禽一·鸊鷉》：“又有似鴨而短項,背上綠色,腹背紫
白色者,名青鶏,一名烏(烏)鶏。”佚名《鳥譜》八引《庶物
異名考》：“魚鴨有一種,勾觜,綠頭,頭大而項短,背翅黑白
文相間,名青鶏,《爾雅》謂之烏鶏。”

17.13　舒鴈[1]，鵝。

【注釋】

〔1〕舒鴈：家鵝。邢疏：“鵝,一名舒鴈。今江東呼鳿。某氏云：
‘在野舒翼飛遠者爲鴈。’李巡曰：‘野曰鴈,家曰鵝。’”郝
疏：“今按：鴈、鵝同類而別,古人則通。《莊子·山木》篇云：
‘命豎子殺鴈而烹之。’蓋鴈即鵝矣。鵝有蒼、白二色,蒼者
全與鴈同。”王樹枏《爾雅郭注佚存補訂》：“舒與舍通,今人
稱舍稱家皆一義,舒鳧猶家鳧,家鴈謂之鵝,家鳧謂之鶩,與
在野者同類而異物。”《禮記·內則》：“舒鴈翠,鵠鴞胖。”鄭
注：“舒鴈,鵝也。”《儀禮·聘禮》：“私覿愉愉焉,出如舒鴈。”
鄭注：“舒鴈,鵝。”

【案】該條與 17.10 條都表示鵝。鵝,統稱,兼指野生、家養兩種。
“鵠鶄、舒鴈”的所指範圍小,各是鵝的一種。

17.14　舒鳧[1]，鶩[2]。

【注釋】

〔1〕舒鳧(fú,《廣韻》防無切,平虞,奉）：家鴨。王樹枏《爾雅郭
注佚存補訂》：“舒與舍通,今人稱舍稱家皆一義,舒鳧猶家
鳧,家鴈謂之鵝,家鳧謂之鶩,與在野者同類而異物。”《禮
記·內則》：“舒鴈翠,鵠鴞胖,舒鳧翠,雞肝,鴈腎,鴇奧,鹿
胃。”鄭注：“舒鳧,鶩也。”

〔2〕鶩(wù,又讀mù,《廣韻》亡遇切,去遇,微。又莫卜切,入屋,
明）：鴨。郭注：“鴨也。”《左傳·襄公二十八年》：“公膳日雙

雞,饗人竊更之以鶩。”杜注:“鶩,鴨也。”《楚辭·卜居》:“寧
與黃鵠比翼乎? 將與雞鶩爭食乎? ”朱熹集注:“鶩,鴨也。”

17.15 鵳[1],鵁鶄[2]。

【注釋】

[1] 鵳(jiān,《廣韻》古賢切,平先,見。又五堅切,平先,疑。又
五革切,入麥,疑):池鷺,即鵁鶄的古名。郭注:“似鳧,脚
高,毛冠,江東人家養之,以厭火災。”《説文》鳥部:“鵳,鵁
鶄也。”段玉裁注:“鵳者,古名。鵁鶄者,今名。”《本草綱
目·禽一·鵁鶄》:“按《禽經》云:‘白鷁相眂而孕,鵁鶄睛交
而孕。’……其名鵳,觀其眸子,而命名之義備矣。”

[2] 鵁(jiāo,《廣韻》古肴切,平肴,見)鶄:池鷺。水禽,鷺科。
雄鳥頭、上頸和羽冠呈栗紅色,喙長脚高。活動於湖沼、稻
田一帶。冬季多單獨生活,巢於樹上。背部蓑羽可供裝飾
用。枚乘《七發》:“鵁鶴鵁鶄,翠鬣紫纓。”方旭《蟲薈·羽蟲》:
“鵁鶄,即茭雞也。江淮有之,大如鳧,脚高喙長,頭有紅毛
冠,翠鬣青脛,水鳥也。”

17.16 鸒[1],鵯鵊[2]。

【注釋】

[1] 鸒:鴉類鳥名。本亦作“鷽”。郝疏:“《釋文》鸒樊、孫本作
鷽。《玉篇》云:‘鷽,鵯鵊。’”

[2] 鵯(jīng,《廣韻》古靈切,平青,見)鵊(tú,《集韻》同都切,平
模,定):鴉類鳥名。

17.17 鵜[1],鴮鸅[2]。

【注釋】

[1] 鵜(tí,《廣韻》杜奚切,平齊,定):鵜鶘。大型水禽,體長可
達二米,翼大,嘴長,尖端彎曲,頷下有皮質喉囊,羽灰白色。
捕魚爲食。肉可食,羽毛可做裝飾。《詩·曹風·候人》:“維

鵜在梁,不濡其翼。”毛傳:“鵜,洿澤鳥也。”陸璣疏:“鵜,水鳥。形如鴞而極大,喙長尺餘,直而廣,口中正赤,頷下胡大如數升囊。好群飛,若小澤中有魚,便群共抒水,滿其胡而棄之,令水竭盡,魚在陸地,乃共食之,故曰淘河。”

〔2〕鴮(wū,《廣韻》哀都切,平模,影)鸅(zé,《廣韻》場伯切,入陌,澄):鵜鶘。郭注:“今之鵜鶘也。好群飛,沈水食魚,故名洿澤,俗呼之爲淘河。”《本草綱目·禽一·鵜鶘》引陸璣云:“(鵜鶘)遇水澤即以胡盛水,弆涸取魚食,故曰鴮鸅。”

17.18　鶾[1],天鷄。

【注釋】

〔1〕鶾(hàn,《廣韻》胡安切,平寒,匣):錦雞,形似雉。雄性有金色冠毛,頸橙黃色,背暗綠色,雜有紫色,尾長;雌性羽毛暗褐色。可供玩賞。又名天雞、山雞。亦作“翰”。郭注:“鶾鷄,赤羽。《逸周書》曰:文鶾若彩鷄,成王時蜀人獻之。”《逸周書·王會》作“文翰者若皁雞”。陸釋文:“鶾,本又作翰,胡旦反。樊云:一名山雞。”郝疏:“鶾,當作翰……今所謂天雞,出蜀中者,背文揚赤,膺文五彩,爛如舒錦,一名錦雞。”繆楷《爾雅稗疏》:“是鶾爲赤雞之名,天雞字當作翰也。翰與鶾音義同。翰之言鶾也。《説文》:‘鶾,赤色也。’赤羽之雞謂之鶾,因之赤羽之鳥謂之翰,亦曰天雞,且因之赤羽之蟲亦謂之翰,亦曰天雞也。”

17.19　鷽[1],山鵲。

【注釋】

〔1〕鷽(xué,又讀wò,《廣韻》胡覺切,入覺,匣。又於角切,入覺,影):長尾藍鵲。鳴禽類。狀如鵲而色深青,有文采,嘴和足均紅色,尾白而長,不能遠飛,性凶悍。又名山鵲。郭注:“似鵲而有文彩,長尾,觜脚赤。”《本草綱目·禽三·山鵲》:

“山鵲，處處山林有之。狀如鵲而烏色，有文采，赤嘴赤足，尾長不能遠飛，亦能食鷄、雀。諺云：朝鷽叫晴，暮鷽叫雨。”

17.20　鷣[1]，負雀。

【注釋】

〔1〕鷣（yín，《廣韻》餘針切，平侵，以。又弋照切，去笑，以）：雀鷹。通名鷂，較鷹小，羽毛灰褐色，腹白色，間赤褐色橫斑。性凶猛，善捕雀。亦稱負雀。方言詞。郭注：“鷣，鷂也。江南呼之爲鷣。善捉雀，因名云。”郝疏：“鷣是雀鷹。今雀鷹小於青肩，大者名鷂子，皆善捉雀。”

17.21　齧齒，艾。

【案】鄭注：“艾，即鴱也。”鴱，雌鷦鷯，即巧婦鳥之雌者。參見17.26條。翟灝《爾雅補郭》稱“齧齒”，是因其築巢“勤取茅莠言之”，可作參考。

17.22　鶨[1]，鴟老。

【注釋】

〔1〕鶨（chuàn，《廣韻》丑戀切，去線，徹。又徒困切，去恩，定）：鳥名，欺（鴟）老。又名句喙鳥。郭注：“鶨鶨也，俗呼爲癡鳥。”鄭注：“《字林》云：‘句喙鳥。’按，此蓋鷗類，能捐雀，句喙，目圓黃，可畏，如拳大。”《説文》鳥部：“鶨，欺老也。”

17.23　鳸[1]，鴳。

【注釋】

〔1〕鳸（hù）：山鶺。雉科，小型獵禽，比鷓鶉體大，嘴和脚較强健。郭注：“今鴳雀。”《國語·晉語八》：“平公射鴳不死。”韋昭注：“鴳，鳸，小鳥。”

17.24　桑鳸[1]，竊脂。

【注釋】

〔1〕桑鳸（hù）：蠟嘴雀。蒼褐色，有黃斑點，好食粟稻。喙微曲

而厚壯光瑩,色淺。郭注:"俗謂之青雀,觜曲,食肉,好盜脂膏,因名云。"《本草綱目·禽三·桑鳸》:"鳸,意同扈,止也。《左傳》:少皞氏以鳥名官,九鳸爲九農正,所以止民無淫也。桑鳸乃鳸之在桑間者,其觜或淡白如脂,或凝黃如蠟,故古名竊脂,俗名蠟觜。淺色曰竊。陸機謂其好盜食脂肉,殆不然也。"

17.25　鵰鷯[1],剖葦。

【注釋】

[1]鵰(diāo)鷯(liáo,《廣韻》落蕭切,平蕭,來):剖葦鳥。普通鷦鷯。鶯科,嘴尖銳,能取食葦中昆蟲。郭注:"好剖葦皮,食其中蟲,因名云。江東呼蘆虎,似雀,青班,長尾。"《説文》鳥部:"鷯,刀鷯,剖葦,食其中蟲。"段玉裁注:"鵰者,刀之俗字……《爾雅》《説文》之'剖葦'自是刀鷯之別名。"《本草綱目·禽二·巧婦鳥》:"又一種鷦鷯。《爾雅》謂之剖葦,似雀而青灰斑色,長尾,好食葦蠹,亦鷦類也。"

17.26　桃蟲[1],鷦[2]。其雌鴱[3]。

【注釋】

[1]桃蟲:鷦鷯。郭注:"鷦鷯,桃雀也,俗呼爲巧婦。"《詩·周頌·小毖》:"肇允彼桃蟲,拚飛維鳥。"毛傳:"桃蟲,鷦也。鳥之始小終大者。"梅堯臣《宛陵集·通判桃花廳》:"花底有小鳥,其字曰桃蟲。既於桃得名,爲桃言女工。"

[2]鷦(jiāo,《廣韻》即消切,平宵,精):鷦鷯。體型小,體長約三寸。羽毛赤褐而有黑褐色細斑,尾短。編麻爲巢,至爲緻密,精巧,故俗稱巧婦鳥。又名黃脰鳥、桃雀、桑飛等。《本草綱目·禽二·巧婦鳥》:"鷦鷯處處有之,生蒿木之間,居藩籬之上。狀似黃雀而小,灰色有斑,聲如吹噓,喙如利錐。取茅葦毛毳爲窠,大如雞卵,而繫之以麻髮,至爲精密,懸於

樹上,或一房二房,故曰巢林不過一枝,每食不過數粒。"

〔3〕鷃(ài,《廣韻》五蓋切,去泰,疑):雌鷦鷯。邢疏:"舍人曰:
'桃蟲名鷦,其雌名鷃。'"

17.27 鶠[1],鳳[2]。其雌皇[3]。

【注釋】

〔1〕鶠(yǎn,《廣韻》於憶切,上阮,影):鳳的別名,古代傳說中
的百鳥之王。郭注:"瑞應鳥。雞頭,蛇頸,燕頷,龜背,魚尾,
五彩色,其高六尺許。"邢疏:"鳳,一名鶠。"《字彙》鳥部:
"鶠,鳳之別名。"

〔2〕鳳:鳳凰。《禮記·禮運》:"麟、鳳、龜、龍,謂之四靈。"亦特
指雄性鳳凰。《詩·大雅·卷阿》:"鳳皇于飛,翽翽其羽。"毛
傳:"鳳皇,靈鳥,仁瑞也。雄曰鳳,雌曰皇。"

〔3〕皇:"凰"的古字,傳說中的雌鳳。陸釋文:"皇,本亦作凰。"
《書·益稷》:"簫韶九成,鳳皇來儀。"孔傳:"雄曰鳳,雌曰皇,
靈鳥也。"《楚辭·離騷》:"鸞皇爲余先戒兮,雷師告余以未
具。"王逸注:"皇,雌鳳也。"

17.28 鶺鴒[1],雝渠[2]。

【注釋】

〔1〕鶺(jí,《集韻》資昔切,入昔,精。又節力切,入職,精)鴒
(líng,《廣韻》郎丁切,平青,來):水雀。亦作"鶺鴒、脊令"。
體小,黑色,有白斑,腹部白色,頭頂黑色,喙細長,尾和翅均
很長。郭注:"雀屬也。飛則鳴,行則摇。"師曠《禽經》:"鶺
鴒友悌。"《詩·小雅·常棣》:"脊令在原,兄弟急難。"毛傳:
"脊令,雝渠也。飛則鳴,行則摇,不能自舍耳。"陸璣疏:"脊
令,大如鸚雀,長脚,長尾,尖喙,背上青灰色,腹下白,頸下
黑如連錢,故杜陽人謂之連錢。"

〔2〕雝(yōng,《廣韻》於容切,平鍾,影)渠:鶺鴒。陸佃《埤

雅·釋鳥》：“其鳴自呼，或曰首尾相應飛且鳴者，故謂之雝
渠，渠之言勤也。”朱謀㙔《駢雅·釋鳥》：“雝渠，錢母，連錢，
鸜鸲也。”

17.29　鸒斯[1]，鵯鶋[2]。

【注釋】

〔1〕鸒(yù，《廣韻》羊洳切，去御，以。又以諸切，平魚，以）斯：
　　鳥名。本單稱“鸒”，“斯”爲虛詞。鴉科，烏鴉的一種，體型
　　較小，腹下白，喜群飛齊鳴。又名鵯烏、鵯鶋。郭注：“鴉烏也。
　　小而多群，腹下白，江東亦呼爲鵯烏。”郝疏：“斯字，語詞，故
　　《釋文》云‘本多無此字’，是也。劉孝標《類苑·鳥部》遂立
　　鸒斯之目，蓋失檢耳。今此鳥大如鴿，百千爲群，其形如烏，
　　其聲雅雅，故名雅烏。”《詩·小雅·小弁》：“弁彼鸒斯，歸飛
　　提提。”毛傳：“鸒，卑居。卑居，雅烏也。”孔疏：“此鳥名鸒，
　　而云斯者，語辭。”

〔2〕鵯(bēi，《廣韻》府移切，平支，幫。又譬吉切，入質，滂）鶋
　　(jū，《廣韻》九魚切，平魚，見）：烏鴉的一種。《文選》張衡
　　《東京賦》：“鵯鶋秋棲，鶻鵃春鳴。”

17.30　燕[1]，白脰烏[2]。

【注釋】

〔1〕燕：燕烏，大於雅烏而小於慈烏。又名白脰烏。邢疏：“《小
　　爾雅》云：‘白項而群飛者謂之燕烏。燕烏，白脰烏。’是也。”

〔2〕白脰烏：燕烏。郭注：“脰，頸。”師曠《禽經》：“白脰烏不
　　祥。”張華注：“烏之白脰者，西南人謂之鬼雀，鳴則凶咎。”
　　孔鮒《孔叢子·廣鳥》：“白項而群飛者謂之燕烏，白脰烏也。”
　　方旭《蟲薈·羽蟲》：“此不祥鳥也。《爾雅》名‘白脰烏’，《水
　　經注》名‘蒼烏’，或又名鬼雀，又名鸋鴂。其狀似烏而大。”

17.31　鴽[1]，鵯母[2]。

【注釋】

〔1〕鴽（rú，《廣韻》人諸切，平魚，日）：鶉鷃類的小鳥。體形似鶉鷃而稍小，習性亦相近，鳴聲如低沉之汽笛，肉質細嫩鮮美。方言詞。《呂氏春秋·季春》：“桐始華，田鼠化爲鴽。”高誘注：“鴽，鶉。青州謂之鴾母，周雒謂之鴽，幽州謂之鶉也。”《儀禮·公食大夫禮》：“上大夫，庶羞二十，加於下大夫以雉兔鶉鴽。”賈疏：“然則鴽、鶉一物也。”《禮記·內則》：“鶉羹、雞羹、鴽釀之蓼。”

〔2〕鴾（móu，《廣韻》莫浮切，平尤，明）母：鴽的別名。方言詞。郭注：“鶉也。青州呼鴾母。”郝疏：“今驗鴽鳴以觜插地，如牛鳴窚中，故曰鴾母。”

17.32　密肌，繋英[1]。

【注釋】

〔1〕繋英：英雞。雉科，活動於山坡向陽樹叢處。又名石雞。鄭注：“英雞也。啄唅石英，故謂名焉。”汪柏年《爾雅補釋》：“郭注：‘《釋蟲》已有此名，疑誤重。’柏年案，此與《釋蟲》之‘密肌，繼英’同名異物，非誤重也……尋《本草拾遺》有‘英雞’。藏器曰：‘英雞出澤州有石英處，常食碎石英。狀如雞而雉尾，體熱無毛，腹下毛赤，飛翔不遠，腸中常有石英，人食之，取英之功也。’據此，則雞爲鳥屬，故入《釋鳥》，蠮螉爲蟲，故入《釋蟲》，不得誤合爲一。《玉篇》于蟲作‘蟹蟖’，于鳥作‘繼鷄’，雖云俗字，而所以別兩物者甚明也。”翟灝《爾雅補郭》：“其毛羽文采稠密，又名密肌。”

17.33　巂周[1]，燕。燕，鳦[2]。

【注釋】

〔1〕巂（guī，《集韻》玄圭切，平齊，匣）周：燕的別名。《說文》隹部：“巂，周燕也。”王闓運《爾雅集解》：“舍人注：‘巂周

名燕。'"

〔2〕鳦(yǐ,《廣韻》於筆切,入質,影）：燕的別名。方言詞。郭注：
"齊人呼鳦。"《説文》乙部："乙,玄鳥也。齊魯謂之乙,取其
鳴自呼。象形。凡乙之屬皆从乙。""鳦,乙或从鳥。"段玉
裁注："本與甲乙字異,俗人恐與甲乙亂,加鳥旁爲鳦。"《太
平御覽》九二二引《爾雅》舊注："齊曰鷾,梁曰乙。"

17.34　鴟鴞[1],鸋鴂[2]。

【注釋】

〔1〕鴟(chī,《廣韻》處脂切,平脂,昌）鴞(xiāo,《廣韻》于嬌切,
平宵,云）：鷦鷯。《詩·豳風·鴟鴞》："鴟鴞鴟鴞,既取我子,
無毀我室。"陸璣疏："鴟鴞似黃雀而小,其喙尖如錐,取茅莠
爲巢,以麻紩之,如刺襪然,縣著樹枝,或一房,或二房。幽
州人謂之鸋鴂,或曰巧婦,或曰女匠;關東謂之工雀,或謂
之過羸;關西謂之桑飛,或謂之襪雀,或曰巧女。"

〔2〕鸋(níng,《廣韻》奴丁切,平青,泥。又乃定切,去徑,泥）鴂：
鷦鷯。方言詞。焦贛《易林·噬嗑》："鸋鴂鴟鴞,治成禦灾,
周公勤勞,綏德安家。"舊注："鸋鴂,鳥名。一名飛桑,又名
巧婦。"

【案】一説,該條表示貓頭鷹類鳥。郭注："鴟類。"《詩·豳風·鴟
鴞》："鴟鴞鴟鴞,既取我子,無毀我室。"毛傳："鴟鴞,鸋鴂也。"

17.35　狂[1],茅鴟[2]。怪鴟[3],梟[4],鴟[5]。

【注釋】

〔1〕狂：貓頭鷹的一種。體形似鷹,羽毛褐色,面白,眼大。又
稱茅鴟。郭注："今鵂鴟也。似鷹而白。"郝疏："《一切經音義》
七引舍人曰：'狂,一名茅鴟,喜食鼠,大目也。'《御覽》九百
廿三引孫炎曰：'大目,鵂鶹也。'……茅鴟即今貓兒頭。其
頭似貓,大目,有毛角,其鳴曰'轂轆貓'。故蜀人謂之轂轆

鷹，楊州謂之夜貓。”

〔2〕茅鴟(chī，《廣韻》處脂切，平脂，昌)：貓頭鷹的一種，即狂。亦作“鵋鴟”。《廣雅疏證·釋鳥》：“鵋鵙，鵋鴟，鵙也。”《左傳·襄公二十八年》：“穆子不説，使工爲之誦《茅鴟》。”葉蕙心《爾雅古注斠》：“舍人曰：‘狂，一名茅鴟，喜食鼠，大目也。’孫炎曰：‘大目，鵋鵙也。’”

〔3〕怪鴟：貓頭鷹，統稱。又名梟、鴟。郝疏：“《一切經音義》廿引舍人曰：‘一名狂鳥，一名鵋鵙，南陽名鉤鵅，一名忌欺。晝伏夜行，鳴爲怪也。’如舍人義，是怪鴟即鵂鶹矣。《音義》又云：‘鵋鵙，關西名訓侯，山東名訓狐。’今按，狐、侯聲轉，訓侯亦鵋鵙之語變。今訓狐大者高二三尺，黑黄雜色，其鳴自呼，頭有毛角。”《廣雅·釋鳥》：“肥鵂，鴟鵂，怪鴟也。”王念孫疏證：“怪鴟，頭似貓而夜飛。今揚州人謂之夜貓。”劉玉麐《爾雅校議》：“怪鴟大如鴟鷹，黄黑斑色，頭目如貓，有毛角兩耳，晝伏夜鳴，鳴則雌雄相唤，其聲如老人，初如呼，後如笑，所至不祥。”

〔4〕梟(xiāo，《廣韻》古堯切，平蕭，見)：貓頭鷹。舊傳梟食母，故視爲不孝鳥。又名鴟。《説文》木部：“梟，不孝鳥也。”《正字通》木部：“鳥生炎州，母嫗子百日，羽翼長，從母索食，食母而飛。關西名流離。又土梟，鷹身貓面，穴土而居。又《漢儀》：五月五日作梟羹賜百官，以惡鳥，故食之。亦作鴞。”《詩·大雅·瞻卬》：“懿厥哲婦，爲梟爲鴟。”

〔5〕鴟：貓頭鷹。《篇海類編·鳥獸類》：“鴟，怪鴟，即鵋鵙。”《莊子·徐無鬼》：“鴟目有所適，鶴脛有所節。”成玄英疏：“鴟目晝闇而夜開，則適夜不適晝。”《漢書·郊祀志上》：“今鳳皇麒麟不至，嘉禾不生，而蓬蒿藜莠茂，鴟梟群翔。”顔師古注：“梟，不祥之鳥也。鴟，蓋今所謂角鴟也。梟，土梟也。”

17.36 鶛[1]，劉疾。

【注釋】

〔1〕鶛(jiē，《廣韻》古諧切，平皆，見)：雄性鷂鶉。又稱劉疾。邵正義："鶉之雄者，亦名鶛。故《玉篇》云：'鶛，鷂鶉也。'劉疾，其同名而異類者與？"

17.37 生哺，鷇[1]。生噣，雛[2]。

【注釋】

〔1〕鷇(kòu，《廣韻》苦候切，去候，溪)：由母哺食的幼鳥。郭注："鳥子須母食之。"《國語·魯語上》："鳥翼鷇卵，蟲舍蚔蝝。"韋昭注："生哺曰鷇，未乳曰卵。"《漢書·東方朔傳》："聲警警者，鳥哺鷇也。"顏師古注引項昭曰："凡鳥哺子而活者爲鷇，生而自啄曰雛。"

〔2〕雛：自己用嘴取食的幼鳥。郭注："皆自食。"陸釋文："鳥子生而能自啄者名雛。"《孟子·告子下》："力不能勝一匹雛，則爲無力人矣。"

17.38 爰居[1]，雜縣。

【注釋】

〔1〕爰居：海鳥。又名雜縣。邢疏："爰居，海鳥也。大如馬駒，一名雜縣。漢元帝時琅邪有之。"《左傳·文公二年》："作虛器，縱逆祀，祀爰居。"杜注："海鳥曰爰居。"《國語·魯語上》："海鳥曰爰居，止於魯東門之外三日。"韋昭注："爰居，雜縣也。"

17.39 春鳸[1]，鳻鶞[2]。夏鳸，竊玄[3]。秋鳸，竊藍。冬鳸，竊黃。桑鳸，竊脂。[4]棘鳸，竊丹。行鳸，唶唶[5]。宵鳸，嘖嘖[6]。

【注釋】

〔1〕春鳸(hù)：農桑候鳥。亦作"春扈"。陸佃新義："春鳸促民

耕種。”郝疏：“（《說文》）：‘九雇，農桑候鳥，扈民不婬者也。春雇鳻盾，夏雇竊玄……’《左（傳）·昭十七年》疏引賈逵云：‘春扈分循，相五土之宜，趣民耕種者也。’”

〔2〕鳻（fén，《廣韻》符分切，平文，奉）鶞（chūn，《廣韻》丑倫切，平諄，徹）：春鳸。《左傳·昭公十七年》“九扈爲九農正”杜注：“春扈，鳻鶞。”羅願《爾雅翼·釋鳥》：“又以爲春扈曰鳻鶞，主五土宜種木者也。”

〔3〕竊玄：農桑候鳥。亦名夏鳸。方以智《通雅·動物》：“《爾雅疏》謂‘竊’即古淺字，竊脂、竊玄、竊黃之類，皆指色也。”

〔4〕桑鳸竊脂：四字爲衍文。

〔5〕喈喈（jiē，《廣韻》子夜切，去禡，精）：鳥鳴聲。象聲詞。《淮南子·原道》：“故夫鳥之啞啞，鵲之喈喈，豈嘗爲寒暑燥溼變其聲哉！”

〔6〕唶唶：鳥鳴聲。象聲詞。邢疏引李巡曰：“喈喈、唶唶，鳥聲貌也。”《左傳·昭公十七年》“九扈爲九農正”孔疏：“賈逵云：春扈分循，相五土之宜，趣民耕種者也。夏扈，竊玄，趣民耘苗者也。秋扈，竊藍，趣民收斂者也。冬扈，竊黃，趣民蓋藏者也。棘扈，竊（丹），爲果驅鳥者也。行扈，喈喈，晝爲民驅鳥者也。宵扈，唶唶，夜爲農驅獸者也。桑扈，竊脂，爲蠶驅雀者也。”

17.40　鵖鴔[1]，戴鵀[2]。

【注釋】

〔1〕鵖（bī，《廣韻》彼及切，入緝，幫。又居輒切，入来，見）鴔（fú，《集韻》房六切，入屋，奉）：戴勝鳥。邢疏引李巡云：“戴勝，一名鵖鴔。”方旭《蟲薈·羽蟲》：“《爾雅》名‘鵖鴔’，《說文》作‘鴔鵖’，語聲轉也。每歲三月，田野間有之。狀似鵲，頭有冠，五色如勝，毛有文采，嘴、足皆赤色。”

〔2〕戴鵀（rén，《廣韻》如林切，平侵，日。又汝鴆切，去沁，日。
又女心切，平侵，娘）：戴勝鳥。狀似雀，頭有棕栗色羽冠，
如婦女之勝，故稱。郭注："鵀即頭上勝，今亦呼爲戴勝。"《淮
南子·時則》："鳴鳩奮其羽，戴鵀降于桑。"高誘注："戴鵀，
戴勝鳥也。"

17.41　鴲[1]，澤虞。

【注釋】

〔1〕鴲（fǎng，《廣韻》妃兩切，上養，敷）：水鳥名。羽蒼黑色，常
在水澤中，見人則鳴而不離去。俗稱護田鳥。又名澤虞。郭注：
"今鴟澤鳥，似水鴞，蒼黑色，常在澤中，見人輒鳴喚不去，有
象主守之官，因名云。俗呼爲護田鳥。"

17.42　鷀[1]，鷧[2]。

【注釋】

〔1〕鷀（cí，《廣韻》疾之切，平之，從。又子之切，平之，精）：同
"鶿"，水鳥名，鸕鷀。羽毛黑色，頷下有小喉囊，長喙微曲，
善没水取魚，俗稱魚鷹、水老鴉。郭注："即鸕鷀也。觜頭
曲如鉤，食魚。"《説文》鳥部："鶿，鸕鶿也。"《廣韻》之韻：
"鷀，鸕鷀鳥。亦作鶿。"

〔2〕鷧（yì，《廣韻》乙冀切，去至，影）：鸕鷀的别名。《本草綱
目·禽一·鸕鷀》："鷧，水老鴉……韻書：盧與兹並黑也。此
鳥色深黑，故名。鷧者，其聲自呼也。"

17.43　鷯[1]，鶉。其雄鶛[2]，牝痺[3]。

【注釋】

〔1〕鷯（liáo，《廣韻》力照切，去笑，來）：鵪鶉的别名。郭注："鶉，
鷯屬。"《詩·魏風·伐檀》"胡瞻爾庭有縣鶉兮"孔疏引李巡
《爾雅注》："别雄雌異方之言。鶉，一名鷯。"厲荃《事物異
名録·禽鳥下》："鶉或作鷒、鴇、鷯，與鶉爲二。無斑者爲鷒，

有斑者爲鵽,但形狀相似,俱黑色,今人總以鶌鵽名之,因即
併鶌於此。”

〔2〕鷽(jiē,《廣韻》古諧切,平皆,見):雄性鶌鵽。郝疏:“鷽之
言介也,雄者足高,介然特立也。”

〔3〕痺(pí):雌鶌鵽。邢疏引李巡云:“鵽,一名鶌。其雄名鷽,
其牝名痺。”郝疏:“痺之言比也,雌者足卑,比順於雄也。雄
又善鬭,人多畜之,令搏鬭也。”《山海經·南山經》:“(柜山)
有鳥焉,其狀如鴟而人手,其音如痺,其名曰鴸。”吳任臣注:
“《字彙》:痺,音脾。鳥名。鶌鵽之雌者。”

17.44　鸍[1],沈鳧。

【注釋】

〔1〕鸍(mí,《廣韻》武移切,平支,明。又式支切,平支,書):野
鴨。又名沈鳧。方言詞。郭注:“似鴨而小,長尾,背上有文。
今江東亦呼爲鸍。”郝疏:“**按此即今水鴨……鳧善沈水,洒
濯其頸,故曰沈鳧。**”《本草綱目·禽一·鳧》:“野鴨,野鶩,鸍,
沉鳧。”

17.45　鷂[1],頭鵁。

【注釋】

〔1〕鷂(yǎo,《廣韻》於絞切,上巧,影。又烏皎切,上篠,影):
斑頭鸕鷀。鸕鷀科,頭細身長,頸上有白毛,巢於岸崖樹
上。又名頭鵁、魚鵁。郭注:“似鳧,脚近尾,略不能行。江
東謂之魚鵁。”《山海經·中山經》:“畛水出焉,而北流注于
河。其中有鳥焉,名曰鷂,其狀如鳧,青身而朱目赤尾,食之
宜子。”

17.46　鷄鳩[1],寇雉。

【注釋】

〔1〕鷄(duò,《廣韻》丁括切,入末,端。又丁刮切,入鎋,端)鳩:

毛腿沙雞,形似鴿,密被短羽,生活於北方。成羣覓食,遷飛。
肉鮮美,羽可爲飾。又名寇雉、泆泆。郭注:"鷀大如鴿,似
雌雉,鼠脚,無後指,岐尾。爲鳥憨急,羣飛,出北方沙漠地。"
郝疏:"今此鳥淺黃色,文如雌雉,形似鶉鳩,故兼鳩雉之名。
其肉又美……今萊陽人名沙雞也。"《本草綱目·禽二·突厥
雀》:"《唐書》云:高宗時,突厥犯塞。'有鳴鷀,羣飛入塞。'
邊人驚曰:'此鳥一名突厥雀,南飛則突厥必入寇。'已而果
然。案:此即《爾雅》'鷀鳩,寇雉'也。然則奪寇之義亦由
此矣。"

17.47　萑,老鵵[1]。

【注釋】

[1] 老鵵(tù,《廣韻》湯故切,去暮,透):耳鴟,鴟鴞的一種。面
盤較大,頭之兩側有角羽突出,如耳。夜間活動,肉食性,栖
息樹林,生殖季節鳴叫。又名萑、雕鴞。郭注:"木兔也。似
鴟鵂而小,兔頭,有角,毛脚,夜飛,好食雞。"郝疏:"《廣雅》
云:'鵩、鴟,老鵵也。'……鵵與兔同。《酉陽雜俎》云:'北
海有木兔,似鵂鷠也。'按:此即上'狂,茅鴟'一種大者,俗
亦呼貓兒頭,其頭似兔,以耳上毛爲角也。"

17.48　鷀鴅鳥[1]。

【注釋】

[1] 鷀(tú,《廣韻》陀骨切,入没,定)鴅(hú,《集韻》洪孤切,平
模,匣)鳥:白頭翁。身青,腦上暈深團,老時頭部毛變白。
郭注:"似雉,青身,白頭。"郝疏:"《釋文》:'鷀,本亦作突。
胡,字或作鴅。'是古本作突胡,俗加鳥也。《御覽》九百廿
八引孫炎曰:'鷀鴅,水鳥。'按,即白頭鳥也。《吳志·諸葛恪
傳》注引《江表傳》曰:'會有白頭鳥集殿前。權問:何鳥?
恪曰:白頭翁。'即此鳥矣。"

17.49　狂[1]，夢鳥。

【注釋】

[1] 狂：傳説中的鳥名。又稱夢鳥。郭注："狂鳥，五色，有冠。"
《山海經·大荒西經》："（栗廣之野）有五采之鳥，有冠，名曰
狂鳥。"郝懿行箋疏："《爾雅》云：'狂，夢鳥。'即此也。懿行
案，郭注《爾雅》亦引此經文。狂，《玉篇》作鵟。"

17.50　皇，黄鳥[1]。

【注釋】

[1] 黄鳥：黄鶯。體色淺黄，自眼部至頭後部黑色，喙淡紅。鳴
聲清脆。亦稱皇、黄鸝。方言詞。郭注："俗呼黄離留，亦名
摶黍。"《詩·周南·葛覃》："黄鳥于飛，集于灌木，其鳴喈喈。"
毛傳："黄鳥，摶黍也。"陸璣疏："黄鳥，黄鸝鶹也，或謂之黄
栗留。幽州人謂之黄鸎，或謂之黄鳥，一名倉庚，一名商庚，
一名鵹黄，一名楚雀，齊人謂之摶黍，關西謂之黄鳥，當葚熟
時來在桑間。故里語曰：'黄栗留，看我麥黄葚熟。'亦是應
節趨時之鳥，或謂之黄袍。"一説黄雀。郝疏："按，此即今之
黄雀，其形如雀而黄，故名黄鳥，又名摶黍，非黄離留也。"

17.51　翠[1]，鷸[2]。

【注釋】

[1] 翠：雌性翠鳥，羽毛以蒼翠、暗緑色爲主。玄應《一切經音
義》十六："翡翠，雄赤曰翡，雌青曰翠。"亦泛指翠鳥。《楚
辭·九歌·東君》："翾飛兮翠曾，展詩兮會舞。"王逸注："身
體翾然若飛，似翠鳥之舉也。"《逸周書·王會》："倉吾翡翠。
翡翠者，所以取羽。"孔晁注："翠羽其色青，而有黄也。"

[2] 鷸（yù，《廣韻》餘律切，入術，以）：翠鳥。頭大，體小，喙强
而直，羽毛藍青。生活於水邊，吃魚蝦等。郭注："似燕，紺色，
生鬱林。"《左傳·僖公二十四年》："鄭子華之弟子臧出奔宋，

好聚鷸冠。"陸釋文："鷸,翠鳥也。"

17.52　鸀[1],山烏。

【注釋】

〔1〕鸀(shǔ,《廣韻》直角切,入覺,澄)：紅嘴山鴉。通體亮黑,
嘴鮮紅,脚淡紅。常結群高飛,鳴聲脆亮。巢營於石窟、土
穴中。又稱山烏。郭注："似烏而小,赤觜,穴乳,出西方。"
郝疏："《水經·漾水》注云：'火山出雛烏,形類雅烏,純黑而
姣好,音與之同,續采紺發,觜若丹砂,性馴良而易附,卝童
幼子捕而執之,曰赤觜烏,亦曰阿雛烏。'"

17.53　蝙蝠,服翼[1]。

【注釋】

〔1〕服翼：蝙蝠的別名。方言詞。郭注："齊人呼爲蟙䘃,或謂
之仙鼠。"《方言》八："蝙蝠,自關而東謂之服翼,或謂之飛
鼠,或謂之老鼠,或謂之儵鼠；自關而西秦隴之間謂之蝙蝠；
北燕謂之蟙䘃。"劉向《新序·雜事五》："黃鵠、白鶴,一舉千
里,使之與燕、服翼試之堂廡之下,廬室之間,其便未必能過
燕、服翼也。"

17.54　晨風[1],鸇[2]。

【注釋】

〔1〕晨風：鷂屬猛禽。郭注："鷂屬。"《詩·秦風·晨風》："鴥彼
晨風,鬱彼北林。"毛傳："晨風,鸇也。"陸璣疏："晨風,一名
鸇,似鷂,青黃色,燕頷鈎喙,嚮風搖翅,乃因風飛急,疾擊鳩
鴿燕雀食之。"

〔2〕鸇(zhān,《廣韻》諸延切,平仙,章)：鷂屬猛禽。羽色青黃,
飛翔迅速,以鳩鴿燕雀爲食。又名晨風。《孟子·離婁上》："爲
叢敺爵者,鸇也。"趙岐注："鸇,土鷂也。"

17.55　鶜[1],白鷢[2]。

【注釋】

〔1〕鸉(yáng,《廣韻》與章切,平陽,以):白鷢子。郭注:"似鷹,尾上白。"郝疏:"白鸉,即今白鷢子,似雀鷹而大,尾上一點白,因名焉。一名印尾鷹,望淺草間掠地而飛,善捕鳥雀,亦嚮風搖翅,故又名風鷢子。鷹、鷢、鸉俱聲相轉也。王照圓《詩小紀》云:'鸉,俗字,當作楊。'《詩》曰:'時維鷹揚。'揚即《爾雅》'楊,白鷢'。古字通借爲揚,毛傳便謂鷹之飛揚矣。"

〔2〕白鷢(jué,《廣韻》其月切,入月,群):白鷢子。似雀鷹而大,飛翔速急,善捕鳥雀。因尾上有一點白,故稱。亦稱印尾鷹、風鷢子、白鷢子。

17.56 寇雉,泆泆[1]。

【注釋】

〔1〕泆泆(yì,《廣韻》夷質切,入質,以):毛腿沙雞。朱謀㙔《駢雅·釋鳥》:"寇雉,泆泆,鷄鳩也。"參見17.46條。

17.57 鵺[1],蟁母。

【注釋】

〔1〕鵺(tián,《廣韻》徒年切,平先,定):夜鷹。體灰黑色,背有縱紋,喙小而鉤,張開極大,翅長,白天休止,黃昏活動,飛翔迅速無聲,捕食蚊虻。因其常在蚊蟲聚集處張口食蚊,故古人誤認爲吐蚊。又稱蟁(同"蚊")母、蚊母鳥。郭注:"似烏鶌而大,黃白雜文,鳴如鴿聲。今江東呼爲蚊母。俗説此鳥常吐蚊,故以名云。"

17.58 鷉[1],須蠃[2]。

【注釋】

〔1〕鷉(tī,《集韻》天黎切,平齊,透):鸊鷉。益鳥。體黑褐色,常在水中,捕食小魚蝦、昆蟲,以其膏塗刀劍可不銹。又名須蠃、水葫蘆。郭注:"鷉,鸊鷉,似鳬而小,膏中瑩刀。"《方

言》八:"野鳧其小而好没水中者,南楚之外謂之鷿鷉,大者
謂之鶻蹏。"

〔2〕須嬴(luó,《廣韻》落戈切,平戈,來):鷿鷉。朱謀㙔《駢
雅·釋鳥》:"須嬴,鷿鷉也。"佚名《鳥譜》八:"油葫蘆,黑睛,
淺黄暈,青黑觜,吻根黄,頭項背翅皆蒼褐色,頷腹蒼赭色,
胸臆間有灰色横紋,青黑足掌,其脛及尾不能陸行,常沉浮
水中。《爾雅》'鷉,須嬴'……俗名油葫蘆,油者言其肥,葫
蘆者言其泛泛水中也。"

17.59　鼯鼠[1],夷由。

【注釋】

〔1〕鼯(wú,《廣韻》五乎切,平模,疑)鼠:哺乳綱,形似松鼠,尾
長,背部褐色或灰黑色,前後肢之間有飛膜,能借此在樹間滑
翔,以果實、嫩葉、昆蟲爲食。别名夷由。俗稱大飛鼠。郭注:
"狀如小狐,似蝙蝠,肉翅,翅尾項脅毛紫赤色,背上蒼艾色,
腹下黄,喙頷雜白,脚短爪長,尾三尺許,飛且乳,亦謂之飛
生。聲如人呼,食火烟,能從高赴下,不能從下上高。"《急就
篇》:"貍兔飛鼯狼麋麞。"顔師古注:"飛鼯,一名飛蠝,又曰
鼯鼠,亦曰夷由,即今俗呼飛生者也。"馬融《長笛賦》:"猨
蜼晝吟,鼯鼠夜叫。"

【案】鼯鼠能滑翔,古人誤以爲是鳥類,所以放在《釋鳥》中。

17.60　倉庚[1],商庚[2]。

【注釋】

〔1〕倉庚:黄鶯的别名。亦作"倉鶊"。方言詞。《詩·豳風·東
山》:"倉庚于飛,熠耀其羽。"師曠《禽經》:"倉鶊,鵹黄,黄
鳥也。"張華注:"今謂之黄鶯、黄鸝是也。野民曰黄栗留,語
聲囀耳。其色鵹黑而黄,故名鵹黄。《詩》云'黄鳥',以色
呼也。"

〔2〕商庚：黄鶯。郭注：“即鶬黄也。”《大戴禮記·夏小正》：“有

鳴倉庚。倉庚者，商庚也。”參見 17.50 條。

17.61　鴩[1]，餔豉[2]。

【注釋】

〔1〕鴩(tiě)：同“鴩”，鳥名。又稱餔豉。郝疏：“《説文》作‘鴩，

餔豉也’，《廣韵》作‘鶺豉’。按，‘鶺’或體，餔、鋪音同。

餔豉，蓋以鳥聲爲名。《倉頡篇》云：‘餔穀鳥即布穀。’非

此。”《龍龕手鑑》鳥部：“鴩，徒結反，哺豉鳥也。或作鴩。”

〔2〕餔(bū，《廣韻》博孤切，平模，幫）豉(chǐ)：鳥名。餔，亦作

“鋪”。豉，同“豉”。《説文》鳥部：“鴩，餔豉也。”段玉裁注：

“此必鳥聲如云餔豉。”朱謀㙔《駢雅·釋鳥》：“餔豉，鴩也。”

17.62　鷹，鶆鳩[1]。

【注釋】

〔1〕鶆(lái，《廣韻》落哀切，平咍，來）鳩：鷹之一種，即灰臉鵟

鷹。中型猛禽，體暗褐色，尾羽灰褐色。栖息於山林，以蛇、

蛙、野兔、狐狸和小鳥等爲食。潘衍桐《爾雅正郭》：“《釋文》

本鶆鳩作‘來鳩’，云：‘來，字或作鶆。’郭讀作爽，衆家並依

字，樊云：‘來鳩，鶆鳩也。’《字林》作‘鶆’，音來，云：‘鶆鳩，

鷹也。’《左昭十七年傳》：‘爽鳩氏，司寇也。’《正義》：‘《釋

鳥》：鷹，鶆鳩。樊光曰：來鳩，爽鳩也。《春秋》曰：爽鳩

氏，司寇。鷹鷙，故爲司寇。’據《釋文》所見，衆家本皆不破

字，則知來鳩、爽鳩命名各取其誼，郭注不解而破鶆爲鶆，誤

矣。”《正字通》鳥部：“鶆，舊注音來。鶆鳩，鷹也。按，《爾

雅》：‘鷹，鶆鳩。’郭璞注‘鶆’當爲‘爽’字之譌，引《左傳》

‘鶆鳩’。舊注不詳考郭注，鶆作鶆，非。”

17.63　鶌鶋[1]，比翼。

【注釋】

〔1〕鶼鶼：比翼鳥。參見 9.34 條。

17.64　鵹黃[1]，楚雀[2]。

【注釋】

〔1〕鵹(lí,《廣韻》呂支切,平支,來) 黃：黃鶯的別名。其色黧黑而黃,故名。亦作"鸝黃"。方言詞。郭注："即倉庚也。"《詩·周南·葛覃》"黃鳥于飛"陸璣疏："黃鳥,黃鸝鶹也,或謂之黃栗留。幽州人謂之黃鶯,或謂之黃鳥,一名倉庚,一名商庚,一名鵹黃,一名楚雀。"朱謀㙔《駢雅·釋鳥》："倉庚,鵹黃,楚雀,商庚,搏黍,黃栗留也。"

〔2〕楚雀：黃鶯。方言詞。《呂氏春秋·仲春》"蒼庚鳴,鷹化爲鳩"高誘注："蒼庚,《爾雅》曰'商庚'。黎黃,楚雀也。齊人謂之搏黍,秦人謂之黃離,幽冀謂之黃鳥。"《方言》九："鸝黃,自關而東謂之鶬鶊,自關而西謂之鸝黃,或謂之黃鳥,或謂之楚雀。"參見 17.50 條和 17.60 條。

17.65　鴷[1]，斲木[2]。

【注釋】

〔1〕鴷(liè,《廣韻》良薛切,入薛,來)：啄木鳥。常見者體上部色青,下部色淡綠,有暗色橫斑。腳短,趾端生利爪,善攀援樹木。喙尖銳而強直,可啄開樹木,舌細長而尖端有鉤,可捕食樹洞害蟲。師曠《禽經》："鴷志在木。"羅願《爾雅翼·釋鳥》："此鳥有大有小,有褐有斑。褐者是雌,斑者是雄。又有青黑者,大如鵲,頭上有紅毛,如鶴頂,生山中,土人呼爲山啄木,然以青者爲主。"

〔2〕斲(zhuó,《廣韻》竹角切,入覺,知) 木：啄木鳥。郭注："口如錐,長數寸,常斲樹食蟲,因名云。"《淮南子·説山》："狸頭愈鼠,雞頭已瘻,虻散積血,斲木愈齲,此類之推者也。"

17.66　鷚[1]，鷱鷱[2]。

【注釋】

[1] 鷚(jī，《廣韻》古歷切，入錫，見。又胡狄切，入錫，匣。又古弔切，去嘯，見)：白頭鷱，鷹類。羽呈蒼白色，栖息於低山平原地區的開闊水域及其附近地區，肉食性。又名白鷱、鷱鷱。郭注："似烏，蒼白色。"郝疏："《玉篇》：'鷚，一名唐屠鳥，似烏。'《酉陽雜俎》云：'鷚色黃，一變爲青鷦，帶灰色。又曰白唐。唐者，黑色也，謂斑上有黑色。一變爲白鷦。'如《雜俎》説，是鷹屬也。或云，即阿濫堆，未知其審。"

[2] 鷱(táng，《廣韻》徒郎切，平唐，定) 鷱(tú，《廣韻》同都切，平模，定)：白頭鷱。《廣韻》唐韻："鷱，鷱鷱，鳥名。似烏，蒼白色。"

17.67　鸕[1]，諸雉。

【注釋】

[1] 鸕(lú，《廣韻》落胡切，平模，來)：雉之一種，即黑雉。又名諸雉。郭注："或云即今雉。"郝疏："《説文》'雉，有十四種'，盧，諸雉，其一也。按，黑色曰盧，博棊勝采有雉有盧，盧亦黑也。張揖《上林賦》注'鸕，白雉'，所未詳。"蔣元慶《讀爾雅日記》："竊疑張所見《爾雅》本作'鸕，白雉'，非'白'字，乃'凶'字也。'凶'即'諸'之蝕壞字也……後人不知'凶'爲'諸'字之所從，而誤以爲'白黑'之'白'，遂與獻瑞之白雉合而爲一，愚未敢信其然矣。"

17.68　鷺[1]，春鉏[2]。

【注釋】

[1] 鷺(lù，《廣韻》洛故切，去暮，來)：水鳥名。白鷺，體型高大瘦削，羽色純白，喙强直而尖，頸和足長。又稱白鳥、春鉏。師曠《禽經》："宋寮雝雝，鴻儀鷺序。"張華注："鷺，白鷺也。

小不踰大,飛有次序,百官縉紳之象。"《詩·陳風·宛丘》:"無
冬無夏,值其鷺羽。"《本草綱目·禽一·鷺》:"鷺,水鳥也。
林棲水食,群飛成序,潔白如雪,頸細而長,脚青善翹,高尺
餘,解指短尾,喙長三寸,頂有長毛十數莖,毿毿然如絲。"

〔2〕舂(chōng,《廣韻》書容切,平鍾,書)鉏(chú,《廣韻》士魚
切,平魚,崇):白鷺。方言詞。郭注:"白鷺也。頭、翅、
背上皆有長翰毛,今江東人取以爲睫䍦,名之曰白鷺縗。"
《詩·周頌·振鷺》"振鷺于飛"陸璣疏:"鷺,水鳥也。好而潔
白,故謂之白鳥,齊魯之間謂之舂鉏,遼東樂浪吳揚人皆謂
之白鷺。"陸佃《埤雅·釋鳥》:"鷺,一名舂鋤,步於淺水,好
自低昂,故曰舂鋤也。"

17.69　鷂雉[1]。鷮雉[2]。鳪雉[3]。鷩雉[4]。秩秩[5],海雉。
鸐[6],山雉。翟雉[7],鵫雉[8]。雉絕有力,奮。伊洛
而南,素質,五采皆備成章曰翬[9]。江淮而南,青質,
五采皆備成章曰鷂[10]。南方曰㲴[11],東方曰鶅[12],
北方曰鵗[13],西方曰鷷[14]。

【注釋】

〔1〕鷂雉:一種青質五彩的野雞。郭注:"青質五彩。"師曠《禽
經》:"五采備曰翬,亦曰夏翟,亦曰鷂雉。"《本草綱目·禽
二·雉》:"雉類甚多,亦各以形色爲辨耳……青質五采備曰
鷂雉。"佚名《鳥譜》第六册題目"野雞"自注:"一名雉,一
名鷂雉,梵名迦頻闍羅。"

〔2〕鷮(jiāo,《廣韻》舉喬切,平宵,見。又巨嬌切,平宵,群)雉:
雉之一種。尾長,羽色濃赤,胸及翼有白斑,走且鳴,性勇
健,羽可爲飾。又名鷱。郭注:"即鷱雞也。長尾,走且鳴。"
《本草綱目·禽二·鷮雉》:"能走且鳴者,鷮雉也。俗通呼爲
鷱矣。"

〔3〕鴶（bú，《廣韻》博木切，入屋，幫）雉：黃色野雞。郭注："黃色，鳴自呼。"邢疏："云'鴶雉'者，雉之黃色，鳴自呼者名鴶。"

〔4〕鷩（bì，《廣韻》必袂切，去祭，幫。又并列切，入薛，幫）雉：雉之一種。即錦雞，似山雞而小，冠背毛黃，腹下赤，頸綠色，冠羽華美。又名山雞、金雞、鵔鸃、采雞。郭注："似山雞而小，冠背毛黃，腹下赤，項綠，色鮮明。"師曠《禽經》："朱黃曰鷩雉。"張華注："背毛黃，腹毛赤，頸毛綠而鮮明。《周禮》'鷩冕'取此。"《本草綱目·禽二·鷩雉》："鷩性憨急耿介，故名。"

〔5〕秩秩：雉之一種。形似野雞而長尾。又名海雉。郭注："如雉而黑，在海中山上。"郝疏："秩秩者，《釋文》云'本又作失失，施音逸'……今陝西山中有之，其狀如雉，其色正青，尾長數倍於身，用以作膳，美於常雉，陝人謂之青雞，秦俗以青爲黑也。"

〔6〕鸐（dí，《廣韻》直角切，入覺，澄）：似雉的長尾野雞。又名山雉。郭注："尾長者。"邢疏："山雉，一名鸐。郭云'尾長者'，今俗呼山雞，是也。"《本草綱目·禽二·鸐雉》："翟，美羽貌。雉居原野，鸐居山林，故得山名。大者爲鸐。"

〔7〕鷁（hàn，《廣韻》侯旰切，去翰，匣）雉：白鷴。冠及下體藍黑色而有光澤，上體及兩翼白色，並有黑紋，尾長，頭和足均紅色。又名白雉。郭注："今白鷁也。江東呼白鷁，亦名白雉。"師曠《禽經》："白曰鷁雉。"張華注："江南呼曰白雉。"《玉篇》隹部："鷁，白鷁雉也。"《本草綱目·禽二·白鷴》："按《爾雅》白雉名鷁，南人呼閑字如寒，則鷴即鷁音之轉也。當作白鷁，如錦雞謂之文鷁也。"

〔8〕鷂（zhuó，《廣韻》都教切，去效，知。又直角切，入覺，澄）雉：

白鷢。鄭注:"今謂之白鷢,似鴿而大,色白,紅臉,可愛。"邵正義:"《説文》以鷻雉、鶇雉爲二雉。郭氏則以爲一物而二名,即白雉也。《抱朴子》謂白雉有種,南越尤多。"《本草綱目·禽二·雉》引師曠《禽經》云:"雉,介鳥也。素質,五采備曰翬雉,青質,五采備曰鷂雉,朱黄曰鷩雉,白曰鶇雉。"今本《禽經》作"鷻雉"。

〔9〕翬(huī,《廣韻》許歸切,平微,曉):翬雉,具五彩。郭注:"翬亦雉屬,言其毛色光鮮。"《詩·小雅·斯干》:"如鳥斯革,如翬斯飛。"鄭箋:"伊洛而南,素質,五色皆備成章,曰翬……翬者,鳥之奇異者也。"

〔10〕鷂:即鷂雉。

〔11〕鷗(chóu,《廣韻》直由切,平尤,澄):南方雉。鄭樵《通志·昆蟲草木略二》:"鷗、鷂、鵗、鶲,皆所呼之異。鷗音儔。"

〔12〕鷓(zī,《廣韻》側持切,平之,莊。又側吏切,去志,莊):東方雉。袁達《禽蟲述》:"伊洛而南,素質,五采皆備成章曰翬。江淮而南,青質,五采皆備成章曰鷓。南方曰鷗,東方曰鷓,北方曰鵗,西方曰鶲,皆中央翬雉之類也。"

〔13〕鵗(xī,《廣韻》香衣切,平微,曉):北方雉。《玉篇》鳥部:"鵗,北方雉名。"袁達《禽蟲述》:"雉之種十有二,曰:鷓、鷂、鳩、鷩、秩、鸐、鷻、翬、鷗、鷓、鵗、鶲。"

〔14〕鶲(zūn,《廣韻》將倫切,平諄,精。又昨旬切,平諄,從):西方雉。《玉篇》鳥部:"鶲,西方雉名。"

17.70 鳥鼠同穴[1],其鳥爲鵌[2],其鼠爲鼵[3]。

【注釋】

〔1〕鳥鼠同穴:山名。在今甘肅省渭源縣西。郭注:"鼵如人家鼠而短尾,鵌似鵽而小,黄黑色。穴入地三四尺,鼠在内,鳥在外。今在隴西首陽縣鳥鼠同穴山中。"《書·禹貢》:"導渭

自鳥鼠同穴。"孔傳:"鳥鼠共爲雌雄,同穴處此山,遂名山曰鳥鼠,渭水出焉。"焦竑《焦氏筆乘續集·鳥鼠同穴》:"'導渭自鳥鼠同穴',孔傳謂'鳥鼠共爲雌雄,同穴而處'。蔡氏以爲怪誕不取。按《甘肅志》:'涼州之地有兀兒鼠者,形狀似鼠,尾若贅疣。有鳥曰本周兒者,形似雀,色灰白,常與兀兒鼠同穴而處。所謂鳥鼠同穴也。'涼州唐屬隴右道,然則孔說非誕。"

〔2〕鵌(tú,《廣韻》同都切,平模,定。又以諸切,平魚,以):一種與鼠同穴而居的鳥。《廣韻》魚韻:"鵌,鳥名,與鼠同穴。"

〔3〕鼵(tū,《廣韻》陀骨切,入没,定):一種與鵌同穴而居的鼠。又名兀兒鼠、兀鼠。李元《蠕範·物匹》:"鼵,兀鼠也……如家鼠而小,色黄尾短,缺脣似兔,蓬尾似鼬,與鵌同穴而處。"

17.71　鸛鶉[1],鶝鶔[2]。如鵲,短尾,射之,銜矢射人。

【注釋】

〔1〕鸛(huān,《集韻》胡官切,平桓,匣)鶉(tuán,《廣韻》度官切,平桓,定。又職緣切,平仙,章):傳説中的鳥名。郝疏:"順天人呼寒鴉。寒即鸛、鶉之合聲也。"段成式《酉陽雜俎·羽篇》:"鸛鶉,一名墮羿,形似鵲,人射之則銜矢反射人。"

〔2〕鶝(fú,《廣韻》符逼切,入職,奉)鶔(róu,《廣韻》耳由切,平尤,日):鸛鶉。朱謀㙔《駢雅·釋鳥》:"鶝鶔,墮羿,鸛鶉也。"

17.72　鵙鶝醜[1],其飛也翪[2]。鳶烏醜[3],其飛也翔。鷹隼醜,其飛也翬[4]。鳧鴈醜,其足蹼,其踵企[5]。烏鵲醜,其掌縮。

【注釋】

〔1〕鵙(jú):伯勞鳥。益鳥,頭側黑色,上嘴鉤曲似鷹,頸部藍灰色,背部棕紅色,有黑色波狀橫紋,尾長,善鳴,以昆蟲和小

鳥爲食。又名鴂。《詩・豳風・七月》:"七月鳴鵙,八月載績。"
毛傳:"鵙,伯勞也。"《呂氏春秋・仲夏》:"鵙始鳴,反舌無
聲。"高誘注:"鵙,伯勞也。"　　醜:類。

〔2〕鵽(zōng,《廣韻》子紅切,平東,精。又作孔切,上董,精):
鳥竦翅上下飛。郭注:"竦翅上下。"邢疏:"鵙,伯勞也。鵽,
竦也。醜,類也。鵲鵙之類,不能翱翔遠飛,但竦翅上下
而已。"

〔3〕鳶(yuān,《廣韻》與專切,平仙,以):鷙鳥。狀類鷹,唯嘴較
短。上體暗褐雜棕白色。耳羽黑褐色,故又名黑耳鳶。下
體多爲灰棕色帶黑褐色縱紋。翼大,擅高飛盤旋。攫蛇、鼠、
雞、雛鳥爲食。俗稱鷂鷹、老鷹。《詩・小雅・四月》:"匪鶉匪
鳶,翰飛戾天。"《本草綱目・禽四・鴟》:"鴟、鳶二字,篆文象
形。一云:鴟,其聲也。鳶,攫物如射也。"

〔4〕翬(huī,《廣韻》許歸切,平微,曉):振翅疾飛。郭注:"鼓翅
翬翬然疾。"《說文》羽部:"翬,大飛也。"《文選》張衡《西京
賦》:"若夫遊鷸高翬,絕阬踰斥。"薛綜注:"翬,飛也。"

〔5〕其踵企:鳬鴈類鳥腳趾間有蹼相連,飛時則伸直腳後跟。
郭注:"飛却伸其腳跟企直。"

17.73　亢[1],鳥嚨。其粻,嗉[2]。

【注釋】

〔1〕亢(gāng,《廣韻》古郎切,平唐,見):咽喉,喉嚨。郭注:"嚨
謂喉嚨,亢即咽。"玄應《一切經音義》二十引《蒼頡篇》:
"亢,咽也。"《漢書・婁敬傳》:"夫與人鬭,不搤其亢,拊其背,
未能全勝。"顏師古注引張晏曰:"亢,喉嚨也。"

〔2〕粻(zhāng,《廣韻》陟良切,平陽,知):嗉囊。鳥類喉下盛食
物的囊。又名嗉。方言詞。郭注:"嗉者,受食之處,別名嗉,
今江東呼粻。"

17.74　鶉子，鳼[1]。鴽子，鸋[2]。雉之暮子爲鷚[3]。

【注釋】

〔1〕鳼（wén，《廣韻》無分切，平文，微）：雛鶉。郭注：“別鶴鶉雛之名。”李元《蠕範·物材》：“鶉，鴽也，鴽也，鸋也，鶴也，鸋也，鳼鶉也，鴾鶉也……其子曰鳼。”

〔2〕鸋（níng，《廣韻》奴丁切，平青，泥）：鶴鶉類的雛鳥。邢疏：“別鶴鶉雛之名也。鶉之子雛名鳼，鴽之子雛名鸋。”參見17.31條。

〔3〕鷚（liù，《廣韻》力救切，去宥，來）：小野雞，也指雛雞。今語詞。郭注：“晚生者。今呼少雞爲鷚。”《廣韻》宥韻：“鷚，雞子。”《呂氏春秋·仲夏》“天子以雛嘗黍”高誘注：“雛，春鷚也。”

17.75　鳥之雌雄不可別者，以翼右掩左，雄；左掩右，雌。[1]

【注釋】

〔1〕鳥之雌雄不可別者，以翼右掩左，雄；左掩右，雌：鳥的雌雄不能在外形上分別的，右翅遮住左翅的是雄鳥，左翅遮住右翅的是雌鳥。《詩·小雅·白華》：“鴛鴦在梁，戢其左翼。”鄭箋：“戢，斂也。斂左翼者，謂右掩左也。鳥之雌雄不可別者，以翼右掩左，雄；左掩右，雌。”

17.76　鳥少美長醜爲鶹鷅[1]。

【注釋】

〔1〕鶹（liú，《廣韻》力求切，平尤，來）鷅（lì，《廣韻》力質切，入質，來）：梟。亦作“留離、流離”。郭注：“鶹鷅猶留離，《詩》所謂‘留離之子’。”《詩·邶風·旄丘》“流離之子”陸璣疏：“流離，梟也。自關而西謂梟爲流離，其子適長大，還食其母。故張奐云：鶹鷅食母。許慎云：‘梟，不孝鳥。’是也。”參見17.35條。

17.77　二足而羽謂之禽,四足而毛謂之獸。

【案】禽,本義是獵物,獵獲。引申指鳥獸魚類等動物。《白虎通·田獵》:"禽者何?鳥獸之總名。"後詞義範圍縮小,表示鳥類總名。《莊子·馬蹄》:"禽獸成群,草木遂長。"成玄英疏:"飛禽走獸不害,所以成群。"與表示四足而毛之"獸"不同。

17.78　鵙[1],伯勞也[2]。

【注釋】

[1]鵙:伯勞鳥。參見 17.72 條。

[2]伯勞:鵙的異名。郭注:"似鶷鷱而大。"《吕氏春秋·仲夏》"鵙始鳴,反舌無聲"高誘注:"鵙,伯勞也。"

17.79　倉庚,鵹黄也[1]。

【注釋】

[1]鵹(lí,《廣韻》郎奚切,平齊,來)黄:黄鶯。郭注:"其色鵹黑而黄,因以名云。"參見 17.50 條和 17.60 條。

釋 獸 第 十 八

　　本篇所收詞語是四足哺乳動物,多爲野獸,分爲寓屬、鼠屬、齸屬、須屬四類。其中豬爲六獸之一(見《周禮·天官·庖人》),故列本篇。也收列家養之豬,屬於連類而及。動物名稱有的只列一詞;有的列釋同義詞,或釋其異名,或據其性別、形體、習性、功能辨析同中之異;有的一條聚合相類詞語,數量較少。

(一)寓屬

【案】寓,寄也。"寓屬"是寄於木或寄於穴的獸類。

18.1　麋[1]:牡,麔[2];牝,麎[3];其子,麇[4];其跡,躔[5];絕有力,狄[6]。

【注釋】

〔1〕麋(mí,《廣韻》武悲切,平脂,明):鹿科動物。毛淡褐色,雄的有角,角像鹿,尾像驢,蹄像牛,頸像駱駝,但從整體來看哪一種動物都不像。性温順,喜涉水,以植物爲食。我國特産珍稀獸類。亦稱四不像。《楚辭·九歌·湘夫人》:"麋何食兮庭中?蛟何爲兮水裔?"《春秋·莊公十七年》:"冬,多麋。"孔疏:"麋是澤獸,魯所常有。"《山海經·西山經》:"(西皇之山)其獸多麋鹿㸲牛。"郭璞注:"麋大如小牛,鹿屬也。"

〔2〕麔(jiù,《廣韻》其九切,上有,群):雄性麋鹿,頭有枝角。《説文》鹿部:"麔,麋牝者。"桂馥義證:"牝當爲牡。《釋獸》:'麋:牡,麔。'"《急就篇》:"貍兔飛鼺狼麋麔。"顔師古注:"其牡

者曰麚,牝者曰麎。”

〔3〕麎(chén,《廣韻》植鄰切,平真,禪):雌性麋鹿。郝疏:
“《詩·吉日》疏引某氏曰:《詩》云‘瞻彼中原,其麎孔有’,今
《詩》作祁,鄭箋‘祁當作麎’。”《説文》鹿部:“麎,牝麋也。”

〔4〕麇(yǎo,《廣韻》烏晈切,上晈,影):幼麋。《國語·魯語上》:
“魚禁鯤鮞,獸長麑麇。”韋昭注:“麋子曰麇。”

〔5〕躔(chán,《廣韻》直連切,平仙,澄):麋鹿的足迹。郭注:“脚
所踐處。”

〔6〕狄:極强壯有力的麋。邢疏:“此釋麋之種類也……其絶異
壯大有力者名狄也。”

18.2　鹿:牡,麚〔1〕;牝,麀〔2〕;其子,麛〔3〕;其跡,速;
絶有力,麔〔4〕。

【注釋】

〔1〕麚(jiā,《廣韻》古牙切,平麻,見):雄鹿。《説文》鹿部:“麚,
牡鹿。从鹿,叚聲。以夏至解角。”《文選》劉安《招隱士》:“白
鹿麕麚兮,或騰或倚。”《文選》馬融《長笛賦》:“寒熊振頷,
特麚昏影。”

〔2〕麀(yōu,《廣韻》於求切,平尤,影):雌鹿。《詩·小雅·吉日》:
“獸之所同,麀鹿麌麌。”毛傳:“鹿牝曰麀。”

〔3〕麛(mí,《廣韻》莫兮切,平齊,明):幼鹿。《説文》鹿部:“麛,
鹿子也。”《儀禮·士相見》:“上大夫相見以羔,飾之以布,四
維之結于面,左頭如麛執之。”賈疏:“麛是鹿子,與鹿同時獻
之。”《禮記·内則》:“秋宜犢麛,膳膏腥。”陸釋文:“麛,鹿
子也。”

〔4〕麔(jiān,《廣韻》古賢切,平先,見。又苦堅切,平先,溪):同
“麎”,力氣極大的鹿。《説文》鹿部:“麎,鹿之絶有力者。”
段玉裁注:“今《爾雅》作麔。”

18.3 麇[1]：牡，麌[2]；牝，麜[3]；其子，麆[4]；其跡，解；
　　絕有力，豜[5]。

【注釋】

〔1〕麇(jūn，《廣韻》居筠切，平真，見)：同“麋”，獐子。麇科，形
　　似鹿而小。頭小，眼大，耳長而直立，尾短，四肢細長，後肢
　　長於前肢，無角，暗褐色。極善跳躍，食性很廣。《說文》鹿部：
　　“麋，麇也。从鹿，囷省聲。”《詩·召南·野有死麇》：“野有死
　　麇，白茅包之。”

〔2〕麌(yǔ，《廣韻》虞矩切，上麌，疑。又五乎切，平模，疑)：雄
　　性獐子。《篇海類編·鳥獸類》：“麌，牡麇也。”

〔3〕麜(lì，《廣韻》力質切，入質，來)：雌性獐子。《玉篇》鹿部：
　　“麜，牝麇也。”

〔4〕麆(zhù，《廣韻》牀據切，去御，崇)：幼獐。《集韻》魚韻：“麆，
　　麇子也。”

〔5〕豜(yàn，《廣韻》吾甸切，去霰，疑)：極強壯有力的獐。郝疏：
　　“豜、麇聲同，疑鹿、麇俱名麇，借作豜。”

18.4 狼：牡，獾[1]；牝，狼；其子，獥[2]；絕有力，迅。

【注釋】

〔1〕獾(huān，《廣韻》呼官切，平桓，曉)：雄性的狼。郝疏引舍
　　人曰：“狼，牡名獾，牝名狼。”朱駿聲《說文通訓定聲》乾部：
　　“獾與狼雖同類，而‘狼：牡，獾’，惟見《爾雅》，疑‘狦’之借
　　字也。”

〔2〕獥(jiào，《廣韻》古弔切，去嘯，見。又胡狄切，入錫，匣)：狼
　　子。《玉篇》犬部：“獥，狼子獥。”

18.5 兔子，嬎[1]；其跡，迒[2]；絕有力，欣。

【注釋】

〔1〕嬎(fù，《集韻》芳遇切，去遇，敷)：幼兔。邢疏：“此辨兔之

種類也。《古今注》云：‘兔有九孔。’《論衡》曰：‘兔舐豪而孕。及其生子，從口而出，其子名㜷。’”

〔2〕迒（háng，《廣韻》胡郎切，平唐，匣。又古郎切，平唐，見）：兔子的足迹。邢疏引《字林》云：“迒，兔道也。”

18.6　豕子[1]，豬。豮[2]，豶[3]。幺[4]，幼。奏者豱[5]。豕生三，豵[6]；二，師；一，特。所寢，橧[7]。四蹢皆白[8]，豥[9]。其跡，刻。絶有力，豟[10]。牝，豝[11]。

【注釋】

〔1〕豕子：“子”爲衍文。王引之述聞引王念孫云：“豬即豕，非‘豕子’也。‘子’字蓋涉上文‘兔子，㜷’而衍。”

〔2〕豮（wéi，《廣韻》悦吹切，平支，以。又羊捶切，上紙，以）：閹割後的小豬。郭注：“俗呼小豶豬爲豮子。”《説文》豕部：“豮，豶也。”

〔3〕豶（fén，《廣韻》符分切，平文，奉）：閹割後的豬。《説文》豕部：“豶，羠豕也。”段玉裁注：“羠，騬羊也；騬，犗馬也；犗，騬牛也。皆去勢之謂也。”《易·大畜》：“六五，豶豕之牙。吉。”陸釋文引劉表注：“豕去勢曰豶。”朱穆《絶交論》：“游豶蹂稼，而莫之禁也。”

〔4〕幺：最後出生的小豬。郭注：“最後生者，俗呼爲幺豚。”

〔5〕奏（còu，《集韻》千候切，去候，清）：通“腠”，腠理，肌肉的紋理。陸釋文：“奏，音腠。”《儀禮·公食大夫禮》：“載者西面，魚腊飪，載體進奏。”鄭注：“奏，謂皮膚之理也。”　　豱（wēn，《廣韻》烏渾切，平魂，影）：豬之一種。頭短，皮膚皺縮。郭注：“今豱豬短頭，皮理腠蹙。”《龍龕手鑒》豕部：“豱，短項豕名。”翟灝《通俗編》二八：“《爾雅·釋獸》：‘豕，奏者豱。’注曰：‘今豱豬短頭，皮理腠縮。’按：此豬之頭短小而醜，非人意所喜，故俗以市物不稱意曰豱豬頭。”

〔6〕豵(zōng,《廣韻》子紅切,平東,精。又即容切,平鍾,精)：一胎生三子的豬。一説一歲的豬。郭注："豬生子常多,故別其少者之名。"《詩·豳風·七月》："言私其豵,獻豜于公。"毛傳："豕一歲曰豵。"鄭箋："豕生三曰豵。"

〔7〕橧(céng,《廣韻》疾陵切,平蒸,從)：豬圈。《方言》八："豬,吳揚之間謂之豬子,其檻及蓐曰橧。"《廣雅·釋獸》："橧,圈也。"王念孫疏證："橧,本圈中臥蓐之名,因而圈亦謂之橧。"

〔8〕蹢(dí,《集韻》丁歷切,入錫,端)：同"蹄",獸蹄。陸釋文："蹢,蹄也。本今作蹢。"

〔9〕駭(gāi,《廣韻》户來切,平咍,匣。又古哀切,平咍,見)：四蹄都是白色的豬。《詩·小雅·漸漸之石》"有豕白蹢,烝涉波矣"鄭箋："四蹄皆白曰駭。"陸釋文："駭,户楷反,《爾雅》《説文》皆作駭,古哀反。"今本《説文》無此字。

〔10〕豟(è,《集韻》乙革切,入麥,影)：極強壯有力的豬。郭注："即豕高五尺者。"

〔11〕豝(bā,《廣韻》伯加切,平麻,幫)：母豬。《説文》豕部："豝,牝豕也。"《詩·召南·騶虞》："彼茁者葭,壹發五豝。"毛傳："豕牝曰豝。"羅願《爾雅翼·釋獸》："豝,牝豕之小者,故又謂之小豝。"

18.7　虎竊毛謂之虦貓[1]。

【注釋】

〔1〕竊：通"淺",淺。郭注："竊,淺也。"王引之述聞："家大人曰：'竊、淺聲之轉,淺、虦聲相近,竊與虦皆淺也。《爾雅》言'竊毛',《詩》傳言'淺毛',其義一也。'"朱駿聲《説文通訓定聲》履部："竊,假借爲淺。"　虦(zhàn,《集韻》士嬾切,上旱,崇)貓：淺毛虎。邢疏："虎之淺毛者,別名虦貓。"

18.8　貘[1],白豹[2]。

【注釋】

〔1〕貘(mò,《廣韻》莫白切,入陌,明）：獸名。其狀似熊,相傳能食鐵。蓋是大熊貓。又名竹熊、食鐵獸。方言詞。郭注：“似熊,小頭,庳脚,黑白駁,能舐食銅鐵及竹骨,骨節强直,中實少髓,皮辟濕。或曰：‘豹白色者別名貘。’”郝疏：“《説文》：‘貘,似熊而黃黑色,出蜀中。’《釋文》引《字林》云：‘似熊而白黃,出蜀郡。’《王會》篇云：‘不令支玄貘。’是貘兼黑、白、黃三色。《神異經》云：‘南方有獸,名曰齧鐵,其糞可爲兵器,毛黑如漆。’按此即《王會》所云‘玄貘’者也。《白帖》引《廣志》云：‘貘,大如驢,色蒼白,舐鐵消千斤,其皮温煖。’”《尸子》下：“程,中國謂之豹,越人謂之貘。”羅願《爾雅翼·釋獸》：“今出建寧郡,毛黑白臆,似熊而小,能食蛇,以舌舐鐵,可頓進數十斤,溺能消鐵爲水。有誤食針鐵在腹者,服其溺則化……今蜀人云峨眉山多有之。”

〔2〕白豹：貘之異名。《詩·鄭風·羔裘》“羔裘豹飾”陸璣疏：“毛白而文黑,謂之白豹。”《本草綱目·獸二·豹》集解引蘇頌曰：“《爾雅》有白豹,即貘也,毛白而文黑。”

18.9　甝[1],白虎。虪[2],黑虎。

【注釋】

〔1〕甝(hán,《廣韻》胡甘切,平談,匣）：白虎。郭注：“漢宣帝時,南郡獲白虎,獻其皮骨爪牙。”

〔2〕虪(shù,《廣韻》式竹切,入屋,書）：黑虎。郭注：“晉永嘉四年,建平秭歸縣檻得之。狀如小虎而黑,毛深者爲班。”陳繼儒《虎薈》一：“虪、虎一物也。以色別之,則黃質黑章者無異名。斑毛者謂之虥。毛白者謂之甝,黑者謂之虪,此物同而別者也。虪亦有斑,但以淺色爲質,深色而章耳。”

18.10　貀[1],無前足。

【注釋】

〔1〕貀(nà,《廣韻》女滑切,入黠,娘）：獸名。其屬類、體型各家
　　説法不一。或説爲陸居；或説爲水居,即膃肭獸。又名海
　　狗。郭注:"晉太康七年,召陵扶夷縣檻得一獸,似狗,豹文,
　　有角,兩腳,即此種類也。或説貀似虎而黑,無前兩足。"郝
　　疏:"《爾雅考證》引《異物志》云:'貀,出朝鮮,似猩猩,蒼黑
　　色,無前兩足,能捕鼠。'《廣韵》'貀'作'豽',云'似狸,蒼
　　黑,無前足,善捕鼠',與前説合矣。《臨海志》云:'狀如虎形,
　　頭似狗,出東海水中。'《本草衍義》云:'今出登萊州,其狀
　　非狗非獸,亦非魚也。前腳似獸,尾即魚身,有短青白毛,毛
　　有黑點。'按此蓋有二種,郭注及《異物志》所説,皆陸産也。
　　其《臨海志》及《衍義》所説,皆即今海狗也,登州人嘗見之。
　　方春海凍,出冰上,人捕取之,尾略似魚,頭似狗,身有短毛
　　青黑,而四足,非兩足也。"《説文》豸部:"貀,獸無前足。从
　　豸,出聲。《漢律》：能捕豺貀,購百錢。"徐珂《清稗類鈔·動
　　物類·貀》:"貀,亦作豽,狀似貍,蒼黑色,無前兩足,能捕鼠,
　　舊稱即膃肭獸。然貀陸居,膃肭獸水居,非一種也。"

18.11　鼳[1],鼠身長須而賊,秦人謂之小驢。

【注釋】

〔1〕鼳(jú,《廣韻》古闃切,入錫,見）：巨松鼠。松鼠科,身似鼠,
　　鬚長、毛長而行動迅速。以果實、嫩葉爲食。又名隱鼠、小
　　驢。郭注:"鼳,似鼠而馬蹄,一歲千斤,爲物殘賊。"《本草綱
　　目·獸三·隱鼠》:"《爾雅》云：鼳,身似鼠而馬蹄,長鬚而賊,
　　一歲千斤,秦人謂之小驢者,即此物也。"

18.12　熊虎醜,其子,狗[1]；絶有力,麙[2]。

【注釋】

〔1〕狗：熊、虎幼仔。郭注:"《律》曰:'捕虎一,購錢三千,其狗

半之。'"邢疏:"醜,類也。熊虎之類,其子名狗。"

〔2〕麡(yán,《廣韻》五咸切,平咸,疑):極强壯有力熊虎類動物。《廣韻》咸韻:"麡,熊虎絶有力也。"

18.13　貍子[1],隸[2]。

【注釋】

〔1〕貍(lí,《廣韻》里之切,平之,來):貍貓。形似貓,身有黑褐色斑點,圓頭大尾,善竊雞鴨。亦稱野貓、貍子、山貓、豹貓。《説文》豸部:"貍,伏獸,似貙。"段玉裁注:"伏獸,謂善伏之獸……即俗所謂野貓。"《韓非子·揚權》:"使雞司夜,令貍執鼠,皆用其能,上乃無事。"

〔2〕隸(sì,《廣韻》息利切,去至,心。又渠記切,去志,群):幼貍。郭注:"今或呼貔貍。"郝疏:"今呼家者爲貓,野者爲貍,野貍即野貓也。"

18.14　貊子[1],狟[2]。

【注釋】

〔1〕貊(hé,《廣韻》下各切,入鐸,匣):同"貉",形似狐,毛厚,棕灰色,晝伏夜出,性嗜睡。郭注:"其雌者名貆。今江東呼貉爲狹狹。"《説文》豸部:"貊,似狐,善睡獸。从豸,舟聲。《論語》曰:'狐貊之厚以居。'"今本《論語·鄉黨》作"狐貉"。《廣韻》鐸韻:貉,同"貊"。《淮南子·原道》:"貊度汶而死,形性不可易,勢居不可移也。"《穆天子傳》一:"天子獵于滲澤,於是得白狐玄貊焉。"

〔2〕狟(huán,《廣韻》胡官切,平桓,匣。又況袁切,平元,曉):幼貉。《詩·魏風·伐檀》:"不狩不獵,胡瞻爾庭有縣狟兮?"鄭箋:"貉子曰狟。"焦贛《易林·謙》:"懸狟素餐,食非其任,失望遠民,實勞我心。"

18.15　貓子[1],貗[2]。

【注釋】

〔1〕貒(tuān，《廣韻》他端切，平桓，透。又通貫切，去換，透)：
豬貛。形如豬，毛微灰色，嘴尖黑，尾短闊。行動遲緩，穴於
地中。方言詞。郭注："貒，豚也。一名貛。"郝疏："貛、貒疊
韵，貒、豚雙聲兼疊韵，貒、貛同物，故古通名。"《方言》八：
"貛，關西謂之貒。"《正字通》豸部："貒，豬貛，一名貛独，狀
似小豬，體肥，行鈍，穴居，足尾短，褐毛，尖喙，能孔地，食蟲
肉。"《楚辭·九思·遭厄》："鹿蹊兮躑躅，貒貉兮蟫蟫。"洪興
祖補注："貒，似豸而肥。"

〔2〕貗(jù，《廣韻》其矩切，上麌，群)：幼貒。邢疏引《字林》云：
"貒，獸，似豸而肥，其子名貗。"郝疏："今貛形如豬，穴於地
中，善攻隄岸，其子名貗，與婁豬同名。"

18.16　貔[1]，白狐。其子，豰[2]。

【注釋】

〔1〕貔(pí，《廣韻》房脂切，平脂，並)：猛獸名。似虎，毛灰白色。
又名白羆、白狐、執夷。《説文》豸部："貔，豹屬，出貉國……
《詩》曰：'獻其貔皮。'《周書》曰：'如虎如貔。'貔，猛獸。"
《書·牧誓》："如虎如貔，如熊如羆。"孔傳："貔，執夷，虎屬也。
四獸皆猛健。"《詩·大雅·韓奕》："獻其貔皮，赤豹黃羆。"毛傳：
"貔，猛獸也。"陸釋文："貔，本亦作豼，音毗，猛獸也，即白狐也。
一名執夷。《草木疏》云：似虎。或曰似熊。遼東人謂之白羆。"

〔2〕豰(hù，《廣韻》呼木切，入屋，曉)：幼貔。《文選》司馬相如
《上林賦》："蛭蝟蠼猱，獑胡豰蜼。"李善注引郭璞曰："豰，
似鼬而大，要以後黃，一名黃要，食獼猴。"

18.17　麝父[1]，麇足[2]。

【注釋】

〔1〕麝(shè，《廣韻》神夜切，去禡，船)父：俗稱香獐。形似鹿

而小,無角。足似獐,前腿短,後腿長,善跳躍。尾短,毛黑褐色或灰褐色。雄麕犬齒外露,腹臍分泌麝香。郭注:"脚似麕,有香。"

〔2〕麕(jūn,《廣韻》居筠切,平真,見):獐子。參見18.3條。

18.18　豺[1],狗足。

【注釋】

〔1〕豺(chái,《廣韻》士皆切,平皆,崇):俗稱豺狗。犬科,形似狼而小,吠聲如犬,毛色赤棕或灰黄,尾端黑色,腹及喉白色。性凶猛,喜群居,常成群圍攻人畜。郭注:"脚似狗。"《詩·小雅·巷伯》:"取彼譖人,投畀豺虎。"《吕氏春秋·季秋》:"菊有黄華,豺則祭獸、戮禽。"高誘注:"豺,獸也,似狗而長毛,其色黄。於是月殺獸,四圍陳之,世所謂祭獸。"

18.19　貙獌[1],似貍。

【注釋】

〔1〕貙(chū,《廣韻》敕俱切,平虞,徹)獌(màn,《廣韻》莫半切,去換,明。又莫還切,平删,明。又無販切,去願,微):大的貙虎。狼屬,似貍。《説文》犬部:"獌,狼屬。从犬,曼聲。《爾雅》曰:'貙獌,似貍。'"段玉裁注:"《釋獸》曰:'貙,似貍。'郭云:'今貙虎也。大如狗,文似貍。'《釋獸》又曰:'貙獌,似貍。'郭云:'今山民呼貙虎之大者爲貙豻。'按郭語則二條一物也,故許'貙'下'獌'下皆偁'貙獌,似貍'。"

18.20　羆[1],如熊,黄白文。

【注釋】

〔1〕羆(pí,《廣韻》彼爲切,平支,幫):熊的一種。毛多呈黑色,力大,能直立行走。俗稱人熊或馬熊。郭注:"似熊而長頭高脚,猛憨多力,能拔樹木,關西呼曰貑羆。"《書·牧誓》:"如虎如貔,如熊如羆。"《詩·小雅·斯干》:"吉夢維何,維熊

維罷。"

18.21 麢[1]，大羊。

【注釋】

〔1〕麢(líng，《廣韻》郎丁切，平青，來)：羚羊。形似羊而大，角尖向後彎曲，腿細長，擅攀巖、奔跑。郭注："麢羊，似羊而大，角圓鋭，好在山崖間。"《説文》鹿部："麢，大羊而細角。从鹿，霝聲。"《集韻》青韻："麢，亦作羚。"《山海經·西山經》："(翠山)其陰多㸬牛、麢、麝。"

18.22 麠[1]，大麃[2]，牛尾，一角。

【注釋】

〔1〕麠(jīng，《廣韻》舉卿切，平庚，見)：同"麖"，鹿的一種，水鹿。又名馬鹿、黑鹿。體高壯，栗棕色，耳大而直立，四肢細長，性機警，善奔跑。尾密生蓬鬆的毛，黑棕色。雄者有角，爲名貴藥材。古稱大麃。郭注："漢武帝郊雍，得一角獸，若麃然，謂之麟者，此是也。麃即麖。"《説文》鹿部："麠，或从京。"

〔2〕麃(páo，《廣韻》薄交切，平肴，並)：麋鹿。方言詞。《史記·孝武本紀》："其明年，郊雍，獲一角獸，若麃然。"裴駰集解引韋昭曰："楚人謂麋爲麃。"

18.23 麂[1]，大麕，旄毛，狗足。

【注釋】

〔1〕麂(jǐ，《廣韻》居履切，上旨，見)：同"麂"，鹿科動物，形體似麞而大，雄性有長牙和短角。腿細而有力，善跳躍，皮很柔軟，可以製革。常見品種有黃麂、黑麂、赤麂等。《説文》鹿部："麂，或从几。"《山海經·中山經》："其獸多麋、鹿、麂、就。"

18.24 魋[1]，如小熊，竊毛而黃。

【注釋】

〔1〕魋(tuí，《廣韻》杜回切，平灰，定)：獸名。似小熊，毛淺而

赤黄。郭注:"今建平山中有此獸,狀如熊而小。毛黶淺赤
黄色,俗呼爲赤熊,即魋也。"《本草綱目·獸二·熊》:"熊、羆、
魋,三種一類也。如豕,色黑者,熊也;大而色黄白者,羆也;
小而色黄赤者,魋也。建平人呼魋爲赤熊。"

18.25　猰貐[1],類貙,虎爪,食人,迅走。

【注釋】

[1]猰(yà,《廣韻》烏黠切,入黠,影)貐(yǔ,《廣韻》以主切,上
麌,以):古代傳説中的食人凶獸。亦作"㺄貐"。陸釋文:
"猰,字亦作㺄。"《淮南子·本經》:"猰貐、鑿齒、九嬰、大風、
封豨、脩蛇,皆爲民害。"

18.26　狻麑[1],如虦貓,食虎豹。

【注釋】

[1]狻(suān,《廣韻》素官切,平桓,心)麑(ní,《廣韻》五稽切,
平齊,疑):獅子。亦作"狻猊"。外來詞。郭注:"即師子也,
出西域。漢順帝時,疏勒王來獻犎牛及師子。"《説文》犬部:
"狻,狻麑,如虦貓,食虎豹者。"

【案】狻麑,漢代以後稱師子,也作"獅子"。潘允中認爲,"獅子"
梵語爲Simha,"狻猊"即其音譯。"'狻猊'是sim-的對音。'師'
中古屬照系二等的'山'(s)母,在上古則接近精系'心'(s)母,
因此,'狻'、'師'是聲近通假字。'師'只是'狻猊'的簡稱,亦
即Sim-略去輔音尾m的音譯。"(潘允中《漢語詞彙史概要》,上
海古籍出版社,1989年)

18.27　䑏[1],如馬,一角;不角者,騏[2]。

【注釋】

[1]䑏(xī,《廣韻》户圭切,平齊,匣):獸名。像馬,有一角,角
如鹿茸。郭注:"元康八年,九真郡獵得一獸,大如馬,一角,
角如鹿茸。此即䑏也。今深山中人時或見之。"

〔2〕騏(qí,《廣韻》渠之切,平之,群）：獸名。《文選》司馬相如
　　《子虛賦》："乘遺風,射游騏。"李善注引《爾雅》曰："驎,如
　　馬,一角；不角者,騏。"

18.28　羱[1],如羊。

【注釋】

〔1〕羱(yuán,《廣韻》愚袁切,平元,疑。又五丸切,平桓,疑）：
　　羱羊,或特指雄性。産於我國西部和北部的一種野生羊,形
　　似山羊而大。郭注："羱羊似吴羊而大角,角橢,出西方。"《急
　　就篇》"羘羖羯羳羠羝羭"顔師古注："西方有野羊,大角,牡
　　者曰羱,牝者曰羳,並以時墮角,其羱角尤大,今人以爲觱
　　橋。"《玉篇》羊部："羱,羱羊,大角,西方野羊也。"

18.29　麐[1],麕身[2],牛尾,一角。

【注釋】

〔1〕麐(lín,《廣韻》力珍切,平真,來。又良刃切,去震,來）：同
　　"麟",古代傳説中的一種動物。身似獐,頭有一角,全身有
　　鱗甲,尾似牛。古人用它象徵祥瑞。邢疏引李巡曰："麐,瑞
　　應獸名。"《説文》鹿部："麐,牝麒也。"段玉裁注："張揖注
　　《上林賦》曰：'雄曰麒,雌曰麟。其狀麋身,牛尾,狼題。'"

〔2〕麕：獐子。參見18.3條。

18.30　猶[1],如麂[2],善登木。

【注釋】

〔1〕猶(yóu,《廣韻》以周切,平尤,以。又居祐切,去宥,見。又
　　余救切,去宥,以）：獸名。猴屬,似猴而足短,好攀巖樹。
　　亦稱猶猢。郭注："健上樹。"郝疏："猶之爲獸,既是猴屬,又
　　類麂形。麂形似麕而足如狗,故猶从犬矣。"

〔2〕麂(jǐ,《廣韻》居履切,上旨,見）：同"麕"。參見18.23條。

18.31　豥[1],脩毫。

【注釋】

〔1〕豾(sì)：同“貄”，貍子。郭注：“毫毛長。”郝疏：“《釋文》：
　　‘豾，本又作貄，亦作肆，音四。’則與上‘貍子，貄’同名，疑
　　亦同物。今貍貓之屬有毛絶長者謂之獅貓，獅與肆音近而
　　義同。”《集韻》至韻：“貄，《爾雅》‘貍子’。貄，或作豾。”

18.32　貙[1]，似貍。

【注釋】

〔1〕貙(chū，《廣韻》敕俱切，平虞，徹)：獸名。虎屬猛獸，似貍
　　而大。亦稱貙虎。傳説貙常以立秋日殺物祭獸，因有貙劉
　　之祭。郭注：“今貙虎也。大如狗，文如貍。”《周禮·夏官·射
　　人》“祭祀則贊射牲”鄭注：“今立秋有貙劉云。”賈疏：“劉，
　　殺也。云立秋貙殺物。”參見18.19條。

18.33　兕[1]，似牛。

【注釋】

〔1〕兕(sì，《廣韻》徐姊切，上旨，邪)：犀牛之一種。犀科，身體
　　像牛而大，鼻上一角，皮厚，可以製甲。《詩·小雅·吉日》：“發
　　彼小豝，殪此大兕。”《左傳·宣公二年》：“使其驂乘，謂之曰：
　　‘牛則有皮，犀兕尚多，弃甲則那。’”《論語·季氏》：“且爾言
　　過矣。虎兕出於柙，龜玉毁於櫝中，是誰之過與？”

18.34　犀[1]，似豕。

【注釋】

〔1〕犀：犀牛。形似牛，體較粗大。吻上有一角或二角，間有三
　　角者。皮皺而厚，色微黑，毛極稀少。郭注：“形似水牛，豬頭，
　　大腹，庳脚，脚有三蹄，黑色。三角：一在頂上，一在額上，
　　一在鼻上。鼻上者，即食角也，小而不橢。好食棘。亦有一
　　角者。”《説文》牛部：“犀，南徼外牛，一角在鼻，一角在頂，
　　似豕。”王筠句讀引《漢書·鄧通傳》注：“徼猶塞也。東北

謂之塞，西南謂之徼。"《尸子》下："荆有雲夢，犀兕麋鹿盈
溢。"《孟子·滕文公下》："周公相武王，誅紂伐奄，三年討其
君，驅飛廉於海隅而戮之，滅國者五十，驅虎豹犀象而遠之，
天下大悦。"

18.35　彙[1]，毛刺。

【注釋】

[1] 彙(huì，《廣韻》于貴切，去未，云)：刺猬。郭注："今蝟，狀
　　似鼠。"《山海經·北山經》："其獸多居暨，其狀如彙而赤毛。"
　　郭璞注："彙似鼠，赤毛，如刺猬也。"

18.36　狒狒[1]，如人，被髪，迅走，食人。

【注釋】

[1] 狒狒：大型靈長類動物。體型像猴，毛色灰褐，四肢粗，尾
　　細長，能直立。群居，雜食。郭注："梟羊也。《山海經》曰：'其
　　狀如人，面長脣黑，身有毛，反踵，見人則笑。' 交廣及南康郡
　　山中亦有此物。大者長丈許。俗呼之曰山都。"段成式《酉
　　陽雜俎·毛篇》："狒狒……力負千觔，笑輒上吻掩額，狀如
　　獼猴。"

18.37　貍、狐、貒[1]、貈醜[2]，其足，蹯[3]；其跡，厹[4]。

【注釋】

[1] 貒(tuān，《廣韻》他端切，平桓，透。又通貫切，去换，透)：
　　豬獾。參見 18.15 條。

[2] 貈：同"貉"。參見 18.14 條。

[3] 蹯(fán，《廣韻》附袁切，平元，奉)：獸足掌。郭注："皆有掌
　　蹯。"《左傳·宣公二年》："宰夫胹熊蹯不熟，殺之。"《戰國
　　策·趙策三》："人有置係蹄者而得虎。虎怒，決蹯而去。"鮑
　　彪注："蹯，獸足。"

[4] 厹(róu，《廣韻》人九切，上有，日。又女久切，上有，娘)：獸

類足迹。郭注:"凥,指頭處。"邢疏:"其指頭著地處名凥。"

18.38　　蒙頌[1],猱狀[2]。

【注釋】

[1]蒙頌:獴。靈貓科,身長,脚短,頭小,吻尖,耳小。跳躍敏捷,擅捕鼠。亦稱蒙貴。郭注:"即蒙貴也。狀如蜼而小,紫黑色,可畜,健捕鼠,勝於貓,九真、日南皆出之。猱亦獼猴之類。"《正字通》犬部:"獴獚,蜼之小者,紫黑色,能捕鼠。《廣志》曰:'獴獚有黑、白、黄者,暹羅最良。捕鼠捷于家貓。'一名蒙頌。本作'蒙貴',俗作'獴獚'。"朱謀㙔《駢雅·釋獸》:"梁渠、肽肽、蒙頌,皆狸屬也。"

[2]猱:猴的一種,獼猴。身體便捷,善攀援。又名狃。參見18.39條。

18.39　　猱[1]、蝯[2],善援。

【注釋】

[1]猱(náo,《廣韻》奴刀切,平豪,泥。又女救切,去宥,娘):獼猴。猿類,身體便捷,善攀援。又名狃。《廣韻》豪韻:"猱,猴也。"《正字通》犬部:"猱,猨屬。狃別名。"《詩·小雅·角弓》:"毋教猱升木,如塗塗附。"毛傳:"猱,猨屬。"鄭箋:"猱之性,善登木。"孔疏:"猱則猿之輩屬,非猨也。陸機疏云:'猱,獼猴也。楚人謂之沐猴。老者爲玃,長臂者爲猨,猨之白腰者爲獑胡。獑胡、猨駿捷於獼猴。'然則猱猨,其類大同。"

[2]蝯(yuán,《廣韻》雨元切,平元,云):即猿。亦作"猨"。靈長類動物,似猴而大,没有頰囊和尾巴,種類很多。郭注:"便攀援。"《説文》虫部:"蝯,善援,禺屬。"《管子·形勢》:"墜岸三仞,人之所大難也,而蝚蝯飲焉。"《吕氏春秋·不苟》:"發之則猨應矢而下,則養由基有先中中之者矣。"

18.40　玃父[1]，善顧。

【注釋】

[1] 玃(jué，《廣韻》居縛切，入藥，見。又具籰切，入藥，群)父：
　　猴之一種。體型較大，常爲首領，率群體活動，觀察周圍環
　　境。又名貑玃。俗稱馬猴。郭注："貑玃也。似獼猴而大，
　　色蒼黑，能玃持人，好顧盼。"徐珂《清稗類鈔·動物類·玃
　　父》："玃父，產蜀中，俗謂之馬猴，狀似獼猴而大，毛色蒼黑，
　　長七尺，人行，健走。相傳遇婦女必攫去，故名。"

18.41　威夷[1]，長脊而泥[2]。

【注釋】

[1] 威夷：獸名。邢疏："威夷之獸，長脊而劣弱，少才力也。"

[2] 泥：弱，力小。邢疏："泥，弱也。"

18.42　麘[1]、麚[2]，短脰[3]。

【注釋】

[1] 麘：雄性麋鹿。參見 18.1 條。

[2] 麚：雄鹿。參見 18.2 條。

[3] 脰(dòu，《廣韻》田候切，去候，定)：頸項。郭注："脰，項。"
　　《說文》肉部："脰，項也。"《左傳·襄公十八年》："晉州綽及
　　之，射殖綽，中肩，兩矢夾脰。"杜注："脰，頸也。"

18.43　貗[1]，有力。

【注釋】

[1] 貗(xuàn，《廣韻》胡畎切，上銑，匣。又黃練切，去霰，匣)：
　　獸名，形似狗。郭注："出西海大秦國，有養者，似狗，多力獷
　　惡。"邢疏："貗，似犬之獸名也。"杜甫《八哀詩·故秘書少監
　　武功蘇公源明》"不要懸黄金，胡爲投乳貗"仇兆鰲注：《炙
　　轂子》載《貗銘》曰：爰有獷獸，厥形似犬。饑則馴服，飽則
　　反眼。出於西海，名之曰畎。"

18.44　貜[1]，迅頭。

【注釋】

[1] 貜(jù，《廣韻》居御切，去御，見)：獼猴類動物。大如狗，黃黑色，多髯鬣，頭常擺動。郭注："今建平山中有貜，大如狗，似獼猴，黃黑色，多髯鬣，好奮迅其頭，能舉石擿人，玃類也。"《山海經·西山經》"(崇吾之山)有獸焉，其狀如禺而文臂，豹虎而善投，名曰舉父。"郝懿行箋疏："惟能舉石擿人，故《經》曰'善投'，亦因名'舉父'。舉、貜聲同，故古字通用；舉、夸聲近，故或作'夸父'。"《本草綱目·獸四·獼猴》："其類有數種，小而尾短者，猴也。似猴而多髯者，貜也。"

18.45　蜼[1]，卬鼻而長尾[2]。

【注釋】

[1] 蜼(wèi，《廣韻》以醉切，去至，以。又力軌切，上旨，來。又余救切，去宥，以)：金絲猴。形似獼猴，鼻向上，尾長，尾端分歧。常攀登高山樹木上。郭注："蜼似獼猴而大，黃黑色，尾長數尺，似獺，尾末有岐。鼻露向上，雨即自縣於樹，以尾塞鼻，或以兩指。江東人亦取養之。爲物捷健。"《山海經·海外南經》："狄山，帝堯葬于陽，帝嚳葬于陰。爰有熊、羆、文虎、蜼、豹、離朱、視肉、吁咽。"郭璞注："蜼，獼猴類。"《周禮·春官·司尊彝》："凡四時之間祀追享朝享，祼用虎彝、蜼彝。"鄭注："蜼，禺屬，卬鼻而長尾。"

[2] 卬(yǎng)："仰"的古字，向上。

18.46　時[1]，善櫂領[2]。

【注釋】

[1] 時：獸名，善登山。郭注："好登山峰。"邢疏："好登山峰之一獸也。"方旭《蟲薈·毛蟲》："麂肉甚細，今所在山中有之。狀頗似鹿而大如犬，毛赤黑而無斑，善騰躍，好登山峰。又

《爾雅》云：‘時，善乘領。’注：好登山峰之獸。疑亦此類。”
一説：“時”非獸名，“時善乘領”當與上條相接（參見郝懿行
《爾雅義疏》）。

〔2〕乘（chéng，《廣韻》食陵切，平蒸，船）：同“乘”，升，登。《玉
篇》木部：乘，同“乘”。

18.47　猩猩[1]，小而好啼。

【注釋】

〔1〕猩猩：身體較高大，臂長，頭尖，吻突，鼻平，口大，毛赤褐
色。匈奴語借詞。郭注：“《山海經》曰：‘人面豕身，能言
語。’今交阯封谿縣出猩猩，狀如貛狟，聲似小兒啼。”《吕氏
春秋·孝行》：“肉之美者，猩猩之脣，貛貛之炙。”高誘注：“猩
猩，獸名也，人面狗軀而長尾。”《禮記·曲禮上》：“猩猩能言，
不離禽獸。”

18.48　闕洩多狃。

【案】舊注有兩種解釋。一説，闕洩，一種脚多趾的野獸。郭注：
“説者云：脚饒指。”邢疏：“舊説以爲闕泄，獸名，其脚多狃。狃，
指也。”王引之述聞：“郭注‘闕洩多狃’曰：‘説者云脚饒指。’蓋
讀狃爲‘其跡，内’之‘内’。郭注‘其跡，内’曰：‘内，指頭處。’
多一指則多一跡，故以饒指釋多狃也。據此則闕洩之獸，其狃多
於他獸，故曰闕洩多狃。若果取此義，則當名闕洩字多狃，其義
乃明。今不云多狃，而但云狃，則與他獸之跡無異，何以見其爲
闕洩乎？ 獸以闕洩爲名，又何得單稱洩乎？ 或説非也。”一説，
這四字當與上條相連，描繪猩猩的形態與習性。翟灝《爾雅補
郭》：“《注疏考證》曰：洩與渫同，猩猩有牝無牡，故云闕洩。伏
行交足，故云多狃。非别有獸也，當連上文‘猩猩，小而好啼’讀。
按，此説最確當。”兩説都缺乏可靠依據，存疑。

（二）鼠屬

18.49　鼢鼠[1]。

【注釋】

[1] 鼢(fén,《廣韻》符分切,平文,奉。又房吻切,上吻,奉)鼠：鼠的一類,體肥而矮,前肢五爪强大,善掘土。亦名鼹鼠。郭注："地中行者。"郝疏："《類聚》引《廣志》云：'鼢鼠深目而短尾。' 按：此鼠今呼地老鼠。産自田閒,體肥而區,尾僅寸許。潛行地中,起土如耕。"《太平御覽》九一一引郭義恭《廣志》："若家鼠小異者,鼢鼠,深目而短尾。"《本草綱目·獸三·鼹鼠》集解引陶弘景曰："此即鼢鼠也。一名隱鼠,形如鼠而大,無尾,黑色,尖鼻甚强,常穿地中行,討掘即得。"

18.50　鼸鼠[1]。

【注釋】

[1] 鼸(xiàn,《廣韻》胡忝切,上忝,匣)鼠：倉鼠,口兩邊有頰囊,冬季穴居,貯藏糧食。郭注："以頰裏藏食。"邢疏："云'鼸鼠'者,《大戴禮》云'田鼠者,鼸鼠也'。鼸是頰裏藏食之名,鼠若此者,因名鼸鼠。"《太平御覽》九一一引《大戴禮記》："正月田鼠出。田鼠者,鼸鼠也。"今本《大戴禮記·夏小正》作"嗛鼠"。

18.51　鼷鼠[1]。

【注釋】

[1] 鼷(xī,《廣韻》胡雞切,平齊,匣)鼠：鼠類最小的一種,黑色,舊説有螫毒,齧人畜至死不覺痛,故又稱甘口鼠。郭注："有螫毒者。"《玉篇》鼠部："鼷,小鼠也。螫毒,食人及鳥獸皆不痛,今之甘口鼠也。"《春秋·成公七年》："七年春,王正

月,鼷鼠食郊牛角,改卜牛。鼷鼠又食其角,乃免牛。"《韓非子·八説》:"虎豹必不用其爪牙,而與鼷鼠同威。"《本草綱目·獸三·鼷鼠》集解引陳藏器曰:"鼷鼠極細,卒不可見,食人及牛馬等,皮膚成瘡,至死不覺。"

18.52　鼶鼠[1]。

【注釋】

[1] 鼶(sī,《廣韻》息移切,平支,心。又杜奚切,平齊,定)鼠:大田鼠,似鼬,耳小,體褐黃色,危害農作物。郭注:"《夏小正》曰:'鼶鼬則穴。'"邢疏:"云'鼶鼠'者,似鼬之鼠也。"郝疏:"然則鼶蓋田鼠之大者。"

18.53　鼬鼠[1]。

【注釋】

[1] 鼬(yòu,《廣韻》余救切,去宥,以)鼠:黃鼬。尾長而蓬鬆,毛黃褐色,四肢短。肛門近旁有臭腺一對,能放出臭氣用以禦敵。毛皮可做衣帽,尾毛可製筆。俗稱黃鼠狼。郭注:"今鼬似貂,赤黃色,大尾,噉鼠。江東呼爲鼪,音牲。"郝疏:"今俗通呼黃鼠狼,順天人呼黃鼬。善捕鼠,夜中竊食人雞,人掩取之,以其尾毛爲筆,所謂狼豪者也。"《本草綱目·獸三·鼬鼠》:"鼬,處處有之,狀似鼠而身長尾大,黃色帶赤,其氣極臊臭。"

18.54　鼩鼠[1]。

【注釋】

[1] 鼩(qú,《廣韻》其俱切,平虞,群)鼠:小型哺乳動物。形似小鼠,體小,尾短,毛黃褐色。吻尖細,能自由伸縮,前肢有銳利的鉤爪,穴居。又名鼱鼩。郭注:"小鼱鼩也。亦名嬲鼩。"徐珂《清稗類鈔·飲食類·青海人食鼩鼠》:"青海有鼩鼠,窟處土中,黃灰色,較家鼠身肥短,尾不及寸。"

18.55 鼭鼠[1]。

【注釋】

[1] 鼭(shí,《廣韻》市之切,平之,禪)鼠:鼠名。《玉篇》鼠部:
"鼭,鼠名。"翟灝《爾雅補郭》:"鼭,從時省……時猶常,疑
即恒常在人家鼠。或曰鼠爲十二屬首,所以紀歲時,故有鼭
名。依此説仍常鼠耳。"

18.56 鼥鼠[1]。

【注釋】

[1] 鼥(fèi,《廣韻》符廢切,去廢,奉)鼠:鼠名。聲如犬吠。陸
釋文引舍人云:"其鳴如犬也。"《山海經·中山經》:"又東
三十里曰倚帝之山,其上多玉,其下多金。有獸焉,其狀如
鼥鼠,白耳白喙,名曰狙如。"

18.57 鼫鼠[1]。

【注釋】

[1] 鼫(shí,《廣韻》常隻切,入昔,禪)鼠:鼠兔。頭如兔子,身
材和神態又很像鼠類。毛濃密柔軟,呈沙黃、灰褐、茶褐、淺
紅、紅棕和棕褐等色。能掘土,植食性。郭注:"形大如鼠,
頭似兔,尾有毛,青黃色,好在田中食粟豆,關西呼爲鼩鼠。
見《廣雅》。"《本草綱目·獸三·鼫鼠》:"鼫鼠,處處有之,居
土穴、樹孔中。形大於鼠,頭似兔,尾有毛,青黃色,善鳴,能
人立,交前兩足而舞,好食粟豆。與鼢鼠俱爲田害,鼢小居
田,而鼫大居山也。"一説五技鼠,即鼫鼠。陸釋文引孫炎云:
"五技鼠也。"《大戴禮記·勸學》:"騰虵無足而騰,鼫鼠五伎
而窮。"蔡邕《勸學篇》:"鼫鼠五能,不成一技。五技者,能
飛不能上屋,能緣不能窮木,能汜不能渡瀆,能走不能絕人,
能藏不能覆身也。"參見 17.59 條。

18.58 鼤鼠[1]。

【注釋】

〔1〕鼣(wén,《廣韻》無分切,平文,微)鼠:斑尾鼠。亦稱斑鼠。郝疏:"《玉篇》:'鼣,班尾鼠。'《廣韵》:'班鼠也。'"

18.59 鼨鼠[1],豹文。

【注釋】

〔1〕鼨(zhōng,《廣韻》職戎切,平東,章)鼠:一種有像豹一樣斑紋的鼠。陸釋文:"《説文》《字林》皆云豹文鼠也。"《新唐書·盧藏用傳》:"弟若虛,多才博物。隴西辛怡諫爲職方,有獲異鼠者,豹首虎臆,大如拳。怡諫謂之鼮鼠而賦之。若虛曰:'非也,此許慎所謂鼨鼠,豹文而形小。'"《本草綱目·獸三·鼠》:"鼨鼠,郭璞云:其大如拳,其文如豹。漢武帝曾獲得以問終軍者。"

18.60 鼮鼠[1]。

【注釋】

〔1〕鼮(tíng,《廣韻》特丁切,平青,定)鼠:一種斑紋如豹的鼠。郭注:"鼠文彩如豹者。漢武帝時得此鼠,孝廉郎終軍知之,賜絹百匹。"《文選》任昉《爲蕭楊州作薦士表》:"豈直鼮鼠有必對之辯,竹書無落簡之謬。"李善注引摯虞《三輔決録》注曰:"竇攸舉孝廉爲郎,世祖光武大會靈臺,得鼠如豹文,熒熒光澤。世祖異之,以問群臣,莫能知者。攸對曰:'鼮鼠也。'詔問:'何以知?'攸曰:'見《爾雅》。'"

【案】《爾雅》原文"鼨鼠豹文鼮鼠",舊説有三解。一,"鼨鼠,豹文"單列一條,"鼮鼠"另列一條。"鼨鼠、鼮鼠"是兩個動物名,所指不同。《經典釋文》《新唐書》《本草綱目》持此説。二,"鼨鼠"單列一條,"豹文,鼮鼠"另列一條。郭璞認爲"豹文"是説明鼮鼠的,"鼨鼠"爲另一種鼠。三,"鼨鼠、鼮鼠"爲同物異名(參見段玉裁《説文解字注》"鼨"字注)。此作參考。

18.61　鼶鼠[1]。

【注釋】

[1] 鼶(xí,《集韻》刑狄切,入錫,來)鼠:松鼠,體如鼠而大,尾蓬鬆長大,生活於松林中。亦作"鷈鼠"。上"鼶,鼠身須而賊"阮校:"雪牕本'鼶'作'鷈',注疏本作'鷈',皆訛。下'鼶鼠'同。"郭注:"今江東山中有鼶鼠,狀如鼠而大,蒼色,在樹木上。"方旭《蟲薈·毛蟲》:"即松鼠也。其狀似鼠而大,尾長與身等,毛蒼黃色,人畜之袖中,亦能捕鼠。"

(三)齸屬

【案】齸,牛、羊、麋、鹿之類動物反芻。"齸屬"包括牛、羊、麋、鹿之類反芻動物、藏食於嗉囊的鳥禽、口中藏食的猴鼠類。邢疏:"此屬皆咽中藏食,復出嚼之,故題云'齸屬'。"

18.62　牛曰齝[1],羊曰齥[2],麋鹿曰齸[3]。

【注釋】

[1] 齝(chī,《廣韻》丑之切,平之,徹。又書之切,平之,書):牛反芻。郭注:"食之已久,復出嚼之。"《說文》齒部:"齝,吐而噍也。从齒,台聲。《爾雅》曰:'牛曰齝。'"

[2] 齥(xiè):同"齥",羊反芻。《玉篇》齒部:"齥,私列切,羊噍草。亦作齥。"袁達《禽蟲述》:"食之已久,復出嚼之,牛曰齝,羊曰齥,麋鹿曰齸。"

[3] 齸(yì,《廣韻》伊昔切,入昔,影):麋、鹿反芻。《說文》齒部:"齸,鹿、麋粻。"段玉裁注:"然則齥與齝同,言其自喉出復嚼。"

【案】"齝、齥、齸"爲同義詞,都表示動物反芻,三詞的對象不同。另外,"齸、齥"又各有方言色彩。郭注:"今江東呼齝爲齥。"又,"江東名咽爲齸。齸者,嗣食之所在,依名云。"鄭注:"皆謂食入肚中,久則反吐出嚼之。凡有角無前齒者皆然,但命其所食之名或異爾。"

18.63　鳥曰嗉[1]，寓鼠曰嗛[2]。

【注釋】

〔1〕嗉(sù，《廣韻》桑故切，去暮，心)：鳥類喉下盛食物的嗉囊。
　　參見 17.73 條。

〔2〕嗛(qiǎn，《廣韻》苦簟切，上忝，溪)：猴鼠之類的頰囊。郭注：
　　"頰裏貯食處。寓謂獼猴之類寄寓木上。"邢疏："寓木之獸
　　及鼠皆曰嗛。"

（四）須屬

【案】須，休息，喘息。"須屬"主要說明獸、人、魚、鳥等疲倦休息
或喘息的動作，屬於連類而及。

18.64　獸曰釁[1]，人曰撟[2]，魚曰須[3]，鳥曰鷱[4]。

【注釋】

〔1〕釁(xìn)：獸類呼吸。郭注："自奮釁。"郝疏："釁者，隙也。
　　獸卧引氣，鼓息腹脅間，如有空隙，故謂之釁。"

〔2〕撟(jiǎo，《廣韻》居夭切，上小，見。又舉喬切，平宵，見)：伸
　　舉，翹起。此指人疲倦時，活動身體，如伸懶腰等。《説文》
　　手部："撟，舉手也。"朱駿聲通訓定聲："《爾雅·釋獸》'人曰
　　撟'，謂人體倦頯輒欠伸舉手以自適。"《楚辭·九章·惜誦》：
　　"撟兹媚以私處兮，願曾思而遠身。"朱熹集注："撟，舉也。"

〔3〕須：魚類張口鼓鰓喘息。郭注："鼓鰓須息。"邢疏："須導其
　　氣息者名須。"

〔4〕鷱(jú，《廣韻》古闋切，入錫，見。又呼臭切，入錫，曉)：鳥
　　類休息時拍打雙翅。郭注："張兩翅，皆氣體所須。"邢疏："鳥
　　之張兩翅，鷱鷱然搖動者名鷱。"郝疏："鷱者，張目視也。鳥
　　之休息，恒張兩翅，瞪目直視。所謂鳥伸鷗視也。"

釋畜第十九

本篇所收詞語是家畜名稱,分爲馬屬、牛屬、羊屬、狗屬、雞屬、六畜六類。

獸與畜關係密切,家畜從野獸馴化而來。邵正義:"畜爲獸之畜於家者。《周禮疏》云:'案,《爾雅》在野曰獸,在家曰畜。'據此兩篇分釋而言。"本篇一條或單列一動物名稱,或單詞訓釋,或多詞訓釋。多詞訓釋者基本爲同義詞,或釋其異名,或據其性別、形體、習性、功能辨析同中之異。個別條列源於《詩經》的句子。

(一)馬屬

19.1　**騊駼馬**[1]。

【注釋】

〔1〕騊(táo,《廣韻》徒刀切,平豪,定)駼(tú,《廣韻》同都切,平模,定)馬:產於北方的一種良馬。郭注:"《山海經》云:'北海內有獸,狀如馬,名騊駼。'色青。"陸釋文引《字林》云:"北狄良馬也。"

19.2　**野馬**[1]。

【注釋】

〔1〕野馬:北方的一種野生的馬。郭注:"如馬而小,出塞外。"《逸周書·王會》:"請令以橐駞、白玉、野馬、騊駼、駃騠、良弓爲獻。"《戰國策·宋衛策》:"智伯欲伐衛,遺衛君野馬四百,白璧一。"

19.3 駮[1]，如馬，倨牙，食虎豹。

【注釋】

〔1〕駮(bó，《廣韻》北角切，入覺，幫)：傳說中的獸名，狀如馬，食虎豹。《管子·小問》："駮食虎豹，故虎疑焉。"《山海經·西山經》："(中曲之山)有獸焉，其狀如馬，而白身黑尾，一角，虎牙爪，音如鼓音，其名曰駮。"

19.4 騉蹄[1]，趼[2]，善陞甗[3]。

【注釋】

〔1〕騉(kūn，《廣韻》古渾切，平魂，見)蹄：馬名。蹄平正，善登高。郭注："騉蹄，蹄如趼而健上山。秦時有騉蹄苑。"《集韻》魂韻："騉，野馬屬。"

〔2〕趼(yán，《廣韻》五堅切，平先，疑)：獸蹄平正。郝疏引舍人云："趼，平也，謂蹄平正。"

〔3〕甗(yǎn，《廣韻》魚蹇切，上獮，疑。又語軒切，平元，疑。又魚變切，去線，疑)：甑形的山。郭注："甗，山形似甑，上大下小。"參見 11.14 條。

19.5 騉駼[1]，枝蹄趼[2]，善陞甗。

【注釋】

〔1〕騉(kūn，《廣韻》古渾切，平魂，見)駼(tú，《廣韻》同都切，平模，定)：良馬名。馬身而牛蹄，善登高。外來詞。郭注："騉駼亦似馬而牛蹄。"陸釋文引舍人云："騉駼者，外國之名。"邢疏："騉駼，馬名。李巡曰：'騉駼，其跡枝平，似趼，亦能登高歷危險也。'"

〔2〕枝蹄趼：蹄平而有小趾歧出。

19.6 小領[1]，盜驪[2]。

【注釋】

〔1〕領：頸，脖子。

〔2〕盜驪(lí,《廣韻》呂支切,平支,來。又郎奚切,平齊,來):良馬名。頸細,色淺黑。《穆天子傳》一:"天子之駿,赤驥、盜驪……"郭注:"爲馬細頸。驪,黑色也。"《列子·周穆王》:"次車之乘,右服渠黄而左踰輪,左驂盜驪而右山子,柏夭主車,參百爲御,奔戎爲右。"

19.7 **絶有力,駥[1]。**

【注釋】

〔1〕駥(róng,《廣韻》如融切,平東,日):八尺高的馬,泛指雄壯有力之馬。郭注:"即馬高八尺。"郝疏:"《釋文》:駥,本作戎。按:《釋詁》:'戎,大也。'馬高大而有力,故被斯名。作'戎'是,'駥'俗字。"《玉篇》馬部:"駥,雄也。"

19.8 **膝上皆白,惟馵[1]。四骹皆白[2],驓[3]。四蹢皆白,首[4]。前足皆白,騱[5]。後足皆白,翑[6]。前右足白,啓。左白,踦[7]。後右足白,驤[8]。左白,馵。**

【注釋】

〔1〕馵(zhù):同"馵",後左足白色的馬。《易·説卦》:"其於馬也,爲善鳴,爲馵足,爲作足,爲的顙。"孔疏:"爲馵足,馬後足白爲馵,取其動而見也。"《詩·秦風·小戎》:"文茵暢轂,駕我騏馵。"毛傳:"左足白曰馵。"一説,膝上皆白的馬。

〔2〕骹(qiāo,《廣韻》口交切,平肴,溪):脛,小腿。郭注:"骹,膝下也。"《文選》張衡《西京賦》:"青骹摯於韝下,韓盧噬於緤末。"李善注引薛綜曰:"青骹,鷹青脛者。"

〔3〕驓(céng,《廣韻》疾陵切,平蒸,從):膝下白色的馬。邢疏:"四膝下皆白名驓。"

〔4〕首:當作"前",四蹄全白的馬。郭注:"俗呼爲踏雪馬。"邵正義:"蹢,蹄也。四蹄皆白者謂之前,諸本訛作首……是《爾雅》舊本作'前',後人增加'馬'字作'騚'。又因字形相涉,

‘前’誤爲‘首’也。今改正。”

〔5〕騱(xí,《廣韻》胡雞切,平齊,匣）：前足全白的馬。邢疏：“前兩足皆白名騱。”

〔6〕駒(qú)：後足全白的馬。邢疏：“後兩足皆白名駒。”

〔7〕踦(qī)：馬前左脚白。郭注：“前左脚白。”

〔8〕驤(xiāng)：後右足白的馬。邢疏：“後右足白名驤。”

19.9　騮馬白腹[1]，騵[2]。驪馬白跨[3]，驈[4]。白州[5]，驠[6]。尾本白，騴[7]。尾白，駺[8]。馰顙[9]，白顚[10]。白達，素縣[11]。面顙皆白，惟駹[12]。

【注釋】

〔1〕騮(liú,《廣韻》力求切,平尤,來）：同“駵”，紅身黑鬃尾的馬。郭注：“騮，赤色黑鬛。”

〔2〕騵(yuán,《廣韻》愚袁切,平元,疑）：赤毛白腹的馬。《詩·大雅·大明》：“檀車煌煌，駟騵彭彭。”毛傳：“騮馬白腹曰騵。”《淮南子·主術》：“伊尹賢相也，而不能與胡人騎騵馬而服駒騐。”

〔3〕驪(lí,《廣韻》呂支切,平支,來）：深黑色的馬。《説文》馬部：“驪，馬深黑色。”《詩·魯頌·駉》：“薄言駉者，有驕有皇，有驪有黃，以車彭彭。”毛傳：“純黑曰驪。”　跨：同“胯”，腰和大腿之間的部分。

〔4〕驈(yù,《廣韻》餘律切,入術,以。又食聿切,入術,船）：胯間白色的黑馬。郝疏：“《説文》：‘驪，馬深黑色。’‘驈，驪馬白胯’，引《詩·駉》篇‘有驈有騜’，毛傳用《爾雅》。疏引孫炎曰：‘驪，黑色也。白跨，股脚白也。《釋文》引《蒼頡篇》云：‘跨，兩股閒。’《詩·魯頌·駉》：“薄言駉者，有驈有皇。”毛傳：“驪馬白跨曰驈。”

〔5〕州：臀部及尾竅。郭注：“州，竅。”

〔6〕驠(yàn,《廣韻》於甸切,去霰,影。又烏前切,平先,影):白臀的馬。邢疏:"謂馬之白尻者名驠。"《說文》馬部:"驠,馬白州也。"楊慎《丹鉛雜錄·州音殊》:"紫馬白州曰驠。"

〔7〕騴(yàn,《廣韻》烏澗切,去諫,影):尾根白色的馬。郭注:"尾株白。"邢疏:"本,根株也。馬尾株白者名騴,但尾毛白者名騴。"

〔8〕騴(láng,《廣韻》魯當切,平唐,來):白尾的馬。郭注:"但尾毛白。"

〔9〕馰(dí,《廣韻》都歷切,入錫,端)顙(sǎng,《廣韻》蘇朗切,上蕩,心):額白色的馬。又名白顛,或單稱馰。郭注:"戴星馬也。"《玉篇》馬部:"馰,馰顙,白額馬也。或作的。"

〔10〕白顛:額白色的馬。《詩·秦風·車鄰》:"有車鄰鄰,有馬白顛。"毛傳:"白顛,的顙也。"孔疏:"額有白毛,今之戴星馬也。"

〔11〕素縣:白鼻莖的馬。又名白達。郝疏:"馬之鼻莖白者名白達,一名素縣。"

〔12〕駹(máng,《廣韻》莫江切,平江,明):面、額白色的黑馬。《說文》馬部:"駹,馬面顙皆白也。"《玉篇》馬部:"駹,馬黑,白面也。"

19.10　回毛在膺,宜乘[1]。在肘後,減陽。在幹,茀方[2]。在背,闋廣。

【注釋】

〔1〕宜乘:旋毛在胸部的馬。郭注引樊光云:"俗呼之官府馬。伯樂相馬法,旋毛在腹下如乳者,千里馬。"邢疏:"此別馬旋毛所在之名也。回,旋也。膺,智也。旋毛在膺者名宜乘。"

〔2〕茀(fú)方:旋毛在脅部的馬。邢疏:"旋毛在脅者名茀方。"

19.11　逆毛,居骳[1]。

【注釋】

〔1〕居骳(yǔn,《廣韻》余準切,上準,以。又以轉切,上獮,以):旋毛逆向生長的馬。郭注:"馬毛逆刺。"邵正義:"馬有逆毛者名居骳。《玉篇》云:'骳,馬逆毛也。'今馬領上有逆毛如刺者,人以爲不祥。"

19.12　騋[1]:牝,驪;牡,玄;駒,褭騁[2]。

【注釋】

〔1〕騋(lái,《廣韻》落哀切,平咍,來):身高七尺以上的馬。《說文》馬部:"騋,馬七尺爲騋,八尺爲龍。"《詩·鄘風·定之方中》:"秉心塞淵,騋牝三千。"毛傳:"馬七尺以上曰騋。騋馬與牝馬也。"《周禮·夏官·廋人》:"馬八尺以上爲龍,七尺以上爲騋,六尺以上爲馬。"

〔2〕褭(niǎo,《廣韻》奴鳥切,上篠,泥)騁:小馬的別名。

【案】該條的斷句和解釋歷來有分歧。一說:騋牝,驪牡;玄駒,褭騁。郭注:"《詩》云:'騋牝三千。'馬七尺已上爲騋,見《周禮》。"又:"玄駒,小馬,別名褭騁耳。或曰,此即腰褭,古之良馬名。"邢疏:"云'《詩》云騋牝三千'者,《鄘風·定之方中》篇文也。云'七尺已上爲騋,見《周禮》'者,《廋人》文也。案,鄭玄注《禮記·檀弓》引此文云:'騋,牝驪牡玄。'謂七尺曰騋,牝者色驪,牡者色玄,與郭異也。"我們採用鄭玄之解。

19.13　牡曰騭[1],牝曰騇[2]。

【注釋】

〔1〕騭(zhì,《廣韻》之日切,入質,章):公馬。郭注:"今江東呼駮馬爲騭。"《說文》馬部:"騭,牡馬也。"

〔2〕騇(shè,《廣韻》始夜切,去禡,書。又書冶切,上馬,書):母馬。郭注:"草馬名。"《本草綱目·獸一·馬》:"牝馬曰騇,曰

騍，曰草。"

19.14　騂白，駁[1]。黃白，騜[2]。騂馬黃脊，騝[3]。驪馬黃脊，騽[4]。青驪，駽[5]。青驪驎，驒[6]。青驪繁鬣，騥[7]。驪白雜毛，駂[8]。黃白雜毛，駓[9]。陰白雜毛，駰[10]。蒼白雜毛，騅[11]。彤白雜毛，騢[12]。白馬黑鬣，駱[13]。白馬黑脣，駩[14]。黑喙，騧[15]。一目白，瞯[16]。二目白，魚[17]。

【注釋】

〔1〕駁：毛色赤白相間的馬。邢疏："此別馬毛色不純之異名也。孫炎曰：'騂，赤色也。'謂馬有騂處、有白處者曰駁。"《詩·豳風·東山》："之子于歸，皇駁其馬。"毛傳："黃白曰皇，騂白曰駁。"

〔2〕騜(huáng，《廣韻》胡光切，平唐，匣)：黃白色相間的馬。郭注：《詩》曰：'騜駁其馬。'"郝疏："黃色兼有白者名騜。騜，《詩》作'皇'，毛傳：'黃白曰皇。'"

〔3〕騝(qián，《廣韻》渠焉切，平仙，群。又居言切，平元，見)：黃脊的騂馬。邢疏："騂馬脊毛黃者名騝。"《玉篇》馬部："騝，騂馬黃脊。"

〔4〕騽(xí，《廣韻》似入切，入緝，邪)：色黑而脊黃的馬。邢疏："驪馬脊毛黃者名騽。"邵正義："此別騂、驪黃脊之異名也。赤馬而脊毛黃者名騝，黑馬而脊毛黃者名騽。"

〔5〕駽(xuān，《廣韻》火玄切，平先，曉。又許縣切，去霰，曉)：青黑色的馬。俗稱鐵青馬。郭注："今之鐵驄。"《說文》馬部："駽，青驪馬。"《詩·魯頌·有駜》："有駜有駜，駜彼乘駽。"毛傳："青驪曰駽。"

〔6〕驒(tuó，《廣韻》徒河切，平歌，定。又徒干切，平寒，定)：毛色呈鱗狀斑紋的馬。《說文》馬部："驒，青驪白鱗，文如鼉

魚。”段玉裁注：“青黑色之馬，起白片如鱗然。《釋獸》曰：
‘青驪粼驒。’《魯頌》毛傳同。郭云：‘色有淺深，斑駁隱
粼，今之連錢驄也。’郭意與許略異。”按，《釋獸》應爲《釋
畜》。《詩·魯頌·駉》：“薄言駉者，有驒有駱。”毛傳：“青驪
驎曰驒。”

〔7〕騥（róu，《廣韻》耳由切，平尤，日）：多鬃的青黑色馬。邢疏：
“毛色青黑而髦鬣繁多者名騥。”

〔8〕䭷（bǎo，《廣韻》博抱切，上晧，幫）：黑白雜毛的馬。郭注：
“今之烏驄。”《詩·鄭風·大叔于田》：“叔于田，乘乘䭷。”毛
傳：“驪白雜毛曰䭷。”陸釋文：“䭷，音保，依字作駂。”

〔9〕駓（pī，《廣韻》敷悲切，平脂，滂）：毛色黃白相雜的馬。郭注：
“今之桃華馬。”《詩·魯頌·駉》：“有騅有駓，有騂有騏。”毛
傳：“黃白雜毛曰駓。”

〔10〕駰（yīn，《廣韻》於真切，平真，影。又於巾切，平真，影）：淺
黑雜白的馬。邢疏：“陰，淺黑色也。毛淺黑而白、兼雜毛者
名駰，今謂之泥驄。”《詩·小雅·皇皇者華》：“我馬維駰，六
轡既均。”毛傳：“陰白雜毛曰駰。”

〔11〕騅（zhuī，《廣韻》職追切，平脂，章）：毛色蒼白相雜的馬。
《玉篇》馬部：“騅，馬蒼白雜毛色也。”《詩·魯頌·駉》：“有
騅有駓，有騂有騏。”毛傳：“蒼白雜毛曰騅。”《史記·項羽本
紀》：“駿馬名騅，常騎之。”張守節正義：“顧野王云‘青白色
也’。《釋畜》云‘蒼白雜毛，騅’也。”

〔12〕騢（xiá，《廣韻》胡加切，平麻，匣）：赤白相間的雜毛馬。郭
注：“即今之騢白馬。彤，赤。”《說文》馬部：“騢，馬赤白雜
毛。從馬，叚聲。謂色似鰕魚也。”《詩·魯頌·駉》：“薄言駉者，
有駰有騢。”毛傳：“彤白雜毛曰騢。”

〔13〕駱：鬣尾黑色的白馬。《說文》馬部：“駱，馬白色黑鬣尾也。”

《詩·魯頌·駉》:"薄言駉者,有驒有駱。"毛傳:"白馬黑鬛曰駱。"《淮南子·時則》:"天子衣白衣,乘白駱。"高誘注:"白馬黑毛曰駱。"

〔14〕駩(quān,《廣韻》此緣切,平仙,清):黑脣的白馬。邢疏:"白馬黑脣者名駩。"

〔15〕騧(guā,《廣韻》古華切,平麻,見):黑嘴的黃毛馬。郭注:"今之淺黃色者爲騧馬。"陸釋文:"《毛詩傳》《説文》《字林》皆云:'黃馬黑喙曰騧。'"《説文》馬部:"騧,黃馬黑喙。"《詩·秦風·小戎》:"騏駵是中,騧驪是驂。"毛傳:"黃馬黑喙曰騧。"

〔16〕瞷(xián,《廣韻》户閒切,平山,匣):同"瞯",一目毛色白的馬。王引之述聞:"一目白瞷、二目白魚者,謂一目毛色白曰瞷,二目毛色白曰魚……《説文》:'馬一目白曰瞯。'不以爲馬病,未可以戴目之'瞷'釋馬名之'瞷'也。"羅願《爾雅翼·釋獸》:"相馬之説曰:馬目欲得黃,又欲光而有紫豔,若目小而多白,則驚畏;驚畏者,馬之大病。"

〔17〕魚:兩眼毛色白的馬。王引之述聞:"二目毛色白曰魚。"《詩·魯頌·駉》:"有驒有魚,以車祛祛。"毛傳:"二目白曰魚。"

19.15 既差我馬[1]。差,擇也。宗廟齊毫[2],戎事齊力[3],田獵齊足[4]。

【注釋】

〔1〕既差我馬:語出《詩·小雅·吉日》。

〔2〕宗廟齊毫:宗廟祭祀,要選擇毛色純一的馬。

〔3〕戎事齊力:戰事要選擇强壯有力的馬。

〔4〕田獵齊足:田獵要選擇腳力特別好的馬。

（二）牛屬

19.16　犘牛[1]。

【注釋】

[1] 犘(má,《廣韻》莫霞切,平麻,明)牛：即犛牛。反芻家畜,
亦有野生者。毛多黑褐色或黑白花斑,尾毛蓬生似帚,腿短,
耐寒,毛可製衣、氈。古人取其尾毛以作旄旌。郭注："出巴
中,重千斤。"郝疏："野牛也。郭云'出巴中'者,今此牛出
西寧府西寧衞,大者千餘斤。犘之爲言莽也,莽者大也。今
俗云莽牛即此。"《本草綱目·獸二·犛牛》："《汲冢周書》作
'犦牛',顔師古作'貓牛',《爾雅》作'犘牛',音皆相近也。"

19.17　犦牛[1]。

【注釋】

[1] 犦(bó,《廣韻》蒲角切,入覺,並。又博沃切,入沃,幫)牛：
一種頸肉隆起的野牛。又名犎牛。郭注："即犎牛也。領上
肉犦胅起,高二尺許,狀如橐駝,肉鞍一邊,健行者日三百
餘里。今交州合浦徐聞縣出此牛。"玄應《一切經音義》
一四："《漢書·西域傳》有'犎牛'。鄧展曰：'脊上有肉鞍如
橐駝。'"

【案】一說爲單峰駝。《本草綱目·獸一·駝》："土番有獨峰駝。《西
域傳》云：大月氏出一封駝,脊上有一峰隆起若封土,故俗呼爲
封牛,亦曰犤牛。《穆天子傳》謂之'牪牛',《爾雅》謂之'犦牛',
嶺南徐聞縣及海康皆出之。"

19.18　犤牛[1]。

【注釋】

[1] 犤(pái,《廣韻》蒲佳切,平佳,並。又符羈切,平支,並)牛：
矮小短足的牛。郭注："犤牛庳小,今之㸬牛也。又呼果下

牛。出廣州高涼郡。"郝疏:"《桂海虞衡志》有果下馬,高
不踰三尺,此亦其類,皆言其庳小也。"《集韻》蟹韻:"㸖,
牛短足。"《本草綱目·獸一·牛》:"又廣南有稷牛,即果下
牛,形最卑小,《爾雅》謂之'㸖牛',《王會》篇謂之'紌牛',
是也。"

19.19　犩牛[1]。

【注釋】

[1]犩(wéi,《廣韻》語韋切,平微,疑。又魚貴切,去未,疑)牛:
即㸖牛,一種高大的野牛。郭注:"即㸖牛也。如牛而大,
肉數千斤,出蜀中。《山海經》曰: 岷山多㸖牛。"《本草綱
目·獸二·㸖牛》:"犩牛,又名㸖牛。如牛而大,肉重數千斤,
出蜀山中。"

19.20　犤牛[1]。

【注釋】

[1]犤(liè,《廣韻》良涉切,入葉,來)牛:犏牛。母犛牛和公黃
牛交配所生的第一代雜種牛。比犛牛馴順,比黃牛力氣大。
郭注:"旄牛也。髀、膝、尾皆有長毛。"郝疏:"是犤牛即旄牛。
顏師古《上林賦》注:'旄牛,即今之偏牛也。'⋯⋯徐松云:
今蘭州、青海多此牛,大與常牛等,色多青,染其毛爲雨纓。"

19.21　犝牛[1]。

【注釋】

[1]犝(tóng,《廣韻》徒紅切,平東,定)牛:無角小牛。郭注:"今
無角牛。"《正字通》牛部:"犝,舊注音同,牛無角。按: 小
牛無角曰童牛,小羊無角曰童羖,皆取童稚義。通作童。"

19.22　㺉牛[1]。

【注釋】

[1]㺉(jú,《廣韻》古闃切,入錫,見)牛: 牛名。翟灝《爾雅補

郭》："㺜，从昊，古闌反。昊，山獸名。《釋獸》篇有'麘'，《釋
文》云：'本多作昊。'郭謂其爲物一歲千斤。牛固大牲，而
其體長有漸，山野間牛或亦有一歲頓長至千斤者，故遂比照
於昊謂之㺜牛。"

19.23　角一俯一仰，觭[1]；皆踊，觢[2]。

【注釋】

〔1〕觭(jī，《廣韻》去奇切，平支，溪)：牛角一俯一仰。郭注："牛
角低仰。"陸釋文引樊光云："傾角曰觭。"《易·睽》"見輿曳，
其牛掣"陸釋文："掣，荀作觭。"

〔2〕觢(shì，《廣韻》時制切，去祭，禪)：兩角聳直的牛。郭注：
"今竪角牛。"邢疏："踊，豎也。牛兩角豎者名觢。"

19.24　黑脣，犉[1]。黑眥，牰[2]。黑耳，犚[3]。黑腹，牧。黑脚，犈[4]。

【注釋】

〔1〕犉(chún，《廣韻》如勻切，平諄，日)：黃毛黑脣的牛。《說文》
牛部："犉，黃牛黑脣也。"《詩·小雅·無羊》："誰謂爾無牛，
九十其犉。"毛傳："黃牛黑脣曰犉。"

〔2〕牰(yòu，《廣韻》余救切，去宥，以。又似祐切，去宥，邪)：眼
眶呈黑色的牛。郭注："眼眥黑。"邢疏："眥，目匡也。"

〔3〕犚(wèi，《廣韻》於胃切，去未，影)：黑耳牛。邢疏："黑耳者
名犚。"《字彙》牛部："犚，牛黑耳爲犚。"

〔4〕犈(quán，《廣韻》居倦切，去線，見)：黑脚牛。邢疏："黑脚
者名犈。"

19.25　其子，犢[1]。

【注釋】

〔1〕犢：小牛。郭注："今青州呼犢爲狗。"《禮記·月令》："(季
春之月)犧牲、駒、犢，舉書其數。"

19.26　體長，牬[1]。

【注釋】

[1] 牬(bèi)：同“犕”，體長的牛。郭注：“長身者。”郝疏：“體長，言呂脊長也。《釋文》：‘牬，博蓋反。’按：牬，《說文》作‘犕’，云‘二歲牛’，與此義異。”

19.27　絕有力，欣犌[1]。

【注釋】

[1] 欣：衍文。邵正義：“欣字疑衍文。”　　犌(jiā，《廣韻》古牙切，平麻，見)：力氣極大的牛。郝疏：“《釋文》：‘犌，古牙反。’《玉篇》云：‘牛有力。’《廣韻》云：‘牛絕有力。’俱止言‘犌’，不言‘欣’，疑‘欣’字衍。”

（三）羊屬

19.28　羊：牡，羒[1]；牝，牂[2]。

【注釋】

[1] 羒(fén，《廣韻》符分切，平文，奉)：白色的大公羊。郭注：“謂吳羊白羝。”郝疏：“羝，牡羊也。吳羊，白色羊也……羒，蓋同墳，言高大也。”《廣韻》文韻：“羒，白羝羊也。”《本草綱目·獸一·羊》：“白曰羒，黑曰羭。”

[2] 牂(zāng，《集韻》兹郎切，平唐，精)：母羊。《廣雅·釋獸》：“吳羊牡一歲曰牡羺，三歲曰羝；其牝一歲曰牸羺，三歲曰牂。”王念孫疏證：“是羊之白者為吳羊，其牝為牂；黑者為夏羊，其牝為羖。又或通稱白羊為牂羊，黑羊為羖羊。”《莊子·徐無鬼》：“吾未嘗為牧而牂生於奧，未嘗好田而鶉生於宎。”郭象注：“牂，子郎反。《爾雅》云：牝羊也。”《韓非子·五蠹》：“千仞之山，跛牂易牧者，夷也。”

19.29　夏羊[1]：牡,羭；牝,羖。[2]

【注釋】

[1] 夏羊：黑色羊。因夏后氏尚黑,故名。郭注:"黑羖䍩。"《本草綱目·獸一·羊》:"生江南者爲吴羊,頭身相等而毛短。生秦晉者爲夏羊,頭小身大而毛長。土人二歲而剪其毛,以爲氊物,謂之綿羊。"

[2] 當作"牡,羖；牝,羭"。郝疏:"此當云'牡,羖；牝,羭',不知何時誤倒其文。蓋郭本已然矣。"　羭(yú,《廣韻》羊朱切,平虞,以):黑色的母羊。《列子·天瑞》:"老羭之爲猨也。"張湛注:"羭,牝羊也。"　羖(gǔ,《廣韻》公戶切,上姥,見):黑色的公羊。《詩·小雅·賓之初筵》:"由醉之言,俾出童羖。"《史記·秦本紀》:"吾媵臣百里傒在焉,請以五羖羊皮贖之。"

19.30　角不齊,觤[1]。角三觠,羷[2]。

【注釋】

[1] 觤(guǐ,《廣韻》過委切,上紙,見):角一短一長的羊。郭注:"一短一長。"邢疏:"羊角不齊,一長一短者,名觤。"《説文》角部:"觤,羊角不齊也。"

[2] 羷(liǎn,《廣韻》良冉切,上琰,來):角卷三匝的羊。郭注:"觠角三匝。"邢疏:"羊角捲三迊者名羷。"

19.31　羳羊[1],黃腹。

【注釋】

[1] 羳(fán,《廣韻》附袁切,平元,奉)羊:黃腹羊,即黃羊。耳小,腹下毛黃。郭注:"腹下黃。"郝疏:"李時珍云:'即黃羊也。狀與羊同,但低小細肋,腹下帶黃色,其耳甚小,西人謂之蟨耳羊。'"《本草綱目·獸一·黃羊》:"《爾雅》謂之羳,出西番也。其耳甚小,西人謂之繭耳。"

19.32 未成羊，羜[1]。

【注釋】

〔1〕羜(zhù,《廣韻》直吕切，上語，澄)：出生五個月的小羊。俗語詞。郭注："俗呼五月羔爲羜。"《説文》羊部："羜，五月生羔也。"《詩·小雅·伐木》："既有肥羜，以速諸父。"毛傳："羜，未成羊也。"桓麟《七説》："羔柔毛之羜。"

19.33 絶有力，奮。

（四）狗屬

19.34 犬生三，猣[1]；二，師；一，玂[2]。

【注釋】

〔1〕猣(zōng,《廣韻》子紅切，平東，精)：犬生三子，狗仔稱猣。《廣韻》東韻："猣，犬生三子。"陸佃《埤雅·釋獸》："師，衆也。猣，言其叢聚。"

〔2〕玂(qí,《廣韻》渠希切，平微，群)：狗生一子，狗仔稱玂。李元《蠕範·物生》："犬子，獴，玂。"《本草綱目·獸一·狗》："生一子曰獴，曰玂；二子曰獅；三子曰猣。"

19.35 未成毫，狗[1]。

【注釋】

〔1〕狗：未長長毛的小狗仔。郭注："狗子未生𣯍毛者。"郝疏："是狗、犬通名。若對文則大者名犬，小者名狗。散文則……狗亦犬耳，今亦通名犬爲狗矣。郭云'𣯍毛'者，《説文》：'𣯍，獸豪也。'《釋文》：'謂長毛也。'"《儀禮·既夕禮》："白狗幦。"鄭注："未成豪，狗。"

19.36 長喙，獫[1]。短喙，猲獢[2]。

【注釋】

〔1〕獫(xiǎn,《廣韻》良冉切，上琰，來。又力鹽切，平鹽，來。又

力驗切,去豔,來）:長嘴獵犬。邢疏:"犬長口者名獫,短口
者名猲獢。"《詩·秦風·駟驖》:"輶車鸞鑣,載獫歇驕。"毛傳:
"獫、歇驕,田犬也。長喙曰獫,短喙曰歇驕。"

〔2〕猲(xiē,《廣韻》許竭切,入月,曉。又許葛切,入曷,曉）獢
(xiāo,《廣韻》許嬌切,平宵,曉）:一種短嘴的獵狗。亦作"歇
驕"。《詩·秦風·駟驖》:"載獫歇驕。"陸釋文:"歇,本又作猲。
驕,本又作獢。"陸佃《埤雅·釋獸》:"《釋畜》曰:'長喙,獫。
短喙,猲獢。'長喙善獵,短喙善吠以守。"袁達《禽蟲述》:
"長喙,獫。短喙,猲獢。皆田犬也。"

19.37　絶有力,狣[1]。

【注釋】

〔1〕狣(zhào,《廣韻》治小切,上小,澄）:體壯力大的狗。邢疏:
"壯大絶有力者名狣。"袁達《禽蟲述》:"狗曰狣。"

19.38　尨[1],狗也。

【注釋】

〔1〕尨(máng,《廣韻》莫江切,平江,明）:多毛狗。《説文》犬部:
"尨,犬之多毛者。"《詩·召南·野有死麕》:"有女如玉,舒而
脱脱兮,無感我帨兮,無使尨也吠。"毛傳:"尨,狗也。非禮相
陵則狗吠。"馬瑞辰傳箋通釋:"尨,蓋田犬、吠犬之通名。"

（五）雞屬

19.39　雞,大者蜀[1]。蜀子,雓[2]。

【注釋】

〔1〕蜀:春秋時魯地的一種雞,體型較大。在今山東省泰安市
西。又名蜀雞、魯雞。郭注:"今蜀雞。"邵正義:"雞之大者
名蜀,以其異於常雞也。《莊子》謂之魯雞。"

〔2〕雓(yú,《廣韻》以諸切,平魚,以）:蜀雞的雛子。郭注:"雛

子名。"郝疏："雜者,《釋文》:'音餘,字或作餘。'《方言》云:
'雞雛,徐魯之間謂之鷄子。'《廣雅》云:'鷄,雛也。'是雞雛
名鷄,蜀雞雛別名雜耳。"

19.40　未成雞,健[1]。

【注釋】

[1]健(liàn,《廣韻》郎甸切,去霰,来):雞雛。方言詞。郭注："今
　　江東呼雞少者曰健。"郝疏："健爲少小之稱,今登萊人呼小
　　者爲小健。健,音若鷇,蓋古之遺言也。"

19.41　絶有力,奮。

（六）六畜

19.42　馬八尺爲駥[1]。

【注釋】

[1]駥:八尺高的馬。參見 19.7 條。

19.43　牛七尺爲犉[1]。

【注釋】

[1]犉(chún,《廣韻》如匀切,平諄,日):身長七尺的大牛。《尸
　　子》下："大牛爲犉,七尺。大羊爲羬,六尺。大豕爲豟,五尺。"

19.44　羊六尺爲羬[1]。

【注釋】

[1]羬(qián,《廣韻》巨淹切,平鹽,群):六尺的羊。邵正義:
　　"《山海經》云:'錢來山有獸焉,其狀如羊而馬尾,名曰羬
　　羊。'郭氏彼注云:今月氏國有大羊,如驢而馬尾。案,今黄
　　羊有極高大者。《爾雅》所釋不必爲似驢之羊。故郭氏亦不
　　引爲證也。"

19.45　彘五尺爲豟[1]。

【注釋】

〔1〕豟：五尺高的豬。方言詞。郭注："今漁陽呼豬大者爲豟。"參見18.6條。

19.46 狗四尺爲獒[1]。

【注釋】

〔1〕獒(áo,《廣韻》五勞切，平豪，疑)：高大凶猛的狗。郭注："《公羊傳》曰：'靈公有害狗，謂之獒也。'《尚書》孔氏傳曰：'犬高四尺曰獒。'即此義。"《書·旅獒》："西旅獻獒。"孔傳："西戎遠國貢大犬。"《左傳·宣公二年》："公嗾夫獒焉，明搏而殺之。"杜注："獒，猛犬也。"

19.47 雞三尺爲鶤[1]。

【注釋】

〔1〕鶤(kūn,《廣韻》古渾切，平魂，見。又王問切，去問，云)：一種大雞。郭注："陽溝巨鶤，古之名雞。"《本草綱目·禽二·雞》："蜀中一種鶤雞，楚中一種傖雞，竝高三四尺。"

音序索引

癉	1.67	隄	5.25	遞	2.238		dǐng		8.24
	dāng		dí	褅	8.40	頂	2.160		dòu
當	1.107	狄	14.21	疐	14.79	鼎	6.19	豆	6.1
當鉅	16.16		18.1	蠹蝀	8.16	薡蕫	13.56		dū
蟷蜋	15.23	迪	1.47		diān		dìng	都	1.22
蟷蠰	15.15		1.108	顚	2.160	定	1.89	都丘	10.8
	dǎng		1.131	顚棘	13.86		1.164	督	1.150
黨	4.31	駧顙	19.9		diǎn		1.168	闍	2.190
	dàng	嫡婦	4.28	典	1.14		6.3		5.8
當	1.107	樀	5.11		2.265		8.26		dú
盪	6.27	敵	1.24	蕇	13.71	定丘	10.17	毒	2.177
盪盪	3.38		1.107	點	6.33	頔	2.148	瀆	12.21
簜	13.39	糴	18.6		diàn		dōng	犢	19.25
	dāo	覿	1.84	坫	5.5	冬	8.2	讀	11.18
忉忉	3.45	鸐	17.69	殿屎	3.111		8.3	蠹	2.262
	dǎo		dǐ	澱	6.18		8.4		dǔ
禱	8.39	厎	1.75		diāo	冬桃	14.44	竺	1.80
導	1.48		2.11	彫蓬	13.12	冬祭	8.36	篤	1.50
	dào	邸	6.40	鵰鶋	17.25	冬鳸	17.39		1.80
到	1.5	底	1.89	雕	6.28	冬獵	8.42		dù
道	1.94	柢	2.174		6.41	東風	8.12	芏	13.160
	1.131		6.40		dié	東陵	9.20	杜	13.146
	5.22	蓾苵	13.41	芺	13.57	東壁	8.26		14.20
道路	5.23		dì	迭	2.238	東嶽	11.23		14.31
盜庚	13.129	弔	1.5		7.1	東蠡	13.186	杜榮	13.172
盜驪	19.6	地	5.6	㹥	13.54	涷	8.20	度	2.51
箌	1.3	地黃	13.164	軼	16.39		dǒng	渡	2.274
稻	13.64	弟	1.97	臸	2.161	董	1.150		duàn
纛	2.262		4.5	絰	13.42		dòng	椴	13.6
	dēng	的	13.93	蹀	9.33	動	1.108		duì
登	1.93		13.175		dīng		1.127	敦丘	10.1
	1.114	帝	1.2	丁	1.107		3.8		10.12
	6.1	娣	4.23		16.41	棟	5.11	對	1.25
	dī	娣婦	4.25	虰蛵	15.24		dǒu		2.222
氐	8.21	棣	14.66			斗	8.23	懟	2.142

龓葛 13.166	1.61	**lún**	馬舄 13.184	茅鴟 17.35
蠪 15.36	5.22	倫 1.67	馬蟥 15.20	罞 6.5
lóu	屢 1.58	淪 2.176	馬蛧 15.4	旄 6.24
婁 8.27	2.34	12.13	馬頬 12.27	14.28
樓 1.57	履 1.71	棆 14.26	馬藍 13.162	14.44
5.26	2.67	綸 1.167	**mà**	旄丘 10.14
鷜鵌 17.10	2.68	2.275	禡 8.38	蛑 15.23
lòu	13.42	**luō**	**mái**	髳 2.86
陋 2.26	履帝武敏	捋 15.55	薶 2.56	13.86
鏤 6.29	3.92	**luó**	霾 8.14	14.77
6.46	縷 8.46	羅 6.5	**mǎi**	髳士 2.60
lú	**lǜ**	15.29	買 2.152	蝥 15.56
蘆 13.194	律 1.14	蠃 16.33	**mài**	**mǎo**
蘆蒲 13.37	1.15	蘿 13.40	邁 2.28	昴 8.28
臚 2.15	2.13	14.42	霢霂 8.20	**mào**
蠦蜰 15.2	2.94	**luò**	**màn**	芼 2.264
鱸 17.67	6.7	洛 12.11	蔓于 13.79	茂 1.41
lǔ	慮 1.13	落 1.1	蔓華 13.113	1.56
藺 13.80	1.70	1.28	鏝 5.6	14.75
滷 2.44	2.235	14.13	**máng**	貿 2.25
lù	勴 1.48	落時 5.4	龙 19.38	2.152
陸 9.40	癴 12.19	駱 19.14	宋瘤 5.11	楙 14.10
菉 13.9	**luán**	絡 16.15	厖 1.3	霿 8.15
鹿 18.2	巒 11.11	鵅 17.12	1.4	懋懋 3.28
鹿藿 13.90	欒繭 15.54	**M**	蛨蝼 15.12	**méi**
祿 1.71	臠 6.5	**má**	駹 19.9	梅 14.6
2.67	癴 1.65	麻 7.15	**mǎng**	湄 12.16
路 1.3	**luàn**	13.96	莽 13.157	溦 10.29
5.22	亂 1.138	麻母 13.130	蟒 16.39	蘪 13.154
盝 1.115	1.153	摩牛 19.16	**máo**	蘪蕪 13.83
2.277	3.35	蟆 15.19	髦 2.106	**měi**
戮 1.65	12.23	**mǎ**	毛蠹 15.25	每有 3.84
鷺 17.68	**lüè**	馬尾 13.103	茅 2.90	美 1.52
lǚ	畧 1.146	馬帚 13.34	茅蒐 13.19	3.20
旅 1.32		馬祭 8.39	茅蛧 15.4	美士爲彥

	1.68	蔖茅	13.65	區	6.21	**quàn**		**rěn**	
瘽	1.65	**qiū**		趨	5.24	韏	6.45	荏菽	13.25
寪	6.20	丘	10.1	**qú**		繎	6.39	棯棗	14.46
qǐn			10.5	劬勞	1.65	**quē**		稔	2.39
梫	14.25	秋	8.2	斫斸	6.3	蒛葐	13.123	**réng**	
寢	5.26		8.3	渠略	15.9	闕洩	18.48	仍	1.80
螼蚓	15.22		8.4	狗	19.8	**què**			1.130
qìn		秋祭	8.36	絇	6.6	雀弁	13.27		1.149
榺	13.6	秋鳸	17.39	胊	13.49	雀麥	13.28	仍孫	4.9
qīng		秋獵	8.42	瞿瞿	3.33	散	14.53	仍饑	8.6
青	6.39	萩	13.180	鼩鼠	18.54		14.73	**rì**	
青陽	8.3	楸	14.53	薳麥	13.115	觳	1.55	日下	9.44
清	1.116	鰌	16.8	蘧蔬	13.82	闋	5.16	馹	2.6
	2.65	**qiú**		籧篨	3.104	闋廣	19.10	**róng**	
	3.76	仇	1.23	臞	2.32	礐	11.15	戎	1.3
輕	2.162		1.24	衢	5.23	**qūn**			2.169
qíng		仇仇	3.41	**qǔ**		逡	2.211		8.44
勍	13.3	囚	2.191	取	1.154	**R**		戎叔	13.25
qǐng		朹	14.23	**qù**		**rán**		戎葵	13.126
請	1.29	求	1.172	黿齪	16.29	然	2.14	戎醜攸行	
	2.8		2.45	**quān**		**rǎn**			8.44
qìng		俅	2.104	駩	19.14	染	6.39	肜	8.41
慶	2.196	俅俅	3.56	**quán**		橪	1.73	容	5.12
磬	7.5	酋	1.172	棬	19.24	**ráng**		榮	13.195
罄	1.55	莱	14.78	豢	19.30	儴	1.149		13.199
qióng		述	3.74	銓	2.94	穰穰	3.59		13.200
邛	1.67	梂	14.41	綩	6.39	**rǎng**			14.69
邛邛岠虛		遒木	14.60	權	13.136	蠰谿	15.21	駥	19.7
	9.35	璆	6.30		14.29	**rén**			19.42
邛鉅	13.170	璆琳琅玕		權輿	1.1	人	2.133	融	1.36
穹	1.3		9.29	蠸	15.11	壬	1.3	融丘	10.1
穹蒼	8.1	蝤蠐	15.40	**quǎn**			1.147	蠑螈	16.38
蛬	15.18	觓	16.7	犬	19.34	仁	9.47	**róu**	
惸惸	3.45	**qū**		汱	1.140	任	1.147	瓜	18.37
窮	2.43	屈	1.57	薽	13.194			柔	1.96

	sōng	3.5	**suǒ**	**tàn**
	柗　11.3	蔌　6.25	所　2.192	探　1.154
思　1.69	嵩　1.37	樕其　14.50	瑣瑣　3.42	2.85
1.70	嵩高　11.23	樕樸　14.68	**T**	**táng**
3.16	蜙蝑　15.21	遬　13.167	**tà**	唐　5.21
斯　1.109	**sǒng**	謖　2.3	遝　2.119	13.121
2.2	竦　1.64	**suān**	**tāi**	唐棣　14.65
蜇螽　15.21	**sòng**	狻麑　18.26	胎　1.1	堂牆　10.25
榹桃　14.44	送　2.40	酸棗　14.46	**tái**	棠　14.31
禠　1.71	訟　2.208	**suàn**	臺　2.190	螗蜩　15.4
鼶鼠　18.52	**sōu**	算　1.135	5.8	鶶鷵　17.66
sǐ	蒐　1.57	**suī**	5.26	**tāo**
死　1.173	8.42	雖　3.84	13.66	稻　14.1
sì	鎪　6.46	**suí**	儓　13.157	翢　2.262
四月　8.11	**sū**	綏　1.96	鮐背　1.17	謟　1.103
四荒　9.44	蘇　13.60	**suì**	**tài**	**táo**
四海　9.45	**sù**	遂　2.222	大歲　8.8	逃　2.241
四極　9.43	夙　1.74	遂遂　3.19	8.7	桃枝　13.157
四瀆　12.24	泝洄　12.22	歲　8.9	太史　12.27	桃蟲　17.26
汜　10.29	泝游　12.22	璲　6.21	泰山　11.23	陶丘　10.1
12.12	素華　13.159	檖　14.42	泰丘　10.17	蜪　16.28
兕　18.33	素縣　19.9	穟穟　3.50	泰風　8.12	綯　2.164
祀　1.72	速　1.58	繸　6.38	泰遠　9.43	騊駼馬　19.1
8.9	1.59	**sūn**	**tān**	鼗　7.15
姒　4.23	2.83	孫　4.9	貪　2.230	**tè**
姒婦　4.25	18.2	蓀蕪　13.97	潬　12.6	忒　2.36
涘　10.28	速速　3.74	**sǔn**	**tán**	特　18.6
耜　3.47	樕　14.55	筍　13.39	覃　2.46	特舟　12.20
竢　1.75	嗉　17.73	**suō**	餤　1.46	蟘　15.56
肆　1.78	18.63	莎　13.91	薝　13.119	**téng**
1.79	肅　1.46	縮　1.153	藫　13.88	滕　1.60
2.103	1.58	1.167	**tǎn**	螣　16.39
嗣　1.26	1.59	6.9	菼　2.155	螣蛇　16.39
㺜　18.31	2.9	17.72	13.194	**tī**
貄　18.13	肅肅　3.3		襢裼　3.102	鷈　17.58

（第一列最上方：4.21）

幼	2.20	榆	14.64	棫	14.61		1.159	越	2.221
	2.99	虞	2.51	遇	1.83	杬	14.35	粤	1.21
	18.6	虞蓼	13.61		2.226	爰	1.21		1.22
侑	1.100	蕍	13.89	御	3.101		1.22	閱	5.11
柚	14.14		13.195	飫	2.170	爰居	17.38	嶽	11.1
軸	19.24	雓	19.39	愉	1.67	爰爰	3.31	蘥	13.28
誘	1.46	餘	1.157	㝢木	14.39	捐	6.12	躍躍	3.30
鼬鼠	18.53	餘泉	16.37	蓲	13.1	原	2.30	禴	1.72
yú		餘賦	16.37	瘉	1.65		9.40	籥	7.12
于	1.21	鷠	19.29	陾	10.24		9.41	**yún**	
	1.22	灉	11.20	緎	3.110	榬	14.16	沄	2.244
予	1.43	輿	17.16	嘳	1.76	蝝	18.39	昀昀	3.46
	1.45	輿父	15.11	懊	2.230	蜎	15.17	雲孫	4.9
余	1.43	蝓	15.55	遹	1.12	緣	6.11	雲夢	9.14
	1.44	旟	8.50		2.13	羱	18.28	**yǔn**	
	8.11	**yǔ**		豫	1.10	顈	19.9	允	1.18
於	1.22	予	1.7		1.90	**yuǎn**			1.19
	1.117	宇	1.3		1.96	遠	1.30		1.147
俞	2.14	羽	6.22		2.15	**yuàn**		苬	13.197
雩	3.86		7.1	豫州	9.2	怨	2.142	惲	3.43
魚	19.14	雨霓	8.19	闎	5.4	媛	3.95	隕	1.28
魚子	16.12	敔	7.14	澳	2.250	瑗	6.37		1.140
魚尾	16.41	圉	1.106	禦	2.55	褑	6.11		1.28
魚枕	16.41		2.55		6.12	願	1.70	磒	1.28
魚罔	6.4		8.10	騟	19.9	**yuē**		**yùn**	
魚毒	14.35	與	1.113	鱊鮥	16.18	曰	1.21	運	1.119
魚罟	6.5	瘐瘐	3.44	鷸	17.51	箹	7.12	**Z**	
魚腸	16.41	麌	18.3	鸒斯	17.29	**yuè**		**zá**	
庾草	13.73	**yù**		鬱	2.194	月	8.10	雜縣	17.38
隅	5.3	玉	6.30	鬱陶	1.143	月爾	13.161	**zāi**	
楀	14.37	玉燭	8.3	**yuān**		刖	2.247	哉	1.1
畲	9.42	育	1.133	蜎	16.24	衵	8.36		1.87
渝	2.157		1.139	鳶	17.72	悅	1.10	裁	1.76
愉	1.10	域	2.78	**yuán**			1.11	**zǎi**	
	1.11	雩	8.16	元	1.1		2.159	載	8.9

筆畫索引

虹	2.184	重甗	11.12	後	2.281	弈	1.3	活脫	
	8.16	竿	6.43	俞	2.14	弈弈	3.45		13.133
思	1.69	俅	2.104	弇	2.216	迹	3.92	染	6.39
	1.70	俅俅	3.56	弇日	8.17	庭	1.94	洀	2.118
	3.16	俌	1.105	逃	2.241	庥	2.66		12.11
咢	7.13	便便	3.4	爰	1.21	咨	1.13	洛	12.11
咪	8.30	修	7.13		1.22		1.109	洋	1.62
峙	1.125		8.10	爰居	17.38		1.110	洋洋	3.16
峘	11.5	倪	2.243	爰爰	3.31	彥	3.96	洲	12.25
峻	11.16	侮	2.150	食	1.81	帝	1.2	津	8.23
迴風	8.13	俘	1.154		2.42	施	8.47	恃	2.12
幽	1.88	係	1.26	瓴甋	5.20	差	1.63	恆	1.14
	2.105	信	1.18	胎	1.1		2.36		11.1
	2.198		9.47	負丘	10.16		19.15	恆山	11.23
幽州	9.8	皇	1.2	負版	15.31	美	1.52	恫	2.217
幽都	9.30		2.201	負雀	17.20		3.20	恤	1.66
拜	13.10		2.280	負勞	15.24	美士爲彥		恂慄	3.89
矩	1.14		13.141	負蠜	15.21		3.96	恪	1.73
	1.15		17.27	斫斸	6.3	美女爲媛		恀	2.12
剄	2.239		17.50	勉	1.41		3.95	恨	2.220
軕	19.24	皇皇	1.52		3.28	送	2.40	宣	2.5
秬	13.63	鬼	3.117	狨	19.37	迷	2.269		2.225
秠	1.135	鬼目	13.72	狩	8.42	酋	1.172		6.37
秋	8.2	侯	1.2		8.43	首	1.1	室	5.1
	8.3		1.130	怨	2.142		1.159	宮	5.1
	8.4		1.169	急	2.24	逆	2.70		7.1
秋祭	8.36	俊	2.86	胤	1.26	兹	6.42	突	5.10
秋鷹	17.39	衎	1.10	叔丘	10.18	炤	15.49	穾	5.3
秋獮	8.42	待	1.75	哀哀	3.66	洪	1.3	窆	2.103
科斗	16.26	徇	2.5	亭歷	13.71	洗洗	3.14	衿	6.11
重	1.54	律	1.14	亮	1.18	洩洩	3.71	祐	1.71
	2.129		1.15		1.48	洄洄	3.37		1.80
	7.1		2.13	度	1.13	洗	14.46	被	1.71
重光	8.7		2.94		2.51	活東	16.26	祖	1.1
重厓	10.26		6.7		2.126	活莌	13.75		1.162

辱	2.249	晊	1.3		3.76	徒御不驚		訏	1.3
厞	2.26	晏晏	3.9		17.69		3.101	訖	1.89
夏	1.3		3.68	笑	1.20	徒搏	3.103	訓	1.131
	8.2	晗	1.29	第	6.44	徒駭	12.27	訊	1.29
	8.3		2.11	倚商		徑	12.13		2.219
	8.4		2.182		13.133	徐	3.25		2.242
夏羊	19.29		2.258	倰	2.163		3.97	高	1.37
夏祭	8.36	晏晏	3.47	俶	1.1	徐州	9.7	高祖王父	4.2
夏鳸	17.39	蚌	16.31		1.108	殷	2.1	高祖王母	4.2
夏獵	8.42	蚖	15.51	條	14.14	殷殷	3.45	高祖王姑	
砠	11.19		16.28		14.78	般	1.10		4.10
厜羴	11.9	蚍蜉	13.69	條條	3.2		2.272	庱縣	8.37
原	2.30	蚍蜉	15.36	脩亳	18.31	舫	2.96	席	1.3
	9.40	蚚	15.32	俾	1.148		2.117	病	1.65
	9.41	蚢	15.54		2.87	㻌	13.54		3.44
逐	1.65	蚖威	15.41	倫	1.67	途	5.22	疾	1.58
	2.54	蚚蠖	15.45	臬	5.7	剡	1.41		2.23
烈	1.49	蚆	16.37	射	1.90		1.84	疾雷	8.18
	1.91	圃田	9.18	皋	8.11	殺	1.39	痕	1.65
	1.157	唈	2.75	躬	1.44		1.40	衺	2.279
烈烈	3.13	盎	6.2	息	1.124	敊	1.23	唐	5.21
致	2.11	罝	6.5	息慎	9.20	豿	18.18		13.121
晉	1.46	罻	6.5	烏階		奚相	15.8	唐棣	14.65
虔	1.50	罞	6.5		13.145	倉庚	17.60	剖葦	17.25
時	1.170	峨峨	3.57	烏蘇	13.29		17.79	竝	2.233
	5.24	氣	2.194		13.111	飢	2.128	旆	6.24
	14.15	特	18.6	烏蠋	15.51	脂	6.15		14.28
	18.46	特舟	12.20	烏鷃	17.12	朕	1.43		14.44
畢	1.55	郵	2.179	師	1.61		1.44	旄丘	10.14
	6.31	造	2.41		2.133		1.45	旂	8.49
	8.10	造舟	12.20		18.6	狼	18.4	旅	1.32
	8.29	秌	13.24		19.34	狼尾	13.17		1.61
	10.25	秠	13.63	師祭	8.38	狻麑	18.26		5.22
財	2.153	秩	1.14	徒	3.101	逢	1.83	旐	8.51
眕	2.129	秩秩	3.2	徒涉	3.103	留	1.112	旃蒙	8.7

	2.252		2.65		12.19	增增	3.18		5.26
齊州	9.46		3.1	維	1.169	穀	1.8	樅	14.74
齊棗	14.46	寧	1.27		8.46		2.49	樊	2.110
養	1.139		1.96	維舟	12.20		2.67	賚	1.7
糧	2.112	寤	2.147	綸	1.167	憲	14.79		1.45
	17.73	寢	5.26		2.275	賣	14.59	樀	5.11
鄰	13.157	肇	1.13		13.185	報	6.12	槮	6.4
獎	14.72		2.79	綏	6.38	棘菟		憨	2.204
榮	13.195	肇	1.1		13.23		13.178	輠	1.171
	13.199	褙	6.11	綢	8.46	蕨	13.169	甌瓿	6.2
	13.200	褊	2.24	綯	2.164	蕨攈		遷	1.119
	14.69	褚	8.38	緇	8.47		13.114	慼	2.89
熒	13.48	褪	1.71	**十五畫**		鼐董	13.56	磝	11.15
熒火	15.49	盡	1.55	璋	6.37	邁	2.28	憂	1.66
煸	2.173	暨	1.113	璆	6.30	賈	13.99		1.69
漢	12.11		3.87	璆琳琅玕		萱	13.71		3.45
漢津	8.23	屢	1.58		9.29	蕪	1.56	碩	1.28
滷	2.44		2.34	漦	2.277	稀	13.57	磔	8.37
過	12.11	鳲鳩	17.3	鴉	17.15	蕎	13.170	鴈門	9.20
潯	10.26	隩	10.24	韐	3.101	蔦	13.89	豬	18.6
	12.11	墜	1.28	鴆鴆	17.1	覆	13.129	震	1.64
	12.15		1.140	墳	1.3	蔫蕪	13.97		1.127
潦	1.60	嫡婦	4.28		9.23	蕗	13.89	霄雪	8.19
博博	3.45	肅	6.19		10.27		13.195	劇旁	5.23
憎	2.235	翠	17.51	駜	19.14	薑	13.47	劇驂	5.23
惛	1.64	翠微	11.8	駔	2.115	遳	13.93	慮	1.13
慘	1.66	斲木	17.65	駒	19.12	蔆蓤	13.74		1.70
慘慘	3.43	緒	1.9	撫	2.31	蕭	6.19		2.235
搴	2.264		1.35	撫掩	3.109	樕	14.73	暴	2.102
	13.189	綝	1.8	撟	18.64	橫目	13.112		8.14
寬	2.278	緎	3.110	鞏	1.50	楸樸	14.68	暴虎	3.103
賓	1.11	綽	2.278		2.134	樞	5.4	賦	2.111
寡	1.99	綽綽	3.31	摯	1.160	樗繭	15.54		2.273
察	1.128	綏	1.26	墫墫	3.32	植	14.79	賜	1.7
	1.156		6.11	增	2.72	樓	1.57	閱	5.11

數	1.58	稻	13.64	餘	1.157	廞	1.121	潬	12.6
	1.135	黎	1.61	餘泉	16.37	瘼	1.65	潚	12.25
鼥	2.227	範	1.14	餘賦	16.37	瘞	1.88	燒燒	3.11
踏踏	3.17		1.15	餕	6.13		2.105	憯	2.71
踦	19.8	箴	6.22	鳺鷉	17.39	瘞薶	8.37	憮	2.31
踔	2.247	箛	7.11	縢	1.60	瘠	2.32	憍	3.34
踣	2.181	箷	6.43	膠	1.50	鳹	17.74	懊	2.230
遺	2.151	箭	13.157		2.186	麇	1.161	憐	1.126
蝘蜓	16.38	箷	13.157	顧	1.27	麑	18.2		3.109
蝒	15.4	箹	7.12	魵	16.20	麖	18.1	寮	1.34
蝎	15.6	儍儍	3.37	魧	16.37	麃	13.174	寫	1.66
	15.40	僵	2.181	魴	16.22	慶	2.196	審	1.128
	15.48	牖户	5.2	獠	8.43	廢	1.3	窮	2.43
蝐蝀	16.34	瞀	2.21	騎	19.23		1.89	鳳	17.23
蝮虺	16.39	儉	3.33	頴	1.49		1.123	釁	19.24
蝮蜪	15.17	優	2.75		2.33		2.82	履	1.71
蝰	15.34	儀	1.8	劉	1.32	毅	1.38		2.67
蝯	18.39		1.24		1.39	敵	1.24		2.68
蝤蠐	15.40		1.104		1.40		1.107		13.42
蝙蝠	17.53	縣馬			14.51	臧	19.44	履帝武敏	
蝦	15.20		13.187	劉代	14.51	翰	19.29		3.92
蝾	15.12	縣縣	3.51	劉疾	17.36	鞌	6.45	選	2.86
蝚	15.17	樂	1.10	請	1.29	翦	1.68	嬈	18.5
遨	1.83		3.58		2.8		2.38	緦	1.53
噈	1.76	僻	3.38	諸雉	17.67	遵	1.12	毈	1.65
罶	3.116	質	1.93	諸慮	14.32		14.46	毈	17.72
	6.4	徵	1.60		15.8	導	1.48	鞏	17.69
憮	1.3		2.83	諸諸	3.4	熯	1.73		17.72
	1.4		7.1	諏	1.13	潰	12.11	遹	1.12
	2.19	徹	2.81	諈諉	2.64		12.14		2.13
嶠	11.3	艐	1.5	誰	1.51	潛	2.48	豫	1.10
頣	1.94	雒	19.39	誰昔	3.114		12.11		1.90
積	2.146	頪	1.85	諗	2.214	潛丘	10.20		1.96
稷	13.24	猇	18.13	廟	5.26	潤	11.20		2.15
豩	2.186	舖豉	17.61	摩牛	19.16	潰	2.184	豫州	9.2